# 美国经济之辩
## 1932-1972（下）

［美］爱德华·纳尔逊（Edward Nelson） 著

何永江 刘晨 译

MILTON FRIEDMAN & ECONOMIC DEBATE IN THE UNITED STATES
1932-1972: VOLUME 2

中国科学技术出版社
·北 京·

MILTON FRIEDMAN & ECONOMIC DEBATE IN THE UNITED STATES 1932-1972: VOLUME 2
Edward Nelson
© 2020 by The University of Chicago. All rights reserved. Licensed by The University of Chicago Press, Chicago, Illinois, U.S.A.
北京市版权局著作权合同登记 图字：01-2022-1435

## 图书在版编目（CIP）数据

美国经济之辩：1932-1972. 下 /（美）爱德华·纳尔逊 (Edward Nelson) 著；何永江，刘晨译. -- 北京：中国科学技术出版社，2024.9. -- ISBN 978-7-5236-0935-4

Ⅰ．F171.29
中国国家版本馆 CIP 数据核字第 202445DU33 号

# 前言

本下册是著作《美国经济之辩：1932—1972年》的完成。①下册的全部内容都是本书第三篇"弗里德曼的货币主义岁月：1951—1972年"的继续，而第三篇开始于上册的第十章。

正如上册所论述的那样，弗里德曼到1951年牢固地确立了作为一位货币主义者的地位。第十章探讨了弗里德曼在20世纪50年代——他的货币主义时期的第一个十年——所从事的活动和辩论。下册的五章涵盖从1961年开始到1972年结束的12年岁月。这一时期是从肯尼迪总统就职开始的，而弗里德曼将肯尼迪在1960年的选举获胜归因于美联储在20世纪50年代晚期无意中对货币政策进行的急剧紧缩。②

正如第十一章将要讨论的那样，20世纪60年代初的事件最初似乎对弗里德曼正在提出的对凯恩斯主义经济学的批评——以及货币数量论的相应复活——的成功极为不利。肯尼迪政府比先前的美国政府持有的经济理论与政策观念具有更明显的凯恩斯

---

① 章的编号是上册的继续。在下面，"本书"指的是合起来的上下册。
② 关于弗里德曼对这个问题的看法，参见第十章的第一节和第三节，以及1964年4月12日《芝加哥论坛报》。并不只有弗里德曼一人得出这样的看法。其中，保罗·萨缪尔森在1992年12月30日的国会听证会上也表达了这种看法。他说，对1958年的货币政策紧缩"我们不必抱怨太多"，因为他相信，这种紧缩政策导致了1960—1961年的经济衰退，而经济衰退的开始导致了约翰·F.肯尼迪的当选。参见Joint Economic Committee（1993，83）。

主义倾向，而美联储的资深官员在20世纪60年代初对弗里德曼的著作持有否定性的看法，或者公开声明几乎不熟悉它。但是，弗里德曼的货币经济学方法从1963年起引起巨大的关注。在20世纪60年代晚期，这种形势的急剧变化明显体现在弗里德曼于1966年被聘任为《新闻周刊》的专栏作家，在1967年被提升为美国经济协会的主席，以及尼克松政府在1969年提出的经济战略在很大程度上归功于弗里德曼的著作。①

在1980年哈佛大学经济系举行的圣诞节聚会中，马丁·费尔德斯坦以一首论弗里德曼的诗——题为"六十年代的一夜"——的形式，轻松愉快地回顾了这种事件的转变（Feldstein 1981）。费尔德斯坦不仅描绘了凯恩斯主义经济学家在20世纪60年代初的成功画像，而且描绘了他们的沾沾自喜和目中无人的画像："保罗有他的教材，艺术有他的空白，让他们的大脑放松下来，为了长长的战后小憩。"一旦这种舒适的环境被猛烈扰乱，费尔德斯坦评述说，"他们立刻就知道，必定是米尔顿的到来"。② 费尔德斯坦描述了弗里德曼开展的研究，不仅顺便提到弗里德曼与施瓦茨的《美国货币史》，而且顺便提及弗里德曼与梅塞尔曼表明货币与收入的关系比财政乘数的关系更加稳定的著作。③ 他继续指出弗里德曼在20世纪60年代对经济学界有力陈述的主题："那条叫菲利普斯的曲线，它真的是直的，还有那基金的成本哟，就是实际利率。"④

---

① 参见下面的第十三章到第十五章。
② Feldstein（1981, 1266, 1267）.
③ 这项研究和后来的辩论在下面的第十一章和第十二章分析。
④ Feldstein（1981, 1268）.

费尔德斯坦的诗在聚会上得到了好评。但是,这首诗确定无疑在他的一些资深哈佛大学同事之中引起了不愉快的回忆——也许最明显的是詹姆斯·杜森贝里。他是在20世纪60年代的辩论中被安排来反对弗里德曼的凯恩斯主义者之一。

　　不过,从其他两所主要大学——耶鲁大学和麻省理工学院——来的凯恩斯主义者,在20世纪60年代爆发了反击弗里德曼的主要战斗。保罗·萨缪尔森在这场反攻中占据了重要地位,尽管主要是以媒体论坛的形式做出贡献的(包括他在《新闻周刊》上的专栏文章)。在研究文献中,弗里德曼的主要凯恩斯主义对手就是在接下来的章节中要着重讨论的两个人物:詹姆斯·托宾和弗兰科·莫迪利安尼。

　　当总统理查德·尼克松在美联储主席阿瑟·伯恩斯的敦促下在1971年强制实施工资和物价管制时,接受弗里德曼的货币主义和自由市场的思想就遭遇了严重的挫折。这些管制措施在整个1972年依然有效。管制措施的强制实施,公众对这些管制措施的接受,以及政府官员对那些推动这些管制措施的成本推动的通货膨胀理论的采纳,所有这一切都似乎意味着对弗里德曼的经济学方法提出了强有力的反驳。本书在1972年12月结束时所提供的叙述表明,他的影响力和身体健康都处在低潮期。[①] 虽然弗里德曼在1973年快速地恢复了身体健康,但是,他对美国经济政策的影响力的恢复却是一个比较缓慢的过程。这一过程持续到了20世纪70年代的其余时期。

---

① 参见第十五章。

# CONTENTS
目 录

第十一章　全力以赴：1961—1963 年 …………………… 001
　第一节　事件与活动：1961—1963 年 ……………………002
　第二节　问题：1961—1963 年 ……………………………040
　第三节　人物：1961—1963 年 ……………………………101

第十二章　新经济学的批评：1964—1966 年……………… 111
　第一节　事件与活动：1964—1966 年 ……………………112
　第二节　问题：1964—1966 年 ……………………………161
　第三节　人物：1964—1966 年 ……………………………189

## 第四篇　国际经济政策与货币政策

第十三章　弗里德曼的主席任期与尼克松的候选人资格：
　　　　　1967—1968 年 ………………………………… 211
　第一节　事件与活动：1967—1968 年 ……………………212
　第二节　问题：1967—1968 年 ……………………………242
　第三节　人物：1967—1968 年 ……………………………333

第十四章　管制与总供给的辩论：1969—1972年 ⋯⋯ 357
　　第一节　事件与活动：1969—1972年 ⋯⋯⋯⋯⋯⋯⋯⋯358
　　第二节　问题：1969—1972年 ⋯⋯⋯⋯⋯⋯⋯⋯⋯⋯⋯380
　　第三节　人物：1969—1972年 ⋯⋯⋯⋯⋯⋯⋯⋯⋯⋯⋯409

第十五章　货币政策辩论与稳定政策的发展：
　　　　　1969—1972年 ⋯⋯⋯⋯⋯⋯⋯⋯⋯⋯⋯⋯ 465
　　第一节　事件与活动：1969—1972年 ⋯⋯⋯⋯⋯⋯⋯⋯466
　　第二节　问题：1969—1972年 ⋯⋯⋯⋯⋯⋯⋯⋯⋯⋯⋯494
　　第三节　人物：1969—1972年 ⋯⋯⋯⋯⋯⋯⋯⋯⋯⋯⋯602

本书使用的惯例 ⋯⋯⋯⋯⋯⋯⋯⋯⋯⋯⋯⋯⋯⋯⋯⋯⋯⋯703
参考书目 ⋯⋯⋯⋯⋯⋯⋯⋯⋯⋯⋯⋯⋯⋯⋯⋯⋯⋯⋯⋯⋯707
致谢 ⋯⋯⋯⋯⋯⋯⋯⋯⋯⋯⋯⋯⋯⋯⋯⋯⋯⋯⋯⋯⋯⋯⋯859
译者后记 ⋯⋯⋯⋯⋯⋯⋯⋯⋯⋯⋯⋯⋯⋯⋯⋯⋯⋯⋯⋯⋯863

# 第十一章

# 全力以赴：
# 1961—1963 年[①]

[①] 本研究所表达的观点仅代表笔者本人，不应解释为美国联邦储备委员会或联邦储备系统的观点。笔者要感谢丹尼尔·海莫默什、戴维·莱德勒和拉贾特·苏德对本章初稿的评论。笔者也要感谢米格尔·阿科斯塔、乔治·芬顿和威廉·甘伯的研究帮助，同时也感谢加州大学伯克利分校经济史研讨会的参与者，包括 J. 布拉德福德·德隆、巴里·埃森格林、玛莎·奥尔尼、克里斯蒂娜·罗默和戴维·罗默，对本章部分报告内容的评论。关于完整的致谢名单，参见本书前言。笔者遗憾地指出，自本章的研究开展以来，笔者将在下面引述的四位访谈者，加里·贝克尔、查尔斯·H. 布鲁尼、戴维·梅塞尔曼和艾伦·梅尔策均已去世。

## 第一节　事件与活动：1961—1963年

正当肯尼迪政府在1961年1月带着让经济重新运转起来的目标就职时，弗里德曼出版的著作做好了全力冲刺的准备。一旦这些著作得以发行，一举成名，那么，他的大名就会在政策圈讨论货币问题时占据非常重要的地位。

不过，截至1961年，弗里德曼的形象还没有预示着任何显著的变化。虽然他在20世纪50年代向国会委员会提交了各种备忘录和证词，在1960年与美联储主席马丁会面，以及在同一年发表《货币稳定计划》，但是，弗里德曼在保持政策制定者的关注方面特别不成功。参议员威廉·普洛克斯迈尔（William Proxmire）在1961年6月询问纽约联邦储备银行主席和联邦公开市场委员会副主席阿弗尔雷德·海耶斯（Alfred Hayes），他是否"熟悉芝加哥大学的米尔顿·弗里德曼博士"，海耶斯回答说，"非常宽泛地说，我不知道他"。[1]

到了20世纪60年代末，情形就大不相同了，诚如联邦储备系统的两位顾问在1969年的评论中所证实的那样。在那时，纽约联邦储备银行顾问理查德·戴维斯（Richard Davis）以下话语反思了这十年开始之际的情形："事实是，弗里德曼和其他几个

---

[1] 引自1961年6月2日海耶斯在联合经济委员会的证词（Joint Economic Committee 1961a，78）。

人所持有的货币绝对重要性的观点，此时没有得到绝大多数经济学家的严肃关注。"[1]同样，联邦储备委员会的顾问莱尔·格拉姆利承认，"弗里德曼教授在事情最艰难的时候为货币变量获得认真的关注而奋斗——他值得我们赞扬"。[2]弗里德曼在1967年6月1日《财富》杂志第148页上这样说时可能在影射他的放逐岁月："一个人如果在他的职业界内没有地位，他就对事件几乎没有影响力。"当涉及货币问题时，弗里德曼在经济学界的地位上升很大程度上得益于他在本章论述的时期之内出版的著作所取得的成功。

尽管如此，从1961年起的时期，弗里德曼改变货币与稳定政策观念的前景看起来并没有前途。不仅他的名字在政策讨论中不引人注目，而且一个额外的因素是，1960年的选举结果将美国的经济政策指向了远离弗里德曼倡导的那种政策类型的方向。在艾森豪威尔时代，弗里德曼作为一位凯恩斯革命的批评家将他明显置于学术圈的少数者地位。但是，由于艾森豪威尔政府一般不从事积极的财政政策和提供的环境有助于货币紧缩，因此，弗里德曼只有很少的理由抱怨稳定政策的做法。而且，艾森豪威尔政府对阿瑟·伯恩斯的观点的重视意味着弗里德曼可以合理地声称接近政策圈，尽管弗里德曼在学术界拥有持不同意见者的地位。这种情形在1961年改变了，因为不仅新的经济顾问委员会最初由沃尔特·海勒领导，詹姆斯·托宾是其中的一名成员，而且这届政府提出了所谓的"新经济学"。"所谓的新经济学没有

---

[1] R. Davis（1969，119-20）.
[2] Gramley（1969，2；p.489 of 1970 printing）.另参见上一章的讨论。

任何东西是新的",弗里德曼后来在 1968 年 2 月《邓氏评论》第 38 页上评论说。这种"新经济学"就是凯恩斯主义经济学。在 20 世纪 60 年代初,新的东西不是凯恩斯主义经济学本身,而是凯恩斯主义经济思想融入美国政府处理稳定政策的方式的气势。

正是在这种背景下,弗里德曼的大量著述即将出版——总数超过一千页——这些著述中最著名的两本是 1962 年的《资本主义与自由》和 1963 年弗里德曼与施瓦茨合著的《美国货币史》。这两本著作都在本章第二节中进行讨论。① 虽然《资本主义与自由》需要较长时间才能留下深刻的印象,但是,《美国货币史》会立即引起轰动。后一本著作有助于弗里德曼在经济学家中重建声誉。它如此重建了弗里德曼的声誉,以至于他在 20 世纪 50 年代的地位与他在 20 世纪 60 年代的地位形成了鲜明的对比。在 20 世纪 50 年代,弗里德曼在联邦政府的主要人物那里受宠,而多半在同行经济学家那里不受欢迎。② 在 20 世纪 60 年代,情形刚好相反:他在民主党政府那里失宠,但在经济学家中获得了相当大的支持。弗里德曼在 1971 年回忆说,流行于"十年或十五年前"的将那些采纳他关于货币重要性观点的人被当成是"不知道我们谈论什么的极端主义者"的时代,正在接近尾声。③

即使在 20 世纪 60 年代的政策层面,虽然弗里德曼的思想还

---

① 另一篇重要的文章(Friedman and Meiselman 1963)在下一章讨论,因为这篇文章的争论集中在 1964 年和 1965 年。
② 正如前几章指出的那样,弗里德曼甚至在 20 世纪 60 年代之前就已经撰写了一本被广泛认为是正确的宏观经济学研究著作,即他的消费函数著作。
③ 1971 年 5 月 10 日《动态经济学教学盒式磁带》第 73 集。

遭到很大的抵制，但是，它们吸引了大量的注意力。像上面所引用的海耶斯在证词中——联邦公开市场委员会的成员在该证词中公开宣称只是略微熟悉弗里德曼的观点——所采取的立场，将变得不堪一击。政策制定者对弗里德曼承认的彻底转变可以由这个事实得到明显的解释：在20世纪60年代末，弗里德曼与联邦储备委员会的理事乔治·米切尔（George Mitchell）在美国全国广播公司的《今日》（Today）节目中展开辩论。① 在20世纪七八十年代，联邦储备委员会的理事们经常发现他们要在国会听证会上，对弗里德曼就最近的货币政策发展动态所做的这样或那样的评论进行回应。同样，联邦储备委员会的经济学家们在20世纪七八十年代经常应高级职员和政策制定者的要求，就细致审查弗里德曼的最近评论撰写内部备忘录，而弗里德曼往往通过国会建议或国会证词，或者在通俗著作中来传播这些评论。同时，弗里德曼的名字经常出现在联邦公开市场委员会的会议之中。比如在1982年，美联储主席保罗·沃尔克在被问到现存的什么证据表明M2与国民生产总值相关时回答说："米尔顿·弗里德曼就这个主题写了一大本书。"②

就弗里德曼在经济辩论中的作用而言，1961年是暴风雨之前的平静。正如前一章所讨论的那样，弗里德曼在1958年就货币政策问题向国会作证或提交备忘录，而在1959年两次向国会

---

① 弗里德曼在1970年1月5日《动态经济学教学盒式磁带》第41集中提到这次在1969年晚期共同参加的节目。
② 此事件发生在1982年10月5日的联邦公开市场委员会会议上（Federal Open Market Committee 1982, 35）。沃尔克指的书是弗里德曼与施瓦茨合著的《美国货币史》。

作证或提交备忘录。他再次就该主题在1963年和1964年向国会作证。而且，他在1960年和1963年出版了论述美国货币政策的著作，同时他在1962年的《资本主义与自由》中包括了论货币的一章。按照弗里德曼的标准，他在1961年是低度参与公众舞台上的活动。将1962年和1963年的著作彻底完成明显占据了他的大部分时间和精力。在肯尼迪总统任期的第一年，反而是阿瑟·伯恩斯在大量带头批评该政府的经济计划。

## 一、伯恩斯对肯尼迪政府的批评

正是阿瑟·伯恩斯在1961年4月芝加哥大学举行的一场会议的演讲中详细审查了"构成这届新政府的主要经济政策的经济理论基础"，而弗里德曼也参加了这次会议。① 阿瑟·伯恩斯批评新经济顾问委员会对20世纪50年代的经济绩效的分析所做的假设。经济顾问委员会发表了潜在产出和蕴含的产出缺口（或国民生产总值缺口）的估计，而这些估计表明，产出低于潜在产出的缺口在20世纪50年代就表现出经济顾问委员会所称的一个"令人不安的上升趋势"。② 阿瑟·伯恩斯争辩说，经济顾问委员

---

① 引语来自阿瑟·伯恩斯（Arthur Burns 1961a, 1; p.493 of 1963 reprint）。这次会议在上一章中提到过，是以"新边疆的老问题"为题在芝加哥大学商学院举行的第十次商业经济学家年会。《商业周刊》在1961年5月6日报告了这次会议和弗里德曼参加这次会议的情况。阿瑟·伯恩斯是在1961年4月21日在这次会议上发表的演讲（Arthur Burns 1961a）。

② 引语来自阿瑟·伯恩斯（Arthur Burns 1961a, 1）。经济顾问委员会的习惯用法是，产出低于潜在产出就相当于一个正的缺口。后来的文献更常见的习惯用法和本书使用的习惯用法，除非另有说明，都是将产出低于潜在产出的情形称之为一种负的产出缺口。

会正在从1958—1960年的复苏经历中吸取错误的教训。正如阿瑟·伯恩斯在与弗里德曼自己的分析完全相似的分析中指出的那样，复苏的短暂性可能很好地反映出美联储在1959年向货币紧缩的转变。这种看法与经济顾问委员会关于最近的经济疲软反映了私人总需求表现出疲软的持续和内在的倾向的暗示相反。阿瑟·伯恩斯也质疑经济顾问委员会对20世纪50年代关于产出缺口的描述。他评论说，改变潜在产出估计的假设就会导致艾森豪威尔岁月的截然不同的图景。经济顾问委员会将1961年之前的八年描述为主要具有产出低于潜在产出的缺口的特征的八年没有得到阿瑟·伯恩斯另一种估计的支持，而阿瑟·伯恩斯的估计反而表明一种更加接近于围绕零产出缺口波动的情形。

在这次批评的过程中，阿瑟·伯恩斯阐述的主旨是，产出缺口的估计对潜在产出的绝对水平的设定以及潜在产出增长率的假设高度敏感。"是的，伯恩斯非常挑剔"，罗伯特·索洛在2013年12月2日的访谈中回忆说。索洛是肯尼迪政府经济顾问委员会的一名经济学家，被要求针对阿瑟·伯恩斯的分析帮助起草一份答复意见（Council of Economic Advisers 1961）。[①] 索洛补充说："他认为，我们过于急迫产生就业的增长。经典的评论来自亨利·沃利克——我猜想，他也许是唯一曾经存在的保守主义者——（加）凯恩斯主义者那种类型，而且是一位非常聪明之人。他在写给阿瑟·伯恩斯的一个便条上说：'你认为什么样的国民

---

[①] 索洛从1961年到1962年是经济顾问委员会的一名经济学家成员（American Economic Association 1970, 413），此后他继续为经济顾问委员会偶尔工作，持续到1963年（Solow 2000, 111）。

生产总值对应于充分就业？'在那个时代是国民产出而非国内产出。而阿瑟·伯恩斯回应说：'我不是从国民生产总值的角度来思考的。'由于我们所有人都是从国民生产总值的角度来思考的，因此我们只好尽我们所能来回应他。"

产出缺口的测量误差是影响20世纪60年代对经济过度刺激的一个重要因素的观点在欧菲尼德斯（Orphanides 2003）、罗默夫妇（Romer and Romer 2002b）和梅尔策（Meltzer 2009a）的回顾性叙述中得到支持。[①]因此，阿瑟·伯恩斯（Arthur Burns1961a，1961b）对肯尼迪团队的新兴经济政策的解剖，虽然后来很少提到，但似乎在很大程度上被证明是正确的。[②]这种证实因这个事实得以缓和：作为20世纪70年代大部分时间的美联储主席，阿瑟·伯恩斯似乎没有坚持他在20世纪60年代初对不景气的测量指标所表达的谨慎态度。相反，阿瑟·伯恩斯在进行货币政策的决策时似乎利用的经济不景气的估计比20世纪60年代经济顾问委员会所产生的那些估计被证明具有更严重的偏差（参见 Orphanides 2003；Orphanides et al. 2000；Romer and Romer

---

[①] 这些研究对20世纪60年代的经济政策制定的叙述比本书提供的叙述更为详细，就1961—1965年的时期而言尤其如此——诚如已经指出的那样，弗里德曼在这一时期对时事的评论与1965年之后的岁月相比是罕见的。

[②] 保罗·萨缪尔森在1977年11月21日的《新闻周刊》中顺便提及阿瑟·伯恩斯在1961年的批评，而怀亚特·威尔斯（Wells 1994，21，274）援引了阿瑟·伯恩斯的批评（Arthur Burns 1961a）。但是，欧菲尼德斯（Orphanides 2003）和罗默夫妇（Romer and Romer 2004）这两篇论述阿瑟·伯恩斯经济思想演化的文章在讨论中没有援引阿瑟·伯恩斯这篇1961年的分析。

2002b，2004；下面的第十五章）。

阿瑟·伯恩斯在 1961 年的批评中加入的限定性条件也很重要。他承认，"这届政府避免了极端的经济思想"，尤其是没有返回到阿尔文·汉森这种类型的凯恩斯主义。[①] 在这一点上，肯尼迪时代的经济顾问委员会及其成员所阐述的新经济学的两个重要方面值得一提。第一，虽然经济顾问委员会的分析确实认为 20 世纪 50 年代主要是一个经济不景气的十年，但是，诚如阿瑟·伯恩斯所承认的那样，它的确不仅承认产出可能会超过潜在产出，而且承认产出在实际上偶尔这样做了。[②] 因此，他得出的恰当结论是，与文献中的某些说法相反，这个经济顾问委员会并没有将潜在产出等同于产出的最大可行性水平。[③] 相反，这个经济顾问委员会将这两个概念当作彼此截然不同的概念。这种方法与美国和英国从 20 世纪 40 年代晚期以来在大部分经济分析中的习惯做法保持一致，而在 20 世纪 40 年代晚期中充分就业和过度就业的情形是加以区分的。[④] 第二，诚如詹姆斯·托宾（Tobin 1986，132）所强调的那样，这届政府的目标产出水平就是经济顾问委员会估计的潜在产出。因此，与像基德兰德和普雷斯科特（Kydland and Prescott 1977）与托马斯·萨金特（Sargent 1999）在叙述中所描述的政策制定者的目标相反，美国官员并未有意地

---

① 阿瑟·伯恩斯（Arthur Burns 1961a, 7; p.501 of 1963 reprint）1961 年的文章。参见阿瑟·伯恩斯在这篇文章的第 2 页提到了阿尔文·汉森。
② 特别是，阿瑟·奥肯（Okun 1962, 101）记录的数字表明，产出在 20 世纪 50 年代中期超过了潜在产出。
③ 例如参见康登（Congdon 2011, 150）的相反主张。
④ 参见爱德华·纳尔逊（E. Nelson 2009c）的讨论。

寻求产生正的产出缺口。

应该强调的是,弗里德曼对稳定政策在总体上和应用于20世纪60年代的批评并不依赖于或宣称政策制定者没有做出潜在产出与最大产出的区分。弗里德曼也没有宣称,政策制定者有意地以产出缺口的正值为目标。他承认,产出缺口为零的目标以及潜在产出的概念与最大产出明确加以区分的做法是他自己与凯恩斯主义者之间的共识。①

那么,弗里德曼在20世纪60年代初的经济政策辩论中的立场是什么呢?为了认真准备完成他的著作,弗里德曼在1961年到1963年间没有留下任何他对这些年的双方之间就这一时期所提供评论的书面记录。《美国货币史》涵盖的时期到1960年,而从20世纪60年代中期起,弗里德曼实际上对货币的发展状况进行了现场实况报道(包括从1965年起在联邦储备委员会的一系列顾问会议上的备忘录,特别是从1966年起他在《新闻周刊》上的专栏文章和从1968年起他在《动态经济学教学盒式磁带》上的录音评论)。

但是,基于他在1963年之后对20世纪60年代初的经济政策的回顾和他对稳定政策的出了名的立场,我们可以有信心地说,弗里德曼大致同意阿瑟·伯恩斯在1961年的批评。虽然他不会同意阿瑟·伯恩斯(Burns 1961a)关于独立于其对货币增长影响的财政紧缩在1960—1961年的衰退中起到了主要的作用的暗示,但是,阿瑟·伯恩斯关于不要根据产出的数字目标来制定政策的主要警告还是与弗里德曼的立场保持一致。诚如前面的第八章所讨

---

① 参见后面章节的进一步讨论。

论的那样，弗里德曼在多个场合对依赖于产出缺口水平或就业缺口水平的估计来制定经济政策的策略表达了担忧。他在1958年的一个这样的场合说，虽然"我们必定会避免极端的波动"，但是对更加温和的波动不会同样如此，而寻求避免温和波动的政策"可能会增加而不是减少不稳定性"。[1]弗里德曼在1961年——毫无疑问意识到他在大约十年前警告的长期的严重通货膨胀在和平时期的美国并没有发生——指出，美国在战后时期的经济稳定政策没有大规模的反周期的积极货币措施的特征。他进一步表达的看法是，实际的经济结果证实了这种克制方法的优越性。[2]

肯尼迪政府的建议标志着与这种传统的断裂，因为存在沃尔特·海勒（Heller 1982, 287）后来所描述的"具体的数量目标"，包括潜在产出目标以及该政府估计的与充分就业相应的4%的失业率。正如沃尔特·海勒（Heller 1982, 287）所强调的那样，肯尼迪总统"赞同这些目标"。肯尼迪总统赞同的一个例子就是他在1961年3月15日的一次新闻发布会上明确阐述了失业率为4%的目标。[3]

## 二、弗里德曼的介入

在对这场辩论的一次罕见的同时期评论中，弗里德曼明确表示他反对肯尼迪政府的方法。弗里德曼在1962年中期发表的

---

[1] Friedman（1958b, 256; p.187 of 1969 reprint）.
[2] Friedman（1961d, 465）.
[3] 约翰·F.肯尼迪（Kennedy 1961）说："我希望，我们可以将它降低到4%。"在同一次的讨论中，约翰·F.肯尼迪明确表示，即使在稳健的经济复苏之后，依然要理解失业率存在的结构性组成部分。

讲话中公开宣称,"我认为,按照就业标准来陈述国家的目标是不可取的",并补充说,"一个统计学家大量撰写的东西关键取决于什么算是劳动力、什么算是失业的定义,它关键取决于谁在失业……因此,我相信,3%、4%、5%的失业率或任何类似这样的数值(原文如此)并非经济政策的非常好的指数"。①

在弗里德曼看来,这届新政府专注于刺激经济也是不合时宜的,因为从1960—1961年衰退中的复苏已经由货币增长的转变所启动。在1961年3月3日《时代》杂志上,弗里德曼说:"衰退的低谷将在今年夏天的某个时候到来。货币供给的变化率在去年中期转向上升。一般而言,在这种转变和商业周期的低谷之间存在大约10~12个月的滞后。"他和施瓦茨后来发现,1960年货币增长的转变与1961年2月的商业周期的低谷之间的滞后是8个月。② 在1961年5月华盛顿举办的美国商会的辩论中,弗里德曼指出,他反对明确以充分就业目标为中心的政策。"我认为,联邦政府的问题不是让人们返回去工作。联邦政府的问题是提供一个环境,一个货币制度和货币安排。在这些环境、制度和安排下,人们各自发现彼此在一起工作和合作有利。"③

---

① 引自弗里德曼大约在1962年6月5日哥伦比亚广播公司在空军学院拍摄的《美国经济》第48讲《我们可以有无通货膨胀的充分就业吗?》的讲话。

② 引自 Friedman and Schwartz(1963b, 37)。应该提到的是,弗里德曼在整个这一时期将货币对活动的滞后表示为从货币增长到一个产出指数的滞后。这种做法将增长率与水平混淆在一起,而弗里德曼在当时(Friedman 1961d)为这种做法进行辩护,但他在后来基本上放弃了这种做法。参见下列第十五章的详细讨论。

③ 引自弗里德曼在1961年5月3日在华盛顿特区的美国商会就"政府在我们社会中的作用"与参议员约瑟夫·S.克拉克辩论中所提供的稿件。

1961年9月，弗里德曼担忧货币增长即将可能出现过度的上涨。"我认为，我们非常可能在来年有显著的通货膨胀压力"，弗里德曼说，"周期性的扩张一般而言伴随着货币存量超过平均增长率的上升、流通速度的上升以及由此而来的物价上涨。我担心，通货膨胀压力这次会特别强劲。"弗里德曼在1961年9月30日《商业周刊》第85页上援引公共支出的即将上涨作为货币增长的上升压力的一个根源："美联储可能会尝试猛踩刹车，但我对此表示怀疑。"[1]

结果，利用国内生产总值平减指数的现代数据测量的通货膨胀率在1962年仅为1.2%，略高于1961年的水平。通货膨胀率实际上在1963年降为1.1%，并在1964年和1965年的年度平均数据中保持在2%以下。迈克尔·帕尔金（Parkin 1977，43）所声称的"美国的通货膨胀在20世纪60年代初的温和加速"，用国内生产总值平减指数表示只是从1959年的1.4%增加到1965年的1.8%，而用消费价格指数表示则从0.9%增长到1.6%。[2]

但是，就其他名义变量而言，这同一时期确实反映出弗里

---

[1] 阿瑟·伯恩斯也开始预测通货膨胀的爆发。例如，保罗·萨缪尔森在1969年5月22日参加美国波士顿公共广播电台的节目《经济学大辩论》中回忆说，阿瑟·伯恩斯在1962年4月说通货膨胀正在发展。

[2] 弗里德曼基本上认同这些数字。至于20世纪50年代的价格水平变动，弗里德曼明显在很大程度上摒弃了斯蒂格勒类型的立场，即20世纪60年代初的价格上升的记录掩盖了价格水平完全稳定的现实。虽然他偶尔会相信1966年之前的测量的通货膨胀只是反映了商品质量的改进的观念（例如参见 Friedman 1969a，47），但是，他对经济发展状况的分析更加典型的是将1961—1966年间的通货膨胀视为较低但为正（例如参见1966年10月17日《新闻周刊》）。

德曼在1961年所预见的一些要素。以现代定义的货币测量，M1增长率从1961年到1965年在内的每一年都在上升，以至于M1增长率在1965年达到了4.3%。而与之相比，它在1960年大致为零。M2增长率也在20世纪60年代初期急剧上升，然后到这十年的中期维持在8%附近，比它在1960年的数值翻了一倍多。名义收入增长率从1962年到1966年在内的每一年在年度数据中都在上升，而在1966年达到9.6%。与之相比，它在1961年为3.7%。图11.1和图11.2显示了前面提到序列的年度数据以及短期的关键利率（三个月的国库券利率）。

虽然货币增长率和名义收入增长率在1960年之后都在加速提高，但为什么弗里德曼在预测20世纪60年代初的通货膨胀时被证明是错误的呢？部分答案在于，截至1961年，弗里德曼还没有理解通货膨胀这一滞后指标的程度。虽然他长期以来就认为通货膨胀对货币政策行动的反应会在时间中扩散，但是弗里德曼只是在20世纪70年代初才完全将产出增长率与通货膨胀在它们对货币政策行动的典型反应速度彼此不同的观念纳入分析。[1]因此，在1965年10月向联邦储备委员会提交的备忘录中，弗里德曼根据年度数据计算了当时的货币增长率与名义收入增长率之间的相关关系，以及当时的货币增长率与通货膨胀率之间的相关关系。[2]根据简单的回归，弗里德曼报告，通货膨胀在1962到1965年间被低估了。相比之下，弗里德曼后来在分析年度数据

---

[1] 参见第十五章。
[2] 参见弗里德曼在1965年10月7日的联邦储备委员会的顾问会议上的备忘录（Friedman 1968a, 148-49）。在这次计算中，弗里德曼在第148页将1965年的通货膨胀率表示为1965年上半年的物价上升的年率。

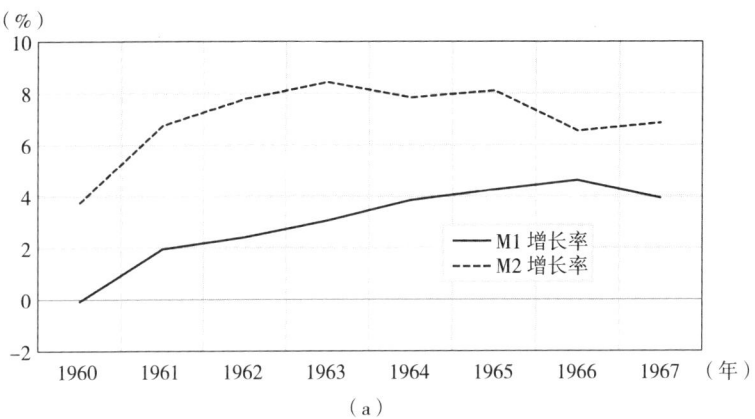

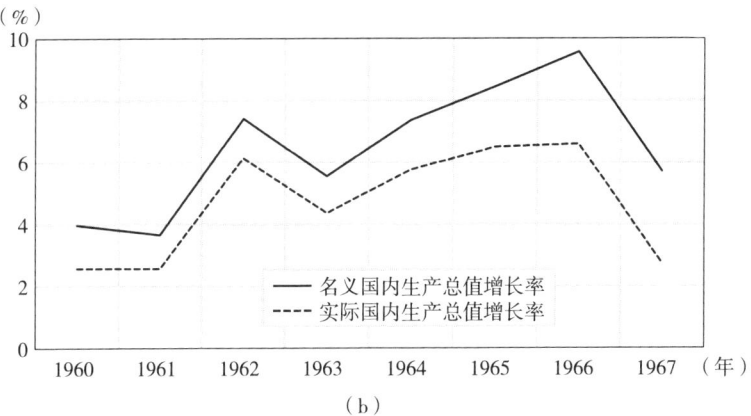

图 11.1 1960—1967 年美国货币增长率和国内生产总值增长率的年度数据
资料来源：根据圣路易斯联邦储备银行 FRED 网站的年度平均数据计算。

的做法是，计算当时的名义收入增长率与名义货币增长率之间的相关系数，但在比较货币增长率和物价增长率时考虑货币增长对通货膨胀的两年滞后。①

---

① 例如参见 Friedman（1984d，400）。

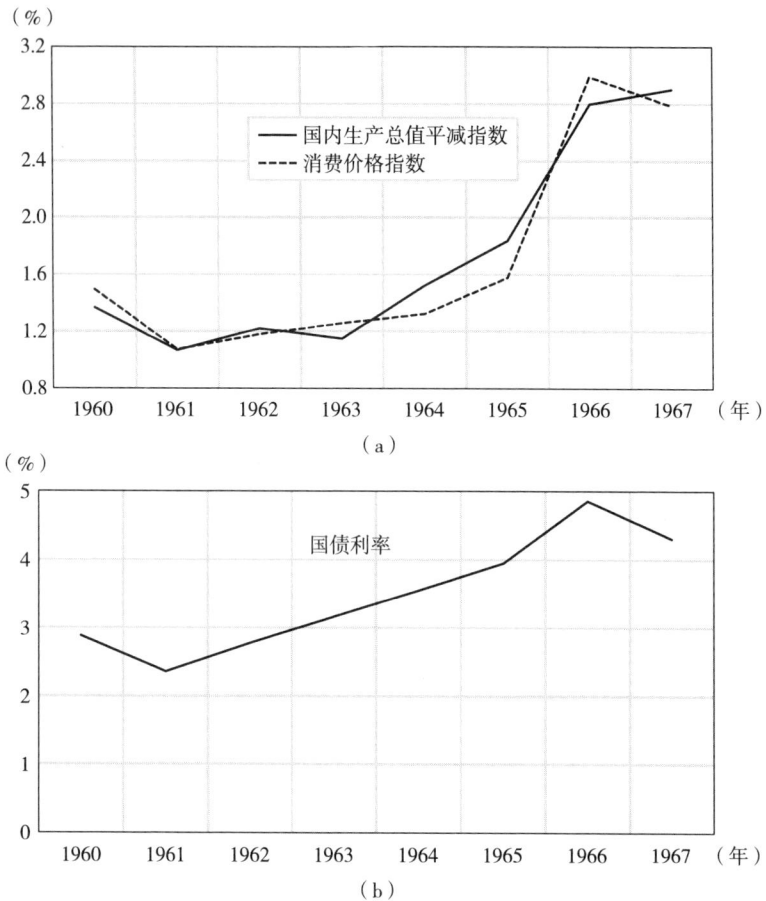

图 11.2 1960—1967 年美国通货膨胀率和国债利率的年度数据
资料来源：根据圣路易斯联邦储备银行 FRED portal 的年度平均数据计算。

即使在对这些涉及滞后的理解得以改进之前，弗里德曼对为什么通货膨胀在 20 世纪 60 年代如此缓慢地提高的解释也有一些理解。在 1965 年的备忘录中，他强调通货膨胀预期被 20 世纪 50 年代后半期的经历所变平的程度。这种情形为理解经济不景气与通货膨胀为零或较低设定了条件。①他将在20世纪七八十年代的回顾中重申这个论点。20世纪60年代初存在"非通货膨胀的增长",弗里德曼在1976年争辩说,"不是因为民主党掌权……而是因为之前的艾森豪威尔政府施加了纪律,从而为你从根本上打破通货膨胀预期做好了准备"。②他指出,肯尼迪政府继承了物价稳定预期的这种"意外之财"。③

通货膨胀预期在20世纪60年代初不变且接近为零的观念,也有助于解释为什么美国在20世纪60年代的通货膨胀和失业的数据描绘出一条很明显向下倾斜的菲利普斯曲线(例如参见 Council of Economic Advisers 1969,95)。这些年经济不景气的复苏也对应于1965年之前的通货膨胀的温和上升。

但是,这种通货膨胀的上升如此温和,以至于名义收入增长率在20世纪60年代前半期的上升主要采取了较高的实际产出增长率的形式。从这个结果就能得出弗里德曼在上文提出的20世纪60年代前半期是一个无通货膨胀增长时期的描述,以及梅尔策(Meltzer 2009a,第三章)在标题《低通货膨胀的间歇》之下论述1961—1965年的时期。实际上,即便承认了这一时期是

---

① 另参见1966年10月17日的《新闻周刊》和前一章。
② 参见1976年8月中旬《动态经济学教学盒式磁带》第197集。同样,在1968年11月《动态经济学教学盒式磁带》第3集中,弗里德曼谈到艾森豪威尔政府以打破通货膨胀预期的形式对肯尼迪政府"有益馈赠"。在2001年约翰·泰勒对弗里德曼的访谈中,弗里德曼争辩说,肯尼迪总统"能利用他所继承的非通货膨胀经济状况"。另参见 Friedman(1983a,7;1984c,26)。
③ 参见1977年11月7日录音的《米尔顿·弗里德曼演讲》第6集"货币和通货膨胀"的副本第21页。

美国郑重宣告凯恩斯主义政策的时期,艾伦·梅尔策(Meltzer 1969a,26)和卡尔·布鲁纳还是认为1961—1964年是一个货币稳定增长的时期。①弗里德曼本人根据美国在战后的(旧)M2行为的标准,将1963年三季度到1966年四季度的时期确定为货币最稳定增长的时期之一。②这种看法重复了弗里德曼在1965年10月的顾问备忘录中所给予的赞扬。这份备忘录指出,过去三年中的"货币增长根据过去的标准来看相当稳定",是一个"极好"货币政策的表现。③

20世纪60年代中期稳定货币增长的图像也从研究现代M2定义下的当今数据中表现出来。在这个序列中,年化季度增长率的14个季度的标准差在20世纪60年代中期达到战后时期的一个低点,参见图11.3。这个标准差的最低数值是从1962年四季度到1966年一季度。

货币主义者在叙述这一时期观察到的经济结果时,对稳定的货币增长在促进20世纪60年代观察到的稳定的产出增长模式中赋予了相当大的权重。就弗里德曼而言,他逐渐谈到"像20世纪60年代初实际产出相当稳定增长四五年的时期"。④在20世纪80年代,他提到,货币增长在20世纪60年代没有出现大幅度

---

① 就布鲁纳而言,参见他在银行、金融和城市事务委员会上提交的备忘录(Committee on Banking, Finance and Urban Affairs 1977, 154)和Brunner(1979a, 7)。
② 参见Friedman(1977c, 16)和弗里德曼在Friedman and Modigliani(1977, 20)中的对话。
③ 参见弗里德曼在1965年10月7日提交的备忘录(Friedman 1968a, 147)。
④ 参见1976年8月中旬《动态经济学教学盒式磁带》第197集。

的波动可能是美国从 1961—1969 年避免了任何完全衰退的一个原因。①

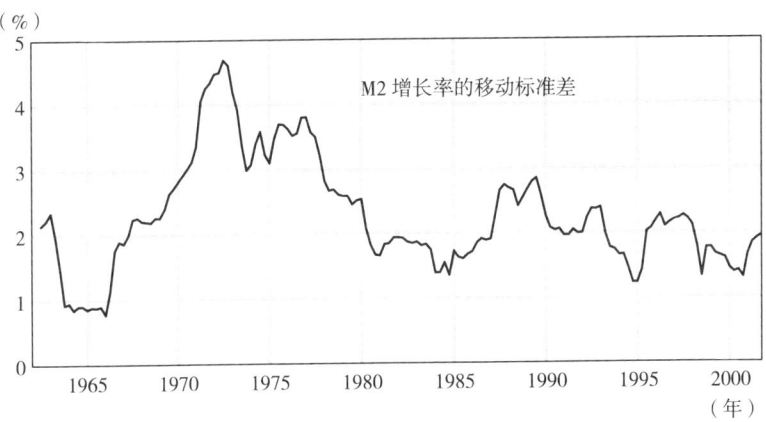

图 11.3 美国 M2 年化增长率的 14 个季度移动标准差

资料来源：根据圣路易斯联邦储备银行的 FRED portal 计算，使用 M2 的现代定义，并将 M2 年化增长率界定为 M2 季度平均变化的对数的 400 倍。在计算增长率之前，根据弗里德曼（Friedman 1988a）给出的比率，对 M2 的观测值进行了重新调整，以便在 1982—1983 年引入货币市场存款账户。

### 三、经济停顿

图 11.1 的产出增长率的年度观测值掩盖了当时被视为实际经济活动在 1962 年年底到 1963 年年初的"停顿"。根据当今时代的数据，实际国内生产总值的年化增长率在反弹之前从 1962 年一季度的 7.6% 下降到 1963 年一季度的 3.6%。因此，虽然经

---

① 参见 Friedman（1983a，8；1984c，27）。

济扩张无疑在持续，但是，它在1962年表现出明显的减速。诚如弗里德曼后来指出的那样，存在经济活动疲软越来越明显的证据，因为工业产出大致在1962年中期实际上存在轻微的下降。弗里德曼认为，经济扩张的暂时性减弱反映了六个月或七个月滞后的货币紧缩，因为货币存量从快速的增长率转变为暂时性的较低增长率。[①]

用M1来表示货币存量的测量指标时，货币的放缓明显出现在1962年，不管人们是用旧的货币定义还是使用从20世纪80年代以来的现代货币定义，参见图11.4a。不过，就M2而言——即弗里德曼往往使用的总量——分析其在20世纪60年代初的发展状况是复杂的。如果人们只考虑M2的现代定义——本章目前为止在展示货币的图形时就遵循这种做法，1962年的货币增长就基本上不存在减速：参见图11.4b。这种减速明显只是在使用旧的M2定义的情形下才表现出来——即使在这里，货币增长的减速也比M1的减速小得多，诚如图11.4b也表明的那样。

根据现代M2的序列提供的信息与根据其他总量提供的信息之间的差异，反映了现代M2序列中存在储蓄机构的存款负债。正如下一章所要讨论的那样，这些机构在1966年之前被免除了

---

[①] 参见1971年12月1日《动态经济学教学盒式磁带》第87集。另参见弗里德曼在Friedman and Heller（1969, 56）中的评论。其他货币主义者表达了相似的观点。例如参见卡尔·布鲁纳在1971年2月25日联合经济委员会上的证词（Joint Economic Committee 1971a, 548）。在这个证词中，他将1962—1963年的经济放缓追溯到1962年的货币增长行为。另参见Keran（1967, 11）；Cagan（1972b, 92, 95）；Bowsher（1977, 13）。

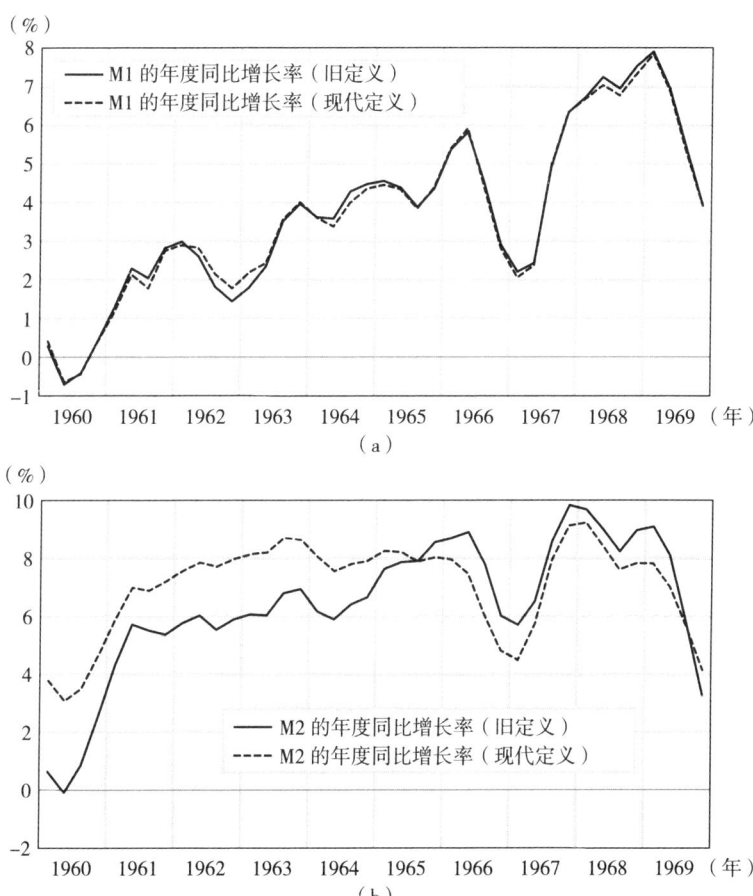

图 11.4 美国货币 1960 年一季度至 1969 年四季度的年度同比增长率
(a) 旧的和新的 M1 定义;(b) 旧的和新的 M2 定义

资料来源:1980 年之前旧的 M1 和 M2 数据来源于詹姆斯·罗迪安、安东尼·卡塞塞和劳拉·诺瓦克(Lothian, Cassese, and Nowak 1983);现代货币总量的季度平均数据来源于圣路易斯联邦储备银行的 FRED 网站。

政府对存款利率所施加的上限。相反，商业银行对美国家庭和企业的定期存款——构成了旧的 M2 的非 M1 的组成部分——可能支付的利率要受到 Q 条例的限制。弗里德曼后来发现，20 世纪 60 年代初是 Q 条例对定期存款利率设置的上限——它在 20 世纪 30 年代以来就一直存在——持续变得有约束力的第一次。[①] 随着短期市场利率在 1962 年上升，资金从商业银行撤走，转入储蓄机构。随后发生的是，旧的 M2 增长率在 20 世纪 60 年代的大部分时间中都低于现代 M2 的增长率。一旦官方在 1966 年对储蓄机构发行的存款所提供的利率引入上限，这两个序列就开始越来越紧靠在一起。不过，现代的 M2 增长没有表现出显著的下降的事实不应该被视为推翻了货币状况在 1962 年收紧的观点。发生在商业银行的存款向储蓄账户的转移可能相当于货币环境的紧缩。因为储蓄账户的"货币性"——这反映在储蓄账户可能被转换成现金或活期存款的便捷性——可能在 20 世纪 60 年代低于 20 世纪 70 年代。[②]

弗里德曼关于货币紧缩发生在 1962 年的主张是他解释 1962 年和 1963 年的货币政策发展状况一个重要组成部分。弗里德曼在 1962 年 5 月警告说，"似乎对我而言，我们正在采取的货币措

---

[①] 例如参见 Friedman（1970c）。另参见前面的第二章。
[②] 例如参见美联储理事查尔斯·帕蒂（Charles Partee）在美国银行家协会上的评论（American Bankers Association 1979, 145; p.976 of reprint）；本杰明·弗里德曼在 1929 年 11 月 27 日银行、金融和城市事务委员会上的证词（Committee on Banking, Finance and Urban Affairs 1980a, 57）和 McCulloch（1981, 105）。

施有可能更早地结束这次扩张"。① 他后来将货币增长停顿的时间追溯到 1962 年 1 月到 8 月,并指出 M1 的减速比 M2 的减速剧烈得多。尽管弗里德曼偏好后一个序列作为货币的测量指标,他依然认为 M1 减速的严重性与评估货币的紧缩相关。②

在 1962 年的后半段时期,联邦公开市场委员会注意到观测的货币存量到当时为止放缓了,它发布的指令提到需要重新恢复货币增长。③ 诚如弗里德曼后来查看这个记录所显示的那样,该委员会在认识到存在过多的货币紧缩之后又朝着相反的方向走得太远了。弗里德曼将货币增长的转变日期追溯到 1962 年 9 月,并声称这种转变本身是可取的,但是"在数值上太大了"。④ 联邦公开市场委员会不是让货币增长大致与价格稳定保持一致的水平,而是让货币存量的增长过度上升,以至于货币在 1962 年晚期的回升伴随着弗里德曼在 1968 年 2 月《邓氏评论》第 39 页上所描述的在 1963 年年初"货币增长的急剧加速"。因此,到 20 世纪 60 年代中期,货币增长率显著超过 1962 年停顿之前观察到的货币增长率。

从弗里德曼的角度来看,20 世纪 60 年代中期的货币增长模

---

① 参见 Friedman（1962c，24）。
② 参见他在 1964 年 3 月 3 日在银行与货币委员会上的证词（Committee on Banking and Currency 1964，1138）。弗里德曼以同样的方式所做的一些评论被保罗·萨缪尔森在 1962 年 10 月 8 日的《金融时报》上转发。萨缪尔森报告说,他曾与弗里德曼对话;弗里德曼告诉他,他正在重视 M1 的停滞,纵然定期存款的增加有助于巩固 M2 增长的基础。
③ 例如参见 Federal Open Market Committee（1962，58）。
④ 1964 年 3 月 3 日在银行和货币委员会上的证词（Committee on Banking and Currency 1964，1139）。

式因其表现出来的稳定性值得称赞,但是这种模式的稳定性却是围绕太高的增长率。诚如图 11.4b 所示,根据 20 世纪 50 年代以来出现的稳定流通速度模式,一个蕴含着 M2 增长率在 20 世纪 60 年代中期大致稳定在 7% 的政策并非一个与维持物价稳定相吻合的政策。如果人们将物价稳定视为 2% 的通货膨胀——这不仅是今天的普遍做法,而且正如前一章所强调的那样,即使在 20 世纪 60 年代也并非不是普遍的做法——那么,这种看法成立。如果人们使用肯尼迪政府的经济学家们自己设定的大致 1% 的通货膨胀率作为物价稳定的标准(Heller 1982,287),那么这种看法也成立。如果人们相反使用弗里德曼偏好的固定货币增长率(4%)政策在设定中嵌入的 0% 通货膨胀率的建议,那么这种看法会再一次成立。

因此,弗里德曼得出的看法是,美国政策制定者在 1962—1963 年错过了一个将货币状况置于非通货膨胀过程的宝贵机会。[①] 作为对 1959—1960 年的微弱货币增长的一种纠正,1961—1962 年的货币增长回升是正当有理的。而且,作为对 1962 年微弱货币增长(特别是用 M1 序列的标准)的一种补偿,货币增长在 1963 年的小幅上涨也可以被证明是正当的。但是,政策制定者不是在 1962 年的货币停顿时期采取无通货膨胀率的稳定货币增长政策,而是采取了过度宽松的政策,导致货币存量的增长率平均而言太高。

---

① 弗里德曼在 Friedman(1975c,21)、1974 年 11 月 6 日《动态经济学教学盒式磁带》第 157 集和 1973 年 10 月 3 日《新闻周刊》中确定向过度扩张性政策的决定性转变发生在 1962 年或 1963 年。

虽然这在当时并非一个广泛认同的观点，但是，弗里德曼关于在1962年停顿之后货币宽松做得太过分的看法最终获得了大量的认可。政策制定者当时并没有利用这样的机会，以便仅仅允许货币增长的适当回升，从而让货币增长停留在非通货膨胀的增长率上。相反，按照现代的M2增长标准，货币增长率在1963年是8.4%，高于这个十年的前几年，从而使1963—1966年观察到的货币增长率稳定而较高的情形成为可能。此外，诚如图11.4所表明的那样，这种稳定的货币增长模式结果只是货币行为的过山车模式的一个相对水平的部分。根据1977年10月3日的《新闻周刊》，货币增长从1963年到1965年转向弗里德曼所称的"一个更高的高原"，接着是1966年的衰退，继而在1967—1968年向更高的增长率移动。

## 四、弗里德曼对20世纪60年代初货币记录的看法

这种模式构成了弗里德曼对美国在20世纪60年代初的货币政策的矛盾心理的基础。虽然这一时期是一个稳定货币增长的时期，但也是一个货币增长较高的时期，因而这种稳定的货币增长是一种无助于货币稳定增长的体制的组成部分。当弗里德曼在1972年承认存在自主裁决政策"碰巧产生大致稳定的货币增长"的情形之时，他可能在心中想到的是20世纪60年代前半期。他只是在1972年2月7日《新闻周刊》上补充说，这些情形并未提供一条规则可以提供的那种"对货币稳定信心的坚实基础"。其实，弗里德曼后来可以将美联储主席威廉·麦克切斯尼·马丁的任期分为两种不同的体制：1954—1962年的体制和1962—

1969年的体制。① 后一种体制就是过山车式的通货膨胀体制——肯尼迪在1960年当选总统和新经济学家在1961年出现在政策舞台上都预示了这种体制，而美联储对1962年停顿的过度反应则让这种体制具体成形。这种过度反应保证20世纪60年代将长期转向较高的货币增长，而不仅仅是为补偿20世纪50年代晚期的货币紧缩的一种短期货币刺激。②

在1962年的货币增长和经济停顿之后出现的政策措施为弗里德曼的这种看法提供了依据：在1961年之后实施的政策体制最终促进了可变的和引起通货膨胀的货币增长，并最终证明它有害于经济活动的稳定并与物价稳定相矛盾，即使该体制在最初几年具有货币增长稳定、经济增长稳定和物价稳定的特征。因而，弗里德曼得出的看法是，美国到1971年已经经历了十年的货币管理不当。③ 出现在20世纪60年代初期到中期的货币稳定证明

---

① 参见1977/1978年《动态经济学教学盒式磁带》第215集。将1954年而非1951年确定为马丁任期的开始之日，允许弗里德曼抽象掉债券价格钉住制的过渡期和排除朝鲜战争时期。
其他叙述利用了从利率规则而非弗里德曼的货币增长标准所获取的叙述证据和信息，也类似地将马丁的体制划分为20世纪50年代的相对开明的和节制的体制与20世纪60年代的太具有反应性的和通货膨胀性的体制。特别参见罗默夫妇（Romer and Romer 2002a，2002b）2002年的研究。

② 美国的货币政策向扩张性立场转变的发展状况在20世纪60年代初扩散的事实有助于解释为什么弗里德曼有时将这种转变的日期确定为1960年或1961年而不是1962年或1963年。例如参见Friedman（1980c, 82；1982b, 102），以及1977年11月7日录音的《米尔顿·弗里德曼演讲》第6集"货币和通货膨胀"的副本第21页。

③ Friedman（1992b, vii-viii）。

是1961年之后的体制的一个短暂的、偶然的特征。弗里德曼说,肯尼迪政府和约翰逊政府"抛弃了"20世纪50年代高失业时期的克制政策所提供的非通货膨胀环境。①

为什么货币政策要在1962—1963年转向一个最终被证明与物价稳定不一致的环境呢?联邦公开市场委员会在1963年年初的政策指令提供了一个线索。例如,该委员会在1963年3月的指令中表示,虽然货币增长在最近的复苏之后需要适度,但是,适度的步伐要受到"国内经济最近几个月的有限进展、资源的持续利用不足和通货膨胀压力的不存在"因素的指导。② 很明显,对经济衰退的解读导致政策制定者高估了货币刺激的适当数量,而这种情形与前面引述过的最近对20世纪60年代经济政策制定的叙述是相吻合的。

鉴于经济停顿,在政府之外有影响力的凯恩斯主义者也感觉在1962年严重需要额外的刺激。尤其是,保罗·萨缪尔森在1962年10月8日《金融时报》第8版上写道:"尽管不是一种衰退性下降,但我们的实际国民生产总值开始变平……失业正在上升。"

官方对通货膨胀的分析也存在问题。政策制定者并没有提出通货膨胀的纯粹成本推动观——直到20世纪70年代初之后,这种观点才在政策圈变得流行起来(参见第十五章)。但是,美国的政策制定者在20世纪60年代明显地赞同通货膨胀压力具有部

---

① 参见1970年12月31日《动态经济学教学盒式磁带》第64集。另参见Friedman(1974d,2)。
② Federal Open Market Committee(1963,47)。

分成本推动特征的观点。1963年的指令和其他材料都清楚地表明，这就是联邦公开市场委员会的观点。此外，政策制定者更倾向于认为，通货膨胀压力所显露的东西可能反映了那些可以用非货币措施处理的成本推动因素。肯尼迪总统顶住特定产业的物价压力所采取的行动——本章结尾处对此讨论——就反映了这种对通货膨胀的思维方式。

  稳定政策环境在1962—1963年的转变不仅采取了明确货币政策决定的形式，而且采取了更加宽松的财政政策形式。所谓肯尼迪-约翰逊减税措施中最重要的一项——大幅度降低公司所得税税率和个人所得税税率——直到1964年才出现（参见下一章）。不过，这次的减税被广泛认为是政府从1962年到1965年支持实施的一系列减税措施的一部分。[1]1962年，这一系列措施中的主要措施就是通过投资税收抵免的立法（Tobin 1978a，620-21）。[2] 弗里德曼反对投资税收抵免。[3] 他主张，投资税收抵免无法对总需求提供明显的刺激，而明显的刺激则需要货币宽松政策。投资税收抵免不会增加总投资，因为这需要增加美国经济可获得的储蓄数量。而且，投资税收抵免还会扭曲资源配置，因为

---

[1] 例如参见迈克尔·埃文斯（Michael Evans 1983，40）1983年的研究。

[2] 在1960年选举之前，总统候选人约翰·F.肯尼迪在1960年7月10日美国全国广播公司《与媒体见面》节目（副本第19页）中实际表明，他可能会增加税收，以便为他提出增加国防开支的建议筹集资金。但是，在当选总统之后，他的计划更明显地受到凯恩斯主义思想的影响，因而他关于减税和增加国防开支的建议在很大程度上是并存的。

[3] 参见弗里德曼在米尔顿·弗里德曼和罗伯特·鲁萨（Friedman and Roosa 1967，136）1967年的研究和1968年2月《邓氏评论》第39页中的评论。

它会鼓励将资本项目转移到那些有资格获取税收抵免的项目。①

尽管有这些批评,弗里德曼还是看到了支持投资税收抵免的某些正确依据。到1962年,他已经得出了"饿死野兽"的见解:所有减少税收收入的措施作为限制政府支出都是可取的。②此外,他逐渐认为,投资税收抵免的优点是一种减少公司税收的非公开方法,因而他得出结论说,这是一种这样做的现实手段。因为他自己提出的关于避免直接对公司征税的建议不在政策制定者的议程上。③

诚如下一章要讨论的那样,弗里德曼认为,肯尼迪-约翰逊政府的减税造成了通货膨胀,因为减税至少在最初产生了预算赤字,而预算赤字进而被货币化。④文献对伴随减税而来的赤字开支是否提高了货币增长的问题还没有得出明确的结论。例如,斯科特·海因(Hein 1983)与斯图亚特·艾伦和唐纳德·麦克克雷卡德(Allen and McCrickard 1988)发现这一时期的赤字与货币增长之间存在密切的关系,而罗伯特·巴罗(Barro 1977)则表明联邦政府的采购而非赤字是诱发货币创造的财政变量。弗里德曼本人在20世纪五六十年代则倾向于认为赤字与货币增长之间的紧密关系在实践中会出现。⑤根据他当时持有的观点,这种关系反映了美联储在面临政府债券发行所产生的向上压力的情况下

---

① 1969年4月《动态经济学教学盒式磁带》第23集和1969年5月25日《动态经济学教学盒式磁带》第25集。
② 例如参见他在1961年5月6日《商业周刊》第113页上的评论。
③ 1976年8月中旬《动态经济学教学盒式磁带》第197集。
④ 例如参见Friedman(1975c, 21)和1976年12月6日《新闻周刊》。
⑤ 例如参见Friedman(1958a, 19)。

抑制利率的努力。① 不过，在后来的岁月中，弗里德曼改变了他关于预算赤字、利率和货币增长之间的关系的观点。特别是，他在 20 世纪七八十年代采取的立场更加类似于李嘉图等价的命题，即赤字不必对利率施加上行压力。② 但是，非常明确的是，美国的货币增长在 20 世纪 60 年代的财政扩张的大部分时期都提高了，因此，货币政策在本质上确实迎合了 20 世纪 60 年代的赤字开支。

## 五、弗里德曼的价格理论教学

正如已经指出的那样，弗里德曼在 20 世纪 60 年代初的大部分时间所忙的工作不是当时的经济发展状况，而是新著作的完成。在讨论其中的一本著作《资本主义与自由》之前，就弗里德曼在 1962 年出版的另一本著作《价格理论：临时性教材》(*Price Theory: A Provisional Text*) 谈几点看法是合适的。这本著作是弗里德曼本人一开始并没有打算撰写的几本著作之一。正如第四章和第九章论述的那样，弗里德曼从 1946—1947 学年加入经济系以来，就一直在为芝加哥大学的经济学博士研究生讲授一门——而非马上要讨论的这门——"价格理论"课程。在早期阶段（具体来说就是 1951 年），一位有进取心的学生戴维·范德在另一位同学沃伦·古斯塔斯（Warren Gustus）某种程度的帮助下，对弗

---

① 例如参见 Friedman and Heller（1969, 56）以及前面给出的 1961 年《商业周刊》上弗里德曼的引语。
② 参见第十章第一节援引的文献。

里德曼的讲课做了誊写式的笔记。①

这些笔记的油印本在20世纪50年代的学生中流传,并成为这门课程分发的正式材料的一部分。然后,这些油印本在芝加哥大学之外传播。正如弗里德曼后来对此事的回忆时说,"不可能阻止油印笔记获得相当广泛的流传"。②这些讲稿的成文本早在1953年的论文中就以书面的形式被援引。③接着,根据笔者在2013年5月1日对卡尔·克莱斯特的访谈,卡尔·克莱斯特在1959年获得弗里德曼的许可之后进一步复印了油印本,以便克莱斯特在日本讲授一门课程。④最后,弗里德曼同意创作笔记的

---

① 弗里德曼(Friedman 1962b,3)1962年提到这些笔记是对课堂的总结。不过罗丝·弗里德曼(R. D. Friedman 1976d,22)明确指出,这些笔记来源于他们的课堂录音。

在戴维·范德于2015年6月4日去世之前不久,他的儿子杰里米·范德(Jeremy Fand)非常友善地询问了他的父亲几个问题,而这几个问题是笔者就戴维·范德在芝加哥大学的学生时期提出来的。尽管长期生病,戴维·范德还是相当具体地回答了这些问题。这种问答形式传达的信息之一是,价格理论讲课笔记不是基于磁带录音,而是主要来源于戴维·范德的记述,沃伦·古斯塔斯在撰写这些笔记中只起到辅助的作用。这些笔记得到了弗里德曼的认可,因为戴维·范德的讲课不仅反映了他的课堂记录,而且反映了他定期与弗里德曼进行的双边会面。在这些会面中,他们把具体要点都确定下来,并将讲课材料表达成更加优美的散文。戴维·范德在这些会面中感觉到,弗里德曼意识到这些会面减少了他当时对货币分析的主要研究兴趣的时间。

② Friedman(1962b,3)。

③ 参见理查德·布伦伯格(Brumberg 1953,463)1953年引述弗里德曼的"胶版印刷"笔记,而这些笔记来自所描述的"高级价格理论课程",记载的日期是1950年。另参见马克·纳洛夫(Nerlove 1958,234)1958年的研究,他的文献目录援引的油印讲稿是1951年的讲稿。

④ 这是卡尔·克莱斯特在1959年作为东京大学的访问教授期间进行的(American Economic Association 1970,75)。

出版版本，加入了他的额外修订和增补。

即使有这些体现在笔记中的最终润色，弗里德曼评论说，这些笔记不仅带有"不连贯的性质"，而且由此产生的著作也不是他希望撰写的教材处理方式。① 这本专著的出版商阿尔丁（Aldine）似乎对弗里德曼的副标题"临时性教材"牢记于心，因为最终出版的著作几乎不是那个时代制作的著作。这本书有一个粗制滥造的、自毁的硬纸板封面，还有一种专业水准之下的、接近打印稿风格的怪异字体。② 不过，该出版商确实保持教材的印刷直到20世纪70年代，而该著作后来的重印本包括了弗里德曼在1966年对该教材的更正。

这本教材并没有打算对经济理论进行革命。相反，它在很大程度上对所涵盖的问题提供了一个标准化的处理。这种情形导致赫歇尔·格罗斯曼（H. Grossman 1974, 510）在参考"标准教材的需求定义"时援引了弗里德曼的教材，而罗纳德·艾伦伯格和罗伯特·史密斯（Ehrenberg and Smith 1985, 110）承认《价格理论》是他们处理替代效应的主要来源。这本教材确实在弗里德曼看来具有某些创新的材料，特别是结尾处的资本理论论述。弗里德曼希望将他的教材中的资本理论论述扩展为一本专著形式的讨

---

① Friedman（1962b, 3）.
② 这种字体似乎与戴维·范德参与制作的另一个油印本相同：雅各布·马尔沙克在1948年至1949年间的讲课、由戴维·范德和哈里·马科维茨编辑的1951年版本（Marschak 1951）。不过，1962年的《价格理论》教材的生产价值要高于弗里德曼和戴维·范德在20世纪50年代为弗里德曼的课程所收集的价格理论讲课笔记的生产价值。这些笔记是利用普通的打字机打印的。

论。①不过，加里·贝克尔在2013年12月13日笔者的访谈中评论说，弗里德曼除了在他的价格理论教学中阐述过资本理论，"他在尝试全面论述此问题的任何方面都没有取得较大的进展"。

《价格理论》教材也有两个较短的段落占有重要的地位，每一个段落都预示了一类巨大的文献：一是讨论劳动供给的跨期替代的段落，二是在该书的结尾处的诱人的问题与疑问所提供的对向下倾斜的菲利普斯曲线思想的批评的段落。②不过，这些段落涵盖的论题并非初版所关心的主要问题。这本教材大体上反映了弗里德曼的其他兴趣：马歇尔对需求的处理，对人力资本相当多的论述（包括在该教材的阅读清单中从弗里德曼与库兹涅茨的《独立专业人士的收入》专著中选择段落的作业），以及比正常的微观经济学课程论述多得多的货币问题（包括庇古效应）——尽管其篇幅远少于1976年的修订版，后者几乎投入一个整章的篇幅来论述菲利普斯曲线。

诚如其副标题所表明的那样，这本1962年的《价格理论》教材旨在成为弗里德曼最终处理这个主题一个占位符。但是，这种最终探讨没有实现。前面提到的1976年版本涵盖的微观经济学内容基本上等于对1962年版本的材料进行的轻微修改。它绝不是弗里德曼曾经所设想的更加全面性和综合性的叙述。

虽然处于"临时性"的地位，但是，这本1962年版本的教

---

① 参见他在威廉·布雷特和罗杰·兰塞姆（Breit and Ransom 1971, 242）1971年著作中的评论。在这个写于1967年6月的评论中，弗里德曼指出，他希望学术界对《价格理论》教材中资本理论的论述给予更多的关注，并希望找到时间以这一部分为基础撰写一部小书。

② 关于这些段落，参见前述第一章、第七章以及第十三章。

材对弗里德曼经常提到的价格理论课程提供了某种永久记录的东西。弗里德曼在20世纪50年代继续讲授这门课程，尽管他的研究兴趣转向了货币分析。尼尔·华莱士在1961年年初上过这门课，在2013年3月15日笔者的访谈中回忆说，弗里德曼当时向他表达的看法是，人们不应该在他们自己的研究领域进行教学。不过，在以著作形式出版了这门课程材料的几年之内，弗里德曼违背了自己的命令。他大约有十年时间放弃了价格理论的教学，转而讲授研究生的货币理论。弗里德曼讲授的价格理论的早期岁月在第四章已经论述过。这里对他在1947年到1962年讲授的价格理论课程进一步做出一些评论——部分反映了这本教材的内容，部分是由学生的直接叙述所表明——是有必要的。

首先，这门课程的教材不是特别具有技术性。它的内容证实了弗里德曼在20世纪40年代中期以后远离大量使用数学的倾向。《美国经济评论》在审查这本教材时注意到了这一点。罗杰·米勒（Miller 1963，467）评论说："这本著作基本上没有数学。"这本著作的这个特征与邹至庄在20世纪50年代初上弗里德曼的价格理论课程的经历保持一致。在课堂上，弗里德曼"使用拉格朗日乘数"，但是根据笔者在2013年7月1日对邹至庄的访谈，这是弗里德曼在这门课上使用数学的"差不多的极限"。[①]不过，当弗里德曼在20世纪60年代前半期结束其作为价格理论课程教师的第一个任期时，他讲授这门课程的技术水平与芝加哥

---

[①] 关于弗里德曼在价格理论课上使用拉格朗日乘数的文献证据，参见M. Johnson and Samuels（2008，109）和Friedman（1962b，40；1976a，37）。

大学经济学的其他博士研究生课程并没有明显的步调不一致。①罗伯特·卢卡斯像尼尔·华莱士一样,在1960—1961学年上了两个学期的这门课程。这种经历促使他将弗里德曼称为"对我和我班级的所有同学无疑具有最大的影响"(参见 McCallum 1999b,281)。当问到价格理论课程的技术水平与其他的课程计划相比如何时,卢卡斯回忆说,技术水平"大致在同一水平"。② 他在2013年3月日笔者的访谈中继续说:

> 芝加哥在当时并非一个技术水平高的地方……弗里德曼对一般均衡论毫无兴趣,并有点敌视它。那是其他地方在20世纪五六十年代广泛研究的东西。他是一个好的统计学家。但是,他对劳伦斯·克莱因、莫迪利安尼和其他人正在做的宏观计量经济学的模型建构的著作毫无热情。而且,你知道,他对这类著作进行了严厉的批评。虽然他并不反技术,但是他对人们使用技术工具的方式缺乏热情。

---

① 弗里德曼在20世纪60年代最后一次讲授价格理论是在1963—1964学年。例如,根据2016年9月12日丹尼尔·海莫默什与笔者的私人通信,丹尼尔·海莫默什是在1964年的春季完成弗里德曼的课程的。因此,对于弗里德曼讲授的这门课程,沃尔特斯(Walters 1987, 424)所称的"从1963年到1973年的间断"可以更加准确地描述为从1964—1965学年延伸至1972—1973学年的间断。因此,《两个幸运的人》第202页关于这些间断年份的记录是错误的。
② 这种描述与贾格迪什·巴格瓦蒂(Bhagwati 1977, 225)的看法是一致的。不过,下面将要论证的是,巴格瓦蒂对芝加哥大学经济系大约在1960年的描述夸大了弗里德曼为系里盛行的态度确定基调的程度。

在该教材的1962年版本中，弗里德曼亲自承认，他不会论述"一般均衡理论"，尽管该议题无疑与这本著作的论题范围完全吻合。虽然弗里德曼在1976年的版本中指出修订版依然不会涵盖这个论题，但是，他现在似乎认为这种省略是恰当的。① 实际上，根据笔者在2013年5月1日对阿诺德·哈伯格的访谈，阿诺德·哈伯格在20世纪70年代担任经济系的系主任时，在弗里德曼离开芝加哥大学之后，面临将提升这门课程的"帕累托和瓦尔拉斯"风格的内容的看法的情形下，试图坚决保持价格理论作为一门相对非技术性的课程。当然，在弗里德曼的时代，一般均衡理论已经在芝加哥大学他讲授的经济学课程之外的其他课程中得到讲解。最终，它在芝加哥大学经济学的研究生教学中占据了非常重要的地位。这不仅是在价格理论课程上，而且在以南希·斯托克、罗伯特·卢卡斯和爱德华·普雷斯科特（Stokey, Lucas, and Prescott 1989）的专著为基础的课程上都是如此。②

正如第四章所指出的那样，弗里德曼的价格理论课程一开始就大量使用例子，这种方法也反映在该课程的著作之中。不过，使用例子与侧重于案例研究不是同一回事。诚如其课名所描述的那样，这门课程主要是理论性的。在这种背景下，弗里德曼使用的例子就是讨论理论的一个起点。例如，卢卡斯和萨姆·佩尔兹曼（1960—1961年该班的另一位成员）都回忆说，弗里德曼使用《华尔街日报》和其他报纸上的文章的引语来展开他的分

---

① 参见 Friedman（1962b, 4; 1976a, vii）。
② 根据笔者在2015年6月17日对格伦·韦尔的访谈，加里·贝克尔在弗里德曼离开芝加哥大学之后的时代向学生讲授的价格理论课程中，讲述了某些一般均衡理论。

析。[1]萨姆·佩尔兹曼在2013年3月1日笔者的访谈中详细阐述了该课程的上课方式:

> 他是这样上课的:走进教室带着一堆索引卡,班上的每一位都列在索引卡上——这个班级大约有50人,大约有50人的班级不算小——然后他就开始了。他会说,这是阅读清单,这是我的笔记,这些笔记后来实际上变成了一本教材。你可以在1960年想象先进的技术;这些是油印的笔记,用曲别针连在一起。然后他说,"你们可以自己阅读所有这些材料。我今天要阅读《华尔街日报》上的下列材料。你们觉得怎么样?"接着他就翻阅他的索引卡,他会说:"哈里斯先生,你觉得这样做怎么样?"那就是这门课讲课的方式……存在着的一定的非正式性和严谨需求的结合。

佩尔兹曼补充说,当弗里德曼要求一位学生分析一个问题时,"你最好有一个好的答案"。佩尔兹曼也谈到了这门课程对他的延迟影响,以及这种延迟的影响如何导致他改进了他对弗里德曼在这门课程上的目标的认识:

> 无论他自己在专业上做的是什么和他是如何做的,他当然不会在课堂上传达经济学家的一个重要特征就是拥有精湛的技术。实际上,我只是在这门课程结束或者在这门课

---

[1] 关于卢卡斯讨论的这一点,参见 Klamer(1983, 30);关于萨姆·佩尔兹曼的看法,参见 Sanderson(2012, 7)以及本章的讨论。

程进入第二个学期之后才明白他在课堂上所做的事情。你知道，有一天与我的朋友一阵狂饮之后，我在下午醒来，睡眼惺忪，意识模糊。我打开收音机，收听的是新闻报道，一个家伙正说着某事。我自言自语道，"什么样的模型会产生那种声明呢？这个模型或理论的含义是什么呢，或者不管它是什么呢？什么样的概念框架会产生那个家伙正在做的联系呢？"然后，我突然意识到，我说，"这就是我从弗里德曼那里学到的东西"。你所需要做的事情就是将经济理论用来理解现实世界的问题，不仅是你选择的问题，而且是每天24小时、每周七天的问题。你可以倾听真实世界的发展状况，然后通过经济学的透镜来解释它们。那就是他教给我们的东西，而必然的结论是，根本不需要复杂的数学来回答那类问题。因此，他不仅确实明确地向学生们传达了经济学重要的信念，而且确实向学生传达了让经济学保持简单并应用于一系列问题的重要性的信念。

价格理论课程在芝加哥大学的研究生教学中所处的位置也要谨防弗里德曼"领导"或"主导"了芝加哥大学经济系或其学生的这样的观念。价格理论是一门必修课程，但是它一般而言在每个学年期间开设两次。根据这种安排，弗里德曼只讲授其中开设的一门价格理论课程。实际上，在弗里德曼讲授价格理论的后来岁月中，他先前在价格理论班上的学生阿诺德·哈伯格讲授另一门价格理论课程。通常，学生们在芝加哥大学学习研究生水平的经济学，曾经不必选弗里德曼讲授的课程。

正如本章后面将要进一步论证的那样，弗里德曼也没有在经济系取得支配他人的地位。相反，系里的几位成员所做的研究截然不同于弗里德曼所做的研究。罗伯特·卢卡斯在2013年3月12日笔者的访谈中回忆说："他尊重这样的事实，存在这样一些人，其他人可能会喜欢他们，但是他们的研究不是他所喜欢的。你知道，他并非一个咄咄逼人的家伙，他在系会议上根本不是一个仗势欺人者。"① 而且，诚如下面将要讨论的那样，经济系的主要货币经济学家的观点在重要的方面不同于弗里德曼的观点。

此外，弗里德曼到20世纪60年代并非整年都长期待在芝加哥大学。他很多时间都居住在新英格兰。弗里德曼在新罕布什尔州靠近佛蒙特的奥福德有一处避暑别墅，他利用这个据点来做弗里德曼与施瓦茨的货币项目的大量研究。后来，他将避暑据点重新搬到了佛蒙特境内，在伊利购买了一套住宅。② 罗伯特·卢卡斯在2013年3月12日笔者的访谈中，回忆了弗里德曼在芝加哥大学的晚期岁月中的课程安排，"他总是在春天和夏天在佛蒙特

---

① 卢卡斯指的是，当卢卡斯是他的同事时，是弗里德曼在20世纪70年代在系里的最后几年。不过，他的描述也适用于20世纪60年代，因为在这十年中，弗里德曼与系里的许多成员都保持了良好的关系，尽管他们的观点与他不同。例如，弗里德曼（Friedman 1969c, 129）在1969年赞扬宇泽弘文对系里的学生提供的指导，而宇泽弘文既不会赞同弗里德曼对市场经济持有的肯定性观点，也不会赞同弗里德曼总体而言对一般均衡的正式理论化所持有的否定性观点。

② 参见弗里德曼在《两个幸运的人》第164—165页中的讨论。1959年2月22日的《纽瓦克周日新闻报》（*Newark Sunday News*）对弗里德曼的简介中提到了这个避暑别墅。根据笔者在2013年9月12日对约瑟夫·伯恩斯的访谈和2014年10月29日与约瑟夫·的私人通信，奥福德和伊利的别墅都靠近阿瑟·伯恩斯的避暑别墅，但是，在这两个别墅中，伊利的地点更加靠近阿瑟·伯恩斯的别墅。

度过。因此，他只有两个季度在这里。他告诉我（一旦卢卡斯在1974年加入经济系），我应该做同样的事，因为那样就会使你不适合担任系主任这样的职务，你就可以专注于你的研究。我认为，那是某种奇怪的建议，但也不是坏的建议"。① "我花六个月在芝加哥教书，六个月在这里，但是，我绝大多数著述和研究正是在这里做的"，弗里德曼在1975年8月17日《纽约时报》第13版上解释说，"远离了课堂和委员会诸如此类的事情"。

## 第二节　问题：1961—1963年

### 一、《资本主义与自由》取得的成功

弗里德曼的著作《资本主义与自由》在1962年后期出版，而该著作对许多领域的美国公共政策都倡导市场解决方案。

《资本主义与自由》常被拿来与《自由选择》进行比较——这种比较通常对更早的著作非常有利。罗伯特·卢卡斯在1982年指出，他喜欢《资本主义与自由》远胜于《自由选择》，因为前者论证更加严格，更适合经济学家读者（Klamer 1983，52）。同样，加里·贝克尔在2013年12月13日此书的访谈中陈述说：

---

① 卢卡斯描述的这种安排——在这种安排中，弗里德曼不在芝加哥的学期是春季学期和夏季学期——都适用于弗里德曼在芝加哥大学的最后三个全部学年，即从1973—1974学年到1975—1976学年。通常在20世纪60年代直到1970—1971学年的安排是，弗里德曼在自然年的后半期，即夏季学期和秋季学期不在芝加哥（例如参见1970年1月25日《纽约时报》第84版）。

"喔,《资本主义与自由》是一本伟大的著作;《自由选择》是一部通俗著作,就它的目的而言做得非常好,但是,你知道,它缺乏《资本主义与自由》的深度。我认为,《资本主义与自由》真的是一本伟大的著作,在思想方面非常具有影响力,也是一本严肃的著作。《自由选择》是一本通俗著作……但是,作为一本基础性的著作,你不能将它与《资本主义与自由》进行比较。"实际上,找到一个主张《自由选择》优越于《资本主义与自由》的经济学家是一项艰巨的任务。弗里德曼当然不会这样主张。弗里德曼夫妇甚至在《自由选择》的前言中承认,它不如《资本主义与自由》那么具有分析性。[1] 弗里德曼在 1991 年承认:"事实上,我相信,《资本主义与自由》是一本更好的著作。"[2]

对于一本弗里德曼开始将它描述为他"尝试系统地阐述我的经济哲学"的著作和其他人称颂为一本赏心悦目的、写作严谨的和主题统一的著作而言,《资本主义与自由》的产生更是杂乱无章,甚至比《价格理论》的产生都更加"杂乱无章"。[3] 这本著作没有索引。[4] 它的正文在很大程度上是由弗里德曼在 20 世纪 50 年代和 60 年代初发表的讲演和撰写的文章的摘录所汇编而成。弗里德曼表示,他尤其是大量利用了他在 1956 年印第安纳州的瓦伯西学院(Wabash College)所发表的讲演,听众则是一群来

---

[1] 《自由选择》第 ix 页,一些后来重印版的第 xiii 页。
[2] Friedman(1991a)。另参见弗里德曼在丹尼尔·哈蒙德 1989 年访谈中的评论。
[3] 引语来自 Friedman(1972d, x)。
[4] 索引后来在纪念版中加入,例如 Friedman(2002)。

自各个大学的自由市场支持者。①

而且,不只是未发表的材料被考虑加入。弗里德曼在该著作的前言中实至名归地写道:"我从已经发表的材料中自由地进行了选取。"② 实际上,该著作的相当大篇幅近乎是由先前文章的直接重印所构成。例如,阅读过弗里德曼关于中央银行独立性的论文和他的《货币稳定计划》的读者会认出那些来自这些先前著作的段落。③ 评论家们并非没有注意到《资本主义与自由》在很大程度上是弗里德曼材料的一个"精选包"这个事实。例如,阿巴·勒纳在《美国经济评论》上评价这本著作时开篇就将其描述为"一部由米尔顿·弗里德曼的讲稿和文章改写的作品"(Lerner 1963,458)。④ 这本著作的寿命和它在许多经济学家之中获得的高度尊重表明,虽然构成《资本主义与自由》基础的材料各不相同,但是,最终的产品还是紧凑的。

就这本著作的紧凑而言,这在很大程度上归功于罗丝·弗里

---

① 例如参见《资本主义与自由》第 i 页;1967 年 6 月 1 日《财富》杂志第 148 页和 1989 年丹尼尔·哈蒙德访谈的第 47 页。瓦伯西学院的原始讲稿的电子版此后一直可以从胡佛研究所的网站获取。
② 《资本主义与自由》第 ii 页。
③ 将来自第一篇文献的材料加入该著作中可能不会被认为是重印,因为虽然弗里德曼是在 1960 年 4 月就中央银行独立性发表的谈话(Yeager 1962,1),但是,这次谈话和《资本主义与自由》是在同一年发表的。参见 Friedman(1962d)。
④ 阿巴·勒纳的评论——将在下面第三节进一步讨论——是经济研究期刊上对弗里德曼的这本著作发表的几个评论之一。因此,像安格斯·伯金(Burgin 2012,174)所做的那样,说《资本主义与自由》在这些期刊上"基本没有受到关注"的说法是不正确的。

德曼。弗里德曼承认，她负责将材料综合成为著作的形式。① 这本著作的内部荣誉写的是"米尔顿·弗里德曼在罗丝·弗里德曼的帮助下"，这与20世纪80年代的《自由选择》的著作版和《现状的专制》给予罗丝·弗里德曼共同署名的荣誉形成了对比。《资本主义与自由》和《自由选择》之间荣誉的差异是否反映了弗里德曼妻子的不同劳动投入程度是不清楚的。《新闻周刊》在1976年10月25日第89页上对弗里德曼的简介中说，罗丝·弗里德曼"帮助编辑了"《资本主义与自由》。但是，米尔顿·弗里德曼在1994年的访谈中说，他的妻子在1962年"应该享有合著者"的声誉。② 在1994年1月14日的《投资人商务日报》（Investor's Business Daily）第2版上，他说："她真的对这本著作做了绝大部分工作。"

实际上，弗里德曼在《美国名人录》连续多年的词条（例如Marquis Who's Who 1964, 695; 1976, 1080）中，将他的妻子列为《资本主义与自由》的合著者。而且，弗里德曼夫妇称这

---

① 例如参见Friedman（1962a, iii; 1982e, vi）。安格斯·伯金（Burgin 2012, 174）强调了亲自由市场的沃尔克基金在资助弗里德曼在1956年瓦伯西大学的演讲和他参与的其他一些活动方面所发挥的作用（参见《资本主义与自由》第i页）。虽然他承认弗里德曼并没有剪裁他的观点，以便与资助他的著作的基金保持一致（Burgin 2012, 171, 174），但是，伯金在第174页中认为，沃尔克基金可能使弗里德曼的思想"系统化和大众化"。这种刻画忽略了构成《资本主义与自由》的几个关键因素：这本著作利用了沃尔克基金资助的演讲之外的其他材料；后面的演讲部分传达了弗里德曼已经做的研究结论；弗里德曼自从1943年以来就一直参与大众辩论；罗丝·弗里德曼将构成《资本主义与自由》基础的材料编辑成为著作的形式，从而在"系统化"的过程中发挥了很大的作用。
② 1994年11月20日美国有线卫星公共事务电视网节目副本第8页。

本著作为"我们的"著作。① 另一方面，弗里德曼有时将《资本主义与自由》描述为"我的著作"。② 我们也应该记住的是，这本1962年的著作所具有的部分重印的特征让它的制作与弗里德曼夫妇后来的著作的制作相比更不容易进行全面的合作。就罗丝·弗里德曼而言，她在1980年10月18日《海峡时报》（*Straits Times*）上以如下的方式描述了她与丈夫合作的情况："我的丈夫从不会在我没有通读和谈论它的情况下写任何东西。在我们合著的两本书中，我们每人撰写不同的章节，相互评论和纠错。我们对这两本书在写作、编辑、修改等方面所做的工作是均等的……现在，你不能说谁写了什么，因为整本书的风格是一样的。我总是告诉人们，我们像一个人一样工作。我们是一体的。"

米尔顿·弗里德曼在1961年赞同这种观念，政府对市场干预的优越性应该具体问题具体分析。他补充说，限定条件是构成个案研究基础的判断应该基于基本的原则。③ 在《资本主义与自由》中，弗里德曼在对政府的干预进行判断时就坚持了这种处理方法。指导这些判断的具体原则是在牺牲个人自由和分散化解决方案方面应该设立较高的门槛。正如F.X.萨顿（Sutton 1963,

---

① 例如参见《自由选择》第ix页和1985年版《现状的专制》第65页。另参见Friedman and Friedman（1988，463）。1984年版《现状的专制》在正文之前的"米尔顿·弗里德曼的其他著作"部分，将罗丝·弗里德曼完全列为《资本主义与自由》的合著者。
② 例如参见Friedman（1972d，92）。
③ 来自弗里德曼在1961年5月3日在华盛顿特区的美国商会就"政府在我们社会中的作用"与宾夕法尼亚民主党参议员约瑟夫·S.克拉克进行辩论的稿件。弗里德曼在1979年做了类似的评论：参见他在Proprietary Association（1979，39）中的文章。

491）所说，这本著作接着"向我们所有人表明，他的原则将引导他向何方"。罗伯特·卢卡斯认为《资本主义与自由》是一本比《自由选择》更好的书的原因是，前一本著作在原则与政策建议之间建立了更好的联系。倡导自由市场解决方案的例子是在系统探讨反对的理由之后提出来的：

> 我喜欢这样的问题——我依然喜欢——你知道，"政府的作用是什么，我们如何决定政府应该干什么；自由市场应该干什么"。……这里绝没有假设，政府搞砸了任何事情……我认为，整个讨论真的很优美，具体的解说也很优美。它只是自由经济学并非一个革命性学说的观念。它可以将事情逐渐地拼凑起来。因此，我们努力将这些宏大的问题排除，只开始谈论［说］最低工资，它的影响是什么（参见笔者在2013年3月12日对罗伯特·卢卡斯的访谈）。

约翰·泰勒将 1962 年出版的《资本主义与自由》和肯尼迪政府在同一年发行的《总统经济报告》（*Economic Report of the President*）进行了对比："他们关注的焦点完全不同。"约翰·泰勒在 2013 年 7 月 2 日笔者的访谈中援引了弗里德曼对有限政府、以规则为基础的经济政策和货币政策比财政政策具有更大力量的强调与 1962 年《总统经济报告》（*Council of Economic Advisers*）所提倡的相应观点之间的差异。[1]

---

[1] 另参见 Taylor（2012，62）。

一些人可能不愿意接受约翰·泰勒的比较。毕竟，1962年的《总统经济报告》最为人们所记住的部分就是其中的一位作者詹姆斯·托宾后来所推荐的对美国凯恩斯主义宏观经济学的非技术性阐释（Tobin 1987a, 105），然而《资本主义与自由》的内容主要是微观经济学，只有几章论述稳定性政策。不过，更仔细的研究会证实约翰·泰勒对这两份文献的比较是恰当的。正如下文第三节所讨论的那样，肯尼迪政府的宏观经济政策的确需要以工资和物价指导政策的形式对价格体系进行干预。虽然肯尼迪政府强有力地倡导大幅度降低边际税率的减税政策——鉴于美国在1962年的最高边际税率普遍非常高，因此该政府提出的措施在各学派的许多经济学家看来是可取的——但是，经济顾问委员会支持减税的理由主要将这种政策视为刺激总需求的措施。

肯尼迪政府内部亲近该政府的经济学家也不同意弗里德曼在他的研究成果和在《资本主义与自由》中对货币政策所表达的观点。阿瑟·奥肯（Okun 1968）侧重分析货币政策对名义利率行为的影响。因此，他就忽视了实际利率与名义利率的区分，并且实际上认为弗里德曼对货币存量的强调是错位的。[1] 这种看法也明显体现在保罗·萨缪尔森的评论之中，因为他虽然处在政府之外，但是支持肯尼迪经济团队的倡议。[2] 萨缪尔森在1962年10月8日《金融时报》第8版上指出，"高度重视货币供给的行为"

---

[1] 另参见下一章。
[2] 萨缪尔森与该政府（以及与之前的肯尼迪竞选活动）之间的密切关系，导致他将他自己写为他"是总统约翰·F.肯尼迪的经济顾问"（Samuelson and Nordhaus 1985, v）。

是"老一代"的一个组成部分。①

至于政府的作用,弗里德曼在1969年5月4日纽约西部国家广播公司《畅所欲言》副本第2页的访谈中将他的观点总结如下:"我比较喜欢将我们看作是个人组成的社会,数百万个个体所组成的社会,我们共同使用各种手段来满足我们的需要和欲望……问题是,我们通过政府做事情的最好建议是什么呢?"他更早在《资本主义与自由》中也有一个类似的陈述。②正如这种看法所表明的那样,《资本主义与自由》的大量内容都是关于外部性以及在面临外部性的情况下公共政策的恰当反应。弗里德曼关于大量的经济研究就是关于外部性研究的评论就凸显了这本著作的这方面内容。③《资本主义与自由》中的这种材料有助于反驳丹尼尔·琼斯(Jones 2012,118)关于弗里德曼"几乎没有花时间思考过"市场失灵的说法。事实是,弗里德曼确实认同应该采纳最小政府干预的解决方案的观点,除非外部性占据显著地位。这是经济学家的标准立场。诚如前面第九章所指出的那样,这种立场反映在弗里德曼关于经济分析的逻辑往往导致经济学家支持自由市场的评论之中。

不过,《资本主义与自由》的分析所得出的结论是,支持政

---

① 这是萨缪尔森一直坚持的一种看法:在2006年与劳伦斯·萨默斯的通信中,他指出,弗里德曼的经济观点是"顽固保守的"(引自2013年9月14日《华尔街日报》)。
② 参见《资本主义与自由》第2页。
③ 《资本主义与自由》第14页。这里正如在Friedman(1955e,362)中一样,弗里德曼使用过时的术语"邻里效应",并将其与垄断势力一起归入经济学家需要研究的不完全竞争。今天,这两类现象都归入外部性的标题之下。

府干预正当性的理由比当时经济学家之间所一致同意的理由要少得多。一个恰当的例子就是公共住房。卢卡斯在1982年援引政府干预中的公共住房的例子表明，弗里德曼在1962年的《资本主义与自由》中对此的批评似乎过于激进，只是在后来才被广泛接受（Klamer 1983，53）。即便如此，弗里德曼在《资本主义与自由》中提议的政策改革很少被采纳。安娜·施瓦茨（Schwartz 1993，209）评论说，弗里德曼的经济政策建议在后来被实施的数量"与他提倡的但并未被采纳的各种改革相比是微不足道的"。这一评论尤其适用于《资本主义与自由》的议程。

征兵制在写作《资本主义与自由》之时作为正在实施的政策之一，为该书中的一个在其他方面看起来是夸张的陈述提供了某些根据，即弗里德曼的这个说法，"现代"美国的自由主义者——他挑战他们的立场——"倡导的措施会摧毁自由"。[①] 不过，弗里德曼的说法是存在问题的：这种说法没有区分倡导极端庞大的公共部门之人与希望限制政府但意识到政府需要在经济中发挥比弗里德曼所认为的更大作用的人。弗里德曼在此问题上的一个更加细致入微的陈述在《资本主义与自由》十年之后发表在1972年2月28日的《新闻周刊》上："正如我们是的那样，我们可以有一点或更多一点的社会主义，无须一路走下去。"

在结束目前的讨论之前，探讨一些该著作的影响是合适的。该著作在1962年4月依然还在撰写。[②] 它在大约六个月之后就

---

① 《资本主义与自由》第6页。
② 参见《资本主义与自由》第67页和134页。

出版了。弗里德曼认为,《资本主义与自由》适合普通读者。[1]与这种看法相同,迈克尔·德普兰诺和托马斯·梅耶(DePrano and Mayer 1965,730)将此书描述为"通俗著作"而非研究文献的一部分。但是,《资本主义与自由》向大众的传播最初因在大众媒体上缺乏广泛的报道而减弱。诚如弗里德曼几次回忆说,《纽约时报》《新闻周刊》《时代》杂志等全国媒体没有对此书发表一篇评论。[2]《资本主义与自由》在《华尔街日报》上提前曝光了某些内容,因为弗里德曼在20世纪60年代初在该杂志的专栏版上发表了几篇文章,实际上包括对《资本主义与自由》的材料进行预告的几篇文章。[3]虽然《华尔街日报》是全国性报纸,但是,甚至这些曝光也因为《华尔街日报》截至1962年几乎不享有综合性刊物的地位的这个事实而减少。同样,1962年10月6日的《商业周刊》就这本著作发表了一篇特写报道的长文,《经济学人》发表了一篇评论,但是,这两个杂志都是商业杂志,而《经济学人》在20世纪80年代初之前还没有在美国的报摊上发行。[4]

缺乏宣传可能无助于销售。尽管如此,马克·斯库森

---

[1] 另参见 Friedman(1972d x;1986a 85)。
[2] 弗里德曼的这种评论包括 Hammond(1989,48),Friedman(1991a),以及1994年11月20日美国有线卫星公共事务网节目副本复印件第7页。
[3] 参见弗里德曼在1961年5月17日和18日在《华尔街日报》上就《资本主义与自由》论述的问题所发表的专栏文章。弗里德曼也在1962年4月30日的《华尔街日报》上发表了一篇论对外援助的专栏文章。
[4] 参见弗里德曼在1989年丹尼尔·哈蒙德的访谈中和在1994年11月20日美国有线卫星公共事务网副本复印件第7页上提到的1963年2月16日的《经济学人》上的评论。另参见 Laidler(2007)。关于《经济学人》在美国广泛发行时间的报道,参见1981年3月16日《纽约每日新闻报》(*New York Daily News*)。

(Skousen 2001，390）和安格斯·伯金（Burgin 2012，153）都断然宣称，《资本主义与自由》在20世纪60年代是一本畅销书。①不过，事实并非如此。《财富》杂志在1967年6月1日的第148页上就《资本主义与自由》出版五年之后关于它在20世纪60年代"几乎不是一本畅销书"的评定意见是恰当的，而这个陈述与《华尔街日报》后来在1969年11月4日第15版上关于弗里德曼只是在1966年成为《新闻周刊》的专栏作家之后才获得了大量的非经济学家读者的评论是一致的。对于一本由学术出版社出版的著作而言，这本书卖得很好，因为它的平装本在1967年就达到了7次重印。但是，《资本主义与自由》按照客观标准——比如一本书必须列入报纸的畅销书排行榜的标准——而言在20世纪60年代期间不算一本畅销书。根据笔者在2013年7月15日对查尔斯·H.布鲁尼的访谈，当弗里德曼夫妇的《自由选择》在20世纪70年代末准备付印时，出版商需要相当多的说服力才像它所做的那样授权首次大批量的印数，因为它关心的是这种印量要根据弗里德曼著作的业绩记录来证明是正当的。正是弗里德曼在20世纪70年代的声誉和《自由选择》的著作和节目所取得成功的影响才在这些年期间帮助《资本主义与自由》的销售增加到一个更高的水平——1981年年初达到40万本、1987年达到

---

① 有点矛盾的是，马克·斯库森宣称《资本主义与自由》是"弗里德曼写的一本畅销书"的一节标题出现在标题为"弗里德曼最终产生了影响"一节之前（Skousen 2001，390，392）。无论如何，后一节是基于Friedman and Meiselman（1963）和《美国货币史》等著作在当时没有产生重大影响的错误依据所写的。

50万本，到21世纪10年代中期达到大约60万本。①

相应地，弗里德曼在《资本主义与自由》最初出版之后依然远远不是家喻户晓的名字。他成了一位更著名的美国经济学家，同时广泛旅行。与20世纪70年代在全美国和全球繁忙的旅行形成对比的是，弗里德曼在20世纪60年代依然经常开车从芝加哥到美国的不同城市旅行。②

不过，这本著作在最初发行之后变得足够的知名，以至于萨姆·佩尔兹曼可以确定弗里德曼的知名度在出版《资本主义与自由》之后在经济学界之外快速上升的时间。在某种程度上说，弗里德曼通过1962年之前的活动已经获得了一个自由市场倡导者的声望。《时代》杂志在1961年3月3日第22版上用一个弗里德曼对他的思想避免使用的标签时说，他在美国"被认为是最杰出的保守经济学家"。萨顿（Sutton 1963，491）评论说，"弗里德曼长期以芝加哥城堡里的一位令人生畏的骑士知名"。1962年的一本选读著作（Mark and Slate 1962，33）说，"米尔顿·弗里德曼……被公认为自由企业制度的最重要倡导者之一"。《资本主义与自由》强化了这种印象，而《时代》杂志在1963年5月31日论芝加哥大学的一篇文章中则给予这本著作姗姗来迟的关注。不过，这篇文章在这样说时对这里的情形给予了错误的描述："'古

---

① 参见1981年4月1日《波士顿环球报》第45版，以及Leube（1987，xvi），Friedman and Friedman（1988，463），以及弗里德曼在拉塞尔·罗伯茨（R. Roberts 2006）2006年的访谈中就这些销售数字所做的评论。

② 例如，众议院行政委员会（Committee on House Administration 1964，257）对弗里德曼在1964年3月3日国会作证的报销记录表明，他开车到华盛顿出席这场听证会。

典'经济学家弗里德里希·哈耶克长期工作的研究生院经济系，现在对哈佛的自由主义者约翰·肯尼思·加尔布雷斯提供了保守的米尔顿·弗里德曼（《资本主义与自由》）作为芝加哥大学的回答。"事实上，哈耶克当然不是经济系的成员。而且，我们已经看到，哈耶克似乎对经济系的活动不感兴趣，包括弗里德曼在货币经济学中的研究项目的具体情况。

《时代》杂志关于芝加哥大学经济系向世界"提供了"了弗里德曼的说法也应该受到质疑。那种认为弗里德曼是芝加哥大学的经济学家推荐的领军人物或发言人的说法，是在假设可能不在那里的芝加哥大学经济系的成员所赋予的某种程度的同意。相反，诚如已经指出的那样和将要在下面进一步讨论的那样，系里的许多成员的兴趣领域与弗里德曼的研究几乎没有交集，而弗里德曼的思想甚至在系里的货币经济学家之中都遭遇了抵制。确实，经济系的货币经济学家不得不面对弗里德曼的货币研究。不过，随着20世纪60年代的流逝，美国的宏观经济学家作为一个整体同样要面对弗里德曼的货币研究。因此，弗里德曼作为芝加哥学派领军人物的形象与其说是系内接受的形象，不如说是他在外部的形象。

《商业周刊》在1962年10月6日第76页上发表的对《资本主义与自由》进行有限的新闻报道的文章提到了弗里德曼"对美国货币史的宏大研究"。一年多之后，这项研究的主要成果就付印了。

## 二、《美国货币史》的推出

弗里德曼在1961年年初回应约翰·卡伯特森对他的货币研

究的批评时告诫说，他那些受到严格审查的文章——主要是由他在20世纪50年代晚期的国会备忘录和证词构成——是他正在进行研究的"必然压缩的和初步的"报告。他补充说，这项研究的最终版本很快就会付印。它包括他与安娜·施瓦茨的专著，"暂时定名为《美国货币存量，1867—1960》(The Stock of Money in the United States, 1867—1960)。这本书差不多最终完成了……它最迟应在1962年出版"。①

1962年的日期将被证明是另一个错过的截止日期。弗里德曼与施瓦茨的项目在整个20世纪50年代一直在进行，而弗里德曼在国民经济研究局的《年度报告》连续各期上提供这个项目进展的更新信息。例如，弗里德曼在1958年的报告中说，国民经济研究局分派的阅读者仔细审查了1957年的"大部分"初稿，尽管他补充说他与施瓦茨依然在增加章节。②那些跟踪研究文献的人也可能会发现对这本即将出版著作的提及。弗里德曼先前的一位学生在1961年的《金融杂志》(Journal of Finance)上发表的一篇长文中使用了"由米尔顿·弗里德曼和安娜·施瓦茨编制的"季度货币流通速度序列（Selden 1961，486），而梅尔策（Meltzer 1963，235）则依赖弗里德曼和施瓦茨"在他们即将出版的著作中使用的"持久收入估计。

但是，在芝加哥大学，经济学的许多学生和教师只是模糊地

---

① Friedman（1961d，447）。
② Friedman（1958g，39）。在爱德华·纳尔逊（E. Nelson 2004a，401）2004年的书中，安娜·施瓦茨将20世纪50年代末确定为全稿完成的日期。不过，她后来在回忆中（下面要引述）讲述的反应反而是与《美国货币史》1961年版的草稿相关。

意识到弗里德曼和施瓦茨的研究进展——这是弗里德曼与芝加哥大学经济学并非等同的事实的另一个说明。弗里德曼的同事阿诺德·哈伯格在2013年4月12日笔者的访谈中，在被问到他和经济系的其他成员是否在20世纪50年代意识到弗里德曼与施瓦茨的研究进展的内容时给予了否定的回答："你知道，这里像绝大多数顶级水平的系一样：每个人都有他自己的事情要做；将大多数教师汇聚在一个地方、倾听教师中的其他人讲演的情形是不常见的。"[1]

甚至在弗里德曼对国内货币分析的关键研究领域，也不能说他支配着芝加哥大学经济学的舞台。有人声称20世纪60年代初的情形就是如此。例如，贾格迪什·巴格瓦蒂（Bhagwati 1977，225）声称，经济系"在当时非常具有弗里德曼的风格"。依照哈伯格在2013年4月12日笔者的访谈中的看法，弗里德曼在经济系之外不断增长的形象可能容易导致夸大他在系内的地位的印象。

确定无疑的是，经济系在20世纪60年代初的其他货币经济学家的个性也不支持该系是仿效弗里德曼的形象的观念。弗里德曼的一位学生菲利普·卡根在毕业后曾是经济系的一名助理教授，但是他在1957年离开了（American Economic Association 1970，62）。哈里·约翰逊在1959年加入经济系，从凯恩斯主义的视角一开始就在很大程度上反对弗里德曼的观点（例如参见

---

[1] 同样，罗伯特·卢卡斯从1960年起就是系里的一名研究生，认为弗里德曼在20世纪60年代初"与安娜·施瓦茨的货币史项目刚开始起步"（Lucas 2004a，19）。事实上，这个项目已经一直进行十多年了。

Laidler 1984）。阿诺德·哈伯格赞同弗里德曼的某些货币思想，但是，业已指出，他所从事的研究计划不会让他与弗里德曼的研究保持紧密的联系。随着弗里德曼对货币的研究发现不断出现，哈伯格对这些研究结论的重要方面持主要的反对意见。一个适当的看法似乎是，除了弗里德曼与他的学生，在威廉·德瓦尔德于1962年加入该系之前，芝加哥大学经济系不存在一个强有力的、以美国国内经济为导向的货币主义派别的经济学家。①

与前面的结论一致，罗伯特·卢卡斯（Robert Lucas 2004a）将20世纪60年代初他在芝加哥大学所上的宏观经济学研究生课程描述为"我的凯恩斯主义教育"。而弗里德曼本人回忆，经济系在20世纪五六十年代的习惯做法是"既讲授数量论，也讲授凯恩斯主义理论"。②1964年之后的情形依然如此：当时弗里德曼本人讲授了两门一个学期的宏观经济学研究生课程：一个学期的课程是国民收入决定的理论，另一个学期的课程是货币理论。约翰·古尔德在2015年3月20日的访谈中说，他上过这些课程。他指出，当弗里德曼的名字在后来的岁月中突然出现时，他要人们猜测弗里德曼使用了哪本重要教材。他们几乎没有给出正确的

---

① 威廉·德瓦尔德在经济系是从1962年到1964年（American Economic Association 1970，105）。弗里德曼（Friedman 1962e, viii）已经援引过德瓦尔德论货币供给过程的明尼苏达大学的博士论文。阿尔文·马蒂1962年也在芝加哥大学（American Economic Association 1970，282），但他的职位只是一名访问教授。虽然他从20世纪60年代起是弗里德曼、施瓦茨和卡根的一位非常要好的朋友，并在他的著述中阐述了"芝加哥学派"的重要货币思想，但是，马蒂通常不被认为是一名货币主义者。

② Friedman（1971h, xxii）。

答案：凯恩斯的《就业利息和货币通论》。

除了上面提到的这些例子，马丁·贝利的研究提供了一个在经济系的货币经济学家中流行的非货币主义者立场的例子。马丁·贝利在20世纪60年代初的成果主要归入凯恩斯主义分析的类别，而他在1956年的博士论文题目是《古典理论和凯恩斯主义理论的一般均衡基础》（American Economic Association 1970, 19）。当马丁·贝利以他对芝加哥大学研究生讲授的宏观经济学课程为基础撰写一本著作时，他将该著作的目标描述为旨在对凯恩斯主义的理论提供一个自成体系的介绍（Bailey 1962, vii）。贝利的著作确实承认货币政策的重要性——也许是根据贝利对弗里德曼在20世纪50年代研究的了解——并在其中讨论了美联储在20世纪30年代初如何可能和应该如何预防货币存量的下降（Bailey 1962, 172）。[①] 但是，这本著作几乎没有讨论它引述的弗里德曼的货币著作。虽然贝利与弗里德曼相处得很好，并参加了货币与银行研讨会，但是，他的著作明显是背离了弗里德曼的著作的那种类型，因为贝利是按照自己的研究计划在进行的。

贝利独立性的一个标志是贝利（Bailey 1968, 876）反对弗里德曼的货币增长规则。在那个讨论中，贝利承认，该规则是对美联储当前政策的一种改进。但是，他宣称，几乎没有人会同意弗里德曼，对弗里德曼货币增长规则进行改进的反周期性货币政

---

① 正如第四章所指出的那样，马丁·贝利在1958年对国会作证时注意到了弗里德曼（Friedman 1958b）提交的带有一些货币史材料的备忘录。

策在实践中是不可能实现的。[①]对弗里德曼而言,他似乎没有为系里有一位同事在他的领域进行研究但反对弗里德曼的许多观点而感到被冒犯了。当马丁·贝利在离开经济系而去追求他在国家安全方面的兴趣之后,弗里德曼在20世纪60年代晚期旨在讲解一门凯恩斯主义经济学的研究生课程上,使用了马丁·贝利在1962年出版的教材,作为对《就业利息和货币通论》本身的一个补充。业已指出,弗里德曼在这门课中也指派了《就业利息和货币通论》。[②]

前面关于弗里德曼的同事的图像强调了这个现实,芝加哥大学的货币经济学作为一个整体看待并不等于货币主义,正如弗里德曼不能为整个经济系为市场解决方案的优越性等非货币问题代言一样。

虽然在弗里德曼的货币研讨班上的学生会了解一些弗里德曼与施瓦茨的研究,但是,与会者只是研究生整体和系里教师的很小一部分。对于系里的大量教师和学生——包括罗伯特·卢卡斯,正如他在卢卡斯(Lucas 2004a)中指出的那样——而言,对

---

① 弗里德曼的固定货币增长规则在20世纪60年代会改进实际货币政策的可能性被另一位对该规则的批评者艾伦·布林德在后来所承认。布林德(Blinder 1981, 39)陈述说,货币主义者的处方"可能在20世纪60年代和70年代初会非常明智"。
② 根据2013年5月24日安-玛丽·梅伦戴克与笔者的私人通信,马丁·贝利(Bailey 1962)1962年的论文尤其在弗里德曼于1968年冬季学期讲授的经济学332号课程"收入、就业和物价水平"中占有重要的地位。这门课程是约翰·古尔德早前上过的国民收入课程的后来版本。弗里德曼也在Friedman(1966d, 79)中书面称赞贝利(Bailey 1962)这篇1962年的论文。

《资本主义与自由》是真实的东西，对《美国货币史》而言同样是真实的：他们第一眼看到的著作是出版的版本。即使戴维·梅塞尔曼参加了货币研讨班并与弗里德曼在20世纪50年代晚期到20世纪60年代初期一起研究，他也直到《美国货币史》全部完稿之后才了解了弗里德曼与施瓦茨研究的规模。戴维·梅塞尔曼在2014年7月16日笔者的访谈中说："我知道，他们正在研究某种像那样的东西，但是我不了解它的研究范围，一点都不知道。后来，当这本著作出版之时，我才开始更多地了解它。在此之前，弗里德曼对《美国货币史》谈得不多。"

弗里德曼与施瓦茨的手稿以题为《1867—1960年的美国货币存量》(*The United States Stock of Money 1867-1960*)的完整草稿在1961年底最终完成。原稿的复印件在学界选择的成员之间传阅，包括詹姆斯·杜森贝里、克拉克·沃伯顿、劳埃德·明茨和霍默·琼斯。[①] 一份复印件也寄给了联邦储备委员会主席马丁，附信的日期是1962年1月5日。正如弗里德曼和施瓦茨后来在1993年12月20日的《华尔街日报》上回忆说，他们的信件寻求对草稿的反馈意见，形式是"批评和尤其是纠正我们可能犯的事实错误，因为我们不能接触美联储的会议纪要"。他们收到一份回复，表示评论需要花些时间。但是，"我们再也没有听到一个字，没有批评，没有错误的纠正，什么都没有"。联邦储备委员会的一位访问学者的确就该草稿撰写了一份内参报告，但是，弗里德曼直到20世纪90年代才看到那份明显主要是恭维性

---

[①] 查尔斯·古德哈特当时是哈佛大学的一位研究生，在2013年7月3日笔者的访谈中说他阅读过手稿，因为杜森贝里给他看了手稿的复印件。

的报告。①1962年，弗里德曼和施瓦茨在没有收到官方的反馈意见的情况下在他们的著作的前言中起草了一段话，表明他们寻求过联邦储备委员会的评论，但没有收到评论。在起草这段话的过程中，弗里德曼在1962年6月28日致施瓦茨的一封信中指出了这段话旨在传达的意思："我们不想直截了当地说联邦储备系统是一群不给我们批评（即草稿的反馈意见）的人，但是我们想让读者能够在思考中弄清楚其中的原委。"②

弗里德曼与施瓦茨的草稿也送给了国民经济研究局的正式读者以及国民经济研究局的董事。正如施瓦茨后来回忆的那样，在那时，"一位董事对草稿的评论是：'你们为什么不用哥伦比亚的珍本部（特别收藏部）收藏的哈里森（Harrison）文献？'嗯，没有人曾经告诉我这些文献。于是，在我们到哥伦比亚获得了哈里森文献的相关部分的复印件——20世纪20年代中期到30年代末期——之后，我们基本上重写了手稿"。③ 由于纽约联邦储备银行的前主席乔治·哈里森将他的文献捐赠给哥伦比亚大学，美联储的内部材料才变得公开可获得。安娜·施瓦茨在1962年8月15日致克拉克·沃伯顿的一封信中说，哈里森文献提供的洞见让1929—1933年的货币政策故事甚至比先前设想的

---

① 参见《两个幸运的人》第234页。对弗里德曼与施瓦茨手稿的内部分析并非联邦储备委员会的成员对货币史草稿的官方分析，因为它是由正在该机构进行一年访问的一位学者戴维·汤森德（David Townsend）所写的。
② 引自现存放在杜克大学的安娜·施瓦茨书信中的文件。
③ 引自E. Nelson（2004a，401-2）。

更加可信。[1]

弗里德曼与施瓦茨对哈里森文献的研究最终造成他们对手稿"进行了大幅度的修改",特别是对关键的第七章——论述1929年到1933年期间,已经命名为"大萧条"那章——的绝大部分修改。[2] 因此,该货币史项目的一个独特之处在于,虽然它的研究长达十五年以上,但是,最终成果体现了最后时刻的大篇幅的实质性修改。[3]

弗里德曼在1962年5月22日致施瓦茨的一封信中对他们在1962年中期的疯狂活动提供了一个简要的说明:完成《美国货币史》和传阅他们的派生著作《货币与商业周期》。[4] 提到的模板也表明了1962年的复印技术状态。

---

[1] 参见施瓦茨在1962年8月15日致克拉克·沃伯顿的信,存放于杜克大学的安娜·施瓦茨书信中。正如梅尔策(Meltzer 1976, 455)在1976年指出的那样,弗里德曼与施瓦茨将这些文献中的一些关键文件以缩微胶卷的形式存放,以便能够在非现场研究它们。关于大量使用哈里森文献的最新研究,参见 Hsieh and Romer(2006)。

[2] 引语来自爱德华·纳尔逊(E. Nelson 2004a, 402)在2004年对安娜·施瓦茨的访谈中安娜·施瓦茨所说的话。

[3] 完成《美国货币史》的另一个附带影响就是弗里德曼暂时重新投入撰写统计学领域论文的事业。他撰写了一篇他为货币研究所设计的插值方法的论文(参见 Friedman 1962f)。弗里德曼这篇1962年的研究激发了邹至庄和林安乐(Chow and Lin 1971)在1971年的后续研究,在拉斯·彼得·汉森和托马斯·萨金特(Hansen and Sargent 1981, 40)1981年这篇数据抽样的论文中也被引用。

[4] Friedman and Schwartz(1963b)。两位作者在1962年的匹兹堡会议上提交了这篇论文(参见 E. Nelson 2004a, 402)。

亲爱的安娜:

我希望能够获得"货币与商业周期"的大量副本。如果研究局的储备用完了,他们还有模板吗?如果有的话,你认为我们可以有大约三四十份为我复印的副本吗?

我要这些复印本的原因与我明(学)年要做的旅行有关。似乎对我而言,带上这本书的副本可能是可取的,因为我可以将它们送给我将要交谈的各种各样的人,从而让他们对我们在货币与商业周期领域所做的这类工作有所了解。

弗里德曼在手写的"附言"中补充说,他一直在对他们的《美国货币史》手稿进行加工:

我希望今天完成第一章和第二章,但是依然卡在了第二章,尽量根据沃伯顿的建议写一个论恢复的政治而非政治经济学的小节。

我希望今晚完成。如果完成了的话,我明天将寄给你前言、第一章和第二章。[1]

修改手稿的过程包括将书名从《美国货币存量,1867—1960年》改为《美国货币史,1867—1960年》(*A Monetary History of the United States, 1867-1960*)。虽然新书名意味着"货币"("money")不会出现在该书的书名上,但是它却更加令人信

---

[1] 弗里德曼在1962年5月22致施瓦茨的信,存放于安娜·施瓦茨文件集。

服地和更加准确地描述了他们研究的内容。

书名的改变让发生在20世纪50年代的弗里德曼和施瓦茨对该项目方法的转变成为定局。安娜·施瓦茨的背景给予这个项目以美国的货币制度的历史发展状况为导向，而两位作者都强调，国民经济研究局的主管沃尔特·斯图尔特（Walter Stewart）在该项目的早期阶段鼓励他们对该项目采取历史的视角。[①] 但是，弗里德曼与施瓦茨花费了很长时间来决定这本著作最终所拥有的叙述形式。安娜·施瓦茨后来指出，进入20世纪50年代之后很久，这本著作更加类似于不以叙述为基础的"货币与商业周期"论文（E. Nelson 2004a，402）。弗里德曼与施瓦茨最初设想叙述材料提供"货币存量的历史背景"，正如弗里德曼在书名改变之前所描述的那样。[②] 两位作者最初打算将历史内容作为他们对货币的大量统计研究的一种补充制度细节和地方特色的方法。本着这种精神，弗里德曼和施瓦茨截至1958年在未完成的草稿上补充了一章，题为"历史背景中的货币存量"。[③] 但是，1962年书名的改变就等于承认这个事实：他们的研究不再主要是统计分析，而是构成作者们所称的"分析性叙述"。[④] 弗里德曼和施瓦茨让货币成为看待美国前一个世纪历史的棱镜。安娜·施瓦茨回忆说，

---

[①] 参见《美国货币史》第 xxi 页和 Friedman（1989，249）。

[②] Friedman（1961d，447）。

[③] Friedman（1958d，39）。另参见 R. D. Friedman（1976d，22）：这篇文献指出，弗罗德曼打算将这一章作为统计研究的一个简短前言。

[④] 弗里德曼在 Friedman（1961d，447）中使用"分析性叙述"来描述即将出版的这部著作。这个术语也在《美国货币史》第 xxi 页之中和 1963 年 11 月 26 日《华尔街日报》为该书所做广告之中使用。

"一旦我们进入了历史,那似乎就是要做的最重要的事情"。①

叙述方法和逸事旁白与弗里德曼关于一篇成功的研究文章或研究展示需要一个讲故事的方法的观念保持一致。"难道其他人不知道如何讲述一个故事吗?"他在2002年的一个研究会议上如此抱怨,对会议的报告表达厌烦之情。他认为,这样的报告过于侧重于所提交论文的技术方面了,因而缺乏吸引力。②但是,《美国货币史》是在弗里德曼的研究成果之中采取讲故事形式的最明显例子。业已指出,这种方法也与安娜·施瓦茨对经济研究的视角非常一致。

因此,这本著作就非常不同于《消费函数理论》:除了篇幅更长,《美国货币史》在使用历史叙述和突然远离统计分析的方法方面不同于之前的这本著作。"《美国货币史》的秘密是将有趣的历史和大量的数据结合起来",斯坦利·菲舍尔在2013年8月30日笔者的访谈中评论说。尤其是,弗里德曼和施瓦茨强调了重要历史时期存在货币与收入关系的相似性,纵然导致货币存量变化的情形在这些时期不同。他们的方法的这个特征不仅得到R.L.哈林顿(Harrington 1970,273)、约翰·格韦克(Geweke 1986,11)和杰弗里·米隆(Miron1994)在研究中的强调,而且也是罗默夫妇(Romer and Romer 1989)在他们的著作中对货

---

① 参见2003年4月21日笔者对安娜·施瓦茨的访谈。
② 该引语来自2002年3月1日在斯坦福经济政策研究所与旧金山联邦储备银行举行的会议上,弗里德曼对笔者所说的话。

币政策冲击的叙述推导估计所汲取灵感的来源。①

《消费函数理论》有一个明确的模型,而《美国货币史》则没有。尽管如此,《美国货币史》不是非理论性的,这本著作对货币关系所做的大量评论在将弗里德曼对货币关系的隐含模型连贯起来的方面发挥了重要的作用。② 此外,叙述的过程涉及价格理论的大量论述,以至于施瓦茨后来将这本著作描述为主要由应用价格理论构成。③ 罗伯特·巴罗虽然推崇《美国货币史》对1929—1933年的论述,但是认为弗里德曼的价格理论著作总体而言比他的货币著作更具有持久的生命力。罗伯特·巴罗在2013年6月4日的访谈中将价格理论材料和其他旁白挑选出来作为《美国货币史》分析的亮点。

虽然《美国货币史》是一部共同撰写的著作,但是它的主要叙述风格读起来像弗里德曼的其他著作一样。"我在读它的时候,我听到了米尔顿·弗里德曼的声音",克劳迪娅·戈尔丁在2013年9月20日的访谈中指出。与戈尔丁的评论相符,《美国货币史》

---

① 相比之下,丹尼尔·哈蒙德(Hammond 1996, 118)声称,这两本著作使用了"大致相同的"方法。鉴于《美国货币史》的叙述方法和对关键时期的强调,这似乎不是一个恰当的结论。哈蒙德没有引述Romer and Romer(1989)。也许是他在写作的时候,《美国货币史》通过以叙述为基础进行识别的方法对现代货币政策文献产生的重大影响,才只是变得清晰起来。
相反,弗里德曼的消费著作使用的一个主要方法,诚如罗伯特·卢卡斯在Klamer(1983, 37)中所强调的那样,是协调时间序列和横截面证据。这个问题没有出现在《美国货币史》中,因为它侧重于总时间序列。
② 这个隐含模型为此目的用于前面的第五章到第九章。
③ 施瓦茨在1985年6月10致艾伦·沃尔特斯的信,存放于安娜·施瓦茨文件集。梅尔策(Meltzer 1965, 416)做了类似的评论。

的文本有许多弗里德曼标志性的短语和文体选择，频繁使用单词"sharply"（该单词有严厉地、尖刻地、急剧地、猛烈地、突然大幅度地等多种含义——译者注）就是其中之一。① 但是，《美国货币史》的写作风格的一致性不应该视为蕴含着弗里德曼是资深作者的意思。安娜·施瓦茨引以为自豪的是，多人撰写的著作读起来仿佛是一个人所写的。② 因此，她愿意看到她对文本的后续重述的修改所做出的贡献更加类似于弗里德曼独撰的著作的写作风格。诚如第四章已经指出的那样，至于弗里德曼为该著作的初稿所写的部分，施瓦茨坚决主张如果她认为弗里德曼的叙述不清晰或不一致，那么这些部分会被重写。

至于阿瑟·伯恩斯和国民经济研究局的统治集团对《美国货币史》的看法，证据不是一目了然。阿瑟·伯恩斯与弗里德曼在1952年年初的通信表明，阿瑟·伯恩斯对弗里德曼强调货币与收入关系的坚挺程度感到吃惊。在那次通信中，阿瑟·伯恩斯坚决要求弗里德曼为国民经济研究局的年度报告修改弗里德曼和施瓦茨的临时研究结论的总结，以便增加更多的附加说明。③ 安娜·施瓦茨在作为阿瑟·伯恩斯雇员的漫长时期中有时很难处

---

① 2014年11月在亚马逊公司网站（amazon.com）上对《美国货币史》可获得的电子可读版本的单词查询表明，该著作使用了单词"sharply"98次。
② 施瓦茨在2007年对笔者作这番评论。当时她与她的合著者正在做Bordo, Humpage, and Schwartz（2015）的草稿章节的逐次重述工作。
③ 参见1952年2月1日弗里德曼致阿瑟·伯恩斯的信。杜克大学将此信发布到网上（http://blogs.library.duke.edu/rubenstein/2014/06/02/milton-friedman-answers-to-arthur-burns-or-a-blog-post-for-economics-geeks/）。该信写的日期是1951年。杜克大学伴随的评论认为这个日期是真的，但是，该信的内容在讨论Friedman（1952b）时则表明，1951年的日期是一个印刷错误。

理与他的关系。她在2003年4月21日的访谈中向笔者指出，关于《美国货币史》"他们（阿瑟·伯恩斯和国民经济研究局的杰弗里·摩尔）根本不相信我们得出的研究结论"。施瓦茨认为，鉴于弗里德曼与施瓦茨叙述的内容，特别是它对美联储的批评，国民经济研究局的高级管理层可能会阻止其出版："他们不支持。只是在这本书在某种程度上依靠自己开始走红和人们开始关注它之时，国民经济研究局所持有的疑虑才变得不那么强烈。我猜测，如果参与的人不如米尔顿·弗里德曼那么强有力，他们可能已经扼杀它了。"[1]

这样，在20世纪60年代初与阿瑟·伯恩斯的通信中，弗里德曼提到一次谈话。在这次谈话中，阿瑟·伯恩斯告诉施瓦茨，他不同意弗里德曼与施瓦茨叙述中的论点。弗里德曼似乎为阿瑟·伯恩斯表明他不打算阅读他们手稿的最新草稿的迹象所苦恼。"我一直苦恼于没有收到你的反馈，不仅是因为我高度重视你的看法，而且因为你应为我开始从事这个项目承担责任……当你说基本上不同意我们的方法时，我感到如此的震惊。"[2]

不过，在权衡这一点时，应该考虑到阿瑟·伯恩斯基本上远离了对国民经济研究局的积极监管——他已经是该局的主席而非继续担任它的研究主管——以及他也已经离开了研究这个事实。[3]

---

[1] 引自 E. Nelson（2004a，402）。
[2] 来自大约1961年米尔顿·弗里德曼致阿瑟·伯恩斯的一封未署日期的信件，存放于杜克大学的伯恩斯文献。
[3] 因此，《纽约时报》在1969年5月21日基于阿瑟·伯恩斯是国民经济研究局负责人的地位就在阿瑟·伯恩斯与《美国货币史》之间建立联系的做法，应该谨慎地看待。

由于这些变化，阿瑟·伯恩斯不愿意阅读《美国货币史》的草稿也许反映了他的新角色而非对弗里德曼的冷落。① "我不清楚我的父亲在审查那部著作时有多仔细"，约瑟夫·伯恩斯在2013年9月12日笔者的访谈中评论说。"你知道，当他更加年轻和担任该局的研究主管时，他会非常、非常仔细地审查研究。后来在艾森豪威尔政府之后返回到该局时，他在那时不再是研究主管……我认为，他不会像他早期所做的那样继续详细地分析材料。"

而且，阿瑟·伯恩斯在《美国货币史》出版之后不是很反对它：他会引证它作为对他的思想的一种影响，并在表面上赞同《美国货币史》对20世纪30年代的叙述（参见 E. Nelson 2013d，2016）。此外，弗里德曼在1970年的最初几个月的公开声明中表示，他相信他与阿瑟·伯恩斯在货币问题上的意见大体一致。因此，从总体上说，不仅阿瑟·伯恩斯似乎并不强烈反对《美国货币史》——弗里德曼和施瓦茨有时认为这种强烈的反对来自20世纪60年代之初的他——而且阿瑟·伯恩斯到20世纪60年代晚期赞成这本出版著作所阐述的大部分论点。

有一个问题确实在弗里德曼和施瓦茨与国民经济研究局之间制造了紧张气氛，那就是作者们对待美联储的立场问题。正如前面指出的那样，弗里德曼和施瓦茨想在这本著作中指出，美联储没有抓住机会对他们的草稿提供详细的官方反馈。这种暗示

---

① 在1994年11月20日美国有线卫星公共事务电视网副本复印件第12页中，弗里德曼在被问到阿瑟·伯恩斯对弗里德曼否定性地评价美联储的记录的感觉如何时回答说："他非常不喜欢那点，但是，不用说，我会毫不犹豫地对他谈起这一点。"弗里德曼可能在这里指的是他们在20世纪70年代而非20世纪60年代的交流。

的原话是一个引起争论的问题，而阿瑟·伯恩斯想缓和它的措辞。"我不清楚阿瑟·伯恩斯究竟挖苦的是什么，"弗里德曼在阿瑟·伯恩斯向施瓦茨抱怨作者们提出的表述时写信给施瓦茨说。① 最终，他们达成了一种折中的措辞形式。此外，国民经济研究局决定从不同视角来平衡弗里德曼与施瓦茨的批评：与弗里德曼和施瓦茨之前在1945年的《独立专业人士的收入》的研究形式相同——一份"董事评论"附在弗里德曼与施瓦茨篇幅巨大的分析性叙述之中。阿尔伯特·赫廷格（Albert Hettinger）所做的这个评论在国民经济研究局与弗里德曼和施瓦茨对大萧条的叙述之间保持了距离，因为弗里德曼和施瓦茨的叙述直截了当地将这期间的货币政策描述为"无能"。②

在弗里德曼夫妇从1962年8月开始几乎一年的旅行之后，手稿的修改通过弗里德曼与施瓦茨之间的远途通信来交换草稿和建议的方式继续进行。③1963年年末终于是表演时间了，普林斯顿大学出版社出版了《美国货币史》。这本著作在商业新闻中

---

① 参见弗里德曼在1962年6月24日写给安娜·施瓦茨的信，存放于安娜·施瓦茨的文件集。
② 参见《美国货币史》第407页。
③ 作为计划研究国外货币经验的一部分，弗里德曼夫妇旅行的研究方面是由弗里德曼对其他国家的货币专家的访问所构成，目标是收集一系列国家的货币数据。"不幸的是，我从没有足够多的时间通过写文章评论的方式来贯彻执行这种分析。"弗里德曼在1969年3月《动态经济学教学盒式磁带》第19集中报告说。根据《两个幸运的人》第332页，他最终放弃了这个计划。不过，这次旅行确实为弗里德曼建立了一系列新的联系。这些联系包括国际联系以及与迈克尔·克兰之间的联系。迈克尔·克兰当时是美国在东京大使馆任职的经济学家，后来是圣路易和旧金山联邦储备银行的货币经济学家。

获得了相当大的关注。① 它也获得了研究期刊显著的评论。赫尔曼·克罗斯（Krooss 1964，662）基于弗里德曼在20世纪50年代和20世纪60年代初独撰的著作中对弗里德曼与施瓦茨的研究发现所给出的预先评述，在一篇评论中声称："这本著作中原创性的新内容早就成为公共财产。"不过，这个评价并没有预见到弗里德曼与施瓦茨的历史叙述在一个充分论证和文献丰富的语境表达中所产生的影响。《美国货币史》的影响远远超过了弗里德曼与施瓦茨的这部著作在之前的部分传播中所产生的影响。当然，赫尔曼·克罗斯（Krooss 1964，667）关于这本著作不可能改变任何人的想法的评价没有得到证实。这本著作很快就在学术界和政策制定者之中变得广为人知。它一直保持那种态势：弗里德曼在1994年宣称这本著作是他最有影响力的著作。②

《美国货币史》对1933—1960年的处理已经在本书的前面章节中论述过。本节剩余部分将集中讨论在这本著作的反应中获得大部分关注的时期，即1929—1933年的大萧条时期。

在集中叙述弗里德曼的自由市场活动中，丹尼尔·琼斯（Jones 2012，118）陈述说，弗里德曼"在与安娜·雅各布森（原文如此）·施瓦茨一起撰写的《美国货币史》中，投入大量的精力和声誉来为大萧条引起的市场崩溃进行辩护。"这个陈述反映了对弗里德曼论市场的著作，他和施瓦茨论货币的著作，以及弗里德曼在这两个领域的著述之间的关系的误解。关于论市场

---

① 这包括1963年12月2日在《华尔街日报》上的头版报道。另参见1963年11月23日的《新闻周刊》。
② 参见1994年11月20日美国有线卫星公共事务电视网副本复印件第8页。

的著作，考虑到《资本主义与自由》，人们不能说弗里德曼"几乎没有花费时间"（再次引述丹尼尔·琼斯的话）来论述市场失灵。相反，正如已经指出过的那样，那本书主要是探讨可能的市场失灵。至于弗里德曼与施瓦茨论货币的著作，丹尼尔·琼斯的分析伤害了安娜·施瓦茨。这个分析不仅不断地拼错了她的名字，而且提出的解释让施瓦茨看起来不过是一个无足轻重的人，因为她与弗里德曼的研究仅仅是旨在证实后者预先决定的亲市场见解。

事实上，弗里德曼与施瓦茨的叙述反映了多年的经济研究，他们的一些结论包括对政府干预经济的重要认同。弗里德曼和施瓦茨在《美国货币史》之中和之后的著作中不仅都看到了政府在货币管理中的作用，而且都认为私人的金融体系包含了可能造成不稳定性的因素。特别是，他们认为，该体系所表现的力量往往会破坏货币存量的稳定性和需要用货币政策来抵消这种力量。正如第二章讨论的那样，弗里德曼与施瓦茨认为，新政的一些改革措施，特别是建立存款保险制度，非常有利于经济稳定和货币稳定。

弗里德曼与施瓦茨对1929年到1933年间实行的货币政策的批评并非要指责政府的过度干预，而是要指责当局在弗里德曼看来是政府活动的合法领域，即货币存量控制的领域没有实施管制。弗里德曼承认，在部分准备金制度下，家庭、企业和金融中介的行为在面临私人部门的总需求引起的负冲击的情况下往往具有紧缩货币存量的特征。特别是，信贷市场的紧缩，存款转换为现金以及商业银行准备金余额的积累都具有促进货币存量收缩的倾向。货币当局的抵消行动作为对这些发展状况的反应被证明是正当的。

从这个角度看，美联储在1929—1933年的大部分时期的失败并非在于启动了货币收缩，而是在于没有采取措施来预先阻止这种收缩。弗里德曼与施瓦茨并没有主张，货币当局在1930年之前——尽管它们的货币政策可能是紧缩性的——所采取的行动造成了货币存量从1930年到1933年不可避免地下降了三分之一。但是，货币当局在1930—1931年和1932—1933年面对银行恐慌时的消极被动就等于没有利用——至少在一定程度上所要求的——在面临私人部门对货币存量的扰乱时传统的中央银行工具。① 正如罗伯特·卢卡斯在1982年所说的那样，弗里德曼与施瓦茨所叙述的存款收缩是政府应该抵消的私人部门发展状况，因此"弗里德曼的政策完全不是自由放任的"。② 政策制定者没有采取必要的抵消行动进而由美联储在1931年有意识地采取提高贴现率的形式的紧缩政策所加重了。③

弗里德曼和施瓦茨对美联储的指责绝不是对因循守旧于小政府主张的指责。相反，正如指出的那样，它是对美联储在恐慌中没有采取传统的中央银行的习惯做法的批评，以及对美联储没

---

① 在2011年3月1日的国会证词中，美联储主席本·伯南克认为弗里德曼和施瓦茨叙述的主要思想是，美联储在20世纪30年代之初"非常，非常消极被动"（Committee on Banking, Housing, and Urban Affairs 2011, 18）。
② 引自Klamer（1983, 43）中卢卡斯所说的话。
③ 在1962年哥伦比亚广播公司在空军学院拍摄的《美国经济》第41讲"金钱有多重要？"的电视节目上，弗里德曼总结即将出版的《美国货币史》对这时期的叙述时指出，美联储在1931年面对商业银行问题时表现出消极被动和明显的紧缩性行动。"美联储对内部资金的耗尽表现出被动性，但对这一点（英国脱离金本位制）进行了强有力的反应并采取了它在历史上最极端的通货紧缩措施。"

有遵守它在创建之时会预期采取的习惯做法的批评。① 因此,弗里德曼和施瓦茨认为美联储在20世纪30年代的银行恐慌中消极被动,与美联储主席保罗·沃尔克在1984年用这样的术语描述当时对大陆伊利诺伊银行的官方拯救时表达的看法是一致的:"我们对银行贷款所采取的行动——大陆伊利诺伊就属于这种情形——是美联储最基本的职责。这是它为什么创建的职责,即在面对这种流动性压力之时充当最后的贷款人。"②

美联储没有对陷入困境的银行提供充足的贷款就形成了弗里德曼与施瓦茨在叙述大萧条时对该机构进行指责的一个重要组成部分。两位作者声称,美联储没有按照它应该做的那样作为最后贷款人介入,从而在允许银行倒闭的情况下导致了货币收缩。许多货币经济学家认为弗里德曼和施瓦茨的叙述是影响他们解释大萧条的一个关键因素,他们将贴现窗口的管理视为20世纪30年代的至关重要的政策错误领域。例如,斯坦利·菲舍尔和鲁迪格·多恩布什(Fischer and Dornbusch 1983,654)陈述说:"大萧条中银行体系的崩溃在很大程度上是美联储没有作为最后贷款人采取行动的结果。"同样,美联储主席本·伯南克在2010年4月8日的演讲中评论说(Bernanke 2010,7):"如果它选择的话,贴现窗口是美联储本可以使用来阻止20世纪30年代银行恐慌扩散的工具。"

不过,弗里德曼和施瓦茨在1986年的一篇文章中对将他们

---

① 正如安德鲁·阿贝尔和本·伯南克(Abel and Bernanke 1992,616)评论说,"创建美联储的一个主要原因是试图减少严重的金融危机",弗里德曼本人在《资本主义与自由》第48页等多个场合都指出了这一点。
② 引自沃尔克在1983年7月25日在银行、住房和城市事务委员会上的证词(Committee on Banking, Housing, and Urban Affairs 1984,108)。

的基本立场描述为美联储没有充当最后贷款人的角色的陈述怒不可遏——可能也是发自内心的。① 相反,他们的基本立场是,美联储应该提供足够规模的基础货币,以避免货币收缩。由于非冲销式的贴现窗口贷款和协调一致的公开市场购买都是向商业银行体系提供准备金的手段,因此,贴现窗口是一个创造足够规模的基础货币来抵消货币乘数的下降对货币存量影响的手段,但并非唯一的手段。弗里德曼和施瓦茨主张,"公开市场操作在这个目的上与贷款同样有效"。②

不过,上面引语中的陈述需要一定的限制。用来预防货币收缩的公开市场购买的规模可能会比实现同样效果的紧急贷款的数量大得多,因为对商业银行体系提供大规模贷款的早期决定就可能会减少挤兑在银行之间的扩散,从而有助于稳定货币乘数。正如安德鲁·阿贝尔和本·伯南克(Abel and Bernanke 1992,616)评论说,美联储在创建之时,贴现窗口贷款被认为是自此以后避免银行恐慌或控制银行恐慌蔓延的"主要手段"。然而,贴现窗口在20世纪30年代初没有这样使用。实施的公开市场购买也并没有持续进行。在这一点上,弗里德曼与施瓦茨指出,1932年之前不存在一个强有力的购买计划,而美联储也没有坚持从1932年开始的购买计划。③

---

① Friedman and Schwartz(1986a,201).
② Friedman and Schwartz(1986a,201).
③ 关于1932年之前不存在该计划,参见《美国货币史》第375页和第395页,以及弗里德曼和施瓦茨在该著作的第384—389页对1932年购买计划的讨论。最近对购买计划的探讨包括梅尔策(Meltzer 2003,358-67)、谢长泰和克里斯蒂娜·罗默(Hsieh and Romer 2006)。

正如前面第四章指出的那样，甚至在 20 世纪 40 年代晚期都广泛流传着对美联储在 20 世纪 30 年代的行为的批评。批评家包括劳埃德·明茨（Mints 1945，1950）。虽然承认凯恩斯的《就业利息和货币通论》分析在主要方面是正确的，但是，明茨拒绝承认流动性陷阱的思想，相反却指出两次世界大战期间美国货币政策的某些不足。[①] 不过，弗里德曼与施瓦茨在"大萧条"一章中扩展了这种批评。因为这两位作者从多方面来论证对大萧条的货

---

① 克雷格·麦基弗（McIvor 1983，890）在叙述中甚至声称，明茨（Mints 1950）在 1950 年的研究中对大萧条"已经做出了开创性的研究"，并批评弗里德曼和施瓦茨（或者弗里德曼，因为麦基弗不断地将《美国货币史》当作他一个人独撰的著作）没有引述它。除了劳克林·居里和克拉克·沃伯顿在 1950 之前的著作（麦基弗都没有提到他们的著作）让麦基弗将这种唯一性归之于明茨（Mints 1950）是不正确的这个事实之外，麦基弗关于明茨的思想对弗里德曼思想的单方面影响的说法以及弗里德曼未承认的说法都是没有根据的。弗里德曼早在明茨（Mints 1950）1950 年的著作发表之前就在书面上和电台上批评美联储在大萧条期间的表现，而明茨在 1950 的著作（Mints 1950）中比在 1945 年的著作（Mints 1945）中对货币政策的更多重视可能部分地反映了弗里德曼对明茨 1950 年的著作（Mints 1950）草稿提供评论的这个事实——麦基弗承认了这个事实，但将这事实解释为思想单方面地从明茨流向弗里德曼的一部分。而且，与麦基弗在讨论中制造的印象相反，弗里德曼的确不断地援引明茨的著作。例如，《美国货币史》第 169 页、第 191 页和第 44 页参考了明茨（Mints 1945）1945 年的著作（这是一本历史叙述的著作，是在明茨著作中最接近于《美国货币史》的先前的著作），Friedman（1960a，108-109）援引了明茨（Mints 1950）1950 年的著作（另参见 Friedman 1960a，65）。此外，弗里德曼在 1971 年在与费希尔·布莱克的通信中推荐了明茨（Mints 1945）1945 年这部著作（参见 Mehrling 2005，155）。
另参见 Steindl（1988）。弗兰克·斯坦德尔声称，弗里德曼和施瓦茨的分析没有在明茨的叙述中提到的要素就是他们关于直截了当的公开市场购买计划可以提高货币存量的主张。

币解释：货币政策可能会阻止货币存量的下降；一旦货币存量收缩，货币政策可以增加货币存量；货币扩张可以复兴经济。

就货币存量的收缩而言，弗里德曼与施瓦茨的数据表在美联储政策的消极被动之外还表明了它的另一个问题：美联储在提供银行准备金方面的看法不仅是不恰当的，而且事实上是有悖常理的，因为银行的总准备金在 1929 年到 1933 年间下降了。《美国货币史》在第 318 页和第 346 页上提到了准备金存量的下降，并在第 395 页以更加模糊的术语提到这一点。尽管如此，弗里德曼和施瓦茨在叙述中可能并没有足够地强调这个因素，因为后来的一些叙述，正如弗里德曼和施瓦茨所做的那样，提到了银行所需准备金的增加是 1929—1933 年萧条的一个因素。但是，这些后来的叙述很少清楚地表明，货币存量的下行压力也是实际准备金下降的结果。[①]

---

[①] 例如，虽然托马斯·梅耶（Mayer 1968, 223）提到"超额准备金的大幅度增加"，但是，他没有指出准备金总额在 1929—1933 年间的下降。而且，虽然切斯特·菲利普斯（Chester Phillips）创建了货币供给分析的货币乘数方法（C. Phillips 1920），但是，他似乎不理解 1929—1933 年的发展状况可以用这些岁月中盛行的货币紧缩来理解的程度。相反，切斯特·菲利普斯认为，这次经济衰退是 1929 年之前货币体制的一种反弹效应。具体而言，切斯特·菲利普斯援引联邦储备委员会在 1924 年阐述的稳定政策，并且根据切斯特·菲利普斯的见解，这种稳定政策造成了信贷扩张过度和银行稳健性的削弱（Phillips, McManus, and Nelson 1937, 4-6, 161, 167, 176-77）。与弗里德曼后来使用的书名非常相似，1935 年的一本名叫《货币伤害》（*Monetary Mischief*）的著作提出了一个相似的假说（G. Robinson 1935）。

就弗里德曼与施瓦茨而言，他们对这种类型的解释持严厉的批评态度：这些解释将大萧条描述为由之前的经济扩张所引起，并支持让经济衰退自然发展的观点（参见《美国货币史》第 372 页和第 409 页；另参见 Friedman 1972a, 936）。

准备金下降的这个事实在克拉克·沃伯顿在20世纪30年代的叙述中占有更加显著的地位,比如在沃伯顿1950年(Warburton 1950b, 546-47)的著作和在《美国货币史》出版之前不久的沃伯顿1962年(Warburton 1962, 87)著作之中就是如此。在后一篇讨论之中,沃伯顿陈述说,美联储在20世纪30年代初的行为违背了该系统以此为基础的一条原则。这条原则就是,不应该允许大量的存款转化为现金来消耗商业银行的准备金持有量。因此,人们设想,如果货币流失对商业银行的准备金耗尽构成了威胁,那么美联储要补充它们。《美国货币史》也在第346页、第407—408页提到了对这个原则的偏离。弗里德曼和施瓦茨各自在他们后来的叙述中再一次提到了1929—1933年的准备金下降——这也许反映了他们在《美国货币史》的叙述中没有充分地强调这一点。[1]

许多研究分析了弗里德曼和施瓦茨对大萧条的叙述被严格审查和质疑的方式。这些研究包括迈克尔·博尔多(Bordo 1989b)、迈克尔·博尔多和胡格·洛科夫(Bordo and Rockoff 2013a)、安娜·施瓦茨(Schwartz 1981)、丹尼尔·哈蒙德(Hammond 1996)、本·伯南克(Bernanke 2002b)、兰德尔·帕克(Parker 2002)和戴维·莱德勒(Laidler 2003, 2013b)的研究。另参见罗伯特·卢卡斯(Lucas 1994b)和杰弗里·米隆(Miron 1994)就这本著作所做的三十周年的回忆。在接下来的叙述中,关注的

---

[1] 就弗里德曼而言,参见他在马歇尔·凯切姆和莱昂·肯德尔(Ketchum and Kendall 1962, 50)编辑的会议论文集、1965年10月7日提交给联邦储备委员会的备忘录(发表在Friedman 1968a, 143)和1969年1月《动态经济学教学盒式磁带》第12集中的讨论。就安娜·施瓦茨而言,例如参见E. Nelson and Schwartz(2008a)。

焦点局限于两个问题：一个是参考文献的问题，另一个是关于弗里德曼和施瓦茨在叙述货币政策的行为时所遗漏掉的一个要素。

托马斯·汉弗莱（Humphrey 1971，14）和唐·帕廷金（Patinkin 1973b，454）责备《美国货币史》没有提到劳克林·居里（Lauchlin Currie）在20世纪30年代出版的货币著作，包括《美国的货币供给和控制》(*The Supply and Control of Money in the United States*)。突出弗里德曼与施瓦茨没有提到劳克林·居里的著作基于这个事，另外两位主要的货币主义者布鲁纳（Brunner 1968a）和梅尔策（Meltzer 2003）在对大萧条的著作中特别强调了劳克林·居里的这些著作。用来推导两次世界大战期间的货币存量序列的大量信息在当时都可以公开获得，而劳克林·居里构建了他自己的序列并以此为基础形成了他对大萧条的货币叙述。

罗杰·桑迪兰茨（Sandilands 1990，37）不仅陈述说，弗里德曼与施瓦茨在《美国货币史》中没有提到劳克林·居里的著作"当然不仅仅是一个疏忽的问题"，而且在其传记的第38页上相信"这样的说法，依弗里德曼之见，如果一个人正像劳克林·居里那样也是一位新政主义者，那么此人就不可能是一个真正的货币主义者，由此也没有必要对他给予认真的考虑"。

无可争议的是，弗里德曼与施瓦茨没有援引劳克林·居里的著作是一个令人不安的疏忽。[1] 而且，弗里德曼后来承认，应

---

[1] 乔治·塔弗拉斯（Tavlas 2015）概述了弗里德曼与施瓦茨对20世纪30年代初的叙述比居里的叙述更加全面的一些方面，同时弗兰克·斯坦德尔（Steindl 1991）争辩说，居里对20世纪30年代后期的发展状况的分析不同于而且弱于弗里德曼与施瓦茨的分析。但是，这些论点都不能免除弗里德曼和施瓦茨没有提到居里著作所遭受的批评。

该援引劳克林·居里的著作（Laidler 1993a，1077-78；Leeson 2003d，289）。不过，桑迪兰茨关于支持新政或政府干预就"依弗里德曼之见"剥夺了他人作为一个货币主义者或者导致他认为他们的货币分析不值得关注的说法，是不可能的。这种说法与桑迪兰茨没有引述的弗里德曼的大量著述相矛盾，因为弗里德曼在这些著作中陈述说，一个人对货币因素在经济波动中所起作用持有的立场与他对政府的恰当作用的观点是分开的。弗里德曼在1982年7月12日《新闻周刊》上这样陈述的一个例子是："从科学意义上说，卡尔·马克思是一位货币主义者，当今俄罗斯的中央银行家也是。"① 桑迪兰茨的这个猜想也忽视了弗里德曼本人——正如业已指出的那样——支持新政的某些方面，包括存款保险制度在内的金融改革这个事实。② 实际上，劳克林·居里在联邦储备委员会于20世纪30年代中期重组之后担任该机构的顾问和资深官员时参与了这些及金融改革中的某些改革（例如参见Meltzer 2003，467-68）。虽然劳克林·居里在新政的金融改革中占有如此重要的地位的事实让《美国货币史》漏掉他的名字更加成问题，但是，他与这些改革之间的联系——鉴于弗里德曼与施

---

① 与此相关的是，弗里德曼在这个专栏中指出——正如他之前在Friedman（1970a，7 [p.1 of 1991 reprint]）中指出的一样——体现在货币主义中关于经济关系的命题很少有意识形态的内容。这个描述与托宾（Tobin 1981b，34）关于"在原则的上，货币主义者可能支持积极行动的大政府"的描述是一致的。
② 参见第二章。正如那里指出的那样，该时期的其他金融改革——弗里德曼认为这些改革有助于复苏——包括汇率政策与国内货币状况的分离以及通过资本注入和更加开明的审查做法来改善商业银行资本头寸的官方行动。

瓦茨强烈支持这些改革——似乎并非他们未援引他的一个合理的理由。

此外，那种关于弗里德曼在写作和指导的货币著作中禁止提到劳克林·居里的著作的说法也不符合事实。正如桑迪兰茨（Sandilands 1990，382）在一个尾注中承认的那样，弗里德曼与施瓦茨在1970年的《美国货币统计》中提到劳克林·居里的《美国的货币供给和控制》这部《美国货币史》漏提的关键著作。① 他们也在20世纪60年代的著述中援引了劳克林·居里，因为他们在1966年的手稿"货币、收入和价格的趋势：1867—1966年"——这是他们的《美国货币统计》和《美国和英国的货币趋势》的早期版本——第1页和导论部分都提到了劳克林·居里。② 而且，梅格斯（Meigs 1962）在著作中大量引述劳克林·居里的《美国的货币供给和控制》的修订版。梅格斯的这部著作是弗里德曼指导的一篇博士论文，也是弗里德曼事实上高度评价的一篇博士论文，正如前一章指出的那样，这篇论文作为芝加哥大学出版社的一本专著得以出版。梅格斯的著作是由弗里德曼特写的前言，比《美国货币史》早一点出版，而《美国货币史》进而援引了梅格斯的著作。弗里德曼指导的另一本援引了劳克林·居

---

① 弗里德曼也在他送给劳克林·居里的一本《美国货币统计》的题词上承认了居里在20世纪30年代论货币的著作（Leeson 2003d，289），并在1972年8月5日给联邦储备委员会理事约翰·希恩（John Sheehan）的一封信中承认了劳克林·居里在20世纪30年代论货币的著作（存放于杰拉尔德·福特总统图书馆的阿瑟·伯恩斯文献）。

② 那个讨论（Friedman and Schwartz 1966）是他们的《美国货币统计》对劳克林·居里的货币存量估计的讨论的早期版本（Friedman and Schwartz 1970a，261，268-70）。

里的《美国的货币供给和控制》就是菲利普·卡根的《货币存量变化的决定因素和影响：1875—1960 年》(*Determinants and Effects of Changes in the Stock of Money, 1875-1960*)是《美国货币史》的姐妹篇，弗里德曼为此书撰写了前言。总之，虽然劳克林·居里的《美国的货币供给和控制》应该在《美国货币史》中加以引用，但是，弗里德曼在 20 世纪 60 年代撰写的著作中引述了这部著作，而且他指导和撰写前言的其他人的著作援引了劳克林·居里。

现在让我们转向《美国货币史》对货币政策行为的叙述。弗里德曼与施瓦茨争辩说，美联储在 1929—1933 年的行为表现的一个原因是，其中一位可能强烈要求实行货币宽松的人物，纽约联邦储备银行的行长本杰明·斯特朗（Benjamin Strong）在 1928 年去世了。在后来的著述中，弗里德曼重申了《美国货币史》对本杰明·斯特朗的去世在 20 世纪 30 年代初货币发展状况的展开中所起作用的强调。[1]

不过，将主要作用归之于本杰明·斯特朗的去世违背了弗里德曼在其他著作中的大部分精神，而这些著作强调了理论误解在产生政策错误中所起的作用。弗里德曼和施瓦茨对本杰明·斯特朗因素的强调在 20 世纪 60 年代遭到了他们的货币主义者同行卡尔·布鲁纳和艾伦·梅尔策的尖锐批评（参见 Brunner and

---

[1] 参见 Friedman（1984c，23）。

Meltzer 1968)。① 梅尔策（Meltzer 1995，xvi）争辩说，弗里德曼与施瓦茨在叙述中对斯特朗的强调是"不能令人满意的和无法验证的"，人们很难不同意梅尔策的看法。用一个指导政策制定者的学说来对系统性的政策行为进行解释在先验的基础上比以某个特定的人物存在或不存在为中心进行解释似乎更具有吸引力。而且，有一个事实支持布鲁纳与梅尔策，弗里德曼和施瓦茨对大萧条的叙述似乎没有包含弗里德曼和施瓦茨在研究其他时期时所强调的美联储政策的这个特征：美联储具有依赖短期名义利率来作为测量其政策立场的倾向。

考虑到弗里德曼在他的其他著作中（包括发表于1963年之前的材料之中）强烈主张较低的名义利率就其本身而言并不表示货币政策的宽松，似乎令人感到惊讶的是弗里德曼与施瓦茨在对大萧条的叙述中并没有强调这一点。虽然梅尔策（Meltzer 1976，469）批评美联储在20世纪30年代使用"名义利率作为货币政策的一个指标"，但是，在弗里德曼与施瓦茨的《美国货币史》中很难找到一个对1929—1933年间的政策行为进行叙述时的类似的批评。弗里德曼和施瓦茨在他们的著作中论述大萧条之外的其他章节，确实指出了名义利率与实际利率的区分，并提到了名

---

① 另一方面，梅尔策（Meltzer 1965）在1965年的评论中集中批评《美国货币史》缺乏货币传导机制的正式模型。"尽管我不得不补充说"，艾伦·梅尔策后来在2013年4月21日笔者的访谈中说，"当我开始写历史著作［Meltzer 2003］时，同样如此……虽然我心中有一个模型，但是我从没有在著作中写下来，因为我想——正如米尔顿·弗里德曼和安娜·施瓦茨可能会想的那样——这个模型会妨碍历史"。梅尔策在1965年的评论中也抱怨《美国货币史》对货币供给过程缺少足够的关注。这个问题将在本书接下来的两章中将继续探讨。

义利率作为政策紧缩指标的不可靠性。①

但是，人们很难在《美国货币史》中找到大意是这样的陈述：美联储在1929—1933年的岁月中受到较低的名义利率（特别是短期利率）存在的误导，因为当名义利率是紧缩时它的政策立场被认为是宽松的。当然，弗里德曼与施瓦茨确实在该著作的第375页和395页中说政策实际上在那个时期是紧缩的。他们也在其著作的第313页说国库券的短期利率由于风险溢价的上升并不代表许多私人借款者所面临的利率。此外，他们指责美联储在当时的贴现率与主要的市场利率相比依然较高之时认为较低的贴现率相当于政策宽松的做法。②

不过，人们似乎不得不翻到《美国货币史》的第628页才找到大意是这样的陈述，美联储的整个历史都具有牺牲货币存量的利益为代价而控制利率的特征。这是弗里德曼在多个场合阐述的立场。例如，他在1979年8月20日《新闻周刊》上评论说，"美联储用心去控制的不是货币数量而是利率"。③而且，正如前一章所指出的那样，弗里德曼的立场构成了他在20世纪50年代批评《美联储-财政部协议》之前和之后的货币政策的基础。但是，为了从弗里德曼和施瓦茨那里找到在大萧条期间如下明确陈述：①美联储对名义利率的关注导致它不再提供准备金，从而对货币存量施加了下行的压力；②美联储即使在实际利率明显是正数时将较低的名义市场利率解释为潜在的货币宽松，人们去查阅

---

① 参见第六章对费雪效应在弗里德曼分析中的地位的更多讨论。
② 参见《美国货币史》第323—324页、第341页和第404页。另参见Friedman（1960a, 18, 41；1962c, 28–29）和 Schwartz（1981, 31）。
③ 另参见《自由选择》第258页。

这两位作者在 1963 年之后的陈述比查阅《美国货币史》似乎更加有用。例如，弗里德曼在 1967 年美国经济协会的著名主席演讲中，将 20 世纪 30 年代初引述为较低的利率不是表明当时的货币政策宽松的迹象而是表明它在最近的过去是紧缩的迹象的一个例子。[1] 在 1969 年 1 月的《动态经济学教学盒式磁带》第 12 集中，弗里德曼陈述说，当局受到 1929—1933 年的利率的误导，阻止了利率的下降，与此同时降低了银行准备金总额。在 1971 年的演讲中，弗里德曼强调指出，美联储在 20 世纪 30 年代初因在判断货币状况时依赖无风险资产的短期名义收益率而被误导。[2] 同样，安娜·施瓦茨在 1998 年 12 月 31 日《华尔街日报》上批评 20 世纪 30 年代的美联储将较低的名义利率当作宽松的迹象，从而忽视了与这些名义利率相关的"沉重的"实际利率（另参见 Bordo, Choudhri, and Schwartz 1995）。

---

[1] 参见 Friedman（1968b, 7）。

[2] 参见 Friedman（1972b, 187）。类似地，弗里德曼在 1998 年 3 月的斯坦福大学与旧金山联邦储备银行的研究会议上，与迈克尔·克兰、本内特·麦卡勒姆和笔者谈话时提出，在 1930 年和 1931 年，美联储的官员援引较低的名义利率作为宽松政策的证据。另参见 Friedman（1997, 18）。弗里德曼之前的学生也在他们的著述和声明中阐述了相关的要点。例如，在 1962 年 8 月 14 日的联合经济委员会证词中，贝里尔·斯普林克尔（Beryl Sprinkel）这位当时芝加哥的哈里斯信托与储蓄银行的副主席和经济学家陈述说（Joint Economic Committee 1962, 449）："我想，证据并非百分之百，但是，我所查阅过的所有证据都有力地表明，我们应该集中关注的要素是货币增长而非利率……从 1929 年开始直到 1931 年的黄金恐慌，利率下降得非常厉害。然而，我们知道，这一时期的货币紧缩实际上非常严重。我不会声称，由于利率在 20 世纪 30 年代初下降了，我们就有很多钱，大量的钱。我想，那完全是错误的线索。"另参见 Darby and Lothian（1986, 73）。

由于这些要点在《美国货币史》中没有得到充分的表达，因此，布鲁纳与梅尔策（Brunner and Meltzer 1968）继续对大萧条进行的货币主义批评占据了一个研究计划的重要组成部分，而该研究计划在梅尔策 2003 年的《美联储史》（*A History of the Federal Reserve*）中达到高潮。[1] 人们也许认为，一个货币主义者在弗里德曼与施瓦茨叙述的四十年之后可能会在撰写的一章论大萧条中补充文献证据而不是提供一个改进的假说。梅尔策实际上确实提供了更多的文献证据——特别是美联储的文件中提供了更多的文献证据，包括但不局限于联邦公开市场委员会的会议纪要，而这些会议纪要只是在 1964 年才成为公开记录的一部分。[2]

---

[1] 另参见戴维·惠洛克（Wheelock 1989）关于弗里德曼与施瓦茨的叙述和梅尔策的叙述的比较。

[2] 从 1936 年到 1960 年的"会议纪要"——实际上是联邦公开市场委员会会议的类似抄本的记录——在 1964 年转交给美国国家档案馆（Lindsey 2003，110）。这就在事实上让联邦公开市场委员会的会议纪要成为公共记录的一部分，尽管存在一定的时滞。根据 1993 年 12 月 20 日的《华尔街日报》，历史上的会议纪要可以由公众在联邦储备银行处查阅获得。此外，微型胶卷的版本也可以获得，而詹姆斯·梅格斯（Meigs 1972，371，381）就援引了微型胶卷的版本。
在 20 世纪 70 年代、80 年代和 90 年代，弗里德曼指出美联储公开会议纪要不仅是为了回应对弗里德曼与施瓦茨的《美国货币史》，而且尤其是为了提供材料来帮助那些可能比弗里德曼和施瓦茨更加支持对大萧条的非货币解释的研究者相关的从更加有利的角度来看待 1929—1933 年间的美联储政策（参见 Friedman 1976g; House Republican Research Committee 1984，38；1993 年 12 月 20 日《华尔街日报》）的一种反应。相比之下，梅尔策（Meltzer 2009a，463）指出，1964 年公开历史材料是美联储作为一个机构庆祝五十周年的一部分，而林德塞（Lindsey 2003，110）则将会议纪要的公开描述为来自国会议员、众议院银行委员会主席莱特·帕特曼（Wright Patman）施压的结果。另参见 Mayer（1982a，260）。

但是，梅尔策能够更进一步，提出了一个改进的假说。在他对政策决定的解释中，本杰明·斯特朗的死并没有起到划时代的作用。相反，梅尔策认为，整个大萧条时期美联储一直坚持它在20世纪20年代采取的同样的理论框架。这个理论框架进而相当重视名义利率作为货币政策的一个指标。因此，美联储对利率的错误解释就构成了梅尔策叙述20世纪30年代的故事的一个核心部分。

即便如此，值得强调的是，虽然劳克林·居里和克拉克·沃伯顿预示了弗里德曼和施瓦茨的叙述，梅尔策改进了弗里德曼和施瓦茨的叙述，但是，弗里德曼和施瓦茨的叙述扭转了大萧条的舆论潮流。他们的叙述提升了美联储在大萧条叙述中的作用，以至于多恩布什和菲舍尔（Dornbusch and Fischer 1981，317）在事实上提到20世纪30年代"美联储的无能"。而同样的两位作者后来得出结论说："这种货币观点因此接近于被承认为是对大萧条的正统解释。"（Dornbusch and Fischer 1987，425）由《美国货币史》产生的共识在弗里德曼去世之年发表的一篇论大萧条的文章的开篇之语得到了很好的诠释："几乎毫无争议的是，货币收缩是大萧条在美国发生的一个主要原因（Hsieh and Romer 2006，140）。"

至于美联储，虽然它没有进行官方的回应，但是，弗里德曼在1962年年初与克拉克·沃伯顿的通信中指出，他和施瓦茨从美联储的工作人员那里就他们对历史上的货币政策所持的强烈批评态度收到了负面的反馈意见。[1] 美联储工作人员的这种反应也

---

[1] 参见弗里德曼在1962年3月20日给克拉克·沃伯顿的信，存于乔治梅森大学的克拉克·沃伯顿文件集。

出现在该书出版之后的最初阶段。就弗里德曼和施瓦茨对20世纪30年代初的叙述而言，迈克尔·博尔多在2006年秋期的《罗格斯杂志》(*Rutgers Magazine*)第24页上评论说："它真是让人大开眼界，而美联储非常具有戒心。"另一方面，美联储的一些工作人员在20世纪60年代赞同弗里德曼和施瓦茨就20世纪30年代的货币政策而非作者们对货币存量强调的批评性意见。最终，美联储在1930—1933年的货币政策是误导性的，以及货币存量收缩是此问题的一个重要组成部分的观点都在联邦储备系统之内得到了广泛的认同（例如参见 Bernanke 2002b）。

最后一点，《美国货币史》在弗里德曼的职业产出中的位置值得在这里提一提。《美国货币史》大致在《资本主义与自由》出版之时得以完成。但是，《美国货币史》不是弗里德曼的研究著作的结束。实际上，甚至对弗里德曼与施瓦茨的货币计划而言都远不是结束。这些事实就反驳了弗里德曼正是在20世纪60年代结束了经济研究活动而将精力转向何大众倡导自由市场的解释（例如 Ebenstein 2007, 135 和 Burgin 2012, 198）。如果将转变的日期从大约1962年改为大约1972年，那么这种解释有可值得称道之处。但是，如果继续坚持20世纪60年代的某个日期，那么这种解释就不具有说服力。① 弗里德曼从1962年到1972年这十

---

① 特别是，不仅1962年作为弗里德曼逐渐减少他的研究的时点必须被摒弃，而且1966年在他成为《新闻周刊》的专栏作家的时点也必须被摒弃。弗里德曼的研究活动在成为《新闻周刊》专栏作家的前六年依然非常繁重：《新闻周刊》要求他大约每隔三周提交一篇专栏文章的规定依然给弗里德曼留下大量时间从事其他写作活动。同样，保罗·萨缪尔森即使在成为《新闻周刊》专栏作家十五年之中依然在积极从事研究。参见第十四章的进一步讨论。

年间独自撰写了大量的研究论文。[1]他在 1967 年担任美国经济协会主席时提交了他最著名的研究论文。此外，弗里德曼在 1962 年之后与施瓦茨撰写了基本上是三部大部头的《美国货币史》的续篇：不仅有《美国货币统计》和《美国和英国的货币趋势》，而且有《趋势》(*Trends*)在 1966 年的初稿（这部初稿最终与 1982 年该研究出版的版本在文本上几乎没有重叠的地方）。[2]虽然这些续篇对经济研究的影响远不如《美国货币史》，但是，它们的材料加起来有一千多页。撰写这么多材料几乎不会是一个在 20 世纪 60 年代就决定终止研究之人的行为。

## 三、货币与信贷委员会

罗伯特·戈登在 1974 年 2 月写道，弗里德曼与施瓦茨的《美国货币史》"可能是在过去十五年期间所发生的复兴货币经济学兴趣的最重要的单个贡献"。[3]正如戈登的评论所暗示的那样，对货币问题的关注甚至在《美国货币史》之前就已经大幅度增加。在 1959 年这个戈登提到的十五年时期开始之际，弗里德曼就猜想，对货币安排的兴趣在当时比联邦储备系统创建以来的任何时候都要大。弗里德曼所援引的这种兴趣的一种表现就是设立了一个名叫货币与信贷委员会（Commission on Money and Credit）

---

[1] 他在这一时期撰写的最具有技术性的论文是 Friedman（1968b，1969a，1971c）以及在 20 世纪 70 年代初起草的 Friedman（1977d）。
[2] 正文中讨论的著作是 Friedman（1968b）和 Friedman and Schwartz（1966，1970a，1982a）。
[3] Gordon（1974b, ix）。

的研究机构。①

经济发展委员会（Committee for Economic Development）这个私人组织在1957年开始组建货币与信贷委员会来研究美国的货币与金融安排。与英国大致在同一时间开始设立的拉德克里夫委员会（Radcliffe Committee）不同，货币与信贷委员会不是政府研究机构。②而且，与拉德克里夫委员会赋予像理查德·塞耶斯这样的货币政策的学术专家显著的作用不同，货币与信贷委员会有意识地主要由来自学术界之外的非专家组成。③弗里德曼在该委员会报告之后写道，结果就是该委员会的成员"在该报告的主题上不具备任何特殊的能力"。④

不过，弗里德曼和其他货币政策的学术专家得益于货币与信贷委员会的存在，因为该委员会在其授权范围内资助了许多议题的研究。根据笔者在2013年4月30日对戴维·梅塞尔曼的访谈，弗里德曼从该委员会获得了一份资助，以至于他能够重新做他与戴维·梅塞尔曼一直在做的比较凯恩斯主义模型和数量论模型的实证研究。由弗里德曼与梅塞尔曼的研究所诱发的强烈反响在下一章中讨论。

到弗里德曼与梅塞尔曼的研究引起争论之时，该委员会自

---

① Friedman（1960a，2）。
② 参见1961年8月14日该委员会主席弗雷泽尔·B. 王尔德（Frazar B. Wilde）在联合经济委员会上的证词（Joint Economic Committee 1961b，6）。
③ Friedman（1962g，294）。
④ Friedman（1962g，299）。一个重要的例外是美联储前主席埃克尔斯是该委员会的一名成员。参见货币与信贷委员会首页的会员名单（Commission on Money and Credit 1961）。

身在很久以前就发布了其报告,而该报告出现在 1961 年中期（Commission on Money and Credit 1961）。弗里德曼对该报告的书面评论在一年之后发表于《美国经济评论》的会议记录专辑之中。该报告的内容远没有给弗里德曼留下深刻的印象。回头来看,货币与信贷委员会的报告可以被视为弗里德曼在 1963 年之前的岁月中就货币问题无力侵入主流观点的证明。该报告批评了他的固定货币增长建议。弗里德曼抱怨说,它这样做时没有提到他的名字,没有援引相关的研究文献,也没有在列举的政策目标之外提出另外一套具体的货币政策规则。弗里德曼在美国经济协会的主席演讲的五年多之前,发现自己与通货膨胀和失业的权衡取舍的支持者之间存在分歧。在这一点上,弗里德曼写道,该报告"断言充分就业与稳定物价之间可能存在冲突,我发现其中的原因并不具有说服力"。[①] 该报告关于存在这种权衡取舍的观点部分地取决于认同成本推动的通货膨胀观——卡尔·布鲁纳（Karl Brunner 1961b, 610）突出并批评了该报告这方面的内容。

弗里德曼对货币与信贷委员会的另一点不满是,虽然它安排和资助了包括弗里德曼与梅塞尔曼的共同研究在内的许多支持性研究,但是,它在许多研究完成之前就确定和出版了它的报告。[②] 货币与信贷委员会资助的与稳定政策相关的研究直到 1963 年才发表。在其中的一份研究中,阿尔伯特·安多、卡里·布朗、罗伯特·索洛和约翰·卡雷肯（Ando, Brown, Solow, and Kareken 1963, 3）在列举姓名方面没有保持该委员会的沉默

---

[①] Friedman（1962g, 297）.
[②] Friedman（1962g, 296）.

态度。该研究是对货币与信贷委员会委托约翰·卡雷肯和罗伯特·索洛所写的另一篇论文（Kareken and Solow 1963）所做工作的总结，陈述说："米尔顿·弗里德曼关于货币政策行动对总产出具有很强的但存在一个较长的和高度可变时滞的影响的命题……完全站不住脚。"弗里德曼说服《美国经济评论》发表了他的简短的反驳意见。在这篇反驳文章中，弗里德曼对竞争对手的作者们计算时滞的方法表达了怀疑，同时也强调卡雷肯和索洛关于时滞长度的许多研究发现与他自己报告的研究结论相符合。①

弗里德曼也指出，这些作者对他的时滞研究结论所做的许多批评已经在弗里德曼与约翰·卡伯特森的交流中论述过了。就卡伯特森而言，他后来对弗里德曼的批评超越了那次交流。例如，卡伯特森在1962年8月14日的联合经济委员会的证词中说（Joint Economic Committee 1962，454）："弗里德曼教授关于货币政策具有较长的和可变时滞效应的学说远非普遍接受的理论。我认为它是错误的。许多人仍持保留态度。这个学说还没有被证实。"弗里德曼与施瓦茨在1963年的《美国货币史》和他们的"货币与商业周期"的论文中补充了较长的和可变时滞的两份主要文献证据的记录，从而让这个陈述基本上变得过时了。这些出版物的出现，加上梅尔策（Meltzer 1963）的研究和弗里德曼–梅塞尔曼的研究，极大地证明了米什金（Mishkin 1989，550）关于1963年"明显是货币主义者的丰收之年"的评价的正确性。弗里德曼和

---

① 参见 Friedman（1964h）。另参见下列第十五章就弗里德曼的时滞研究所展开的一系列争论。

施瓦茨在1963年的研究所产生的证据与后来的货币政策文献就时滞的作用所提供的证明,都导致经济学界普遍地接受了货币政策存在较长的和可变的时滞效应。

## 四、扭转操作

弗里德曼在1959年的福德汉姆大学的演讲中指出,美联储从1953年实施的专营国库券政策"在最近几个月中引发了争论"。① 虽然美联储依然不情愿用短期利率管理的术语来描述其政策,但是知情的评论者非常清楚,从1953年采纳专营国库券政策以来,那就是美联储一直在做的事情。② 几乎不存在回到《美联储-财政部协议》之前钉住长期利率政策的严肃主张。但是,一些批评家认为,美联储以牺牲长期利率为代价来集中关注短期利率是过分的。尤其是,国会的联合经济委员会和许多学院派经济学家都抱怨说,他们所看到的是美联储错失了通过直接干预长期证券市场来对总需求提供敏感管理的良机。从1953年到1961年,除了在1958年对美国债券市场的一次明显扰乱外,美联储没有进行这种干预。

到了1961年年初,对专营国库券政策进行批评的许多学院

---

① Friedman（1960a, 57）.
② 在1961年4月10日对联合经济委员会的证词中,经济顾问委员会主席沃尔特·海勒指出,美联储主席马丁明确否认美联储在设定利率中所起的作用,经过认真审查,这种否认不成立（Joint Economic Committee 1961c, 603）。另参见前一章。
沃尔特·海勒的分析与弗里德曼（Friedman 1974a）在十年之后对阿瑟·伯恩斯明确否认美联储在决定可观察到的货币增长率中所起作用进行法庭式的审查具有相似之处。

派评论家与新当选的肯尼迪政府具有学术上的联系。他们提出的通过美联储直接购买长期债券来刺激经济的建议现在伴随着解决美国开始表现的大规模的国际收支逆差的手段的建议。这一整套建议被转变成了"扭转操作"的政策,联邦公开市场委员会在1961年获得肯尼迪政府的批准之后就采纳了这个政策。根据这个政策,美联储购买长期债券,从而希望对长期利率施加下行的压力,因为长期利率被认为与私人部门的支出决策比短期利率更加相关。这个政策同时要卖出短期证券,并希望将短期利率保持得足够高,从而减少美国资本的净流出量和改善国际收支的状况。

弗里德曼并非扭转操作的倡导者之一。就该政策的国内组成部分而言,弗里德曼并不否认在给定短期利率路径的情况下改变长期利率的可行性。正如我们在第六章所看到的那样,他关于短期证券和长期证券是不完全替代品的观点——这种观点构成了他对资产的不完全可替代性的更一般信念的一个组成部分——就相当于承认期限结构的预期理论并非解释收益率曲线行为的唯一重要的理论。[1] 弗里德曼强调指出,美联储不能随意地将不同到期日的利率设定在特定的水平上。但是,他也承认,影响不同到期日的利率模式在货币当局的权限范围之内——包括采取措施来改变私人部门持有不同到期日的政府债券的比例。[2] 他和施瓦茨确实质疑美联储在判断这类行动可取的情形下参与这类行动的必要

---

[1] 另参见爱德华·纳尔逊(E. Nelson 2013a)就此问题对弗里德曼的观点的阐述。
[2] 参见《美国货币史》第567页和弗里德曼在1964年3月3日的银行与货币委员会上的证词(Committee on Banking and Currency 1964,1148)。

性。他们指出，国债管理活动单独就可以实现私人部门对手中持有国债的到期日的同样重新安排。①

业已指出，弗里德曼的讨论确实承认扭转操作式的操作可以降低体现在长期利率之中的期限溢价，因为根据这类操作，美联储会增加私人部门手中持有的国库券与债券的比率。但是，就政策制定者的目标是对长期利率施加下行压力而言，弗里德曼认为扭转措施可能比非冲销式注入基础货币来交换长期债券的措施产生较小的这类压力。在他设想的传导机制中，后一种操作有两方面的原因比扭转操作对长期利率产生更大的短期下行的压力。

第一，扭转操作是为产生短期利率的向上压力和对长期利率产生向下压力而明确设计的。相比之下，唯一由非冲销式债券购买构成的操作不会诱发长期利率整体水平的上升压力，而这种上升压力会通过预期的渠道由作为当局行动之一的增加短期利率的政策所产生。第二，由于弗里德曼相信基础货币比国库券更具有流动性，因此，伴随着基础货币增加的长期证券购买会比国库券对债券的转换更大幅度地提高适当加权的短期流动资产对长期资

---

① 在 Joint Economic Committee（1959b，3045），Friedman（1960a，56，58）和《美国货币史》第634页之中，弗里德曼指出，美国财政部或美联储都可以实施扭转操作式的债务管理操作。正如弗里德曼和施瓦茨对这个问题的讨论所表明的那样，弗里德曼并不对这一点拥有原创性的权利。这一点反过来在最近的文献对美联储从2008年延伸到2014年的一系列大规模资产购买的讨论中不断地被提及（例如参见 Hamilton and Wu 2012；以及 Greenwood, Hanson, Rudolph, and Summers 2015）。在《美国货币史》与现代文献之间的时期中，威廉·诺德豪斯和亨利·沃里克（Nordhaus and Wallich 1973，10）在1973年也提出了这个论点。

产的比率，从而使前一种操作对长期证券的价格施加更加明显的影响。[1]但是，扭转操作行动是冲销式的，因此，它并不构成美联储的债券购买伴随着基础货币存量增加的情境。

不过，弗里德曼还不清楚长期利率是否应该降低，因为他质疑构成扭转操作基础的具体政策目标的可取性。他在1961年9月30日《商业周刊》第85页上陈述说，政府持有"人为设定较低的利率会刺激增长的错误信念"。他认为，当局对长期利率施加下行压力的意图是正在出现的问题的一部分，即政策制定者有过度刺激经济的危险。

就扭转政策的外部成分而言，弗里德曼也持有相当多的严肃保留意见。他在1962年3月9日《查塔努加时报》(*Chattanooga Time*)上承认，美国的国际收支逆差到20世纪60年代初达到了足够高的程度，以至于"我们将不得不做些事情"来纠正它。但是，他觉得美国当局在布雷顿森林安排下实现国际收支逆差为零的目标具有误导性。在他的分析之中，因为美元充当储备货币，所以，布雷顿森林安排的其他成员国在总体上具有获得美元储备的倾向。这些国家获得美元储备就必然意味着美国的国际收支逆差。由于美国的经常账户顺差似乎是美国的国际账户的一个固定

---

[1] 弗里德曼关于长期利率决定观点的这方面内容可以被视为必然包含与期限溢价行为相关的比率是 $[(H/P)+ \omega \star BILLS]/BONDS$，其中 $H/P$ 是实际的高能货币，$\omega$ 可能是小于1的正数，而 $BILLS$ 和 $BONDS$ 分别是私人部门实际持有的国库券和长期证券。也就是说，流动资产的数量是由短期证券获得的权重至少在短期利率为正时要小于基础货币所构成的加权之和。参见第六章和爱德华·纳尔逊（E. Nelson 2013a）的讨论，以及关于弗里德曼的相关援引的具体细节。另参见 Friedman（1976f, 314）。

组成部分，因此，美国的国际收支逆差就只能源自美国的资本账户的大规模逆差，也就是说相当大的资本净流出量。[1] 弗里德曼承认，美国的政策可能有能力遏制国际收支逆差，甚至在短期内消除逆差。但是，他争辩说，熟悉的"第 $n$ 个国家"的问题则意味着，美国的国际收支的总体头寸反映的是其他国家的行动而非美国的政策。[2] 美国当局采取措施来改变美国的国际收支的做法可能会取得暂时性的成功。但是，弗里德曼坚持认为，如果其他国家对美元的需求依然不变，那么这些措施对国际收支的影响迟早会被其他国家的反应所抵销。

根据这种评估，弗里德曼认为，美国控制货币或债务管理工具来实现国际收支目标的做法基本上是徒劳的。[3] 他进一步认为，将国内政策工具聚焦于这样的一个目标即使是可行的，也是不可取的。在这一点上，弗里德曼从凯恩斯（Keynes 1923，1925）关于汇率应该从属于国内的经济管理而不是相反的观点获得了他

---

[1] 美国在 20 世纪五六十年代的绝大部分年份都记录了经常账户的小额顺差。参见 McCallum（1996，7）。

[2] 参见弗里德曼在 1971 年 8 月 11 日《动态经济学教学盒式磁带》第 80 集和 1971 年 5 月 12 日《今日芝加哥》中的评论；参见下列第十五章的进一步的讨论。此外，弗里德曼也在 Friedman（1972d，91）讨论了"第 $n$ 个国家"的问题。鉴于主要是浮动汇率制和美国经常账户持续逆差的新环境，弗里德曼在 20 世纪 80 年代在某种程度上修改了他对这些问题的看法。

[3] 弗里德曼将同样的结论在 1971 年 5 月 20 日《动态经济学教学盒式磁带》第 74 集、1971 年 6 月 2 日《动态经济学教学盒式磁带》第 75 集和 1971 年 7 月 27 日《动态经济学教学盒式磁带》第 79 集中用于外汇管制措施。

的提示。① 弗里德曼在 1953 年支持浮动汇率制的文章中延续了凯恩斯在 20 世纪 20 年代的研究，但同时表明他的立场是，与凯恩斯相反，他并不认为固定汇率制——即使是可调整的固定汇率制——会适合战后的形势。美国在 20 世纪 60 年代初所面临的困境为弗里德曼应用这个论点提供了新的动力。

美国在这些岁月中的国际收支确实使这种在某种程度上不同寻常的情形成为可能的一方面，当与其他国家在布雷顿森林时期经历了大规模的赤字一起考虑时，就是美国的国际收支逆差并没有反映经常账户逆差。相反，诚如前面指出过的那样，美国有一个经常账户顺差，而美国的总体逆差是资本的净流出量超过该顺差所产生的结果。因此，美国存在的国际收支逆差就可以被视为经常账户顺差没有大到足够抵消投资外逃出美国的这种情形的一种反映。从这种角度看，诚如弗里德曼就此问题在 1963 年向国会提交的著名证词中所说的那样，诉诸扭转操作这样的政策来应对国际收支的情形就是证明了"较小的对外贸易部门支配了国家政策的程度"。②

在弗里德曼看来，美国在 20 世纪 60 年代初在国际政策领域所采取的措施是一种倒退。根据他的解释，美国的政策制定者在最近年份之前一般不会允许外部逆差或者汇率义务来支配货币政策的决策。他和施瓦茨强调，即使在两次世界大战期间的金本位

---

① 关于弗里德曼承认得益于凯恩斯在这个议题上的观点，参见 Friedman（1972d, 92；1975e, 163；1980a, 61, p.60 of 1991 reprint；1984b, 157）；1983 年 6 月 4 日的《经济学人》和 1989 年 4 月 19 日的《华尔街日报》。
② 引自弗里德曼在 1963 年 11 月 4 日联合经济委员会上的证词（Joint Economic Committee 1963a, 456）。

制下，美联储在短期拥有广泛的灵活性来将货币存量行为与美国的对外承诺隔离开来。因而，政策制定者在20世纪20年代能够追求国内政策目标，并且诚如弗里德曼和施瓦茨所看到的那样，美联储可以但并没有使用现有的冲销技术来维持美国从1929年到1933年的货币存量。[1]布雷顿森林安排把美国放在首位，授予美国当局决定国内货币状况并将这些状况与外部力量相隔离的更多机会。弗里德曼在1959年的福德汉姆大学的演讲中表达这一点时说，"美国一直有能力在国内货币行为方面实现如此明显程度的巨大独立性"。[2]同样，他在1964年作证时说，"联邦储备体系如果愿意，是可以控制货币量的"。[3]

让弗里德曼感到失望的是，美国的政策制定者没有在20世纪60年代初使用这些特权。他们反而让国际收支的考虑在货币政策决策中占据重要地位。弗里德曼认为，20世纪60年代初的货币政策由于这些考虑而变得比没有这些考虑紧缩多了。弗里德曼争辩说，政策制定者"迫使整个经济失调来解决它的较小部

---

[1] 除了前面的章节讨论了弗里德曼和施瓦茨对此问题的观点之外，还可参见Friedman（1960a，79）；Schwartz（1981，42）和弗里德曼在1965年10月7日向联邦储备委员会提交的备忘录（Friedman 1968a，142-43）。至于相关的讨论，另参见Eichengreen（1992）和Bernanke（2002b）。谢长泰和克里斯蒂娜·罗默（Hsieh and Romer 2006）提供的经验证据表明，当美联储确实在1932年冒险采取扩张性的操作时，它其实没有受到与金本位制相关的安排的实质性的阻碍。

[2] Friedman（1960a，79）。

[3] 弗里德曼在1964年的银行与货币委员会上的证词（Committee on Banking and Currency 1964，1159）。另参见Ketchum and Kendall（1962，50）。

分，对外贸易占5%的部分所产生的问题"。①

根据弗里德曼的叙述，这种转变发生在艾森豪威尔任期的后面一些年份，在这种转变之下，国际收支因素非法侵入了国内货币政策的制定。《美国货币史》明确地认为，1958—1960年的货币政策制定部分地反映了政策制定者冲销国际收支逆差的失败和维持足够高的利率来防止更多逆差的意愿。② 梅尔策（Meltzer 2009a，344）争辩说，国际收支继续成为一个影响1961年的货币政策制定的重要因素。在弗里德曼后来的叙述中，1961年事实上是国际收支因素使货币政策明显具有限制性的最后一年。③ 在这种意义上，扭转操作——根据扭转操作，当局打算让外部因素引起短期利率的提高但不减少货币基数——确实有助于美国返回到1958年之前的总货币状况与国际收支因素分开设定的情形。

尽管如此，事实依然是，扭转操作赋予国际收支因素在国内金融政策中在弗里德曼看来没有理由具有的重要性。正如梅尔策

---

① 引自弗里德曼在1963年11月14在联合经济委员会上的证词（Joint Economic Committee 1963a，455）。
② 参见《美国货币史》第617页。约翰·泰勒（Taylor 1999，338）给出了相似的评估。不过，正如前一章所讨论的那样，弗里德曼也认为国内因素导致了这一时期的过度紧缩性的政策，正如罗默夫妇（Romer and Romer 2002a）在2002年和胡里奥·罗腾伯格（Rotemberg 2013）在2013年所认为的那样。
③ 在Friedman and Roosa（1967，11）之中，弗里德曼确定国际收支在货币政策决策中占据重要地位的年份是1956—1961年。不过，要注意美联储在1962—1963年继续引证国际收支作为它决策的一个因素。正如本章第一节所讨论的那样，这些年份包含一个紧缩性的"停顿"时期，即货币增长微弱的时期。弗里德曼（Friedman 1962c，24）部分地将货币增长的疲软归之于美联储阻止黄金流出的努力。

（Meltzer 2009a，418）所讨论的那样，国际收支尤其在美联储 1963 年提高美国短期利率的决策中起到了重要的作用。业已指出，弗里德曼认为，货币增长在 1963 年上升得太快。因此，他可能更愿意看到短期利率在 1963 年确实上升，但是这种上升来自限制货币基数增长的政策，而不是来自扭曲收益率曲线的尝试的情形。

除了批评引导金融政策来满足国际收支需要的做法，弗里德曼还反对使用贸易限制和资本限制这样的非货币措施来处理国际收支逆差。他在 1962 年 3 月 9 日《查塔努加时报》上批评"近年来提出的对贸易的直接管制"，并呼吁废除这些管制以及所有的关税。正如弗里德曼所看到的那样，对美国的国际收支情形的适当政策反应不在于货币政策、债务管理措施、贸易限制或者外汇管制。相反，美国应该废除布雷顿森林安排。弗里德曼悲叹肯尼迪总统在就任之时没有立刻废除黄金价格为 35 美元的承诺和终止美国的固定汇率制义务。[①] 弗里德曼承认，倘若废除了这些义务，其他国家可能会依然希望将它们的货币钉住美元。但是，美国就可以自由地谋求国内政策目标，特别是价格稳定的目标。弗里德曼认为，追求价格稳定与自由贸易一起构成了美国经济政策可能对国际经济稳定最重要的贡献。[②]

最终，扭转操作证明不是一个持久的政策。唐纳德·科恩

---

[①] 参见弗里德曼在注明的日期为 1968 年 10 月 15 日但在 1968 年 12 月提交给当选总统尼克松的备忘录中的讨论，该备忘录发表为 Friedman （1988b，438）。

[②] 此外，弗里德曼认为，美国之外的其他国家单方面实施钉住美元的汇率比美国帮助实施钉住制的坏处要少得多，因为后一种制度可能涉及美国当局强制实施贸易与外汇管制（参见 1968 年 5 月 8 日的《华尔街日报》和下文第十三章与第十五章）。

（Kohn 1974，11）将它在事实上被放弃的时间确定为1965年。[1]而且，其他措施经常具有抵消这种操作对货币增长、未偿还国债的到期日和长期利率的影响的倾向。诚如前面指出的那样，扭转操作是一种非冲销式的操作，但是它也可能不是非冲销式的操作，因为其他力量在20世纪60年代前半叶正在推动商业银行的准备金和货币存量的增长。扭转操作证明也不是影响20世纪60年代初的政府债券结构的最重要因素，因为——让扭转操作的倡导者詹姆斯·托宾和在较小程度上的支持者弗兰科·莫迪利安尼惊恐不已的是——财政部延长了政府债券的到期日，以至于抵消了美联储的扭转操作。[2]因而，很难分离扭转操作对期限结构的任何影响，考虑到财政部债券延期时尤其如此。例如，莫迪利安尼和理查德·萨奇（Modigliani and Sutch 1966）就没有发现这种效应。不过，埃里克·斯旺森（Swanson 2011）的研究发现，如果集中关注1961年的购买回合中债券价格的行为，那么美联储的债券购买对债券收益率的影响是可以确定的。

长期利率确实在20世纪60年代初在某种程度上下降了。但是，正如弗里德曼所主张的那样，如果通货膨胀预期在20世纪60年代初下降了，那么，费雪效应就对债券利率的这种下降提供了一种解释。[3]此外，正如它在转向更加扩张性的整体货币

---

[1] 詹姆斯·鲍顿和埃勒姆斯·威克（Boughton and Wicker 1975，451）相反却将其结束时间确定为1964年。
[2] 关于扭转操作政策与20世纪60年代的经济研究发现之间的相互关系的详细讨论，参见D'Amico, English, López-Salido, and Nelson（2012）。
[3] 这其实是弗里德曼从前的学生詹姆斯·梅格斯在研究这一时期时提出的解释。参见Meigs（1972，271）。

状况的环境中所发生的那样，扭转操作行动最终接踵而来的不是长期低利率和短期高利率的组合，而是各种到期日的高利率。20世纪60年代初的政策的这种最终结果可能也构成了弗里德曼后来的这种评论的基础："美联储和其他中央银行在试图明显改变利率或利率结构时不断地失败。扭转操作被广泛认为是一场惨败。"①

美国在扭转操作之后依然有国际收支逆差。在20世纪60年代后半期，持续的逆差没有引入弗里德曼偏爱的更加灵活的汇率。相反，它却造成了一大堆官方对资本流动的限制。②

## 第三节 人物：1961—1963年

### 一、阿巴·勒纳

阿巴·勒纳在20世纪四五十年代的一些著述在前几章中已经探讨过。弗里德曼曾经认为，阿巴·勒纳"可能是凯恩斯思想的最有效的理智倡导者"。③ 在弗兰科·莫迪利安尼看来，阿

---

① 引自弗里德曼在1971年4月26日致美联储主席阿瑟·伯恩斯的信（此信可从以下网址获得：https://fraser.stlouisfed.org/scribd/?item_id=3547&filepath=/docs/historical/burns/burnspapers_fordlibrary/frilet710426.pdf）。与短期中性结果相反，弗里德曼对该政策的长期效应的评估明显表明他有可能进行这种评估。正如先前指出的那样，他承认，美联储的操作通过流动性效应和未偿还的公共债务的到期日的改变就可以影响短期利率和短期期限结构。
② 参见第十三章。
③ 引自弗里德曼在兰德尔·帕克（Parker 2002, 44）著作中的评论。

巴·勒纳也是货币主义理论是对凯恩斯主义最有效的"补药"这种凯恩斯主义的鼓吹者。具体而言，阿巴·勒纳是货币政策对总需求不重要和通货膨胀应该通过税收措施进行管理的这种观点的主要倡导者。① 这些观点当然是弗里德曼本人在20世纪40年代初持有、只是在这个十年的后半期才放弃的观点。不过，虽然阿巴·勒纳是弗里德曼通过对《经济管制》的书评在书面上提出不同看法的第一批凯恩斯主义者之一，但是，那场争论对货币政策与财政政策的问题没有影响。准确地说，正如第四章讨论的那样，虽然该评论让弗里德曼对稳定政策提出了一些一般性的保留意见，但是，它是写于和发表于弗里德曼关于货币政策和财政政策的相对有效性的思想转变之前的时候，即1948年之前。②

当阿巴·勒纳在20世纪60年代初被要求对弗里德曼最近产出的著作进行书评时，他就获得了一个勉强称得上是报复弗里德曼的评论的机会。事实上，他紧接着两次承担了这种角色，因为阿巴·勒纳在1962年的《美国统计协会会刊》上对《货币稳定计划》写了一个长篇的评论，接着在1963年的《美国经济评论》上对《资本主义与自由》进行了评论。但是，结果证明，阿

---

① 参见莫迪利安尼在布莱恩·斯诺登和霍华德·文恩（Snowdon and Vane 1999, 252）著作中的评论。
② 而且，像弗里德曼对奥斯卡·兰格在同一时期的批评一样，弗里德曼（Friedman 1947）在1947年对阿巴·勒纳的批评也与弗里德曼后来的立场不相符。莱斯特·特尔泽在2013年10月8日笔者的访谈中指出，弗里德曼批评阿巴·勒纳缺乏数学的严谨性，但依然在后来指出他认为莱斯特·特尔泽（Telser 1955）1955年的研究在报告经济结论时使用的数学太多。这种差异就证明了弗里德曼在20世纪40年代之后远离数学分析的剧烈转变。

巴·勒纳缓和了他对货币政策的看法并部分地"重构"了凯恩斯主义思想。他对《货币稳定计划》（Lerner 1962a）的评论表明，虽然阿巴·勒纳继续声称流动性陷阱在萧条情形下的相关性，但是这个评论却并没有阐述货币政策在萧条情形之外是软弱无力的或无效的观点。同样，在他对《资本主义与自由》的评论中，虽然阿巴·勒纳表达了弗里德曼夸大了货币政策重要性的看法，但是，阿巴·勒纳暗示，"凯恩斯主义集中于财政政策"而牺牲货币政策的做法在萧条情形之外被证明是没有根据的（Lerner 1963，459）。[①] 真正从强硬的凯恩斯主义角度对弗里德曼的货币主义进行的著名攻击不得不等到1970年尼古拉斯·卡尔多的批评的出现。[②]

在阿巴·勒纳看来，货币政策作为影响总需求的一个因素明显地变得重要了。但是，他与弗里德曼之间出现了一个新领域的分歧。正如前面几章讨论过的那样，阿巴·勒纳在20世纪50年代晚期崛起为一位主张成本推动通货膨胀的重要性的强有力倡导者。[③] 这种观点在他探讨《货币稳定计划》时清楚地表达出来，

---

[①] 另参见 Lerner（1962b，37）。
[②] 参见 Kaldor（1970）。可以说，这个陈述的一个例外就是弗里德曼在1968年与沃尔特·海勒辩论的情形（参见 Friedman and Heller 1969，以及下列第十三章和第十四章）。
[③] 阿巴·勒纳对成本推动的通货膨胀的强调在某种程度上是与他在之前对需求拉动通货膨胀的强调的决裂。事实上，阿巴·勒纳先前对需求拉动的强调受到罗伊·温特劳布（Weintraub 1961）在1961年的批评。正如弗里德曼和施瓦茨在《美国和英国的货币趋势》第61页所认为的那样，温特劳布认为成本推动的通货膨胀观是凯恩斯（Keynes 1936）1936年框架的一个重要组成部分。

因为在那个评论（Lerner 1962a，218）中，阿巴·勒纳说："在美国，价格稳定的失业率似乎在7%左右。"这个陈述量化了阿巴·勒纳（Lerner 1958）在这篇文章中已经阐述并被萨缪尔森和索洛（Samuelson and Solow 1960）更加形式化的观点：通货膨胀与失业存在向下倾斜的永久性关系，而且在这种关系中，价格稳定的位置与超常的失业相关。

这种成本推动的冲击具有平均值为正的价格设定过程的观念，导致阿巴·勒纳（Lerner 1962a，218）得出结论说，即使弗里德曼的固定货币增长规则稳定了物价水平，它也可能会导致永久性的超常失业。这与弗里德曼关于通货膨胀行为的观点形成了巨大的差异。虽然他在《货币稳定计划》中很少谈及这个问题，但是，弗里德曼在20世纪60年代的著述中明显表明他排除了阿巴·勒纳所描述的情形。对弗里德曼而言，长期菲利普斯曲线是垂直的，成本推动冲击的平均值为零。因而，物价稳定和充分就业在长期条件下是兼容的，在经济分析中用来作为基准失业率的恰当失业概念不是"物价稳定的失业率"，而是自然失业率。

阿巴·勒纳本人的政策立场是，物价稳定与充分就业其实可以兼容。但是，与弗里德曼相反，他觉察到让这两个目标兼容的一个障碍是美国经济往往会产生成本推动通货膨胀的形式。在这样看待美国的宏观经济形势之时，阿巴·勒纳就倡导公共部门对工资与物价的设定进行直接干预作为解决方案。在1958年5月15日出席联合经济委员会时，阿巴·勒纳说："我的要点是，有一个保持支出量正确的政策是不够的；因为给你带来繁荣的正确支出量也在目前的情形下给你带来价格上升的倾向。因此，除了补充一个预防需求过度的政策，你还需要一些管理物价和工资的管制措施（Joint Economic Committee 1958，156）。"

正如前一章所提到的那样，弗里德曼错过了他与阿巴·勒纳一起出席这场听证会的预先约定。不过，弗里德曼与阿巴·勒纳至少在两个场合彼此公开辩论过。第一次是阿巴·勒纳在1946年到1949年间访问芝加哥大学校园的某个时候发生在芝加哥大学的辩论。① 这场辩论在教师和学生之前举行，明显是一场值得纪念的辩论。弗里德曼在20世纪70年代的一次讨论中回忆了它：在这次讨论中，他指出，这场辩论涉及凯恩斯。② 20世纪40年代晚期的两位芝加哥大学的学生凯西·阿克希尔罗德和阿诺德·哈伯格都在回顾弗里德曼时谈到了这场辩论。③ 这两位从前的学生都在回忆中说弗里德曼主导了这场辩论。但是，他们对这场辩论的回忆也揭示出弗里德曼的辩论风格往往会激起不同类型的反应。虽然一位从前的学生阿诺德·哈伯格认为弗里德曼在

---

① 弗里德曼（Friedman 1972a, 936）在1972年认为辩论发生在"20世纪40年代晚期或者可能是20世纪50年代早期"。这个事件的日期可以进一步限制在弗里德曼在芝加哥大学的最初三个学年，即从1946—1947学年到1948—1949学年。正如马上要讨论的那样，凯西·阿克希尔罗德在1950年离开芝加哥校园，在2013年4月25日笔者的访谈中回忆了这场辩论，正如阿诺德·哈伯格在2013年4月12日所回顾的那样。虽然哈伯格在芝加哥大学作为学生的第一年是1946—1947年并在1950年获得博士学位，但是，他在芝加哥大学校园作为学生的最后一个学年是1948—1949年，此后他就开始在约翰·霍普金斯大学工作（参见阿诺德·哈伯格在2014年6月27日与笔者的私人通信；American Economic Association 1970, 178）。
② 参见Friedman（1972a, 936-37）。这一段后来在Friedman（1986b, 48-49）和《两个幸运的人》第40—41页中被引用。
③ 笔者对凯西·阿克希尔罗德在2013年4月25日的访谈和对阿诺德·哈伯格在2013年4月12日的访谈。

辩论中的表现证明了他思维的严谨，但是，另一位从前的学生凯西·阿克希尔罗德则认为，弗里德曼对待阿巴·勒纳给人的印象是不友善的。

大约在15年之后，弗里德曼与阿巴·勒纳的第二场辩论发生在1962年5月10日的芝加哥市。这次辩论得到了美国储蓄贷款协会的资助。弗里德曼与阿巴·勒纳在萧条和通货膨胀方面的观点差异非常明显。虽然阿巴·勒纳愿意将货币政策在许多情形下看作是强有力的，但是，他依然坚持凯恩斯关于货币政策在萧条中"不起作用"的立场——"这被称为流动性陷阱"（Lerner 1962b，37）。相反，弗里德曼借此机会对他与施瓦茨的历史分析提供了另一个概述。借助于这种分析，他得出结论说，美国在20世纪30年代期间不存在流动性陷阱。[1] 就通货膨胀而言，弗里德曼不同意阿巴·勒纳的观点，因为"他将价格黏性等同于管理价格"，而"管理价格"不过是成本推动压力的另一个术语。[2] 弗里德曼承认价格可能"非常具有黏性"，但是他认为这种现象反映了价格调整的成本，而不是价格最终没有对市场状况进行回应的证据。[3] 因此，虽然阿巴·勒纳援引黏性来证明价格机制不起作用，但是，弗里德曼则将黏性视为期待对市场状况变化的调整随着时间的流逝而扩散的一个原因。

阿巴·勒纳明显在1962年的这场辩论中或者后来都没有被弗里德曼说服，因为阿巴·勒纳在1978年的一篇文章中呼吁用

---

[1] 参见 Ketchum and Kendall（1962，52）。
[2] 参见 Ketchum and Kendall（1962，52）。
[3] 参见 Ketchum and Kendall（1962，52）。另参见前面的第七章和第十章。

收入政策（以一种"工资增加许可证计划"的形式）来对付通货膨胀（Lerner 1978）。

## 二、约翰·F. 肯尼迪

肯尼迪总统在1961年1月20日的就职演说中讲过一句名言，"别问国家能为你做什么，要问你能为国家做些什么"。弗里德曼在《资本主义与自由》中挑战了这个陈述。[①] 他同意，一个人不应该要求"国家能为你做什么"，因为这个问题间接表明政府的职能就是施恩。但是，弗里德曼对另一种恰当的表述就是"要问你能为国家做些什么"的观点极为不满，因为他认为，这个问题的前提是与个人对其自身目标的追求不相容的。[②]

正如本章的前面几部分指出的那样，肯尼迪政府的多个经济政策也招致了弗里德曼的反对。肯尼迪与弗里德曼大体上都同意美联储要为1960—1961年的经济衰退负责。当时的参议员肯尼迪在1960年中期参加电视节目时说："我认为，联邦储备委员会的政策要为这次的衰退负部分责任。"[③] 但是，两人在其他货币政策的可取性和政策工具的适当分配方面分道扬镳了。

---

[①] 《资本主义与自由》第1页。弗里德曼最早在1961年5月3日出席华盛顿特区的美国商会上认真审查了这次就职演说的声明。
[②] 只要稍微改变一下措辞就可以在这个问题上安抚弗里德曼。相信事实如此的原因是，弗里德曼多次赞同总统格罗弗·克利夫兰（Grover Cleveland）所做的这个陈述，人民的事业就是要支持政府而不是反过来 [包括1968年11月《动态经济学教学盒式磁带》第2集，1969年5月4日纽约西部国家广播公司的节目《畅所欲言》副本第8页，1978年8月25日《维多利亚鼓动报》(Victoria Advocate)和Friedman 1982a, 9, 61–62]。
[③] 1960年7月10日美国全国广播公司《与媒体见面》节目副本第18页。

这种分歧的一个例子涉及财政政策。正当弗里德曼与梅塞尔曼的著作——在下一章描述——在传阅之时,肯尼迪政府正在将财政政策推向前台。这篇著作对财政行动对总支出存在巨大影响做出了否定性评价。因此,从弗里德曼的观点来看,肯尼迪政府采纳的支出决定的观点是建立在误解的基础上的。不管财政政策是否起作用,联邦政府计划使用财政政策的方式包括弗里德曼反对的微调。

肯尼迪政府处理通货膨胀的方法是与弗里德曼的立场存在的另一个重要分歧。财政部部长道格拉斯·狄龙(Douglas Dillon)在1961年6月说:"从通货膨胀的角度看,对我们的美元最大的威胁来自工资与物价成本推动的通货膨胀。"[①] 正是在这种背景下,弗里德曼在1961年9月30日的《商业周刊》上预测,该政府将在接下来的12个月之内转向工资与物价管制。

当美国政府诉诸"限价的强烈呼吁"——政府的主要成员对显著的工资与物价上涨进行公开的批评——作为一种消除假定的成本推动压力的工具之时,这个预期部分地实现了。弗里德曼在阐述他对这种方法的反对意见时写道:"物价管制,不管是合法的,还是自愿的,如果得到有效的执行,最终会导致自由企业制度的摧毁并被中央控制制度所取代。而且,它[即管制的使用]甚至在防止通货膨胀方面不会有效。"[②]

当总统肯尼迪干预以便迫使钢铁行业取消涨价计划时,弗里德曼在1962年4月27日《时代》杂志上的反应是发自肺腑

---

① 引自1961年6月6日《纽约先驱论坛报》所发表的1961年6月5日的声明。这个声明在1961年9月的《纽约第一国民城市银行经济简报月刊》第106页中被引用。
② 参见《资本主义与自由》第135页。

的："它让我们深刻认识到居住在华盛顿的警察国家突然拥有多么大的权力。"① 弗里德曼稍后一些说，肯尼迪的干预为限制企业对利润前景和从事投资的动机的预期设定了基调（Ketchum and Kendall 1962, 57）。

正如已经指出的那样，在肯尼迪执政时期，实际货币增长的模式赢得了货币主义者的一些赞誉。弗里德曼的看法是，这时的货币增长在提高之前基本上保持了短暂的稳定。因此，虽然肯尼迪执政时期观察到的经济后果不同于总统林登·约翰逊执政时期记录的经济后果，但是，弗里德曼将肯尼迪政府和约翰逊政府就经济政策而言视为一个统一的政府。而且，沃尔特·海勒这位在1965年之前经济顾问委员会的领导在1965年6月20日的《星期日时报》（*Sunday Times*）上谈到肯尼迪总统时说，"首先要记住的是，他到去世时已经成为现代（即凯恩斯主义）经济学的实践者和导师"。人们似乎可以恰当地得出结论说，如果肯尼迪担任八年总统，那么凯恩斯主义政策将继续实施。

相反地，总统肯尼迪在1963年11月22日被刺杀。在总统肯尼迪的兄弟罗伯特·肯尼迪也在1968年被刺杀之后，弗里德曼提出了一个在某种程度上算是刺杀根源的理论。他对比了肯尼迪两兄弟都是著名的政治领袖但成为"悲剧性的刺杀"的牺牲品的事实与他们富裕的父亲没有遭受此命运的事实。弗里德曼引述了政治权力与经济权力之间的差异。他主张，政治权力甚至比一个非常富有之

---

① 另参见《资本主义与自由》第134页。弗里德曼在1973年2月的《花花公子》杂志第66页和第68页上进行回顾性探讨时对肯尼迪的行动以不那么具有煽动性的话语表达了同样的批评（参见 Friedman 1975e, 32; 1983b, 50）。

人的经济权力对大众的日常生活拥有更大的影响。弗里德曼在 1968 年 6 月 24 日《新闻周刊》上声称，主要的政治家比企业领袖更容易吸引潜在杀手的注意力和不满。此外，由于政治权力比经济权力重要得多，因此，在某种程度上"对两个儿子的刺杀可能会改变世界历史"，而对一个商人的单独刺杀就不会如此。[1]

虽然这些论点中的最后一点似乎无懈可击，但是，这篇专栏文章作为一个整体和它阐述的理论回顾起来站不住脚。弗里德曼低估了名人，不管是否伴随着政治权力，都会对不安定的和暴力之人产生兴趣。这样，与弗里德曼在 1968 年的猜测相反，没有政治权力证明并非防止刺杀的保证。

---

[1] 弗里德曼在其他论坛上对刺杀表达了同样的思想：Friedman（1968i，29）和 1968 年 11 月《动态经济学教学盒式磁带》第 2 集。

# 第十二章

## 新经济学的批评：1964—1966 年[①]

---

[①] 本研究所表达的观点仅代表笔者本人，不应解释为美国联邦储备委员会或联邦储备系统的观点。笔者要感谢戴维·莱德勒和拉贾特·苏德对本章初稿的评论。笔者也要感谢米格尔·阿科斯塔、乔治·芬顿、威廉·甘伯和克里斯汀·卡尼尔的研究帮助，同时也感谢威廉·布雷纳德对本章论述的一些问题的讨论。关于完整的致谢名单，参见本书前言。笔者遗憾地指出，自本章的研究开展以来，笔者将在下面引述的五位访谈者，加里·贝克尔、莱尔·格拉姆利、托马斯·梅耶、罗纳德·麦金农和戴维·梅塞尔曼均已去世。

## 第一节　事件与活动：1964—1966年

米尔顿·弗里德曼认为，1964年是"凯恩斯主义思想处于美国的大众广泛接受的巅峰岁月"。[①] 这一年见证了埃德温·多兰和戴维·林德塞（Dolan and Lindsey 1977，158）所称的"可能是财政政策历史上最著名的事件"——大幅度地降低联邦个人所得税和公司所得税税率。1964年降低所得税是后来被称为肯尼迪-约翰逊减税措施的一个主要组成部分。[②] 当总统肯尼迪在1962年和1963年论证减税的理由时，他援引了减税能够产生的许多好处，其中不仅有提高总需求，而且有改善经济的供给方。[③] 然而，正是这个所得税建议的需求方面才是保罗·萨缪尔森集中关注的内容。他在1962年10月8日伦敦《金融时报》的

---

[①] Friedman（1971h, xxii）。同样地，R.J. 鲍尔（Ball 1982, 29）将凯恩斯主义对美国经济政策的最大影响的时间确定为1964年。弗里德曼（Friedman 1970a, 14; p.8 of 1991 reprint）将凯恩斯主义在美国经济政策中的巅峰时期确定为肯尼迪经济学家的时代。由于约翰逊政府早期的特征是经济官员的阵容与肯尼迪时代的经济官员的阵容相似，因此，这个描述与1964年是凯恩斯主义政策巅峰之见是相吻合的。

[②] 虽然事实是减税直到1964年一季度才颁布为法律（Gordon 1978, 492），也就是说在总统约翰逊执政时期，但是该减税措施通常被称为肯尼迪-约翰逊减税。

[③] 关于肯尼迪政府提出的众多支持减税的理由，参见 Romer and Romer（2009, 2010）。

一篇专栏文章中敦促通过该项措施。"减税的唯一理性的原因，"萨缪尔森在第 30 页写道，"就是要增加总需求，而这就意味着刺激相对于储蓄活动的支出活动。"

弗里德曼本人主要是基于萨缪尔森在《金融时报》的文章中提到但并没有支持的一个论点来支持减税：减税会对政府的支出施加下行的压力。① 而且，减税将美国的税收制度导向弗里德曼赞成的方向。在《资本主义与自由》中以及在早些的场合中，他认为联邦所得税的最高边际税率太高了。② 1964 年的减税在降低这些税率方面取得了进步，最高个人所得税税率从 91% 下降到 70%（例如参见 Vatter and Walker 1983，370）。公司税率也降低了。但是，这些举措让税收制度远没有达到弗里德曼的理想税收安排。正如《资本主义与自由》中所概述的那样，这个理想是由单一税率的个人所得税制度构成，没有单独的公司所得税。相反，公司收入被认为是股东的收入，即使被企业留存也要以个人所得征税。也许因为肯尼迪-约翰逊的税收措施集中在降低税率而不是系统性的彻底改革，因而弗里德曼在 1969 年的一次讨论中明确表示，他并不认为 1964 年见证了重大的税收改革。相反，他在 1969 年 4 月《动态经济学教学盒式磁带》第 23 集中声称，从他在美国财政部工作以来的岁月中就没有发生过重大的税收改革。

在 1964 年减税之后的几年中，这次减税被政府的经济学家

---

① 弗里德曼在 1968 年 2 月《邓氏评论》第 39 页上证实他支持 1964 年的减税。弗里德曼到 1964 年在思想上完全处于"饿死野兽"的模式之中，因而热衷于任何情况下的减税措施。
② 关于这些更早的场合，参见第四章。

和其他凯恩斯主义者援引来证明财政刺激对总需求的强有力影响。① 例如，当时的经济顾问委员会的成员奥托·艾克斯坦在1965年谈道（Eckstein 1965，17），"尤其与从前的正统学说没有取得成功相比，1964年减税的巨大成功也显著地增加了对现代财政政策的支持。根据我的同事奥肯先生的详细分析，减税在二季度增加了300亿美元的国民生产总值"。阿瑟·奥肯是肯尼迪政府和约翰逊政府时期经济顾问委员会的中流砥柱，他的研究发表在这篇1968年的文章上（Okun 1968）。他在这篇文章中报告，减税具有一个巨大的乘数效应——这种效应据说累积成为艾克斯坦所谈到的名义国民生产总值的大幅度上升。

弗里德曼一点也不相信奥肯的研究证明了财政政策的力量，因为他在1968年晚期解释说：

> 奥肯所做的就是假设整个问题不存在，因为他只是仔细研究财政政策的效应，而没有询问货币政策在那个时期所起的什么作用。他所做的就是说，我们可以将货币政策搁在一边，因为利率在此期间没有改变，因此，我们可以假设货币政策是中性的。正如我刚才所表明的那样，那样做真的就回避了基本问题。如果货币政策真的是中性的，那么你就会预期到利率上升，而不是保持不变。②

---

① 超出正文讨论的例子包括莱昂·凯瑟林（Keyserling 1972，136）1972年的研究。他认为复苏在1964年之前都很疲软，并将此后从1964年到1966年扩张的增强归功于减税措施。
② 引自弗里德曼在 Friedman and Heller（1969，55-56）中的评论。

弗里德曼以上的这个批评与20世纪80年代初供给学派经济学家——像在他们之前的20世纪60年代的凯恩斯主义者一样——声称肯尼迪-约翰逊的所得税减免产生了实际收入和名义收入的更大流量,以及随之而来的更高税收收入之时所表达的反对意见具有相似之处。保罗·埃文斯在1982年提到供给学派的证据时写道:

> 我估计,税收收入在肯尼迪减税之后是很高的,因为美联储的货币政策是相当的宽松。具体而言,M1的货币供给在1962年后期与1966年初期之间比在1954年与1963年之间以每年超过2%的速度更快地增长。货币增长的上升会导致名义收入增长的增加,这反过来会导致税收收入增长的增加。没有任何单变量模型的方法能够考虑这个事实。因此,维克多·坎托、道格拉斯·乔因斯和阿瑟·拉弗(Canto, Joines, and Laffer 1981)的文章可能将1962年与1966年之间发生的宽松的货币政策和其他变革所产生的一些效应归因于肯尼迪的减税。(P. Evans 1982b,429)

比较保罗·埃文斯关于供给学派证据的段落与弗里德曼对奥肯的凯恩斯主义分析的批评会让人产生这样一种好奇,保罗·埃文斯明确提到了货币增长,而弗里德曼的段落只是隐含地提到了货币存量行为。但是,保罗·埃文斯和弗里德曼的批评本质上都可以归结为同一个思想。这个思想就是,在没有保持货币增长不变之时分析1964年的减税不会对减税的效应提供一个明确的评价。①弗里德曼争辩说，奥肯的计算可以被视为在假设凯恩斯主义的财政乘数分析是正确的情况下对财政乘数的大小进行的一种数字演算。②它也可以被视为对货币创造融资的减税效应的一种评估。不过，他坚持说，它不可能被视为在给定货币政策下减税对名义收入具有强大效应的证明。

业已指出，问题的症结是奥肯将他的实验以实际观察到的利率为条件。阿瑟·奥肯（Okun 1970，56）为这种假设辩护，援引的事实是"在减税立法通过之前和之后，货币战略就是按照所需提供的准备金来稳定利率进行设计的"。不过，就减税会对利率施加上行的压力而言，这种辩护没有消除弗里德曼的批评。通过研究一个稳定利率环境中的财政扩张，奥肯隐含地把货币扩张率一旦在减税的立法得以通过就会上升的假设嵌入了他的练习之中：也就是说，财政扩张伴随着货币调节。这一时期与减税密切相关的相对稳定的利率并不必然包含货币政策是不变的或中性的。因此，伴随减税而来的格局——名义收入和实际收入增长率的上升和最初稳定的市场利率，加上货币增长率的增加——证明了弗里德曼关于货币政策而非财政政策的有效性，但并没有证明

---

① 以同样的方式，菲利普·卡根（Cagan 1972b，92）评论说，对20世纪60年代采取的财政行动效应报告的相当大的估计值通常是在财政措施的货币调节假设下得出的。

② 也就是说，用现代的术语，奥肯的实验就是校准-模拟练习。这种练习后来在经济研究文献中变得很流行，而它们可以被视为将一个具体的理论当作一种解释数据的棱镜的方式。弗里德曼本人有时也用这种方法。例如，托马斯·梅耶（Mayer 1972，68）声称，《消费函数理论》的一个练习就相当于用持久收入假说作为一个框架对数据的分析，而不构成对该假说的正确性的真实检验。

财政政策对总需求具有强有力的影响。

就这次减税效应的回顾性看法而言，约翰·塔托姆（Tatom 1981a，29）的评价是，"大量的研究表明，1964年的减税对总支出没有影响"。考虑到罗默夫妇（Romer and Romer 2010）、罗伯特·巴罗和查尔斯·雷德里克（Barro and Redlick 2011）最近关于像1964年那样的削减边际税率的措施可能会提高名义国内总产值的研究发现，这种看法可能需要限定条件。[①] 但是，像奥肯（Okun 1968）一样，这些后来的研究没有明确在他们的估计练习中将货币增长保持不变，因而并没有反驳弗里德曼关于20世纪60年代中期的名义收入增长的大幅度增加在没有货币调节的情形下可能不会发生的观点。[②]

名义收入增长被证明是急剧上升的。以现代年份的名义国

---

[①] 这些研究侧重于实际国内生产总值，而弗里德曼在Friedman and Heller（1969，55）中关心的是名义国民生产总值。但是，他们关于实际国内生产总值更高的预测可以延伸至名义国民生产总值。不仅由于通货膨胀在1964年之后没有下降，而且由于罗伯特·巴罗和查尔斯·雷德里克（Barro and Redlick 2011）或罗默夫妇（Romer and Romer 2010）在结论中没有表明与实际国内生产总值的上行压力相一致的减税所产生的通货膨胀下行压力的可能性，因此，这些研究可以被视为肯尼迪－约翰逊的减税措施刺激了名义收入的研究发现。侧重于名义收入也对区分凯恩斯主义和货币主义的观点很重要，因为如果研究发现减税改变了名义国内生产总值水平的构成，造成实际国内生产总值更高和价格水平更低，那么这种发现会与弗里德曼本人关于这些变化的供给方效应的看法相吻合（例如表达在Friedman and Heller 1969，50，以及1981年7月27日《新闻周刊》），但不会证明财政政策对总需求存在巨大的影响。

[②] 人们也可以将弗里德曼的批评用利率的术语表达出来。他的观点就相当于自然利率在20世纪60年代上升的这个论点。在这种情形下，短期实际利率的稳定并不必然意味着对减税而言的中性货币政策背景。

内生产总值的增长率衡量,该增长率从 1963 年的 5.6% 增加到 1964 年的 7.4% 和 1966 年的 9.6%:参见前一章的图 11.1。最终,弗里德曼将减税算作导致经济过度刺激的因素之一。[①] 但是,在弗里德曼看来,减税有助于产生过度需求的方式是促使美联储产生为了抑制利率的上升而采取的提高货币增长的行动。

### 一、浮现的通货膨胀

在前面提到的 1962 年 10 月 8 日的《金融时报》的文章中,保罗·萨缪尔森主张,减税是摆脱 1962 年的经济停顿的一种方式。不过结果是,经济的好转先于 1964 年的减税并在此后持续进行。根据弗里德曼的看法,1963 年货币增长的好转有助于复苏。事实上,根据国会预算办公室对产出缺口的现代估计,产出缺口在这次主要的减税之前已经在 1963 年年底缩小了,而产出在 1964 年年初上升到潜在产出之上。从这种角度看,即使接受减税作为一种提高需求的措施的有效性,支持减税作为一种消除衰退的措施的根本理由似乎已经不合时宜了。但是,主要的凯恩斯主义经济学家并不认为 1964 年正在实施的额外刺激是不合适的——甚至在他们回顾性的叙述中亦是如此。例如,弗兰科·莫迪利安尼在 1975 年争辩说:"我们在 1960 年和 1961 年产生了大量的失业,在 1965 年我们几乎回到充分就业之前,我们的恢复是非常缓慢的。然后,我们开始高速运转,接着是我们通过充分

---

[①] 参见 1974 年 11 月 6 日《动态经济学教学盒式磁带》第 157 集;Friedman（1975c,21）和 1976 年 12 月 6 日《新闻周刊》。

就业开始像疯了一样运转。"①

虽然弗里德曼在分析经济的总体行为时对产出缺口的估计不是他关注的焦点，但是，这些估计以改变的形式确实为他关于过度需求问题在美国出现的时间早于莫迪利安尼指定的1965年之后的日期的论点提供了事后的证明。弗里德曼依赖的名义数据比当时可获得的衰退估计更可靠地表明了20世纪60年代出现的通货膨胀问题。尤其是，弗里德曼将他的分析以货币增长行为为中心，从而在20世纪60年代的政策错误的时间选择和起源方面得出了与凯恩斯主义不同的看法。对弗里德曼而言，过度的刺激可以不追溯到1965年或1966年的某个时点，而是追溯到1962年9月左右开始的货币增长的急剧回升。弗里德曼在集中关注这种回升时，就在1964年3月的国会证词中已经宣布货币增长过快了，而这次的证词是在1964年减税真正增强货币创造的压力之前的某个时候提交的。②

在弗里德曼的分析中，消除20世纪60年代之初的通货膨胀预期会让经济复苏在较长时间内持续进行，以便让经济复苏不受通货膨胀明显上升的玷污。在这种叙述中，20世纪60年代的货币政策的关键问题是随着经济扩张的持续发展而没有对货币增长进行控制，因为当局许可的过度货币扩张最终会导致物价稳定的丧失。

截至1965年9月，弗里德曼依然评论说，美国战后的物价

---

① Modigliani（1975b，8-9）。类似地，罗伯特·戈登（Gordon 1976a，57）将1965年的形势描述为失业处于自然失业率与物价稳定状态相结合的一种水平。另参见诺曼·鲍舍（Bowsher 1977，13-14）的讨论。
② 参见弗里德曼在1964年3月3日银行与货币委员会上的证词（Committee on Banking and Currency 1964，1139）.

稳定的表现是非常好的。① 他甚至说——与他在20世纪50年代初期到中期的预期相反——美联储在美国和平时期的历史上所犯的每一个重大错误都是通货紧缩的概括依然是正确的。② 但是，甚至在弗里德曼在做这种评论时，通货膨胀早已过了低谷。《纽约第一国民城市银行每月经济简讯》(*First National City Bank of New York Monthly Economic Newsletter*)——通常在这一时期是由弗里德曼从前的学生詹姆斯·梅格斯起草的——在1964年5月第50页上不仅指出"美国表现出通货膨胀开始的信号"，而且指出这可能证实了"自从1962年8月以来可能在这里伴随信贷与货币扩张而来的价格上升"的预测。

在1964年，通货膨胀按照消费价格指数衡量是1.3%——依然较低，但比以前年份要高。弗里德曼后来在1968年12月9日的《新闻周刊》提到"1964年开始的逐渐上升的通货膨胀"。③ 他

---

① 参见他在1965年9月美国企业研究所全体会议上的评论（American Enterprise Institute 1966, 107）。
② Friedman（1966c, 89）.
③ 类似地，弗里德曼（Friedman 1970f, 39）在回顾中说，"我们在20世纪60年代开始时有相对稳定的价格，然后大约从1964年逐渐开始了变得越来越糟糕的通货膨胀的螺旋式上升"。不过，在Friedman（1971f, 8）中，他认为20世纪60年代的货币过度扩张的时期涵盖了1964年到1968年，但通货膨胀时期则是从1965年才开始。在1970年12月20日《纽约时报》第54版中，弗里德曼将"1965年到1969年"称之为通货膨胀时期。
就阿瑟·伯恩斯而言，他将转向通货膨胀的日期确定得稍微早一些。在1971年3月10日的国会听证会上（Committee on Banking, Housing and Urban Affairs 1971, 11），阿瑟·伯恩斯将"通货膨胀的第一批信号"描述为1963年秋天原材料价格上涨的记录。根据阿瑟·伯恩斯的叙述，接着而来的是1964年6月开始的"整个批发价格水平的起飞"时期。

在 1970 年 4 月 28 日美国全国广播公司的节目《晚间新闻》(*NBC Nightly Evening News*)中也认为，这次价格上涨的第一波是"我们从 1964 年到 1969 年经历的狂野的通货膨胀狂欢"的一部分。在他看来，20 世纪 60 年代中期通货膨胀的加速意味着多年长期远离物价稳定的开始，而这种远离由于当局未能在 1966—1967 年坚持恢复货币紧缩而会持续很久。① 这种短期的货币紧缩就是在下一节要讨论的"信贷紧缩"。

弗里德曼后来指出，凯恩斯主义经济学在 1964 年政府部门内的鼎盛时期发生在凯恩斯主义"在学术界已经失势"的时期。② 这种失势部分在经济研究者对货币行为的兴趣不断增加中表现出来。到 1964 年，弗里德曼能够评论说，他和施瓦茨现在在研究货币政策方面有了"许多竞争者"。③ 他的货币著作受到的关注急剧增加，因为《商业周刊》在 1964 年 5 月 16 日的第 76 页上谈到"越来越多的货币理论争论"。除了参与辩论他与戴维·梅塞尔曼的著作（下一节将要讨论），弗里德曼在 20 世纪 60 年代中期以《美国货币史》和他在 1964 年 3 月联合经济委员会的证词所创造的动力作为发展的基础。这个证词不仅重复了《美国货币史》关于大萧条的主旨思想，而且强调了战后货币政策的表现可能会更好的方式。弗里德曼尤其强调了 1960—1961 年衰退的不必要性。

---

① 例如参见 1977 年 10 月 3 日的《新闻周刊》和 Friedman（1980c，82）。
② Friedman（1971h, xxii）。
③ Friedman（1964e, 8; p.262 of 1969 reprint）。除了凯恩斯主义一方像莫迪利安尼、托宾、库伯特森和他们的合作者这样的人物之外，弗里德曼可能想到的是像布鲁纳、梅尔策和德瓦尔德之类的货币主义者同行。

货币政策在产生最近数十年的衰退中是重要的观念在20世纪60年代中期还没有被广泛接受。例如，伍德利夫·托马斯（Woodlief Thomas）这位前美联储理事会的官员说（W. Thomas 1966，14），美国战后的衰退"不是由于紧缩性的货币政策"。

## 二、持续进行的国民经济研究局项目

弗里德曼在1964年国会证词中的另一个要素是他对固定货币增长规则的倡导。虽然他已经在1958—1959年向国会提供的信息中提出了支持这个规则的理由，但是，根据国民经济研究局禁止陈述政策建议的规则，他和施瓦茨在《美国货币史》中不被允许公开倡导这项规则。

《美国货币史》在20世纪60年代只有精装本可以购买，在1966年进入了第三次印刷，因为施瓦茨在1966年4月在核对新印刷的校样，包括自1963年以来发现的排印校正。[1] 而且，弗里德曼和施瓦茨奋力推进他们的下一本货币研究著作，其初稿在1966年年底完成。[2] 将这个初稿整理成著作形式被证明是极其旷日持久的。这本初稿的材料最终被证明是两本著作的一个早期版本：1970年出版的《美国货币统计》和1982年出版的《美国和英国的货币趋势》。这些著作的缓慢完成将在以后的几章中探讨。

当弗里德曼与施瓦茨继续他们的货币项目时，《美国货币史》的第七章以题目为《大收缩：1929—1933年》（*The Great*

---

[1] 参见1966年4月14日普林斯顿大学出版社致安娜·施瓦茨的信，存放于安娜·施瓦茨的档案。

[2] 也就是前一章已经提到的Friedman and Schwartz（1966）。

*Contraction, 1929-1933*）的独立平装本形式在 1965 年出版。后者的出版反映了人们对弗里德曼与施瓦茨论述大萧条的广泛兴趣。与重印的这章一起，弗里德曼和施瓦茨以一个简短序言和词汇表的形式添加了新材料。①

菲利普·卡根的《货币存量变化的决定因素和影响，1875—1960 年》也在 1965 年出版。虽然这本著作是《美国货币史》的姐妹篇，但是，它没有产生任何同样接近的影响。对卡根的一个打击是，普林斯顿大学出版社拒绝了卡根的著作，声称他的专著——这本专著的主题主要是货币乘数组成部分的行为——中的大量材料在弗里德曼和施瓦茨的分析性叙述的过程中已经论述过。②在普林斯顿大学拒绝之后，该著作由哥伦比亚大学出版社出版。

弗里德曼在影响学术见解方面不断取得的成功与凯恩斯主义在政策圈的霸权之间的巨大差异在 1965 年和 1966 年继续存在。在 1969 年被问到为什么他的观点在 20 世纪 60 年代的政策制定中被回避的时候，弗里德曼回答说："现在正在进行立法和影响政策的人们反映了他们在 20 年和 25 年之前在大学所学的东西（大笑）。因此，学术界本身的看法非常不同于公众的看法。事实上，似乎对我有点讽刺意味的是，正当凯恩斯主义的管理预算学说真正俘获公务员、政治家和记者之时，也正是它在学术界几乎

---

① 参见 Friedman and Schwartz（1965）。
② 参见安娜·施瓦茨在爱德华·纳尔逊（E. Nelson 2004a, 409）访谈中的论述。不过，关于强调卡根的分析内容在《美国货币史》中没有对等的内容的最近研究，参见 Laidler（2013b）。

完全丧失可信性或者丧失大部分可信性之时。"① 这个刻画所忽略的部分是，在20世纪60年代中期，政府内有许多过去的学院派经济学家，包括经济顾问委员会的沃尔特·海勒、阿瑟·奥肯和艾克斯坦，他们都了解弗里德曼和他的著作，但是他们在这一时期不归入受到他的论点所影响的经济学家之列。②

### 三、与美联储的交流

正如第十章所讨论的那样，弗里德曼从1951年到1960年的时期与美联储有一些交流，最引人注目的交流就是他在1960年与美联储主席马丁的会面。但是，在20世纪60年代初期，正如已经指出过的那样，他因美联储未能就弗里德曼与施瓦茨的《美国货币史》在出版前的初稿和他对话而感到懊恼。在《美国货币史》出版之后，弗里德曼在1964年国会证词的一个附加备忘录中着手驳斥联邦储备委员会的理事乔治·米切尔和杜威·达恩对弗里德曼的论点所提出的批评。弗里德曼的驳斥只是突显了他与政府部门交流的匮乏，因为他责备乔治·米切尔对弗里德曼著作的不熟悉。③

以类似的方式，弗里德曼在1964年的另一个备忘录中抱怨说，当前的政策制定者像他们的许多前任一样很少关心货币数量。④ 从1962年罗姆尼·罗宾逊（Romney Robinson 1962, 320）

---

① 1969年5月4日纽约西部国家广播公司的节目《畅所欲言》副本第41页。
② 阿瑟·奥肯和奥托·艾克斯坦在20世纪70年代后期离开政府很长时间之后对弗里德曼的观点做出了某些让步。
③ 参见 Friedman（1964a）。
④ Friedman（1964b, 6–7; pp.75–76 of 1969 reprint）.

抱怨弗里德曼与美联储的人员似乎相互误解以来，明显没有太多的改变。罗姆尼·罗宾逊希望他们有机会交流观点。事情在1965年的确开始改变，而弗里德曼与货币政策制定者之间更加定期的对话开始成形。

这次对话的最引人注目的事件发生在弗里德曼作为特邀嘉宾参加的一系列美联储的组织者称之为"系统午餐会议"的一次活动中。就弗里德曼参加的这次活动来说，这是1965年1月1日联邦储备委员会在华盛顿举办的一次聚会，有联邦储备委员会和联邦储备地区性银行的资深官员参加。弗里德曼参与了交流，详细讨论了美联储可能在短期更好地控制银行准备金数量的方式。弗里德曼的大量研究都是以这样或那样的方式从这个主题抽象出来的。由于弗里德曼的研究往往集中于货币需求、名义支出与货币总量之间的相关性以及低频数据的规律，他很少有必要去详细说明准备金数量和货币存量的短期决定的主题。与货币供给决定和短期货币控制相关问题的研究主要是由其他货币主义者，像布鲁纳与梅尔策，或者卡根、梅格斯和德瓦尔德，而不是由弗里德曼所从事。[1] 不过，在《资本主义与自由》中，弗里德曼评论

---

[1] 这些是弗里德曼在1965年10月7日向联邦储备委员会提交的备忘录中所提到的研究者，因为他们研究"美联储的行动与货币数量……在短期之间的联系"（Friedman 1968a, 138）。弗里德曼的研究与其他人的研究之间的分界线当然不是彻底的。特别是，虽然梅尔策（Meltzer 1965）批评他们应该更多地探讨货币供给过程，但是弗里德曼和施瓦茨在《美国货币史》的叙述过程中相当关注货币基数和乘数的决定因素。实际上，他们这样做的原因是卡根很难在他的著作中论述货币供给具有重大的附加价值。另参见本章后面论述詹姆斯·托宾部分的讨论，以及下一章第三节对布鲁纳与梅尔策的讨论。

说，他的理想类似于货币存量每天恒定增长的情形。[1] 这个陈述自然就提出了这种精确度的货币控制如何实现的问题。弗里德曼在《货币稳定计划》中对此问题提供的指南主要由对货币体系的根本改革的一个清单所构成，包括100%的准备金制度和废除贴现。但是，这些变革明显不在政策制定者的议程上。因此，弗里德曼在1965年——因为他对美联储官员声称改进准备金和货币的短期控制是不可行的说法而感到沮丧——提出了小范围的制度性变革来改善货币控制的建议。

弗里德曼感到满意的是，即使根据现有的安排，美联储的行动可以"相对较短的时滞"对货币存量施加影响。[2] 但是，他相信，如果美联储转向一个银行准备金的数量就是其操作目标的体制，那么货币存量就可以更加稳定并对美联储行动的反应更为迅速。他在1965年在这一点上面对的一个反驳观点类似于他在后来的20年中每当向美联储的人员推销观点时所面临的反驳观点。提出来反对弗里德曼所倡导的观点的立场就是，美联储在短期内基本上有义务向商业银行提供准备金数量来验证银行现有的存款水平。要不然，商业银行试图获取准备金来满足法定的和审慎的准备金率的做法会导致短期利率的剧烈增加。[3]

面对这种论点，弗里德曼在这次午餐会上提出的解决方案就是准备金保持的时期要错开，也就是说，商业银行体系的不同部分要

---

[1] 参见《资本主义与自由》第54页。
[2] 引自弗里德曼在1965年10月7日向联邦储备委员会提交的备忘录（Friedman 1968a, 138）。
[3] 当准备金超过了支持商业银行当前活动量的必要水平时，一个对称的论点就表明有可能需要抽走准备金。

有一个适用法定准备金率的重叠但不完全相同的时期。这个改变安排的建议不仅给予了美联储减少向银行体系供给预先决定的准备金数量的感知义务的希望,而且给予了让当局供给的数量反而受到宏观经济因素支配的希望。由于只有一些商业银行不得不在任何给定的日子中满足法定准备比率,因而准备金不足就可能从那一天不受法定准备金率管制的银行获得的借款来满足,而不是由美联储通过公开市场购买或者贴现窗口贷款来创造新的银行准备金来满足。

弗里德曼在1965年1月19日向联邦储备委员会的研究与统计分部的副主管阿尔伯特·科赫(Albert Koch)提交的一份备忘录中详细阐述了他的建议。[1] 弗里德曼在备忘录的第5页表明,这种提议的变革有助于避免"总准备金出现非常短暂、不规则和随时反转的波动"。阿尔伯特·科赫在日期为1965年3月9日的回答的开头部分如下:

亲爱的米尔顿:

非常感谢你在1月19日的备忘录中讨论一周内银行准备金错开时期的可能影响……它无疑值得考虑。实际上,我们目前有一个行政人员委员会来审查成员银行准备金计算时期的广泛问题,你的建议与其他几个不时地提出来的建议一起将会被研究。

我在提到这个措辞"将会被研究"时有点苦恼,因为我认识到,你一定以为官僚们拒不采纳一个建议时经常使用这个措辞。我希望向你保证,在这件事情上事实不会如此。我

---

[1] 重新打印的一份备忘录出现在联邦储备委员会的一个内部报告的附录A之中(Federal Reserve Board 1966)。

们不会坚持目前的准备金计算安排，多半会以这样或那样的方式改变它……

这封信所描述的审查过程的结论几乎没有让弗里德曼对他的建议将被严肃考虑感到放心。其中的一个原因是，美联储拒绝采纳他的建议。[①] 但是，它在1968年还转向了滞后的法定准备金制度。根据这种滞后的法定准备金安排，美联储在短期决定准备金总水平的权利变得甚至比1965年都要少得多。[②] 而且，联邦公开市场委员会已经在20世纪60年代初的讨论中转向越来越明确地表示使用短期利率的目标（Meltzer 2009a，335），变得越来越专注于将联邦基金利率当作一个关键的短期利率。许多研究者指出，随着联邦基金市场的深化，联邦公开市场委员会系统地使用联邦基金利率的目标应该被视为开始于1965—1966年。[③] 因而

---

① 该下属委员会拒绝弗里德曼的提议在Friedman（1982b，113）中提到。
② 参见后面的几章。
③ 例如参见Fuhrer and Moore（1995b，226）和Orphanides（2004）。这些研究为美联储估计了始于1965年或1966年的样本的联邦基金利率的反应函数。伯南克和伊利安·米霍夫（Bernanke and Mihov 1998，163）认为，就美联储而言，1966—1979年可以用一个固定参数的反应函数来描述，尽管作者们没有将反应函数明确设定为联邦基金利率的函数。不过，笔者认为，1970—1978年的体制是一个不同于20世纪60年代那种盛行的体制，因为美联储对通货膨胀的学说观点的改变发生在1970年（参见Romer and Romer 2002b; E. Nelson 2005b，2012b; DiCecio and Nelson 2013）。这种学说的改变支持了约翰·贾德和格伦·鲁迪布什（Judd and Rudebusch 1998，10-11）在1998年的研究中将1970—1978年当作一个估计联邦基金利率的反应函数的样本期间。不过，美联储从大约1966年开始的政策与联邦基金利率的目标密切相关的观点依然成立。操作程序在1966年与1979年间表现出很大程度上的连续性，即便货币政策的学说在此期间经历了变化。

所出现的体制不是转向总准备金的工具，而是联邦公开市场委员会转向更加协调一致地使用短期利率的工具。因此，1965年的经历形成了在20世纪60年代到20世纪70年代初期的一系列事件的一个。在此期间，弗里德曼最初以为当局会离开以利率为基础的操作程序而转向准备金的控制，只是在1979年10月22日《新闻周刊》上发现这种转变没有出现。

弗里德曼在1965年再次访问了联邦储备委员会，包括在1965年10月7日他参加了该委员会的一个定期项目，该项目的特征是有一个学术顾问小组参加。在这些有时会很激烈的会议上，弗里德曼会直接与美联储主席、联邦储备委员会的其他成员以及理委员会的资深官员进行交流（级别较低的人员允许参加但不许发言）。弗里德曼在1978年之前相当有规律地参加这些会议，而梅尔策则在弗里德曼不参加时经常是这个特别小组的货币主义者。① 弗里德曼提交给1965年10月的会议（该系列的第二次会议）的备忘录主要是对《美国货币史》的总结，尽管补充了政策含义的明确陈述。② 弗里德曼也在一个重要的方面偏离了备

---

① 例如，梅尔策在1966年3月3日参加了会议，而弗里德曼没有出席。弗里德曼与梅尔策同时参加了1967年6月21日的会议，尽管只有梅尔策给这会议的项目提交了备忘录（联邦储备委员会的记录）。
② 在1964年5月16日的《商业周刊》上提到这个顾问会议的安排以及定期的组织者乔治·巴赫。弗里德曼在这个系列会议中参加的第一次会议是在1965年3月5日。在这个1965年的第一次会议上，顾问也包括乔治·巴赫、保罗·萨缪尔森、弗兰科·莫迪利安尼、詹姆斯·杜森贝里、阿瑟·伯恩斯、詹姆斯·托宾、亨利·沃里克和爱德华·肖。除了最后两人，其余的所有人都参加了1965年10月7日的下一次会议。除了这些人和弗里德曼，出席第二次会议的顾问包括查尔斯·金德尔伯格和罗伯特·特里芬（联邦储备委员会记录）。

忘录的历史导向。他着重指出，他依然认为和平时期的通货膨胀——尽管美国的历史经验表明这不是一个威胁——也许是未来的主要问题。实际上，他指出，有一些信号表明这样的事态已经出现了。通货膨胀停止下降并可能会上升，同时存在"一个物价加速上涨的风险，如果目前的货币扩张率持续进行的话"。[①]

与此同时，美联储的职业经济学家开始越来越关注弗里德曼的批评。当联邦储备委员会的两位经济学家莱尔·格拉姆利和塞缪尔·蔡斯（Samuel Chase）撰写的一篇文章《货币分析中的定期存款》出现在 1965 年的《联邦储备公报》（Federal Reserve Bulletin）上时，这种动向就泄露了出来。虽然这篇文章对《美国货币史》的分析内容表示异议，但是，它并非一篇成熟的反驳。莱尔·格拉姆利在 2013 年 4 月 2 日笔者的访谈中回忆，这篇文章与其说是由弗里德曼和施瓦茨的著作所激发，不如说是由布鲁纳与梅尔策关于货币供给决定的著作所激发。不过，格拉姆利和蔡斯（Gramley and Chase 1965）的这篇文章将货币需求的利率弹性为零的观点归之于弗里德曼并根据这个结论将他描述为一个极端主义者，从而激怒了弗里德曼。弗里德曼对他的观点的这些描述，包括联邦储备委员会职业经济学家丹尼尔·布里尔（Daniel Brill）等人的描述，都反应激烈。[②]

---

[①] 参见 1965 年 10 月 7 日的备忘录（Friedman 1968a，150）。
[②] 特别是 Friedman（1966d，75）所引述的丹尼尔·布里尔（Brill 1965）的论文。

## 四、货币需求的利率敏感性

不过,弗里德曼一个最发自肺腑的反应发生在芝加哥大学经济学当时的一位毕业生戴维·莱德勒声援那些将弗里德曼描述为支持零弹性观点的人。莱德勒在发表于1966年的一篇货币需求的实证研究中是这样做的。"米尔顿·弗里德曼就此事写给我一封非常失礼的信,因为我说,他曾经说过存在零利率弹性。而他则说,'不,我没有。我说我不能发现一个利率弹性,那是不一样的'。"戴维·莱德勒在2013年6月3日的访谈中回忆,弗里德曼的来信问道,"我的一位学生怎么能这样歪曲我呢?"莱德勒补充说:"他也是这篇文章的评审人。我说的没错,因为同样的句子出现在他的信件中和他的评审人意见中。"

货币需求的利率弹性问题以及弗里德曼对此问题的立场依然是直到20世纪70年代初争论的一个重要领域。在货币经济学文献中,对弗里德曼立场的解释大致分为两个阵营。一个阵营不仅由凯恩斯主义批评家(参见Tobin 1972a,860 和 Buiter 2003,F609)和20世纪60年代来自美联储的丹尼尔·布里尔、莱尔·格拉姆利和塞缪尔·蔡斯这样的弗里德曼批评者所组成,而且由一些货币主义者(例如 Meltzer 1965 和 Laidler 2012)所组成。这个阵营持有的立场是,弗里德曼固执己见地认为利率弹性为零,直到不断增多的相反证据迫使他公开宣布放弃他的观点为止。[1] 而且,这个阵营的一些人——具体来说就是20世纪六七十

---

[1] 托宾(Tobin 1972a,860)明确地将弗里德曼描述为采取"顽固"的态度反对利率弹性为非零的证据,而萨缪尔森(Samuelson 1971,21)则说弗里德曼"不愿意查明"货币需求的利率敏感性。另参见Gordon(1977)。

年代的凯恩斯主义分子——往往将弗里德曼被宣称的立场改变当作一个具有重大理论意义的主要让步，据说，这个让步就相当于在货币政策与财政政策的相对有效性和货币与收入的二元回归合法性这些问题上的让步。奥肯（Okun 1970，58）甚至坚持这样的立场，确定货币需求的非零利率弹性的发现"证明货币数量论是错误的"。[1]

弗里德曼所阐述和笔者也同意的相反立场则是，不仅弗里德曼在利率弹性存在的问题上没有改变他的立场，而且与弗里德曼的一些批评家所声称的立场相反，非零的利率弹性并不带有额外的深刻含义。[2]

在阐述这个相反的立场时，人们必须区分两个命题：（1）固定利率证券的收益率不会出现在货币需求函数中的命题，也就是说，这些收益率并非持有货币的机会成本的事项之一的命题；

---

[1] 同样，保罗·萨缪尔森在1971年8月1日的《华盛顿邮报》上断言，随着利率弹性的货币需求函数的采纳，"人们从货币主义的精神错乱中苏醒过来"。哈里·约翰逊（Harry Johnson 1965，396）也承认，利率弹性为正就等于接受凯恩斯（Keynes 1936）对数量论的摒弃。正如下面要讨论的那样，弗里德曼（Friedman 1966d，82）质疑这种论证方式。关于其他人对利率弹性争论的回忆，另参见伊蒙·巴特勒（Butler 1985，161）和丹尼尔·哈蒙德（Hammond 1996，77）。

[2] 其他一些站在弗里德曼对此问题的解释这一边进行争论的探讨包括R.L.哈林顿（Harrington 1983）、迈克尔·达比和迈克尔·梅尔文（Darby and Melvin 1986，114-15）的研究。此外，应该注意的是，帕廷金（Patinkin 1969，1971，1972a）在批评弗里德曼时基本上想当然地认为弗里德曼接受了非零利率弹性。帕廷金进而认为这种接受蕴含着弗里德曼的货币分析在本质上是凯恩斯主义的。下面会批判帕廷金的后一个观点。

（2）在一次永久性注入名义货币的调整结束之后，商品市场是唯一对货币注入经历了持久的反应变化的市场的命题，也就是说，货币注入只是在短期影响证券市场的价格的命题。在这里可以论证的是，弗里德曼坚持的是第二个命题而非第一个命题。对弗里德曼著作的解释在随后的几页中展开。

弗里德曼在他 1956 年对货币数量论的重述中，在其与施瓦茨的《美国货币史》著作中和在他们 1963 年的"货币与商业周期"的文章中，以及他在 1968 年出版但在 1964 年草拟的《社会科学百科全书》(*Encyclopedia of the Social Sciences*) 的数量论词条中都指出，货币需求取决于金融证券以及实物资产的收益率。[①] 将零利率弹性归因于弗里德曼来自他的著作的两个方面：他在 1959 年论货币需求的文章中没有发现利率对实际货币需求有显著影响以及他在实证分析中（包括在下一节要讨论的弗里德曼与梅塞尔曼的研究中）经常使用货币与收入的二元回归。这些著作的每一方面将依次进行探讨。

在 1959 年的文章中——这篇文章一度被某些人（比如 Chick 1973, 35）评价为他最著名的论货币的文章，弗里德曼并没有发现利率在解释实际货币余额的行为时具有显著的作用。在此基础上，他认为，不是利率弹性为零，而是经验证据表明实际收入而非利率变量是解释实际货币余额变动的最重要的因素。[②] 其他

---

[①] 参见 Friedman（1956a）和 Friedman and Schwartz（1963a, 652; 1963b, 45）。弗里德曼（Friedman 1964f, 6）表明，Friedman（1968c）的初稿已经在 1964 年撰写了。

[②] 弗里德曼（Friedman 1959a）的这方面论证在本杰明·克莱因（B. Klein 1973, 663）的论文中得以强调。

经济学家在研究中也表达了这种立场。例如，托马斯·库琴和H.T.夏皮罗（Courchene and Shapiro 1964，503）陈述说，"我们甚至无须用利率作为解释变量就能对实际货币余额的需求获得出奇好的估计"。[1] 应该指出的是，奥肯（Okun 1970）对利率弹性提供的许多估计——这些估计的结论不仅被视为反驳了弗里德曼的发现，而且后来根据萨缪尔森（Samuelson 1971，21）的建议被视为表明了弗里德曼在1959年的结论反映了他的先验性——并不构成反对弗里德曼的研究发现的相关证据，因为这些估计与M1类型的总量有关。弗里德曼与施瓦茨乐于承认，M1的利率弹性要比他们使用的M2序列的利率弹性要大得多，也更容易发现。这种承认的原因是基于这样的推理，M2有一个不包含在M1序列中的很大计息部分。既然如此，私人部门减少以M1形式持有的财富的部分而增加高收益资产的努力必然意味着投资组合变动在M2总量之内基本上是可以抵消的。[2]

同样的推理也适用于今天，鉴于美国后来采纳了更加宽泛的M2定义以及M2而非M1资金的收益率与证券市场的利率在更

---

[1] 不过，这些作者对弗里德曼关于实际收入是实际货币需求量变动的主导来源的结论所提供的支持，并不能证明弗里德曼在这一时期关于"人均实际收入的增加在解释货币与收入比率的上升时是一个比任何利率的变动都更要得多的因素"（Friedman 1961a，261）这一说法的正当性。这种说法源自弗里德曼关于M2需求的实际收入弹性远远大于1的发现——他在20世纪五六十年代的货币需求著作中的这个发现是他后来要否定的发现。参见本章第三节弗里德曼在与詹姆斯·托宾交流时的讨论。

[2] 再次参见《美国货币史》第652页和Friedman and Schwartz（1963b，45）。不过，在这些特定的研究中，弗里德曼与施瓦茨避免使用"M1"和"M2"这样的术语。

大程度上的关联性,这种推理在今天比20世纪60年代可能更是如此。因此,很少有人在现代否认,就货币的现代定义而言,实际M2需求的总利率弹性会比实际M1需求的总利率弹性小得多。在这一点上,R.W.哈弗和丹尼斯·詹森(Hafer and Jansen 1991,164)的研究发现,实际M2需求的利率弹性在1912年与1988年之间大致为0.12,接近于弗里德曼与施瓦茨在1982年的研究中所发现的1867—1975年间的实际(旧)M2需求的利率弹性。① 这些研究发现确定无疑要比实际M1需求的利率弹性的典型估计大致为0.5要低一些(例如参见D. Hoffman and Rasche 1991,669)。② 尽管如此,人们可以适当地认为,实际M2的需求确实是富有利率弹性的,而这个陈述同时适用于旧的和新的M2定义。

莱德勒(Laidler 1966)证明,如果使用多元回归方法,利用弗里德曼在1959年研究中的数据可以获得M2需求的非零利

---

① 参见《美国和英国的货币趋势》第284页。
② 即便如此,"旧的"(即是说1980年之前的定义)M1和M2是否有显著不同的利率弹性是一个比它们的现代定义是否具有不同的弹性更加复杂的问题。这种复杂程度增加的原因主要是,正如前一章指出的那样,储蓄机构的负债包括在现代M2之中,而将它们包括在内会使总利率弹性(即在不控制它们本身的货币利率之时的利率弹性)降低,因为银行存款向储蓄账户(它们的收益率与市场利率相比更具有竞争性)的转移在现代M2之内抵消。
莱德勒(Laidler 1985,130)讨论了这个事实:对于旧的货币定义,对美国货币需求函数利用1960年之前的样本期间的估计表明,实际M1需求的利率弹性比实际M2需求的利率弹性(使用短期利率)只是略高一点。不过,正如正文中所指出的那样,《美国和英国的货币趋势》对旧的M2需求的利率弹性的估计值要比以前几篇研究报告的估计值要低,并更接近于使用新的M2报告的估计值。

率弹性。与这个发现相符，弗里德曼与施瓦茨在 1982 年的《美国和英国的货币趋势》的研究之中获得了一个非零的且在统计上显著的货币需求的利率（半）弹性。[①] 不过，似乎可以正确地得出结论，1959 年的这篇论文并没有确立弗里德曼作为一位货币需求的零利率弹性的倡导者的地位。他仅仅没有发现一个显著的利率弹性的抗议因而被证明是有根据的。但是，同样应该强调的是，他的这篇 1959 年的论文并没有包含实证检验的最佳做法。

这篇 1959 年的论文也不能被视为弗里德曼探讨最清晰的论文之一。他对利率弹性的探讨所产生的含混性本身就证明了这一点。但是，正如他在《美国经济评论》上的论文压缩版所做的那样，这篇 1959 年的论文没有对弗里德曼的观点进行阐述的另一个部分就是对传导机制的描述。这篇 1959 年的叙述不仅强调了货币总量与名义总收入之间的经验关系，而且质疑观察到的证券市场利率在产生这两个序列之间的联系中的重要性。尽管如此，弗里德曼在 1959 年前后的著作都强调，未观察到的利率提供了货币与收入之间的一个重要联系。但是，1959 年的这些文章却没有明确强调这个观点。孤立地看，它们可以被视为必然意味着

---

[①] 相反，弗里德曼采用这种方法间接地评估了利率对货币需求的相关性，以便确定它们是否有助于解释实际货币余额与基于实际（持久）收入预测的实际余额之间的离差。正如莱德勒（Laidler 1966；1985，125）、哈里·约翰逊（Harry Johnson 1971b, 124-25）、罗伯特·戈登（Gordon 1976a, 53）和莫迪利安尼（Modigliani 1986b, 14）所讨论的那样，这种方法是有缺陷的。

否定弗里德曼基于替代效应的货币政策传导的观点。[1] 这是弗里德曼后来不得不纠正的一种含义。

现在让我们转向在货币需求具有利率弹性的环境中研究货币与收入的二元比较的合法性。[2] 奥肯明显地认为，非零的利率弹性就能将数量论说成一无是处。他也许会认为，非零的利率弹性意味着政策行动引起的货币存量的增加在利率的永久下降和名义收入上升的混合之中会感觉到，而不仅仅是在后者的反应之中感觉到。[3]

为了反驳刚才概述的观点，弗里德曼可以争辩说，在一个一般均衡的设定之中，是实物商品市场而非证券市场最终受到货币供求均衡的冲击。他追随休谟（Hume 1752）相信，货币注入对名义利率的流动性效应是暂时的。前面提到的替代效应会通过投资组合和支出决策来发挥作用。利率会先下降，但是随着支出流因此受到上行压力的影响，利率会恢复到其最初水平，人们因此

---

[1] 弗里德曼（Friedman 1959c，527）尤其有这样的陈述："我们的结果表明，可以预期货币政策比其他假设更多地通过现金余额，也就是说货币存量的变化的直接效应对投资和收入发挥作用，因而较少地通过利率的间接效应对投资和收入发挥作用。"尽管这段话改编自 Friedman（1959a，351），但是 Friedman（1959c）以压缩的表达形式对这段话的保留提高了其知名度。

[2] 除了下面在参考文献中要讨论的之外，亨利·拉坦纳（Latané 1970，330）批评在分析货币与名义收入关系时抽象掉利率的做法。下面概述的反驳论点可能也适用于拉坦纳的批评。

[3] 弗里德曼（Friedman 1968c，439）将这种观点归于凯恩斯主义者。他将其描述为在货币需求的利率弹性为非零和有限时对更高货币数量的可能影响的预测。

可以获得名义收入与货币存量按照同一比例上升的结果。① 另一方面，在货币增长永久加速的情形下，利率不会简单地恢复到其最初水平。相反，费雪效应会永久地提高名义利率。货币流通速度因而也会上升。利率和货币流通速度的增加可以追溯至货币增长的最初上升。因此在这种情形下，利率放大了名义收入对货币刺激的反应，也可以将整个过程视为名义收入对影响货币存量的

---

① 参见 Friedman(1961d, 462; 1983a, 3), Friedman and Meiselman(1963, 221)和《美国货币统计》第125页。有趣的是，虽然就本书提供的解释而言，在20世纪60年代对弗里德曼批评最厉害的人，像詹姆斯·托宾，歪曲了弗里德曼关于利率弹性的观点，但是，迈克尔·德皮亚诺（Michael DePrano）这位在20世纪60年代期间对弗里德曼批评不那么激烈的人，反而正确地陈述了弗里德曼的观点："我的看法是，弗里德曼的确承认了利率对货币需求的影响，但相信利率效应从一个均衡点到另一个均衡点被冲销掉了"（DePrano 1968, 38）。

正如之前指出的那样，弗里德曼将这个观点追溯到休谟。除了休谟对后来被称为流动性效应（在他的短文"论利息"中）的暂时性质进行的经典表述之外，这个观点还有早期的其他陈述，包括大卫·李嘉图在1819年坚持说中央银行可能"不会永久地改变市场利率"的陈述（引自 Humphrey 1983, 15）。另参见爱德华·纳尔逊（E. Nelson 2008b）。

政策的调整。[1]

因此,在弗里德曼看来,货币行动对名义收入、价格和它们的变化率的最终反应类似于在没有货币需求的利率敏感性的情形下人们会预测的结果。即使经济结构采取了一种利率作为货币与商品市场之间重要联系的形式,情形也是如此。因而,弗里德曼可以认为,货币数量论甚至在一个非零利率弹性环境中都可以使用。弗里德曼与施瓦茨的确承认,就非零利率弹性而言,名义收入对货币注入的动态调整"目前不存在一个令人满意的公认的理论分析"。[2] 不过,这仅仅是弗里德曼的长期观点的一个特例,即短期经济关系是经济学家知之甚少的一个问题。在面对不确定性情形时,弗里德曼确实相信的一点是,非零利率弹性并不能阻止货币与收入的关系在中期和长期频率中变得明显起来,甚至在

---

[1] 参见《美国和英国的货币趋势》第 19 页、第 342—343 页和 Schwartz（1976，43-44）。此外,罗伯特·巴罗（Barro 1982）提供了一个通货膨胀观点,基本上支持这种看法。

反通货膨胀的情形要更加复杂一些。因为,如果货币当局在反通货膨胀之后对实际余额的恢复进行了调整,货币增长与流通速度增长会以相反的方向而非相同的方向运动。弗里德曼在这一点上的讨论包括 Friedman（1983a，5-6，10），1983 年 9 月 1 日《华尔街日报》,1985 年 12 月 18 日《华尔街日报》和 Idea Channel（1987）。至于相关的讨论,参见 Dornbusch and Fischer（1987，655），E. Nelson（2003，2007）以及 Reynard（2007）。

同时应该指出的是,虽然反通货膨胀的情形增加了复杂性,但是,正如盖尔·马基嫩（Makinen 1977，374）所做的那样,声称弗里德曼关于通货膨胀无论何时都是一种货币现象的观点与他承认货币流通速度具有利率弹性的观点不一致,这是不正确的。

[2]《美国和英国的货币趋势》第 343 页。

月度和季度数据中经常可见一个较为松散但可识别的关系。①

另一种看待此问题的方式是考虑唐·帕廷金（Don Patinkin, 1969）将弗里德曼的分析称为"凯恩斯主义"的事实。帕廷金这样做的原因是，他认为货币需求被视为利率弹性的分析不仅是事实上的凯恩斯主义，而且蕴含着帕廷金所称的"利率的货币理论"（Patinkin 1983, 158）。不过，对弗里德曼而言，利率的货币理论并不是从货币需求具有利率弹性的观点得出的。在他看来，一个具有利率弹性的货币需求函数在与内生的价格水平相结合时就与利率是信贷的价格而非货币的价格相一致。根据他的这种解释，一次性的货币注入或收缩只会在短期内影响利率。相反，正是价格水平才会最终感受到这些注入的影响。因此，这个商品和服务价格水平的倒数 $1/P$ 就是货币的价格。② 这样，如果人们为货币市场画一个需求与供给图形并将价格水平放在 $y$ 轴上，以便价格长期随着货币供给或货币需求的变动而变化，那么，$1/P$ 就是在 $y$ 轴上合理使用的价格。相反，（实际或名义）利率似乎不会是人们在这种情形下使用的价格，因为从长远来看，货币需求或货币供给的冲击对利率的影响被抵消掉了。

货币需求的非零利率弹性确实为名义收入对没有货币扩张调节的政府赤字支出的反应铺平了道路，条件是这种支出对名义利率施加了上行压力。然而，这个结论——从 IS/LM 曲线很容易得

---

① 参见 Friedman（1975a, 178）。
② 弗里德曼在 20 世纪六七十年代关于 $1/P$ 就是货币的价格的陈述包括：Friedman（1968f, 12; 1975a, 176; 1976f, 316; 1987a, 10）; Friedman and Heller（1969, 75）；1969 年 1 月《动态经济学教学盒式磁带》第 10 集和 1969 年 3 月《动态经济学教学盒式磁带》第 19 集。

出——在弗里德曼看来，并不会使货币政策与财政政策享有同等的地位。他强调说，虽然持续的货币增长往往会促进名义收入持续的增长，但是，持续的财政赤字往往只会一次性地提高货币流通速度，从而提高名义收入的水平而非持久地提升名义收入的增长率。[①] 此外，反对财政政策有效性的额外论据在 20 世纪 70 年代的经济研究文献中变得非常突出。这些论据强化了弗里德曼对货币政策的强调，因为它们质疑赤字支出在给定货币增长的条件下甚至会产生流通速度一次性增加的程度。

弗里德曼明显对其他人就他关于货币需求的利率弹性的立场的描述感到不满，于是他仓促地就这个主题写了一篇文章，发表在 1966 年 10 月芝加哥大学出版社的《法律与经济学杂志》（*Journal of Law and Economics*）上。这篇文章的两个关键段落是，"据我所知，没有一个研究货币需求的经验研究者会否认利率影响货币需求的实际数量"，以及"依我之见，在货币理论或货币政策中'基础性的问题'取决于估计的利率弹性是否可以在大多数情况下接近于 0，或者最好接近 $-0.1$、$-0.5$ 或者 $-2.0$，只要它很少能够接近 $-\infty$"。[②] 一些批评家——詹姆斯·托宾是其中之一——认为，这篇发表于 1966 年的文章标志着弗里德曼立场的

---

① 参见 Friedman（1972a，915）。
② Friedman（1966d，72，85）.

转变。① 然而，正如前面讨论的那样，弗里德曼已经在发表这篇文章之前公开说过，货币需求的利率弹性非零。实际上，一些批评家引述这些更早的一部分陈述而非1966年发表的这篇文章来作为引起弗里德曼立场的所谓改变而赞成非零弹性的原因。② 弗里德曼在1966年发表的这篇文章中所强调的另外一点是，非零的但并非无限的货币需求弹性不是《就业利息和货币通论》的一个创新。它不仅曾出现在凯恩斯1936年之前的著作中，这是一种以数量论为基础的分析，而且还出现在费雪等其他数量理论家

---

① 戈登（Gordon 1976a, 53）评论说，弗里德曼这篇发表于1966年的论文"最初不引人注意"，而托宾（Tobin 1972a, 860）实际上援引 Friedman（1970b, 1971d）当作弗里德曼第一次对非零弹性的承认。不过，托宾后来在阿尔若·克拉默（Klamer 1983, 106）1983年的著作中指出，弗里德曼这篇发表于1966年的文章就这样做了，甚至暗示这篇发表于1966年的文章非常有名。更后来，托宾（Tobin 1995, 41）在1995年认为，弗里德曼（Friedman 1966d）关于"基础性的问题"取决于弹性问题的陈述是弗里德曼向经济的供给方甚至在短期都具有价格弹性的特征的立场转变。

② 例如，阿尔伯特·考克斯（A. Cox 1966, 154）援引 Friedman and Schwartz（1963b, 44）以及它与 Friedman（1959a）形成了所宣称的对比来为他的这个陈述辩护："即使'弗里德曼学派'曾经几乎否认利率是货币流通速度的一个重要决定因素，也在最近承认了它。"

的著作之中。①

## 五、传导机制的讨论

弗里德曼在货币问题上的立场在 20 世纪 60 年代期间遭到批评——特别是来自美联储的人员——的另一方面与传导机制有关。弗里德曼在 1964 年美国政府发行的短暂杂志《全国银行评论》(*National Banking Review*)上发表了一篇名为"战后货币理论与政策的趋势"的文章。这篇文章引发了来自联邦储备委员会的罗伯特·所罗门的一份批评性备忘录,所罗门将该备忘录发表在《员工经济评论》(*Staff Economic Comment*)的内部系列上

---

① 参见 Friedman（1966d，82）。弗里德曼在 1971 年芝加哥的一次有斯坦利·菲舍尔、罗伯特·戈登和戴维·梅塞尔曼出席的午餐谈话中,重复了这个分析。菲舍尔当时对弗里德曼那次谈话的总结（以一封给帕廷金信的形式）被罗伯特·里森（Leeson 2003a，512）在 2003 年的著作之中加以引述。
在指出费雪承认利率在货币需求行为中的作用时,乔治·阿克洛夫（Akerlof 1979，221）声称,费雪将这种作用只局限于长期。不过,费雪（Fis, her 1922，63-64）在一个描述流通速度和利率也在短期动态性中同时变动的段落也被帕廷金（Patinkin 1972b，6）和弗里德曼（Friedman 1972a，934）所引用;另参见《美国和英国的货币趋势》第 45 页。
虽然帕廷金（Patinkin 1971，8-9）承认数量理论家确实认识到了利率在决定货币需求中的作用,但是他以费雪和克拉克·沃伯顿为例争辩说,他们淡化了它并且他们没有将非零利率弹性的认识整合进他们的货币数量论大纲之中。不过,帕廷金陈述的一个可能反例就是克努特·维克塞尔。维克塞尔指出,反通货膨胀会永久性地降低持有货币的机会成本并导致"与数量论完全一致"的流通速度的一次性下降（Wicksell 1935，152）。

（也就是说，只在联邦储备系统内部传阅）。[1] 据说正是弗里德曼不愿意在考虑总支出决定时探讨利率，激怒了所罗门。"除非必须，他拒绝提到'利率'；他坚持根据资产负债表的变化而非收入与支出流来思考……但是，正如他所描述的那样，货币变化影响总需求的过程与凯恩斯主义方法所处理的过程类似。"

所罗门正确地认识到，弗里德曼与凯恩斯主义者都认为资产价格而非货币存量本身是出现在 IS 方程中的变量。但是，就货币传导而言，他错误地将弗里德曼的理论描述为仅仅阐述了一个在本质上等同于凯恩斯主义者所阐述的立场。正是弗里德曼及其合作者以及其他货币主义者，重视货币比任何可观察到的利率是对影响总需求的各种各样的收益率的一个更好的概括。而且，正是货币主义者一方强调了货币注入可能会对各种各样的收益率施加众多影响——包括与这些注入对基准短期利率的预期路径的影响截然不同的影响。

所罗门进一步质疑弗里德曼在这篇文章中对 1929—1933 年的发展状况的探讨。所罗门（Solomon 1965，33）声称，"人们不能将 1929—1933 年期间的货币政策的错误归咎于缺乏对货币供给重要性的理解"。所罗门为这个观点提出的奇特理由是其他金融信息也可能表明存在货币紧缩，但是，这种看法并没有排除将货币供给当作 1929—1933 年期间货币紧缩的一个测量指标。所罗门的探讨甚至没有援引那些可能被认为是测量 1929—1933 年间的货币紧缩的其他合乎情理的指标，比如实际利率。相反，他提到名义长期利率在 1929—1933 年间的大部分时间没有下降作

---

[1] Solomon（1965），是对 Friedman（1964b）的评论。

为证明紧缩性的证据。①

与20世纪50年代在政策圈普遍承认实际利率与名义利率的区分的流行分析相比,所罗门的批评也许表明了美联储的经济分析的倒退。此外,他的分析没有理解弗里德曼在这一点上所表达的主旨:强有力的货币扩张可能会为实际高增长创造条件,同时使(名义)市场利率几乎保持不变。部分由于所罗门没有理解弗里德曼分析中的这些方面,导致他对弗里德曼的批评认为弗里德曼没有增加现有的知识。

## 六、新闻杂志

凯恩斯主义经济学是最先进的,弗里德曼所提出的理论仅仅是对凯恩斯主义经济学的重申,这一观点也体现在1965年年底发表在《时代》杂志上的一篇文章中。1965年12月31日《时代》杂志的封面特别刊出了凯恩斯的肖像,里面的封面故事将弗里德曼的引语"我们现在都是凯恩斯主义者"作为这篇文章的标题。弗里德曼对此感到不满,因为他在1966年2月4日发表在《时代》杂志上的信明确表示:"引语是正确的,但脱离了语境。就我所能回忆的而言,语境是这样的:'在某种意义上,我们现在

---

① 较高的名义长期利率也被马丁·贝利、约翰·卡伯特森和詹姆斯·托宾援引来作为20世纪30年代初货币紧缩的一个信号。弗里德曼和施瓦茨关于美联储应该采取各种努力来维持或扩大20世纪30年代初的货币存量的论点,不仅可以被视为与对长期名义利率施加下行压力的努力一致,而且可以被视为采取了这种立场:由于利率与经济之间的反馈,较低的长期名义利率既不必是一个更具扩张性的货币政策的实现或成功的结果,也不必视为一个更具扩张性的货币政策的实现或成功的必要条件。

都是凯恩斯主义者；在另一种意义上，没有任何人再是一位凯恩斯主义者'。后半句至少与前半句同样重要。"

弗里德曼关于所有的经济学家在某种意义上都是凯恩斯主义者的观点取决于凯恩斯的术语成了学术界的惯用语这个事实。弗里德曼将凯恩斯语言的这种成功与1936年的《就业利息和货币通论》的主旨依然在三十年之后得到广泛接受的这个观念——他摒弃了这个观念——区分开来。①

所有的经济学家都使用凯恩斯的术语，但并不必然接受凯恩斯最初的经济分析，这并非弗里德曼独有的立场。阿瑟·伯恩斯（Burns 1947）和詹姆斯·施莱辛格（Schlesinger 1956）已经明确做过这样的评论。在说"没有任何人"——不仅仅是他自己——再是一位凯恩斯主义者时，弗里德曼也许想到的是美国经济学界早在十五年前就基本上已经不再坚持长期停滞观点和抛弃了货币政策无效性的信念了。他也许指的是来自他和莫迪利安尼的著作对消费函数普遍接受的修正，而这个修正已经开始取代传统凯恩斯主义的当期收入的消费函数。②

弗里德曼对《时代》杂志的反驳太简短了，以至于无法详细阐述他对凯恩斯主义观点的摒弃，以便与那些自认为是现代凯恩

---

① 参见Friedman（1968a，15）。弗里德曼也在Friedman（1997，6）和《两个幸运的人》第231页中讨论了《时代》杂志对他观点的引用。
② 比如，在1969年5月4日纽约西部国家广播公司的节目《畅所欲言》中，弗里德曼说，"虽然当今每个人都使用凯恩斯主义的语言，但是，凯恩斯主义的观点截至1945年或1950年就已经被取代了。"在1968年1月8日播出的《火线》节目中，弗里德曼说，"自称为凯恩斯主义经济学家的人们在当今所持有和相信的东西不同于20世纪50年代初期的凯恩斯主义。"

斯主义的经济学家区别开来。然而,他在货币经济学中持续不断的研究将继续在不同的领域阐明这些差异,包括在通货膨胀、利率和失业决定方面的差异。

与此同时,弗里德曼在1966年晚期受聘为《新闻周刊》的定期专栏作家,能够与《时代》杂志更持久地展开战斗。他的第一篇专栏文章发表于1966年9月26日这一期上。正如人们经常暗示的那样,《新闻周刊》在弗里德曼的专栏文章来临之前,没有反凯恩斯主义或亲自由市场经济学的专栏作家的说法不是事实。相反,《新闻周刊》在弗里德曼到来之前有一位众所周知的记者亨利·赫兹利特(Henry Hazlitt)作为经济学的专栏作家。①

弗里德曼在1988年12月12日的《福布斯》杂志上赞扬赫兹利特在自由市场失宠的时期是一位自由市场的倡导者。赫兹利特还批评凯恩斯主义经济学,就该主题撰写了一本可读性很强的专著(Hazlitt 1959)。但是,弗里德曼在这一领域对赫兹利特的赞赏有所保留。虽然他对赫兹利特在实证和规范的价格理论方面的著述非常钦佩,但是弗里德曼怀疑赫兹利特在谈到货币问题时的经济学分析的质量。②正如阿巴·勒纳(Lerner 1960)在评论赫兹利特1959年的著作《"新经济学"的失败》(*The Failure of the "New Economics"*)中指出的那样,赫兹利特对凯恩斯的《就业利息和货币通论》的批评假设,凯恩斯对萧条的分析是也适用

---

① 赫兹利特从1946年到1966年是《新闻周刊》的商业专栏作家,这个时间跨度超过弗里德曼作为《新闻周刊》专栏作家的任期。在离开《新闻周刊》后,赫兹利特从1966年到1969年为美国的新闻报纸撰写联合专栏文章(Europa Publications 1986, 666)。

② 参见Martin(1983, 61)。

于需求过剩的情况。鉴于凯恩斯在《就业利息和货币通论》中所暗示和在《如何为战争买单》中所断言——通货膨胀可以由过度需求产生,总需求政策在这种情形下应该限制支出——的这个事实,这个假设似乎是不恰当的。

作为奥地利学派经济学的信徒,赫兹利特提供的经济分析——特别是宏观经济学部分——不代表美国的主流经济研究理论。这就意味着,虽然赫兹利特对凯恩斯主义经济学采取了批评态度,但是,他的批评在主要方面不同于弗里德曼和其他货币主义者在他们的研究中对凯恩斯主义所提出的看法。

另一个问题是,赫兹利特刺耳的风格可能损害了他作为一位新经济学批评家的可信度。尤其是,赫兹利特的著述将凯恩斯的分析描述为语无伦次的和应受谴责的。相反,弗里德曼表达了对凯恩斯的钦佩,并明确表明,他对《就业利息和货币通论》的不同意见来自他不同意该著作提出的关键假设。弗里德曼在1957年指出凯恩斯对经济理论"做出了如此重大的贡献"之时,就非常明确地表达了他对凯恩斯的钦佩。[①] 他在1968年一次电视访谈中评论说:"凯恩斯,就他自己而言,主要是一位科学家。虽然我认为他在许多事情上错了,但是,他无疑有一个科学方法。"[②] 弗里德曼在1970年进一步详细阐述道:

> 约翰·梅纳德·凯恩斯现在是有史以来最伟大的经济学家之一。我知道,许多人认为他是一个将各种各样的邪恶事

---

① Guillebaud and Friedman (1957, vi).
② 1968年1月8日联合播出的《火线》节目。

物带到这个世界上来的一个魔鬼——他不是那样的人；他像我们其他人一样：他犯过错误。他是一位伟人，因此，当他犯错时，它们也是伟大的错误，但是，他是一位伟大的经济学家。①

弗里德曼认为凯恩斯所犯的其中一个错误是对大萧条的诊断。正如第三章所指出和他在 1966 年的论货币需求的文章中所清楚表明的那样，弗里德曼认为，凯恩斯同意在萧条状态下货币需求的利率弹性可能会接近于无限的观点，也就是说，流动性陷阱的情形普遍流行于 20 世纪 30 年代。尽管如此，弗里德曼相信，凯恩斯的观点在隐含一个连贯模型的意义上具有内在的一致

---

① Friedman（1970e，8）。克雷格·弗雷德曼、杰弗里·哈考特、彼得·克莱斯勒和约翰·内维尔（Freedman, Harcourt, Kriesler, and Nevile 2013）提供了一个弗里德曼对凯恩斯态度的不同解释。依笔者之见，他们关于弗里德曼对凯恩斯著作的一贯反对态度的描绘和这种态度可以追溯至 20 世纪 40 年代或更早的看法与弗里德曼在此问题上的大量著作不相符。这些作者只考虑了弗里德曼的几篇文章，实际上高度依赖于那些出现在弗里德曼的重印文集中的文章。这些作者确实在他们的分析中包含了几篇弗里德曼的著作，其意图不可能是这些作者们所认为的"反凯恩斯"计划。例如，虽然这些作者认为，弗里德在 20 世纪 40 年代对不确定条件下效用最大化的关注是芝加哥大学有意识地形成反对凯恩斯的革命的一部分，但是，这似乎不是一个可信的解释。弗里德曼与萨维奇的著作一贯处于宏观经济学之外，而弗里德曼和萨维奇的研究令芝加哥大学最直言不讳地批评凯恩斯的弗兰克·奈特感到不愉快。此外，弗里德曼非常愿意接受凯恩斯的概率论的某些方面，正如他在 1983 年 6 月 4 日的《经济学人》上的评论所表明的那样。

性。① 弗里德曼对凯恩斯的批评不是集中在质疑那个模型的内在逻辑，而是集中在他偏爱另一个他认为在实证上更可行的替代模型。弗里德曼受聘为《新闻周刊》的专栏作家给了他一个可以概述他对经济行为的另一种见解的新论坛。

根据1966年9月4日的《纽约时报》报道，《新闻周刊》对经济学专栏文章的新计划涉及学院派经济学家的轮流撰稿，每位经济学家每隔三周撰写一篇专栏文章。② 弗里德曼是新经济学的批评者，萨缪尔森是新经济学的拥护者，而耶鲁大学的沃利克则

---

① Friedman（1966d）。弗里德曼（Friedman 1968b，2-3；1970b，206-7）认同实际余额效应排除了凯恩斯的就业不足均衡结论的理论发展状况的事实并不必然意味着他相信凯恩斯的原创性分析是内在矛盾的。这里谈到的理论发展状况涉及模型设定从当期收入是唯一影响消费支出的变量的模型转变到财富至少在消费者的决策中起到某些作用的模型，以及从价格水平是刚性的模型转变到价格水平是内生的模型。虽然这些发展动态相当于对20世纪30年代凯恩斯的原创性模型进行挑战和修正，但是，它们并不意味着那个原创性模型是内在一致的（原文如此，疑是内在不一致的—译者注）。

② 不过，1976年10月15日在《纽约时报》上的《新闻周刊》广告以及在瑞安·阿玛彻和理查德·斯威尼（Amacher and Sweeney 1980，455）的教材中的讨论给人留下了错误的印象，以为《新闻周刊》的每一期都会有弗里德曼、萨缪尔森或者两人同时撰写的专栏文章，而尼尔斯·泰格森（Thygesen 1977，56）同样说弗里德曼的专栏文章每周都会出现。

代表温和的立场。① 由于萨缪尔森具有畅销教材的作者和长期专栏作家的背景,人们当时认为萨缪尔森会在《新闻周刊》的专栏文章中比弗里德曼做得更好。最终,事实证明并非如此,弗里德曼被认为是一位更引人注目的专栏作家。

弗里德曼已经在20世纪60年代的前半期为《华尔街日报》零星地撰写文章——他的文章包括1964年7月21日发表的一篇专栏文章,此文是他在1963年3月在国会证词的缩略本。但是,《新闻周刊》的发行量比《华尔街日报》当时所称的发行量大得多。《新闻周刊》的发行量比那些意识形态杂志《国家评论》和《世事》的发行量更大,弗里德曼在1965—1966年间在该杂志上发表文章。②

罗丝·弗里德曼的工作就是在生产许多的专栏文章中投入部分劳动。弗里德曼在他们共同的回忆录中承认,"在他的公共政策著述中,罗丝·弗里德曼甚至在比如《新闻周刊》专栏文章这样唯一以我之名发表的那些出版物中,都是一位平等的伙伴"。③ 弗里德曼的专栏文章的写作安排延续了已经体现在《资本主义

---

① 参见Friedman(1972d, ix)。另参见罗丝·弗里德曼在《两个幸运的人》第356页中的评论。根据1966年9月4日《纽约时报》的报道,沃利克已经在1965年被任命为《新闻周刊》的专栏作家。因此,正如戴维·沃什(David Warsh)在2015年7月12日的网页上(economicprincipals.com)所表明的那样,沃利克与弗里德曼和萨缪尔森是同时被雇佣的说法是不正确的。正如沃什说的那样,沃利克的专栏文章在"很久"以前就被取消了的说法也完全是错误的。沃利克的《新闻周刊》专栏文章持续到1974年,而它的终止是他主动提出来的——以便接受联邦储备委员会的理事职务。
② 参见1965年8月24日《国家评论》和1966年7月2日《世事》周刊。
③ 《两个幸运的人》第xii页。

与自由》一书中的模式，在这种模式下，根据1984年3月18日《旧金山纪事报》(San Francisco Chronicle)第9版的报道，罗丝·弗里德曼在20世纪60年代重新开始接触经济问题并在这方面与弗里德曼展开了合作。

杰里·乔丹在2013年6月5日笔者的访谈中解释了弗里德曼夫妇之间在这些专栏文章中的某些合作：

> 她当时向我解释说，他们的方法是挑选一个主题和他们希望在即将发表的专栏文章中所要论述的内容，然后打开盘式磁带录音机，她会扮演一个无知的平头百姓并开始向他提问，她不断地劝他说得更好一点，找到不同的方式解释它。他们也许会录音几个小时。然后，她会把整个录音抄写下来，加以编辑整理……最终就生产了一篇专栏文章。因此，你知道，按照一种劳动价值论，她在处理这些专栏文章的生产方面比他所做的更多。

当然，并非所有的专栏文章都遵循这个生产过程。大量的专栏文章都是来自弗里德曼撰写的完整草稿。① 例如，格罗丽娅·瓦伦丁——弗里德曼从1972年开始聘用的秘书——在2013年4月1日笔者的访谈中回忆说，她把弗里德曼手写的专栏文章打印出来，将打印的版本寄给《新闻周刊》。正如弗里德曼在

---

① 杰里·乔丹描写的访谈形式也描绘了米尔顿·弗里德曼与罗丝·弗里德曼从1968年开始共同参加《动态经济学教学盒式磁带》系列的许多录音。

1970年1月5日《动态经济学教学盒式磁带》第41集中所描述的那样，专栏文章在出版日期之前的五至六天提交，而出版日期则反过来比《新闻周刊》售报处的封面日期早一周。弗里德曼而非《新闻周刊》往往会选择专栏文章的标题。①

## 七、教学、指导和归属

到目前为止对弗里德曼在1964—1966年间的活动的叙述多半关注他在其主要的责任，即芝加哥大学的经济学教学之外的追求。弗里德曼在20世纪60年代初期至中期的常规生活被1962—1963年的国际旅行和1964年晚期在哥伦比亚大学的一段时间打乱了。实际上，在他的《消费函数理论》一书取得成功之后，哥伦比亚大学经济系向他提供了一个职位，弗里德曼也在20世纪50年代末之时基本搬到了哥伦比亚大学。②但他拒绝了那个邀请，他在1964年在该系的身份仅仅是一位访问者。

弗里德曼1964年在哥伦比亚大学的经历给他留下了负面印象。他在对当时在那里的叙述中抱怨道，他做报告面对的学术小组所拥有的观点过于统一了。③但是，很难知道这一评价有多大分量，因为在弗里德曼参与的巴里·戈德华特的总统竞选中，纽

---

① 参见笔者在2013年4月1日对格罗丽娅·瓦伦丁的访谈。另参见弗里德曼在 Friedman, Porter, Gruen, and Stammer（1981，27-28）之中的评论。
② 参见弗里德曼在1959年2月19日写的两封信，存放于杜克大学的阿瑟·伯恩斯档案。
③ 参见1964年10月22日《哥伦比亚每日观察家》(*Columbia Daily Spectator*)；Friedman（1974f）和《两个幸运的人》第370—371页。关于以后面两篇文献为基础的叙述，参见 Leeson（2000a，136-37）和 Ebenstein（2007，153）。

约市地区（不仅仅是哥伦比亚大学）的学术界对这件事缺乏支持，他认为这等同于缺乏意见的多样性。① 不过，弗里德曼得出的这个结论似乎没有正当理由。弗里德曼在这些人中碰到的许多人很可能与他对戈德华特的竞选活动的描述存在分歧。因为虽然弗里德曼认为戈德华特的竞选活动强调自由主义，但是，他的对手合理地指出的事实是，正是林登·约翰逊而非戈德华特的竞选活动在强调通过《民权法案》来扩展自由。

就货币问题而言，哥伦比亚大学与弗里德曼描述的统一心态不完全吻合。该大学在维护凯恩斯主义者与货币主义者的争论双方的利益方面都有良好的记录。理查德·塞尔登（Richard Selden）是弗里德曼的货币研讨会早期的一位参与者，他在1959—1963年是哥伦比亚大学的一位银行学副教授。菲利普·卡根在1966年加入该大学的经济系。此外，安娜·施瓦茨凭借她与弗里德曼的著作在1964年从哥伦比亚大学获得了博士学位。② 施瓦茨在20世纪50年代初被哥伦比亚大学拒绝授予博士学位，因为阿瑟·伯恩斯当时决定，她不应该因她在英国经济史方面的合作著作（即Gayer, Rostow, and Schwartz 1953a，1953b）而获得博士学位。"我没有追究这个问题（即她没有挑战伯恩斯

---

① 罗伯特·里森（Leeson 2000a, 136）认为，弗里德曼的批评与学术界盛行的凯恩斯主义有关。但是，弗里德曼在1964年对他在纽约市经历的讨论相反集中于对总统竞选的态度——事实上，民主党和共和党两派都没有采纳弗里德曼的货币政策建议——而非侧重于凯恩斯主义者与货币主义者的争论。

关于弗里德曼参与戈德华特竞选活动的情况，参见后文。

② 参见American Economic Association（1970, 62, 390, 394）。

的决定）",施瓦茨回忆说,"因为当他已经做出决定时,我已经在与弗里德曼一起进行研究,我自己在想,'我肯定会根据与弗里德曼一起研究的著作获得博士学位'"。果然,"我最终确实凭借与弗里德曼的共同著作获得了博士学位"。施瓦茨评论说:"我可能要比任何其他人在博士论文上做的工作都要多。"[1]

在1964—1965学年,弗里德曼也在考虑来自斯坦福大学经济系的工作邀请。[2]他最终拒绝了这个邀约。一个原因是,这个职位是一个研究美国企业的教授职位。"那个教授职位基本上是为一个保守派经济学家设计的",马克·纳洛夫在2013年9月18日笔者的访谈中回忆说——他当时是斯坦福大学经济系的一位成员,而弗里德曼不愿意接受一个将他的研究贴上标签的学术职位。"斯坦福大学的捐赠者似乎认为,斯坦福大学的经济系不是那种支持自由企业的",罗丝·弗里德曼在1998年回忆说,"而这个人将提供资金在斯坦福设立一个教授职位,以便由赞成米尔顿·弗里德曼的经济学的人持有"。罗丝·弗里德曼渴望搬到旧金山湾区,但是,她回忆说,米尔顿·弗里德曼对这个邀约"不是很热心"。[3]

对这种职位的邀约勉强称得上的一个先例是,弗里德曼与芝

---

[1] 引自E. Nelson(2004a,399)。
[2] 弗里德曼在《两个幸运的人》第374页中简要地提到了这个邀约,而没有谈论这个职位的具体细节。
[3] 参见R. D. Friedman(1998,140)。罗丝·弗里德曼对这次的搬迁热心的一个原因是,他的哥哥阿伦·迪莱克特即将从芝加哥大学退休,并搬迁到斯坦福大学的胡佛研究所。阿伦·迪莱克特搬迁到旧金山湾区发生在1965年(Hoover Institution 2004)。

加哥大学的其他几位经济学家在1946—1951年期间一直是自由市场研究小组的成员。① 虽然该小组的名字是研究而非倡导自由市场，但是它被认为是一个对自由市场思想提供支持的组织。不过，弗里德曼成为该小组的成员是在他认为资本主义病入膏肓之时。② 而且，他在自由市场研究小组存在期间的研究兴趣并没有坚持在当时被认为是自由市场主张的计划。例如，他实际上远离了该小组的价格理论导向，转向货币分析。虽然弗里德曼在自由市场研究小组存在之前、存在期间和存在之后都是倾向支持自由市场的，但是，弗里德曼在自由市场研究小组存在期间提出的几个具体观点——例如，他免除了工会对通货膨胀的责任，以及他反对固定汇率制和商品本位制——是与商业世界中经常采纳的观点不一致的。③ 20世纪60年代，弗里德曼希望成为一个对各方来说都与众不同的人，并反对被贴上各种标签。接受自由企业的

---

① 例如参见 Van Horn（2010）。
② 参见弗里德曼在1972年春季在《商业与社会评论》（*Business and Society Review*）上的评论，重印在 Friedman（1975e，253）之中。
③ 弗里德曼在20世纪50年代初得出的成本推动通货膨胀观将他置于像戈特弗里德·哈伯勒（Haberler 1964, 182）这样的自由市场经济学家和巴里·戈德华特这样的政治家，以及从1970年开始像阿瑟·伯恩斯这样的政策制定者的观点的对立面。
而且，自由市场研究小组在经济问题上并没有采纳一个统一的路线。例如，弗里德曼与弗兰克·奈特都是该研究小组的成员，但在1944至1950年年间他们不仅在风险与不确定性的关系上，而且在大萧条的问题上都分道扬镳。正如我们所看到的那样，弗里德曼在20世纪40年代晚期就已经在强调美联储在大萧条中的作用了。相比之下，这与他最初对《就业利息和货币通论》的反应在某种程度上相反，奈特在1950年12月《财富》杂志第131页上说，在现有的经济理论中，只有凯恩斯的分析才有关于萧条的理论。

教授席位就意味着他默认这样的标签。此外，他可能会反对那种促使他的主要研究兴趣不再是货币经济学的看法，而接受斯坦福大学的职位可能会促进这种看法。

就斯坦福大学的职位而言，马克·纳洛夫在2013年9月18日笔者的访谈中回忆说，"在某种程度上，弗里德曼非常有趣。他感受到了芝加哥冬天的严酷，斯坦福开始看起来具有吸引力，于是他考虑接受这个工作。他过来与我们交谈，谈到大学的行政管理，等等"。在弗里德曼访问斯坦福大学校园期间，纳洛夫与弗里德曼沿着棕榈大道走了很长的一段路。"我不确定那到底是哪一年，因为我认为戈德华特已经输掉了选举，或者他明显将输掉选举。"弗里德曼告诉纳洛夫，他在某种程度上"后悔成为戈德华特的顾问，因为他说那让他被贴上'保守主义者'的标签。他不希望被贴上任何标签。因此，那件事让我对他的人格有了些深入的了解，那就是他是一个如此追求真理的人……他自认为自己是一个有原则的人"。实际上，弗里德曼到20世纪70年代末已经成为学术机构提供自由企业的教授席位思想的直言不讳的批评者。"我个人认为，设立自由企业的教授席位是一个巨大的错误"，他在1979年4月30日《新闻周刊》上宣布，"它违背了大学任命某人以某种职位的目的是促进某些思想的基本理念。难道应该有马克思主义经济学的教授席位、社会民主经济学的教授席位、新政经济学的教授席位吗？"。

除了怀疑这个职位的恰当性，弗里德曼也对斯坦福大学经济系就该职位与他的谈判感到不满意。尤其让他感到气愤的是，斯坦福大学经济系不愿意伴随着对弗里德曼的邀请而向加里·贝克尔提供一个职位的邀请。"我确实知道一件事情"，贝克尔在

2013年12月13日在笔者的访谈中回忆说。"当他在1964年访问哥伦比亚时,斯坦福大学在那个时间向他发出了一个工作邀请。他们弄到了些钱,设立了一个自由企业的教授席位,他们向弗里德曼提供那个教授席位。弗里德曼非常严肃地考虑接受这一邀请。再者,他的妻子想要搬到西海岸。他要求他们也向我发出一个工作邀请。虽然我可能不会接受任何工作邀请,因此对他们而言这可能是一个免费的邀请。但他们决定不向我发出邀约,那让弗里德曼非常不安。"弗里德曼对这个工作邀请的各种保留意见的累积效应使他留在了芝加哥大学。

对货币经济学专业的学生而言,他们在芝加哥大学的一个主要经历是弗里德曼的货币与银行研讨会。研讨会的形式在20世纪60年代中期就已经确立起来。芝加哥大学经济系演讲者攻击性的、毫不留情的风格似乎都来自这个特别的研讨会。保罗·埃文斯在20世纪70年代的整个前半期都参与了这个研讨会,在2013年2月26日笔者的访谈中对这种形式提供了详细的叙述:

> 演讲者有五分钟的时间为(论文中的)任何他们想道歉的事情道歉……通常,人们会放弃这个机会,然后直奔论文而去。弗里德曼就说:"有人评论第一页吗?"然后在对第一页的所有评论都说完之后,他接着说,"有人评论第二页吗?"然后按此顺序仔细审查整篇论文。那些想要进行评论的人倾向于仓促行动——每个人大概都读过这篇论文。他们会说,"我看到,你在第一页有单词'货币',但是在第23页上,你所做的这类事情我并不认为是正确处理货币的方式"。这非常具有角斗风格。你会感觉到,教师们特别是弗

里德曼非常看重那些对其他人的论文能够给出深刻的评论，一般而言都是负面评论的人。这就像你带着剑被置于罗马竞技场，那里有其他带剑之人，你的目标就是在竞技场砍杀其他人，同时避免自己被砍到。

这种形式适用于所有的演讲者，不管他们是否是学生、芝加哥大学经济系或商学院的经济学家或者外来的演讲者。罗伯特·卢卡斯在20世纪70年代中期参加过弗里德曼的研讨会。[①]他在2013年3月12日笔者的访谈中回忆说：

> 是的，我们只是仔细审查这些事情，你知道的，"对第一页有任何问题吗？""对第二页有问题吗？"等等。它是这样设计的，因此它不像一个典型的研讨会。有时你会邀请外面的人加入，像罗伯特·克洛尔（Robert Clower）。克洛尔有一次告诉我，那些已经获得良好声誉的人们不喜欢被以这种方式对待——你知道，他们对此很反感。但是，当你这样一页一页地仔细审查论文时，它就是某种教学生如何写一篇论文、如何给出论文的理由……的组织方式。你知道：这正是学习各种各样的写作和表达能力，以及真正地把经济学弄懂的方式。那是我在20世纪70年代来到这里之时依然在进

---

① 由于卢卡斯不是弗里德曼的博士生，以及他那时没有在货币经济学领域进行研究，他在20世纪60年代初在芝加哥大学读研究生时没有参加货币研讨会。当他在20世纪70年代中期加入经济系的教师队伍时就成为这个研讨会小组的一名成员（Lucas 2004a, 19；2013年3月12日笔者对罗伯特·卢卡斯的访谈）。

行的方式。①

保罗·埃文斯在2013年2月26日笔者的访谈中表示，研讨会的资深访问者可能在某种程度上感觉更轻松些：

> 好的，我认为，如果邀请一位非常资深的人参加研讨会，研讨会的教师成员尤其不希望你让他们受伤太厉害。因此，在这些研讨会中许多评论往往更像棉花糖而非匕首。但是，如果某人尝试在芝加哥获得一份助理教授的工作，那么研究生获得未来的助理教授的分数就会增加：也许是两倍分数，像"双重危险"一样。因此，这是一个非常具有攻击性的研讨会……对于那些尝试获得一份助理教授工作的人而言，它真的是太难了。

## 八、专业认可度的上升

弗里德曼在20世纪50年代的货币研讨会上的主导地位与他的货币研究在芝加哥大学之外缺乏较大的影响力形成了对比。这种情况不会持续下去。虽然研讨会在20世纪60年代中期像之前一样继续进行，但是，弗里德曼现在的影响力远远超越了芝加哥

---

① 迈克尔·博尔多也听说过罗伯特·克洛尔在研讨会上的演讲，该演讲发生在博尔多成为研讨会成员之前。根据2013年7月24日笔者对迈克尔·博尔多的访谈，博尔多听说，在这次克洛尔参与报告一篇技术性论文的研讨会的叙述中，"米尔顿·弗里德曼一开始就说，'你知道的，鲍勃，我真的想知道，为什么像你这样聪明的人只是浪费时间去做像这样的事情呢'"。

大学货币小组的范围。到 1966 年，弗里德曼已经发表了三十多年的经济研究著作，然而，他比以往任何时候都更能引起学术界的注意。罗伯特·索洛在 1964 年 11 月《银行家》（Banker）上评论说："虽然学术界只有极少数人信服他的见解，但是，每天围着学术午餐桌子的谈话，更可能是关于米尔顿·弗里德曼的谈话，而不是关于任何其他经济学家的谈话。"

美国经济协会在 1965 年 12 月的会议上推举他担任美国经济协会 1967 年的主席时，他的地位就确立了（American Economic Association 1966，604）。

## 第二节　问题：1964—1966 年

### 一、信贷紧缩和轻微衰退

一位英国的经济评论家在 1966 年 2 月《银行家协会杂志》（Journal of the Institute of Bankers）中以钦佩的眼光写道，"美国在这近乎奇迹般的五年中，保持了合理的经济增长，并与价格稳定相协调"。[1] 此前，美国一位财经专栏作家审视了一下美国在战后长期岁月中的价格水平表现。她的看法总结在 1965 年 6 月 21 日澳大利亚《先驱晨报》（Morning Herald）一篇专栏文章的

---

[1] 以同样的方式，哈佛大学的依莱·夏皮罗（Eli Shapiro）在 1965 年 7 月中旬评论说："我们在过去五年中享受着快速的经济增长率……我们也享受着高度的价格稳定，这让世界上的其他国家羡慕不已"（Shapiro 1966，327）。

副标题上,"美元的购买力保持得非常好,谢谢!"

但是,正当这些专栏作家这样写之时,美国的价格水平模式已经在发生转变。弗里德曼确定开始于1964年的物价通货膨胀已经更加明显地在数据中表现出来。消费价格指数通货膨胀率——按年度同比的测量——在1965年期间上升,并在1966年2月超过2%的数值。它连续二十多年保持在这一水平之上。实际上,许多分析家将1965年当作一个转折点——美国开始持久偏离价格稳定的日子。①

弗里德曼在1966年3月的讲话中并没有预见到通货膨胀会超过2%太多:"我想,美国物价向上爬行的速度会比近年来的1%~2%的增长率要稍微快一些。通货膨胀率也许会在未来某时期达到3%、4%或5%,也许更高一点,但它并没有失控。"(来自1966年4月4日《美国新闻与世界报道》第63版)。他的预测在接下来的数年之内是正确的,但超过这一时期就不正确了。弗里德曼将通货膨胀会被限制在较低的个位数的信心,建立在他关于"美联储官员极不可能允许货币供给增长的速率达到容许快速的通货膨胀"的信念基础之上。

---

① 参见威廉·吉布森在1969年12月1日在美国众议院银行与货币委员会上的声明与证词(Committee on Banking and Currency, US House 1969a, 314, 317); Fand(1970); Brunner(1979b, 4); Walters(1987, 427); Meltzer(2009a); Mayer(1999); Levin and Taylor(2013),提到的后来的一些叙述将1965年到20世纪80年代早期当作一个单一的大通货膨胀的一部分。但是,正如已经指出的那样,在20世纪六七十年代的通货膨胀之间的数量差别和20世纪70年代政策制定者采纳的观点与20世纪60年代他们的同行采纳的观点之间的差异,否定了将整个时期当作一个整体的观点。

在做这个评估时,弗里德曼没有预料到,美联储的政策制定者在20世纪70年代否认他们有权"容许"或"不容许"通货膨胀。几年之后,政策制定者才采纳了这个有缺陷的观点。不过,即使在1965—1966年间,弗里德曼也关注对成本推动的通货膨胀观的批判。虽然美国官员迄今没有否认他们的行动与通货膨胀之间的联系,但是,他们已经在分析通货膨胀行为时赋予非政策因素相当大的作用。在20世纪60年代中期,约翰逊政府和美联储援引特殊事件来作为已经出现的通货膨胀压力的根源(Romer and Romer 2002b,20)。

与这种诊断相一致,约翰逊政府不断强调将公布的工资与物价的数字指导方针作为控制通货膨胀的一种手段。而且,1965年实施的降低消费税政策也是旨在降低通货膨胀。[①]弗里德曼在1965年12月9日《圣路易环球民主报》上蔑视这些指导方针:"通过劝导、威胁和使用法律之外的权力来进行物价管制除了扰乱经济之外,从来没有奏效过,也永远不会奏效。治疗比疾病还要糟糕。零散地抑制几种价格只会将通货膨胀压力转向别处,正如挤压气球的一个角落只会将气体推挤到气球的其他地方一样。"

弗里德曼在1966年5月8日《芝加哥论坛报》上对强行施加更一般的管制的想法持有同样的否定看法:"对价格和工资的直接管制不会消除通货膨胀的压力。它只是将压力转移到别处,压制它的一些表现,遏制通货膨胀的唯一办法就是控制货币数

---

[①] 在这方面,经济顾问委员会的奥托·艾克斯坦报告说(Eckstein 1965, 17),"去年6月实施的消费税减让的初期报告同样是鼓舞人心的。根据劳工统计局最新的调查,大约90%的税收减让在8月中旬转移给较低的价格"。

量的增长率。"弗里德曼是在参加芝加哥大学商学院举行的一场会议之后不久做出这个声明的，而这场会议登上了1966年4月29日《纽约时报》的头条新闻。虽然在《纽约时报》上的那篇文章只是简短地提到了弗里德曼，但是，他是这场会议的主要贡献者之一，做了两场报告。① 在第一场报告中，弗里德曼批评了成本推动的通货膨胀理论，对通货膨胀的产生提供了货币解释，并责备经济顾问委员会在它最近的通货膨胀分析中没有提到货币政策。② 在第二场报告中，他在该报告中讨论了罗伯特·索洛（Solow 1966a）论指导原则的论文，弗里德曼以紧缩的形式勾勒了自然率假说，而他将在下一年的后期详细阐述此假说（参见下一章）。③

索洛对自然率假说的回应后来才出现。为了在会议上反驳弗里德曼，索洛（Solow 1966b）采取了另一种做法，他争辩说弗里德曼没有必要把货币引入主要与总供给关系相关的讨论之中。正是在这一语境中，索洛做了一个大意是这样的著名评论：任何事情都能让弗里德曼想起货币，弗里德曼应该尝试在他的整个论文中避免提到货币，正如索洛要在他的论文中避免提到性一样，即使任何事情都让他想到性。正如索洛在2013年12月31日笔者

---

① 参见 Friedman（1966a，1966e）。
② 这种遗漏让该报告长期臭名昭著。梅尔策（Meltzer 2009a，471）也提到经济顾问委员会在 1966 年撰写的《总统经济报告》（*Economic Report of the President*）中"没有提到货币政策是导致通货膨胀的原因"。
③ 第一篇文章，即弗里德曼论指导原则的论文（Friedman 1966a），在 1966 年 5 月 10 日《华尔街日报》的社论中被引用并得到了认同。这次会议的文集在该年 9 月出版，并在 1966 年 9 月 7 日的《华尔街日报》上进行广告推广。

的访谈中所承认的那样,这成了索洛曾经做过的被引用最多的评论。"我开了一个玩笑",索洛在 2013 年 12 月 31 日笔者的访谈中回忆说,"这就违背了萨缪尔森的第一定律,该定律是:绝不要开玩笑。有时我想,当我走向坟墓的时候,人们所能记住我的就是我开了那个玩笑。"

弗里德曼对成本推动的解释的一个不满就是,这些解释"让正确的政策变得不太可能"。① 特别是,正如他在 1966 年 2 月的底特律演讲中所说的那样,如果当局和全体居民"误解了问题的性质",那么指导原则可能会在这种环境中强制推行。在这种环境中,"政府会继续往火炉中添加煤炭,增加货币数量,并说由此带来的通货膨胀不是他们的错误"。② 实际上在芝加哥大学的会议上,索洛甚至在为指导原则辩护并绝不接受弗里德曼对成本推动因素的摒弃之时,也承认需求过剩的问题正在出现。美联储也采纳了该立场,而联邦储备委员会在 1965 年 12 月提高了贴

---

① Friedman(1966a, 37; p.118 of 1968 reprint)。
② Friedman(2005a, 4)。弗里德曼是在 1966 年 2 月 18 日夜晚在底特律的韦恩州立大学发表这个"为何不要遏制通货膨胀"的演讲的,该演讲的预先通知刊登在 1966 年 2 月 16 日的《底特律新闻报》(*Detroit News*)上。弗里德曼是按照提纲演讲的,但是,他的讲话用录音带录了下来并进行了抄写,最终在几乎四十年之后由里士满联邦储备银行发表(Friedman 2005a)。

现率。[1] 贴现率的提高遭到了白宫的批评。[2] 美联储主席马丁在1966年2月《银行家协会杂志》上为这一措施辩护，援引过度需求的压力作为货币政策收紧的合法理由。弗里德曼也在1965年12月9日《圣路易环球民主报》上表达了对这个行动的赞同。

不过，在1965年12月提高贴现率之后，重新出现了货币主义者对美国货币政策的批评——他们在1966年刚开始被称为货币主义者。[3] 这次批评的主旨是，美国不存在一个真实的货币紧缩政策，因为美联储允许货币基数在1966年的最初几个月扩张。[4] 这次批评所忽略的事实是，贴现率的提高传递了银行准备

---

[1] 这是一个美联储的政策行动以贴现率为中心的非常罕见的例子。美联储理事乔治·米切尔在提高贴现率之后在1965年12月13日联合经济委员的证词中作证说："最近对美联储政策行动的公开讨论大都忽视了公开市场操作而非贴现率政策是美联储政策的主要工具的事实"（Joint Economic Committee 1966, 23）。实际上，在20世纪60年代，公开市场操作作为货币政策日常操作的方式获得了显著的重要性。贴现率变得更加灵活，然而也较少的被指望作为美联储传达其政策决策的方式。约瑟夫·伯恩斯（J. M. Burns 1973, 50-51）将这些变化部分归因于弗里德曼的影响力。不过，这些变化到1965年都在进行的事实表明弗里德曼的观点没有起到主要的作用。而且，即使贴现作为一种政策工具退居次要地位，美联储在20世纪60年代期间的操作程序的其他变化也与弗里德曼的见解相左——前面提到的两个明显例子就是联邦公开市场委员会越来越关注对联邦基金利率的管理和在1968年采纳滞后准备金会计。
[2] 参见1965年12月7日《金融时报》与多恩布什和菲舍尔的《宏观经济学》第251页。
[3] 参见下一章第三节关于"货币主义者"的标签。
[4] 卡尔·布鲁纳（Brunner 1969a, 250n2）在1966年4月加州大学洛杉矶分校举行的会议上对货币指标提出了批评。这次会议的论文集在1969年出版。

金创造的速度放缓程度的信号。因此，这种举措鼓励商业银行体系控制它的贷款和投资的扩张，即使货币基数和准备金总额的增长并不会立即减缓。政策收紧政策真实存在的另一个表现就是允许短期市场利率上升的事实。特别是，正如罗默夫妇（Romer and Romer 1993，77）所指出的那样，联邦基金利率在1965年最后一个季度开始上升。紧接着，联邦基金利率在1966年的前八个月中每月都上升。

对货币增长放缓的幅度和时间的评估取决于货币的定义。梅尔策（Meltzer 2009a，494）争辩说，1965年12月的贴现率上升并没有阻止1966年2月至4月的高速货币增长。弗里德曼为1966年6月15日联邦储备委员会的学术顾问会议提交的备忘录提出了相似的看法。他说，"货币存量增长率自从1965年8月以来就急剧加速上升，对定义较为狭窄的货币更为明显"。[1] 他展示了一个年化增长率的表格：

---

[1] 当弗里德曼将它与1965年10月的备忘录一起放在Friedman（1968a）之中时，1966年6月的备忘录得以公开；引语来自后一个备忘录的第153页。不过，即使在1968年之前，弗里德曼的备忘录都不是秘密文件，而弗里德曼在1966年6月的备忘录在威廉·吉布森、乔治·考夫曼（Gibson and Kaufman 1966，2）与戴维·范德（Fand 1968，830）的论文中作为未发表的文献公开引用。
弗里德曼也在公开的评论中做出了类似的分析。例如，在1966年6月27日美国全国教育电视台节目《伟大社会：火热的经济》中，弗里德曼说货币"自去年8月以来就比之前以更快的速度增长"；在1966年10月17日的《新闻周刊》中，他声称美联储"从1965年年末到1966年4月让货币数量增长得更快"；在1968年12月16日的《动态经济学教学盒式磁带》第7集中，弗里德曼将1965年年末到1966年年初的时期列为市场利率的上涨与快速的货币增长完全一致的时期。

|  | 1962年8月到1965年8月 | 1965年8月到1966年4月 |
| --- | --- | --- |
| M1（现金加调整后的活期存款） | 3.6% | 7.6% |
| M2（M1加上商业银行的定期存款） | 7.9% | 9.5% |

不过，存放在联邦储备委员会记录中的弗里德曼备忘录复印件之下有一行手写的字：

|  |  |  |
| --- | --- | --- |
| M3（M2加上互助储蓄银行与储蓄贷款协会的存款份额） | 7.2% | 7.3% |

这行手写的评注不是弗里德曼写的，与这行字写在一起的首字母"McC"表明它是当时的美联储主席马丁本人附加的。①

考虑更加宽泛定义的 M3 的行为明显改变了 1965—1966 年的货币行为分析。该 M3 的定义成为 20 世纪 70 年代美联储对货币存量的官方测量指标之一。在后来的 1980 年，官方对 M2 的定义进行了重新界定，以便使它本质上变成马丁在 1966 年所称的 M3。②

弗里德曼赞同对 M2 的重新界定并在后来的著作中使用它。更为宽泛的总量行为实际上表明，货币增长在 1965 年年末和 1966 年年初并没有显著加速。例如，现代 M2 的年度增长率都在 1966 年一季度和 1966 年二季度下降了。弗里德曼在 1966 年援

---

① 参见联邦储备委员会记录。
② 参见 Rasche（1987，1990）。不过，马丁的 M3 不同于美联储的现代 M2 和 20 世纪 70 年代的官方 M3 序列，因为马丁的 M3 包含马上要讨论的大额存单项。

引的快速货币增长至少对 M2 来说主要反映了储蓄机构——储蓄银行和储蓄与贷款机构——持有的资金向商业银行的回流。这种回流在包含储蓄账户的货币总量，比如现代 M2 中就抵消了。促进资金向商业银行转移的动力来自联邦储备委员会对商业银行定期存款的 Q 条例利率上限的大幅度提高——与 1965 年 12 月贴现率的提高同时进行。

从 1966 年 4 月到这一年的年末，货币政策紧缩表现为货币基数的增长率很低（Fratianni and Savona1972a，73）。这种紧缩也开始更加一致地表现在所有的货币总量之中。弗里德曼在 1966 年使用的 M2 总量——包括银行发行的大额存单——的年度同比增长率从 1965 年 12 月的 9.6% 下降到 1966 年 12 月的 4.9%。[①] 在同一时期，现代定义的 M2 增长率也显著下降了大约 3.5 个百分点：参见图 12.1。

弗里德曼在 1966 年使用的货币总量增长率下降的部分原因来自商业银行正在大量流失存款这个事实，因为随着市场利率的提高，它们正在经历大额存单的外流。商业银行在 1961 年开始发行的这些存款事实上启动了美国的大额存单市场——其发展状况在后文进一步论述。弗里德曼和施瓦茨在 20 世纪 60 年代后期确定，他们偏爱的货币概念就是不包括大额存单的 M2 定义，理由是后者更接近于商业票据，而不是加入货币需求函数的存款。在本质上，同样的哲学指引着美联储将大额存单排除在现代定义

---

[①] 也就是在《美国货币统计》中使用的 M2 序列。在 1966 年 10 月 17 日的《新闻周刊》中，弗里德曼将 1966 年 4 月以来的货币增长率确定为"一年大约 3%"。

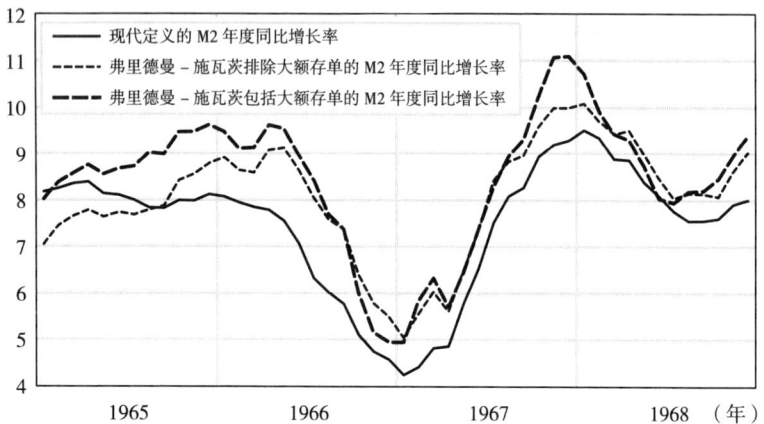

图 12.1　1965 年 1 月—1968 年 12 月各种 M2 序列的年度同比增长率

资料来源：根据弗里德曼和施瓦茨的《美国货币统计》表 1 和圣路易斯联邦储备银行的 FRED 网站计算。

的 M2 之外。[①] 弗里德曼在 1966 年对包含大额存单在内的 M2 定义的依赖给予他对货币状况突然收紧的基本信息，现在同样也可以从研究现代 M2 序列中获取。虽然后者不包含大额存单，但是，它包含储蓄或互助银行机构的存款，这些机构在 1966 年面临存款枯竭的严重压力。

商业银行流失大额存单的原因也是储蓄机构流失存款的原因：两种类型的机构都无能力匹配上升的市场利率。正如弗里德曼后来所说的那样，"那个令人反感的词'去中介化'在 1966 年

---

[①] 参见 Friedman and Schwartz（1969a，1970a），Bach et al.（1976），Whitesell and Collins（1996）。

进入了金融词汇表之中"。[1] 在20世纪60年代，商业银行受到Q条例范围管制的负债包括银行发行的大额存单，而大额存单作为一种储蓄工具——相对于商业票据这样的工具的利率而言——的吸引力因而在1966年市场利率上升的过程中就下降了。Q条例对定期存款利率的上限大约在1966年7月开始变得有约束力，在弗里德曼看来，这是它变得如此有约束力的第一个重要场合。[2] 与以前相反，美国当局并没有通过提高利率上限来应对这一变化（Romer and Romer 1993，78）。实际上，这一时期的利率上限调低了（Maisel 1967，19）。[3] 虽然储蓄机构在传统上不受正式的上限管制，但是受到它们可以通过在它们的资产组合中提供大量的固定利率房屋贷款的存款利率的限制。

这样，存款机构就进入了弗里德曼所称的"1966年利率危机"。[4] 用来总结这一时期存款机构困境的一个被广泛使用的术语就是"信贷紧缩"，该术语反映了这些机构紧缩其资产负债表

---

[1] Friedman（1980c，82）.
[2] 1969年2月《动态经济学教学盒式磁带》第16集。莱尔·格拉姆利和塞缪尔·蔡斯（Gramley and Chase 1965，1381）将那时之前的定期存款利率上限放宽的日期确定为发生在1957年、1962年、1963年和1964年。1965年12月上限的提高是另外的一次。
[3] 托马斯·梅耶（Mayer 1982a）对1966年降低Q条例的上限进行了详细的分析和批评。梅耶关于该决定没有经过深思熟虑并产生了低效率的论点虽然就其自身而言令人信服，但是在某种程度上受到与他对Q条例的研究同时的著作（Mayer 1982b）所主张的将法定准备金延伸到新金融工具的事实的削弱。这种建议一旦实施就可能会产生非常类似于梅耶（Mayer 1982a）援引来作为1966年Q条例决定所产生的消极后果的扭曲和规避。
[4] Friedman（1967b，101）.

的压力。弗里德曼接受了这个术语。[①] 不过，他在 1968 年 6 月 3 日《新闻周刊》上也使用术语"货币紧缩"来反映货币增长也被挤压的这个事实。1966 年盛行的利率环境对金融体系的影响是痛苦且难忘的，而保罗·沃尔克这位当时的资深商业银行家则提到了"近乎混乱的 1966 年 8 月"（Volcker 1967, 31）。储蓄机构遭受的打击比商业银行还严重，它们所经历的紧缩导致了机构安排上的政策性变化。美国国会通过了 1966 年的《利率调整法案》（*The Interest Rate Adjustment Act*），以便让储蓄机构受到类似于 Q 条例对银行施加的那些存款利率上限的限制。但是，储蓄机构的利率上限高于那些适用于商业银行的利率上限——这样的安排旨在为储蓄机构提供一个竞争优势。[②] 特别是，储蓄存款的利率上限比适用于商业银行的定期存款的利率上限要高，是希望让储蓄机构较少受到资金流向商业银行的影响。这个优势通过前面指出过的 1966 年 9 月降低 Q 条例的上限进一步得到加强。

这个 1966 年的事件也标志着美国市场利率的分水岭。弗里德曼在 1964 年说过："名义利率在经验上非常稳定，它们很少在短期甚至长期有较大的变化。"[③] 类似地，弗里德曼在 1965 年 10 月向联邦储备委员会提交的备忘录中说，费雪效应在海外的数据中很明显，但在美国的数据中因为不存在长期的通货膨胀经历而被掩盖。[④] 但是，这种一般性的概括很快就变得过时了。在 20 世

---

① 参见他在唐纳德·雅各布斯和理查德·普拉特（Jacobs and Pratt 1968, 49）论文集中的评论。
② 参见 Friedman（1970d, 16）和 Tobin（1970c, 4）。
③ 参见 Friedman（1964f, 16）。
④ 参见 Friedman（1968a, 137）。

纪 60 年代，按照月度均值衡量的联邦基金利率起初大约是 4%，在 1961 年 7 月下降到 1.17%，然后在 1961 年 10 月明显超过了 2%，在 1963 年 7 月上升到 3% 以上，在 1965 年 3 月增长到 4% 以上，在 1966 年 6 月增长到 5% 以上，而在 1966 年 11 月达到了局部峰值 5.76%。弗里德曼与施瓦茨后来认为，20 世纪 60 年代中期是名义利率紧随通货膨胀运动的第一个持久时期——这一现象在图 12.2 中得以说明。他们强调，虽然通货膨胀预期在那时之前就对美国的利率有重要影响，但是实际通货膨胀与利率之间的关系在以前并不明显，因为投资者倾向于认为通货膨胀的发生是短暂的，并假设不久会向价格水平的趋势回归。[①] 查看拉丁美洲和其他地方在战后的严重通货膨胀的证据就可以找到支持费

---

[①] 参见 Friedman and Schwartz（1976；1982a, section 10.8）和 Friedman（1987a, 17；1988a, 226）。另参见 Bordo and Rockoff（2013b），Summers（1983），约翰·贾德（Judd 1976, 35）。这些参考文献中的最后一项援引卡根（Cagan 1972c）与威廉·约埃和丹尼斯·卡诺斯基（Yohe and Karnosky 1969）时说，"这些研究支持"费雪效应从 20 世纪 60 年代起的季度或年度数据中可觉察到的观念。菲利普·卡根（Cagan 1972c）的例子特别值得注意，因为正如弗里德曼所指出和下面要进一步讨论的那样，卡根的早期研究（Cagan 1965）没有发现费雪效应的证据。根据 20 世纪 60 年代之前的美国数据得出的这个结论是正确的，然而在美国数据中的费雪效应几乎从卡根的著作出版之时起就开始在美国数据中变得明显起来。对于贾德的清单，还可以补充 Gibson（1972），Meigs（1972, 127），以及 B. Klein（1975a, 476）。弗里德曼本人对近年研究费雪效应的讨论（Friedman 1971d, 334-35）中列举了作者但没有列举具体的论文，但是，他明显提到了 Cagan（1965），Friedman and Schwartz（1966），以及 Gibson and Kaufman（1966）。

雪效应的证据。[1]但是,在20世纪60年代中期之前,同一现象在美国的证据却很难找到。[2]

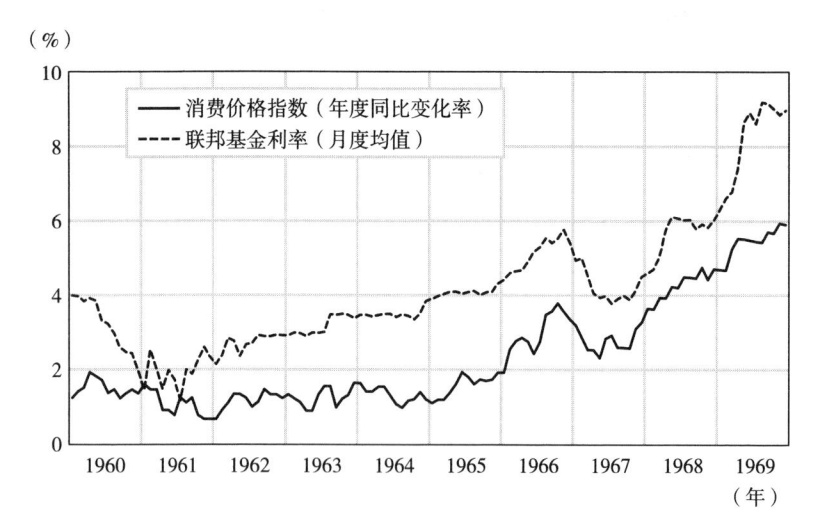

图12.2 1960年1月—1969年12月联邦基金利率和年度同比消费价格指数通货膨胀率

资料来源:圣路易斯联邦储备银行的FRED网站。

---

[1] 按照这种方式,弗里德曼(Friedman 1968b,7)援引巴西和智利作为宽松的货币政策与较高利率之间存在联系的例子。另参见第六章关于1947年费雪去世和20世纪60年代末之间发生在美国的评论中对费雪效应的讨论,包括在弗里德曼著作中的评论。

[2] 弗里德曼从前的两位学生戴维·梅塞尔曼和菲利普·卡根研究过费雪效应。实际上,托马斯·萨金特(Sargent 1969)关于费雪效应的论文将他们的著作列举为唯一的最新实证文献。不过,他们的结论(Meiselman 1963;Cagan 1965)最多对名义利率和实际利率之间的联系提供了部分暂时性的支持。业已指出,这些结论反映了在20世纪60年代中期的持续通货膨胀来临之前美国的这两个序列明显不存在这种联系。

弗里德曼本人越来越频繁地谈到费雪效应。[1]如果有一件事情你必须传达给你的读者，他在1966年8月6日《商业周刊》上告诉记者们（不久前他作为《新闻周刊》的专栏作家获得了定期的新闻渠道），"那就是高利率通常是货币宽松的信号，而低利率则是货币收紧的信号"。[2]弗里德曼在1968年10月《动态经济学教学盒式磁带》第1集中阐述了一个他经常重复述说的主题，他认为，"过去十年的一个重大悲剧"就是在20世纪50年代的一系列衰退以巨大的代价消除它们之后让通货膨胀预期再度出现。

1966年晚期的货币增长行为让弗里德曼相信，当时的货币政策实际上是非常紧缩的。他后来将1966年的最后九个月援引为货币增长显著下降的紧缩时期。事实上，他将这一时期的特征描述为货币存量根本就没有增长。[3]这个用来描述M1的行为是接近准确的，但是，不包含大额存单的M2继续以每年大约5%（尽管大幅度下降）的速率增长。不管考虑的货币总量如何，事

---

[1] 这些讨论包括弗里德曼和施瓦茨（Friedman and Schwartz 1966）1966年的著作中讨论该主题的一章，这部著作成了支持Friedman（1968f）的依据。不过，与有时所表明的相反（例如Bordo and Rockoff 2013b, 174），费雪效应在弗里德曼20世纪60年代之前的分析中就已经存在了。

[2] 弗里德曼在1967年12月美国经济协会的主席演讲中明显地联系到费雪效应给出了一个相似的表述（Friedman 1968b, 7）。

[3] 参见Friedman（1970a, 19; p.12 of 1991 reprint）；另外，弗里德曼在1968年12月《动态经济学教学盒式磁带》第6集中指出这个评论指的是M1。类似地，弗里德曼从前的学生威廉·吉布森在1969年12月1日美国众议院银行与货币委员会的证词中明确使用M1定义作证说，货币增长率在1966年4月至12月之间是零（Committee on Banking and Currency, US House 1969a, 314）。

实就是，正如图 12.1 所示，这一时期货币的年度同比增长率显著下降。① 面对货币增长率的放缓，弗里德曼在 1966 年 10 月 17 日《新闻周刊》论货币政策的第一篇专栏文章（他为该杂志撰写的第二篇专栏文章）中开始就说："我们记录的经济扩张可能在明显的某个时候结束。"数月之后，他在 1966 年 12 月 19 日《基督教科学箴言报》（*Christian Science Monitor*）第 7 版上被引用的评论中说，美国经济"在接下来的两三个月之内直接面临衰退"。在此后不久的 1967 年 1 月 9 日的《新闻周刊》上，弗里德曼重申，"几乎可以确定地说，要阻止一场衰退已经太迟了"。

美国现代的国民收入账户的数据表明，实际国内生产总值的增长率在 1966 年晚期和 1967 年的前半期出现了明显的放缓。正如弗里德曼在 1969 年 5 月 26 日《新闻周刊》中指出的那样，工业产出也在 1966—1967 年间出现了下降。② 实际上，艾克斯坦

---

① 利率是否证实从 1966 年中期到晚期的货币增长对金融状况从紧的证据的看法在某种程度上对用来测量这种状况的以利率为基础的指标非常敏感。这一时期的收益率曲线行为支持该紧缩状况的看法。该曲线在 1966 年倒挂，这是明显的《美联储—财政部协议》之后六十年中所发生的唯一一次没有伴随衰退的情形（Rudebusch and Williams 2008; Haubrich and Waiwood 2013）。另一方面，联邦基金利率降低到泰勒（Taylor 1993）规则大约在 1964 年建议的水平之下。联邦基金利率在 1966 年的上升没有弥补这个差额，尽管这种上升确保了这个差额不会进一步扩大，也许会稍微缩小一点。因此，根据泰勒规则建议的标准，货币政策在 1966 年期间可能收紧了，但是由此达到的政策立场绝对并非紧缩的（或中性的）。参见 Taylor（1999, 337, figure 7.4）。
② 另参见 Friedman（1972e, 15）。工业产出的下降在现代的工业产出修正的数据（可以从圣路易斯联邦储备银行的 FRED 网站获得）中得以证实。该序列在 1967 年 7 月经季度调整的指数略低于一年之前的水平。

（Eckstein 1976，13）在回顾这一时期的经济状况时承认，弗里德曼在预测1966年紧缩政策之后的经济疲软方面比其他人都要正确。不过，按照现代实际国内生产总值数据测量的总产出并没有在1966年或1967年下降。根据国民经济研究局的正式商业周期年表，1967年也没有衰退。

术语"轻微衰退"作为这一时期的描述获得了某些吸引力，弗里德曼本人也偶尔使用这个术语。[1] 不过，他也指出，他的偏好是将"衰退"定义为产出增长率轻微下降的时期，并据此将1967年划分为衰退时期。[2] 实际上，在他们为1982年的《美国和英国的货币趋势》确定的商业周期日期中，弗里德曼与施瓦茨修正了国民经济研究局关于美国的商业周期年表，将1966—1967年归入经济衰退之列。[3] 除了1967年年初的实际变量较为疲软，这种选择的正当性部分在于这个事实，弗里德曼与施瓦茨1982年的研究在某种程度上是关注货币存量的运动与名义收入运动之间的关系，而1966—1967年在这方面是一个重要的时期。对于名义收入明显放缓（参见前一章的图11.1），弗里德曼后来的看法是，这是通货膨胀像名义收入一样对货币政策的紧缩进行快速反应的一个罕见例子。[4]

其实，年度同比的消费价格指数通货膨胀率在1966年超过3%的分界线之后，在1967年的前半期实际上回到3%以下：再次参见图12.2。但是，通货膨胀随即反弹，并在1968年和1969

---

[1] 参见Friedman（1972e，14；1983a，8；1984c，27）。
[2] 参见Friedman（1970d，16-17）。
[3] 《美国和英国的货币趋势》第74页。
[4] 参见Friedman（1972e，14）。另参见下面的第十五章。

年位于 3.5% 之上。弗里德曼认为从 1967 年起出现的名义收入增长和通货膨胀的反弹可追溯至美联储政策的逆转，表现在"1966 年 12 月或 1967 年 1 月开始的货币增长的突然上升"。① 他后来将 1967 年连同 1963 年算作 20 世纪 60 年代美联储放弃了奉行有助于实现长期价格稳定的货币政策行动的时期。②

### 二、对财政乘数的批评

大约在 1954 年，弗里德曼接触了芝加哥大学的一位研究生戴维·梅塞尔曼。③ "他向我提供了一份工作，每周为他工作 20 个小时。他告诉我，经济学家在过去的二十多年中彼此之间一直在宏观经济学中进行争斗。他并没有使用术语'宏观经济学'，但那就是我们现在使用的术语……他说，他们不可能解决争论，因为没有人有证据；他们也不可能解决没有证据的问题，因为没有人在进行检验。他们只是彼此争论不休。他说，'好吧，我希望做的事情就是要对凯恩斯主义理论模型的一个简单版本和数量论模型的一个简单版本进行检验，然后看看哪一个更好。你的工作就是做计算'。"（2013 年 4 月 30 日对戴维·梅塞尔曼的访谈）

在做了一些预备性的工作之后，他们的尝试就逐渐中止

---

① 参见 Friedman（1970d, 16）。
② 参见弗里德曼在 1974 年 11 月 4 日和 1977 年 10 月 3 日在《新闻周刊》上的评论，以及在 1977 年 12 月 7 日在《圣路易环球民主报》上的评论。在 1970 年 2 月 26 日《动态经济学教学盒式磁带》第 45 集之中，弗里德曼将 1967 年的经济特征描述为政策制定者对前一时期的经济紧缩进行的过度反应。
③ 1954 年的日期与弗里德曼（Friedman 1955f, 30）泛泛提到的项目时间相吻合。

了。① 在 20 世纪 50 年代晚期弗里德曼从货币与信贷委员会获得研究资助之后，弗里德曼与梅塞尔曼重新开始了这个项目。他们的合作产生的最初草稿就是标题为"数量论和收入支出理论的预测能力的判断"的 21 页打印稿。他们做了打印稿的粗糙蜡纸复印件，该论文在 1959 年 10 月 27 日的货币与银行研讨会的展示中得以传阅。②

在这个低调的开端之后，随之而来的是在 20 世纪 60 年代初以"美国的货币流通速度和投资乘数的相对稳定性，1897—1958 年"为标题的论文初稿。③ 标题的改变部分地反映了他们将论文的研究范围缩小到美国的数据，因为最初的版本不仅展示了德国、智利和日本的结论，而且甚至指出未来的初稿可能还要涵

---

① 弗里德曼在 1956 年瓦伯西学院的演讲中包含了来自这项早期研究的表格，明确称之为"初步性"的结论（Friedman 1956d）。

② 参见 Friedman and Meiselman（1959），该论文可以从杜克大学的安娜·施瓦茨档案中获取。罗伯特·赫泽尔（Hetzel 2007, 13）基于对梅塞尔曼的访谈表示，最初的草稿可能是在 1958 年写的，但是，安娜·施瓦茨办公室档案的文献证据证明最初的草稿是在 1959 年写的。

③ 弗里德曼（Friedman 1961d, 447）在 1961 年援引了这篇初稿，正如《资本主义与自由》第 84 页援引一样（尽管这两篇参考文献都在提到这篇论文的标题时将"投资乘数"置于"货币流通速度"之前，而且后一篇文献将标题中的第一个日期错误地确定为 1896 年）。弗里德曼在这两篇引用中都没有给出初稿的日期。梅格斯（Meigs 1972, 19）在 1972 年陈述说，准备性的初稿是在 1961 年传阅的。不过，梅格斯（Meigs 1967, 25）在更早时的 1967 年则认为 1960 年是初稿可获得的年份，而当时的证据证实带有最终标题的初稿已经在 1960 年传阅了，例如被鲍里斯·佩塞克（Pesek 1961, 91）所引用哈里·约翰逊（Harry Johnson 1962, 380）也援引了弗里德曼与梅塞尔曼这篇论文而没有提供日期，尽管泰格森（Thygesen 1977, 74）在回忆性的叙述中给出弗里德曼与梅塞尔曼初稿的日期为 1960 年。

盖法国。这篇仅以美国数据的形式修正的论文也反过来在货币研讨会上得以展示。① 而这篇长达 104 页的最终版本的论文在 1963 年由货币与信贷委员会出版。②

这篇 1963 年的论文被梅格斯（Meigs 1972，19）描述为"对传统凯恩斯主义的信仰进行的最具毁灭性的批评之一"。弗里德曼与梅塞尔曼的研究发现以及他们由此引发的争论都在 20 世纪 70 年代到 20 世纪 80 年代初的经济学教材中获得了相当大篇幅的描述。③ 而且，在对弗里德曼的著作进行评论时，尼尔斯·泰格森（Thygesen 1977，75）将弗里德曼与梅塞尔曼的这篇论文描述为弗里德曼最有影响力的研究。不过，截至 2020 年，这种看法并不成立。虽然弗里德曼和梅塞尔曼（Friedman and Meiselman 1963）的这篇论文在克里斯托弗·西姆斯的诺贝尔演讲（Sims 2012）中得到明显的引述，但是，不仅引述这篇论文变得非常罕见，而且弗里德曼单在 20 世纪 60 年代就有三篇论文和另外三本著作比弗里德曼与梅塞尔曼这篇论文更有资格被称为更加知名的著述。④

---

① 威廉·普尔在 2013 年 3 月 25 日笔者的访谈中回忆说在 20 世纪 60 年代初的研讨会上看到过这篇论文的展示。尤金·法玛在 2013 年 9 月 11 日笔者的访谈中也回忆中如此说。

② 参见 Friedman and Meiselman（1963）。

③ 参见 Wonnacott（1974，217-27），Lovell（1975，226-28），以及 Amacher and Sweeney（1980，259-60）。对于弗里德曼和梅塞尔曼（Friedman and Meiselman 1963）1963 年的论文在现代研究生教材中的报道，参见 Walsh（2010，13）。

④ 也就是 Friedman（1968b，1969a）和 Friedman and Schwartz（1963b）。弗里德曼的著作被认为是比弗里德曼-梅塞尔曼的研究更为知名的出版物包括《货币稳定计划》、《资本主义与自由》和《美国货币史》。

不过，这篇论文在20世纪60年代产生了轰动，因为它对财政乘数的概念的正确性提出了挑战。它并非一篇理论性的批评文章。这种批评在某种程度上说在弗里德曼著述的其他地方也可以看到。因为弗里德曼在《资本主义与自由》的一个短章中对财政政策提供了一个理论性的批评，提供了各种先验的论据来解释为什么赤字支出不可能刺激总需求，并侧重于可能的挤出效应机制。①

另一方面，弗里德曼与梅塞尔曼这篇论文的主要理论贡献不是关于财政政策，而是关于货币政策，因为他们勾勒了货币政策传导的"多重收益"观，从而构成了中央银行的行动与总需求之间联系的货币主义观点的基础。②虽然这种讨论占了几页的篇幅，但是弗里德曼与梅塞尔曼的论文主要是一篇经验研究。对于连续几十年的美国历史数据，这两位作者要确定的是，货币与总支出的相关性是否高于总支出与"自动支出"的一个测量指标之间的相关性后者是总支出的一部分，根据凯恩斯主义的基本理论，这一部分通过乘数的"被乘"，从而诱发进一步的支出流。自动支出增加的乘数效应是标准教材阐述财政政策对总需求重要性的基础。因此，弗里德曼与梅塞尔曼的论文间接地比较研究了货币政策的效力与财政政策的效力。

弗里德曼与梅塞尔曼这篇论文的标题有点误导性，因为两位作者并不是真的旨在确定乘数与流通速度的数值在时间中的相对

---

① 《资本主义与自由》第五章的这个段落也以"乘数链的薄弱环节"为题重印在奥肯（Okun 1965, 1972a）编辑的文集中。
② 参见第五章和第六章。

稳定性。相反,他们关注的是支出总额与财政政策或货币政策的一个测量指标之间的相关系数的相对大小,因为1897—1958年的样本被划分为以十年为长度的时期。这种相关系数的比较——一个是经济活动与"凯恩斯主义"变量之间的相关系数,一个是经济活动与货币之间的相关系数——是作为比较凯恩斯主义理论和数量论的第一个经验研究被提出来的。不过,克拉克·沃伯顿的著作、卡尔·布鲁纳和阿纳托尔·巴尔巴赫(Brunner and Balbach 1959)的著作,以及弗里德曼的一些早期研究都可以声称是这种方法的先例。[1]

弗里德曼与梅塞尔曼宣称,研究结论是"惊人的一边倒"。[2]名义货币与名义消费在所有考虑的样本中都高度相关,而这个相关系数比所有考虑的样本时期的消费与他们的自动支出测量指标之间的相关系数都要大,除了一个包含大萧条年份的相关系数。

从现代文献的视角来看,这种练习的价值值得怀疑。货币与收入之间的相关系数将是一个正在实施的货币政策反应函数的函数,因而可能揭示不了多少经济结构问题。因此,西姆斯(Sims 2012,1190-91)将一个不正确的货币外生性假设归因于弗里德曼与梅塞尔曼,认为他们没有认识到货币政策体制对相关系数的

---

[1] 在弗里德曼的著作中,在这一点上最值得注意的一篇是 Friedman(1952b)。正如邹至庄(Chow 1970,688)指出的那样,弗里德曼这篇1952年的研究,正像弗里德曼-梅塞尔曼(Friedman and Meiselman 1963)的研究一样,旨在将凯恩斯主义的理论与数量论置于实证检验。另参见迈克尔·博尔多和安娜·施瓦茨(Bordo and Schwartz 1979)在1979年的讨论。

[2] 参见 Friedman and Meiselman(1963,166)。

影响。[①] 如果目标是从数据中提炼出外生政策事件，从而了解政策行动对总需求的影响，那么许多其他方法似乎比研究原始的相关系数的方法更具有吸引力。在这些方法中，其中之一就是基于正式的统计方法的练习，比如与识别的向量自回归分析相关的方法，正如伯南克（Bernanke 1986）的例子所做的那样。其他可行的方法包括采取叙述手段来试图分离历史记录中外生政策行动的明显例子，正如罗默夫妇（Romer and Romer 1989）的研究所做的那样。

尽管如此，我们应该注意到的是，弗里德曼与梅塞尔曼所进行的货币与收入关系的练习并非毫无益处。作者考虑多个时期的事实就向他们提供了一种防范内生性批评的间接方法。如果货币与收入的相关性在不同的样本中富有弹性，而且货币政策体制在不同时间经历了变迁，那么，将货币与收入的正相关性归因于政策反应函数而不是总需求，对货币政策的反应就变得更加困难。这事实上就是弗里德曼在各种各样的场合使用的一个论据。[②] 这个论据不仅是许多研究者，包括伯南克（Bernanke 1986）、布鲁纳（Brunner 1986）和本杰明·弗里德曼（Benjamin Friedman 1993）强调美国的数据中是否存在货币与收入的正相关性的一个原因，而且也是他们认为这种相关性是否随时间的变化而持续存在是决定强调货币总量方法的优越性的一个重要因素的一个

---

[①] 麦卡勒姆（McCallum 1986a，11）讨论了其他一些关于弗里德曼与梅塞尔曼练习的回顾。
[②] 参见前面的第八章。

原因。①

后来的一本教材在讨论弗里德曼和梅塞尔曼的研究时非常准确地概括了其主旨:"他们发现,货币主义者的模型胜出了。"② 这个惊人的发现意味着,正如麦卡勒姆(McCallum 1986a,11)所评论的那样,"弗里德曼与梅塞尔曼的研究给了学术界当头一棒"。

凯恩斯主义者的回应不久就出现了。梅塞尔曼在 2013 年 4 月 30 日笔者的访谈中回忆了当时的情形:"其他人正在批评对我们所做的事情,因此,我们花费了大量时间写文章,为那篇文章、整个事情辩护。然后就是《美国经济评论》在 1965 年 9 月那期的著名……在他们的文章和我们的文章之间,它几乎占据了整个《美国经济评论》的篇幅。于是它引起了所有人的注意。"③

弗里德曼与梅塞尔曼论文的主要批评者以及弗里德曼与梅塞尔曼写批评回应之人就是唐纳德·赫斯特(Hester 1964)和在《美国经济评论》上的两组批评者,德普兰诺和托马斯·梅耶(DePrano and Mayer 1965)、阿尔伯特·安多和莫迪利安尼(Ando

---

① 此外,正如前面所强调的那样,货币与收入的二元关系从货币主义视角看是令人感兴趣的,即使货币政策影响通货膨胀的机制是通过资产价格,因为货币或其增长率在这些情形下可能是所有资产价格行为的一个有用概括。因此,约翰·伍德(John Wood 1981,214)关于弗里德曼和梅塞尔曼那种货币与收入的二元研究"不可能对弗里德曼方法的正确性有任何影响"的说法,以及托宾(Tobin 1981b,40-41)的类似说法,是没有根据的。
② 参见 Mishkin(1989,550),原文如此强调。
③ 弗里德曼同样在 20 世纪 70 年代初回忆说,争论者"在回应、反驳回应、反驳回应的回应等等之中浪费了《美国经济评论》的许多篇幅"(Friedman 1973a,9)。

and Modigliani 1965）。在这些批评者之中，安多和莫迪利安尼最引人注目，在弗里德曼与梅塞尔曼的回应中也是如此。与赫斯特的交锋所产生的主要论文的价值增值就是，弗里德曼与梅塞尔曼现在使用一阶差分的数据来展示相关性的结论。[1] 这就代表了对他们的结论的一个重要补充，因为正如弗里德曼本人在1943年还在辩论中支持凯恩斯主义之时所强调的那样，一阶差分的使用确保了相关性结论不受货币与总支出向上趋势的支配。[2] 弗里德曼与梅塞尔曼关于货币与支出总量之间存在显著的相关性——除了包含20世纪30年代的样本，这种相关性超过了他们的总需求变量与他们的自动支出变量之间的相应相关性——的原创性发现对一阶差分的使用被证明具有稳健性。至于德普兰诺和梅耶的批评，它与安多和莫迪利安尼提供的批评高度重复。

因此，安多和莫迪利安尼与弗里德曼和梅塞尔曼之间的交锋就成为主要的事件。罗伯特·戈登在2013年3月21日笔者的访谈中评论说："我对他（弗里德曼）的一个真正的认识是在研究生院时期。我1964—1967年在麻省理工学院上学。当时在弗里

---

[1] 参见 Friedman and Meiselman（1964，375-76）。但是，按照唐纳德·赫斯特的方法，弗里德曼与梅塞尔曼明显是对货币与支出数据采取的算术一阶差分而不是对数一阶差分。这两个以美元为原始单位的序列的差分的对数之间的关系比利用算术一阶差分（其形式保留了美元单位）获得的关系经常更加令人感兴趣，因为使用对数让主要的回归结果，比如残差和标准差，可以用百分比的形式进行解释。弗里德曼（Friedman 1966d，78）确实以对数差分的形式估计了货币与收入之间的关系，正如弗里德曼与施瓦茨的著作《美国和英国的货币趋势》以及查尔斯·普洛瑟和威廉·施沃特（Plosser and Schwert 1978）的论文再次讨论弗里德曼-梅塞尔曼1963年的数据集一样。

[2] 参见 Friedman（1943b，119）。

德曼一边和特别是莫迪利安尼的另一边之间存在非常无情的和唇枪舌剑的竞争，甚至一种知识上的反感……因此这种憎恶的极其成功的公共展示就是1965年9月在《美国经济评论》上的数百页篇幅文章，人们都称之为'无线电台的调幅与调频之战'。"①

这场争论由弗里德曼与梅塞尔曼传阅他们在发表之前的草稿所引起的。"我们向麻省理工学院的许多人送去了复印件"，梅塞尔曼在2013年4月30日笔者的访谈中回忆说。"而他们中的一些人确信，弗里德曼蒙骗了他们……于是他们亲自进行了检验，得出了相同的结论！"②弗里德曼和梅塞尔曼的研究的可复制性对两位作者而言是自豪之事。在弗里德曼的要求之下，梅塞尔曼为他们的论文准备的一个详细的数据附录令这种复制更方便（2014年7月16日笔者对梅塞尔曼的访谈）。保罗·旺纳科特见证了关于弗里德曼与梅塞尔曼的论文所发生的一些面对面的交锋，比如1964年9月在美国银行家协会的会议上的交锋。根据笔者在2014年5月12日对保罗·旺纳科特的访谈，他认为，有助于扩大这篇研究影响力的一个关键因素是这个事实：给定弗里德曼与

---

① 布鲁纳（Brunner 1986, 35）使用了"无线电台之间的战争"的类似标签。不过，这些缩略语反而会产生无线电频率战争的话题。
在与弗里德曼和梅塞尔曼争论之前不久，莫迪利安尼（Modigliani 1964b）已经对弗里德曼的固定货币增长规则展开了批评。这篇论文与莫迪利安尼在20世纪70年代所表达的批评密切相关，最明显的就是莫迪利安尼（Modigliani 1977）在1977年的批评。
② 在梅塞尔曼的回忆中，弗里德曼也去麻省理工学院报告了这篇论文。"我记得，他去了麻省理工学院，他返回后说，'他们对我非常生气'。他说，'他们以为，弗里德曼来这里是为了再次玩一个他的老把戏'"（2014年7月16日笔者对戴维·梅塞尔曼的访谈）。

梅塞尔曼的样本时期选择和数据定义,其他研究者可以复制他们的研究发现。也就是说,如果你按照弗里德曼和梅塞尔曼所说的那样去做,你就会得出他们的结论。同样,梅塞尔曼在 2014 年 7 月 16 日笔者的访谈中回忆说,"如果人们不喜欢这些数字,他们可以复制它们。于是,一大群人果真开始这样做:复制它们,得到了该死的同样的结论。那把他们逼疯了。因此,那就是这种练习所产生的整个效果的一部分"。

安多和莫迪利安尼像其他批评者那样证实了弗里德曼与梅塞尔曼的研究发现的可复制性,但是,他们为自动支出的替代性测量指标以及实证研究应该围绕 1929—1958 年样本时期的和平时期组成部分的观点进行辩护。在他们的回应中,弗里德曼与梅塞尔曼对所有他们的批评者都遵循的那种将自动支出界定为涵盖许多类型的支出的做法表达了担忧。他们争辩说,这种做法很容易提供支持财政乘数分析的虚假证据,因为它意味着总需求的波动可以追溯到其本身构成总需求的一个很大组成部分的自动支出序列。[①]

但是,弗里德曼与梅塞尔曼表明,甚至安多和莫迪利安尼用他们偏爱的自动支出序列所获得的良好相关性结果在很大程度上取决于包含大萧条年份的观测值——弗里德曼与梅塞尔曼已经承认他们在这一时期支持"收入-支出"(也就是说简单的凯恩斯乘数)理论。因此,安多和莫迪利安尼的批评从总体上说不能被视为推翻了弗里德曼与梅塞尔曼的相关性证据。安多和莫迪利安尼可以并且确实争辩说,这种还原形式的证据并不能提供一种恰当

---

① 特别参见 Friedman and Meiselman(1965,777)。

的手段来区分凯恩斯主义的理论和数量论。[1] 但是，他们投入大量的精力以弗里德曼与梅塞尔曼采取还原形式的、以相关性为基础的证据的理由去质疑后面这两位作者的这个事实就削弱了这个备用性立场。因为安多和莫迪利安尼这样做时，留给这场辩论的观察者的主导印象就是凯恩斯主义者被弗里德曼与梅塞尔曼诱骗了。[2] 因此，一旦与批评者的所有这些交锋已经付印，弗里德曼谈到弗里德曼与梅塞尔曼研究的结论："虽然针对他们发射了密集的炮火，但是我认为我们的结论很好地经受住了考验，正如我希望我们的回应所证明的那样。"[3]

---

[1] 参见 Ando and Modigliani（1965，716，721-22）。

[2] 约翰·伍德（J. Wood 1981）断言，弗里德曼-梅塞尔曼（Friedman and Meiselman 1963）在1963年的结论与弗里德曼之前在20世纪50年代的货币观点明显决裂。不过，约翰·伍德的说法是混淆回归拟合的两种测度 $R^2$（或其平方根）和估计的标准差的结果。弗里德曼与梅塞尔曼在支出对货币的回归中发现 $R^2$ 较高。这个发现意味着，未解释的支出变差相对于支出的总变差是较低的。但是，它并不意味着未解释的支出变差（它反映在归回估计的标准差之中）的绝对值是较低的。实际上，查尔斯·普洛瑟和威廉·施沃特（Plosser and Schwert 1978）的研究发现，利用弗里德曼和梅塞尔曼的数据估计的支出回归同时有较高的 $R^2$ 和较大的估计标准差。约翰·伍德对弗里德曼-梅塞尔曼（Friedman and Meiselman 1963）的研究发现的解释本质上依赖于这个假设，作者们暗示支出可以用货币非常精确地预测，因而这个研究发现与弗里德曼长期强调这种关系的松散相矛盾。约翰·伍德的解释要求弗里德曼-梅塞尔曼回归估计的标准差较低，但是它们并不低。弗里德曼-梅塞尔曼（Friedman and Meiselman 1963）的研究发现与弗里德曼在20世纪50年代及之后对货币与支出的年度关系的松散性的强调之间不存在不一致。

[3] Friedman（1964f, 26）。

## 第三节 人物：1964—1966年

### 一、巴里·戈德华特

在1963年11月23日，如果戈德华特成为1964年总统竞选的共和党候选人的话，弗里德曼被美国媒体《商业周刊》认为可能会担任参议员巴里·戈德华特的经济顾问。弗里德曼确实转而成为戈德华特的一名顾问。但是，弗里德曼是否应该被认为在1964年的总统竞选中是戈德华特的主要经济顾问是值得商榷的。弗里德曼实际上在1964年11月25日的《哥伦比亚猫头鹰报》(Columbia Owl)中被描述为戈德华特参与竞选的首要经济顾问，但是，后来1970年1月25日《纽约时报》指出，弗里德曼在选举活动中很少见到戈德华特。[①] 反而是弗里德曼从前的学生沃伦·纳特似乎在经济问题的咨询方面在1964年与戈德华特长时间接触。

弗里德曼在戈德华特竞选活动中的作用让他受到全美国和国际的更多关注。英国媒体关于美国总统的竞选报告将弗里德曼描述为"一个个性活跃的人物"（1964年8月18日《金融时报》）和"一个强硬的、善于表达的辩论者"（1964年10月27日《卫报》）。弗里德曼关于货币政策的建议自然因为他与戈德华特的关系而受到越来越多的审查。不过，戈德华特确定不可能实施弗里德曼的货币建议。戈德华特在1964年9月28日的《基督教科学

---

① 同样的评论记录在1967年6月1日《财富》杂志第148页之中。

箴言报》上说，固定货币增长规则"需要对我们的货币体系进行根本性的变革。我们必须在独立的联邦储备系统的框架之内继续工作"。

戈德华特的通货膨胀观也与弗里德曼的通货膨胀观不完全吻合。根据1970年2月3日《亚利桑那共和报》(*Arizona Republic*)报道，他们在此主题上的观点差异在1970年被凸显出来，当时戈德华特在他的辛迪加报纸专栏文章中支持成本推动的通货膨胀观（E. Nelson 2005b）。①

戈德华特在他的货币政策观与弗里德曼的货币政策观之间建立的距离并没有阻止林登·约翰逊总统明确提到弗里德曼的建议。这次提及出现在1964年10月总统的货币政策声明之中。约翰逊的声明包括这样的句子："在未来正如过去一样，我们的货币体系必须保持灵活性，而不会受到任何死板的机械规则的束缚"（L. B. Johnson 1964, 274）。

根据1964年8月28日的《纽约时报》报道，戈德华特投票反对1964年的减税措施——这一立场进一步表示他与弗里德曼分道扬镳，因为弗里德曼在1964年无条件地支持减税。不过，戈德华特的竞选建议确实包含了一个在五年之内逐步实施的大规模（25%）的减税措施。弗里德曼在竞选开始之前的几周为1964年10月11日的《纽约时报》杂志撰写了一篇"戈德华特的经济

---

① 弗里德曼在20世纪60年代初与戈德华特的最初联系是弗里德曼对戈德华特的货币观，特别是戈德华特主张外汇管制的观点表达不同意见的通信，参见Burgin（2012, 200）。不过，安格斯·伯金的叙述并没有表明弗里德曼与戈德华特在货币问题上的分歧在这个时期之后持续发展。

学观点"的文章。① 在这篇文章中，弗里德曼突出了减税措施，并将它置于戈德华特的其他建议的语境之中，包括限制政府的非国防支出和减少管制措施——这些措施一起构成了"削减政府规模"的方式。弗里德曼援引他在《资本主义与自由》中使用的论据来为戈德华特的建议进行辩护。不过，正如《金融时报》在1964年8月18日评论的那样，《资本主义与自由》中减少政府作用的建议"远远超过了戈德华特建议的任何东西"的说法也是事实。

弗里德曼缺少回到政府工作的兴趣，因而他没有准备好在戈德华特获胜的情况下成为经济顾问委员会的领导。根据《基督教科学箴言报》在1964年9月4日的报道，沃伦·纳特是戈德华特的竞选团队非正式任命的那个职位的人选。不过，这种猜测是毫无意义的。弗里德曼后来在1983年4月3日《波士顿环球报》上说，甚至在竞选活动期间，他就知道，戈德华特几乎没有获胜的机会。此外，弗里德曼断言，如果戈德华特成功地获得了意外的胜利，新总统也不可能成功地确保他关于削减政府规模的建议得以通过。② 实际上，戈德华特完全败给了约翰逊。

在1969年参与的电视节目中，弗里德曼指出，他并不认为戈德华特的经济立场是戈德华特竞选失败的主要原因。在解释这场失败时，弗里德曼相反将他所称的"极其有效的竞选活动"放在首位，因为在竞选活动中，戈德华特在1969年5月4日纽约

---

① 《纽约时报》第35页在弗里德曼文章的前言中说，他的"最新著作"是《资本主义与自由》，因而忽略了《美国货币史》。
② 参见弗里德曼在威廉·弗雷泽（Frazer 1982）论文中的信件。

西部国家广播公司的节目《畅所欲言》中被描述成一个"按下按钮，引起核浩劫之人。我认为，那是影响他竞选成功的一个主要因素"。但是，小政府的思想在社会中没有获得明显的支持的事实，迫使弗里德曼重新思考他在《资本主义与自由》中表达的主要立场，即美国公众已经开始对激进政府越来越不抱有幻想。他认识到，这个看法是不合时宜的。弗里德曼到20世纪80年代晚期的看法反而是，从新政直到20世纪70年代，"广大民众支持政府作用的扩张"，而这种愿望体现在越来越高的公共支出和不断扩大的管制之中。①

与这种对公众情绪的解释一致，美国政府的非国防开支在约翰逊总统的第二个任期内大幅增加。这部分地反映在"伟大社会"计划的立法成功通过之中（包括1965—1966年的医疗保险和医疗补助计划——弗里德曼后来认为这些措施是推高美国的医疗保健成本的因素）。② 20世纪60年代政府的国内支出项目的增加在新政为美国公共部门的活动设立的架构之上安置了一个新的架构。在20世纪60年代中期之后的岁月中，正是这些新项目和后来相关的计划往往成为关于政府规模争论的主要根源。早期的措施，比如新政的福利项目和农业项目通常在美国的公众辩论

---

① 参见 Friedman（1987b，220）。
② 弗里德曼援引医疗保险和医疗补助是医疗成本增加的原因的场合包括1976年2月9日在《新闻周刊》上的专栏文章和1979年12月23日在《记录》（Register）杂志的访谈。不过，他后来承认，如果保险计划使用单一付款系统来应用于整个人口，那么政府提供的医疗保险可能是一个限制医疗成本的力量（Friedman 2001，17）。

中被接受，即使弗里德曼依然拒不接受它们中的许多项目。①

政府作用的辩论术语的这种变化可以以罗纳德·里根的立场来举例说明。里根在1964年参加了戈德华特的竞选运动，以及他的逆转管制和政府项目的活动。在这样做时，里根实际上是在支持对新政的某些逆转，但是，里根在他后来的职业生涯中采取了一种不同的视角。尤其是在1981年就任总统后，里根在日记中写道："媒体迫不及待地将我描述为正在努力废除新政……但是我正努力废除'伟大社会'计划。"②

戈德华特的竞选活动在公共支出方面所持的立场并非影响他在几个州的竞选中获胜的可能因素。除了戈德华特所在的亚利桑那州，共和党在总统竞选中赢得的州都是美国南部诸州。约翰逊政府追求《民权法案》，而戈德华特的竞选团队对此类法案的反对在戈德华特的南方诸州的选举成功中占有非常重要的地位。戈德华特和他的竞选团队反对《民权法案》使他们站在历史错误的一边，并严重削弱了将他们的竞选哲学描述为促进个人权利的哲学的努力。③戈德华特在参议院通过《民权法案》时投票反对

---

① 例如在1967年6月1日《财富》第131页上，弗里德曼谈到"自新政以来的所有正在实施的愚蠢立法"。不过，弗里德曼并非全面反对新政改革。
② 引自1982年1月28日里根的条目（Reagan 2009, 65）。虽然里根的日记条目意味着，他从来没有反对"伟大社会"之前的政府干预水平，但是根据他支持戈德华特建议所涉及的削减政府项目和管制措施，这似乎是不正确的。
③ 这些努力的例子包括弗里德曼在1964年10月11日《纽约时报》第137版的文章中将戈德华特的方法描述为寻求"促进个人自由和扩大个人机会"的方法。

它。①弗里德曼像戈德华特一样在1964年的《民权法案》成为法律之前反对它,而弗里德曼在该法案通过之后的一段时间内继续批评该法案。他的一些论据是他在《资本主义与自由》中所勾勒的自由意志论。②他在1964年5月5日《哈佛深红报》(*Harvard Crimson*)、1964年8月18日《金融时报》和1964年9月11日《华盛顿邮报》上进一步主张,应该通过允许自由市场运作和改变公众舆论的方式来与种族歧视战斗。③

戴维·林德塞是从1964年后半期开始在芝加哥大学经济系学习的研究生,在他们参加鸡尾酒聚会时在此问题上直面弗里德曼,并强调说弗里德曼提出的《民权法案》的替代方案是不充分的。"我来自厄勒姆(Earlham),曾坚定不移地参与了民权运动。我在教堂爆炸案之前去了伯明翰,参与了群众集会。我参与了向华盛顿进军的游行……因此,我让他很难堪。"(来自2013年5月2日笔者对戴维·林德塞的访谈)

阿瑟·奥肯在1970年1月25日《纽约时报》上表达这种观点时也许还记得弗里德曼就《民权法案》所采取的自由意志论者风格的立场:虽然在许多问题上"弗里德曼迫使我们以更加平衡的方式更严格地看待事情",但是,弗里德曼在涉及"像诚实和宗族平等"这样的问题时过于信任纯粹的以市场为基础的解决方案。

---

① 戈德华特这样做以及投票反对1964年的减税措施的事实在民主党副总统候选人休伯特·汉弗莱(Hubert Humphrey)接受提名的演讲中被强调。参见1964年8月28日的《纽约时报》。
② 参见《资本主义与自由》第118页。
③ 另参见Friedman(1970g, 435)。

在戈德华特竞选失败之后的最初几年中，弗里德曼保持着他在 1964 年对《民权法案》所采取的立场。例如，他在 1967 年 6 月 1 日《财富》杂志上批评戈德华特花费了太长的时间来表明，他赞同《民权法案》的目标以及竞选运动反对的是自由意志论者的路线而不是反对该法案的目标。而且，弗里德曼在 1970 年的一个回忆中继续批评了《民权法案》的一些内容。[①] 不过，有证据表明弗里德曼在后来的岁月中在这个问题上进行了反思。他在 1955 年最初的《注教育券》的论文中的一个较长的脚注证实，弗里德曼反对学校隔离，但提出了隔离应该通过说服来消除那种老生常谈的自由意志论者的路线。[②] 但是，到《自由选择》在 1980 年出版时，弗里德曼夫妇表明，学校的非歧视性应该是该学校的教育券可赎回的先决条件。[③] 虽然弗里德曼在 1964 年 11 月 25 日《哥伦比亚猫头鹰报》上说过《民权法案》不会实现其目标，但是他在 1972 年承认，总统约翰逊的《民权法案》是美国历史上影响最为深远和最有效的法案。[④] 后来在 20 世纪 70 年代当他被邀请对美国宪法的《平等权利修正案》(*Equal Rights Amendment*) 建议进行评论时，弗里德曼没有再次使用他在 20 世纪 60 年代所使用的自由意志论者与市场解决方案的论据，而

---

① 参见 Friedman（1970g, 435; 1970h, 10）。
② 参见 Friedman（1955b, 131）。
③ 《自由选择》第 165 页。另参见 1973 年 9 月 23 日的《纽约时报》。
④ 参见 1972 年 7 月 12 日《动态经济学教学盒式磁带》第 103 集。此外，弗里德曼（Friedman 1981b）为托马斯·索维尔（Sowell 1981）写了一个序言。在那本研究少数民族的经济状况的著作中，托马斯·索维尔在第 115 页赞成性地提到了《民权法案》。

是回答说,"我对此没有特别的立场"。①

## 二、詹姆斯·托宾

根据罗伯特·霍尔的描述,20世纪60年代中期至晚期是弗里德曼与托宾每隔六个月就会收到彼此最新的论文,然后停止做任何他们正在做的事情,写一篇反驳文章的时期。②

这个描述非常好,尽管这种活动的频率更接近于一年而非六个月。托宾对1963年的《美国货币史》的反应就是写了一个评论,他在1964年9月普林斯顿大学的一个会议上展示了这个评

---

① 参见Friedman(1977f,17)。
② 罗伯特·霍尔在1998年1月19日作为一个讨论者参加国民经济研究局在佛罗里达的克耶斯举行的货币政策规则会议上在一次报告中所做的这些评论。虽然在2013年5月31日此书的一次访谈中提到这件事时重申了这个描述,但是他补充说,保罗·萨缪尔森应该作为另一个与弗里德曼的立场处于同样的不断争论的人物被提到。
乔治·斯蒂格勒在1986年12月14日《洛杉矶时报》第14版上做了一个类似的评论:"我过去说过,麻省理工学院和哈佛大学的人们在弗里德曼做演讲之前不知道他们将要研究什么。"不过,乔治·斯蒂格勒的这个描述不如罗伯特·霍尔的描述那样好地刻画了20世纪60年代争论的性质。这是因为乔治·斯蒂格勒——他可能非常不熟悉20世纪60年代关于货币政策与财政政策辩论的具体细节——将哈佛大学而非耶鲁大学列为在麻省理工学院之外以挑战弗里德曼的知名的主要学术中心。乔治·斯蒂格勒也可能将哈佛大学确定为与芝加哥大学的经济学观点截然相反的一个主要地方,因为他在与产业经济学相联系的问题上同哈佛大学的爱德华·张伯伦进行了争论。在这些问题上,谈到芝加哥学派——在这种情形下主要是乔治·斯蒂格勒——与"哈佛学派"的张伯伦等人之间的主要辩论就是有意义的(参见Schmalensee 1983,83)。但是,弗里德曼与哈佛大学在货币经济学领域不存在同等重要的争论。

论。①弗里德曼在同一个会议上报告了他所写的未删减的回应，但是，他从没有发表过这个回应。②弗里德曼与托宾同时向1966年6月的联邦储备委员会的学术顾问会议提交了备忘录，就当前的货币政策给出了极不相同的看法。托宾在1967年4月16日的《华盛顿邮报》上发表了一篇专栏文章来批评弗里德曼的货币著作。托宾在1967年10月8日的《华盛顿邮报》上撰写了另一篇支持增税的专栏文章。弗里德曼对此的批驳之后出现在同一报纸的1967年11月5日的那期上。③托宾利用他1968年1月在哥伦比亚大学出席的一个会议，对弗里德曼在1967年美国经济协会的主席演讲进行了批驳（参见Tobin 1968）。接着，弗里德曼与施瓦茨在1969年的《货币、信贷与银行杂志》（*Journal of Money, Credit and Banking*）上发表了一篇文章，讨论了托宾关于货币供给过程的观点。④同一年，托宾撰写了一篇论文，并谈论他所写的一篇批评弗里德曼关于货币与收入之间关系的时机选择证据的价值的论文。那篇论文发表在1970年5月的《经济学季刊》（*Quarterly Journal of Economics*）上，伴随着弗里德曼在同一期上发表的回应意见。⑤难怪，有人在1969年中期评论说，弗里德曼与托宾"经常被确定为两个强烈对立的思想流派的主

---

① 根据1964年10月《银行》（*Banking*）杂志第116页，这次会议的日期是从1964年8月29日到9月2日。托宾评论的发表版本将他报告的日期确定为1964年9月1日（Tobin 1965a, 464）。
② 参见Friedman（1964f）。
③ 弗里德曼在Friedman and Heller（1969, 87）中指出，这篇专栏文章是打算对托宾同年在《华盛顿邮报》上发表的文章进行回应。
④ 参见Friedman and Schwartz（1969a）。
⑤ 参见Tobin（1970a）和Friedman（1970c）。

要代表"。(Kaufman 1969a,23)① 在这些交锋的过程中,以及20世纪70年代的交往过程中,弗里德曼与托宾表现出了关系紧张的迹象。不过,他们最初的交往是足够友好的,而弗里德曼与施瓦茨有理由对托宾在他评论他们的《美国货币史》中所说的大部分话语感到满意。托宾慷慨大方地赞扬了这本著作,而他的评论的最后一行——"这是一本罕见的著作,必将对此主题的未来研究留下他们的烙印"——将被引用在普林斯顿大学于1971年发行《美国货币史》这本著作的平装版本的封面上。②

托宾在他撰写《美国货币史》的评论二十多年后在一个会议上所做的评论表明,弗里德曼与施瓦茨的商业周期观点可能影响了他。托宾评论说:"我认为,不仅是最近的衰退,而且几乎自第二次世界大战以来我们所有的每一次衰退都是旨在降低通货膨胀率的政策诱致的衰退……一个普遍的事实是,对通货膨胀的担忧导致美联储紧缩货币,从而导致伴随衰退的通货膨胀紧缩……那就是商业周期,那无论如何就是第二次世界大战之后的商业

---

① 托宾并未与弗里德曼交战的一个领域主要涉及著作的撰写。在《美国货币史》出版之后不久,考尔斯基金会(Cowles Foundation 1964,23)报告了"托宾的一本论货币理论的著作即将出版",在这本著作中,托宾收集了他在商业银行、投资组合选择、货币需求和货币机制方面的研究。但是,这本著作在20世纪60年代甚至在20世纪70年代都没有出版。其初稿最终再加工为托宾与斯蒂芬·戈卢布(Tobin and Golub 1998)1998年合著的著作。
② 参见Tobin(1965a,485)。托宾在1958年的论文(Tobin 1958b,447)中描述弗里德曼的有关消费函数的著作时用了一个类似的表述:"这是一个罕见的贡献。可以说,该领域的研究和思想在此后将不一样。"

周期。"①

到那个阶段，托宾反过来对弗里德曼的研究方向具有重要的影响。弗里德曼乐于接受托宾在 1965 年的评论中提出的关于修改弗里德曼与施瓦茨叙述美国流通速度行为的建议。流通速度的趋势在 19 世纪的最后三分之一的时期中表现出急剧下降。弗里德曼和施瓦茨将这种下降归因于货币需求的收入弹性远大于 1。他们在姐妹篇论文"货币与商业周期"中提供了一个全样本的货币需求函数的估计，报告的货币需求的收入弹性为 1.8。② 奥肯（Okun 1963，76-77）强调，这样大的弹性是不可信的。奥肯的怀疑是有根据的。远远超过被传得沸沸扬扬的利率弹性争论，在货币需求的收入弹性这个问题上，弗里德曼采取的立场是站不住脚的。在其他人的著作中，不管是 M1 还是 M2 都几乎不存在对这样高的收入弹性的支持（参见 Meltzer 1963；Courchene and Shapiro 1964；Chow 1966；Laidler 1966，1995）。

托宾提供的假说是，弗里德曼和施瓦茨支持高弹性的结论是他们将 19 世纪和 20 世纪的数据混合使用的结果。托宾（Tobin 1965a）尤其断言，金融体系的结构变迁对 20 世纪之前的货币

---

① 引自 1986 年 10 月 1 日托宾在"凯恩斯的遗产"会议（1986 年 9 月 30 日和 10 月 1 日在明尼苏达的圣彼得的古斯塔夫·阿道夫学院举行的第 22 届诺贝尔会议）的最后一次会议的大会讲话的录音带。
托宾在这个场合所做的评论不仅与《美国货币史》对第二次世界大战后直到 1960 年的衰退分析相一致，而且与罗默夫妇（Romer and Romer 1989）后来对第二次世界大战后美国衰退的著作相一致。不过，正如本章前面讨论的那样，这种对美国战后周期性波动来源的评估与截至 1965 年在凯恩斯主义者中流行的观点截然不同。
② 参见 Friedman and Schwartz（1963b，58-59）。另参见 Friedman（1959a）。

与收入比率产生了影响。根据这个假说——该假说将被迈克尔·博尔多和拉斯·杨（Bordo and Jonung 1987）的详细研究所证实——19世纪末的货币与收入比率的上升（等同于流通速度的下降）反映了商业银行业在美国的扩张，而非货币需求的收入弹性大于1。因此，将19世纪的数据包含在货币需求函数的估计之中就会扭曲对收入弹性的估计。

与这一论点一致，只使用20世纪的数据的研究获得的美国货币需求的收入弹性非常接近于1。相关证据也表明19世纪的观测数据可能有扭曲效应。因为虽然托宾（Tobin 1965a, 479）使用弗里德曼和施瓦茨的数据发现1869—1959年的M2增长率与名义收入增长率的相关系数只有大约0.56，但是查尔斯·普洛瑟和威廉·施沃特（Plosser and Schwert 1978, 645）使用弗里德曼与梅塞尔曼的序列发现这两个序列在1897—1958年的相关系数较高，为0.76。[1]

弗里德曼在1964年回应托宾时，对托宾关于19世纪晚期流通速度的下降反映了美国商业银行业的扩张——理由是这种发展状况让私人部门更加容易持有相对于收入而言更大的货币持有量——的建议表示感兴趣。[2] 弗里德曼和施瓦茨继续沿着这个思路，在1966年关于货币趋势的著作中开始脱离他们之前的收入弹性立场。他们从前关于收入弹性远大于1的研究发现被证明对不同的样本期间或者使用变化率数据都不具有稳健性。因此，弗

---

[1] 这里假设，普洛瑟-施沃特的实验使用弗里德曼与梅塞尔曼的M2序列。弗里德曼和施瓦茨也使用该序列。

[2] 参见Friedman（1964f, 13）。

里德曼与施瓦茨承认:"我们的数据关于货币需求的收入弹性的证据在某种程度上是模棱两可的。"[1]

在与施瓦茨进一步研究之后,弗里德曼在1970年转向收入弹性大致为1的主张。他开始在理论和实证著作中使用这个数值,并在此问题上感谢托宾。[2]因此,到陈昭南(Chen 1976, 180)提到"弗里德曼众所周知的货币是一种奢侈品的论点"之

---

[1] 参见 Friedman and Schwartz(1966, 2-192)。此外,弗里德曼在1969年5月22日参加美国波士顿公共广播电台的节目《经济学大辩论》中谈道,货币增长率每变化1%,就会在大约6个月之后表现为名义收入变动1%。这个陈述也许反映了弗里德曼在1969年转向支持收入弹性为1的观点,因为他在1968年11月,正如在 Friedman and Heller(1969, 76)中记录的那样,对名义收入增长和货币增长之间的周期性关系报告了截然不同的一个预估,而弗里德曼与施瓦茨(Friedman and Schwartz 1963b, 57-58)通过计算得出的预估是内置了货币需求的收入弹性为1.8的结果。

[2] 参见 Friedman(1970b, 1971d)。在1970年的会议评论中,弗里德曼(Friedman 1971e)表明他放弃了之前关于收入弹性的较高预估并表示接受托宾的金融发展论点来理解19世纪晚期的货币流通速度行为(另参见 Friedman 1971c, 852)。弗里德曼和施瓦茨在《美国和英国的货币趋势》第150页承认,托宾(Tobin 1965a)在这个方向上改变了他们。约翰·吉尔伯特(Gilbert 1982, 107)、迈克尔·博尔多和拉斯·杨(Bordo and Jonung 1987, 14)、艾伦·沃尔特斯(Walters 1990, 270)、凯西·穆利根和塞维尔·萨利-伊-马丁(Mulligan and Sali-i-Martin 1992, 325)都指出了弗里德曼在货币需求的收入弹性上改变了立场,而后面三篇文献指出了托宾的评论在弗里德曼产生这种转变中所起的作用。沃尔特斯进一步表示,弗里德曼也可能"在20世纪60年代晚期和20世纪70年代在收集资料时做出了反应"。这一时期的数据可能起到了一定的作用,即它们补充了从20世纪之前的数据可获得的关于美国的货币需求的收入弹性不会明显大于1的证据。尽管如此,正如已经指出的那样,弗里德曼甚至在1966年晚期就转向相信收入弹性大致为1了。

时，弗里德曼实际上在设定货币行为时如此接近收入弹性为1，以至于他基本上放弃了奢侈品假设，因而更加接近于托宾的立场。① 在1982年版本的《美国和英国的货币趋势》中，弗里德曼和施瓦茨调整了美国的流通速度序列，以便基本上消除其在1903年之前的下降趋势。② 两位作者在进行这种调整时明确陈述说，他们接受了托宾关于流通速度下降的解释。而且，在《美国和英国的货币趋势》论述货币需求的章节所报告的美国的收入弹性预估（数值为1.15）比20世纪70年代或之前的预估要低得多。③

在弗里德曼与施瓦茨的《美国和英国的货币趋势》的随后章节分析中和在弗里德曼20世纪80年代的后来实证研究中，收入

---

① 相比之下，哈里·约翰逊（Harry Johnson 1976a，300）在谈到"弗里德曼让芝加哥的研究在20世纪60年代初失去理智的实证错误观点"时，承认弗里德曼到20世纪70年代中期不再将货币看作一种奢侈品。
② 尼尔·埃里克森、戴维·亨得利和斯蒂德曼·胡德（Ericsson, Hendry, and Hood 2017）讨论并批评了流通速度的这种调整。但是，他们的讨论特别是认同这种调整"扭曲了证据"的看法，让这种调整看起来像弗里德曼与施瓦茨在进行任意性的、理由不充分的调整，而没有看到这种调整不仅受到托宾对他们从前的著作进行批评性分析的影响，而且获得了迈克尔·博尔多和拉斯·杨（Bordo and Jonung 1987）发表研究的支持。此外，比较弗里德曼和施瓦茨的《美国和英国的货币趋势》与R. W. 哈弗和丹尼斯·詹森（Hafer and Jansen 1991）的货币需求估计就可得出，与尼尔·埃里克森、戴维·亨得利和斯蒂德曼·胡德（Ericsson, Hendry, and Hood 2017）的说法相反，弗里德曼与施瓦茨的调整确实让美国的M2货币需求参数的预估更加稳定。
③ 参见弗里德曼和施瓦茨的《美国和英国的货币趋势》第150页、第216—221页和第282页。

弹性都近似为1。① 实际上，一些研究者在20世纪90年代将货币需求的单位收入弹性描述为弗里德曼在1956年的论文中所阐述的现代货币数量论的一部分（参见Hendry and Ericsson 1991a, 837; Ericsson, Hendry, and Tran 1994, 194）。② 不过，这种归因似乎太过分了，因为弗里德曼的理论框架，不管是1956年的论文还是更加宽泛的其他著作，都不取决于收入弹性的数值为1。③ 不过，非常明确的是，弗里德曼到20世纪70年代末已经放弃了货币需求的收入弹性远大于1的旧立场，因而遵循了托宾的建议。

由托宾所引起的这种立场的变化影响了弗里德曼关于固定货币增长的建议。当弗里德曼在20世纪60年代晚期认为有必要对建议的规则援引一个单一的目标数字时，他通常给出的是5%的增长率。④ 不过，这个目标增长率包含了对流通速度下降趋势的考虑。一旦弗里德曼采纳了托宾关于19世纪流通速度行为的解释，他就不再有任何理由假设，固定货币增长规则需要抵消货币

---

① 参见弗里德曼和施瓦茨的《美国和英国的货币趋势》第387页和第418页；1983年9月1日《华尔街日报》和Friedman（1988a, 225）。不过，在Friedman（1987a）中，弗里德曼对货币需求的经验证据的整体看法是，收入弹性虽然接近于1，但是通常大于1。

② 即Friedman（1956a）。类似地，何塞·桑切斯-冯（Sánchez-Fung 2015, 7）陈述说，"货币主义文献"在设定货币需求函数时施加了实际收入弹性为1的约束。

③ 弗里德曼（Friedman 1956a, 13, point 12）关于货币需求"在Y和P中必须有一阶齐次性"的陈述可能被误解为断言实际收入弹性为1，而它在事实上只不过是价格齐次性的一个陈述。在Friedman（1956a）中，P和Y都表示名义数量。

④ 参见Friedman（1969a, 47–48）。

流通速度趋势的持续大幅度下降。因此，弗里德曼在20世纪70年代为该规则给出的目标货币增长率就是4%（参见1978年4月24日的《新闻周刊》）。

托宾在20世纪60年代中期参与的另一个活动是带头发起了货币供给决定的一种"新观点"。这种对货币供给过程的解释强调的是，现代金融体系不仅是一个商业银行是名义货币余额的主要创造者的金融体系，而且是一个家庭和企业没有新货币"强制"他们使用（这可能发生在法定货币支配的假设体制之中）的金融体系。在这样一个环境中，代理人逐渐持有较大数量的名义货币余额的原因是，他们的货币需求量增加了。

在当时，这种新观点被视为对弗里德曼和施瓦茨在《美国货币史》中使用的决定货币供给的货币基数与货币乘数方法的正确性的挑战。例如，古德哈特（Goodhart 1984，16）回忆说："托宾就正确分析货币供给的决定方式写了一篇才华横溢的、具有创新性的论文'商业银行作为货币的创造者'（Tobin 1963b）……这篇论文让我相信，货币基数和货币乘数方法在分析上是无益的。"格拉姆利和塞缪尔·蔡斯（Gramley and Chase 1965）在这篇对弗里德曼与施瓦茨的著作进行了一些批评性分析的《联邦储备公报》的文章中支持这种新观点。这两位作者认为，这种新观点是说"当且仅当它们改变公众的货币需求数量时，公开市场操作才会改变货币存量的余额"（Gramley and Chase 1965，1390）。

这种新观点最终在货币主义者与凯恩斯主义者的争论中没有起到非常重要的作用。原因是，布鲁纳与梅尔策以及弗里德曼和施瓦茨这些货币主义者都同意，货币基数和货币乘数方法不应该机械使用，并且货币乘数（也就是说，货币存量与高能货币的比率）应该被当作内生性的。弗里德曼和施瓦茨用货币基数和货币乘数方法来分解货币供给的变动，但是他们并没有以行为分析为代价来使用这种分解。例如，正如施瓦茨（Schwartz 1981，27-29）所强调的那样，《美国货币史》的叙述承认货币乘数取决于经济变量。弗里德曼和施瓦茨在《美国货币史》之后论货币定义的著作中讨论了托宾在1963年的论文。[①] 他们认为，托宾的文章对公开市场操作导致存款的多倍增加的过程提供了一个清晰的说明。

托宾对这种过程的解释强调了弗里德曼和施瓦茨对此过程没有重视的一些因素。托宾尤其强调，资产价格必须调整不仅是为了让银行愿意做出伴随着存款乘数效应的投资和贷款承诺，而且是为了让非银行私人部门增加名义存款的持有量。但是，弗里德曼和施瓦茨并不认为此过程的这种描述意味着与他们的观点不相容的一种货币供给决定观。类似地，弗里德曼与施瓦茨对上面给出的格拉姆利和蔡斯的引语表达了赞同。卡尔·布鲁纳比弗里德曼和施瓦茨对这种新观点的文献进行了更加广泛的著述，同样强调货币主义者与这种新观点的倡导者在货币存量的决定方面存在共识。[②]

在货币主义者看来，虽然托宾充实了货币供给过程，但是，他的分析既未否认公开市场操作在其他条件不变的情况下就商业银行而言产生存款乘数的调整，也没有否认货币政策行动启动了

---

[①] 参见 Friedman and Schwartz（1969a，13；1970a，124）。
[②] 参见 Brunner（1969a，282）和 Brunner（1971a，1971b）。

家庭和企业对商品和服务的名义支出的反应。[1] 特别是，格拉姆利和蔡斯（Gramley and Chase 1965）所认为的托宾关于货币供给新观点的主要思想——商业银行体系在准备金注入之后扩展货币供给的能力取决于劝说客户持有额外存款的能力——也是弗里德曼愿意承认的观点。"我们谈论商业银行因追求利润所产生的不同货币供给函数"，弗里德曼在1992年1月22日的访谈中评论说。"但是，除非有人持有它，否则它们就不能增加货币数量。因此，它们必须影响人们持有货币的意愿。"

从弗里德曼的角度看，货币供给过程的这个维度并没有削弱用货币基数和货币乘数分析的货币存量。相反，它等同于资产价格调整和家庭沿着名义货币余额的需求曲线的相应变动的描述，从而构成了存款创造的货币基数与货币乘数机制的正常运作的基础。

托宾确实喜欢指出，货币基数的存量和商业银行存款的存量之间的关系容易受到各种变动的影响。[2] 但是，托宾并不否认商业银行准备金是货币分析的一个关键变量。实际上，托宾（Tobin 1965a, 468）在评论中说："'高能货币'的概念在理解

---

[1] 这是弗里德曼和施瓦茨在《美国货币统计》第123—125页分析格拉姆利和蔡斯（Gramley and Chase 1965）的论文之后得出的结论。关于格拉姆利和蔡斯分析的影响得出的相似结论出现在利兰·耶格尔（Yeager 1968, 49-51）和帕特里克·亨德尔肖特（Henderschott 1969, 298）的研究之中。

[2] 参见 Tobin（1985, 608）。

像美国这样的货币与银行体系中是不可或缺的。"① 按照同样的方式，虽然联邦储备委员会的成员们对机械地应用货币基数和货币乘数的分析持批评态度，但是他们接受了准备金与存款创造之间存在联系。例如，联邦储备委员会的成员在 1966 年 5 月的一份报告中说："当联邦储备系统希望紧缩时，它就会像它现在正做的那样放缓它供给准备金的速度，从而引起货币供给和银行信贷的增长率的放缓以及利率的上升。"②

托宾与弗里德曼之间战斗的一个新领域在 1966 年出现了。托宾利用向《新共和》(New Republic) 杂志供稿的机会，接受刚开始出现的对菲利普斯曲线的批评。正如之前所指出的那样，弗里德曼在 1966 年芝加哥大学举行的工资与价格指导线的会议上

---

① 托宾在 1979 年的一个与此相关的便条中敦促联邦储备委员会发表官方的货币基数序列（不过在定义中不包含借入的准备金）时说："如果在经济中存在一个货币锚的数量，这个数量就是它"（Tobin 1979，320）。托宾在 1965 年的评论［和在 Tobin（1969a, 27）］中将"高能货币"这个词语放在引号之内也许表明他对整个专业术语的矛盾心理。不过，正如刚才指出的那样，托宾本人的分析高度重视高能货币或货币基数的概念。他对这个序列偏爱的术语是"政府的即期债务"（例如参见 Tobin 1969a, 27; Rasche 1993b, 27）。

② 参见 Federal Reserve Board（1966, 29）。美联储在 20 世纪五六十年代的公开声明通常传递了同样的主旨思想。参见梅格斯（Meigs 1972, 158–59）提供的一些例子以及威廉·艾伯特（Abbott 1960, 1102）在《联邦储备公报》的讨论中对准备金与货币存量之间联系的叙述。与此相关的是，联邦储备委员会的一名成员在 1962 年指出，不管美联储是否有意识地以货币存量为目标，"银行的存款总额容易受到公共政策的强有力和直接的影响"（Axilrod 1962, 16）。斯蒂芬·阿克西尔罗德和拉尔夫·扬（Axilrod and Young 1962, 1121）明确说，"货币政策……行动影响银行准备金的数量，从而通过银行信贷的扩张过程，影响现金和存款量"。

简要地勾勒了这个论点。虽然托宾不是这场会议的参与者，但是，这场会议的内容被广泛讨论。而且，截至1966年晚期，托宾意识到埃德蒙·菲尔普斯在一年半之前就菲利普斯曲线所做的研究——菲尔普斯当时在一篇讨论文章中概述的这篇研究发表在耶鲁大学自己的考尔斯基金系列中（Phelps 1966）。后面这篇论文一定让托宾感到不安。菲尔普斯是托宾的一位从前的学生，无论怎么看都不是弗里德曼的同伙。而且，正如他在考尔斯论文中所表明的那样，菲尔普斯比弗里德曼更愿意将分析建立在正式的数学模型基础之上。然而，菲尔普斯同时独立于弗里德曼提供了一个长期垂直菲利普斯曲线的分析。

在《新共和》的文章中，托宾在没有提到菲尔普斯或弗里德曼的情况下承认这项研究，然而他断言"如果价格上涨的速度快1%，工资也将以更快的速度上涨，但绝不是快1%"（Tobin 1966a，13）。托宾继续争辩说，除非成本推动的力量对通货膨胀的影响是在与工资与物价指导线抗争，否则它们就会使充分就业的目标与价格稳定不相符合。因此，托宾这篇1966年的论文公开声明在一场辩论中反对菲尔普斯和弗里德曼的这种观点，在未来的岁月中将上升为经济学家关注的前沿。

#  第四篇

# 国际经济政策与货币政策

# 第十三章

# 弗里德曼的主席任期与尼克松的候选人资格：1967—1968年[1]

---

[1] 本研究所表达的观点仅代表笔者本人，不应解释为美国联邦储备委员会或联邦储备系统的观点。笔者要感谢戴维·莱德勒对本章初稿的评论。笔者也要感谢米格尔·阿科斯塔、乔治·芬顿和克里斯汀·卡尼尔对本章的研究帮助。笔者遗憾地指出，自本章的研究开展以来，本章的四位访谈者，马丁·费尔德斯坦、莱尔·格拉姆利、艾伦·梅尔策和罗伯特·拉什均已去世。

## 第一节 事件与活动：1967—1968 年

弗里德曼在 1971 年 8 月 25 日《动态经济学教学盒式磁带》第 81 集中评论说，当谈到一个重要事件——在布雷顿森林体系的汇率制度中引入黄金价格双轨制——是在 1967 年还是 1968 年发生时，他有一个"总是将那个日期混淆"的倾向。当那个事件发生时，碰巧正是 1968 年。不过，弗里德曼对发生在 1967 年还是 1968 年混淆是可以理解的。这是他的形象在经济学界和美国公共话语界突然上升的两个繁忙的年份。而且，弗里德曼最著名的文章——他在美国经济协会的主席演讲——是在 1967 年提交并在 1968 年发表的。① 因此，在弗里德曼的职业生涯中，这两年自然被放在一起。

正如前一章所论述的那样，1967 年伊始，弗里德曼认为美国经济正面临着衰退。弗里德曼在 1967 年 2 月在斯坦福大学的商业会议讲话时猜测，衰退可能已经开始，美国经济可能已经在 1966 年 12 月或 1967 年 1 月达到峰值。他在 1967 年 2 月 10 日《洛迪新闻前哨报》(*Lodi News-Sentinel*) 上补充说他认为这种发展状况是必要的，告诫说"没有衰退，就无法获得一个价格稳定的时期"。正如前文指出的那样，1967 年年初出现的是经济增长的放缓而非衰退。不过，弗里德曼在建议较为疲软的经济活动需要一段时期才能将通货膨胀降下来的想法是正确的。经济增长在

---

① 即 Friedman（1968b）。

1967年的减缓确实似乎实现了以更加稳定的价格衡量的红利。① 实际上，这些红利立即就出现了，通货膨胀大约在实际活动放缓的同时就下降了，而不是存在落后于产出的一个滞后期——弗里德曼后来将这种立即的反应模式视为不同寻常的。② 因此，弗里德曼后来能够在 1969 年 5 月 26 日的《新闻周刊》上报告说，消费价格指数通货膨胀率从 1965 年 10 月到 1966 年 10 月的 3.7% 下降到 1966 年 10 月到 1967 年的 2.4%。

但是，这次通货膨胀率的下降是短暂的。同一个《新闻周刊》的专栏文章指出，从 1967 年 7 月到 1969 年 3 月的年均通货膨胀率为 4.6%——实际上比 1965—1966 年造成货币紧缩的通货膨胀率还要高。弗里德曼认为，较低的通货膨胀率之所以只是短暂的，是因为在 1967 年总需求的上行压力重新开始了。根据 1969 年 12 月《动态经济学教学盒式磁带》第 39 集所述，这次重新开始的需求刺激反过来可归因于货币政策的快速彻底转变。对于 1967 年的大多数时候——直到 11 月——美联储遵循弗里德曼在 1968 年 10 月《动态经济学教学盒式磁带》第 1 集中所称的 "极其宽松的货币政策"。他在 1969 年 5 月 26 日的《新闻周刊》上声称，当局为

---

① 卡尔·布鲁纳在 1971 年 2 月 25 日联合经济委员会证词（Joint Economic Committee 1971a，548）的回忆中，将 1967 年的衰退不仅描述为 "消除" 了 1965 年开始的通货膨胀，而且描述为在这样做时只付出了较低的实际代价。按照同样的方式，布鲁纳后来在 1975 年 3 月 1 日的《福布斯》杂志上评论说，美国 "可能在 1966—1967 年间实际上没有付出任何社会代价就摆脱了通货膨胀——只是经历了一次轻微的衰退"。

② 参见弗里德曼在 Friedman（1972e，14）和 1972 年 5 月 24 日的《芝加哥论坛报》上的评论。关于这次时机选择的相似判断出现在梅尔策（Meltzer 2009a，508）2009 年的著作之中。

了纠正 1966 年过紧的货币政策而回到过于宽松的政策。

根据弗里德曼对第二次世界大战后货币政策的评估，1967年发展的状况意味着一个重要的转折点。在 20 世纪 50 年代观察到的对价格稳定性的偏离导致了恢复低通货膨胀的政策行动，甚至随着 1965—1966 年爆发的通货膨胀接着而来的是 1967 年的近乎稳定的价格。相比之下，虽然 20 世纪 60 年代的其余时间和 20 世纪 70 年代的大部分时间，总需求会受到短暂的抑制，虽然这些时期货币增长短暂下降到与长期物价稳定相一致的水平，但是这些受到限制的时期决不会维持足够长的时间来导致通货膨胀恢复到较低的水平。因此，弗里德曼在回顾中将 1967 年归入美国长期偏离价格稳定情形的开始。在这种长期偏离价格稳定的时期，货币政策基本上遵照他在 1954 年阐述的模式：通货膨胀过山车式上升，下降的趋势反映了货币紧缩的周期，而一旦衰退状况出现了，货币紧缩政策就会被放弃。①

---

① 参见 Friedman（1980c，82；1983a，7；1984c，26）和《现状的专制》1985 年版第 82—83 页。奥肯（Okun 1970，84-85）和查尔斯·麦克卢尔（McLure 1972，55）也表达了美国在 1967 年错失了一个机会来重新设定非通货膨胀扩张的看法。
弗里德曼强调的是 1967 年而不是后来的像过山车式的政策，表明他认识到当年的政策行动一定程度体现了后来年份的经济行为。相比之下，马图索（Matusow 1998，302）关于过山车式政策始于 1969 年的判断取决于 1969 年的高通货膨胀反映了 1969 年的政策行动的假设。弗里德曼的立场，例如在 1972 年 8 月 24 日《动态经济学教学盒式磁带》第106 集中阐述的就是 1967—1968 年的高速货币增长为更高的通货膨胀创造了条件（包括 1969 年和 1970 年的快速通货膨胀）。这种考虑到滞后的事件解释已经被广泛接受。

## 一、国际经济政策

1967年快速的货币增长伴随着持续的国际收支失衡发生。美国的国际收支逆差1960年已经出现，1961—1967年继续发展（Argy 1981，38；Lothian, Cassese, Nowak 1983，699；Bordo 1993，56）。这些逆差与强劲的货币增长的同时存在证实了美联储将美国的国内状况与布雷顿森林体系的责任分离开来的能力。虽然国际收支逆差是一个降低货币基数的因素，但是，美联储的行动不仅仅抵消了这种影响，而且推动了货币基数的全面向上增长，从而创造了有助于像M1和M2这样的总量快速增长的条件。[①] 促进这种模式发展的是这样一个事实：用货币政策改善美国的国际收支的压力——这种压力在20世纪60年代初非常大，到1967年已经逐渐减弱了。

因此，当弗里德曼在美国企业研究所组织的一场公共辩论"国际收支：浮动汇率制与固定汇率制"中面对从前的财政部次长罗伯特·鲁萨（Robert Roosa）时，弗里德曼支持浮动汇率的论据就反映了这种新的货币政策现实。根据1967年5月19日《华盛顿邮报》的报道，他在1967年5月18日在华盛顿特区举行的这场辩论中所阐述的反对美国参加布雷顿森林体系的意见，并不是集中于固定汇率制度是美国货币政策的一个约束条件。虽然这个约束条件是弗里德曼在1963年的国会证词中关注的主题，但是他在1967年认识到，政策制定者不允许国际收支的因素在

---

[①] 关于美联储在布雷顿森林体系时代对美国的国际收支失衡的日常冲销，可参见博尔多（Bordo 1993，56，77）和罗纳德·麦金农（McKinnon 1996，162）的研究。

货币政策的决策中占据它们曾在 20 世纪 60 年代初曾有的重要地位。① 相反，弗里德曼在他的 1967 年演讲中集中抱怨，价格体系特别是汇率的灵活性没有被使用。他关于"浮动汇率制会完全消除国际收支问题"的声明反映了他将浮动汇率当作一种均衡机制的观点。②

在短期中，一个国家可能会在固定汇率制下录得国际收支顺差或逆差，但是在中期，弗里德曼的观点是，选择并不是在国际收支的均衡与失衡之间。他承认，甚至固定汇率制会持续起作用，只要它们能实现整体的国际收支大致为零。③ 即便如此，每

---

① 尽管如此，弗里德曼表明，美国也许会在国际收支盈余的情形下允许国际收支影响货币政策（Friedman and Roosa 1967, 22）。这可能反映了他在 Friedman（1954a）中的立场：一旦美国引入积极的稳定政策（这在 1960 年选举之后明确发生了），这种政策会导致长期通货膨胀。他在 1954 年的这次谈话的逻辑表明，如果经济最初存在萧条，由国际收支盈余提供的总需求刺激就会得到支持。它进一步表明，如果总需求的增强最终导致了通货膨胀的出现，这将部分地被误诊为成本推动的通货膨胀，因而不会引起货币政策的适当紧缩。

② 参见 Friedman and Roosa（1967, 15）。另参见弗里德曼在 1967 年 5 月 15 日的《新闻周刊》上的评论。这个陈述比汇率灵活性的另一位倡导者托宾的陈述具有更强的立场。托宾只是说（Tobin 1967, 106），"国际收支问题可以通过汇率的灵活性得到缓解"。这种看法的差异可能反映了托宾关于经常账户和资本账户的单独失衡是一个政策问题的理念，即使浮动汇率确保这两个失衡加总为零。但是，对弗里德曼而言，在浮动汇率制下大规模的经常账户失衡并非浮动汇率运转不正常的一个信号。参见弗里德曼夫妇的《现状的专制》1985 年版第 123 页。

③ 参见 Friedman（1969g, 17–18）和弗里德曼在 1971 年 12 月 20 日的《新闻周刊》上的专栏文章。这个描述的一个限制条件是，弗里德曼假设美国之外的绝大多数国家都可能以适当的国际收支盈余为目标，以便积累美元储备。

个国家面临的选择是关于他们应该采取哪种方法来实现这个大致的均衡：是基于价格体系的一种直接机制——浮动汇率——还是基于间接的方法。这些间接方法实际上不可能包括总需求调整，因为第二次世界大战后经济稳定作为一种国家政策目标获得了广泛的支持——前面几章已经指出过这一点。[①] 尤其是，对截至1967年的美国而言，外部因素不再在货币政策的设定中得到如此的重视，因此在固定汇率制度下实现国际收支均衡的目标就有必要使用各种影响经常账户或资本账户的非货币行动。

因此，弗里德曼认为，国际收支的因素即使在它们不会干扰货币政策的决策时也会对美国政府的"国家政策"——包括与对外援助、对外政策和进口配额有关的政策——产生扭曲效应。[②] 弗里德曼引述自来作为国际收支问题的不可取的副产品的其他政策措施是美国政府指导私人部门的国际借贷和投资组合时选择的模式。这些尝试是在弗里德曼与鲁萨辩论后的几年提供的那些曾经强制实行的"直接和间接外汇管制"的清单之时，弗里德曼列举的其中一些措施。这个清单包括1963—1964年引进的利息平衡税和约翰逊政府在1968年开始强制实施的最初是自愿参加的

---

① 弗里德曼在多个场合强调了这一点，包括 Friedman（1962c，30-31；1962d，223，p.177 of 1968 reprint）和1962年5月22日《国家评论》第363页。这一点也隐含在弗里德曼在1975年6月30日《华尔街日报》关于一个国家可以实现国际收支均衡的"现实的"手段的讨论中。
② 参见 Friedman and Roosa（1967，17）。另参见1968年1月29日的《新闻周刊》。

外汇管制。[1] 总之，弗里德曼在1968年11月《动态经济学教学盒式磁带》第3集中评论说，约翰逊的执政岁月见证了"用大量的小玩意和噱头"解决国际收支逆差的问题。弗里德曼在1968年1月参加的电视广播节目中问沃尔特·海勒和其他小组成员："难道这个小组的其他人真的在沉着冷静地看着这位总统一直在强制实施和扩大国外旅行、国外投资或国外贷款这些限制吗？"[2]

当弗里德曼在做这些电视评论时，国际货币体系正在经历相当大的压力。英镑在1967年经历了14%的贬值。[3] 随着国际金融市场对每盎司35美元的黄金钉住价格的长期安排施加了压力，布雷顿森林体系的压力持续到1968年。弗里德曼经常在《新闻周刊》上撰写维护这个体系的文章，并在1968年2月1日就此问题向国会作证。[4] 他在1968年1月1日的《新闻周刊》上预测，黄金价格"将提高，或者被允许上升。唯一的问题是什么时候，如何提高"。他的预测在5年之内会全部实现。但是，与此同时，1968年3月和4月发生的国际变革标志着美国政府实际的做法朝着弗里德曼预测的方向发展。在这个新变革之下，35美元的黄金

---

[1] 参见 Friedman（1971b，18）以及1968年4月1日、1969年3月24日和1970年10月19日《新闻周刊》专栏文章上的相关讨论。弗里德曼在1962年10月6日的《商业周刊》和 Friedman（1962d，223；p.177 of 1968 reprint）中预见到，美国政府为应对国际收支逆差会引入外汇管制和其他管制措施。另参见《美国和英国的货币趋势》第29页。

[2] 参见1968年1月17日美国全国教育电视台节目《1968年国情咨文》（*State of the Union/'68*）副本第96页。

[3] 爱德华·纳尔逊（E. Nelson 2009a，2009b）详细讨论了弗里德曼对1967年英镑贬值的反应。

[4] 对于后者而言，参见 Committee on Banking and Currency, US House（1968a）。

价格现在只适用于布雷顿森林体系内的政府间交易。相应地，美国政府没有做任何尝试来钉住国际商品市场上盛行的价格。此外，特别提款权（SDR）作为一种国际储备的新来源被引入。

《家庭周刊》(Family Weekly)杂志在1969年3月16日要求他评论这一变革时，弗里德曼认为，这种变革"非常理智，尽管政府最好完全摆脱尝试影响金价的事务，包括取消美国居民所有、购买和销售黄金的限制。对美国而言，很少有事情比伦敦的金价是每盎司35美元还是每盎司100美元更不重要。双轨制通过放弃在私人交易中固定金价的任何尝试解决了部分问题，但依然保留着官方交易中每盎司的黄金价格固定在35美元的幻想之中"。

这个评估没有明确指出的地方是，1968年的国际货币安排的改变依然给西方世界留下了一个固定汇率制度。虽然如此，弗里德曼可能对1968年的变革相当满意。它继续将货币政策与美国的黄金承诺隔离开来，强调了弗里德曼在1968年2月关于"黄金与货币数量之间的联系已经变成了橡皮筋"的观点，并且支持他的货币规则为国内货币政策决策提供框架的理由。① 对布雷顿森林体系所做的大幅度修改，与这些变革之前国际金融市场的混乱在一起，让浮动汇率制作为未来的一种措施看起来更加可行。弗里德曼相信，20世纪60年代的事件只是突出了支持浮动汇率制的理由。因为虽然布雷顿森林体系的维持并没有对美国的总需求施加约束条件，但是，构建来作为政府的国际经济政策的一部

---

① 引语来自弗里德曼在1968年2月1日美国众议院银行与货币委员上的发言（Committee on Banking and Currency, US House, 1968a, 153）。弗里德曼在1968年2月19日的《新闻周刊》中使用了这个措辞。

分的外汇管制和贸易管制机制施加了弗里德曼称之为对美国"完全不必要的约束"。①

弗里德曼认为,外汇管制及其相应的措施,除了自身不可取,还将被证明是无用的:他相信,它们不可能成功地让布雷顿森林体系的义务对美国而言在长期中具有可持续性。特别是,弗里德曼坚决主张,金价钉住制即使采用双轨制的新形式都必须放弃。"我认为,不存在任何可能的机会来让我们可以将 35 美元的金价保持更长的时间",弗里德曼在 1968 年 3 月参加的一个电视节目中说。② 当同行嘉宾保罗·萨缪尔森逼他"确定你的预测日期"时,弗里德曼没有退缩。"我认为,在接下来的三到四年之内的某个时候,黄金价格会高于每盎司 35 美元。"③ 弗里德曼的预测在四年之内就得到了证实。

## 二、货币趋势的延期

到 1968 年国际经济政策改变的时候,弗里德曼与鲁萨关于固定汇率的辩论已经出版几个月了。弗里德曼在 1967 年 11 月 21 日寄送给安娜·施瓦茨一本带着这样题词的新书:"这是一本

---

① 参见 1968 年 1 月 17 日美国全国教育电视台节目《1968 年国情咨文》副本第 98 页。
② 参见华盛顿教育电视管理局在 1968 年 3 月 7 日播出的美国全国教育电视节目《伟大的决策:1968 年》第 7 集"美元处于危险之中"的副本第 3 页。
③ 参见华盛顿教育电视管理局在 1968 年 3 月 7 日播出的美国全国教育电视节目《伟大的决策:1968 年》第 7 集"美元处于危险之中"的副本第 4 页。

速成书——但愿我们的书可以同样快地出版！"① 这不仅是指《美国货币史》出版的漫长过程，而且是指弗里德曼与施瓦茨的后续著作明显要花费比他们计划的时间要长得多的时间才能完成这个事实。当弗里德曼在20世纪60年代初谈到"安娜·施瓦茨和我的一项已经接近完成的研究"时，他可能想到的是《美国货币史》和计划中的《趋势与周期》（Trends and Cycles）的著作。②《美国货币史》的脚注援引了那本即将要出版的书，而作者们有时将他们的《趋势与周期》描述为在《美国货币史》完成之前——也许数年之前——就已经有完整的草稿。③

正如前一章所论述的那样，弗里德曼与施瓦茨的《趋势与周期》的手稿的修改稿在1966年底完成。弗里德曼在1967年1月在加州大学洛杉矶分校担任了几个月的访问教授时报告和传阅了

---

① 引自安娜·施瓦茨持有的那本 Friedman and Roosa（1967）的著作。弗里德曼对这本"速成著作"贡献的一大部分后来作为《美元与赤字》（Dollar and Deficit）的一章加以"即时重印"。
② Friedman（1962f, 729）。
③ 弗里德曼（1964e, 8; p.263 of 1969 reprint）声称，《趋势与周期》的几卷著作在"数年之前"就已经写完了——在《美国货币史》的初稿完成之前。弗里德曼和施瓦茨在《美国和英国的货币趋势》第 xxviii 页提出了类似的说法，而这本著作指出 Friedman and Schwartz（1966）是手稿的第二稿。关于《美国货币史》援引《趋势与周期》好像即将要出版的段落，参见《美国货币史》第3页、第97页、第592页和第703页；另参见 Friedman and Schwartz（1963b, 36）。

这个手稿。① 在加州大学洛杉矶分校之时，弗里德曼开设了一门他最近一直在芝加哥大学讲授的货币课程。最初让他感到吃惊的是，他的这个班有学生姓萨缪尔森和卡内斯（与凯恩斯发音相同）。②

国民经济研究局对《趋势与周期》手稿的小型阅读委员会也在1967年年初回复了作者。来自这个审查过程的建议是决定性的。国民经济研究局建议，这本书的内容需要补充英国的货币关系。③ 伴随这个建议而来的是该手稿被分解成两本独立的著作：一本著作论述美国的货币统计资料，另一本著作论述英国和美国的货币趋势（也希望论述周期）。所涉及的额外工作和弗里德曼的许多其他活动都意味着，两本著作都没有在20世纪60年代出版。事实上，论货币趋势的著作甚至在20世纪70年代都还没有付印。

### 三、费雪效应获得关注

如果弗里德曼担忧弗里德曼与施瓦茨新著所遭遇的延期会限制他在经济学界中的影响力，那么，他不必为此担忧。其中一个原因是，与此同时，他依然在出版其他著作，其中一本大部分是

---

① 弗里德曼在1967年1月到3月——按照芝加哥大学的术语就是冬季学期（参见《两个幸运的人》第209—210页；另参见Blaug（1986，291）在加州大学洛杉矶分校访问。弗里德曼在他访问期间报告和传阅《趋势与周期》的手稿从圣路易斯联邦储备银行的图书馆和杜克大学的安娜·施瓦茨档案的记录中可以得到证实。
② 参见2013年6月5日笔者对杰弗·乔丹的访谈；2013年11月7笔者对迈克尔·卡内斯（Michael Canes）的访谈。
③ 参见《美国和英国的货币趋势》第xxviii页。

重印材料的新书《美元与赤字》在 1968 年出版。① 但是，更重要的是他在 1967 年之前出版的著作在维持和提升弗里德曼的形象。与弗里德曼在 1967 年年底的主席演讲一起，这些著述保证弗里德曼的观点会主导货币经济学和通货膨胀分析从 1968 年到 1977 年之间的研究议程，以及美国和英国在这些年间直到 20 世纪 80 年代初的货币政策议程。

弗里德曼通过引发国际变革、固定货币增长规则的优越性、大萧条的原因和通货膨胀模型的争论已经卷入了几场争论，他在 20 世纪 60 年代的后半期还推动了另一场争论的发生——这场争论在货币政策的公共讨论和研究文献中逐渐展开。为此，他大力推进了一个问题，这个问题多年来一直在他的分析中，但他现在比以往任何时候都更加强调：费雪对名义利率和实际利率的区分。正如前一章所论述的那样，弗里德曼在 1966 年与媒体和联邦储备委员会讨论时就强调了这种区分。弗里德曼与施瓦茨在 1966 年《趋势与周期》的草稿中有一章探讨了这一问题。他们在十五年之后回忆说，起草这一章的背景是，"费雪始于 1896 年对名义利率和实际利率的区分以及对通货膨胀预期的实证作用研究的开创性著作，几乎很少为人所知，也无疑不是公认智慧的一

---

① 1968 年以不同的副标题同时出版了精装本和软封面装订本，参见 Friedman（1968a，1968e）。虽然该著作的主标题的选择突出了在出版之时对国际经济问题的关注，但是该著作正文的大多数内容都是论述国内政策管理的。这本著作在弗里德曼的正式参考目录中将被归入适合于大众读者的书籍。不过，这本著作的许多材料——尽管没有方程式——此前出现在研究论坛上。

部分"。①

随着名义利率、通货膨胀和货币增长都在1967年上升,弗里德曼赞成费雪效应相关性的论点获得了相当大的支持。②正如弗里德曼的一位批评者德普兰诺指出的(DePrano 1968,39),"货币增加作为高利率的原因甚至引起了大众媒体的注意"。在这一点上,德普兰诺援引了一篇发表在1967年10月14日《商业周刊》上的文章"为什么更多的货币意味着高利息?"——这是几个月之内该杂志第二次在此主题上如此突出弗里德曼的立场。③《商业周刊》的后一篇文章描述了弗里德曼的利率分析——

---

① 参见《美国和英国的货币趋势》第477页。
② 参见上册第六章与爱德华·纳尔逊和安娜·施瓦茨(E. Nelson and Schwartz 2008a)关于此点的进一步讨论:正是货币主义者的文献重新将实际利率与名义利率的区分引入了经济研究和政策论坛之中。
③ 第一次是在1967年9月30日《商业周刊》第36页上。正如前一章所指出的那样,该杂志也在1966年在此主题上引述了弗里德曼的立场。

他在 1968 年发表了这篇参考了弗里德曼与施瓦茨手稿的文章。①在那篇分析文章中，弗里德曼在当局提高货币增长率时区分了名义利率所产生的两种关键效应：短期的流动性效应（利率下降）和长期的费雪效应（利率上升）。流动性效应是在他讨论货币与利率关系时往往会大量关注的效应，因为邓肯·佛利和米格尔·西德劳斯基（Foley and Sidrauski 1970，44）将它称为"货币理论与政策的基本假设之一"。但是，弗里德曼声称，正是这两

---

① 参见 Friedman（1968f）；另参见《美国和英国的货币趋势》第 477 页。弗里德曼也以总结的形式在 1966 年 6 月 15 日向联邦储备委员会提交的备忘录中报告了这个论点，而他在 1968 年发表了这份备忘录（参见《美元与赤字》第 155—157 页）。
弗里德曼 1968 年的这篇文章（Friedman 1968f）发表在鲜为人知的美国储蓄与信贷联盟的年度会议论文集之中。不过，由于其研究主题，它在研究文献中变得众所周知——例如参见米什金（Mishkin 1983，76，162）的引用——并部分地凭借金融与宏观经济学的选读文集的重印而广为流传（例如 Brigham 1971，363-81；Havrilesky and Boorman 1976，362-78）。尽管如此，后来关于流动性效应的文献倾向于引用弗里德曼论述这个主题的更知名文章，比如 Friedman（1968b）（参见 Cochrane 1989，75，82；Christiano and Eichenbaum 1995，1115，1136），而不是 Friedman（1968f）。
弗里德曼对利率的一个更鲜为人知的讨论是他在 1968 年 3 月 11 日在迈阿密大学的储蓄机构论坛上的演讲。该演讲作为传阅范围有限的论坛会议文集打印本的一部分而出现，而该演讲的印刷版本（Friedman 1968g）收录在弗里德曼的正式文献目录中。
大致在这一时期提倡费雪效应重要性的另一个人物是卡尔·布鲁纳。根据威廉·吉布森和乔治·考夫曼（Gibson and Kaufman 1966，19）的引用，他在注明日期为 1966 年 8 月 31 日的未发表手稿（Brunner 1966）中说："扩张性的货币政策确实在短期内降低了利率，但是……延缓效应通过产出扩张和价格高企的作用就会引起资金需求的足够大幅度增长，从而在长期中提高利率。"

个效应中更持久的费雪效应可以解释后来观察到的名义利率上涨的趋势。当此观点登上 1967 年 11 月 17 日的《华尔街日报》的头版新闻之时，美国的高名义利率反映了费雪效应的观点以及该观点与弗里德曼之间的联系进一步获得了主要媒体的报道。①

正如其他许多问题一样，托宾在此问题上与弗里德曼持相反立场。在 1966 年 10 月 21 日向联邦储备委员会的顾问会议提交（艾伦·梅尔策而非弗里德曼在这次会议上是货币主义者的代表），托宾批评那些"通过将通货膨胀溢价从当前利率中减去而轻视当前货币政策紧缩性的评论家们"。② 实际上，托宾在第二年 2 月就要求货币政策将名义利率调整到 1966 年的数值之下。③ 与他接下来 15 年的大部分分析一样，托宾在 1966 年和 1967 年声称，固定利息证券的实际低利率并不表示金融环境宽松。④ 他的推理是，美国的股票市场做得很差，基于股权市场的指标在金

---

① 此外，《金融通讯》讨论了费雪效应：例如参见 1967 年 6 月《第一国民城市银行月度简报》(*First National City Bank Monthly Letter*) 上论述该主题的文章。这篇文章，像该系列上的其他文章一样，可能是弗里德曼从前的学生詹姆斯·梅格斯草拟的。梅格斯在 1967 年是纽约第一国民城市银行的副总裁，也在 Meigs（1967）中讨论了费雪效应。此外，如正文指出的那样，《华尔街日报》1967 年 11 月的文章就该主题引用了梅格斯。
② 参见 Tobin（1966b，9）。
③ 参见他在 1967 年 2 月 16 日联合经济委员会上的发言（Joint Economic Committee 1967b，581）。
④ 托宾在 1967 年之后按照这种方式分析的文章，参见 Tobin（1974a，223-27；1981c）。这些文章中的第二篇是对 1979 年举行的一次会议的投稿。

融状况指数的等级中比利率和货币应该得到更高的位置。① 在托宾明确阐述这一观点之后，他从前的一些学生轻松愉快地将这一观点总结为"$q$ 最为重要"（Tobin 1978b，422）。

这个研究计划中的一篇重要论文是布雷纳德和托宾 1968 年的论文（Brainard and Tobin 1968）。这篇论文中论述说，"投资品的估价相对其成本而言是货币政策的主要指标和恰当的目标"。在采取这一立场时，布雷纳德和托宾所采纳的观点就非常不同于弗里德曼的观点——实际上也不同于 30 年之后的新凯恩斯主义的标准分析，因为后者的分析强调的既非货币又非股票，而是以利率为基础的测量指标，比如实际利率或泰勒规则（Taylor 1993）。通常在 20 世纪 60 年代晚期和 20 世纪 70 年代，货币增

---

① 托宾争辩说，股票市场在 20 世纪 60 年代中期及之后的疲软限制了私人部门从固定利率证券转移出去的能力。凭借这种论点连同他的投资行为理论（Tobin 1969a），他声称，国库券和债券的实际低利率并不是一个有利于总需求刺激的主要力量。
弗里德曼同意托宾关于实物产品像证券一样是代理人将其视为持有货币的替代品的观点（参见 Friedman 1956a），但是，他并不认同托宾关于股票是这种实物资产的良好替代品的观点（参见《美国和英国的货币趋势》第 507—510 页；E. Nelson 2013a）。相反，弗里德曼强调家庭购买的耐用消费品和其他实物产品不能被视为是股票权益的替代品。他在 1976 年 9 月《动态经济学教学盒式磁带》第 198 集第 1 部分、1976 年 11 月 8 日的《新闻周刊》、Friedman（1977e，466）和 1979 年 9 月 6 日美国全国广播公司《多纳休》节目中列举豪华小轿车和其他奢品作为这些耐用品的例子。弗里德曼甚至在 20 世纪 60 年代初就指出邮票收藏就是消费者用来对冲通货膨胀的手段之一，并在 1960 年 8 月《财富》杂志第 119 页上断言购买邮票就是"人们如何愿意付钱给他人来使他人储蓄，迫使他人储蓄"的一个例子。弗里德曼在 Friedman（1982c，57）中重申，通货膨胀连同税收制度一起诱使人们转向将收藏品作为储蓄的工具。

长和实际利率基本上描述的都是货币宽松的状况,而基于股票市场的金融状况指数得出的结论是货币紧缩。其他列入了名义利率与实际利率区分的货币政策指标,特别是泰勒规则,同样对1965—1981年的货币政策立场提供类似于货币增长的描述,但与托宾的 $q$ 理论提供的解释不同。因此,不管是从强调货币增长的角度看,还是从强调利率的角度看,托宾对20世纪六七十年代的货币政策立场的评价,现在看起来非常令人震惊,因为他认为那一时期的货币政策一般而言是紧缩性的。

就费雪效应和确定货币政策立场的问题而言,政策制定者的立场是什么呢?《商业周刊》和《华尔街日报》上论费雪效应争论的文章表明,美联储的高层官员并不认同美国的高利率反映了先前年份的货币过度扩张的不良后果的观点。联邦储备委员会的政策制定者和资深官员们的公开声明就证实了他们的这种描述。1967年11月7日在《华尔街日报》上的一篇文章报告说,联邦储备委员会的理事乔治·米切尔否认货币政策是宽松的,并引用他的同事理事安德鲁·布里默(Andrew Brimmer)的话说:"如果我们没有采取宽松政策,利率现在到底在哪儿呢?飞涨,那就是它所在的地方。"莱尔·格拉姆利是联邦储备委员会的一名顾问,他在1968年5月出席明尼阿波利斯联邦储备银行的研讨会时直面这些问题。格拉姆利完全赞同名义利率作为货币政策的一个指标要比货币增长更可靠的观点。格拉姆利(Gramley 1968,23)问道,"难道我们真的愿意将1967年当作自第二次世界大战结束以来的最宽松货币政策之年吗?如果我们所做出的判断是建立在单纯的货币存量的基础之上,不管是狭义的货币存量还是广义的货币存量,那么这就是我们必须要做的事情。但是,考虑到去年的利率上升到自内战以来的最高水平的事实,这似乎是一个难以接受的判断"。

但是,现在回过头看,格拉姆利近乎夸张的说法是正确的。美国在1967年实施的货币政策现在可以被认为是采取了自20世纪40年代以来观察到的最为宽松的立场。当然,对格拉姆利问题的肯定性回答是仔细研究货币增长的结果。那个答案也为基于利率的测量指标所证实。特别是,约翰·泰勒(Taylor 1999, 337)的研究表明,20世纪60年代中期泰勒规则急剧增加。约翰·泰勒进一步指出,"基金利率与基准线政策的缺口在20世纪60年代晚期开始增加"。(Taylor 1999,338–39)

格拉姆利关于当时货币政策立场所表达的看法也得到了丹尼尔·布里尔(Daniel Brill)的赞同。布里尔是联邦储备委员会的国内问题研究主任,是非常资深的官员之一。在1968年2月的一次演讲中,布里尔采取的立场是,名义利率准确地测量了货币政策的立场。[1] 这些判断指出了货币分析的两个方面,这两个方面基本上构成了当局在1967–1968年立场的基础。第一方面是,美联储明确地将高名义利率与紧缩政策相关联,忽视了实际利率与名义利率之间的区别。正如我们已经看到的那样,弗里德曼认为政策制定者执迷于名义利率是政策错误的一个根源,甚至在20世纪年代都是如此。[2] 不过,官方专注于利率明显不是那十年的大部分时间里造成,政策错误的一个严重的根源:20世纪50年代的名义利率变动通常给出的信号不仅与实际利率所产生的信

---

[1] 参见 Brill(1968)。
[2] 参见上册第十章。

号相同，而且经常与货币增长所发出的信号相同。

但是，20世纪50年代的经验让政策制定者轻而易举地倾向于将通货膨胀预期视为较低的和稳定的，因为20世纪60年代大部分时间的货币政策符合梅尔策（Meltzer 1976, 469; 2009a）和本杰明·弗里德曼（Benjamin Friedman 1988, 444）对那个时代的描述：政策制定者忽略了名义利率与实际利率的区别，从而将较高的名义利率视为与紧缩的货币政策等同。①

第二个方面是，美联储摒弃了来自货币增长的信号。或明或暗地，政策制定者这样对待货币总量，好像它们是基本货币状况的高度扭曲的测量指标，并将高速的货币增长归因于货币需求的一个（政策调节的）正向冲击。坚决反对货币指标作用的美联储官员与强调货币信号的价值的货币主义者相斗的这种事态是从20世纪60年代到20世纪90年代不断重复的博弈。20世纪70年代，货币主义者在辩论中占据优势；20世纪80年代（作为

---

① 参见爱德华·纳尔逊（E. Nelson 2012b, 251）的进一步讨论。将名义利率的上升当作货币政策紧缩的一些理由在于这个事实，由于高名义利率意味着Q条例对定期存款的利率上限正变得有约束力，所以，随着资金向非银行工具的外逃造成存款和银行贷款的下降，商业银行的资产负债表将被压缩（Meek 1982, 70）。不过这种情形不适用于1967年的状况，因为当时正如指出的那样，高名义利率是与更多的而非更少的货币增长相关：参见图12.1。而且，Q条例引起的非中介化并非一个影响M2-CDs序列（后来成为联邦储备委员会的官方M2序列）行为的一个关键因素，而该序列是弗里德曼与施瓦茨的《美国货币统计》选择用来测量货币的序列。20世纪60年代的非中介化严重影响了商业银行的存款证券发行，而M2-CDs受到的严重影响要小得多。正如图12.1表明，所有M2类型的总量都在1967年强劲增长，包括那些不包括存款的M2总量。

一个整体判断）和20世纪90年代初，双方平分秋色；20世纪90年代后期，则看到了货币主义者在某种程度上的投降，弗里德曼位列其中。不过，在第二次世界大战后所有的数十年中，20世纪60年代可能提供了货币总量——不管考虑的定义如何——无疑比名义利率作为货币立场指标更可靠的最明确的例子。① 美联储官员在20世纪60年代对货币总量不可靠性的强调现在回头看似乎被严重夸大了。从某种程度上说，20世纪60年代不仅可以被视为美国货币需求稳定的"黄金时代"的一部分（Rasche 1987，30），而且无疑可以被认为是货币总量对名义收入具有相当大的预测力的一个时期。②

## 四、设定议程

像布里尔和格拉姆利这样的美联储资深官员在公开场合详细阐述了他们对弗里德曼的观点的反应，这一事实本身就表明，在过去的五年里，形势发生了多么大的变化。在公共舞台上，弗里

---

① 虽然20世纪70年代在这一点上也是第二个接近的例子，但是，货币的价值作为20世纪70年代的一个指标比20世纪60年代所处的相应地位要被置于一个更低的水平，因为20世纪70年代M1和货币基数的短期货币需求函数比20世纪60年代的情形面临的问题更大（Goldfeld 1976；Judd and Scadding 1982；Laidler 1985）。即便如此，长期狭义的货币需求关系在包含20世纪70年代的数据时也是稳健的（Lucas 1988；D. Hoffman and Rasche 1991；Stock and Watson 1993），这个结论表明，基于斯蒂芬·戈德菲尔德（Goldfeld 1973）经验研究的短期货币需求函数在20世纪70年代遭遇的失败可能从一开始就是一个设定谬误。
② 参见本杰明·弗里德曼和肯尼斯·库特纳（B. M. Friedman and Kuttner 1992）的研究与下一节圣路易方程的讨论。

德曼的形象正在上升，而《财富》杂志在1967年6月1日的一个评论中说，他"在某种程度上正在成为一位名人"。

弗里德曼的名字在这一时期的公开辩论中频频出现，在货币政策讨论中可以说是无处不在。《商业周刊》在1967年4月15日的一篇论货币政策的文章中评论说，"辩论围绕着芝加哥大学的经济学家弗里德曼旋转"。这一年晚些时候，联邦储备委员会的一名理事在1967年11月17日的《华尔街日报》上说道："弗里德曼让每一个人都着迷——经济学家、媒体、我们。"

弗里德曼在联邦储备委员会中并不受欢迎。这是可以理解的，因为他始终公开批评美联储，而到这时他经常会在进行这些批评时吸引相当大的关注。弗里德曼也直接与政策制定者交流，包括他继续参加联邦储备委员会的顾问会议。[1] 美联储基本上可以忽视弗里德曼的日子一去不复返了。1967年5月在芝加哥大学发表的一次讲话中，弗里德曼赞扬经济学家重新对数量论有了兴趣，声称这种兴趣是根据"过去十年中"经验证据所引起的。[2]

在美联储的高层中，主席威廉·麦克切斯尼·马丁也不能忽视弗里德曼的影响力。当马丁在1968年2月参加联合经济委员会的听证会时，弗里德曼对费雪效应概念的复兴也出现在讨论之中。

> "参议员赛明顿（Symington）：一位著名的经济学家提出了宽松的货币政策造成利率较高的理论。如果你没有研究

---

[1] 参见下面两章的进一步讨论。
[2] Friedman（1967a, 13）。

过那个概念，你会让你的班子中的某个人这样做吗？那是一个有趣的理论。我只是在上周与提到的这位经济学家讨论过它。你可以让某个人研究一下它吗？"

"马丁先生：我将很高兴这样做。"①

这位"著名的经济学家"当然就是弗里德曼。

碰巧的是，在较高的名义利率是否必然意味着紧缩的货币政策的问题上，马丁比他的同行理事们可能更容易被说服。在20世纪50年代，马丁承认费雪区分的价值是一个原则问题。②当马丁在1967年说"我们这些在这一领域工作的人都知道，真正让利率高企的事情就是通货膨胀失去了控制"时，他表明他依然乐于接受这种思想。③同样，在上面引述的1968年2月的听证会上，马丁说过："多年之前，我的一位南美洲朋友对我说，'如果你真的想得到高利率，就要继续实施绝对宽松的货币政策'"。④这个陈述并不等于承认费雪效应与20世纪60年代美国的发展状况有

---

① 1968年2月14日联合经济委员会上的交流（Joint Economic Committee 1968b, 198）。
② 参见 E. Nelson（2012b, 248-49）。
③ 引自马丁在1967年9月4日筹款委员会上的发言（Committee on Ways and Means 1967a, 697）。这个评论梅格斯在（Meigs 1969, 671; 1972, 45）中引述过。威廉·吉布森是弗里德曼的一位研究生，他的博士论文就是研究费雪效应。他认为，这个引述是官方足够清晰地对费雪效应的一次认同，并将此用于他在《金融杂志》（*Journal of Finance*）上论费雪效应的论文的开头（Gibson 1970, 19）。但是，马丁在这个问题上的更重要一次皈依后来发生在20世纪60年代，正如马上要论述的那样。
④ 1968年2月14日在联合经济委员会上的证词（Joint Economic Committee 1968b, 173）。

相关性。但是，马丁在1969年正是这样承认的：

> 我不打算争论近年来利率的发展状况与货币政策无关。我们知道，扩张性的货币政策在短期内往往会降低利率，而紧缩性的货币政策会提高它们。但是在长期中，在一个充分就业的经济中，扩张性的货币政策会造成更高的通货膨胀，鼓励借款者在信贷市场上甚至提出更多的要求……因此，扩张性的货币政策在长期中可能不会降低利率；事实上，它们可能会显著地提高利率。这是过去多年的经验所再次证实的一个明确的历史教训。（参见1969年3月25日美国参议院银行与货币委员会的发言，Committee on Banking and Currency, US Senate 1969, 9-10）

马丁的陈述是对货币主义者立场的一次让步：货币政策自从1967年已经宽松而非紧缩，而名义利率孤立地看则是货币政策的一个误导性指标。弗里德曼在1967年11月17日的《华尔街日报》第1版上预测，他关于利率和通货膨胀的思想最终"注定要被政策制定者理解"，而这个预测由马丁的重新评估证实。毫不奇怪，马丁在1969年的发言在某种程度上成了货币主义文献中一个最受欢迎的引语，例如出现在戴维·范德（Fand 1969b, 104; 1970, 18）和梅尔策（Meltzer 1969a, 29; 1981, 43; 2009a, 565）的研究之中。不过，在引述马丁的陈述时，梅尔策（Meltzer 1969a, 29）谨慎地指出，马丁只是接受了货币主义立场的"一部分"。特别是，美联储当局没有接受货币主义者的货币改革建议的有效性，包括用货币基数或银行总准备金作为政策工具来替代联邦基金利率——它到20世纪60年代晚期越来越成为联邦公开市场委员会构想政策决策时的变量。

实际上,美联储在1968年9月12日改变了框架,要求商业银行满足的法定准备金符合滞后的准备金会计制度。① 根据这种新的安排,银行的法定准备金将是它们在两周之前的一般存款水平而非它们当前存款数额的百分比。这种新事态使美联储在任何给定的一周中有义务提供一定最低水平的银行总准备金。美联储保留了使用非借贷的准备金或者联邦基金利率作为政策工具的能力。但是,滞后的准备金会计确实极大地限制了美联储在每周的基础上遵守货币主义者所建议的设定准备金总量的能力。②

## 五、货币目标的争论

美联储也不迷恋固定货币增长目标。不过,货币增长目标

---

① 参见Coats(1976,167)和Evanoff(1990,136)。
② 在滞后的会计制度下控制总准备金的额度在原则上依然是可能的,因为总准备金的超额准备金部分并非预先决定的,因而依然受到美联储的操纵(参见Thornton 1982;McCallum 1993a,1993b)。弗里德曼似乎认识到这一点的场合包括他在1974年11月6日的《动态经济学教学盒式磁带》第157集中的评论,此外R.W.哈弗(Hafer 1981)与韦法·塔尔汗和保罗·斯宾特(Tarhan and Spindt 1983,332)报告中的支持银行存款负债和它们在涵盖滞后会计制度的样本中的准备金头寸之间的同一时期关系也提供了证据。
而且,即使总准备金在很大程度上是预先决定的,货币政策对商业银行存款产生当期影响依然在滞后的会计制度中是可行的。如果商业银行调整其资产负债表以应对短期利率——它在滞后准备金制度中继续受到中央银行的直接影响——的预期路径在同一时期的变化,那么这就会如此(Coats 1972,51;Goodfriend 1983;Rasche 1993b,38)。

确实赢得了美联储的国会监督机构的支持。联合经济委员会在1967年，尤其是在1968年提出了一个非约束性的建议：应该根据是否满足2%~6%的货币供给增长规则的标准来评价美联储。①弗里德曼在1968年7月5日《芝加哥论坛报》上赞赏了这个提议，表示这个提议的最重大意义在于它规定了在稳定货币增长的可取性方面"美联储要意识到国会的态度"。联合经济委员会对固定货币增长的支持反映了国会的两位主要民主党人，众议员亨利·雷乌斯和参议员威廉·普洛克斯迈尔，被弗里德曼的货币理论吸引了，并且在某种程度上被说服了的事实。②

不过，在联合经济委员会建议的表面下隐藏着梅尔策对美联储的评论也适用于国会的大量证据：只有"一部分"货币主义的

---

① 参见 Meltzer（2009a, 535）和 Joint Economic Committee（1967a, 166）。联合经济委员会也支持将范围缩小到3%~5%（参见Meigs 1972, 61）。由于这一时期对货币总量的大部分讨论都是根据货币的M1类型的测量指标所构想的，因此，3%~5%的建议并不必然等同于弗里德曼对M2类型的建议，即使这个目标数与他的建议中的目标数是相同的。

② 普洛克斯迈尔在1967—1968年和1971—1972年间担任联合经济委员会的主席（该信息是在2014年7月24日从联合经济委员会办公室获取的）。当联合经济委员会在普洛克斯迈尔第一次担任主席期间的早期开始提出货币增长的目标区间的建议之时，弗里德曼的《新闻周刊》的同行专栏作家亨利·沃里克在1967年4月10日的《新闻周刊》上评论说："该委员会的行动证明了米尔顿·弗里德曼教授的说服力。这种说服力为这些专栏文章的读者所熟知，他们早就敦促这类政策了。"《新闻周刊》的另一位经济学专栏作家保罗·萨缪尔森在1967年6月在该委员会之前作证。虽然这个证词将对固定货币增长的支持称之为一种"极端主义者的观点"，但是它并没有提到弗里德曼的名字。参见萨缪尔森在1967年6月29日联合经济委员会上的评论（Joint Economic Committee 1967a, 134）。

立场被认可。特别是,众议员雷乌斯的一个附带条款限定了固定货币增长建议:在成本推动的通货膨胀爆发的情形之下,应该允许高于目标的增长。这个附带条款与弗里德曼的框架在两点上不符:第一点是假设经济中存在一个往往会产生成本推动的通货膨胀的系统性力量;第二点是表明,如果它们存在,对这些成本推动力量的恰当反应就是要通过货币扩张来验证它们。联合经济委员会要求莫迪利安尼作为经济学家代表来反驳弗里德曼可能对雷乌斯条款提出的异议:"货币供给应该适应和允许成本推动所产生的价格水平的扩张或者上升……将是一个危险的原则。"①

联合经济委员会明显只是以零碎的方式接受了弗里德曼的货币观点。固定货币增长作为一种降低货币不稳定性和问责美联储的方式对国会的议员们具有明显的吸引力。但是,固定货币增长的国会支持者们没有理解他们对弗里德曼框架接受的部分与他们忽视或拒绝的部分之间的相互依赖性。特别是,雷乌斯在1968年之后继续支持通货膨胀的非货币观点,并在1970年呼吁采取工资与物价管制来抗击通货膨胀(E. Nelson 2005b)。弗里德曼

---

① 参见 Joint Economic Committee(1968a, 9)。这些评论是三位经济学家在出席联合经济委员会的两个小组委员会的听证会期间做出的:一次是1968年5月8日的出席,包括弗里德曼的三位批评者亨利·沃里克、弗兰科·莫迪利安尼和莱斯特·钱德勒(Lester Chandler);另一次是1968年5月9日的出席,包括三位更容易受弗里德曼货币思想影响的卡尔·克莱斯特、威廉·德瓦尔德和理查德·塞尔登(Richard Selden)。弗里德曼没有参加这个议程,因为他刚在几个月之前向该委员会作证过。在很大程度上,联合经济委员会的成员们也没有亲自参加这个议程。威廉·德瓦尔德在2013年4月25日的访谈中回忆说,在经济学家作证期间的某些时点,参议员普洛克斯迈尔是唯一出席的委员会成员。

关于总需求决定的观点似乎比他的通货膨胀是一种货币现象的观点在国会获得了更强有力的立足点。

## 六、附加税

弗里德曼关于总需求的观点与日俱增的影响力不仅体现在立法者关于货币政策的声明中，而且体现在他们就财政政策所做的讲话之中。参议员普洛克斯迈尔在1968年2月5日在对他的委员会同事们的讲话中，谈到了政府建议征收所得税附加费来作为一种抑制经济膨胀的方法。[1] 普洛克斯迈尔表示，增税不会造成消费支出的预期放缓："根据经验更可能发生的是，纳税人可能会维持他的支出，只是储蓄更少一些。"[2] 这个结论与弗里德曼在《新闻周刊》的专栏文章中讨论税收时所阐述的内容相似。[3] 弗里德曼在1967年1月23日《新闻周刊》的专栏文章中说，增税对总需求和通货膨胀产生重要抑制效果的条件是，它促使美联储降低货币增长率。在这样说时，弗里德曼是在重复他在成为《新闻周刊》的专栏作家之前和在增税倡议成为官方政策之前所阐述的立场。"防止通货膨胀的唯一有效方法就是限制货币增长率"，他在1966年3月10日告诉《华盛顿邮报》时说，"这是货币政策

---

[1] 关于约翰逊政府增税的主张，例如参见经济顾问委员会主席加德纳·阿克利（Gardner Ackley）在1968年2月5日在联合经济委员会上的讲话（Joint Economic Committee 1968b, 14）。
[2] 引自普洛克斯迈尔在1968年2月5日的联合经济委员会上的讲话（Joint Economic Committee 1968b, 4）。
[3] 不过，正如马上要指出的那样，普洛克斯迈尔的讨论似乎比弗里德曼在《新闻周刊》上的分析更加直接地依赖持久收入假说，而弗里德曼的分析相反则诉诸挤出效应。

而非财政政策的任务。"

附加税在1968年6月底被纳入法律（Okun 1970，91）。截至1968年中期的经济政策——财政紧缩和扩张性的货币政策（以货币增长来衡量）的结合——导致货币主义者预测经济会有韧性，而新经济学家预测经济将放缓。在这两种预测中，货币主义者的预测被证明是正确的。1968—1969年见证了自从朝鲜战争以来就未曾见过的这种组合：以传统测量指标测定的实际私人收入的下降（计算为税后净额），伴随着实际总支出的持续的强劲增长（Auerbach and Rutner 1976，19）。1968年9月21日《克利夫兰报》（Cleveland Press）的一篇报道注意到了这种正在出现的状况："让经济学家感到吃惊的是，家庭并未在税收增加时缩减支出。"当然，有一些经济学家并不感到吃惊，而弗里德曼曾经预测附加税将是无效的，并很快声称得到了证实，理由是"所得税附加与加速的通货膨胀"并存（参见1968年11月11日《圣路易斯邮电报》）。他后来回忆说，"持有那种凯恩斯主义看法的人们在1968年大吃一惊"。[1] 在20世纪70年代的前半期，弗里德曼认为，1968年的附加税事件是支持货币主义观点的最重要检验事件之一。[2]

这种看法后来在学术界广泛流传。例如，劳伦斯·克莱因（Lawrence Klein 1979，266）回忆说："1968年的附加税就没有很好地按照微调的概念发生。"类似地，罗伯特·戈登（Gordon

---

[1] 参见1973年9月23日《动态经济学教学盒式磁带》第129集。
[2] 参见Friedman（1970a，20 [pp.12–13 of 1991 reprint]；1972b，185）；1971年7月15日《新闻周刊》和1974年10月10日《动态经济学教学盒式磁带》第155集。

1980，136）在回顾美国的总需求政策的演化时评论说："暂时性的所得税附加……逐渐被认为是积极的财政稳定管理的滑铁卢。"这次的经历也让美联储感到震惊，因为主席马丁和联邦公开市场委员会的副主席阿弗尔雷德·海耶斯陈述说，如果他们知道私人部门的支出在增税之后这样强劲，他们就不会在1968年后半期提供那么多的货币宽松政策。①

人们在讨论1968年征收附加税时有时忽略的是，弗里德曼预测增税是无效的有两个主要的根据。在这两个根据中，那个被证明是持久的根据并非他在20世纪60年代末期强调得最多的根据。在1967—1968年，弗里德曼诉诸（逆向的）挤出效应论据：他认为，虽然附加税会限制消费，但是，通过降低政府对信贷市场的需求，附加税也往往会有助于降低利率，促进更高的私人投资支出。根据这种观点，增税的主要效应就是改变了总支出的构成。但是，这会导致流通速度下降，对总支出产生一个不太大的下行效应，而较低的名义利率会促进流通速度的下降。②

相比之下，弗里德曼的消费的持久收入假说对附加税是无效的看法提供了一个截然不同的根据。持久收入假说不是将附加税设想为容易减少消费但会提高投资，从而让总需求几乎保持不

---

① 参见Friedman（1970d，23），Meigs（1972，56），以及Meltzer（2009a，485，539，670）。
② 弗里德曼（Friedman 1972a，914-18；1976f，312-13）详细回顾了他在1967年1月23日和8月7日在《新闻周刊》的专栏文章中所给出的增税建议的分析。在阐述这些专栏文章的分析时，弗里德曼清楚地说明了利率与货币流通速度的渠道，通过这些渠道他承认在给定的货币存量的情况下财政紧缩对总支出的影响。他在1967年11月5日的《华盛顿邮报》的专栏文章中已经详细地揭示了这个渠道。

变，而是预测附加税基本上不影响消费。这种预测的理由在于附加税的临时性。根据这个理论，消费者会认识到增税的临时性，因此会让储蓄而非消费在附加税实施期间下降。总需求基本上对增税不敏感的说法是持久收入假说的预测，正如逆向挤出效应一样。但是，它们依赖的机制是不同的，因为与此相关的预测涉及投资支出和利率的行为。

弗里德曼最初似乎在预测附加税的效果和分析它的事后效应时满足于依赖逆向挤出效应。例如，他在 1969 年年初说，虽然增税会减少消费，但是，通过对利率施加下行压力，增税具有刺激投资的附带效应。① 不过，其他经济学家在 20 世纪 60 年代末利用持久收入假说而非挤出效应作为拒绝考虑附加税影响的依据。正如前面指出的那样，威廉·普洛克斯迈尔隐含地使用了它。西北大学的罗伯特·艾斯纳明确地诉诸持久收入假说（Eisner 1969，1971a，1971b）。罗伯特·卢卡斯在 2013 年 3 月 12 日笔者的访谈中回忆说，艾斯纳——他居住在大芝加哥地区，与弗里德曼有大量的交流——是一位凯恩斯主义经济学家，弗里德曼论消费的著作极大地改变了他的财政政策效应的观点。②

预计财政乘数在税收暂时变化的情形下不可能很大的主要思想在罗伯特·巴罗（Barro 1974）论持久收入假说的著作中被推广和强调。虽然弗里德曼一贯地强调财政政策的弱点，但是，他在 20 世纪七八十年代对财政政策的批评从挤出效应的论据转向

---

① 1969 年 1 月《动态经济学教学盒式磁带》第 11 集。虽然弗里德曼认为，消费明显是利率弹性的，但是，他认为投资支出更加具有利率弹性。参见第五章。
② 参见下文对艾斯纳与弗里德曼的进一步讨论。

更加直接地依赖持久收入假说及其相关的李嘉图等价命题（参见下面的第二节）。

1968年的增税是无效的结论确实在某些地方遭遇到了抵制。一些凯恩斯主义者竭力发现增税对消费的影响，并提到其他据说掩盖了增税对总需求影响的因素（Okun 1970，91；1971；1977；另参见 Modigliani and Sterling 1986）。但是，这种观点只是少数人持有的，而1968年的附加税将成为持久收入假说起作用的一个教科书式案例（Dornbusch and Fischer 1978，323-26；Hall and Taylor 1997，282）。这一事件也在研究文献中被当作前瞻性的消费者在进行支出决策时会看得比暂时性的税收变化更远的命题的一个经验例证（例如参见 Kormendi and Meguire 1986；eltzer 2009a，539）。

1967年的货币宽松政策、美国政府在1968年对无效的财政紧缩政策的依赖以及在1968年增税之后重新出现的货币宽松政策让弗里德曼相信，恢复价格稳定性的努力将失去进一步的基础理由被忽略了。在这一点上，弗里德曼在1968年10月《动态经济学教学盒式磁带》第1集中警告说，"我们将不得不再次付出巨额的代价"来打破通货膨胀预期。

## 第二节 问题：1967—1968年

### 一、圣路易斯联系

业已指出，联合经济委员会在1968年的议程似乎不断地转回来讨论弗里德曼的观点。在1968年5月15日的一次听证会上，联邦储备委员会理事乔治·米切尔发言说:"现在让我们来选择数值的大小,它是信贷的代理变量,你可以把它设想为米尔顿的货币供给 M2。"主席普洛克斯迈尔插话说,"你谈论的不是英国的诗人吧。你谈论的是芝加哥大学经济学家弗里德曼教授吗?"乔治·米切尔回答说:"抱歉,就是弗里德曼教授。我们太熟悉他了,每一个人都知道他。""他在某种意义上也是一位诗人",普洛克斯迈尔补充说。①

霍默·琼斯 1949—1958 年在联邦储备委员会工作,此后搬到圣路易斯的联邦储备银行担任研究主任。② 正是在研究主任这个职位上,琼斯促进了将圣路易斯联邦储备银行转变为弗里德曼的思想在联邦储备系统之内的一个推动力量。圣路易斯联邦储备银行的研究部门在 20 世纪 60 年代晚期和 20 世纪 70 年代初,迸发出大量引人注目的论货币与经济活动的研究和评论,挑战了凯恩斯主义的学术世界,并且让圣路易斯联邦储备银行成为美联储政策的一个强有力的内部批评者。③

琼斯自己撰写的著作数量很少,影响较小,而且行事低

---

① 引自 Joint Economic Committee(1968a,138)。
② 参见 American Economic Association(1970,218)和 1979 年 1 月 23 日《华尔街日报》。
③ 专门关注圣路易斯联邦储备银行的货币传统的研究包括唐纳德·埃利奥特(Elliott 1985)、R.W. 哈弗和戴维·惠洛克(Hafer and Wheelock 2001)。探讨圣路易斯方程式的主题的文章包括莫迪利安尼和阿尔伯特·安多(Modigliani and Ando 1976)、迈克尔·达比(Darby 1976a)、杰里·乔丹(Jordan 1986)、本内特·麦卡勒姆(McCallum 1986a)、达拉斯·巴腾和丹尼尔·索顿(Batten and Thornton 1986)。

调。① 但是，他在为该银行的研究部门的员工设定基调中发挥了关键作用。罗伯特·拉什在20世纪70年代初访问了圣路易斯联邦储备银行并在此后成为该银行的研究主任，他在2013年5月6日笔者的访谈中评论说："我想，我不会将琼斯描述为一位依靠自己的能力的了不起的研究者……但是，他对于从20世纪60年代开始到过那儿的人来说无疑是一位——导师。"弗里德曼表达了相似的看法。② 在琼斯担任研究主任期间，圣路易斯联邦储备银行的研究部门在外部的研究渠道或该银行自己的月刊《圣路易斯联邦储备银行评论》(*Federal Reserve Bank of St. Louis Review*) 上发表了一系列文章，而这些文章的内容沿着更加技术导向的方向演化，更加像在研究期刊上看到的那些文章。琼斯为联邦储备系统设定了一个标准：发表强有力的作品成为获得联邦储备银行研究主任这个职位的必备条件。具有讽刺意味的是，他在很大程度上开创了一个新时代：像他那样发表作品很少的人，不可能成为一家储备银行的研究主任。

圣路易斯联邦储备银行对货币研究的早期和持久贡献就是它提供的货币数据。当联邦储备委员会在1960年开始发表M1序列时，圣路易斯联邦储备银行就参与了收集这个序列的讨论。实际上，在1960年10月发表在《联邦储备公报》上的一篇引入M1序列的文章，就是由圣路易斯联邦储备银行的研究人员威廉·艾伯特（Abbott 1960）撰写的。当圣路易斯联邦储备银行从

---

① 尽管如此，关于霍默·琼斯参加一次会议的情况以及他与弗里德曼的交往，参见马歇尔·凯切姆和诺曼·斯特轮克（Ketchum and Strunk 1965）编辑的会议论文集。

② 参见Friedman（1976b，436）。

20世纪60年代开始重视出版有关银行准备金和货币存量数据的刊物之时，它使用的数据实际上来源于联邦储备委员会。在一个纸质版出版物是研究人员获得数据的唯一载体的时代，圣路易斯联邦储备银行通过大量发布便于使用的货币时间序列的报告出了名。《商业周刊》在1967年11月18日的一篇介绍该银行的文章中侧重于该银行的数据发布，谈到圣路易斯联邦储备银行的3个月、6个月、9个月和12个月的变化率表格的"三角"形式。杰里·乔丹在1968年加入圣路易斯联邦储备银行的研究部门。[①] 乔丹在2013年6月5日笔者的访谈中回忆说，"变化率三角和图表是他（霍默·琼斯）赢得大批读者的策略的一部分"。[②]

圣路易斯联邦储备银行的研究部门在数据前沿增加价值的一个领域就是收集和报告货币基数序列。弗里德曼与施瓦茨的《美国货币史》提供了高能货币的序列，但是联邦储备委员会在1980年之前并未提供官方的货币基数序列，而只是在弗里德曼参与的巴赫委员会的建议下才在1980年这样做（Bach et al. 1976, 3; Pierce 1977, 103; Simpson 1980; Hafer 1980）。大约在联邦储备委员会发起货币基数序列的时候，英国的报纸《卫报》在1979年12月28日的一篇文章中指出："货币基数的大量后台工作……在美国圣路易斯联邦储备银行已经完成了。"这是真的，实际上，圣路易斯联邦储备银行在20世纪60年代初期的

---

[①] American Economic Association（1970, 219）。
[②] 圣路易斯联邦储备银行在这一阶段并持续到21世纪的一个数据刊物与弗里德曼和施瓦茨正在出版的著作《货币趋势》具有同样的标题。弗里德曼在1969年3月《动态经济学教学盒式磁带》第19集等盒式磁带的评论中提到了圣路易斯银行的《货币趋势》刊物。

双周刊物《银行准备金与货币》（*Bank Reserves and Money*）上发表银行准备金数据，并按照法定准备金的变化进行调整，正如贝丽尔·斯普林克尔（Sprinkel 1964，46-47）指出的那样。

虽然不是没有问题，但是，根据法定准备金的变化来调整货币基数中的银行准备金部分的过程通常是分析货币基数的历史数据所不可或缺的（参见 McCallum and Hargraves 1995）。无疑，对美国而言就是如此：法定准备金的变化当然是美联储在20世纪30年代晚期转变政策立场的一个重要手段。正如弗里德曼指出的那样，美联储在第二次世界大战后通常随着法定准备金的变化允许总准备金增加或减少——这一做法就让使用未经调整的准备金总量来评估货币政策立场的做法站不住脚。① 布鲁纳与梅尔策（Brunner and Meltzer 1964d）对法定准备金调整货币基数的方法变成了圣路易斯联邦储备银行采取的方法（Fratianni and Savona 1972b，356），从而反映了杰里·乔丹在加州大学洛杉矶分校作为卡尔·布鲁纳的学生和研究助理的经历。②

《圣路易斯联邦储备银行评论》在1968年8月这期上发表了一篇由杰里·乔丹和他的同事莱昂诺尔·安德森（Jordan and Leonall Andersen 1968b）撰写的文章"货币基数：解释与分析性使用"，不仅对货币基数的准备金调整提供了一个说明，而且以

---

① 参见1979年1月8日的《新闻周刊》关于弗里德曼对这一点的认识。
② 杰里·乔丹在2013年6月5日笔者的访谈中回忆说："我给卡尔·布鲁纳当了三年的研究助理，因此我不得不推导出基数来源的所有这些调整，以便获得他们（布鲁纳与梅尔策）称为'扩展基数'的时间序列。"布鲁纳在1966年7月离开加州大学洛杉矶分校来到俄亥俄州立大学（Brunner 1968b，8）。

"基数的来源"——美联储资产负债表中的资产、引起美联储负债和货币基数变化的变量——为名对货币基数的决定因素的分析提供了一个解释。这篇文章分析了美联储的资产负债表的资产方作为准备金资金的来源。在这样做时，这篇研究就预示了在2008年之后的岁月中大量分析美联储的资产负债表行为（参见Gavin 2009；Carpenter, Ihrig, Klee, Quinn; Boote 2015）。这种分析货币基数来源导向的方法也是遵循弗里德曼与施瓦茨在《美国货币史》中分析美联储的证券投资组合的传统。

莱昂诺尔·安德森和杰里·乔丹并没有遵循《美国货币史》分析的一个方面就是：圣路易斯联邦储备银行的"货币基数"术语很快就取代了"高能货币"作为文献中偏爱的术语。布鲁纳（Brunner 1958）使用了"货币基数"的术语，甚至《美国货币史》也很快使用了它。[1]但是，弗里德曼偏爱的术语明显是"高能货币"，他将高能货币的使用追溯到20世纪30年代的美联储

---

[1] 参见《美国货币史》第83—84页。

文献并声称美联储也在20世纪20年代中使用过它。① 虽然他和施瓦茨在他们的20世纪七八十年代的著作中坚持使用"高能货币",但是,弗里德曼在其他作品中经常使用"货币基数",在1968年开始的盒式磁带的评论以及发表的评论中多次使用它。

不过,正是安德森和乔丹(Andersen and Jordan 1968a)在《圣路易斯联邦储备银行评论》上发表的另外一篇文章制造了一

---

① 弗里德曼声称,"高能货币"的术语是联邦储备委员会的官员们在20世纪20年代创造的,参见他在1976年1月22日的银行、货币与住房委员会上的证词(Committee on Banking, Currency and Housing 1976a, 2179)和1979年8月20日的《新闻周刊》。但是,弗里德曼和施瓦茨在《美国和英国的货币趋势》第32页中只敢大胆表示该术语最早在20世纪30年代曾被美联储使用过。在1969年2月的《动态经济学教学用盒式磁带》第16集中,弗里德曼指出"高能货币"的术语源于"美联储的行话",但是他承认现金加准备金反而"现在往往被称为"货币基数。

"高能货币"术语在20世纪80年代的某些地方被继续使用(例如Fischer and Dornbusch 1983,652—53)。但是,在《美国货币史》出版之后的50年,该术语被废弃了,以至于克里斯托弗·西姆斯(Sims 2013,563)谈到"曾经被称作'高能货币'的东西"。

"高能货币"的表述承认货币基数在基数与乘数分析中的作用。正如"高能货币"的术语早于《美国货币史》一样,基数与乘数的分析本身也早于它。正如之前的章节指出托样,这个分析归因于切斯特·菲利普斯(C. Phillips 1920)等人;《美国货币史》第346页在提到"著名的多重扩张过程"时就承认了这种分析的历史悠久性。尽管如此,基数与乘数分析变得与《美国货币史》如此相关联,以至于一些资料来源(比如Rutner 1975,3)错误地认为弗里德曼与施瓦茨创立了它。相比之下,巴里·埃森格林(Eichengreen 1986,155)表示弗里德曼与施瓦茨使用了菲利普·卡根提出的基数与乘数方法,但是,可能更准确的说法是卡根和弗里德曼与施瓦茨都大量使用了从前就有的基数与乘数框架。

场风暴，从而使圣路易斯联邦储备银行在研究界成为一个有影响力的机构。在那篇论文中，他们采纳了一种从弗里德曼与梅塞尔曼分析货币政策与财政政策的过程中发展起来的方法。安德森和乔丹利用美国的季度数据估计了一个将名义国民生产总值的一阶差分与货币（M1或货币基数）和一个财政变量（特别是"充分就业"名义上的政府采购、充分就业的收入也要考虑）的一阶差分的分布时滞联系起来的方程。结论明显对货币政策有利，因为这篇论文的研究发现，货币变化的系数之和随时间的变化而增长；结论对财政政策不利，因为他们的研究表明，财政行动对国民生产总值的最初影响在一年中就逐步消失了。这个研究的结论似乎证实了货币主义者关于20世纪60年代晚期的发展状况的基本思想。正如弗里德曼在1967年11月5日的《华盛顿邮报》中指出的，在财政宽松政策或货币紧缩政策之后，美国经济发展在1967年放缓了。在1968年间——这刚好超出了安德森和乔丹的样本期间，美国经济在货币宽松政策和因为业已讨论的附加税所产生的财政紧缩政策时就迅速恢复了活力。

威廉·弗雷泽（Frazer 1988b，798）声称，不仅弗里德曼从未参与过"圣路易斯方程"——这就是安德森和乔丹的名义国内生产总值方程后来的称号——的争论，而且在安德森和乔丹的研究中使用的统计方法也与弗里德曼的实证方法不一致。这个说法隐藏在弗雷泽著作的第26个尾注中，从而让弗雷泽忽略了这场辩论，继续按照他特有的方式解释弗里德曼的统计方法。但是，这种说法不顾事实。弗里德曼与琼斯以及乔丹的关系很密切。他是在1967年乔丹在加州大学洛杉矶分校读研究生期间认识乔丹的，并在2006年弗里德曼去世之前与乔丹依然是亲密的朋友。①

而且，那种认为弗里德曼对圣路易斯联邦储备银行的研究发现不感兴趣的说法也忽视了这个事实：弗里德曼在1968年11月6日《动态经济学教学盒式磁带》第3集中详细讨论了安德森与乔丹（Andersen and Jordan 1968a）的这篇论文，称之为包含着惊人结论的"一篇令人着迷的统计研究"。②弗里德曼在1968年11月14日与沃尔特·海勒就货币政策与财政政策的辩论中强调了圣路易斯方程的结论。迈克尔·克兰是从弗里德曼的一位学生转变为圣路易斯联邦储备银行研究部门的一位研究员，他在2013年3月7日笔者的访谈中指出，"在这一点上他与海勒展开了一场辩论，并写进了一本小书中。在那次交锋中，他大量使用了圣路易斯联邦储备银行的材料。他肯定熟悉它"。实际上，弗里德曼在那场辩论中承认，圣路易斯联邦储备银行是芝加哥学派的一个非官方机构。③在20世纪70年代初，弗里德曼援引安德森与

---

① 弗里德曼与圣路易斯联邦储备银行之间在1968之前的其他联系包括弗里德曼在20世纪50年代末直到1960年指导过詹姆斯·梅格斯（当时在圣路易斯联邦储备银行）的博士论文，以及弗里德曼在1965年10月向联邦储备委员会提交的备忘录中引述过安德森的货币供给研究（参见《美元与赤字》第144页）。

② 在1969年4月30日的《动态经济学教学盒式磁带》第24集之中，弗里德曼也提到了"圣路易斯联邦储备银行的杰出研究"，明确指的就是安德森和乔丹（Andersen and Jordan 1968a）的研究。

③ 参见Friedman and Heller（1969, 60）。在继约翰逊总统的国情咨文之后，弗里德曼与海勒在这一年的早些时候参加的WNET公共电视的新闻特别节目的专题讨论小组中就公开进行了辩论（参见1968年1月12日的《纽约日报》）——本章前面引述了这个电视节目。1968年11月5日的《纽约日报》报道了弗里德曼与海勒的后一场辩论。

乔丹的结论，不仅作为支持货币主义立场的证据，而且作为与他的名义收入的货币理论相吻合的证据。① 他在 1971 年 10 月 20 日的《动态经济学教学盒式磁带》第 84 集中赞扬琼斯发展了圣路易斯联邦储备银行"极具影响力的和杰出的研究计划"。此外，从 1971 年开始至少直到 20 世纪 70 年代中期，弗里德曼基于 9 个月之前的 M2 增长率使用一元一次方程式的普通最小二乘法回归来预测名义个人收入的增长率时，就在他的货币分析中依赖某种形式的圣路易斯方程。②

但是，事实上是弗里德曼与圣路易斯联邦储备银行的关系基本上都是非正式的。正如琼斯在 1979 年 1 月 23 日的《华尔街日报》上所说："弗里德曼是一个好朋友，但是我们在这儿所做的

---

① 参见 Friedman（1971d，335）。
② 参见 Friedman（1972e，13-14；1973a，19-23），1972 年 1 月 10 日的《新闻周刊》和 Friedman（1975e，75-77）对这篇《新闻周刊》文章的续篇。弗里德曼的方程不同于圣路易斯方程的地方在于他使用的是月度数据，从而使用的是名义收入的不同序列，有一个单一的明确时滞而非分布时滞、去掉了财政变量，以及使用百分比变化而非算术一阶差分。弗里德曼指出，他早在 Friedman（1961d，460n30）中研究货币和支出时就偏爱使用对数一阶差分或百分比变化而非算术一阶差分。为了在 1978 年应对异方差问题，圣路易斯方程经过了修改，以至于现在的变量是以百分比的形式出现的（参见 Carlson 1978）。这种设定的改变得到了麦卡勒姆（McCallum 1986a，12）的支持，但遭到了约翰·弗鲁曼（Vrooman 1979）的批评。后者声称，向对数线性设定的转变意味着向圣路易斯方程打算阐明的竞争性假说转变。但是，线性设定和对数线性设定都可以被视为如何逼近非线性的基础模型。这就等于两种近似的选择，因此，基本的非线性模型可以被视为不会受到这种选择的影响而改变。在线性设定和对数线性设定之间，后者似乎更优，这不仅是基于基斯·卡尔森援引的统计理由，而且是基于货币分析大都是在对数线性的语境中进行。

一切都是我们自己做的。"① 弗里德曼的确偶尔访问圣路易斯联邦储备银行。不过,其他学院派的货币主义者,特别是布鲁纳和梅尔策则是更加常见的访问者。② 一种更重要的面对面交流方式则是圣路易斯联邦储备银行的研究人员访问芝加哥大学,参加弗里德曼的货币研讨会。乔丹在2013年6月5日笔者的访谈中回忆说:"我们几位——我自己、卡尔森、安德森,当那儿有研讨会的主题正在进行时,或者有芝加哥大学的一些其他研讨会,我们就到那儿去。无论发生的是什么事情,我们作为参与者和评论者总是受到欢迎。"圣路易斯联邦储备银行的研究人员也会参加这个研讨会。他们的报告包括20世纪70年代初论货币控制的一次报告。③

尤其是,安德森-乔丹的圣路易斯方程的研究由这两位作者在研讨会上报告。罗伯特·戈登在1968年加入芝加哥大学经济

---

① 在做这些评论时,琼斯已经与圣路易斯联邦储备银行不存在隶属关系了,因为他在1971年就离开了。参见American Economic Association (1981, 216)。
② 迈克尔·克兰在研究部门的成员资格从20世纪60年代中期延伸到20世纪70年代中期。他在2013年3月7日笔者的访谈中评论说:"布鲁纳经常出现在圣路易斯联邦储备银行,而梅尔策也是在较小程度上经常出现。弗里德曼就不经常在圣路易斯联邦储备银行。"乔丹在2013年6月5日的访谈中谈到弗里德曼,"他访问过几次。他从芝加哥到我们这里来谈论我们所做的工作并非一个非常耗时的事情,有时只是在琼斯的邀请下来与我们度过一天,与银行总裁坐在一起,等等。典型的弗里德曼是这样的:有一次在午餐时,琼斯问总裁达里尔·弗朗西斯(Darryl Francis)是否应该在他的办公室之外安装一个道·琼斯股票报价带来记录市场上所发生的事情。正在进行的讨论就是是否应该那样做。弗里德曼说:'是的,你应该安装一个,但总裁绝不应该看它。'"
③ 参见Friedman (1982b, 107)。

系之后就是研讨会的一位定期参加者,他对弗里德曼对安德森-乔丹方程的热情感到失望:

> 我在那儿的时期是人们就宏观中的货币政策与财政政策的作用进行辩论的鼎盛时期。在1968年晚期和1969年初期,研讨会的……一个关键时刻就是报告著名的圣路易斯方程……你知道,因此,你在方程式的右边插入货币和财政赤字用来解释国内生产总值(或国民生产总值)的增长率,对右边的两个变量的内生性没有任何关注。它表明了弗里德曼即使在晚至圣路易斯时期的思想……弗里德曼实际上丝毫不关注财政政策系数的内在向下偏误和货币政策系数向上偏误的内生性问题。如果在样本区间美联储正努力稳定利率,则更是如此。那就意味着,他们不得不自动地在某种程度上让LM曲线随经济变动来稳定利率。当然,财政赤字是内生性的,因为税收收入是内生性的。我们都知道那来自麻省理工学院。我是那个研讨会的成员之一,这太荒谬了。(罗伯特·戈登在2013年3月21日的访谈)①

类似于戈登所表达的对圣路易斯方程的批评,出现在20世纪60年代晚期和20世纪70年代由学院派凯恩斯主义者与联邦

---

① 应该指出的是,莱昂诺尔·安德森和杰里·乔丹(Andersen and Jordan 1968a)通过使用财政变量的"充分就业"形式,确实考虑到了财政政策的一些内生性问题。不过,他们用来获得充分就业序列的调整方法,虽然在当时是标准的,但今天不会被视为是正确的。

储备委员会和圣路易斯之外的联邦储备地区银行的经济学家们撰写的几篇文章中。[1]不过，我们应该说，这个方程很好地经受住了批评，证明它对各种内生性问题的考虑都很全面，包括两阶段最小二乘法的估计，而且，将利率和滞后的因变量作为右边项包括在回归中几乎没有改变估计的系数（参见 Batten and Thornton 1986）。此外，麦卡勒姆（McCallum 1986a）在为基本的圣路易斯方程进行辩护时争辩说，它可以被视为一个最终形式的方程。虽然该方程抽象掉了货币传导的确切渠道，但是——与货币主义者关于货币增长是货币政策起作用的各种渠道的良好概括的观点相一致，认定名义收入与货币之间由于那些渠道的运行而存在一种简单的关系。这种方法甚至对那些在圣路易斯网络之外的经济学家而言，在分析货币关系时都成为一种有吸引力的框架（例如参见 Feldstein and Elmendorf 1989；Feldstein and Stock 1994；McCallum 1988a，1990b）。

与弗里德曼的方法保持一致的圣路易斯方程的另一方面是这一事实：它明确关注名义收入的预测，从而没有排除名义收入区分为价格和产出是否可以成功地模型化的问题。实际上，当圣路易斯联邦储备银行的研究部门大胆模拟名义收入的变化分为价格上升和实际产出的增长（Andersen and Carlson 1970）时，弗里德曼的热情就少多了。他在1971年6月15日《动态经济学教学盒式磁带》第76集中认为这个相关的结论更加是试探性的。

安德森与乔丹的研究以及《圣路易斯联邦储备银行评论》上的后续文章的影响意味着，圣路易斯联邦储备银行在联邦储备系

---

[1] 例如参见 R. Davis（1969）和 Modigliani and Ando（1976）。

统内的经济研究方面居于领先地位。弗里德曼认为，琼斯和弗朗西斯（该银行1966—1976年的总裁）让圣路易斯联邦储备银行成为"系统内最重要的一个单位"。① 除了研究，圣路易斯联邦储备银行通过弗朗西斯的讲话和他参加的联邦公开市场委员会的会议给人留下了深刻的印象。在这些会议上，他表达了货币主义的立场和主张银行准备金作为一种工具（尽管达里尔·弗朗西斯不愿采取支持固定货币增长的政策）。不过，格拉姆利——正如前面指出的那样，他是联邦储备委员会的一名资深官员——并不认为弗朗西斯在联邦公开市场委员会的会议上是一位高效的参与者。②

因此，圣路易斯联邦储备银行对美国货币政策辩论产生的主要影响似乎是通过它的研究部门来实现的。圣路易斯联邦储备银行的研究部门在20世纪60年代晚期随着一系列广受关注的研究论文的出现，成了一个"热门工厂"。鉴于安德森-乔丹的论文以及该论文的后续文章受到的关注，弗里德曼评论说，援引《圣路易斯联邦储备银行评论》中的内容在研究期刊上变得非常普遍，这对地区银行的刊物而言是一个前所未见的现象。③ 相比之

---

① 参见Friedman（1976b，435）。
② 格拉姆利在2013年4月10日笔者的访谈中回忆说："弗朗西斯过去常常带着一份准备好的演讲稿来，放在他的腿上，你可以看到他的眼球在阅读这份演讲稿时向下看……因此，他没有给任何人留下深刻的印象。"但是，这种回忆可能夸大了书面语言和它的演讲方式之间的差异，因为弗朗西斯对会议的参与在考虑到联邦公开市场委员会会议的相关会议记录和备忘录时就经常会表现出先见之明，令人印象深刻。对这一点，特别参见Meltzer（2001a）。
③ 参见Friedman（1973a，10；1976b，435-36）。

下，弗里德曼在20世纪60年代末和20世纪70年代初则对联邦储备委员会研究货币政策问题的优先性和内容表现出尖酸刻薄。他谈到这个反常的事实：联邦储备委员会拥有一个庞大的研究队伍，但很少有人参与货币政策的研究，也很少有向外部发表的记录。[①] 圣路易斯联邦储备银行填补了这个空白——在这样做时，它提供的材料与联邦储备委员会和其他几个联邦储备银行的关键人员所采纳的经济理论和政策的立场大相径庭。

圣路易斯联邦储备银行研究议程的成功也体现在安德森与乔丹的研究在某种程度上激起了麻省理工学院的顶尖人物的反应——尽管这种反应完全是负面的。萨缪尔森在20世纪60年代末到70年代初的经济评论中不断地批评圣路易斯方程。[②] 实际上，当萨缪尔森在1971年1月24日《星期日电讯报》(*Sunday Telegraph*) 第19版上公开谴责构成货币主义支持基础的"伪实证主义"和"粗糙的经验证明"时，他可能提到的正是圣路易斯

---

[①] 参见1969年1月《动态经济学教学盒式磁带》第12集、1970年12月3日《动态经济学教学盒式磁带》第62集，以及1971年3月1日的《新闻周刊》。弗里德曼的一个主要抱怨就是，联邦储备委员会的经济学家似乎更为关注收集工业生产序列而不是货币统计资料（参见前面的文献以及《美国货币史》第629页）。

[②] 参见萨缪尔森（Samuelson 1970c，1971）以及正文中的例子。此外，罗伯特·希勒在20世纪60年代晚期是麻省理工学院的一名研究生，他在2014年12月5日的私人通信中向笔者讲述了萨缪尔森在安德森和乔丹的方程辩论中的兴趣。

方程和弗里德曼的简化形式的方程。① 莫迪利安尼深度参与了联邦储备委员会的计量经济学模型的建模工作，在莫迪利安尼和安多（Modigliani and Ando 1976）这篇论文中对圣路易斯的简化形式方程进行了批评。索洛以布林德和索洛（Blinder and Solow 1973）的这篇论文加入了争论。布林德在 2013 年 12 月 6 日笔者的访谈中回忆说，这个研究部分地由"最近对圣路易斯联邦储备银行的安德森和乔丹的大量关注"这个事实所引起。

圣路易斯运动所产生的影响部分地反映了构成这个研究的基础在经验上存在一个合理的主题思想。因为货币在 20 世纪六七十年代期间的美国确实与名义收入存在一个持久的关系。当采取 M1 作为货币的定义时，圣路易斯方程经过相对较小的调整在 20 世纪 80 年代初（Tatom 1988）依然存在；M2 的版本则直到 20 世纪 90 年代中期都很好地经受住了检验（Feldstein and Elmendorf 1989；Feldstein and Stock 1994）。② 这一方程的适应力表明，批评家们如此强调的货币内生性问题也许既不是在原始样本时期影响该方程预测成功的一个关键因素，也不是发现货币变

---

① 另参见萨缪尔森（Samuelson 1970c，151）对"简单相关性的尝试"的批评。
萨缪尔森将他和弗里德曼的技术严谨性程度进行对比的一个更加公开的场合是他们在 1962 年 6 月 5 日参加哥伦比亚广播公司在空军学院拍摄的一档电视节目《美国经济》第 48 讲"我们可以有无通货膨胀的充分就业吗？"在这次交锋中，萨缪尔森说，他和弗里德曼的观点不同，部分是"也许因为我来自一个技术学院——麻省理工学院，这儿到处都是公式"。不过萨缪尔森在陈述说对方程的广泛接触也使他内心充满了"对它们一定程度的不信任"时语气放缓了。
② 另参见罗伯特·劳伦特（Laurent 1999），他集中关注实际货币增长作为实际国内生产总值的一个指标。

量的统计显著性的来源。[1]

相比之下，该方程关于财政政策的结论很难评估。圣路易斯关于弱财政效应那种类型的结论并不与最近关于政府采购或税收变化的非零乘数的研究有内在的矛盾（例如 Hall 2009，Romer and Romer2010，Barro and Redlick 2011，Ramey 2011），因为圣路易斯的研究关注的是纯财政政策——在保持货币存量不变的条件下的财政影响，而最近的研究并没保持货币存量不变。实际上，劳伦斯·克里斯蒂亚诺、马丁·艾森鲍姆和塞尔吉奥·雷贝洛（Christiano, Eichenbaum, and Rebelo 2012）在对政府支出与产出关系的主要分析中将短期利率视为固定不变的，因而在事实上就将财政行动视为由货币政策调节。[2] 但是，诚如在罗伯特·戈登前面的叙述那样，如果它们不是简单地被解释为被内生性问题所扭曲，那么对莱昂诺尔·安德森与杰里·乔丹关于财政政策的结论似乎不存在明确的理论解释。弗里德曼最初将圣路易斯方程的财政项的系数之和为零解释为挤出效应的反应，即利率对公共借贷的依赖性导致私人支出特别是投资支出沿着不同于赤字融资的公共支出的方向移动。但是，业已指出，他在后来的年份中逐渐怀疑挤出效应的经验重要性。如果挤出效应作为一种解释被摒弃，那么安德森与乔丹（Andersen and Jordan 1968a）关于财政政策的结论就不得不以其他方式进行解释。

---

[1] 在这一点上，彼得·艾尔兰（Ireland 2003）从黏性价格的动态随机一般均衡分析得出的结论表明，货币与收入的相关性主要不是货币政策对经济状态反应的产物。
[2] 参见第三章的讨论。

## 二、收入支持、福利与社会保障

弗里德曼强烈反对法定最低工资的思想。他在1966年9月26日《新闻周刊》的第一篇专栏文章中对最低工资展开了批评。1966年他也见证了一本著作《最低工资率：谁在真正付酬？》(*The Minimum Wage Rate: Who Really Pays?*)的出版。在这本著作中，弗里德曼与商学院的耶鲁·布罗森（Yale Brozen）在此主题上进行了交流。[①] 这是一次对话而非辩论，因为不仅布罗森和弗里德曼都反对最低工资，而且他们在该书的其余部分都试图用反对这一想法的论点来超越对方。对弗里德曼而言，最低工资有害是因为它增加了失业。在1967年的美国经济协会的主席演讲中——本章后面要对此进行讨论，弗里德曼援引最低工资作为使自然失业率高于没有最低工资的情形的一个因素。在这一点上，他在1968年12月《动态经济学教学盒式磁带》第6集中认为，1967年法定最低工资的提高会进一步提高自然失业率。

而且，弗里德曼认为，整个学术界近乎一致接受了这种观点。他在1976年8月26日《基督教科学箴言报》上明确地说，"每一个经济学家都会同意——至少私下——最低工资的规定会引起失业"。不过，当戴维·卡尔德和艾伦·克鲁格（Card and Krueger

---

[①] 参见布罗森和弗里德曼（Brozen and Friedman 1966）。布罗森在美国西北大学工作十年之后在1957年加入芝加哥大学商学院（American Economic Association 1970，55-56）。他后来在1968年9月苏格兰阿伯丁举行的朝圣山学社的会议上提交了一篇论最低工资的论文，发表为Brozen（1969）。
商学院另一位发表了一篇批评最低工资法的研究的人物是乔治·斯蒂格勒。参见Stigler（1946）和Friedland（2002，646）。

1994）提供的证据表明最低工资的增加没有提高美国的失业率时，这个陈述就在20世纪90年代变得过时了。但是，弗里德曼对这一新文献并没有做出让步——如果他确实了解它的话。[1] 相反，他在1996年4月24日的《华尔街日报》上断言，提高最低工资的立法"意味着更少的人会被雇佣"。类似地，弗里德曼在2004年10月5日旧金山WQED电视节目《2004年选举：经济》(*Election 2004: The Economy*) 中评论说，最低工资"造成了失业"。

21世纪的研究包括多篇重新断言最低工资的提高会提高实际失业率和自然失业率的文章。彼得·图利普（Tulip 2004）表明，卡尔德与克鲁格那类的证据并没有让足够多的因素保持不变。图利普的证据，连同纽马克、伊万·萨拉斯和威廉·沃雪尔（Neumark, Salas, and Wascher 2013）突出20世纪90年代文献的方法论问题，就指向了较高的最低工资提高了自然失业率的原初假设。

### （一）负所得税

最低工资的拥护者们认为，最低工资是保证家庭获得最低收

---

[1] 弗里德曼没有意识到这个新的研究发现的说法来自他在1996年4月18日在克莱蒙特·麦肯纳学院的一次断言："我认为，每个人都会同意这一点［也就是较高的最低工资会提高失业率］"（1996年12月26日美国有线卫星公共事务电视网）。同样，弗里德曼夫妇在1998年的回忆录中引用了《美元与赤字率》第2页的一个摘要，而弗里德曼在《美元与赤字》中声称经济学家几乎完全一致同意最低工资与失业之间的联系。他们在回忆录《两个幸运的人》第218页中没有试图表明，这种事实上的一致同意不再适用了。在奥德里斯科尔等人（O'Driscoll et al. 1997, 10）的研究中，弗里德曼表达的观点是，甚至那些呼吁提高最低工资的经济学家一定知道，这样一种措施会提高失业率。

入水平的一种手段。但是，对弗里德曼而言，法定的最低工资不适合这一目标，因为它增加了劳动力中失业的人数。"一个人在失业中每小时获得 1.6 美元怎么会比在就业中获得 1.5 美元更好呢？"[①] 在 20 世纪 60 年代，弗里德曼提出了他所认为的保障最低收入的一种更加有效的形式，一种不直接增加雇主在做生意时所面临的成本的形式。他的建议就是负所得税，低于某个收入水平的雇佣劳动者会从政府那里收到是他们的工资收入的一个函数的返还款。

肯尼思·博尔丁（Boulding 1945，158）在 1945 年就已经提出了负所得税的观念，并评论说："没有任何特别的理由说明为什么税率要停留在零……一个负税率当然就意味着政府要向纳税人支付更多的钱，而不是从他那里拿走钱。这个观念并没有任何内在的荒谬或不合理之处。"[②] 博尔丁关心的问题是，负所得税可以扩大和增强累进所得税制稳定经济的程度。弗里德曼在 1948 年对稳定政策的研究沿着同样的思路表达了这个观念，同时也表明了他最终在 20 世纪 60 年代倡导的收入支持计划的可能性："人们可能会希望，目前复杂的转移支付结构会被整合进一个与所得

---

① 参见 1973 年 2 月《花花公子》杂志第 54 页，这篇文章重印在 Friedman（1975e，7；1983b，16）之中。
② 在 1978 年 5 月 1 日录音的《米尔顿·弗里德曼演讲录》第 14 集 "自由企业制度中的平等与自由" 中，弗里德曼在抄写本的第 25 页承认，他并非负所得税的首创者，但是争辩说他发明了这个术语。不过，博尔丁的相关文章提供了一个他对这个术语的使用早于弗里德曼对它的使用的例子。

税相协调的和旨在提供普遍的最低个人收入的单一计划。"①

虽然弗里德曼在 20 世纪 60 年代初在原则上不反对自动稳定器的运作,但是他对财政政策作为一个稳定工具的有效性完全失去了幻想,以至于他一点也不重视负所得税作为一种调节总需求的手段。实际上,弗里德曼在《资本主义与自由》中倡导负所得税时也建议累进税收制应该被单一税率制所取代。因此,他并不是强烈地辩称负所得税是一种增加税制累进性的方式。从某种程度上说,弗里德曼将负所得税视为一种福利措施。他认识到这个建议对他而言并非新的,因为他在 1972 年评论说,负所得税的观念在 20 世纪 40 年代就由莱迪·里斯-威廉姆斯(Lady Rhys-Williams)提出了。②

截至 1965 年年末,弗里德曼对负所得税观念的解释集中在两个地方:在《资本主义与自由》中的讨论和 1965 年 9 月发表在《全国工业会议委员会记录》(*National Industrial Conference*

---

① Friedman(1948a, 248)。当《华尔街日报》在 1969 年 11 月 4 日介绍弗里德曼时说弗里德曼对负所得税的倡导可以追溯到 20 世纪 40 年代末的时候,它大概是指的这一段话。弗里德曼本人在 1966 年 6 月 27 日参加全美教育电视台特别节目《伟大社会:火热的经济》中评论说,负所得税是"我在很长时间一直支持的"东西。

② 参见 1972 年 6 月 28 日《动态经济学教学盒式磁带》第 102 集。弗里德曼之前在 1969 年 5 月 22 日麻省理工学院参加美国波士顿公共广播电台《经济学大辩论》电视节目时承认,里斯-威廉姆斯的社会红利思想是"负所得税的了不起的先例"。里斯-威廉姆斯在 1943 年的著作《期待之事》(*Something to Look Forward To*)中倡导她所称的"社会红利"。

Board Record）上的一篇文章"转移支付与社会保障体制"。[1]但是，弗里德曼在1965年12月19日接受《纽约时报》的采访后，他的建议引起了人们的关注。弗里德曼在采访中提出负所得税比约翰逊政府为此目的启动的计划更有助于解决"向贫困开战"的问题，突出了这个提议的时事性。在20世纪60年代的其余时间中，弗里德曼对负所得税的讨论猛增。到1970年年末弗里德曼完全致力于讨论这个问题之时，这个问题无疑构成了他在1970年9月17日《卫报》上所指的"我的社会政策和货币政策领域"

---

[1] 参见 Friedman（1962a, 191–94; 1965a）。因此，约瑟夫·佩奇曼（Pechman 1966, 303）在对联邦税收政策研究中认为弗里德曼提出了负所得税建议，在这一点上援引《资本主义与自由》。

的基础。① 他在 1966 年 12 月在华盛顿特区举行的一次保障收入

---

① 弗里德曼偶尔用术语"社会政策"或"社会科学"来涵盖那些与稳定政策无关但并不列入基于与价格理论密切关联的厂商或产业分析范围的微观经济学意义上的经济分析领域，比如收入分配和人力资本理论。例如，弗里德曼在 2001 年将加里·贝克尔描述为"在过去半个世纪中生活和工作的最伟大社会科学家"（2014 年 7/8 月《芝加哥大学杂志》第 26 页）。前面对弗里德曼所谓的"社会科学"的解释不仅与劳伦斯·萨默斯关于贝克尔帮助扩展了经济研究范围、超越了"像商业周期、通货膨胀、贸易、垄断和投资这些主题"的评论相一致（参见 2014 年 7/8 月《芝加哥大学杂志》第 26 页；至于相似的看法，另参见 Fourcade, Ollion and Algan 2015，93-94），而且与弗里德曼在公共政策著述中大量论述这些广泛的议题的做法相一致。《政治经济学杂志》在一个阶段提出了一个妥协的术语，建议用"社会经济学"来称呼与贝克尔相关的研究议程（参见 University of Chicago Press 1980）。
正如弗里德曼对贝克尔的赞扬所表明的那样——也与他关于应该广泛应用经济分析的看法（在第四章中讨论过）相一致，他高度赞成贝克尔将家庭行为和婚姻纳入经济分析范围的努力。在 20 世纪 80 年代初，弗里德曼在这样说时对贝克尔的《家庭论》提供了支持："这本真正具有开创性的著作将技巧和迄今为止被认为完全不相容的问题结合起来——理解家庭的严谨经济学推理。这种结合具有令人震惊的创造性。它注定要影响每一种探讨人类行为的科学的基础。"（参见 Harvard University Press 1985，Becker 1991b 的封底）弗里德曼之前在 Friedman（1976a，4）中对贝克尔论家庭的著作表达了赞美之词。
弗里德曼事实上在多年前指出，当沃伦·沃利斯和米尔顿·弗里德曼（W. Wallis and Friedman 1942，186）在 1942 年说"家庭构成甚至可以被视为一种商品，因为增加一个孩子的满足可能要与带来的费用相比较"时，他就对按照经济学术语来模型化家庭决策的做法感到惬意。不过，无须说，弗里德曼后来的研究集中于其他议题。贝克尔（Becker 1991b, xi）的致谢词表明，弗里德曼对贝克尔的论家庭的著作提供了一些评论。然而，这些致谢词也证实，乔治·斯蒂格勒是评论的一个更主要的来源——这种情形不仅与贝克尔和乔治·斯蒂格勒在微观经济学中有共同的研究方向相一致，而且与乔治·斯蒂格勒而非弗里德曼在 1976—1977 学年之后依然是贝克尔的芝加哥大学同事的这个事实相一致。

的会议上就他的建议做了详细的发言（US Chamber of Commerce 1967），他的以"支持负所得税的理由"为题的会议论文的各种版本在此后几年之内仍在印行。[1]他在1968年9月16日和10月7日接连就此主题在《新闻周刊》上发表了专栏文章。[2]当佛蒙特州的共和党参议员温斯顿·普劳蒂（Winston Prouty）告诉弗里德曼，他希望在未来的一个听证会上"就你的负所得税和这类事情的理论做一些讨论，我发现这些理论很迷人"时，对弗里德曼计划感兴趣的另一个信号就在1967年4月国会对征兵制的作证结束时出现了。[3]

负所得税建议之所以引起公共政策界的兴趣，原因之一是像弗里德曼这样的小政府拥护者与之相关联。负所得税建议是一个转移支付计划。因此，它不是一个人们往往将它与持有弗里德曼的经济和政治观点相联系的人的建议。这是一个弗里德曼得到与

---

[1] 会议版的副标题是"一种权利的视角"，可能遭到了弗里德曼的反对。这篇文章在20世纪60年代多次印刷出版。没有副标题和带有大量不同内容的版本发表为Friedman（1968h）。为了增加混乱，《国家评论》杂志在1967年3月7日发表了弗里德曼自编辑的一封信，标题是"支持负所得税的理由"。这封信也在一本选读著作中重印（参见Haring 1972, 60-62）。

[2] 《财富》杂志在1967年6月日对弗里德曼的介绍中也讨论了这个计划，尽管没有引用弗里德曼对此主题的最新论述。弗里德曼在1967年4月的《哈泼斯》（Harper's）月刊上发表的"让人民保持饥饿的迷思"的文章关注的是非西方各国的生活标准，没有论述美国的福利制度。弗里德曼明显对《哈泼斯》月刊上的文章感到满意——此文是他对日译本《资本主义与自由》的序言的扩充，因为他将此文包括在1986年的《经济学名人录》词条选择的10篇发表的文章之中（Blaug 1986, 292）。

[3] 引自1967年4月6日劳工与公共福利委员会的听证会（Committee on Labor and Public Welfare 1967, 246）。

凯恩斯主义和肯尼迪-约翰逊政府相关的经济学家支持的建议。弗里德曼在《新闻周刊》论负所得税的第一篇专栏文章的开头就指出，萨缪尔森支持这个措施。托宾是另一位著名的支持者，和弗里德曼一样，他也是1966年12月保障收入会议的参与者。[①] 不过，与此同时，不仅弗里德曼对负所得税和转移支出的支持激怒了强硬的自由意志论者，而且他的建议在他们反对弗里德曼的目录中也许变成了第一个问题（1967年6月1日《财富》杂志第150页；Rothbard 1971）。

弗里德曼的负所得税建议的具体细节的确在他自己与其他像托宾一样的倡导者之间保持了某些距离。第一，他将负所得税的引入视为现有的社会福利制度的一种替代。[②] 缺乏凝聚力的现存制度不断地招致弗里德曼的嘲讽，他将这种现状称之为"现有措施的大杂烩"。[③] "我认为我们应该无区别地帮助穷人"，弗里德

---

① 托宾在此主题上的主要论文是Tobin（1965c）。这篇论文提出的几种论据与弗里德曼提出的相似，而当萨缪尔森在1970年的一本选读文集中在新标题"负所得税"之下包括托宾论文的缩短版本时，托宾的政策建议与弗里德曼本人的政策建议之间的联系就凸显了出来。

② 参见Friedman（1977b, 55），重印在Friedman（1978a, 81）之中。此外参见《自由选择》第122页。伊丽莎白·威肯登（Elizabeth Wickenden）是全国社会福利大会企业的一名技术顾问，她在1967年3月23日众议院筹款委员会的证词（Committee on Ways and Means 1967b, 1601）中评论说："有一天，我与参议员戈德华特在竞选期间的顾问弗里德曼进行了一场辩论。弗里德曼先生说：让我们抛弃整个社会保险制度，整个最低工资制度，我们所有的各项措施，将每一个人置于负所得税之上。以这种方式，我们就可以不再考虑所有其余的措施。"

③ 参见《资本主义与自由》第192—193页。另参见Friedman（1965a, 10）；1965年12月19日《纽约时报》；1966年2月15日《华尔街日报》；《自由选择》第122页。

曼在1968年3月26日《芝加哥每日新闻报》第39版上说。他认为，这样做的方法就是引入税收来取代其他福利计划的负所得税安排，但是，负所得税的其他拥护者希望将它叠加在现有的福利制度之上。

第二，弗里德曼提出的负所得税建议，可能意味着整个福利支出的减少。他就联邦福利支出问题在1966年6月27日参加的全美教育电视台特别节目《伟大社会：火热的经济》中声称，"问题不是我们没有花费足够的钱——而是我们花了太多的钱"。福利支出的部分削减来自他所设想的伴随着负所得税的引入而来的福利项目的精简。但是，负所得税制度所允许的转移金额限制也会产生约束。

弗里德曼认为，政府有义务提供足够的资金来防止人们"饿死"或者处于贫困之中。① 在他看来，提供的福利远超过这一金额的负所得税会激起那些从这个计划中无所获益的人的反对。"负所得税不是一个好的观念，恰恰是因为它是负所得税"，他在1972年说，"这取决于它是否处于足够低的水平以至于它是可行的——以至于我们其余的人愿意支付税收，以便为它筹资。"②

而且，由于要确保劳动人口中的就业者和失业者都获得明

---

① 弗里德曼在1961年5月3日出席美国商会时使用"饿死"来描述他所希望预防出现的情形和他关于消除"贫困"应该是标准的陈述参见 Vaizey（1975，72）（另参见1974年5月30日《听众》杂志第689页）、Friedman（1975f，28-29）、1978年5月1日录音的《米尔顿·弗里德曼演讲》第4集"自由企业制度中的平等与自由"副本第25页和1980年2月25日美国广播的《自由选择》电视系列"创造平等"第5集录像辩论部分的美国版本的副本第7页。
② 参见1972年6月28日《动态经济学教学盒式磁带》第102集。

确规定的最低收入，弗里德曼希望最低收入水平要足够低，以便保持人们工作的动机。在这一点上，弗里德曼明确规定，负所得税所处的水平应该包含最低保障收入与正税率开始适用的收入之间的一个较大差额。① 他强调，这两个收入的起点不应该重合，因为那样会"摧毁动机……人们为什么要去工作和赚取任何收入？"② 特别是，弗里德曼认为将他与政府活动更相关的经济学家区别开来的一个"基本分歧"的事实就是，他希望负所得税税率远远低于100%：他明确规定的税率就是50%。③

托宾承认，他在这个问题上的观点与弗里德曼存在实质性的差异。他在1976年10月23日的《经济学人》上批评弗里德曼的负所得税建议只是提供了适当的援助，并嵌入了废除现有转移项目的建议。

托宾（Tobin 1986，133）后来补充说，就弗里德曼的建议而言，"他的版本似乎对我而言规模太小了，无法弥合大部分的贫富差距"。在这次讨论中，托宾也指出了他在"1972年为乔治·麦戈文（George McGovern）设计一个负所得税计划"中的辅助作用，当时麦戈文是民主党的总统候选人，然后是总统提

---

① 参见《资本主义与自由》第192页和1966年2月15日《华尔街日报》。
② 1968年1月8日联合播出的《火线》节目副本第7页。同样，弗里德曼之前在1966年6月27日参加全美教育电视台特别节目《伟大社会：火热的经济》中说，"在我看来，这个建议有许多优点，但是可能会被完全摧毁掉，如果你谈论将这个差额完全填补上"。
③ 美国商会的大会讨论（US Chamber of Commerce 1967，42）。这里给出的税率是50%并在《自由选择》第121—122页之中得以重申。

名者。① 实际上，虽然《纽约时报》在对麦戈文建议的报道中承认托宾是麦戈文的具体建议的作者，但是引述了麦戈文的另一名资深经济顾问麻省理工学院的埃德温·库（Edwin Kuh）的观点，来强调弗里德曼的福利思想与麦戈文竞选的福利思想之间的渊源。② 在这种背景下，弗里德曼公开反对麦戈文的建议。在比较麦戈文的建议与他自己关于负所得税的思想时，弗里德曼在1972年6月28日《动态经济学教学盒式磁带》第102集中评论说："好吧，它们都是同一个家庭的成员，但是，同一个家庭的成员当然不必然是同卵双胞胎。它们有时甚至非常不喜欢和不尊重彼此。"他的反对意见集中在前面阐述的两个分歧：第一，是弗里德曼而非麦戈文支持用负所得税建议来取代现有的项目；第二，麦戈文的最低保障收入比弗里德曼建议的水平要慷慨得多。"那个数字太高了"，弗里德曼谈到麦戈文提议的家庭最低收入时说。③

---

① 负所得税之前一直是由萨金特·施赖弗（Sargent Shriver）在1965年12月19日《纽约时报》上倡导的，他最终在1972年的选举活动中成为麦戈文的竞选伙伴。但是，麦戈文在竞选期间对负所得税的倡导早于萨金特·施赖弗加入他的候选人名单的时间。
② 埃德温·库在1972年6月18日《纽约时报》上被引述的话是："使用税收制度来重新分配收入和减少联邦在此过程中的参与的思想追溯到20世纪50年代的弗里德曼"。
③ 参见1972年6月28日《动态经济学教学盒式磁带》第102集。在总统竞选后发表的一次访谈中，弗里德曼在1973年2月《花花公子》杂志第66页中郑重申明了他对麦戈文版本的负所得税的批评（重印在Friedman 1975e, 30；1983b, 47）。他在1972年9月25日《新闻周刊》的专栏文章中批评了麦戈文竞选团队的福利改革观点，而这个批评间接提到了他们的收入支持计划。

弗里德曼偏爱的数字所包含的福利要低于其他负所得税建议的典型水平的这个事实,是索洛(Solow 2012,43)认为弗里德曼比其他人对收入支持更少感兴趣的依据,尽管弗里德曼在倡导负所得税。索洛在2013年12月2日笔者的访谈中声称,"如果你看看他考虑这种事情的数字大小,就会明白弗里德曼计划所提供的收入救助是非常有限的。"

爱本斯坦(Ebenstein 2007,174)断言,"弗里德曼从20世纪70年代早期以来就基本上放弃了对负所得税的讨论"。[1] 这明显是错误的。《自由选择》的电视版和著作版都讨论了负所得税的事实就足够反驳爱本斯坦的说法。[2] 从20世纪70年代初直到制作《自由选择》的时期内,弗里德曼多次讨论了负所得税,包括1972年3月8日在夏威夷州参议院的筹款委员会的发言〔1972年3月9日《檀香山纪事报》(*Honolulu Register*)〕和前面指出的1972年中期的盒式磁带评论。弗里德曼在《挑战》(*Challenge*)和《花花公子》杂志的采访中颂扬了负所得税的优点。[3] 他在1974年12月《理性》杂志第14页、1976年4月5日《人物周刊》第52页以及1975年1月27日和1977年6月

---

[1] 类似地,《商业周刊》在1976年11月29日对负所得税的报道中,将弗里德曼倡导该建议的时期确定为只是20世纪60年代。

[2] 负所得税在《自由选择》的著作版本中得到了讨论:参见《自由选择》第119—123页。不过,负所得税没有收录在该著作的索引条目中。因此,基于索引而不是严格意义上的著作来判断该著作的内容就会得出负所得税在这本著作中没有论述的结论。

[3] 参见Friedman(1973c,35)和1973年2月《花花公子》杂志第64页和第66页〔重印在Friedman(1975e,28-30;1983b,45-47)〕。

13日《新闻周刊》的专栏文章上也这样做了。① 他在1975年堪萨斯城的一次演讲[1975年12月5日《堪萨斯城时报》(*Kansas City Times*)]和20世纪70年代中期的另一次谈话中也提倡负所得税。② 弗里德曼将他对负所得税的倡议纳入他1976年向伦敦经济事务研究所提交的报告中。③ 他对该建议的其他支持包括1976年9月13日在伦敦《泰晤士报》的采访、1976年7月17日参加独立电视新闻公司的电视节目脱口秀《杰伊访谈》、1977年3月30日参加电视节目脱口秀《戴娜!》(*Dinah!*),以及1977年和1978年《米尔顿·弗里德曼演讲录》的录像带演讲系列的第1集、第10集和第14集这三集。④ 弗里德曼在1980年之后继续谈论和写作负所得税论题。⑤

---

① 这些《新闻周刊》的专栏文章没有收录在弗里德曼专栏文章重印的文集中,因此,对于那些依靠重印著作而以牺牲弗里德曼的《新闻周刊》供稿的全部记录为代价的人而言,它们就可能是被忽视的篇目。
② 参见Friedman(1977i, p.201 of 1981 reprint)。
③ 参见Friedman(1977b, 54),重印为Friedman(1978a, 80)。
④ 特别参见1977年10月3日录音的《米尔顿·弗里德曼演讲》第1集"何谓美国?"副本第21—22页;1978年5月9日录音的《米尔顿·弗里德曼演讲》第10集"医疗保健的经济学"副本第20—21页和1978年5月1日录音的《米尔顿·弗里德曼演讲》第14集"自由企业制度的平等与自由"副本第25—26页。根据电视节目表,弗里德曼也在1971年参加一个名叫《威廉·F.巴克利》(*William F. Buckley*)的美国公共电视网(PBS)节目时倡导负所得税(参见1971年5月10日的《洛杉矶时报》)。不过,这个节目只是弗里德曼在1968年参加巴克利的《火线》节目的重新包装版本。
⑤ 例如Friedman(1981a, 17; 1981c, 28; 1982a, 32);1982年4月19日《新闻周刊》;1983年3月12日英国广播公司第二台《星期六简报》节目的副本第9页; *Alternatives in Philanthropy*(March 1989);1994年11月20日美国有线卫星公共事务电视网副本第15页。

1975年引入的工作收入所得税抵免有时被描绘成美国实施了弗里德曼负所得税建议。但是，弗里德曼并不认为，他的建议已经通过工作收入所得税抵免得以实施了。例如，他在1977年认为，负所得税是一个已经被华盛顿的政策制定者摒弃的措施。① 更可能的是，这种解释来自这个事实：工作收入所得税抵免不是制定来作为联邦税收与转移支付制度中唯一的收入支持措施。因此，它就不具有弗里德曼为负所得税所设想的作用。

### （二）社会保障

在联邦政府的活动中，弗里德曼认为社会保障是"主要的福利国家项目"。② 将社会保障划归入福利项目的做法就其本身而言不会被他的支持者所接受。他们也通常反对"老年退休金"的标签，该标签是一位媒体提问者在1961年与弗里德曼交流时使用的。③ 相反，社会保障的支持者通常将它视为一个保险计划。弗里德曼在他的著述中对这种观点做了某些让步，因为他在一本《新闻周刊》的专栏文章文集中将一章的标题命名为"社会保障与福利"而非仅仅是"福利"。④ 尽管如此，弗里德曼在1967年4月3日的《新闻周刊》上的主张是："虽然称为'保险'，但是

---

① 参见1977年10月3日录音的《米尔顿·弗里德曼演讲》第1集"何谓美国？"。同样，《商业周刊》杂志在前面提到的1976年11月29日对负所得税的报道中认为，负所得税的建议是一个公共辩论的主题但还没有在美国实施的建议。

② 参见《自由选择》第102页。

③ 引自1961年5月3日在美国商会上的交流。弗里德曼不喜欢"社会保障"这个词语（参见 Friedman 1988c, 380）。

④ 参见 Friedman（1972d, chapter 8）。

这种制度……没有这样的东西。"[①] 特别是，他在1971年6月14日的《新闻周刊》上强调当期福利的成本主要由当期的纳税人承担，而不是主要来自当期接受者先前缴纳的社会保障税，因而"支付的税收与获得的福利之间的关系极其松散"。不过，弗里德曼确实承认，事实上仍存在"一丁点儿关系"。[②]

在1971年《新闻周刊》的专栏文章中和这一年在与约翰逊政府时期担任卫生、教育与福利部的部长威尔伯·科恩（Wilbur Cohen）的一次辩论中，弗里德曼批评一本官方小册子给人留下的印象是，社会保障体系的信托基金而不是征税在为福利金提供资金中发挥了主导性的作用。[③] 在1971年6月14日《新闻周刊》和1975年8月《动态经济学教学盒式磁带》第174集第2部分中，承诺的福利金对下一代纳税的依赖性让弗里德曼将社会保障称之为一封"连锁信"。弗里德曼通常避免使用更具有争议性的标签——"庞氏骗局"，而保罗·萨缪尔森在1967年2月13日的《新闻周刊》专栏文章中用它来描述社会保障——具有讽刺意味的是，这篇文章的目的是突出该项目的优点。不过，弗里德曼最终在1999年《纽约时报》的一篇专栏文章中屈服并使用了"庞氏骗局"的标签。实际上，旁氏骗局的类比是不恰当的，这恰恰

---

① 而且，弗里德曼在1977年5月13日的《圣彼得堡独立晚报》（*St. Petersburg Evening Independent*）上陈述说，在现实中"社会保障不是一个保险安排"。
② 参见1978年2月23日录音的《米尔顿·弗里德曼演讲》第5集"福利国家怎么啦？"副本第18页。
③ 参见1971年6月4日的《新闻周刊》。另参见《自由选择》第103—105页和弗里德曼在Cohen and Friedman（1972，23-24）中的评论。

是因为弗里德曼和萨缪尔森强调社会保障有一个特征：它是由未来的税收提供资金的，因而该福利的资金来源的可获得性是不会受到怀疑的。

向这个福利提供资金的未来纳税人的反对的前景是弗里德曼批评社会保障体制的一个主题。① 但是，他也逐渐认识到，存在夸大社会保障所蕴含的税收负担增加速度的危险。"我在过去发现，人们必须非常谨慎地谈论社会保障，而不要做虚假的陈述"，弗里德曼在 1975 年 9 月的《多纳休》节目上评论说。在那一次以及在 1976 年返回参加这个脱口秀节目时，弗里德曼对演播室的听众讲——他们中的许多人指出，他们在退休岁月中不会期望获得社会保障福利——他们实际上可能会获得这些福利。②

弗里德曼对社会保障融资的方法持十分严厉的批评态度。"它是高度累退的"，他争辩说。③ 在这一点上，弗里德曼指出，与社会保障相关联的专门税在超过特定水平之后就不再适用于劳动收入的增加。至于表面上由雇主支付的那部分税收，弗里德曼

---

① 例如，在 1973 年 2 月 12 日的《首都晚报》(*Evening Capital*) 上，弗里德曼被引用说，在社会保障体制下"个人绝没有为他自己和他的家庭构建保护"，而未来支付的能力"唯一来自未来的纳税人愿意对他们自己征税，以便为我们自己对当前纳税人许诺的福利提供资金"。
② 参见 1975 年 9 月 30 日和 1976 年 11 月 24 日美国全国广播公司《多纳休》节目。而且，在 1975 年 8 月《动态经济学教学盒式磁带》第 174 集第 2 部分中，弗里德曼评论说，美国在未来的数十年中随时会在社会保障收入与承诺之间逼近相等。
③ Friedman (1965a, 8)。

强调了税负转嫁给雇员的可能性。① 而且，弗里德曼认为，工薪税是最差的一种税收形式，因为对工薪征税会直接阻止企业增加雇佣人数。② 按照弗里德曼的评估，社会保障体制等于"对年轻人征税，以帮助老年人；对穷人征税，以帮助中产阶级"。③ "我们欺骗贫穷的普通劳动者，为中产阶级年老时提供超额收益"，弗里德曼在1976年2月15日的《底特律新闻报》(*Detroit News*)中坚持说。

弗里德曼不断表达的困惑是，社会保障在政治话语中成了"神圣不可侵犯的东西"，尽管存在的事实是其基本组成部分包括社会保障税上限和对福利缺少充分的支付能力调查。他声称，这两个组成部分似乎容易遭受基于平等理由的批评，然而当它们一起应用时，它们似乎就变成了一个成功的组合。正如前一章所讨论的那样，虽然弗里德曼并不认为这个问题对选举结果具有决定性的影响，但是他也认识到，参议员巴里·戈德华特在1964年的总统竞选活动中支持向自愿的社会保障制度的可能转变让共和

---

① 例如参见1977年4月11日的《新闻周刊》。在这篇文章中，弗里德曼说，雇主部分的工薪税转嫁给了雇员。弗里德曼在之前评论说，所有经济学家都同意工薪税实际上由雇员承担的结论（参见Ketchum and Strunk 1965, 18）。与这种说法一致，劳伦斯·克特里考夫（Kotlikoff 1978, 123）指出："经济学家实际上普遍同意，区分雇员和雇主缴款没有任何长期的经济意义。"根据这种共识，当《纽约时报杂志》(*New York Times Magazine*)在1973年1月14日第8版上说"弗里德曼的论据是基于一系列假设，包括工人实际上在支付社会保障税的雇主部分那个具有争议性的假设"时，那篇文章单独挑选出来作为一个具有争议性的假设明显在事实上不是在经济学家中存在争议的假设。
② 参见Friedman（1977h）。
③ 1976年11月24日美国全国广播公司《多纳休》节目。

党丧失了大量的选票。① 弗里德曼在《资本主义与自由》中表明他支持取消社会保障体制。② 他在1974年12月1日《阿克伦灯塔报》(Akron Beacon Journal)上重申："我认为，我们应该停止创造新的义务，仅仅履行我们旧的义务。"③ 沿着这个思路，《自由选择》的著作版阐述了一个分阶段结束社会保障体制的建议。按照这个建议，要信守对退休人员和当前的纳税人所做的承诺，但是要通知民众，不会对未来的支付因此做出额外的承诺。④

当社会保障体制改革的其他支持者设想了一个不如他自己那样放任自由的解决方案时，弗里德曼的反应是严厉的。一个恰当的例子在马丁·费尔德斯坦1998年编辑的一本名为《社会保障的私有化》(Privatizing Social Security)的国民经济研究局的会议论文集时出现了。虽然有这个书名，但是，费尔德斯坦与弗里德曼所设想的完全自愿的安排分道扬镳，反而赞成员工要为他们将来的退休——可能通过私人部门运作的计划——做一些准备的强制性要求。费尔德斯坦将社会保障的私有化界定为存在一个私人部门提供的退休计划菜单而员工不得不选择其中一种的情形(Feldstein 1998b, 2)。在生命的晚期，弗里德曼在1999年1月11日的《纽约时报》上突然怒斥他所描述的费尔德斯坦关于要求强制性计划所蕴含的家长式作风的假设。不过，弗里德曼并没

---

① 参见Friedman (1965a, 8)和1969年5月4日纽约西部国家广播公司《畅所欲言》副本第18页。
② 参见《资本主义与自由》第189页。
③ 关于相似的评论，参见1976年4月5日《人物周刊》第51页和Friedman and Samuelson (1980, 12-13)。
④ 参见《自由选择》第123—124页。

有质疑一些工人可能没有足够退休储蓄的观念——这是费尔德斯坦的要点——因此,弗里德曼并没有真正质疑费尔德斯坦提出的强制性的计划是有根据的外部性存在。

弗里德曼本质上是在使用一个构成他的持久收入消费函数基础的框架:人口中的大部分都是非常近似于拥有充分信息的、具有长期视野的家庭构成的模型。[①]这可以与保罗·萨缪尔森的框架进行对比。虽然他表示钦佩持久收入假说,但是,萨缪尔森并不赞成通常与该假说相关联的无限期限假设。相反,他争辩说,经济学家应该"摒弃这种极端和不现实的永久生命模型"(Samuelson 1971,9)。[②]弗里德曼与萨缪尔森在此问题上的差别甚至变得更加明显:在1984年萨缪尔森宣布李嘉图等价(持久收入假说的无限期限版本的含义)在形式上是可笑的(Samuelson 1984,8)同一年,弗里德曼在1984年4月26日《华尔街日报》上赞成李嘉图等价是一种理解财政赤字与经济之间联系的方法。

萨缪尔森对无限期限假设进行替代的著名假设——他的世代

---

① 在存在无限期限的家庭中,社会保障计划效应的一个预测是,代理人会进行私人储蓄的决策,以便抵消社会保障对总储蓄的影响。罗伯特·巴罗在巴罗-费尔德斯坦(Barro and Feldstein 1978)论文中采取的这一立场是在倡导李嘉图等价的语境之中进行的。这种立场有时也得到弗里德曼本人的倡导——这种情形导致道格拉斯·伯恩海姆、安德鲁·施莱弗和劳伦斯·萨默斯(Bernheim, Shleifer, and Summers 1985, 1074)在这一点上引述弗里德曼。不过,道格拉斯·伯恩海姆、安德鲁·施莱弗和劳伦斯·萨默斯在这一点上给出的弗里德曼的具体参考文献——即 Friedman 1980c——似乎并非他们打算引用的那篇文献,因为援引的参考文献似乎并没有包含适当的讨论。
② 他是在讨论税收和转移支付时做这个评论的。

交叠模型（Samuelson 1958）——已被广泛使用来讨论社会保障安排。它被援引来为政府强制性的退休储蓄提供理论依据，因为该模型强调了私人部门在跨期的消费决策中进行不受管制的操作时所产生的可能福利损失。[①]实际上，萨缪尔森在一篇支持社会保障的文章（Samuelson 1983c，285）中甚至说："自由放任的储蓄决策不存在任何最优的事情。"

相反，在无限期限假设可广泛适用的环境中，被援引来作为强制性退休计划的市场失灵理由并不适用于大多数的人口。但是，如指出的那样，弗里德曼承认一些人事实上没有为退休做好充足的准备。他在这种情况下的回答就是建立一个安全网：那些没有为老年生活储蓄足够多的人一旦退休，就可以获得收入补助来达到某个最低的生活标准。[②]

费尔德斯坦在2013年11月21日笔者的访谈中对弗里德曼的替代方案评论说："回忆起来，他在《资本主义与自由》和他后期的著述中，依我之见，采取了一种真正极端的观点。这种极端观点从知识分子的角度看……是好的。虽然不现实，不实用，但却是让人们思考的一种方式。'好吧，你知道，我们为什么需要社会保障？我们为什么不为那些把事情搞砸了的人制定一些补助金福利项目，此外就让他们自行处理呢？'我从没有想过那是

---

[①] 参见 Mirrlees（1973，xi）。世代交叠模型也变成广泛使用的一个分析框架，在此框架中可以进行社会保障政策改革的分析（参见 Gertler 1999）。

[②] 因为弗里德曼通过负所得税依然有一个政府提供的最低退休收入，所以正如萨缪尔森（Samuelson 1983c，285）所说的那样，严格来说弗里德曼对此问题的方法与完全自由放任的政策相吻合的说法是不正确的。

可行的；我更多的是一个工程师，设法提出一个可行的计划。"实际上，虽然他批评费尔德斯坦提出的改革建议，但是，弗里德曼认识到政府规定的退休计划很受欢迎。在1993年5月7日美国有线卫星公共事务电视网上，弗里德曼在众议院共和党大会的经济工作组的一次会议上讲，他认识到他废除社会保障体制的建议在政治上没有成功的可能性。

在1980年《自由选择》的电视版中，弗里德曼预测年轻的一代会受到"实际上非常不公平的待遇"。[①] 可以说，1983年立法通过的社会保障体制改革让这个预测变得过时，而该法案旨在预先阻止融资困境。但是，甚至在制定这些巩固现有制度的措施之后，弗里德曼依然似乎认为，对社会保障体制的根本性改革即将到来，而这将由纳税人不断增长的反抗所引起。"在社会保障负担的主题上，我毫不怀疑你将面对一场年轻人对老年人的反抗"，他在1984年声称。他在1988年做了类似的预测。[②] 很明显，在弗里德曼做了这些陈述之后的三十年内，这场反抗没有发生。迈克尔·波斯金在2013年7月3日笔者的访谈中对弗里德曼的预测评论说："我认为，我们还没有面临真正的考验，因为直到过去几年我们的人口结构都非常好，在二十五年中不需要增税。但是那开始发生改变了，他的预测也许在十年左右会被证实。"

---

① 参见1980年1月12日在美国公共电视台播放的《自由选择》第1集"市场的力量"录像磁带辩论部分的副本第8页。

② 参见1984年3月1日哥伦比亚广播公司节目《早间新闻》(*CBS Morning News*) 副本第23页；1988年12月12日《福布斯》杂志第165页。弗里德曼更早之前在1976年4月5日《人物周刊》第52页上做了相似的预测（作为一个长期预测）。

虽然他的改革建议从没有获得支持，但是，弗里德曼对社会保障体制批评的片段反复出现在公共辩论之中。巴拉克·奥巴马（Barack Obama）在 2007 年作为总统候选人提到，受社会保障税限制的收入上限是一种不公正的事情，并表示也需要重新考虑这种安排。[1] 在 2011 年 7 月 3 日众议院金融服务委员会作证的问答环节中，美联储主席本·伯南克在谈到社会保障安排时陈述说："它们并非真正的保险计划……通常发生的事情是，年轻一代纳税，老一代获益。"[2]

### 三、主席演讲

电影《毕业生》（*The Graduate*）在华盛顿特区和全美上映的日期是 1967 年 12 月 22 日。在一周之后的 12 月 29 日晚上 8 点，弗里德曼在华盛顿特区的美国经济协会的会议上发表他的主席演讲。[3] 一本电影评论书在谈到《毕业生》时说，因为它"打开了几扇新门""很少人会注意到，只有前半部分是好的"。[4] 相当多的回忆对弗里德曼的主席演讲得出了同样的结论。一个典型的例子是艾森鲍姆（Eichenbaum 1997，236），他将弗里德曼演讲之后的四分之一个世纪的经济学界描述为"集体地努力分清演讲中的良和莠"。艾森鲍姆暗示，"良"的部分就是弗里德曼关于经济

---

[1] 罗纳德·里根总统在 1984 年 10 月 7 日与民主党总统候选人沃尔特·蒙代尔（Walter Mondale）在进行电视辩论时也这么说。
[2] 参见 Committee on Financial Services（2011，15）。
[3] 美国经济协会（American Economic Association 1968，ix）详细报道了 1967 年 12 月弗里德曼的报告（Friedman 1968b）。
[4] 参见 Halliwell（1977，356）。

行为的特征是短期货币的非中性与长期垂直的菲利普斯曲线相结合的观点,"莠"的部分则是由弗里德曼建议的固定货币增长规则构成的观点。

对弗里德曼演讲的一个类似反应来自莫迪利安尼。莫迪利安尼非常愿意接受自然率假说。他承认该假说是一个重要的贡献,应该被并入主流思想(参见 Modigliani 1977)。因此,作为美国凯恩斯主义经济学家的"四巨头"(即莫迪利安尼、索洛、萨缪尔森和托宾)之一,莫迪利安尼到目前为止对弗里德曼的主席演讲中的理论部分最为欣赏(该演讲在 1968 年 3 月发表)。[1]但是,莫迪利安尼对弗里德曼的主席演讲整体而言的评价是,"弗里德曼在那篇论文中继续说的其他事情则是不正确的"。因此,莫迪利安尼基本上附和了艾森鲍姆的评价。[2]

麦卡勒姆(McCallum 1989b,338–40)、威廉·加文(Gavin 1996)和彼得·艾尔兰(Ireland 2011)都对弗里德曼的主席演讲进行了回顾。他们大致与艾森鲍姆和莫迪利安尼的评价相一致,

---

[1] 托宾对自然率假说的反应在本节后面讨论。至于萨缪尔森最初对自然率假说的摒弃,参见爱德华·纳尔逊(E. Nelson 2004b,2005a)。但是,有一些迹象表明,萨缪尔森至少在后来的岁月中愿意降低长期权衡取舍的重要性。特别是,萨缪尔森在 1980 年 9 月 8 日的《新闻周刊》的第 68 页中提到有必要考虑"抗击通货膨胀与同失业做斗争之间的短期冲突"。

索洛的最初反应(Solow 1968,1969,1970)是早期理性预期文献的一个重要关注点(例如 Lucas 1972a,Sargent 1971)。索洛后来对这个问题的讨论包括在 Blinder and Solow(1976)和 Solow(1976,1978a,1978b)中的讨论。另参见本节后面讨论索洛在访谈材料中的评论。

[2] 参见莫迪利安尼在 1997 年 10 月 31 日在 Snowdon and Vane(1999,251)中的评论。

肯定了该演讲对中央银行在长期中无力钉住失业率的强调的正确性,但是他们认为,该演讲支持固定货币增长的论据因为后来的货币行为和经济研究的进展而变得过时了。所有这三人的分析都强调,货币需求的不稳定性让选定货币增长目标成了一个不可取的政策,而且他们提供了其他政策规则来代替它:对麦卡勒姆而言就是名义收入目标,对威廉·加文和彼得·艾尔兰而言就是通货膨胀目标。

除了引言——他在引言中反思了第二次世界大战后初期的极端凯恩斯主义的理论,弗里德曼的演讲实际上由三个主要的部分组成:一、货币政策不能做什么;二、货币政策能做什么;三、货币政策应该如何进行?不过,正如已经看到的那样,标准的做法是将这个主席演讲的分析分为两部分:对菲利普斯曲线的永久性权衡取舍的观点的批评(这与第一部分和第二部分的部分内容有关)和对固定货币增长的倡导(这出现在该演讲第二部分的一部分内容和占了第三部分的全部内容)。这里的讨论将遵循这个先例。接下来让我们先讨论该论文对菲利普斯曲线的分析。

### (一)弗里德曼对菲利普斯曲线的分析

布兰查德(Blanchard 1997,347)着重指出,弗里德曼与埃德蒙·菲尔普斯在"原初的菲利普斯曲线很好地描述了数据"的时候就提出了他们的批评。回顾起来,20世纪60年代实际上似乎是向下倾斜的美国菲利普斯曲线的黄金时代。多恩布什和菲舍尔(Dornbusch and Fischer(1987,468))以及布兰查德(Blanchard 1997,343)通过绘制美国1961—1969年间的年度价格通货膨胀率对失业率的观测值的图形,展示了可以创制的优美曲线。①

在他的主席演讲中，弗里德曼大胆地谈到（尽管没有提供引文）菲利普斯曲线适应高度可变的通货膨胀经验的问题。②而且，阿尔伯特·里斯和玛丽·汉密尔顿（Rees and Hamilton 1967）声称，美国工资的经验菲利普斯曲线存在不稳定性。但是，这两个陈述都与没有附加的美国菲利普斯曲线直到弗里德曼的演讲之前都一直表现良好的观念不存在任何矛盾。③里斯和汉密尔顿的研究发现在今天看来不会被认为是反对标准的向下倾斜的菲利普斯曲线关系的有效证据。他们估计的时期包括第二次世界大战后初

---

① 与本书的其余部分一样，除非另有所指，正文中提到的"通货膨胀"是指价格通货膨胀。
② 参见 Friedman（1968b，9）。
③ 里斯本人赞同这种观点：虽然失业与通货膨胀的关系可能会发生变动，但是这个基本的反向关系是经济结构中一个持久的组成部分。
正如已经提到的那样，弗里德曼（Friedman 1977e）强调了阿尔伯特·里斯（Rees 1970a）对向下倾斜的关系的倡导，尽管阿尔伯特·里斯（Rees 1970b）也与卢卡斯和纳平（Lucas and Rapping 1969，1972）发生了冲突，部分是因为他们支持长期垂直的菲利普斯曲线。阿尔伯特·里斯对长期关系的信任和他基于政策目的使用那种关系的意愿也反映在他在 20 世纪 60 年代初在芝加哥市发表的一次演讲之中。根据克莱尔·弗里德兰在 2015 年 5 月 3 日与笔者的私人通信，在那次演讲中，里斯敦促联邦政府允许通货膨胀上升来作为降低失业率政策的一个部分。在多年之后的 1969 年 1 月 23 日提交给联邦储备委员会的顾问会议（弗里德曼也参加了）的一篇论文中，里斯（Rees 1969，1）陈述说，他"接受这个分析的一般框架"，它构成了"失业率与货币工资变化率之间反向关系——菲利普斯曲线"的基础。
即使在 1973 年 4 月在罗彻斯特大学举行的第一届卡内基–罗彻斯特会议上，里斯仍不同意当时广泛接受的自然率假说："我不会接受米尔顿·弗里德曼关于无组织的工人会对实际工资讨价还价的论点。真的存在货币幻觉"（引自 1973 年 4 月 28 日《商业周刊》第 89 页）。

期和朝鲜战争的岁月——在估算菲利普斯曲线的关系时将这一时期排除在外已经变成了一种标准，相当重要的原因是价格管制让记录的通货膨胀数据变得不可信。①

此外，里斯和汉密尔顿的样本期间结束于 1957 年。他们的样本期间后来的年份与这样一个明显向下倾斜的菲利普斯曲线相关，而 1969 年的《总统经济报告》（Council of Economic Advisers 1969，95）展示了一个 1954—1968 年的失业与通货膨胀的经验示意图（另参见 McCallum 1989b，180-81）。现在广泛的共识是，失业与通货膨胀的反向关系在美国的破裂实际上开始于 1970 年（Blinder 1979，19；King and Watson 1994b，243；Blanchard 1997，344）。关于这种破裂的确切时间的广泛共识在 1974 年就已经确立起来，因为事实表明，阿瑟·伯恩斯在那一年的国会证词中就将这个向下倾斜曲线瓦解的时间确定为 1970—1971 年。②因此，卢卡斯在 1970 年撰写的一篇论文（Lucas 1972a，50）中很自然地说，失业与通货膨胀的反向关系是美国的时间序列数据的一个确定特征。在那个阶段，研究者和实践者的一个关键问题似乎就是解释这种反向关系，而不是其存在。

在这种背景之下，当埃德蒙·菲尔普斯（Edmund Phelps 1967，256）陈述说"我的批评也是建立在菲利普斯曲线假设的'不稳定性'基础之上"的时候，这里讨论的假设是一个理论命题而非一个经验状况的陈述。他和弗里德曼都没有真正试图解决经验研究产生的疑问。正如菲尔普斯（Phelps 1995，17）评论

---

① 参见 Gordon（1971，120）；King and Watson（1994a，165）。
② 参见 Arthur Burns（1974，554）。

说，截至20世纪60年代晚期，"凯恩斯-菲利普斯的正统学说航行于平静的水面之上"。埃德蒙·菲尔普斯在2013年5月16日笔者的访谈中对20世纪60年代中期回忆说：

> 我确实记得，我正在查看美国通货膨胀率的月度数据，注视着它，希望它可以与任何可能估计的稳定的菲利普斯曲线分离开来。我在英国像疯子一样研究了四五个月都没有结果。

因此，对菲尔普斯和弗里德曼而言，弗里德曼在诺贝尔演讲中对自然率假说的发展所给出的描述似乎适用：20世纪60年代晚期对现有的菲利普斯曲线分析的反对意见"主要是基于理论而非经验的原因"。[1] 正如卢卡斯回忆说，"菲尔普斯和弗里德曼基于理论的'冒险'预测，经验上成功的关系随时会瓦解。"[2]

菲尔普斯在2013年5月16日的访谈中，对自然率假说的提出、审查和学术界的认可享受着"唤起所有这些令人兴奋的回忆"的乐趣。至于弗里德曼，他对后来事件的冷静描述是，他关于菲利普斯曲线的演讲预测"没有被反驳"。[3] 布兰查德（Blanchard 1997，349）以更加戏剧性的语言讲述了同样的情形："弗里德曼不可能再正确了。1967年之后的几年，最初的菲利普斯曲线完全像弗里德曼预测的那样开始消失了。"

---

[1] 参见 Friedman（1977e，455）。
[2] 参见卢卡斯在 Klamer（1983，56）中的评论。
[3] 引自 Snowdon and Vane（1997，198）。

虽然正如菲尔普斯所说的那样,"就业量和产量在通货膨胀被预期到时不随通货膨胀率变化"的观点已经被"弗里德曼和当前作者开始……复活和形式化了",但是菲尔普斯和弗里德曼都承认了先驱的作用。[1] 弗里德曼在20世纪70年代的许多场合都强调了大卫·休谟是一位先驱。[2] 菲尔普斯（Phelps 1972b, 69）谈到"阿巴·勒纳、威廉·费尔纳、菲尔普斯和弗里德曼提出的自然率假说"。同样，菲尔普斯在其他地方多次讨论这个问题时将勒纳和费尔纳列为先驱（Phelps 1968b, 682）和 Phelps 1995, 17）。[3] 此外，卢卡斯和托马斯·萨金特（Lucas and Sargent

---

[1] 引自 Phelps（1972a, 42-43），原文强调。

[2] 参见 Friedman（1975a）和 1976 年 9 月 13 日的《泰晤士报》。托马斯·梅耶（Mayer 1980）、查尔斯·纳尔逊（C. R. Nelson 1981）、托马斯·汉弗莱（Humphrey 1982b）和唐·帕廷金（Patinkin 1995, 127）的解释是，休谟的分析隐含着产出与通货膨胀之间存在长期的正向关系，但是弗里德曼关注的引语与这种解释相矛盾。更准确地说，正如雅各布·弗伦克尔（Frenkel 1981）和斯坦利·菲舍尔（Fischer 1994, 278）所强调的那样，休谟似乎认为通货膨胀有利于产出增长率而非产出水平，这就意味着违背了长期超级中性，但并没有违背自然率假说。另参见 G. Wood（1995）。

索福克勒斯·马夫洛迪斯等人（Mavroeidis, Plagborg-Møller, and Stock 2014, 125）的研究给人留下的印象是，大卫·休谟的著述与预期的菲利普斯曲线的文献之间的渊源在曼昆（Mankiw 2001）的研究之前是不为人所知的。但是，曼昆强调的休谟的引语在超过四分之一个世纪之前在弗里德曼（Friedman 1975a）讨论预期的菲利普斯曲线中已经被使用了。

前面的讨论没有考虑费雪对菲利普斯曲线的观点与弗里德曼观点之间的联系。

[3] 菲尔普斯（Phelps 1968b, 682; 1972a）在这一点上也提到亨利·沃利克和路德维希·冯·米赛斯（Ludwig von Mises）。

1981，xxv）援引马丁·贝利 1962 年的《国民收入和价格水平》（*National Income and the Price Level*）作为自然率假说的早期陈述，尽管以笔者之见这种归因被证明是没有根据的。诚如弗里德曼本人承认的那样，贝利的《国民收入和价格水平》尤其讨论了长期均衡的产出水平仅仅是一个实际状况的函数的情形。[①] 但是，贝利并没有对经济如何收敛于那种长期情形提供一个正当理由——弗里德曼称之为"短期模型与长期模型之间的理论联系"——以及贝利在 1962 年之后的著作似乎支持不存在这样的自动联系的观念。[②] 在这些后来的著述中，他相信非垂直的菲利普斯曲线的观点，认为不同的通货膨胀率可能在持续的基础上导致经济产生不同的实际均衡。也就是说，他表明，虽然产出可能会收敛于自然水平，但是这种收敛只是随着通货膨胀率的一种选

---

① 参见 Friedman（1970b，222）。正如弗里德曼在那篇文章中指出的那样，甚至凯恩斯都承认，名义变量和实际变量在一个假设的长期情境中可能被不同的力量所决定。

② 引语来自 Friedman（1970b，222）。
像卢卡斯和萨金特一样，威廉·普尔在 2013 年 4 月 30 日笔者的访谈中认为贝利（Bailey 1962）陈述了自然率假说。就贝利（Bailey 1962，chapter 3）在通货膨胀率被完全预期到的环境中讨论实际部门对通货膨胀的独立性而言，这是一个准确的评价。但是，贝利并未明确将这个观念应用于菲利普斯曲线的环境，而他只是在第 57 页中说不变性结论成立的条件是人们"假设进行预期调整"。相比之下，弗里德曼与菲尔普斯明确地论述了菲利普斯曲线，为预期充分地适应通货膨胀的信念提供了理论基础。
相反，贝利（Bailey 1971，519）认为菲利普斯曲线虽然容易变动，但是在长期中依然是非垂直的。实际上，甚至与萨缪尔森-索洛（Samuelson and Solow 1960）的论文不同，贝利不承认通货膨胀与失业同时下降的情境是一种理论上的可能性。

择而发生，同时其他通货膨胀率会在产出与其自然水平之间产生永久性的差异。

也有理由将菲尔普斯清单中列举的自然率假说的最初倡导者减少到只包括弗里德曼与菲尔普斯。[①] 勒纳和费尔纳——菲尔普斯（Phelps 1972a）将他们与他自己和弗里德曼一起作为自然率假说的提出者——在他们后来的著作中回避了这个假说。正如我们看到的那样，以及菲尔普斯（Phelps 1968b，682）承认的那样，勒纳到20世纪60年代就不是垂直的长期菲利普斯曲线的拥护者了。[②] 不管他在1949年（Lerner 1949）的文章中表明长期垂直的菲利普斯曲线的可能性有多大，勒纳不仅从此以后就变成了需求拉动与成本推动的混合通货膨胀观——这种观点总结在永久性的非垂直菲利普斯曲线之中——的强有力倡导者，而且利用这个框架与弗里德曼展开了辩论。[③] 类似地，费尔纳远离了他那支持垂直的长期菲利普斯曲线的著作。他在1976年的著作（Fellner 1976，55）中评论说："我们在这个分析中没有嵌入'自然失业率'的概念。"[④] 早在做出这个评论之前，费尔纳就指出，他对通货膨胀的看法不同于预期菲利普斯曲线的倡导者所采纳的通货膨胀观。在1961年的一份官方通货膨胀报告中，费尔纳断言，在

---

① 也就是说，人们要排除阿巴·勒纳和费尔纳；不过，人们可以纳入休谟，而菲尔普斯在援引的清单中没有休谟。
② 参见第一章。
③ 参见第一章。
④ 费尔纳（Fellner 1976，55-56）甚至声称——当然是错误的——他发现在 Friedman（1968b）中赞成这样的观点：不管货币政策选择如何，经济都不会趋于自然失业率。

美国和其他主要的国家中,工资推动的力量在解释通货膨胀行为方面起着非常重要的作用(Fellner et al. 1961,47)。

就弗里德曼而言,他在20世纪五六十年代批评通货膨胀与失业之间或者通货膨胀与产出之间的长期反向关系的观念留下了大量陈述的书面记录。[①]他在泰勒(Taylor 2001,124)2001年的访谈中就他的1967年主席演讲评论说:"与我从前发表的著作相比,那篇文章没有任何新东西。"在同一次回忆中,弗里德曼具体提到他在1966年4月芝加哥大学会议上关于指导线的讨论。正如前一章提到的那样,弗里德曼在那次会议上讨论罗伯特·索洛的论文时阐述了这个假说。那次讨论将在20世纪60年代末期关于自然率假说的文献中被大量引用,包括菲尔普斯(Phelps 1968b)和索洛(Solow 1969)的引用,而且弗里德曼在诺贝尔演讲中提到了它。但是,总体而言的事实是,货币经济学的文献在20世纪60年代之后对弗里德曼1966年的阐释的引用是罕见的,一个例外是在麦卡勒姆(McCallum 1989b,181)1989年的著作中的援引。

弗里德曼后来在1966年的另外几次讨论——他在这些讨论中勾勒或暗示了对菲利普斯曲线的批评——是在通俗评论之中:在1966年10月7日《新闻周刊》上名为"通货膨胀衰退"的早期专栏文章和在1966年6月27日参加的全美教育电视台特别节目《伟大社会:火热的经济》上的公开评论。在后者的公共电视评论中,弗里德曼不仅陈述说"通货膨胀与失业并不必然是对立的",而且预测在未来一段时期内,美国经济都会碰上这两个麻

---

① 参见上册的第七章和第十章,下册第十二章。

烦的现象。

一个不那么著名的早期讨论是发表在 1967 年《斯坦福大学商学院简报》(Stanford Graduate School of Business Bulletin) 上的弗里德曼的讲话"我们必须在通货膨胀与失业之间选择吗？"[1] 与弗里德曼在 1966 年打印的讨论相反，1967 年讲话的默默无闻是理所当然的。发表的版本明显是基于抄本，对所涉及的问题提供了一个明显混乱的叙述。这一次，弗里德曼即兴的演讲风格没有很好地转移到发表之中。1967 年 12 月的主席演讲不存在这样的风险。与他在斯坦福大学的讲话相比，弗里德曼在 1968 年发表之前广泛地传阅他的演讲文本，而他的致谢词感谢了许多读者或演讲的听众的评论，包括安娜·施瓦茨、菲利普·卡根、戴维·梅塞尔曼、加里·贝克尔、阿瑟·伯恩斯和克拉克·沃伯顿。而且，弗里德曼在 1967 年年末给了哈里·约翰逊一份草稿，鼓励约翰逊传阅论文并进行评论。哈里·约翰逊进而给他的伦敦经济学院的同事劳伦斯·哈里斯 (Laurence Harris) 看了这篇论文。哈里斯指出了草稿中的多个错误，弗里德曼在发表的版本中对哈里斯表达了感谢 (笔者在 2015 年 10 月 30 日对劳伦斯·哈里斯的访谈)。

（二）质疑共识

弗里德曼与菲尔普斯的思想代表了与 20 世纪 60 年代盛行的经济学思想的一场冲突。萨缪尔森和索洛 (Samuelson and Solow 1960) 1960 年论文的文本连同萨缪尔森和索洛在 20 世纪六七十年代的后来陈述，对莱德勒 1982 年的这个观点 (Laidler 1982,

---

[1] 参见 Friedman (1967c)。

296）提供了大量的支持："保罗·萨缪尔森和罗伯特·索洛（Samuelson and Solow 1960）确实提出,菲利普斯曲线是一个永久性的权衡和一个稳定政策的基础。"① 按照这种精神,在1962年与弗里德曼一起参加电视节目时,保罗·萨缪尔森虽然指出"我们谁都不赞成这种真正的价格上升",但是声称,为了取得以实际变量表示的令人满意的绩效,这些也许是必要的,因为"在一个又一个的国家中",这种实际的绩效与"所谓的消费价格指数的某些上升"是携手并进的。②

到20世纪60年代末,学院派经济学家和金融界普遍接受

---

① 正如下面讨论的那样,萨缪尔森和索洛（Samuelson and Solow 1960）与其他永久性权衡的拥护者考虑了菲利普斯曲线中的一个预期项,但是他们并不赞同弗里德曼和菲尔普斯坚持要求的预期通货膨胀系数为1。
② 引自萨缪尔森大约在1962年6月5日哥伦比亚广播公司在空军学院拍摄的《美国经济》第48讲"我们可以有无通货膨胀的充分就业吗?"的评论。

了通货膨胀与失业之间的永久性权衡。[1]学术界的见解马上会详

---

[1] 詹姆斯·福德（Forder 2010a）质疑萨缪尔森-索洛的观点就是存在一个永久性的权衡的观念，进而声称"几乎没有人"就菲利普斯曲线而言赞同弗里德曼（Friedman 1977e）所挑战的那些观点（Forder 2010b, 329）。笔者相当赞成的观点是，不仅永久性的非垂直的菲利普斯曲线和有意识地利用它们的尝试在20世纪60年代的政策制定的分析和战略中都不是特别处于显著的地位，而且美国和其他国家的政策制定者在整个20世纪70年代明显就摒弃了这种永久性权衡的观点。爱德华·纳尔逊（E. Nelson 2002a，2005b，2005c，2009c，2012a）对这些观点提供了广泛的证据——实际上大量的证据都反驳了詹姆斯·福德在第343—344页上所接受的关于英国政策制定者愿意接受菲利普斯曲线作为降低通货膨胀的一个框架的观点。

但是，一旦考虑到对萨缪尔森和其他顶尖的经济学家的陈述的广泛研究，詹姆斯·福德关于美国学院派经济学家在20世纪60年代相信永久性的权衡并不普遍的观点被证明是没有根据的。这些陈述不仅包括詹姆斯·福德未引用的资料来源所给出的陈述——例如Tobin（1967）and Harry Johnson（1969b）——而且包括詹姆斯·福德引用的文献所给出的陈述。例如，福德关于爱德华·纳尔逊（E. Nelson 2004b）除了援引萨缪尔森-索洛（Samuelson and Solow 1960）的论文之外没有对萨缪尔森相信这种权衡提供正当的理由的说法，就与爱德华·纳尔逊（E. Nelson 2004b, 136）提供的萨缪尔森在1960年之后的引语相矛盾。另参见萨缪尔森的观点在里卡多·迪赛希奥和爱德华·纳尔逊（DiCecio and Nelson 2013）论文中的额外文献证据（此文的一个版本发表在国民经济研究局2009年的工作论文系列中）。

正如之前讨论的那样，萨缪尔森在20世纪80年代之前对自然率假说的正确性几乎没有任何承认的迹象。实际上，存在大量的证据表明他采取了相反的立场。例如，萨缪尔森认为，为了避免高于正常水平的失业而接受通货膨胀是美国在第二次世界大战后第一个十年的经济表现的一个教训，从而甚至在真正意义上的菲利普斯曲线的理论出现之前就在萨缪尔森（Samuelson 1956, 130）1956年的论文中表达了这种看法。另参见下面对萨缪尔森-索洛（Samuelson and Solow 1960）论文的讨论。

细探讨。在金融界，在弗里德曼发表他的主席演讲之前不久，保罗·沃尔克就以讲话的形式明显支持永久性权衡观点的经验相关性。保罗·沃尔克当时是大通曼哈顿银行的副总裁，他在接下来的二十年中花费大部分时间从事制定政策，他说："过去的两年……也说明我们还没有学会如何协调充分就业与物价稳定。这个困难更多地出现在劳动力市场而不是货币市场上。"（Volcker 1967, 31）

就学术见解而言，乔治·巴赫在1965年夏天将现存的状况总结为，一个典型的经济学家相信"菲利普斯曲线是真实的（尽管有些模糊），他大约在目前的就业水平和价格的某个地方面临着权衡取舍；在明显没有以就业改善的形式抵消中，他不希望看到价格增长得比它们现在的速度更快"（Bach 1967, 351）。特别是，这一时期主要的凯恩斯主义者都在他们的著述中和在他们与同事的谈话中支持永久性的菲利普斯曲线的思想。[1]当萨缪尔森在1967年4月面对一个提问者提出了弗里德曼关于向下倾斜的菲利普斯曲线必定是一个暂时性现象的观点时，萨缪尔森坚持说，一个模型包含一个永久地将失业率与通货膨胀联系起来的方程式是合乎逻辑的。[2]

应该强调的是，主要凯恩斯主义者的政策观点并不等于支持高通货膨胀，实际上，他们可能就是建议通货膨胀率应该在2%

---

[1] 业已指出，这种学术共识并不意味着政策制定者在他们的决策中使用菲利普斯曲线的权衡。实际上，笔者长期倡导的观点是，不管是在英国还是在美国，他们都没有。关于相似观点的重要阐述，另参见戴维·莱德勒（Laidler 1979, 2003）。

[2] 参见他在 Burns and Samuelson（1967, 126–27）中的评论。

左右。① 但是，它们确实明显反映了这种观点：通货膨胀与失业之间存在一个长期的权衡，或者如果工资与物价指导线不对通货膨胀施加影响，那么就会存在这种权衡。

诚然，摒弃传统的货币幻觉作为一个影响私人部门决策的重要因素在20世纪60年代的经济学家中早已确立起来。但是，正如罗杰·法默（Farmer 2000）和本内特·麦卡勒姆（McCallum 2004）所强调的那样，没有货币幻觉和货币中性的结论并不意味着通货膨胀与实际产出之间不存在长期的关系。这种长期关系的不存在需要超中性，而标准的经济理论确实容许违背超中性。自然率假说等于排除了一种特定形式的超中性。此外，正如麦卡勒姆的论文（McCallum 1987b，127；1988b，461）所做的那样，将自然率假说视为货币幻觉不存在的条件推广到一个动态的环境中的做法是可能的。②

在探讨菲利普斯曲线时，托宾（Tobin 1966a，1967）承认货币幻觉确实基本上构成了向下倾斜的菲利普斯曲线的基础，但是他指出，货币幻觉的这种动态形式确实在现实中普遍存在，因而

---

① 例如，基于后来发表为罗纳德·博德金（Bodkin 1966）1966年的研究，考尔斯基金会报告说，"充分就业与物价水平稳定的冲突目标之间的权衡"就是"充分就业（界定为3%的失业率）的价格稳定'成本'可能预期为消费价格大致等于1.5%的年通货膨胀"。相比之下，它说零通货膨胀会需要"更多的失业"（Cowles Foundation 1964，20）。

② 同样，卢卡斯（Lucas 1976b，19）认为，自然率假说是将供求函数的零阶齐次性的条件应用于通货膨胀的一个结果。在诺贝尔演讲中，戴尔·莫滕森（Mortensen 2011，1077）更加强调了自然率假说与摒弃货币幻觉之间的联系，陈述说"构成弗里德曼与菲尔普斯论据基础的是这个命题：不存在货币幻觉，至少在长期中是如此"。

在通货膨胀与失业之间建立起了一个长期关系。[1] 在这场辩论的货币主义者一方，威廉·德沃尔德（Dewald 1966）在讨论费雪效应的争论时引用了与自然率假说相关的材料。他的论文有一部分的标题是"货币政策会始终愚弄一些人吗？"，并陈述说："就政策制定者在一定程度上摆脱了货币幻觉而言，持续性的通货膨胀政策或通货紧缩的政策行动对产出和相对价格只会有短期的影响。"但是，正是弗里德曼和菲尔普斯的著作通过阐述调整会持续到通货膨胀预期与实际通货膨胀重合的过程，才让这个原理对宏观经济学模型中的工资与价格部分令人信服——因此长期的菲利普斯曲线是垂直的。[2]

1966年之前存在承认通货膨胀预期可能会发挥作用的菲利普斯曲线的研究也不应该为自然率假说不是一个重大的突破的推论进行辩护。一些评论者表示，这样的推论是恰当的。例如，阿瑟·布朗和迈克尔·达比（Brown and Darby 1985，248）评论说："在早期表述计量经济学的菲利普斯曲线中，就在右边一侧加入了预期的通货膨胀项。"[3] 沿着相似的思路，莫迪利安尼指出，李普西（Lipsey 1960）已经在菲利普斯曲线中加入了一个预期项，

---

[1] 哈里·约翰逊（Harry Johnson 1970a，112）表达了相似的观点。
[2] 这个过程的一个关键部分是弗里德曼与菲尔普斯的约束条件（马上要讨论）所蕴含的动态行为：加入菲利普斯曲线的通货膨胀预期项的系数等于1。
[3] 这种推论的一位研究者阿瑟·布朗有一个特殊的理由留意菲利普斯曲线文献的发展状况，因为他在威廉·菲利普斯（A. W. Phillips 1958）1958年的论文之前的三年就发表了一个英国的菲利普斯曲线的经验图形。参见 Brown（1955）；1957年10月11日《金融时报》；Thirlwall（1972）；Humphrey（1985，22–23）。

因而暗示在这方面自然率假说不是一个重大创新——只是附加了预期项的系数为1的条件。[1]梅格纳德·德赛（Desai 1984, 261）、弗朗西斯·巴托尔（Bator 1987, 33）、斯坦利·菲舍尔（Fischer 1987, 239; 1994, 266-67）、托宾（Tobin 1995, 41）和托马斯·萨金特（Sargent 2002, 89, 92）都指出，萨缪尔森和索洛（Samuelson and Solow 1960, 193）在1960年的论文中承认存在菲利普斯曲线会随着预期对新通货膨胀率的反应而发生变化的可能性。此外，R.L.托马斯（R. L. Thomas 1974, 212）和罗伯特·里森（Leeson 1997b）强调，通货膨胀预期的变化导致了在威廉·菲利普斯（A. W. Phillips 1958）框架中名义工资通货膨胀的变化。弗里德曼本人承认，经验的工资菲利普斯曲线通常在估计方程的右手边包含一个通货膨胀项。[2]

但是，上面这些论点都没有推翻弗里德曼与菲尔普斯之前的菲利普斯曲线文献都是在一个永久性权衡的环境中进行研究的事实。正如麦卡勒姆（McCallum 1989b, 182）评论说："菲尔普斯曲线的最重要特征是……它没有蕴含通货膨胀与失业之间存在一个稳态权衡。"这个特征要求菲利普斯曲线中的通货膨胀预期的系数为1——莫迪利安尼（Modigliani 1977, 5）称这个参数约束

---

[1] 参见莫迪利安尼在1997年10月31日在Snowdon and Vane（1999, 251）中的评论。甚至在威廉·菲利普斯（A. W. Phillips 1958）和李普西（Lipsey 1960）之前，劳伦斯·克莱因和阿瑟·戈德伯格（L. Klein and Goldberger 1955, 18-19）已经提出了一个失业率和滞后通货膨胀作为变量出现在其右边的美国名义工资增长方程。参见帕廷金（Patinkin 1972a, 899）、卢卡斯（Lucas 1976b, 19）和托马斯·汉弗莱（Humphrey 1985, 22）的讨论。

[2] 参见Friedman（1968b, 9）。

条件是"弗里德曼模型的一个基本含义"——而不仅仅是在菲利普斯曲线中存在通货膨胀预期。①

从这个角度看，萨缪尔森与索洛（Samuelson and Solow 1960）关于预期可以移动菲利普斯曲线的讨论并没有充分地反映那种体现在自然率假说中的观念。萨缪尔森与索洛考虑了这样一种情境：在此情境中，该曲线可以移动，但该曲线在移动之后依然是非垂直的。甚至承认这种移动也不是他们的论文分析的主要成分：它只是讨论"可以想象的"东西的一部分（Samuelson and Solow 1960，193）。

在这一点上，值得注意的是，罗伯特·索洛虽然绝不是弗里德曼和菲尔普斯建议的支持者，但是在2013年12月2日笔者的访谈中就萨缪尔森与索洛的论文提供了这样的回忆："所有的限定性条件都在那儿，但是它们只是以知识的方式存在在那儿。我猜想，如果我们要重新撰写它，那么我们会设法让它们更加真实，表明它们在实际生活中可能起到的作用比那篇［萨缪尔森与索洛］论文的文本所间接表明的作用要大得多……我确实认为，预期的故事要严肃认真地对待，而我们没有在那篇论文中赋予它足够实际的权重。"

因为他们没有遇到或吸收自然率假说，所以这些在20世纪60年代考虑的一个通货膨胀预期项——该项在那个阶段通常是用滞后的通货膨胀来代替——的菲利普斯曲线的使用者不仅没有

---

① 由于这一点，长期非垂直的菲利普斯曲线可以通过假设通货膨胀的预期最终不等于实际通货膨胀（例如，如果预期是刚性的）的方式获得，或者通过假设预期通货膨胀在菲利普斯曲线方程中获得的权重小于1的方式获得。参见 DiCecio and Nelson（2013，428-29）。

将其系数设定为1，而且持有他们不愿意这样做的看法。这个单位约束条件是由参数空间边缘的测度为零的一个位置构成。因此，它似乎不可能是在先验的基础上的一个约束条件。另外，菲利普斯曲线的自由估计似乎表明，这个实际系数小于1（Solow 1968，1969）。[①] 最终，正如下一章所讨论的那样，这些检验都被证明是有缺陷的（Sargent 1971；Lucas 1972a），从而自然率的约束条件的正确性得以被确认。

### （三）弗里德曼与菲尔普斯

让我们离开自然率假说的批评者的立场，转向其拥护者的观点。

弗里德曼与菲尔普斯的理论是如何不同于彼此的呢？因为弗里德曼的阐释是文字性的，在本质上勾勒了获得具有长期垂直性质的附加预期的菲利普斯曲线的最小必要条件，然而菲尔普斯（特别是 Phelps 1968b）提供了一个包括劳动力市场具体细节的正式模型，因此，对这两个理论的差异的延伸性讨论会以讨论菲尔普斯模型而不是讨论弗里德曼的概述而告终。我们与其采取那条路线，不如抓住弗里德曼故事的要点，然后探讨它与菲尔普斯故事的主要差异。

弗里德曼争辩说，传统菲利普斯曲线方法的关键缺陷是，它

---

[①] 1967年之前的文献的这个特征得到明确承认的一个早期例子是卡洛斯·伦格鲁贝（Lemgruber 1974，44）博士论文中的一个关键段落。这个段落是："必须指出，这些早期的研究已经在菲利普斯框架中引入了价格通货膨胀的变量，尽管研究者们没有考虑系数为1代表了菲利普斯曲线在分析上的根本性变化的可能性，正如加速论者在后来所表明的那样。"

假设私人部门关于实际数量的决策是一个名义变量的函数。特别是，工资菲利普斯曲线与名义工资增长 $\Delta w_t$ 相关，并将此变量与实际活动的测量指标联系起来。[1] 标准的菲利普斯曲线分析忽视了私人部门的代理人从根本上关心实际变量的观念，这个疏忽来自这个分析没有将一个系数为1的通货膨胀项并入 $\Delta w_t$ 的方程的这个事实。加入此项就会将这个方程在本质上转变为一个实际工资调整的方程。因此，正如弗里德曼强调的那样，构成自然率假说基础的基本修正就将名义工资的讨价还价转变为实际工资的讨价还价。[2]

但是，事实上，并非解决方案仅仅在于在 $\Delta w_t$ 的方程中设定当期价格通货膨胀 $\pi_t$ 的系数为1。这种修正不会令人满意地解决问题。相反，它会导致名义工资增长（$\Delta w_t - \pi_t$）的表达式不能解释 $\Delta w_t$ 和 $\pi_t$ 各自如何行为。因此，这种修改的方程不可能用于确定通货膨胀的动态性或反映实际变量和名义变量的相互作用。[3] 因此，将自然率假说描述为将菲利普斯曲线从名义工资方程改变为实际工资方程的说法——尽管作为一种简略的描述也许有用——并没有非常准确地反映该假说所蕴含的设定的

---

[1] 这里 $w_t$ 是名义工资指数在 $t$ 期的对数，而 $\Delta$ 是一阶差分算子。
[2] 参见 Friedman（1976a，219）和《美国和英国的货币趋势》第441页。
[3] 参见 Friedman（1972a，948）;《美国和英国的货币趋势》第50页；McCallum（1989b，182）; E. Nelson and Schwartz（2008a）(这一段的一部分和前一段改编自这篇文献）。
阿尔伯特·里斯和玛丽·汉密尔顿（Rees and Hamilton 1967，67）实际上在工资菲利普斯曲线（另参见 Desai 1984，263-65）中加入 $\pi_t$ 时发现 $\pi_t$ 的系数接近于1，但是他们由此淡化了这个发现，无疑地在某种程度上是因为它看起来让这个方程对通货膨胀模型化没有任何用处。

变化。[1]

弗里德曼不是简单地以实际值代替名义值，而是提出了一个不同的设定——这种修正保留了该方程作为一个描述名义工资增长与通货膨胀决定过程的地位，但是依然将该方程作为实际工资的表达式提出了一个长期解释。这种建议是要将菲利普斯曲线当作感知的实际工资增长——比如 $\Delta w_t - E_{t-1}\pi_t$——的演化的一种解

---

[1] 出于这个原因，正如罗伯特·里森（Leeson 1997b, 166）所做的那样，说"弗里德曼在1960年的伦敦政治经济学院向理查德·李普西全面概述了它［自然率假说］"的说法似乎是不恰当的。正如李普西在 Lipsey（2000, 70）中和在2015年6月17日本书的访谈中回忆，弗里德曼向李普西不断提及的一点是，菲利普斯曲线的恰当设定应该根据实际工资讨价还价。这一点与自然率假说的长期性质是相吻合的，但是它确实蕴含着菲利普斯曲线的弗里德曼-菲尔普斯修正。因此，阐述这一点并不构成对自然率假说的全面概括。此外，在本书的访谈中，李普西指出，他与弗里德曼的会面是在20世纪60年代初发表 Lipsey（1960）之后的事情，但是他并没有明确地给出罗伯特·里森提供的1960年的日期。这次会面实际上可能发生在弗里德曼在欧洲旅行的1962—1963年。李普西在2015年6月18日与笔者的私人通信中证实，1962—1963年最有可能是那次会面的日期。

按照前面使用的同样的推理，我们可能要承认罗伯特·诺贝和哈里·约翰逊（Nobay and Johnson 1977, 479）与乔治·阿洛戈斯库菲斯和罗恩·史密斯（Alogoskoufis and Smith 1991, 1256）的这种说法：威廉·菲利普斯（A. W. Phillips 1958）在讨论中认识到工资增长方程可能（或应该）以实际量表示，无论如何无须承认菲利普斯的分析考虑了弗里德曼-菲尔普斯那种类型的预期菲利普斯曲线的可能性。

释。① 构成这种修正的菲利普斯曲线基础的是这种观念：名义工资合同的谈判是以前期对当期价格水平的预期为条件的。② 由此

---

① 这只是预期菲利普斯曲线的最简单形式，而不是并入了弗里德曼所有关于工资动态性与价格动态性的观点而出现的形式。

詹姆斯·福德（Forder 2014）断然地声称，弗里德曼的主席演讲在 Friedman（1968b，10）关于就业按照"从前的"名义工资增长的陈述与弗里德曼随后关于工人们相信他们的实际工资在价格与就业上升的最初期间增长的陈述之间存在一个矛盾。福德在指出弗里德曼在1968年的论文中关于工资的设定使用了不准确的术语时并没有提出一种新观点，至于弗里德曼从前提出了这种观点的讨论，参见爱德华·纳尔逊和安娜·施瓦茨（E. Nelson and Schwartz 2008a，840）。而且，福德关于弗里德曼的阐释中存在一个矛盾（而不是不精确）的观点在本质上取决于"从前"的工资意味着不变的工资。但是，如果"从前"被解释为——当然它可以这样被解释——"契约的"或"预先决定的"，那么福德的观点就没有根据。

福德通过指出弗里德曼（Friedman 1972a）使用不同的措辞来描述工资设定的机制时进一步猜测，弗里德曼看到了这种矛盾——按照福德的解释——存在于Friedman（1968b）之中。更早一些，查尔斯·加里森（Garrison1984，120）同样地声称，弗里德曼描述工资的行为从1968年（Friedman 1968b）的描述改变为1972年（Friedman1972a）这篇据说是一种不同的描述。但是，弗里德曼在1972年的措辞与1968年演讲中的措辞是相一致的，因此就没有必要将后来的讨论解释为一种修正。此外，1972年的表述在内容上与弗里德曼在20世纪60年代的后半期（也就是围绕他的主席演讲的时间框架）对菲利普斯曲线的过程做出的其他许多阐释是相似的，比如那些在1966年10月17日《新闻周刊》、1969年3月《动态经济学教学盒式磁带》第19集和1969年6月12日《动态经济学教学盒式磁带》第28集中的阐释。

② 弗里德曼（Friedman1968b，10）使用的与工资决定相关的价格水平的术语是"从前的价格水平"，但是一个更准确和更令人满意的术语，一个与文本中使用的 $E_{t-1}\ \pi_t$ 相一致的术语，则是"前一时期预期的当期价格水平"。这样一种解释与在Friedman（1977e，457）中关于"感知的未来平均价格"加入名义工资协定的陈述是保持一致的。

产生的菲利普斯曲线采取的形式是 $\Delta w_t = E_{t-1} \pi_t + \alpha_u (u_t - u_t^*)$，$\alpha_u<0$。① 如果通过固定加成假设 $\pi_t$ 接着替代 $\Delta w_t$，那么就出现了附加预期的菲利普斯曲线 $\pi_t = E_{t-1} \pi_t + \alpha_u (u_t - u_t^*)$。② 正如弗里德曼在他的主席演讲中所说："用实际工资——甚至更准确地说是预期实际工资——的变化率来重新表述菲利普斯的分析，所有的一切都变得清楚了。"③

前面描述的修正将前期的通货膨胀预期纳入菲利普斯曲线提供了一个简便的方法。通过不完全信息的假设——具体来说就是劳动者无法获取当期的信息，而在这种情形下，名义工资事实上由前一期决定——就可以恰当地获得感知的通货膨胀与实际的通货膨胀之间的差额。另外，企业是假设根据当期信息设定价格。弗里德曼在文字上为这种信息不对称性提供了一个微观基础：企业可以合理地被视为比它的员工拥有更多的信息，因为对企业而言重要的实际工资概念就是它支付的名义工资（提前一期已知的变量）除以它自己的商品的价格（这个信息只需要企业自己产品的信息，而非总信息）。④ 相比之下，对劳动者而言重要的实际工资就是企业支付的名义工资除以总的价格水平，而关于后一个变量的信息可以合理地视为只有存在一个时滞才确知。这种关于企业与工人信息不对称性的论点最近被哈罗德·科尔和李·奥哈尼安（Cole and Ohanian 2013）所复兴。

---

① 一个白噪声的冲击项可能也包括在此方程中。
② 如同在传统的菲利普斯曲线的分析一样，$\alpha_u < 0$，以便确保通货膨胀对过度需求（和过度供给）做出反应。
③ 参见 Friedman（1968b, 9）。
④ 参见 Friedman（1968b, 10; 1972a, 930; 1976a, 223; 1977e, 457）。

这种关于代理人的信息可获得性所做的假设是菲尔普斯和弗里德曼的框架之间的一个差别。按照罗伯特·戈登在2013年3月21日笔者的访谈中直言不讳的看法："弗里德曼与菲尔普斯之间的不同是，对弗里德曼而言，工人是愚笨的，而生产商是聪明的，然而对菲尔普斯而言，每个人都是愚笨的。"或者正如菲尔普斯在2013年5月16日笔者的访谈中所叙述的那样，在他的分析中，与弗里德曼的分析相反的是，"我的论点没有一个不对称信息的基础……雇主与雇员都不完全清楚所发生的事情"。菲尔普斯认为，弗里德曼给出预期菲利普斯曲线的理由的方式构成了一种"快捷却肮脏的"方法（参见 Horn 2009, 254），这种方法在菲尔普斯看来（Phelps 1971, 34），让弗里德曼不是一位"特别有说服力的自然率假说的倡导者"。

弗里德曼的论点是与超过提前一期决定的名义工资的更加持久的名义刚性是一致的（但没有强调）。长期的价格黏性实际上是弗里德曼世界观的一个普遍因素，而他的主席演讲郑重声明："根据任何可以设想的制度安排和确定无疑是美国现在普遍存在的那些制度安排，价格与工资的灵活性非常有限。"[①]正如前面的第七章指出的那样，弗里德曼在主席演讲框架中的一期信息不对称性可以被视为他的基本模型的一层名义刚性——它是在长期合同所产生的其他层次的名义刚性之外蕴含着有限（短期）的价格灵活性的一层名义刚性。但是，由于一期信息不对称性本身就足够产生预期的菲利普斯曲线——引用菲尔普斯的话说，尽管是一个产生它的"快捷却肮脏的"方法——因此，早期对货币经济

---

[①] Friedman（1968b, 13）.

学的理性预期贡献，比如卢卡斯（Lucas 1972b，1973）的贡献，能够采取这种信息不对称性，并在以完全价格弹性为特征的模型——与弗里德曼所认为的可信模型相反——中推导出预期的菲利普斯曲线。[1]

弗里德曼与菲尔普斯的表述之间存在的另一个重要差别就是，菲尔普斯的表述更加正式和更加严谨。菲尔普斯的早期著作刚好写于宏观经济学模型的微观基础建立之前——对此，菲尔普斯（Phelps 1970a，1970b）作为编辑和投稿人做出了开创性的贡献——和在理性预期革命之前，但是这些早期著作是用数学详细阐释的，而弗里德曼在 20 世纪 60 年代的自然率著作却不是以这种方式阐述的。"我想，我与众不同的地方在于，我制定出了一个含义丰富、实际上有一些经验可信的模型"，菲尔普斯在 2013 年 5 月 6 日笔者的访谈中评论说。弗里德曼承认，菲尔普斯比他所做的更加关注劳动力市场。[2]

菲尔普斯集中于劳动力市场一个结果就是，他的框架在分析通货膨胀时明确将失业率作为一个变量。相比之下，在弗里德曼的分析——基本上是一个代表性工人的设定——中，失业的可能性本质上就被排除了。相反，劳动投入的波动在整体上采取工时变动的形式。对于一个有弗里德曼那种目标——曾经关注将模型

---

[1] 其实，布林德（Blinder 1987，132）比较了刚才引用的弗里德曼的段落与卢卡斯的立场，并得出结论说："绝大多数经济学家认为，卢卡斯在芝加哥大学的著名前辈拥有它的权利"。严格说来，布林德将弗里德曼描述为卢卡斯在芝加哥大学的"前辈"的说法是不完全准确的，因为卢卡斯和弗里德曼在芝加哥大学经济系从 1974 年到 1976 年未有交集。
[2] 参见 Snowdon and Vane（1997，198）。

的规模压缩为几个关键方程式——的经济学家而言，明确关注劳动的集约边际与广延边际的区分不是优先考虑的问题。弗里德曼不仅通常想当然地认为，人们可以在菲利普斯曲线的分析中在产出与失业之间以及就业与产出之间移动，而且通常想当然地认为代表性代理人的分析是可接受的。[1] 与这些立场保持一致，弗里德曼常常将就业变动所引起的劳动投入的波动当作可以在模型中由工时的变动令人满意地表达出来。

由此得出的结论是，虽然弗里德曼在主席演讲中包含了一个自然失业率概念的定义，但是他在随后的讨论中采取的菲利普斯曲线分析，严格说来，并没有利用这个概念。每当他在理论讨论中谈到失业偏离了自然失业率时，弗里德曼在本质上就使用这个缺口来作为实际上出现在模型中的劳动小时的缺口。菲尔普斯在讨论他的框架与弗里德曼的主席演讲之间的差别时强调了这种区分。[2] 这个问题在本著作对菲尔普斯访谈时被提到。当我指出弗里德曼的论文使用了"自然失业率"的术语而菲尔普斯（Phelps 1967，1968b）的方法考虑失业之时，菲尔普斯在2013年5月16日笔者的访谈中回答说，"是的，我认为那是一个令人开心的讽刺。一个痛苦的讽刺（大笑），也是一个令人开心的讽刺"。

值得强调的是，尽管弗里德曼在他的演讲中勾勒的实际变量与名义变量相互作用的文字模型不存在失业，他的演讲确实引入了自然失业率。在这样做时，他提供了一个变成标准的术语，以及提供了这个概念的定义，而后来严谨的失业模型（比如 Lucas

---

[1] 例如参见《美国和英国的货币趋势》第441—445页。
[2] 参见 Phelps（2007，549）和 Vane and Mulhearn（2009，113）。

and Prescott 1974）证明这个定义是正确的。① 公正地说，弗里德曼感到满意的是，这个概念是他最有影响力的贡献之一。② 前面提出的论点更确切地说是，弗里德曼的论文在引入自然失业率的概念和提供了一个独立的、其他人形式化了的文字定义之后，弗里德曼在他的演讲中阐述的通货膨胀动态性的文字模型并没有真正地利用这个概念。③

弗里德曼和菲尔普斯制定出在细节上具有如此之多差异的自然率假说的事实就反映了他们独立研究的事实。菲尔普斯证实（参见 Horn 2009，254）他在1968年之前与弗里德曼根本没有交流过这个问题。这两位大约在1964—1965年在加州见过面，埃德蒙·菲尔普斯在2013年5月16日笔者的访谈中回忆说："我认为，那是我第一次见到他。我当然对他的才华横溢和专业知识深感敬畏……我想我们实际上谈论了政府的理论，丝毫没有谈到货币政策。"他们也在1968年之后见过几次面。但是，他们再次没有讨论自然率假说。"我们从来没有对此聊过。我们有几次差点谈到它。"

**（四）固定货币增长规则的重申**

现在让我们来探讨弗里德曼主席演讲的后半部分——在此他重申了对固定货币增长的政策规则的支持。许多经济学家将自然

---

① 因此，正如上册第七章和第九章讨论的那样，声称（比如 Hahn 1983b）弗里德曼的自然率概念不可能严格地证明的说法被1968年之后的文献所反驳。
② 参见弗里德曼在2007年1月29日美国公共电视台拍摄的访谈节目《选择的力量》（*The Power of Choice*）中的评论。
③ 相反，它可以被视为使用了自然产出水平或自然工时水平的概念。

率假说并入了他们的世界观,基本上赞同弗里德曼演说中的前半部分而摒弃了后半部分。正如我们已经看到的那样,甚至赞成政策规则和在经济分析中依赖货币总量的经济学家,比如麦卡勒姆(McCallum 1989b)和彼得·艾尔兰(Ireland 2011),也摒弃了弗里德曼演讲的后半部分关于固定货币增长是可取的立场。难道后半部分真的是"莠",正如艾森鲍姆(Eichenbaum 1997,236)所暗示的那样,包含的材料比弗里德曼对自然率假说的概括更少有价值并且它的论点不是从弗里德曼关于自然率假说的概述中逻辑地推导出来的吗?

事实是,这个主席演讲的后半部分的某些内容是可以从该演讲的菲利普斯曲线部分分离开来的。其中的一个原因是,货币主义者的关系——在货币增长与通货膨胀(演讲中讨论的)之间和货币增长与名义收入增长之间的关系意义上——并不取决于长期垂直的菲利普斯曲线(例如参见 E. Nelson 2002a)。[1] 弗里德曼本人没有明确将自然率假说包含在他 1970 年给出的货币主义命题的目录之中。[2] 后来在 1980 年 3 月 3 日的《泰晤士报》上,弗里德曼承认,货币主义是与自然率假说分离的。[3] 不过,一旦

---

[1] 萨缪尔森(Samuelson 1971,20)提供了一个这两种立场是分离的早期陈述。
[2] Friedman(1970a)——弗里德曼在 Friedman(1972a,913)和 Snowdon, Vane, and Wynarczyk(1994,174)中提到这个货币主义命题的清单——唯一提到 Friedman(1968b)的地方出现在列出清单之后,并由这次主席演讲的"货币主义者"的后半部分的一个引语所组成。
[3] 自然率假说应该被视为与货币主义命题相分离的一个弗里德曼命题的观点也在彼得·杰伊的著述中被有力地倡导(例如参见 1980 年 5 月 1 日英国《听众》和 1981 年 1 月 5 日《泰晤士报》)。

后者被纳入分析，它就与其他货币主义命题和睦相处，因此自然率假说有时被认为是货币主义的一个组成部分——正如莱德勒（Laidler 1993a，1072）和麦卡勒姆（McCallum 2008）所做的那样。[1]

但是，非货币主义者可以欣然接受自然率假说——当哈里·约翰逊（Harry Johnson 1976b，15）评论说，长期垂直的菲利普斯曲线的框架"是由弗里德曼（一些人眼中最重要的货币主义魔鬼）和埃德蒙·菲尔普斯（甚至在他的最邪恶的敌人的想象中都不是'货币主义者'）独立地指出"的时候，他早就强调了这一点。[2] 实际上，菲尔普斯（Phelps 1967）在概述自然率假说时将货币政策置于次要地位，而将财政政策当作总需求变动的来源，尽管他在1972年长篇幅探讨这个问题的论文的标题《通货膨胀政策与失业理论：货币计划的成本收益方法》（*Inflation Policy and Unemployment Theory: The Cost-Benefit Approach to Monetary Planning*）中承认了所涉及的货币政策问题。但是，关键要点是，菲利普斯曲线的分析主要不是关于名义支出变化是如何起源的，而是关于给定的名义支出变化是如何在通货膨胀与实际产出增长之间划分的，以及产出是如何与潜在产出相关的。相反，货币主义命题主要关注在某种程度上不同的问题：货币与名

---

[1] 托马斯·梅耶（Mayer 1978）也将其归入货币主义的一个特征因素。但是，托马斯·梅耶在货币主义因素之内放入了弗里德曼并不认为是货币主义一部分的弗里德曼的观点（比如对自由市场的信念），这个事实就对梅耶的分类方案提出了某些怀疑。

[2] 同样，托宾（Tobin 1974c，62）陈述说："许多非货币主义者是'自然率'替代菲利普斯权衡的支持者。"

义支出之间或者货币与价格之间的关系，以及这些序列的时间导数之间的相应关系。人们可以讨论自然率假说而无须提到货币需求函数或 IS 方程，但在讨论货币主义时事实并非同样如此。

与这种区分相一致，弗里德曼对固定货币增长规则的倡导早于他阐述的自然率假说。自然率的思想增强了支持该规则的理由。与估计一个变量的自然率相关联的不确定性增强了经济学家对时滞和模型不确定性的其他方面的知识匮乏，从而加强了弗里德曼对固定货币增长规则的支持。但是，自然率假说并不构成支持该规则的理由的关键补充。[1] 学术界对自然率假说的接受也没有导致对该规则的广泛支持。相反，许多接受自然率思想的经济学家不赞成弗里德曼关于固定货币增长的建议。一旦货币需求关系的经验可靠性在 20 世纪 80 年代重新开始遭到质疑，学术界接受这两种观念的差异程度就放大了。总之，探讨固定货币增长规则的优越性涉及的问题只是与自然率假说有效性的争论之间存在

---

[1] 弗里德曼（Friedman 1977c，13）明确拒绝了莫迪利安尼（Modigliani 1977）将 Friedman（1968b）——这也在莫迪利安尼（Modigliani 1986b，36）中占有重要地位——解释为支持非积极的政策规则的理论依据的关键参考文献。莫迪利安尼对弗里德曼的观点的解释是，自然率假说意味着，如果政策制定者甚至对自然失业率部分地测量错了，对失业有所反应的货币政策方法就是一个易于产生无限的通货膨胀或通货紧缩的策略。尽管弗里德曼确实认为这种可能性是旨在估计自然利率或自然失业率的政策在理论上的可能结果——例如参见他在 1990 年 7 月 19 日的《福布斯》杂志上的评论——他还是承认这在实践中是不会发生的，部分原因是政策制定者会按照自然率的方向纠正目标失业率。在 1970 年 12 月 31 日的《动态经济学教学盒式磁带》第 64 集中，弗里德曼更一般地认为，他拒绝长期通货膨胀与失业之间的权衡与他对总需求的精确管理的有效性的怀疑是分开的。

部分的重叠。

但是，即使排除了这个主席演讲中纯粹货币主义的因素，正如克鲁格曼（Krugman 2007, 28）所做的那样，这个演讲不算是"弗里德曼……对货币政策所谈论内容"的一部分的说法也是错误的。弗里德曼确定无疑地认为他的整个演讲是关于货币政策的。他对这篇论文作为一个整体和各独立部分所选择的标题，以及他在1968年将这篇论文描述为一篇"探讨货币政策的一般问题"的论文，都证明了这个事实。[1] 这个演讲的两部分都对货币政策的制定做出了贡献——这些贡献超越了狭隘定义的货币主义并且与不重视货币总量的分析家相关。因此，让我们现在探讨这篇论文对货币政策文献所做的贡献。

这个演讲对货币政策的形成所做的第一个实际贡献是，它提出了对货币理论的改进。在讨论这个问题时，我们需要面对一个术语问题，因为"货币理论"的术语是否涵盖货币需求与货币供给之外的问题是一个答案取决于语境的问题。弗里德曼在1968年12月《动态经济学教学盒式磁带》第6集中发现"广义解释的货币经济学"非常有用，因此他的货币分析包括与财政政策和消费函数相关的探讨。[2] 甚至根据广义定义的货币理论，价格设定和菲利普斯曲线是否归入货币理论的问题不是一个人们可以绝

---

[1] 引自弗里德曼向美国众议院的银行与货币委员会提交的备忘录（Committee on Banking and Currency 1968b, 204）。戴维·莱德勒在2013年6月19日的访谈中赞同弗里德曼1968年的论文广泛地论述了货币政策问题的观点："那篇论文论述的远比附加预期的菲利普斯曲线多得多。其他的一切也都在那儿。"

[2] 另参见Friedman（1951b, 113）和《两个幸运的人》第208页。

对肯定的问题。当他在 1976 年版的《价格理论》中说菲利普斯曲线"不稳定地居于价格理论与货币理论之间"时，弗里德曼触及了这个问题的实质。[①]

认为自然率假说是货币理论的一部分的一个重要依据就是，该假说改进了用在货币政策分析的模型中的价格制定方程的设定。虽然研究文献中的许多讨论认为弗里德曼的批评意味着人们不可能写出通货膨胀与一个实际变量（失业——更准确地说是失业缺口——或产出缺口）之间的关系，但是实情并非如此。业已指出，弗里德曼的论点更准确地说相当于提议修改菲利普斯曲线的设定，包括更明确地陈述了充分就业的失业率概念，此概念应该作为参照点加入这个关系的失业缺口项中，并增加了系数为 1 的预期通货膨胀项。

在这两个修改中，第一个修改不是那么重要，因为弗里德曼的自然率概念在本质上就是已经在菲利普斯曲线的文献中使用的充分就业概念的一个重新表述（尽管在术语上适合一般均衡分析）。因此，第二个修改对现有的政策分析做法构成了更为根本性的改变。弗里德曼的主席演讲与他和施瓦茨向国民经济研究局 1967 年的《年度报告》的供稿都提到了这一约束条件是该假说

---

[①] 参见 Friedman（1976a，213；see also p. vii）。

的一个创新。<sup>①</sup> 通过这一创新，自然率假说就对货币分析做出了贡献——不是通过抛弃菲利普斯曲线，而是通过改进菲利普斯曲线方程的设定。在设定用于货币政策分析的模型时，确立实际变量与名义变量互动的某种方程是必不可少的。正如弗里德曼在他的主席演讲中所说，菲利普斯曲线是一个重要的贡献，他的目标就是要克服那个贡献中的缺陷。<sup>②</sup> 菲尔普斯在 2013 年 5 月 16 日笔者的访谈中就他自己的研究提供了一个相关的看法："我不会说，'我正在做的事情是摧毁菲利普斯曲线'。我要说的是，'我正在做的事情就是要努力在讨论通货膨胀控制和货币政策时恢复一

---

① 参见 Friedman（1968b）和 Friedman and Schwartz（1967，39-40）。但是，弗里德曼直到 20 世纪 70 年代才写出方程形式的附加预期的菲利普斯曲线。相应地，马克·布劳格在 Snowdon and Vane（1999，327）中报告说，他的学生在 Friedman（1968b）被指定为阅读文献时惊奇地发现，预期的菲利普斯曲线在这篇论文中没有写出来。弗里德曼在 Friedman（1975d）（后来并入到 Friedman 1976a，228）中将预期的菲利普斯曲线表述为一个通货膨胀与失业形式的方程，然而带有产出缺口作为实际活动项的菲利普斯曲线更早地出现在 Friedman（1970b，224）（并且以修改的表述出现在 Gordon 1974a，49）和《美国和英国的货币趋势》第 60 页之中。罗伯特·戈登（Gordon 1976a，54）指出，Friedman（1970b）是弗里德曼第一次在一个明确模型的语境中使用预期菲利普斯曲线。
由于在 Friedman（1968b）中没有附加预期的菲利普斯曲线方程，斯蒂芬·托洛维斯基和迈克尔·瓦赫特（Turnovsky and Wachter 1972，47）援引 Tobin（1968）作为写下附加预期的菲利普斯曲线的论文。但是，在 Tobin（1968）之前，这个方程就在 Phelps（1967，261）中发表了，以产出缺口作为菲利普斯曲线的实际变量和直截了当的但非标准的预期通货膨胀项符号。

② 参见 Friedman（1968b，8）。按照同样的精神，布鲁纳（Brunner 1975，186）评论说，"某种形式的菲利普斯曲线分析"作为寻求解释将名义收入分解为产出与价格的"任何货币理论的不可或缺的一块"都是需要的。

点常识,并将预期置于讨论的中心'。"

弗里德曼提醒说这篇1967年的演讲重新表述了他已经表达过的思想,这篇演讲可以被视为他完成他的模型——详细阐述了总需求方——的标志。戴维·莱德勒在2013年6月19日笔者的访谈中表达了相似的看法:"我对那篇[弗里德曼1968年的文章]的解读是,他基本上完成了他的体系。"

自然率假说对货币理论所做贡献的另一个重要方面在于它作为对非货币的通货膨胀理论反驳的价值。正如前面的章节已经强调过的那样,弗里德曼的通货膨胀观使他与凯恩斯主义者的多种多样的通货膨胀理论相互斗争。他最重要的战斗是在两条战线上。在第一条战线中,他的对手是永久性向下倾斜的菲利普斯曲线的信徒,他们附加一个成本推动的扰动项,然后将向下倾斜的曲线转变为一个权衡的问题。[1] 他的第二群对手相信纯粹成本推动(特别是工资推动)的通货膨胀观。

实际上,倡导对通货膨胀的纯粹成本推动分析的人在简单的菲利普斯曲线瓦解之后获得了力量。那种瓦解似乎与他们的这种观点相一致:在一个广泛的范围内,通货膨胀对产出缺口是不敏感的,而不是根据简单的菲利普斯曲线的假设继续与这个缺口保

---

[1] 忽视这场争论的这一方面是福德(Forder 2010a,2010b)的另一个问题。他尝试确立的是,不存在一个大规模的"永久性权衡"的意见群体来反对弗里德曼与菲尔普斯。福德的大部分分析是要确定经济学家并没有提出偏离价格稳定性来作为他们的政策建议。但是,在这种关注下,他的讨论实际上就忽略了像菲尔普斯和弗里德曼这样否认失业与通货膨胀之间永久性权衡的经济学家与那些(像Samuelson and Solow 1960;Tobin 1967)认为永久性的权衡是美国经济的一个可能情形(除非政府直接干预工资与价格的设定)的经济学家之间关键分歧。

持关系。① 但是，具有长期垂直型的扩展的菲利普斯曲线反驳了成本推动理论的拥护者，因为它对表面上是任意性的产出缺口与通货膨胀的组合提供了一个理性化的框架，但是这个框架以预期通货膨胀为条件，保留了实际活动与通货膨胀之间的连续关系并承认通货膨胀是一个内生变量的命题。因此，自然率假说就提出了一个决定性的理由来反对纯粹成本推动的通货膨胀观，并在货币政策可以影响总需求的条件下重申通货膨胀是一种货币现象。除了他向 1966 年的工资与价格指导线的会议供稿，弗里德曼对成本推动理论家的绝大部分回应都散落在短篇评论和演讲之中。但是自然率假说体现在这些反驳之中。不过，另外两篇对自然率假说的早期讨论，即菲利普·卡根（Cagan 1968）和权威性的菲尔普斯（Phelps 1968b）的讨论，更加广泛地使用它来作为对成本推动理论家的全面回应的一部分。

正如这个主席演讲中自然率假说的内容对货币理论与实证的货币政策分析产生了重要的影响一样，弗里德曼在演讲中的规范讨论也留下了持久的印迹。艾森鲍姆（Eichenbaum 1997，236）指出，这个演讲关注了广泛受到注意的主题思想："货币政策的主要目标应该是长期价格稳定或者至少是一个较低的平均通货膨胀率。"沿着同样的思路。戴维·莱德勒在 2013 年 6 月 19 日笔者的访谈中认为，弗里德曼在主席演讲中提出的自然率假说是一种"澄清为什么努力追求就业目标将不起作用和为什么追求稳定的通货膨胀目标是唯一与经济运行方式相一致的事情的论点"。

---

① 参见 Romer and Romer（2002b，2013b）；Bernanke（2004，2013）；E. Nelson（2005b，2012b）；DiCecio and Nelson（2013）。

本·伯南克、托马斯·劳巴赫、弗里德里希·米什金和亚当·波森的研究（Bernanke, Laubach, Mishkin, and Posen 1999, 310–11）与这一传统相符，因为这些研究者在敦促"集中于货币政策可以做的事情（维持长期价格稳定），而不是集中于它不能做的事情（通过扩张性的政策促使产出与就业永久性地增加）"之时，在事实上附和了弗里德曼在主席演讲中的言辞。

对双重授权（即产出缺口和通货膨胀目标）或"灵活通货膨胀目标"的讨论也是这种主题思想的一种形式的反映，即使它们需要货币政策对实际活动的反应比弗里德曼偏爱的更直接。① 现代对实际政策目标的陈述将政策制定者的标准设定为最小化产出或失业与其相应的自然水平之间的离差，并明确承认自然率独立于货币政策。例如，联邦公开市场委员会在 2012 年的长期目标和政策策略的声明中陈述说："最大的就业水平基本上由影响劳动力市场的结构与动态性的非货币因素决定。这些因素可能随时间而变化，也许不是直接可测量的。因此，设定一个固定的就业目标是不恰当的"（Federal Open Market Committee 2012）。同样地，拉斯·斯文森（Svensson 1999, 626）指出，对其他国家而言，"政府、议会和中央银行对设定通货膨胀目标的兴趣十分强调自然率假说。可以说，该假说构成了设定通货膨胀目标的一个基础"。

拉斯·斯文森进一步评论说，对通货膨胀而言，"水平目标（即通货膨胀目标）是受到选择影响的。对产出而言……水平目

---

① 关于灵活通货膨胀目标（这个概念归于斯文森）的定义、分析和实践方面的详细讨论，参见 Svensson（1999）。

标不是受到选择影响的，它是由产出的自然水平给定的"。事实上，自然率假说通过实际目标表达的形式，嵌入了拉斯·斯文森所偏爱的"目标规则"和约翰·泰勒（Taylor 1993）的简单政策规则的设定之中。当约翰·泰勒在20世纪60年代末第一次参与发展动态宏观经济学模型的研究之时，弗里德曼对货币政策规则的研究与他关于菲利普斯曲线的观点之间的联系给约翰·泰勒留下了深刻的印象（2013年7月2日笔者对约翰·泰勒的访谈）。沿着相似的思路，查尔斯·比恩（Bean 2003a）认为，20世纪60年代末见证了"一个根本性的挑战……那就是米尔顿·弗里德曼"对先前存在的稳定政策方法的挑战。

弗里德曼本人认为，对适当目标的论述是他的主席演讲的一个重要组成部分。这一点体现在，他在1977年以下列措辞回忆了他的主席演讲："我那篇论文的实质论点是，货币当局拥有的货币工具最终只能控制货币变量，比如价格水平和名义收入；它不可能使用货币工具来实现一个实际的目标，不管该实际目标是实际利率、实际产出还是失业率。"[①] 这个论点将弗里德曼那篇论文的前半部分和后半部分结合起来。

只是在那篇论文的结尾几个段落，弗里德曼才集中讨论了他

---

[①] 参见 Friedman（1977c，13）。在某种程度上说，这是对那篇1968年论文内容的一个过于谦虚的描述，因为那篇论文探讨了中央银行怎么不可能钉住名义利率。但是，弗里德曼对它们持续获得名义利率的特定值的能力缺乏信心实际上与他们有能力使用流动性效应这样做有关：即使用名义利率的实际利率成分对货币存量变化的暂时性反应。因此，他在主席演讲中对名义利率钉住制的讨论相当于对中央银行持久影响实际利率的能力的批评。

的固定货币增长"建议",认为这源自——他从1957年以来就在出版物中提出了——对货币与其他变量,特别是与价格水平之间的短期和中期关系缺乏确定认识。[1] 正是弗里德曼从自然率假说得出的这个结论而不是对货币政策的影响,才让后来的大多数研究者与弗里德曼分道扬镳。绝大多数货币经济学家现在都拒不接受弗里德曼关于货币工具与通货膨胀之间的联系太过于松散以至于无法直接以后者为目标的立场。而且,他们在今天也拒不接受他关于固定货币增长的政策提供了一种美国的货币政策可以避免成为经济干扰来源的手段的主张——尽管许多人可能会承认这个主张在1967—1968年可能会比在后来更加准确。这些经济学家中的一部分对政策制定者测量实际变量的自然水平的能力比弗里德曼在1968年所表达的拥有更大程度的信心。

两个例子说明了比弗里德曼晚的一代经济学家对自然率假说的吸收,而他们对弗里德曼的货币著作的其他方面持批评的态度。

第一个例子是查尔斯·古德哈特的吸收。虽然古德哈特在他的研究中重视货币总量,但是他直言不讳地批评弗里德曼的货币供给决定和货币控制的观点,并明确宣称在那场辩论中站在托宾一边。[2] 然而,在菲利普斯曲线分析的领域,古德哈特提到,不存在任何"对这种说法的严肃挑战:中期和长期的菲利普斯曲线是垂直的,因而货币政策应该主要地,如果不是唯一地集中于"名义变量(Goodhart 1992,315)。

---

[1] 参见 Friedman(1968b,16-17);引语来自第16页。
[2] 参见前一章。

第二个例子是艾伦·布林德的吸收。虽然布林德不是弗里德曼在关于货币总量和政策规则的许多立场上的追随者，但是，他在1988年2月15日的《商业周刊》上将自然率假说视为设定货币政策的一个重要原则。[1] 实际上，布林德（Blinder 1997，4）似乎愿意比接受自然率假说走得更远：他赞成弗里德曼在主席演讲中提出来的另一个论证思路对欧洲（尽管不是美国）的正确性——对自然率假说的估计太不确定，以至于无法加入货币政策的决策。

即使对于自然失业率可以被可靠地估计的情形而言，文献中一个有争议的问题是自然率假说的主题思想是否是否定性的。本·伯南克、托马斯·劳巴赫、弗里德里希·米什金和亚当·波森（Bernanke, Laubach, Mishkin, and Posen 1999，15）在谈到"在20世纪60年代占支配性地位的货币政策能力的乐观观点"的理论依据是20世纪60年代的人们认为货币政策可以选择稳态的失业率之时，就暗示事实如此。[2] 但是，存在另一种对自然率假说

---

[1] 布林德在《商业周刊》专栏文章中对自然率概念的讨论与鲍莫尔-布林德（Baumol and Blinder 1982）对自然率假说的教材处理在某种程度上形成了对比。这是作者们的教材的第二版；1979年的第一版赞同永久性的权衡。《商业周刊》的专栏文章将此概念归功于弗里德曼。鲍莫尔和布林德（Baumol and Blinder 1982）阐述和承认长期垂直的菲利普斯分析、并使用"自然失业率"术语的一节并没有提到弗里德曼，尽管弗里德曼确实在鲍莫尔和布林德论述政策规则和市场经济学中占有重要地位。

[2] 同样，费尔德斯坦（Feldstein 1973，3）陈述说，自然率假说蕴含着"这种情形比菲利普斯承认的更糟糕"。迈克尔·阿蒂斯、德里克·莱斯利和格雷厄姆·史密斯（Artis, Leslie, and Smith 1982，146）走得更远，声称"扩展的菲利普斯曲线分析（至少否定了长期的权衡）的逻辑几乎没有为宏观经济政策留下空间"。

的稍微不同的描述。弗里德曼在1971年晚期提供的这种更加细致入微的描述是令人信服的。"在一种意义上，这个观点是悲观的"，弗里德曼表示，"因为它意味着高通货膨胀率不能长期地被用作实现较低的就业水平的一种手段。在另一种意义上，这个观点是乐观的，因为它意味着不存在高就业与价格稳定之间的长期冲突。旨在降低通货膨胀的政策将只会产生暂时性的失业，这种暂时性的失业将在人们广泛预期价格稳定会持续进行时消失。"①按照同样的精神，弗里德曼在2005年发表的评论中拒绝接受将他的经济政策观点描述为悲观的看法。②

正如他在主席演讲中强调的那样，弗里德曼的乐观主义的一方面是他相信，非货币政策可以将经济移动到一个更有效率的位置和降低自然失业率。③沿着这些思路，弗里德曼在1968年12月《动态经济学教学盒式磁带》第7集中呼吁实施反通货膨胀的政策（这个政策需要最初提高相对于自然率而言的失业）和降低结构性失业的政策——具体而言就是在面对生产力上升时保持最低工资不变。④

弗里德曼主席演讲中另一个持久的主题是对预期的强调。自

---

① 参见Friedman（1972b，194）。
② 参见Friedman（2005b）。类似地，在1974年5月1日《动态经济学教学盒式磁带》第145集中，弗里德曼将原初的菲利普斯曲线的设定描述为悲观的，因为它表示，如果要确保价格稳定，就必须永远地接受高失业率。
③ 但是，这些降低自然失业率的措施如果减少了劳动力流动的机会，会降低效率，参见Friedman（1977e，459）。
④ 这就回应了并具体呼吁了弗里德曼在1967年演讲（Friedman 1967c）中提到的"双胞胎政策"。

然率假说不仅指出了货币政策要关注名义变量，而且强调了预期在通货膨胀决定中的作用。弗里德曼在1978年对理性预期革命发生后进行反思的时刻中指出，他的主席演讲不仅将预期在分析中赋予中心的作用，而且比他从前的著作甚至更加强调其内生性。① 埃德蒙·菲尔普斯在2013年5月16日笔者的访谈中也指出了自然率假说在货币政策与预期之间创造的联系："中央银行家总是在谈论控制通货膨胀预期。那就是我的1967年论文所谈论的东西。"

这个主席演讲中的自然率分析是托马斯·辛普森在2013年5月29日笔者的访谈中所称的弗里德曼在20世纪60年代阐述的"惊天动地"的研究发现系列中的最后一个。② 经济学界从1968年到1975年对他的演讲的反应严格遵循"震惊—否认—愤怒—接受"的模式。经济学家哈里·约翰逊是弗里德曼的一位同事但并非好友，最初否认这一点。正如已经指出的那样，他在哈里·约翰逊（Harry Johnson 1969b）这篇文章中承认长期曲线的正确性，然后哈里·约翰逊继续赞成最初有缺陷的对自然率假说的经验性批判（参见 Laidler 1984，606-9）。但是，在20世纪70年代的前半期，他像其他许多人那样采取"接受"的立场，正如哈里·约翰逊（Harry Johnson 1976b）宽厚的评论所表明的那样。

---

① 参见 Friedman（1978c, R-183 to R-184）。下一章要详细讨论理性预期革命和弗里德曼对它的反应。
② 正如本书其他地方所讨论的那样，Friedman（1969a）并不算作这些贡献之一，因为弗里德曼在那篇论文中表述的结论已经在文献中可获得，而且那个研究与弗里德曼对货币的研究思路是分开的。

相比之下，詹姆斯·托宾在20世纪60年代末和20世纪70年代的大部分时间中依然处于"否认"与"愤怒"的模式之间。他最初的反应的一个关键部分是说，他并不认为自然率假说是一种毁灭性批评，因为菲利普斯曲线的通货膨胀方程应该被认为是必要的动态调整方程，而不是应该对它们的稳态性质进行详细审查的方程（例如参见 Tobin 1968）。但是，正如菲尔普斯指出的那样，通货膨胀方程事实上通常在经济学文献中被表述为模型结构的不可改变的组成部分。[①] 而且，正如卢卡斯所强调的那样，后来关于长期垂直的菲利普斯曲线在弗里德曼与菲尔普斯的论点来临之前就已经被嵌入了经济思想的说法被20世纪五六十年代发表的凯恩斯主义结构模型证明是虚假的。这些模型甚至在长期中都是从名义角度来描述工资调整方程的。[②] 此外，很清楚的是，托宾本人对长期垂直的菲利普斯曲线的思想感到真正的不满，除非它可以被置于某个长期范围内，以至于对政策选择不会产生重要的影响。他反对在菲利普斯曲线中存在一个通货膨胀预期的长期权重为1的"强烈的先验信念"（Tobin 1968, 50）。

在20世纪60年代和20世纪70年代的大部分时间的讨论中，

---

[①] 菲尔普斯在2013年5月16日本书的访谈中讨论了此问题。另外值得一提的是，虽然托宾（Tobin 1995, 41）在1995年引用他1967年的论文——他指出这篇文论是"在1966年10月提交的"——作为证明1967年之前的菲利普斯曲线分析承认不存在长期权衡的证据，但是他没有提到弗里德曼与菲尔普斯到1966年10月已经公开阐述了自然率假说，因此，托宾（Tobin 1966a, 1967）实际上相当于对正在出现的这个假说进行回应。

[②] 除了上面提供的讨论之外，还可以参见这个时期的模型评论：Patinkin（1972a, 899-900）；Friedman（1972a, 948）；Schultze（1996, 34）。

就托宾愿意接受不存在通货膨胀与失业的长期权衡的约束条件而言，他好像认为这个约束条件与如此遥远的期限相关，以至于这个约束条件不需要并入政策制定者表述的经济运行规律。因此，他认为向下倾斜的菲利普斯曲线在任何合理的期限范围内都与政策目的相关。当他评论说（Tobin 1968，53），即使自然率假说准确地描述了最终情形是的说法是真实的，非垂直的菲利普斯曲线依然"在数年，甚至数十年"都会居于支配地位之时，他就明确地提出了这种观点。① 在弗里德曼与菲尔普斯提出了他们的批评四年之后，托宾依然坚持说："至少在四分之一个世纪中，经济学家们就已经知道，现代工业化民主国家不可能同时实现下列三个目标中的两个以上：充分就业、价格稳定与不受控制的和分散的工资与物价。"②

索洛在2013年12月2日笔者的访谈中描述他对自然率假说的最初反应如下："我从没有接受标准的弗里德曼与菲尔普斯的自然失业率模型……当然，整个事情的缺点就是胡说：没有人会真的相信菲利普斯曲线的另一端会加速紧缩。因此，我从不十分相信它。"但是，正如前面引述的索洛的评论以及克莱默（Klamer 1983）的评论所表明的那样，索洛在1968年到1970年持强烈的怀疑态度之后确实沿着自然率假说的方向前进了很多。

---

① 另参见 Tobin（1972c，12）。在这篇论文中，托宾表示，垂直的菲利普斯曲线可能不会出现在与计量经济估计和政策制定相关的期限内。索洛（Solow 1968，9，11，14；1969，15）也强调了这一点（参见 Klamer 1983，135）。
② 1971年10月31日《华盛顿邮报》F3版面。另参见托宾（Tobin 1972b）。

索洛与其他凯恩斯主义者抓住了弗里德曼演讲的一个要素，他们把演讲中的一个段落作为弗里德曼本人认为垂直的菲利普斯曲线适用的时期是一个非常遥远的时期的证据。具体而言，弗里德曼关于向新通货膨胀率移动的"充分调整"要花费"数十年"的陈述被解释为蕴含着消除通货膨胀需要接受"超常的失业二十年"。[1] 弗里德曼在1972年12月之初获悉，对他的主席演讲的这种解释出现在伦敦的《泰晤士报》上。当弗里德曼意识到他不久将要动一个主要的手术——危及生命的心脏问题之时，这件事就在那时发生了。[2] 他立即利用可能是他的最后机会来纠正这个记录。弗里德曼在写给《泰晤士报》的一封信（注明的日期是12月6日，发表的日期是12月12日）中澄清说，他所指的充分调整就是重新停留在稳态。"重要的论点是，虽然'充分'调整可能要持续数十年，但是非常高的失业时期会更加短暂，更可能是二至五年。"

对弗里德曼而言不幸的是，他选择伦敦报纸的读者来信栏作为这种澄清的论坛，意味着这种详尽的阐述几乎不会到达以美国为基地的研究者的意识之中。大致在这封信发表之后的十年，索洛仍在强调弗里德曼最初主席演讲中的那个段落，作为弗里德曼相信与垂直的菲利普斯曲线相关的条件只会在最初的货币政策行动发生数十年之后才会自行表现出来的证据（Klamer 1983，135）。

索洛对自然率假说的更多反应将会马上讨论。但是，首先应该指出的是，实际上正是詹姆斯·托宾在20世纪60年代之后，

---

[1] 参见 Friedman（1968b，11）。
[2] 参见第五章。

最著名的是他在1972年美国经济协会的主席演讲（Tobin 1972b）中，最为积极地站在菲利普斯曲线辩论的凯恩斯主义者这边。①托宾在弗里德曼1976年获得诺贝尔经济学奖的时候在1976年10月23日《经济学人》上就自然率假说所做的评论中对弗里德曼非常宽厚。在那个阶段，他也许依然希望推翻该假说。但是，正如威廉·比特（Buiter 2003, F586）所评论的那样，托宾"并没有成功地对长期非垂直的菲利普斯曲线的理论提供一个充分的'卢卡斯批评的证明'"。正如业已指出的那样，托宾最终在这场辩论中确实做出了让步。在接近20世纪70年代末撰写的一本专著中，托宾（Tobin 1980）承认了自然率假说的正确性。②

正是菲尔普斯而非弗里德曼在托宾对自然率假说的反应中实际上受到最严厉的批评。菲尔普斯与托宾在经济学的许多方面继续有一致的看法，而且耶鲁大学的宏观经济学中心在托宾的领导下继续欢迎菲尔普斯的来访。③尽管如此，在一些年中，菲尔普斯作为完全附加预期的菲利普斯曲线的共同创始人的地位是他与托宾关系紧张的一个来源。菲尔普斯在2013年5月16日笔者的访谈中回忆说：

> 是的，这也许是我的职业生涯中最不愉快的部分。我们有良好的关系。我是他的学生，他对我非常宽厚。我也非常

---

① 另参见 Tobin and Ross（1971）。
② 托宾对自然率假说的承认在卢卡斯（Lucas 1981a）和赫歇尔·格罗斯曼（H. Grossman 1982）的书评中得以强调。
③ 例如，菲尔普斯在1968年12月13日的考尔斯基金会报告了"就业与通货膨胀理论的非瓦尔拉斯方面"（http://cowles.econ.yale.edu/archive/events/seminars-cf.htm）。

钦佩他。然后，当我们在此事上发生分歧时……感觉非常难受。他最终解决了这个问题，方式是在自然率上完全指责米尔顿·弗里德曼，从来不提到我。

在前面提到的托宾承认自然率假说正确性的1980年的专著中，托宾将该假说称为"菲尔普斯-弗里德曼假说"，向菲尔普斯表示歉意（Tobin 1980，39，41）。

在最初对自然率假说的反应中，不仅仅只有托宾沿着唯一归属于弗里德曼的路线走。因此，在为自然率假说进行强烈的辩护时，菲尔普斯（Phelps 1971，34）评论说："我注意到的另一个策略是将自然率概念以及支持它的模型唯一地与米尔顿·弗里德曼联系起来。"菲尔普斯援引的其中一个参考文献，索洛1969年的文章（Solow 1969）就是一个恰当的例子。索洛在英国的曼彻斯特大学的嘉宾演讲中批评和检验自然率假说。从他的演讲中产生的一本专著中，索洛像托宾一样在表述自然率假说时只援引了弗里德曼的著作。[1] 在菲尔普斯（Phelps 1971，34）看来，这也

---

[1] 索洛引述了弗里德曼的主席演讲以及Friedman（1966e）。索洛当然熟悉后一篇文章，因为那是他与弗里德曼在会议交锋中的一个关注点。尽管如此（对学术界的大多数人来说也是如此），弗里德曼（Friedman 1968b）详细阐述的自然率假说对索洛而言比弗里德曼在1966年的评论更加令人难忘（2013年12月2日笔者对罗伯特·索洛的访谈）。其中一个原因可能是，Friedman（1966e）对自然率假说的讨论并不是特别恰当。在1966年的评论中，弗里德曼将他的火力对准纯粹成本推动的通货膨胀观，而对这些观点的批评性看法需要一个需求拉动的通货膨胀观，但是并不必然需要接受自然率假说。在质疑成本推动的通货膨胀观时，自然率假说是有用的，但并非必不可少的。

许是一个旨在将自然率假说与弗里德曼的其他观点,特别是那些关于货币存量的观点联系起来的一个伎俩。① 菲尔普斯也在 2013 年 5 月 16 日笔者的访谈中评论说,索洛的引用做法也许反映了"在他看来,他决定拯救我[免受批评]"的情形。但是,菲尔普斯对托宾和索洛没有引用他的反应是"我不喜欢那样"——他宁愿明确地被引用。②

菲尔普斯不仅仅是弗里德曼提出了自然率假说的现实对主要的凯恩斯主义者而言进退两难。不仅菲尔普斯不是一位货币主义者,而且他在 20 世纪 60 年代末的著述中比弗里德曼在数学上更加严谨,更具有技术性。由于弗里德曼远非被视为一个技术大师,因此,建议不要质疑他的技术知识是不恰当的。③ 如果弗里

---

① 菲尔普斯在 2013 年 5 月 16 日笔者的访谈中回忆说,他对自然率那类观念的从前倡导者(比如费尔纳和阿巴·勒纳)的强调是一种消除支持自然率假说就意味着赞同弗里德曼的所有思想的观念的手段。"我也许急于表明的要点是:'看哪,不仅仅只有米尔顿·弗里德曼才有这种思想,其他人也有这种思想'。"

② 就弗里德曼而言,他在 1974—1975 年的演讲中援引了菲尔普斯论菲利普斯曲线的著作,这种引述重印在 1976 年版的《价格理论》(参见 Friedman 1975d, 1976a)和他的诺贝尔演讲(Friedman 1977e)之中。弗里德曼和施瓦茨在《美国和英国的货币趋势》中讨论菲利普斯曲线时莫名其妙地遗漏了引述菲尔普斯,但是弗里德曼后来在他的回忆录《两个幸运的人》第 231 页、第 625 页和第 646 页与 Friedman(2010)中再次援引了菲尔普斯。后一篇的引用尤其令人伤心,因为它出现在弗里德曼最后的研究论文中。虽然这篇论文在 2010 年发表,但却是在 2006 年上半年写的;2006 年的下半年见证了菲尔普斯获得诺贝尔经济学奖和弗里德曼的去世。

③ 兰尼·爱本斯坦(Ebenstein 2007, 152)提出了一个完全相反的说法,声称没有人质疑弗里德曼"技术的高超"。这个描述与经济学界对弗里德曼的看法相矛盾,正如本著作反复用文献证明的那样。

德曼的主席演讲单独出现，将这个演讲对自然率假说的文字概述贬低为粗暴断言可能很容易，而这种粗暴断言可能经受不住在一个严谨的、明确以模型为基础的分析的详细审查。但是，菲尔普斯同时提供了一个支持自然率假说的严谨处理的事实就排除了这种可能性。在面对这种情形时，凯恩斯主义者在 20 世纪 60 年代末到 70 年代初对自然率假说的反对采取两种形式：尝试发现自然率假说不成立的更精心制作的模型（这是托宾尝试的不成功策略），或者尝试发现自然率假说尽管在理论上符合逻辑，但在数据中不成立。后一种策略在某种程度上是由托宾采取，特别是为索洛所乐意采纳（Solow 1969）的策略。

但是，如果索洛希望通过瞄准弗里德曼的观点来与他交战，那么他将感到失望。索洛（Solow 1969）1969 年的著作只是在发表了大约五年之后才受到弗里德曼的注意；当他援引它时，弗里德曼在脚注中表明索洛对自然率假说的检验是不正确的，因为索洛将其他变量（与失业和预期的代理变量一起）加入到估计的菲利普斯曲线中。[1] 经济学文献到 20 世纪 70 年代中期得出的结论是，即使没有这些额外的变量，索洛反对菲尔普斯与弗里德曼假说的证据，以及发表在 20 世纪 70 年代初的《布鲁金斯经济活动论文集》(*Brookings Papers on Economic Activity*) 中的类似检验，事实上都不是有效的证据。这些最初的检验是理性预期革命的早期牺牲品。对现有的自然率假说检验的批评的力量与支持该假说的新兴经验证据结合在一起，意味着经济学家到 20 世纪 70 年

---

[1] 参见 Friedman（1976a, 228）和《美国和英国的货币趋势》第 446 页。莱德勒（Laidler 1970, 120）预见到了弗里德曼对索洛详述的批评。

代中期很好地进入了自然率假说的"接受"阶段：对自然率假说的反对逐渐消失了。这个接受的过程将进一步在接下来的两章中描述。

奇怪的是，弗里德曼在1967年的自然率假说的争论中主要扮演的是旁观者的角色。弗里德曼的主席演讲能够主导这场辩论的议程的程度值得强调。他的演讲没有提供方程，不包含经验证据，以及对菲利普斯曲线的文献几乎没有讨论。① 它的标题没有短语"自然率假说"。这个短语也没有出现在弗里德曼曾经写的任何其他著作的标题上。没有任何弗里德曼的著作或文章有关于"自然率假说"或"自然率理论"的标题。最接近的是弗里德

---

① 梅格纳德·德赛（Desai 1984, 265）责备弗里德曼（Friedman 1968b）没有援引威廉·菲尔普斯（A. W. Phillips 1958）。但是，弗里德曼（Friedman1968b, 8）确实在文字上提到了菲利普斯的"分析"和"他的论文"。此外，可能要注意的是，梅格纳德·德赛（Desai1973, 540）提到"垂直菲利普斯曲线的……弗里德曼世界"，但是，这篇论文的参考文献目录不包含弗里德曼（Friedman1968b）的援引。
此外，虽然弗里德曼在约翰·泰勒2001年的访谈中表示萨缪尔森-索洛的论文（Samuelson and Solow 1960）可能激起了他的批评，但是弗里德曼（Friedman 1968b）并没有援引它。表明弗里德曼对菲利普斯曲线的批评在事实上不是由对萨缪尔森-索洛论文（Samuelson and Solow 1960）的反应所形成的一些迹象，是弗里德曼在1962年版本的《价格理论》中的简短讨论。在这本著作中，正如前文所指出的那样，弗里德曼提到了论美国的菲留斯曲线的其他著作，而没有提到萨缪尔森-索洛的研究。

曼在1996年9月24日为《华尔街日报》撰写的一篇专栏文章。[1]后来的这一篇文章也是弗里德曼在通俗著述中讨论自然率理论的一个罕见例子。在他作为一个通俗作家在20世纪六七十年代期间的鼎盛时期，他对该理论的论述是很少的，正如他很少使用"自然失业率"的术语一样。[2]

弗里德曼的演讲帮助定义了自然率假说，改变了通货膨胀辩

---

[1] 在2007年弗里德曼去世之后，他的秘书格罗丽娅·瓦伦丁在她退休之前结束了她的办公室事务。在收到一位公众成员请求获得弗里德曼以"自然率假说"为标题的论文之后，瓦伦丁给安娜·施瓦茨和笔者发了一封邮件，询问她是否在她说弗里德曼从未发表过这样的论文时弄错了。她没有弄错；最接近这样的一篇论文是Friedman（1977e，456）有一节的标题为"第二阶段：自然率假说"。在咨询之后，她寄去了1977年的这篇文章作为对最初请求的回应。弗里德曼也在《新帕尔格雷夫经济学大辞典》的论货币数量论的词条（Friedman 1987a，14）中将一节的标题命名为"菲利普斯曲线与自然率假说"。

当然，编辑和出版商在新标题下对重新使用弗里德曼从前发表的文章的偏好（典型的例子是Ebenstein 2012）——弗里德曼对这种做法表示反对（参见Friedman 1976a，215；《美国和英国的货币趋势》第441页；关于相似的反应，参见Gordon 1976b，190，217；以及Barro 1984，444）——意味着，一篇以弗里德曼之名的文章也许某一天会以"自然率假说"的标题出现。这类的状况出现在爱因斯坦的情形中：他的一部分著述后来在他去世后以《相对论及其论文集》为标题出现在一本文集中（Einstein 1996）。

[2] 虽然保罗·萨缪尔森一次在1970年3月2日的《新闻周刊》上暗示弗里德曼在他的《新闻周刊》著述中明确使用过"自然失业率"的概念，但是，弗里德曼实际上在那时没有这样做。其实，弗里德曼从没有这样做过，塞缪尔·布里坦（Brittan 2005，298）注意到弗里德曼的通俗著述中缺少对自然率假说的报道。不过，弗里德曼的确在他的一些《新闻周刊》专栏文章中，比如1979年11月12日《新闻周刊》的专栏文章中，间接提到了他的菲利普斯曲线理论。

论的术语。弗里德曼很少参与20世纪70年代的菲利普斯曲线辩论，正如他与索洛的著作脱离交流所证明的那样。弗里德曼在几乎每一次辩论的后来交锋中都被提到，这证明了他的主席演讲的力量。

虽然弗里德曼的确在20世纪70年代多次阐述过该假说，但通常是在正式的场合，很少是与那些在研究领域专门从事研究的同事交流。① 例如，弗里德曼在1969年晚期的《商业周刊》的一次会议上，在1971年晚期对美国哲学协会的一次演讲中，在1973年南斯拉夫的一次演讲中，以及在1974年5月1日美国公共电视台播放的一次电视辩论节目《芝加哥大学圆桌会议：美国经济失控》(*University of Chicago Round Table: The Nation's Economy Out of Control*) 的简短演讲中都论述了这个假说。此外，他在1975年出版的《新闻周刊》专栏文章的第二本文集的一章引言中就此问题做了一些说明。② 他在1974年在伦敦经济事务研究所就菲利普斯曲线做了一个报告，并最后在1976年年底

---

① 弗里德曼在1972年（Friedman 1972a, 930）的论文中间接地提到但并没有援引他的1968年论文，并且1968年的分析只涉及对实际工资的周期性的可能影响，而不是失业与通货膨胀权衡的可能影响。

② 关于这些论述，参见 Friedman（1970f, 37–39; 1972b; 1973d, 7; 1975e, 103）。

的诺贝尔演讲中谈到了此问题。[①] 但是，罗伯特·戈登（Gordon 1976a，58）让人困惑的评论是有根据的："我发现，货币主义研究者对价格行为的实证研究所做得如此之少是出乎意料的。"麦卡勒姆（McCallum 1994a，234）关于弗里德曼、安娜·施瓦茨、布鲁纳或梅尔策就与菲利普斯曲线相关问题的实证贡献是罕见的评论就表达了相似的看法。[②] 实际上，截至1974年9月，弗里德曼似乎就在那时跟不上菲利普斯曲线的实证文献了：弗里德曼在那时评论说，估计的方程在多数情况下表明预期通货膨胀的系数

---

[①] 弗里德曼在1970年12月31日《动态经济学教学盒式磁带》第64集、1974年5月1日《动态经济学教学盒式磁带》第145集和1976年12月《动态经济学教学盒式磁带》第205集第2部分中也讨论了他对长期通货膨胀与失业之间的权衡的摒弃。他在20世纪70年代对自然率假说的其他论述包括 Friedman（1974f，13；1975c，20；1976h，16-17；1977c，14），1975年4月14日美国全广播公司的澳大利亚电视节目《星期一讨论会》（*Monday Conference*，）副本第3页和1976年10月24日美国全国广播公司《与媒体见面》节目的副本第5页。
作为弗里德曼诺贝尔演讲中心的自然率假说至少产生了三位诺贝尔经济学奖研究——弗里德曼（1976年）、菲尔普斯（2006年）和卢卡斯（1995年）的研究，甚至可以说是五位，如果戴尔·莫腾森（2010年）和托马斯·萨金特（2011年）获得的诺贝尔奖可以被视为部分地反映了他们对自然率假说的早期研究（例如 Mortensen 1970a，1970b；以及 Sargent 1971）。

[②] 麦卡勒姆承认，《美国和英国的货币趋势》在某种程度上是一个后来的例外，而该研究的菲利普斯曲线结论的早期形式，正如指出的那样，发表在1967年国民经济研究局的《年度报告》（*Annual Report*）中。罗伯特·戈登认识到《美国和英国的货币趋势》项目在20世纪70年代的持续进行，在 Gordon（1976a，58）中注意到弗里德曼与施瓦茨对菲利普斯曲线的研究，尽管他指出弗里德曼与施瓦茨使用的时间加总的高阶数限制了他们的研究对菲利普斯曲线的核心辩论的相关性——《美国和英国的货币趋势》第441页对此表示承认。

小于 1。① 相反，戈登（Gordon 1976a，58）认为，关于系数被视为 1 的实证研究结论在 1972 年已经确立了，并在此后被辩论的参与者广泛接受。②

弗里德曼在 20 世纪 60 年代晚期的菲利普斯曲线辩论中不引人注目，而菲利普斯则无人关注。他的研究计划已经改变了，因此他的出版物与教学几乎不关注菲利普斯曲线。不幸的是，他死于 1975 年——此时正是弗里德曼再次开始论述这个问题的时候。③ 埃德蒙·菲尔普斯在 2013 年 5 月 16 日笔者的访谈中对他在 20 世纪 60 年代中期访问伦敦政治经济学院的描述对威廉·菲利普斯的观点提供了一个补充："威廉·菲利普斯在那儿。但是因为某种原因，我并没有在伦敦经济学院的午餐或者其他非正式的聚会中见到他，直到访问结束。有一次，我记得，我们四五个人围绕桌子坐着讨论，我认为我有机会对他说某些事情，看哪，我认为你必须担心通货膨胀率随着预期变动的可能性。他很快地

---

① 参见 Friedman（1976a，228）和下一章对罗伯特·戈登的讨论。
② 参见下一章。
③ 菲尔普斯自从 20 世纪 60 年代末以来就一直生病（Leeson 2000c，4，13；Schwarzer 2016），在 1975 年 3 月 4 日去世。在菲利普斯去世一个月之后访问澳大利亚时，弗里德曼不明智地将菲利普斯描述为一位澳大利亚人（Friedman 1975i，16），即使他在从前（Friedman 1967c，10）正确地将菲利普斯描述为一位新西兰人。但是，讨论中最常见的错误是将菲利普斯描述为英国人（例如 1973 年 4 月 28 日《商业周刊》；Kemp 1979，103-4；Barro 1984，440；Hetzel 2007，17）或英格兰人（例如参议员威廉·普洛克斯迈尔在 1968 年 2 月 7 日的评论：Joint Economic Committee 1968b，133；Laffer 1986，4）。弗里德曼通常避免了这种错误，尽管他接近在 Friedman（1962b，284）中犯这种错误。

就对我的说法表示赞成,谈话到此为止。"①

正如托马斯·萨金特在 2014 年 1 月 24 日笔者的访谈中回忆说,弗里德曼经历过威廉·菲利普斯的类似反应:"弗里德曼告诉我了其他一些事情。这是关于威廉·菲利普斯的事情。他认识菲利普斯……他对菲利普斯说:'难道你没有犯错误吗?难道你真的想要实际工资而非名义工资吗?'弗里德曼说,菲利普斯说'是的'。"②

## 第三节 人物:1967—1968 年

### 一、卡尔·布鲁纳

随着货币作用的辩论从学术界转到普通大众,伦敦的《泰晤

---

① 碰巧的是,埃德蒙·菲尔普斯在弗里德曼重新开始积极参与菲利普斯曲线的辩论时转向其他研究领域。"你知道,这个主题很快就被计量经济学家接管了。到 1974—1975 年,我只是感觉到,该主题不是使用我的时间的最好方式。我依然相当年轻,依然有许多想法。这就解释了我为什么不像人们可能预测的那样在这个领域那么抛头露面"(2013 年 5 月 16 日笔者对埃德蒙·菲尔普斯的访谈)。参见菲尔普斯和约翰·泰勒(Phelps and Taylor 1977)的论文:这篇论文在自然率假说与使用名义刚性的严谨模型之间建立起联系方面发挥了重要的作用。
② 在 2015 年 6 月 17 日本书的访谈中,理查德·李普西回忆说,弗里德曼不仅向李普西提出过这个问题,而且在另一个会议上向菲利普斯提出过这个问题。当时弗里德曼在 20 世纪 60 年代初路过伦敦政治经济学院时分别会见了他们。正是这次弗里德曼与菲利普斯的会见可能与弗里德曼后来对萨金特叙述相吻合。因此,根据之前指出的原因,弗里德曼与菲利普斯的这次讨论可能发生在 1962—1963 学年。

士报》在1970年要求俄亥俄州立大学的卡尔·布鲁纳为该报撰写一篇文章。伴随布鲁纳的文章的是《泰晤士报》在1970年12月7日的描述:"卡尔·布鲁纳博士与他的朋友和工作伙伴米尔顿·弗里德曼教授是现代货币理论的两位奠基者。"《泰晤士报》可能认为有必要在弗里德曼与布鲁纳之间建立联系,因为布鲁纳在他的文章中甚至一次都没有提到弗里德曼。但是,《泰晤士报》描述弗里德曼与布鲁纳的关系的方式可能让两位经济学家都瞠目结舌。布鲁纳在1983年年初回忆说,虽然他在1950年1月到8月访问考尔斯委员会(它在那时被安置在芝加哥大学)时认识并注意到了弗里德曼,但是"我从未真正与他发展起亲密的私人联系"。[①]

伦敦的《泰晤士报》后来在1984年8月17日对弗里德曼与布鲁纳的关系的描述走向了反面,将布鲁纳称作"居住于美国的瑞士经济学家",提到他"甚至在米尔顿·弗里德曼之前就欣然接受了货币主义"。

与这种描述相反,布鲁纳(Brunner 1980a, 404)认为弗里德曼帮助他形成了在货币主题上的思想。他在回忆1950年访问芝加哥大学时说:"我与米尔顿·弗里德曼的会面实际上打开了崭新的、令人震惊的远景。"即便如此,布鲁纳与弗里德曼在1950年之后从来就不是"工作伙伴"(正如1970年的《泰晤士报》文章所声称的那样):他们既不是研究的合作者,也没有定期进行思想的交流。他们的会面是断断续续的。例如,布鲁纳、

---

[①] 参见 Klamer(1983, 180)。克莱斯特(Christ 1977)给出了这次访问的日期——这次访问在前面的第四章指出过。

艾伦·梅尔策（他与弗里德曼不同，真正符合布鲁纳的"朋友与工作伙伴"的描述）、弗里德曼与施瓦茨都在1962年参加了货币经济学的一个重要会议，但是，布鲁纳与弗里德曼在这个十年的其余时间中几乎没有见面过，只是偶尔通信。[①]

1970年《泰晤士报》的文章将弗里德曼与布鲁纳描述为"现代货币理论的两位奠基者"的说法也是不准确的。在那时对他俩的一个更加自然的描述是"货币主义的两位奠基者"。布鲁纳本人在《泰晤士报》的文章的开头段落就使用了"货币主义者"这个术语。实际上，大量的研究者，包括杰罗姆·斯坦（J. Stein 1976b，1）、梅尔策（Meltzer 1977；1981，43）、罗德·克洛斯（Cross 1984，79）、布林德（Blinder 1986，117）、卡根（Cagan 1987）、蒂姆·康登（Congdon 1992，219），以及许多经济学辞典都将术语"货币主义者"或"货币主义"归功于布鲁纳。

布鲁纳不仅欣然接受了"货币主义"的表述，而且在1968年的《圣路易斯联邦储备银行评论》的文章《货币的作用与货币政策》（Brunner 1968b）和在1970年名为《货币理论的"货币主义者革命"》的文章（Brunner 1970）中使用了"货币主义者"这个术语。但是，当《华尔街日报》在1983年3月22日询问他是否发明了"货币主义"这个术语时，他的回答是他不确定。

事实上，布鲁纳并没有发明"货币主义者"或"货币主

---

[①] 参见罗杰·桑迪兰茨（Sandilands 1990，157）对弗里德曼与布鲁纳大约在1966年进行过的一次电话通话的文献证据，以及马歇尔·凯切姆和诺曼·斯特轮克（Ketchum and Strunk 1965）关于布鲁纳和弗里德曼在1965年参加的一次会议的记录（具体而言就是1965年5月在芝加哥市举行的美国储蓄与贷款联盟的储蓄与住房融资会议）。

义"这些术语。这些术语早就出现在20世纪60年代初期和中期对拉丁美洲通货膨胀的成本推动和货币原因的经济学文献中了。例如，1963年一本名为《演化或混沌：拉丁美洲政府与政治的动力学》(Evolution or Chaos: Dynamics of Latin American Government and Politics) 的书在第103页陈述说："在拉丁美洲，所谓的货币主义者声称，通货膨胀对经济增长产生了破坏性的影响，在经济体系中产生了扭曲和瓶颈。为了阻止通货膨胀，他们倡导采取货币控制和财政控制的措施。"在一篇1963年经济合作与发展组织（OECD）的会议论文中，罗贝托·德·奥利维拉·坎波斯（Roberto de Oliveira Campos）这位巴西驻美国大使的论文有一小节的标题是"口号：拉丁美洲的货币主义与结构主义"。这一小节的开头就是："我认为，我应该为使用（de Oliveira Campos 1961）'货币主义'和'结构主义'这些术语来描述拉丁美洲目前关于通货膨胀的诊断与治疗的辩论而忏悔。"[1]

毫无疑问，货币主义者的文献在基本上出现在数字时代之前的事实就使术语"货币主义"和"货币主义者"的起源非常

---

[1] 参见 de Oliveira Campos（1964, 127）。其中早期的另一篇讨论是沃纳·贝尔（Baer 1962, 85）的研究，他在论巴西的通货膨胀文章的开头就提到"所谓的'货币主义者对结构主义者'的辩论"。在1962年的早些时候，达德利·西尔斯（Seers 1962, 193）也已经使用过，"货币主义者"这个术语。在拉丁美洲辩论的语境下，"货币主义者"也出现在1963年《政治经济学杂志》的一篇书评之中——雷蒙德·迈克塞尔（Mikesell 1963, 514）的评论提到了戴维·费利克斯（Felix 1961）使用过该术语。该术语也在芝加哥大学的哈里·约翰逊在1963年的一篇默默无闻的文章中被使用过，尽管是在一个总结他谈话的问答部分的一个附录中——明显是由报告员而非约翰逊写的（Harry Johnson 1963, 67）。

可疑。但是，布鲁纳并没有发明这些术语的事实能够从 1976 年牛津大学出版社的《牛津英语词典》(Oxford English Dictionary) 第 1007 页得到证实：通过它的"货币主义者"词条，我们可以发现该术语在 1963 年的《经济学人》讨论拉丁美洲的辩论时风行一时。[①] 该术语起源于拉丁美洲的辩论的这个事实很少在后来的英国与北美的货币主义经济学文献中得到承认，例外的情况有 C.H. 柯克帕特里克和 F.I. 尼克森（Kirkpatrick and Nixson 1976, 131）和莱德勒（Laidler 2001）对其的认可。

我们甚至可以说，远在布鲁纳的 1968 年文章之前，"货币主义者"就在美国的货币辩论中和讨论弗里德曼思想的语境中被使用过了。更早的讨论实际上发生在 1963 年《美国经济评论》不起眼的地方。在该杂志的记录中，马丁·布朗芬布伦纳和富兰克林·霍尔兹曼（Bronfenbrenner and Holzman 1963, 602）陈述说："弗里德曼在战后提供了货币主义者对通货膨胀的代表性观点。"

而且，布鲁纳似乎并不是第一个在出版物中使用该术语的美

---

① 《牛津英语词典》的词条援引了 1963 年 4 月 27 日的《经济学人》。但是，该术语更早出现在 1963 年 4 月 6 日那期的《经济学人》上。现代在线的《牛津英语词典》的词条也将罗伯托·德·奥利维拉·坎波斯（de Oliveira Campos 1961, 69）补充为一个早期的使用者。
《牛津英语词典》富有进取心的研究人员在 1914 年由帕特里克·戈迪斯（Patrick Geddes）和阿瑟·汤普逊（Arthur Thompson）撰写的名为《性别》(sex) 的著作中甚至发现了 1963 年之前使用的一个例子。在该书的 230 页上，戈迪斯和阿瑟·汤普逊陈述说："事物的这种秩序（据说机械师、军事主义者和货币主义者等，会很容易变得下贱、暴力和唯利是图）似乎对我们中的许多人，也许对迄今为止的绝大多数人而言，是工业文明的唯一可能形式。"（这本早期使用"货币主义者"术语的书现在可以在谷歌图书档案中搜索到。）

国货币主义者,因为威廉·德瓦尔德(Dewald 1966,509)谈到"'货币主义者'的结论是,由于货币供给的顺周期变动,货币政策具有不稳定性"。①不过,德瓦尔德在2013年4月25日笔者的访谈中回忆说,他和布鲁纳在20世纪60年代中期认识到,这个术语是一个有用的术语。

不管该术语的起源如何,非常清楚的是,布鲁纳喜欢"货币主义"这个术语而弗里德曼则不喜欢它。弗里德曼事实上在它刚进入美国的货币辩论时就不喜欢这个术语。安娜·施瓦茨表示,弗里德曼对术语"货币主义"持保留意见的一个原因在于他怀疑布鲁纳的语言能力:"我不认为应将这个术语的发明归功于卡尔·布鲁纳,他并非一位真正的英语大师。"②

就经济实质而言,弗里德曼也经常公开批评"货币主义者"或"货币主义"这些术语。在1976年9月13日的《泰晤士报》访谈中,弗里德曼说:"它并非一个新的表述,这就是我不喜欢'货币主义'这个术语的一个原因。"同样,弗里德曼在1983年评论说:"就个人而言,我不喜欢术语'货币主义者'。现在这个术语的内容完全可以用一个古老的名字来表述,那就是货币数量论。"③在弗里德曼看来,他并不是在倡导一个新理论,而是将数

---

① 德瓦尔德的文章说,格拉姆利和蔡斯1965年在《联邦储备公报》上的文章使用了术语"货币主义者们"。其实,他们没有这样做。
② 参见安娜·施瓦茨在2008年9月25与笔者一起去国民经济研究局的佛蒙特大通货膨胀会议的旅途谈话。
③ 参见Friedman(1983a,2)。

量理论家的研究进行了"更新"。① 这样，他相信，数量论的基本洞见就可以被用于"问题成堆的当前"。② 但是，弗里德曼承认，使用术语"货币主义"有一些优点，因为他和凯恩斯主义的批评者们都抛弃了老旧的数量论研究的一些成分。③ 例如，弗里德曼明确摒弃的先前数量论分析的一个方面，是将流通速度行为视为由制度决定的支付过程的结果，而不是家庭进行效用最大化并由此选择持有一定数量的实际货币余额的结果。④

不管弗里德曼多么不喜欢术语"货币主义者"，他还是安心地使用它。"我们不能避免习惯强加给我们的用法。"他在20世纪80年代初承认。⑤ 事实上，在沃尔特·海勒于1968年11月14日在纽约大学与弗里德曼进行辩论时使用这个术语不久之后，弗里德曼早在1968年11月就开始公开使用这个术语（尽管有所

---

① 参见 Friedman（1972e，12）。弗里德曼明显喜欢"更新"这个词，在之前谈论负所得税时使用过它（参见 US Chamber of Commerce 1967，43）。
② 参见弗里德曼在1974年9月16日《卫报》上的讲话。
③ 参见 Friedman（1978c，R-181）。
④ 例如参见 Friedman（1956a，12-13，point 11；1963a，10）和《美国和英国的货币趋势》第38页、第40页和第62页。另参见前面的第六章。
⑤ 参见 Friedman（1982b，101）。他在 Friedman（1973a，3）中同样说过："我特别不喜欢那个不可爱的名称，但是它已经被传开了，因此我将继续使用它。"

保留）。① 弗里德曼在 1969 年 5 月 22 日在麻省理工学院参加波士顿公共广播电台《经济学大辩论》节目的公开演讲时也使用"货币主义者"来描述他自己的立场。几个月之后，弗里德曼在 1969 年 11 月 19 日《动态经济学教学盒式磁带》第 38 集中谈到"我自己和其他货币主义者"。他在 1970 年曾更频繁地使用这个术语，尤其是在当年 9 月伦敦大学的一场演讲中。②

弗里德曼继续在 1976 年 6 月《动态经济学教学盒式磁带》第 193 集中谈到"整个货币主义者的运动"。布鲁纳在这个运动中的作用是什么呢？布鲁纳在美国和欧洲大陆引人注目，但他明显关心的是，货币主义者的运动正被视为有一个主要的领导和代表人物，即弗里德曼。布鲁纳的看法从 20 世纪 70 年代初他对尼古拉斯·卡尔多（Nicholas Kaldor 1970，1）的评价——"货币主义是'弗里德曼革命'比凯恩斯是'凯恩斯革命'唯一源泉的说法更加真实"——的反应中可以明显地看出。布鲁纳（Brunner 1971b，36）对这种描述的不满突然爆发了。他声称，这种描述要么反映了卡尔多对美国知识界的辩论"大量的无知"，要么是从财经媒体频繁地提到弗里德曼进行不正确推论的结果。

---

① 在 1968 年 11 月《动态经济学教学盒式磁带》第 3 集讨论那场辩论时，弗里德曼提到"所谓的芝加哥学派或'货币主义者'，因为他（即沃尔特·海勒）是这样称呼我们的"。而且，在 1969 年 6 月 12 日《动态经济学教学盒式磁带》第 28 集中，弗里德曼本人将货币主义者称作"芝加哥学派的人们"。弗里德曼后来对"货币主义"的使用就等于承认"芝加哥学派"这个术语不是一个令人满意的标签，因为货币主义的追随者包括芝加哥大学之外的人（像布鲁纳一样），并且弗里德曼的许多芝加哥大学同事并不持有这种思想，正如前几章所强调的那样。

② 参见 Friedman（1970a）和 Friedman（1970e，1970i，1970j）。

虽然弗里德曼被广泛视为货币主义的代表人物，让他和布鲁纳产生了紧张关系，但是，布鲁纳与弗里德曼实际上在他们的研究中很少触犯彼此的范围。事实上，人们在比较两位货币主义者的研究时，会看到未预料到的劳动分工。正如麦卡勒姆（McCallum 1994b，234）所指出的那样，布鲁纳很少在货币需求、商业周期或通货膨胀方面进行实证研究，也没有撰写出《美国货币史》那种类型的历史专著。[1] 而且，布鲁纳在货币主义的三个主要领域中的活动正好是弗里德曼的贡献有限的领域。[2]

布鲁纳调研的第一个领域是他与梅尔策模型化货币供给函数的研究（比如 Brunner and Meltzer 1964a，1964b，1964c，1964d; Brunner 1973）。梅尔策（Meltzer 1965）对《美国货币史》强调货币存量的最可能决定因素的做法持严厉的批评态度，敦促其对

---

[1] 不过，他确实与艾伦·梅尔策一起研究过理解美联储在20世纪30年代的政策（Brunner and Meltzer 1968）。前面的第十一章讨论了梅尔策（Meltzer 2003）的历史著作与弗里德曼和施瓦茨的《美国货币史》的历史著作之间的关系。
[2] 接下来的清单不包括布鲁纳与梅尔策（Brunner and Meltzer 1971）论货币需求理论基础的著名研究。关于这项研究，参见罗伯特·金和查尔斯·普洛瑟（King and Plosser 1986）、戴维·莱德勒（Laidler 1991b）以及布鲁纳（Brunner 1971a）的讨论。此外，布鲁纳对政府的公共选择的分析做出了许多贡献，对此再次参见莱德勒（Laidler 1991b）的分析。

供给过程进行更加深入的分析。[1] 大约同一时间，弗里德曼承认，在研究货币供给函数和货币控制方面处于领先地位的是布鲁纳与梅尔策而不是他自己。[2] 这个 20 世纪 60 年代给出的看法，与詹姆斯·皮尔斯（Pierce 1980，82）后来提到在货币供给决定的分

---

[1] 也就是说，梅尔策对弗里德曼与施瓦茨将货币的变动分解为高能货币、现金与存款的比率和准备金与存款的比率以及对每一个组成部分的变动进行时期分段的分析的做法感到不满。同样的批评适用于弗里德曼的几位学生的研究。布鲁纳与梅尔策虽然也使用这些分解，但是他们提供了一个明确的框架来描述推动每个组成部分的因素。

即便如此，正如安娜·施瓦茨（Schwartz 1981）所强调的和在前面的几章中已经讨论过的那样，弗里德曼与施瓦茨确实将货币乘数当作经济状态的一个函数。此外，后来的事件——特别是 2007—2008 年金融危机之后美国商业银行的行为——证明了弗里德曼与施瓦茨对货币供给描述的一个关键组成部分。这个组成部分——遭到卡尔·布鲁纳指导的彼得·弗罗斯特（Frost 1966，1971）的研究的尖锐批评——包含的观念是，在持有准备金的机会成本给定的条件下，金融恐慌应该会突然增加商业银行的银行准备金的预防需求。

[2] 参见弗里德曼在 1965 年 10 月 7 日向联邦储备委员会提交的备忘录——前一章讨论过。

莱纳·马塞拉（Masera 1972，142）认为布鲁纳与梅尔策提出了一个货币供给决定的正式理论，而莱德勒（Laidler 1995，325）强调了布鲁纳与梅尔策的货币供给分析在弗里德曼的著述中"没有任何正式可匹敌的东西"——尽管他在第 329 页上指出弗里德曼写过或指导过与这个问题相关的东西。

在某种程度上说，布鲁纳与梅尔策更多地研究的货币供给，而弗里德曼更多地研究的是货币需求，这都是偶然发生的。因为梅尔策（Meltzer 1995，xiii）回忆说，布鲁纳与梅尔策最初划分了他们的研究计划，于是布鲁纳研究货币供给问题，而梅尔策研究货币需求问题。但是在实践中，两人广泛地在货币供给研究中合作，这在布鲁纳与梅尔策（Brunner and Meltzer1990）1990 年的著作中达到顶峰，而布鲁纳与梅尔策在 20 世纪 60 年代初之后就只是零散地研究货币需求。

析领域中"布鲁纳等人的开创性著作"的说法相一致。布鲁纳与梅尔策的货币供给研究没有微观基础,正如该术语在当今理解的那样。但是,它比弗里德曼的研究更加正式,因为布鲁纳与梅尔策将货币乘数及其组成部分的行为与描述商业银行和家庭行为的行为方程联系起来。

布鲁纳与梅尔策对货币供给过程的研究,虽然侧重于M1而不是弗里德曼偏爱的M2类型的总量,但是揭示了他们与弗里德曼持有相同看法的几个重要问题。布鲁纳与梅尔策的研究认识到,商业银行的信贷创造与存款创造通常会同时发生——这一点特别与弗里德曼的研究相关,因为他的研究使用了更广泛的存款定义。与弗里德曼的各种评论一起,布鲁纳与梅尔策的研究因而对古德哈特(Goodhart 2002,18)的说法——货币主义者"忽略了银行信贷与货币增长之间的相互作用"和蒂姆·康登(Congdon 1992,174)的断言——弗里德曼与布鲁纳"继续对商品货币的经济进行理论化"提供了一个反例。[1]

与布鲁纳、梅尔策和弗里德曼对信贷与货币的相互作用的认识同时进行的是,他们强调信贷与货币是独立变量的事实。而且,货币主义者特别是弗里德曼强调的一点是,不管银行信贷与存款如何同时变动,总信贷——包括美国的非银行信贷的大量供

---

[1] 卡尔多(Kaldor 1970)也表达了这种批评,遭到了布鲁纳(Brunner 1971b,44)的反驳。一般来讲,布鲁纳与梅尔策的研究充当了道格拉斯·盖尔(Gale 1982,15)的主张——经济模型的货币供给方在数量理论家的分析中"相对被忽视了"——的一个反例。盖尔没有援引布鲁纳与梅尔策的货币供给研究的任何著作。

给——和货币总量不必而且通常不是同时变动的。①

布鲁纳与梅尔策的货币供给研究还有强调货币主义者的分析不依赖于货币基数与货币乘数分析的机械形式的这种观点的作用。更准确地说，它将货币乘数模拟为内生的。②在分析商业银行准备金和货币基数的行为中，布鲁纳与梅尔策研究了中央银行将短期利率当作政策工具的现实情形的含义。③因此，货币基数也在他们的正式著作中——正如它也在弗里德曼的叙述性分析中一样——被承认为在实践上是内生的。

布鲁纳与梅尔策比弗里德曼做出更广泛贡献的第二个货币主义领域，就是形式化传导机制和 IS 函数。梅尔策在 2013 年 4 月 21 日笔者的访谈中评论说："对我和卡尔·布鲁纳而言相当重要的是，传导不仅仅是意味着从货币到产出，它还指从货币到某个最终产出的东西。"

在明确阐述传导机制时，布鲁纳与梅尔策在某种程度上利

---

① 关于弗里德曼对此点的强调，参见 Friedman（1960a, 43；1972a, 929；1972b, 192；1980a）、1981 年 1 月 30 日《华尔街日报》、1969 年 1 月《动态经济学教学盒式磁带》第 10 集和 1971 年 10 月 20 日《动态经济学教学盒式磁带》第 84 集。另参见爱德华·纳尔逊（E. Nelson 2013a）和其第六章的讨论。

② 此外，正如上一节业已指出的那样，布鲁纳与梅尔策在调整货币基数对法定准备金的变化的经验测量指标方面进行了开创性的研究。杰克·鲁特纳（Rutner 1975, 4）将这样的研究追溯至布鲁纳（Brunner 1961c）1961 年的论文。在这篇论文中，布鲁纳提出了进行这些调整的一些公式。

③ 布鲁纳（Brunner 1971b, 1973）特别对这种情形提供了直接的讨论。弗里德曼与施瓦茨当然在《美国货币史》中考虑了相关的情形，即债券价格钉住的情形。

用了弗里德曼对该主题提供的贡献，尤其是他的1956年的文章《货币数量论：一个重述》。虽然布鲁纳（Brunner 1957）最初高度批评弗里德曼的这篇文章，但是，他后来逐渐认识到，这篇论文对货币的各种替代品的强调是体现在货币主义思想中的多种收益传导机制的一个关键部分。梅尔策在2013年4月21日笔者的访谈中对他与布鲁纳论传导机制的研究的发展状况评论说："我们走那条路线的部分灵感——只是部分——就是他的论货币需求的论文，这篇论文讨论了所有的相对价格。"[①] 布鲁纳（Brunner 1971c, 168）承认了布鲁纳与梅尔策的传导机制观点与弗里德曼的观点之间的一致性，在这些观点中，许多收益对IS方程以及LM方程都很重要，货币供给的改变不仅通过影响短期利率的路径而且通过改变不同收益之间的差额来对这些收益施加影响。[②]

本杰明·弗里德曼（Benjamin Friedman 1976）证明，布鲁纳与梅尔策的框架和托宾的框架（Tobin 1969a）之间存在代数的等价性——布鲁纳（Brunner 1971a, 109）早在1971年就承认了这种等价性。在某些方面，这种等价性明显是货币主义者并没有建立一个不同于凯恩斯主义者的理论框架的证据（例如参见保

---

① 另参见Brunner（1961a; 1983, 50）和Meltzer（1977, 2001b）。
② 在这两位研究者的著作中，布鲁纳与梅尔策（Brunner and Meltzer 1973）1973年的研究对传导机制提供了最清晰的代数阐释，而布鲁纳与梅尔策（Brunner and Meltzer 1976a）在1976年的阐述远非清晰。关于弗里德曼在这一领域的研究的讨论（例如Friedman 1961d, Friedman and Schwartz 1963b, 1982a）以及它与布鲁纳与梅尔策的著作之间关系的讨论，参见前面第六章，以及博尔多和安娜·施瓦茨（Bordo and Schwartz 2004）、莱德勒（Laidler 1995）和爱德华·纳尔逊（E. Nelson 2002b, 2003, 2013a）的研究。

罗·萨缪尔森在1983年6月25日的《经济学人》上的评论）。这种负面的解释所忽视的是，布鲁纳与梅尔策的明确分析正如弗里德曼的隐含框架一样，货币既是影响收益率差的关键数量，又是IS方程中收益率行为的一个良好指数。相反，托宾的解释淡化了货币与其他资产之间的差异，而且他也没有强调货币作为一个指标的重要性。[①] 而且，正如本章第一节所讨论的那样，托宾开始认识到，虽然在他的分析中有多种多样的收益率，但是，影响总需求决定的一系列收益率事实上可以用一个单一的资产价格变量，即托宾的q很好地概括。[②] 最后，正如我们已经看到的那样，托宾强烈反对名义利率与实际利率区分的重要性，而货币主义者则强调这种重要性。

布鲁纳对货币主义贡献的前两个领域——货币供给过程与货币政策的传导机制证明布鲁纳与梅尔策比弗里德曼对正式的模型化货币主义者的思想更感兴趣。[③] 布鲁纳与梅尔策在这一点上明确地做出了有价值的贡献，因而他们的分析在伯南克和布林德（Bernanke and Blinder 1988）的著作中被引用。但是，布鲁纳与

---

[①] 这个陈述的部分例外在于托宾强调货币基数的大量著作（这些著作不包括 Tobin 1969a）。参见前一章。
[②] 另参见爱德华·纳尔逊（E. Nelson 2013a）和前面的第五章和第六章。
[③] 布鲁纳也认为，他的著作提供了弗里德曼论述其他主题的著作的一个更加精心制作的版本。特别是，正如在阿尔若·克莱默（Klamer 1983, 198）1983年的研究和布鲁纳（Brunner 1979c, 37）在1979年的论文中讨论的那样，布鲁纳（Brunner 1969b）在1969年的论文中旨在提供一个比弗里德曼的《实证经济学论文集》所提供的"近似"方法论更加严谨的辩护。但是，我们很难认为这是一个成功的尝试，因为布鲁纳呆板的写作风格（下文会讨论）极大地妨碍了他的1969年论文的可读性。

梅尔策在论文中的形式分析尽管很广泛，但谈不上优雅。这种分析还遇到一个问题，它通常不能提出一个类似那种容易被转换成为现代动态一般均衡框架的简洁的动态模型。① 实际上，他们的模型分析使用了现在过时的方法，这使得他们20世纪六七十年代的许多论文比弗里德曼在同一时期更少使用这种方法的数学著作更不容易获得与更不具有持久性。

布鲁纳对货币主义贡献的第三方面在于这个事实：布鲁纳比弗里德曼更多地在辩论中与他的批评者进行交战，促进了在凯恩斯主义与货币主义的辩论和继承者的辩论中对关键问题的讨论。弗里德曼在对其著作的批评者进行回应的问题上时而冷淡，时而热情。在1965—1966年的"调频与调幅"辩论和机会成本辩论结束之后，他尝试设立一个不写文章回应批评者的原则。这样，与安娜·施瓦茨是辩论《美国货币史》的常见供稿人相反，弗里德曼将他对《美国货币史》的批评者的绝大多数发表的回应都保留在他与施瓦茨的《美国和英国的货币趋势》的脚注之中。② 至于他的货币研究的其他领域，弗里德曼在1970年与1972年之

---

① 这些模型中不存在理性预期并不是一个关键缺陷，因为在20世纪70年代之前的非理性预期模型有时可以直接地被转换为动态的理性预期模型。例如，约翰·穆斯（Muth 1960）和罗伯特·霍尔（Hall 1978）处理了弗里德曼的《消费函数理论》分析中的时间序列部分，而麦卡勒姆（McCallum 1983b, 154-156）处理了托宾（Tobin 1965b）的模型。更准确地说，问题是布鲁纳与梅尔策的论文通常没有提供采取具体的差分方程形式的模型，因而这些论文中的模型方法不如菲尔普斯（Phelps 1968b）的模型方法先进。
② 特别参见《美国和英国的货币趋势》第33页和第51页。

间回应一系列批评者之后继续尝试回避。① 正如戴维·莱德勒在2013年6月3日笔者的访谈中评论说:"米尔顿·弗里德曼的知识分子风格就是:他写了一篇文章,基本上就会随它去,然后继续写下一篇,不让自己陷入回应左派、右派和中间派的批评者而不能自拔。戈登的那卷著作[记录在戈登(Gordon 1974a)著作中的那场辩论,参见下一章]对他的一般风格而言稍微是一个例外。(然而)布鲁纳在学术上更加认真,他尤其希望与吉姆·托宾较量。"② 实际上,布鲁纳在20世纪60年代到80年代写了一系列文章,其中经常有对货币主义批评者主动回应的文章,只举两个例子:1971年的这篇文章集中回应卡尔多(Brunner 1971b),1983年的这篇文章集中回应托宾(Brunner 1983)。

布鲁纳也通过创建机构的方式,在为货币主义的辩论设置基础架构方面发挥了领导的作用。他是1969年的《货币、信贷与银行杂志》(*Journal of Money, Credit and Banking*)的创刊编辑,并在1973年与梅尔策共同创建了卡内基与罗彻斯特会议系列(它的第一本会议论文集在1976年出版)。从20世纪70年代中期到20世纪80年代中期(弗里德曼越来越退出学术类型研究的时期)布鲁纳作为另一本杂志的编辑处在第一线:这本杂志就是

---

① 关于正在讨论的辩论的美国部分,参见下一章。即使在重新开始不回答批评者的做法之后,弗里德曼也愿意在学术界之外的媒体进行回应。例如,如果对他著作的批评被公开到媒体上或者在与他的通信中被提出,他经常会回答。这样的例子包括他在1980年3月3日对《泰晤士报》的供稿和在20世纪70年代的许多盒式磁带评论。
② 关于弗里德曼是否回答批评者的态度,另参见爱德华·纳尔逊(E. Nelson 2009a, 466)和下面两章。

他在1974—1975年创建的《货币经济学》(Journal of Monetary Economics)。①

此外，布鲁纳与梅尔策在1973年成立了影子公开市场委员会（Shadow Open Market Committee），是一个一群货币主义经济学家会面，就当前的经济政策问题发表单独署名的或共同署名的声明的团体。安娜·施瓦茨从第一天起就是影子公开市场委员会的成员。但是，弗里德曼从没有成为这个团体的一分子。有一次他评论说，他"尤其不喜欢团队运动。从来没有过"。②

也许弗里德曼没有参加这些活动在某种程度上得益于布鲁纳的观点。回到布鲁纳还在加州大学洛杉矶分校的时候，罗伯特·索洛在1964年11月《银行家》杂志第710页谈到"'芝加哥学派'的分支机构广泛地分布在弗吉尼亚的夏洛特维尔和加州的洛杉矶"，从而将布鲁纳的地位描述为在一个等级制度中由弗里德曼领导。③布鲁纳对弗里德曼是货币主义的唯一代表人物的说法反应强烈，他可能认为应该把他自己的事业与弗里德曼的事业相分开。像影子公开市场委员会这样的论坛就为布鲁纳提供了一个重要的渠道，以便让他将这个事实阐述清楚。

虽然作为编辑和经济学家辩论论坛的总负责人有大量的工作负担，但是，布鲁纳继续多产地发表文章。不过，这里内有玄机。虽然他喜欢享受英语的写作，但是，布鲁纳的作品常常不是非常清晰易懂的。他的著作经常会提供有说服力的论据，但

---

① 莱德勒（Laidler 1991b，633）突出了布鲁纳的这方面活动。
② 引自弗里德曼在Martin（1983，55）中的评论。
③ 索洛在评述《美国货币史》的语境中做的这个评论。因此，当提到芝加哥学派时，索洛在心目中显然认为最重要的是弗里德曼的货币研究。

是由于奇特的遣词、令人窒息的句法和偶尔的晦涩难懂而缺乏可读性。布鲁纳（Brunner 1969a，271）1969 年这篇文章的一小节标题"限定模式的误用"就表现出这些特征。另一个例子是布鲁纳（Brunner 1980a，404），他在这篇文章中这样描述弗里德曼的影响力："他违反了选择和评价学术著作上的隐含性和模糊性标准。"

罗伯特·拉什从 1973 年开始就与卡尔·布鲁纳在影子公开市场委员会密切合作，而拉什的研究是建立在布鲁纳与梅尔策论货币供给过程的著作的基础之上的（例如参见 Rasche and Johannes 1987）。关于布鲁纳的写作风格（与布鲁纳著作中的基本分析相反），拉什在 2013 年 5 月 6 日笔者的访谈中提供了这种对比："你知道，你可以学习弗里德曼的著作，你从不会在阅读它时睡着；至少，我在读它的时候从没有睡着过。我要承认，我在努力阅读布鲁纳的著作时不止一次睡着了。"

安娜·施瓦茨与布鲁纳最终在影子公开市场委员会一起工作了十五年，在 2003 年 2 月 20 日给笔者的电子邮件中回忆说，她曾经认为，布鲁纳以德语的方式构造句子，他的德语著作一定更好阅读。但是，她后来被告知说，甚至他的德语著作都不好读。她与弗里德曼都发现，布鲁纳的著作由于布鲁纳的写作风格让他的著作很难懂。[1]有一次，安娜·施瓦茨在 1981 年 10 月 7 日的《华尔街日报》第 1 版以下列方式对比了布鲁纳与弗里德曼的写

---

[1] 在弗里德曼对爱德华·纳尔逊（E. Nelson 2003）的草稿提供的评论中，笔者认识到弗里德曼对布鲁纳表达问题的方式感到严重不满。在这些评论中，弗里德曼重点批评了这个草稿中布鲁纳引语的不清晰性。

作风格:"米尔顿·弗里德曼的风格是简洁,几乎可以被几乎任何人理解。卡尔·布鲁纳的风格则可能很难理解。"①

不过,弗里德曼对布鲁纳的阐释所持的保留态度不应该掩盖他们相当钦佩的事实。安娜·施瓦茨在2003年4月21日笔者的访谈中评论说:"卡尔·布鲁纳在某种意义上是弗里德曼的一位信徒。我的意思是说,他非常尊重米尔顿·弗里德曼,而米尔顿·弗里德曼的许多思想都被卡尔·布鲁纳所采纳。"当美国经济协会在1977年举行活动来表彰弗里德曼获得诺贝尔奖时,布鲁纳发表了一次演讲来表达对弗里德曼的崇敬(参见Brunner 1979c)。布鲁纳与梅尔策后来也在1986年10月20日的《华尔街日报》上谈到弗里德曼"对货币分析的杰出贡献,这个贡献获得了学者们的普遍尊重"。就弗里德曼而言,他在20世纪80年代初谈到"我自己、艾伦·梅尔策、卡尔·布鲁纳和其他人提出的理论观点"时,他就把他自己与布鲁纳联系在了一起。② 而且,弗里德曼和施瓦茨在20世纪80年代中期向《货币经济学杂志》的特刊贡献了一篇文章,以纪念布鲁纳辞去该杂志的编辑职位。③

## 二、理查德·尼克松

弗里德曼没有像他在1964年参与巴里·戈德华特的竞选活

---

① 安娜·施瓦茨在二十多年后的看法依然相同。施瓦茨在2003年给笔者的一封电子邮件中评论说,当她为了一个研究项目要重读布鲁纳写的一些文献时——其中就有Brunner(1971a)这个接近150页的研究,"我陷入了不好读的东西中"。
② 参见Friedman(1982b, 100)。
③ 参见Friedman and Schwartz(1986b)。

动那样参与理查德·尼克松的1968年选举活动——这可能是因为罗丝·弗里德曼在1967年6月1日的《财富》杂志第148页上回忆弗里德曼在1964年共和党选举活动中担任主要经济顾问时说过"永不再发生！"。尽管如此，弗里德曼是尼克松的一位热情支持者，而尼克松作为共和党的总统候选人，在对民主党候选人副总统休伯特·汉弗莱和第三党候选人乔治·华莱士（George Wallace）的选举中取得了胜利。在选举日之后几天的讲话中，弗里德曼在1968年11月《动态经济学教学盒式磁带》第2集中正式宣称他自己对结果"感到高兴"。①

弗里德曼认为，他有几个理由为这次的胜利感到高兴。第一，他确信尼克松的经济团队会抛弃控制指标和指导线，专注于通过逐步放缓名义总需求来消除通货膨胀。弗里德曼声称，这就与"前任政府对国内和国际金融政策的管理不善"形成了对比。②

第二，弗里德曼预期，尼克松会阻止并彻底改变在肯尼迪-约翰逊任期内政府作用的强化。"当然，他不能直接废除持续存在多年的机构，"弗里德曼在1968年11月11日《圣路易斯邮报》上评论说，"但是，尼克松事实上开始朝着新方向前进，而

---

① 弗里德曼在音频评论中对尼克松选举成功的热情欢迎让他承担了许多风险，因为弗里德曼正如下面讨论的那样对即将上任的政府做了乐观的预测。而且，它激起了《动态经济学教学盒式磁带》系列的一些经济学家订购者的批评，他们认为弗里德曼的看法过于具有党派性。参见1969年7月28日的《华尔街日报》。
② 参见弗里德曼在1968年向尼克松提交的备忘录，发表为Friedman（1988b，431）。

那个方向就是更少的权威。"弗里德曼在这个提议的政策方向与解除美国大众近年来的不满前景之间建立起了联系。弗里德曼在1969年2月6日《芝加哥论坛报》上高度批评大学生的抗议运动,认为它是一个破坏性的而非知识分子的力量,并赞扬芝加哥大学行政部门控制校园抗议活动的惩戒措施。[①]不过,弗里德曼确实认为在兵役问题上学生的不满是合理的,并认为尼克松政府可能会通过废除征兵制来缓解这个问题。他还在1968年3月3日《芝加哥论坛报》上推测,如果政府对经济和社会问题的干预减少,像城市骚乱这类的其他抗议活动会下降。

在这种背景下,在尼克松选举胜利不久之后,弗里德曼在1968年11月《动态经济学教学盒式磁带》第2集中谈到了向更少政府干预转变的前景:"我的确相信,他会努力以这种方式定下调子。我足够乐观地认为,他会取得成功。我甚至更加乐观地相信,如果他成功了,你在未来的几年会看到人们的不满会急剧下降。"

第三,弗里德曼认为,尼克松与他对政府的运行具有相同的看法。弗里德曼相信,政府机构在肯尼迪-约翰逊政府时期变得越来越政治化了。他援引的一个例子是经济顾问委员会。他不仅认为经济顾问委员会在艾森豪威尔政府的早期在分析经济时更加冷静,而且认为对经济顾问委员会而言,最好的做法就是其成员

---

[①] 例如参见 Friedman(1976i,561),以及1975年2月《动态经济学教学盒式磁带》第163集第1部分。

不要公开支持特定的政府计划。[1] 弗里德曼对政治化更加严重关切的例子不仅如此，这只是反映了他对机构的恰当使命有不同意见，他更关切滥用权力的例子。弗里德曼毫不尊重约翰逊总统的品格。实际上，与日常经济评论大不相同，弗里德曼冒险地表达了这样的观点：约翰逊将政府当作一种分肥系统。而且在约翰逊去世后，弗里德曼暗示，约翰逊利用他的政治影响力来获得个人的经济利益。[2] 弗里德曼相信，尼克松会奠定一个更加公正的基调——既能阻止这种权力的滥用，又有助于政府机构的非政治性运转。

第四，弗里德曼相信，美国在尼克松的领导下有机会摆脱布雷顿森林体系的义务。弗里德曼在1968年10月就此问题写了一个备忘录，并在12月递交给候任总统尼克松。在备忘录中，弗里德曼建议美国当局废除美国的各种外汇管制、废除黄金价格钉住制和放弃对外汇市场的干预。弗里德曼敦促尼克松一旦上任就"立即采取这些大胆的措施"，部分是因为这种突然变革可以被证

---

[1] 参见1968年12月《动态经济学教学盒式磁带》第6集和1969年1月《动态经济学教学盒式磁带》第11集。另参见1972年2月9日《动态经济学教学盒式磁带》第92集、弗里德曼（Friedman1987c）在伯恩斯追悼会上的讲话，以及前面第十章的讨论。

[2] 弗里德曼多次做过这种评论，参见1976年11月24日美国全国广播公司《多纳休》节目、1977年5—6月《星期六晚邮报》（*Saturday Evening Post*）杂志第20页，1978年5月1日录音的《米尔顿·弗里德曼演讲》第14集"自由企业制度中的平等与自由"的副本第19页和Friedman（1981a, 6）。另参见他的评论：1974年5月30日《听众》杂志第68页、Vaizey（1975, 70）、1977年10月13日录音的《米尔顿·弗里德曼演讲》第2集"掩盖现实之谜"的副本第6页，以及Proprietary Association（1979, 38）。

明是对从约翰逊政府继承下来的经济形势的正当反应。[1]

然而，提到的建议基本上是尼克松政府能做到的唯一能让弗里德曼满意的部分。在五年之内，弗里德曼的希望——尼克松的选举会开创一个低通货膨胀、小政府、行政诚信和一个更加团结的国家的时代全都破灭了。

---

[1] 被发表在 Friedman（1988b，430-431；引语来自第 431 页）。虽然这个备忘录直到 1988 年才被发表，但是弗里德曼在尼克松总统任期的最后岁月就在 1974 年 8 月 7 日《动态经济学教学盒式磁带》第 151 集中公开谈到过这个备忘录。

# 第十四章

## 管制与总供给的辩论：1969—1972年[1]

---

[1] 本研究所表达的观点仅代表笔者本人，不应被解释为美国联邦储备委员会或联邦储备系统的观点。笔者要感谢戴维·莱德勒对本章初稿的评论。笔者也要感谢米格尔·阿科斯塔、乔治·芬顿、威廉·甘伯和克里斯汀·卡尼尔对本章的研究帮助。关于完整的致谢名单，参见本书前言。笔者遗憾地指出，自本章的研究开展以来，笔者将在下面引述的四位访谈者，即本章的四位访谈者——亨利·曼勒、戴维·梅塞尔曼、詹姆斯·米尔利斯爵士和查尔斯·舒尔策均已去世。

## 第一节　事件与活动：1969—1972 年

到 20 世纪 60 年代末期，弗里德曼的工作安排已经达到了如此的程度，以至于在外部观察者看来，他的日常活动几乎一片混乱。在芝加哥居住的大约半年时间里，他参加了本地的各种演讲活动；他会接到各种报纸的电话，对具体的事态发展做出简短的回应；他会接受芝加哥地区的报纸［在本章涵盖的时期，他接受的几次采访之一是 1971 年 5 月 10 日的《今日芝加哥》(*Chicago Today*) 的采访］、全国性媒体和其他城市的专门报纸［一个例子是 1969 年 2 月 28 日克利夫兰的《老实人报》(*Plain Dealer*)］的长时间采访；他以嘉宾身份出现在芝加哥和其他城市的当地电视节目中。[①] 在佛蒙特州第二个家居住的大约半年的时间里，弗里德曼的日常活动依然忙碌不已。例如，在他家中拍摄的一段访谈被用作一家全国电视在 1969 年 12 月播出的通货膨胀节目的插曲［美国广播公司在 1969 年 12 月 15 日播出的《美元大劫案：我们能阻止通货膨胀吗？》(*The Great Dollar Robbery: Can We Arrest*

---

[①] 前者的一个例子是，他在 1969 年 1 月 8 日参加芝加哥公共电视台节目《投资者论坛》(*Investor's Forum*) 的首集录制［参见 1969 年 1 月 1 日的《海德公园先驱报》(*Hyde Park Herald*)］。后者的一个例子是，他在访问克利夫兰期间参加了美国广播公司下属的俄亥俄克利夫兰电视第 5 频道的新闻讨论节目《新闻观察》(*Newswatch*)，参见 1971 年 3 月 13 日的《老实人报》。

Inflation?）］。芝加哥和佛蒙特州的居住地成为弗里德曼无数次工作之旅的出发地。例如，1969年11月，他在纽约市第一国民城市银行（又称花旗银行）的聚会中［1969年11月7日《每日新闻报》（*Daily News*）］和在亚利桑那州的菲尼克斯就货币主义者对新经济学的批判主题举行的一次银行业会议上［1969年11月24日《菲尼克斯报》（*Phoenix Gazette*）］发表了演讲。① 在这两次活动之前不久，他在1969年10月波士顿联邦储备银行举行的汇率制度会议上担任评论嘉宾。② 此外，从1969年至1971年间，弗里德曼多次访问华盛顿特区，提交国会证词，并与尼克松政府成员会面。③

弗里德曼在这些旅行期间的言论在主办城市之外引起了大量的关注。就在不久之前的1967年，罗伯特·索洛将其声明可以改变金融市场的学院派经济学家的名单限定在约翰·肯尼思·加尔布雷斯一个人身上。④ 但是，到了20世纪60年代末，弗里德曼（因为成功地预测了1968年增税的无效性）显然已经被列入了这个名单，因为美联社仅在1969年11月就两次报道股票市场的变动明显是对弗里德曼公开声明的反应。⑤ 此外，随着客机旅行成为一种更加常见的现象，以及弗里德曼作为越来越受欢迎的

---

① 这次会议的标题是"20世纪70年代的新新经济学和股票市场"（1969年11月24日《亚利桑那共和报》）。弗里德曼是这次会议的餐后演讲者。
② 参见Friedman（1969e）。
③ 本章和下一章将报道几次这样的会面。
④ 索洛在一篇书评中这样做了，下面将有机会再次提及这篇书评。参见Solow（1967，100）。
⑤ 参见1969年11月7日和24日华盛顿特区的《明星晚报》（*Evening Star*）。

评论员的地位不断地延伸到美国以外,他的国际旅行从20世纪60年代末开始逐渐增加。弗里德曼从1969年至1972年的行程安排包括1969年9月和1972年4月访问日本,以及1970年9月在英国参加一系列的公共政策和学术活动。①

除了许多采访和演讲活动,弗里德曼在这些年还为公众辩论撰写了许多文章,包括每隔三周撰写一篇《新闻周刊》的专栏文章,以及在其他出版物(例如1969年8月21日《纽约时报》)上写给编辑的许多信件。所有这些繁忙的活动都发生在弗里德曼与安娜·施瓦茨的项目继续进行的时期,因为两位作者名义上答应在1969—1970年完成其货币统计著作后完成另外两本书。

这也是一个货币政策会议和经济研究期刊都大量关注弗里德曼已经发表著作的时期。这些期刊和会议讨论大多在弗里德曼没有参与的情况下进行。尤其是,它们对他的著作的批评,通常没有收到他的正式答复。因为弗里德曼大致在这十年之交写作的时候评论说,如果他要回应所有批评他立场的文章,那他需要每天

---

① 关于日本之行,例如参见《两个幸运的人》第412页以及1972年4月15日《日本时报》(*Japan Times*)。弗里德曼在1970年的英国之行所产生的书面作品包括Friedman(1970a,1971e)。弗里德曼在其盒式磁带评论系列的不同部分论述了这些旅行,包括1969年9月4日《动态经济学教学盒式磁带》第34集、1970年4月2日《动态经济学教学盒式磁带》第47集和1972年4月25日《动态经济学教学盒式磁带》第98集。此外,弗里德曼在1969—1972年多次访问中东,在1969年和1972年访问以色列,在1970年9月的旅行期间在伊朗停留。关于中东之旅,例如参见Friedman(1973a)、《两个幸运的人》第414—415页、弗里德曼在1969年5月5日《新闻周刊》中的论述,以及1970年10月15日《动态经济学教学盒式磁带》第59集。

工作八十个小时。①

尽管有这些混乱，但是弗里德曼在芝加哥大学的教学活动仍在继续。弗里德曼真的没有在20世纪60年代后期减少教学量：弗里德曼在这十年始终如一，主持货币研讨会和讲授两个学期的经济学研究生课程。②他在1964年教授的课程包括一门两个学期的价格理论课程，这种安排从1973—1974学年开始逐渐恢复。然而，截至20世纪60年代末，弗里德曼教授的课程仍旧包括两门一个学期的课程：一门是货币理论，另一门是宏观经济理论（后者被称为"收入、就业和物价水平"）。安-玛丽·梅伦戴克在20世纪60年代末选修过这两门课程，在2013年4月29日笔者的访谈中她回忆说，弗里德曼并没有让自己作为一位公众人物作用不断扩大而擅自侵犯课程教学义务。她评论说，弗里德曼"非常注意不错过他所讲授的课程，但他确实时不时地错过货币

---

① 参见 Friedman（1970c，326-27）。
② 兰尼·爱本斯坦（Ebenstein 2007，152）提出了相反的说法，声称弗里德曼在20世纪60年代后期减少了教学量。但是，他并没有列举弗里德曼停止讲授的课程来证明这一论点。爱本斯坦确实指出，弗里德曼一年中在校园的部分时间有所减少。但这种发展情况本身并不意味着教学量的减少。无论如何，弗里德曼的教学量减少的说法与弗里德曼在20世纪60年代末芝加哥大学的工作记录相矛盾。在这个十年开始的时候，弗里德曼在芝加哥大学的工作包括两个学期的研究生教学和对货币银行研讨会的指导。
弗里德曼在接近退休的时期，也是一年教学两个学期。例如，根据笔者对威廉·杜根在2013年9月19日的访谈、吉拉德·德怀尔在2013年8月20日的访谈和肯尼思·克莱门茨在2015年4月13日的私人通信，他在1974—1975学年讲了两个学期的价格理论（经济学301和经济学302）（1974年秋季和1975年冬季）。

和银行研讨会。他通常不会接受外部咨询或演讲约定，如果这会妨碍他参加正常的课堂教学……有一次我在他的办公室拜访他，当时我正在写论文，努力构思我将如何做。我在那儿的时候他接到一个电话。真奇怪，这件倒霉事一直留在我的记忆中"。梅伦戴克回忆说，打电话的人要求弗里德曼出席一个活动，弗里德曼回答说"好的，是的，我很高兴能出席这种活动，但你建议的那天我要上课，所以不能出席"。梅伦戴克进一步回忆道："然后（他说），'不，我不会为这种事情而取消课程。我只有在非常紧急的情况下才会取消课程'。你知道，'好的，我为此表示感谢，但那是我上课的日子，那天我不能出席'。到此为止。"梅伦戴克评论说，"主旨非常清晰……真令我印象深刻"。①

### 一、萨缪尔森与弗里德曼

保罗·萨缪尔森在活动的混乱上与弗里德曼同病相怜。② 本章所涵盖的时期是萨缪尔森逐渐减少宏观经济研究领域参与的时期——事实上，正如本章后面所讨论的那样，他的参与减少到这种程度，以至于罗伯特·戈登拒绝邀请萨缪尔森参与《政治经济学杂志》举办的弗里德曼和一群主要批评他的货币框架的人之间

---

① 梅伦戴克于1966年秋季和1968年冬季参加了弗里德曼的研究生课程（信息来自安-玛丽·梅伦戴克）。据梅伦戴克回忆，这件事可能发生在她已经完成了大部分研究生课程之后的1968年或1969年。
② 约翰·肯尼思·加尔布雷斯在确立经济学家的公共辩论形象方面明显领先于弗里德曼和萨缪尔森。虽然加尔布雷斯在1972年担任了美国经济协会的主席，但是，他与弗里德曼和萨缪尔森分属于不同的类别，因为他到20世纪60年代基本上脱离了美国经济研究界，并将他的著述对象局限于普通读者。

的辩论。但是，萨缪尔森依然高度活跃于其他几个经济研究领域（"当你察看他的职业生涯的后半期时，他仍然写了许多重要的论文"，罗伯特·霍尔在 2013 年 5 月 31 日笔者的访谈中评论说）以及研究生教学和指导，因此萨缪尔森和弗里德曼都过着相同的双重生活——既要参与公共活动，又要承担完全的学术责任。他们的媒体形象相似，加上他们作为凯恩斯主义与货币主义辩论的双方代表的形象，导致他们在 1969 年至 1972 年期间延续了 1969 年之前他们两人在电视上偶尔交锋的模式。[1] 最重要的是，他们展示截然不同的经济观点的方式就是共同分享《新闻周刊》的专栏版面。到 20 世纪 70 年代初，弗里德曼和萨缪尔森各自为《新闻周刊》撰写了足够数量的专栏文章，以至于可以出版他们专栏文章的文集：弗里德曼在 1972 年的《一位经济学家的抗议》（*An Economist's Protest*）和萨缪尔森在 1973 年的《萨缪尔森文萃》（*The Samuelson Sampler*）。[2] 虽然弗里德曼和萨缪尔森共同作为《新闻周刊》专栏作家又延续了好几年——他们同时作为专栏作家的时期是从 1966 年至 1981 年，但是到 20 世纪 70 年代初，对他们各自专栏文章的质量的评判开始出现，评判结果对弗里德曼有利。

这个评判结果并不是一个能够预期到的显而易见的结论。鉴

---

[1] 例如，他们于 1969 年 5 月 22 日共同参加了麻省理工学院的卡尔·康普顿（Karl Compton）讲座系列。该讲座在波士顿地区公共电视台（WGBH 电视台）以"经济学大辩论"为题进行现场直播。他们也作为专题小组成员在 1970 年 12 月 1 日共同参加了哥伦比亚广播公司新闻特别节目《蓝色圣诞节？经济状况调查》（*Blue Christmas? An Inquiry into the State of the Economy*）。

[2] 参见 Friedman（1972d）和 Samuelson（1973b）。

于弗里德曼和萨缪尔森直到1966年都是经济学界的著名人物，人们可能会预期他们的专栏文章会得到同样高的评价。事实上，我们可以更加深入一些。萨缪尔森被公认为是这两位经济学家中更好的一位——正如第四章所讨论的那样，萨缪尔森对现代经济学的贡献比弗里德曼更广泛、更根本的事实就充分证明了这一评价的正确性。即便弗里德曼在20世纪60年代突然迸发出大量有影响力的贡献之后，这一评价仍然是正确的判断。人们可能会事先预期，萨缪尔森在通俗写作方面同样比弗里德曼略胜一筹。业已指出，自20世纪50年代初以来，萨缪尔森一直为主要新闻刊物定期撰写专栏文章。事实上，他以自己是"为数不多的能够与非专业公众进行交流的科学家之一"而感到自豪。[1] 为了理解弗里德曼为什么作为一位专栏作家最终会胜过萨缪尔森，我们有必要列举萨缪尔森的一些其他优势。

萨缪尔森的兴趣比弗里德曼广泛得多。当谈到经济话题或从经济学家的角度看待政策问题时，安娜·施瓦茨发现弗里德曼难以被击败："他真的是一个有创新精神的人。你可以向他提出任何问题，他都能想出别人没有提到的东西。"[2] 但是，她的赞扬并没有延伸到他对经济学以外问题的讨论。在这一点上，施瓦茨在2007年1月15日给笔者的电子邮件中评论道："与米尔顿·弗里德曼的谈话总是振奋人心的，但我从不认为有必要逐字记录他的言论。"施瓦茨认为，弗里德曼对艺术和文化的一些看法接近于

---

[1] 引自萨缪尔森和诺德豪斯（Samuelson and Nordhaus 1985，v）教材的"作者简介"。

[2] 引自 E. Nelson（2004a，405）。

庸俗主义——例证是20世纪50年代初弗里德曼在访问欧洲之前向她表示过，他对参观欧洲大陆的博物馆和美术馆不感兴趣。①随着时间的推移，弗里德曼显然在一定程度上改变了这种对艺术和文化缺乏兴趣的局面。到了20世纪60年代末，他对绘画产生了兴趣，并在1969年12月1日《新闻周刊》的一篇专栏文章中提到，他购买了一本他所仰慕的一位艺术家的绘画复制品限量版书籍。②然而，在音乐方面，弗里德曼的看法更持久，也更极端。当他在1970年把摇滚乐比作噪声污染时，这并不是反映了他只对那种类型的音乐的反感。更准确地说，弗里德曼没有音乐鉴赏力，他那被公认的听觉迟钝妨碍了他欣赏音乐作品。③这些特征

---

① 安娜·施瓦茨回忆道："在我认识弗里德曼的早期，他正要去法国。大约在那时，他发表了支持浮动汇率的理由。我问他是否有机会去巴黎的博物馆。他看着我，好像我疯了似的。他说'为什么我要花时间去博物馆？'参见 E. Nelson（2004a，405）。
② 弗里德曼还在 Martin（1983，56）中表达了对历史上伟大画家的钦佩。
③ 关于弗里德曼提到摇滚乐，参见 Center for Policy Study（1970，2）。弗里德曼在1980年7月20日《芝加哥论坛报》第22版和《两个幸运的人》第21页中论述了他对音乐的漠不关心。他在 Friedman（1981d, xiv）中也间接地提到了这些事情；另见罗丝·弗里德曼在1986年12月14日《洛杉矶时报》第15版上的评论。具有讽刺意味的是，在1977年3月30日一档电视脱口秀节目《戴娜！》中，黛娜·肖尔（Dinah Shore）邀请弗里德曼作为演播室嘉宾，她从一个讨论环节过渡到一个音乐环节时说"我希望你喜欢音乐，弗里德曼博士"，弗里德曼礼貌地认为这句话不需要回答。

更讽刺的是，鉴于弗里德曼对音乐的漠不关心，人们偶尔会在他的出版物目录中看到论音乐的文章。被归属于弗里德曼的作品包括1971年的一篇题为《聆听——未来音乐充满活力的保证》的文章。这篇文章和其他关于音乐的出版物实际上是另一位米尔顿·弗里德曼的作品（参见 Milton M. Friedman 1971）。

与萨缪尔森形成了鲜明对比,因为萨缪尔森表现出深受文化熏陶的许多迹象。①

还有一个似乎对萨缪尔森有利的优势是,弗里德曼也不像萨缪尔森那样天生幽默。在他的著作中,弗里德曼往往喜欢用历史轶事或其他珍本而非幽默来增强分析观点。与此类似,在与他人的直接交往中,他经常以乐观而非幽默本身而闻名。他在演讲中使用的笑话往往都是被精雕细琢过的。相比之下,罗伯特·希勒从20世纪60年代末至1972年是麻省理工学院的研究生,他在2014年9月26日笔者的访谈中回忆道:"萨缪尔森有几分堂吉诃德式的幽默感。这种幽默感在任何一场夜间喜剧节目中都是不行的。但是,我在某种程度上喜欢它。"

弗里德曼对国际舞台和世界历史问题的理解也弱于萨缪尔森。他的地理知识和古代史知识薄弱。②弗里德曼精通美国历史,对英国自19世纪以来的发展状况也有相当的了解,但是,他对欧洲大陆及其他地区的历史掌握得很一般。这种情况或许可以从他本科时在欧洲经济史课程中获得C这一事实中得到预示;然

---

① 虽然萨缪尔森的兴趣更广泛,但他与弗里德曼一样,倾向于在谈话中重复使用材料。罗伯特·霍尔在2013年5月31日笔者的访谈中回忆道:"麻省理工学院的经济系在教师俱乐部有一个大型圆桌。当我在1970年加入教师队伍时,我最初有点喜欢去那里不断地听萨缪尔森讲故事。他会主导整个谈话。但是,当每个故事我听了三遍之后,它就不那么吸引人了。"

② 例如,在1975年4月14日美国广播公司的澳大利亚电视节目《星期一讨论会》上,弗里德曼暗示堪培拉是澳大利亚的一个州(实际上,该城市不位于澳大利亚的任何一个州内)。他在1977年5月31日参加美国公共电视网的《开放的思维》节目时,也承认对地理问题有些困惑。

而，弗里德曼在1993年10月《澳大利亚商业月刊》(*Australian Business Monthly*)第54页上说这个结果是因上课迟到而受到的惩罚。他出于阅读的目的懂得一些法语，但他承认自己的法语发音"很糟糕"。[①] 此外，弗里德曼在1950年的欧洲之行后，没有尝试精通法国或欧洲大陆其他国家的详细发展情况。诚然，随着时间的推移，他拓展了国际事务的知识面。而且，随着弗里德曼本人逐渐成为世界舞台上的人物，他对外交政策产生了兴趣——这种兴趣导致他在20世纪70年代中期曾一度偏离《新闻周刊》专栏文章的经济学主题，撰写了几篇地缘政治专栏文章（参见E.Nelson 2009b, 92–93）。不过，即使对世界事务的兴趣有所扩大，弗里德曼对欧洲大陆经济发展状况的关注仍然是零星的。在这些问题上，萨缪尔森比弗里德曼更坚持不懈地努力获得渊博的知识。

除了后来对外交政策有兴趣，弗里德曼确实在经济学之外长期对打牌（桥牌）、木工、电影、推理小说和园艺有一些兴趣。而且，正如第四章所强调的那样，弗里德曼在战后时期经济学方法中的一个重要主题——体现在他与吉米·萨维奇的研究中以及他对负所得税的倡导中就是经济分析可以而且应该应用于传统上属于经济学领域的主题之外的主题。此外，弗里德曼对经济自由与政治自由关系的兴趣，经常导致他在包括《新闻周刊》的专栏文章（例如，1974年6月3日的专栏文章）中探讨那些被认为

---

[①] 例如，参见弗里德曼在Friedman（1955g, 908）中对法语材料的翻译。弗里德曼对自己发音的评论出现在1978年5月1日录音的《米尔顿·弗里德曼演讲》第14集"自由企业制度中的平等与自由"的副本第4页。

与政治学领域而非经济学领域更紧密相关的问题。尽管如此，弗里德曼显然没有像萨缪尔森那样对跨学科知识表现出强烈的兴趣。萨缪尔森出色地参与了弗里德曼的方法论论文的辩论，正式提出了其内容可能在某种程度上反映了萨缪尔森自己对其他社会科学方法论的研究的异议（Samuelson 1963b）。相比之下，安娜·施瓦茨（Schwartz1992, 959）承认弗里德曼对方法论历史的文献知之甚少：对她来说，令人惊讶的不是这个事实，而是其他人会认为他会非常熟悉它。

此外，在硬科学和工程学领域——经济学家通常喜欢将这些领域视为他们自己的姊妹学科，弗里德曼的兴趣明显有限。他远离技术性研究的一个反映就是，他并没有用例如物理学方面的求知欲来取代他对数理统计学日渐淡漠的兴趣。[1] 他确实密切关注医学研究的发展状况。但是，采取这种实用主义形式的兴趣源于他对自己的健康担忧。弗里德曼不仅援引他对新出现的医学发现的跟踪作为他在1955年左右戒烟的原因，而且表明他在1972年的心脏手术引起了他对心脏研究发展的兴趣。[2] 他评论说，他与科学家就经济学进行的对话让他确信，他们对经济学几乎没有贡

---

[1] 他实际上在 Friedman（1953c, 18）中承认自己缺乏物理学知识。
[2] 虽然弗里德曼早在1950年就公开提到了反对吸烟的医学证据（参见 All Participants 1951, 251），但是，直到20世纪50年代中期左右，他才放弃了吸烟。他后来在1969年6月16日《新闻周刊》和1977年9月12日录音的《米尔顿·弗里德曼演讲》第12集"谁在保护消费者？"的副本第32页上说，这一决定受到了越来越多的医学研究发现的影响。关于弗里德曼在1972年后对心脏医学兴趣的评论，参见他在1982年1月11日《新闻周刊》上的专栏文章。第十五章要论述弗里德曼的心脏手术。

献。① 至于那些拥有丰富科学知识的经济学家，弗里德曼尊重他们，但没有表现出效仿他们的倾向，私下怀疑自然科学和经济学之间的协同作用。这些看法反映在弗里德曼曾对威廉·布雷纳德所做的一句评论中："你对物理学知道得太多了。"②

弗里德曼对科学缺乏较大的兴趣与萨缪尔森的态度形成了鲜明对比。萨缪尔森以对科学的兴趣和知识渊博而闻名。罗伯特·希勒在2014年9月26日笔者的访谈中评论说，除了幽默，"我喜欢萨缪尔森的另一个地方是，他并不只是言辞诙谐，还往往会谈论科学，我的意思是真正的科学。我认为大多数人都不欣赏这一点，比如，他会引用物理学家的话。他不会因为一些无关紧要的事情引用它们；他会引用他们的一个方程式，说'我们在这里所说的类似于普朗克定律'之类的话。所以我总是比我的大多数同学更喜欢萨缪尔森。因为我喜欢科学，你知道吗？我认为

---

① 参见 Friedman（1981d, xiv）。
② 布雷纳德在1962年上半年访问芝加哥大学进行求职演讲，他在与弗里德曼共进晚餐时对这一反应进行了回应。弗里德曼是在引述了如何在一个方程中包含不同单位的变量，具体来说是将利率以原始的百分比形式作为货币需求函数的机会成本变量之后发表这番评论的。这一评论反过来又促使布雷纳德反驳说，物理学家提供了一种解决此问题的方法。布雷纳德指出，弗里德曼对物理学的反驳"没发脾气"。威廉·布雷纳德在2014年5月26日与笔者的私人通信中反思道："我从来都不知道该怎么利用它——这似乎是一种让步，但我不确定。"

萨缪尔森很有独创性"。①

但是，作为一名普通作家，萨缪尔森对弗里德曼拥有一系列令人敬畏的优势，但在与弗里德曼的《新闻周刊》专栏文章竞争中没有转化为成功。根据几乎普遍的看法——按照向普通大众传播经济学的材料来判断，弗里德曼的一系列专栏文章被认为比萨缪尔森的一系列专栏文章成功得多。在某种程度上，这一结果实际上反映了萨缪尔森更广泛的兴趣，因为萨缪尔森比弗里德曼更早、更频繁地偏离了经济话题。"在《新闻周刊》的圣诞周那期上"，一位报纸撰稿人在1970年1月5日《新闻日报》(Newsday)

---

① 弗里德曼和萨缪尔森之间的这种差异引人注目的一个例子就是两人在2001年12月的通信。萨缪尔森在阅读了爱德华·泰勒（Edward Teller）的回忆录后写信给弗里德曼，讲述了氢弹发展的一些细节，希望弗里德曼能够促使爱德华·泰勒（他名义上是弗里德曼在胡佛研究所的同事）对此事畅所欲言。弗里德曼坦率地回信说，虽然他读过爱德华·泰勒（Teller2001）的回忆录，向该书的出版商提供了第三者的证言，并且发现爱德华·泰勒是一个有趣的人，但是他自己与爱德华·泰勒的交往不深，近年来的交往尤其少见。对于目前的讨论来说，最重要的是，弗里德曼表示，他从未像萨缪尔森那样对核物理领域明显感兴趣，也没有萨缪尔森那样明显的核物理领域的知识（参见萨缪尔森和弗里德曼分别于2001年12月3日和21日写的信件，存放于杜克大学的保罗·萨缪尔森文件中）。

上指出,"萨缪尔森在写《爱》"。①

但是,一个更普遍的问题则是萨缪尔森在撰写专栏文章时明显表现出的漫不经心的态度。当《商业周刊》在1973年对前面提到的萨缪尔森的专栏文章文集《萨缪尔森文萃》进行评论时,这一点受到了严格的审查。这篇在1973年7月14日《商业周刊》上的评论评述说:

> 诺贝尔奖获得者保罗·萨缪尔森在经济学界的朋友和崇

---

① 这篇所指的专栏文章就是萨缪尔森在1969年12月29日《新闻周刊》上的专栏文章《爱》。萨缪尔森后来将这篇文章与1971年9月13日名为《血》的文章一起,收录在其《新闻周刊》专栏文章的文集(Samuelson 1973b)的一章中,题为"还有爱的空间吗"。当然,可以说,这些主题的选择并不意味着萨缪尔就未能聚焦于经济主题,而是代表了他将经济学应用于非传统领域的努力——在这样做时,他就提供了后来与加里·贝克尔和弗里德曼的儿子戴维·弗里德曼的研究相关的那种类型的他自己版本的研究。戴维·弗里德曼在他的著作《隐藏的秩序》(Hidden Order)中设置了关于"爱情和婚姻的经济学"的章节。
虽然萨缪尔森的专栏文章没有提到贝克尔,但是其对贝克尔作品的负面反应可能促使萨缪尔森选择了这个主题。罗伯特·霍尔在2013年5月31日笔者的访谈中回忆说,在撰写这篇专栏文章期间,萨缪尔森和索洛"参与了那些日子是正在进行的道德斗争",涉及参与者所暗示的一场"正义经济学和邪恶经济学之间的较量。这特别针对的是加里·贝克尔——有趣的是,我认为更甚于对米尔顿·弗里德曼的针对"。罗伯特·索洛在2015年4月3日笔者的访谈中证实,贝克尔的研究确实是这一时期麻省理工学院批评性评论的焦点。索洛评论说,他反对的是贝克尔方法所隐含的"经济学帝国主义"。根据贝克尔的方法,生育孩子的决定等主题都被构想为效用最大化练习的结果。另参见上一章的讨论。

拜者，一直对他在《新闻周刊》上似乎轻而易举地完成那些定期专栏文章时所表现出来的漫不经心的态度感到诧异。米尔顿·弗里德曼处理同样的工作时满怀热情，从未错失过传播其自由意志主义信仰的奇特原则的机会。耶鲁大学经济学家亨利·沃利克在同一本杂志的专栏文章中表现的是深思熟虑和小心谨慎，有时甚至带有新意。萨缪尔森教授则不然。除了少数充满智慧的例外，他的专栏文章通常似乎是不假思索地匆忙拼凑起来的。他的这本新闻报刊文章的文集强化了这样一种印象，即与其他经济学家同行相比，他对自己的通俗作品毫不在意。作为现代经济学的伟大思想家和教育家之一，萨缪尔森知道他的历史地位是稳固的。但令人失望的是，他满足于依靠自己的声誉。

对萨缪尔森的《新闻周刊》专栏文章的负面评价，尤其是在与弗里德曼的专栏文章相比的时候，同样可以在经济学家的评论中找到。例如，贝内特·麦卡勒姆在2013年7月30日与笔者的私人通信中评论说：

> 弗里德曼的专栏文章几乎总是与经济政策分析有关，具有分析的透彻性，然而却以非经济学家可以理解的非技术性方式加以阐述。有时的主题是关于当前的问题，有时的主题则是还在进行的问题。
>
> 萨缪尔森的专栏文章有一些教育方面的内容，但更多的是关于一般性政治问题——用报刊语言的误导性术语来说是"保守"与"自由"的问题，而且在我看来这些内容更多的

是为娱乐而非教育而设计的。它们大量炫耀一般思想史上的名人和新闻，显然是为了给人留下深刻的印象。它们比弗里德曼的专栏文章更"生动"，但不如弗里德曼的专栏文章那么清晰。

正如麦卡勒姆的评论所暗示的那样，萨缪尔森的专栏文章比弗里德曼的更幽默。在采取这一策略时，萨缪尔森有时可能非常有引人注目。尤其是，他在1966年9月19日《新闻周刊》的第一篇专栏文章中陈述说，股市预测了之前六次衰退中的九次。这句俏皮话如此令人难忘，以至于里根总统在1987年股市崩盘后发表的一次演讲中使用了这句话，而《纽约时报》在2009年萨缪尔森的讣告中引用了萨缪尔森的这篇相关专栏文章。[①] 此外，这句俏皮话也传达了一个重要的观点——股票价格与美国经济活动脱节，越来越多的经济学家与萨缪尔森一起来倡导这种观点。弗里德曼就是其中之一。他对于股票市场对经济基本面的依赖性以及股票价格对经济的反馈的怀疑，不仅在20世纪60年代末有所加深，而且使他在对股票市场的重要性的认知正好转向了萨缪

---

[①] 罗纳德·里根在1987年11月19日的演讲中陈述说，"诺贝尔经济学奖获得者保罗·萨缪尔森打趣道，华尔街预测了过去六次衰退中的九次"（Reagan 1987）。引用了萨缪尔森这句话的讣告刊登在2009年12月14日《纽约时报》。

尔森的观点。① 然而，在其他场合，萨缪尔森在专栏文章中对幽默的依赖似乎过度了，以至于分散了人们对他所提出论点的注意力。②

比较弗里德曼和萨缪尔森的专栏文章的主题相同的例子，可以表明二者之间的一些差异。在1979年4月30日的《新闻周刊》专栏文章中，萨缪尔森写道："货币主义者专注于货币供给，犹如弗洛伊德主义者专注于性一样……我的同事罗伯特·索洛把货币主义称为一场仍在寻找其产品的广告活动。我必须花大量时间来研究改变我们的货币供给流通速度的诸多力量，因为可悲的经验表明，单独以货币总量为根据的预测会出现不必要的大错误。"

在1972年2月7日的《新闻周刊》专栏文章中，弗里德曼写道："经济研究已经确立了两个命题：(1)在相当长的任何时期内，货币数量、国民收入和物价之间存在着密切的、有规律可循的和可预测的关系；(2)同样的关系在月与月之间、季度与季度之间，或者甚至年与年之间，要松散得多。"

弗里德曼和萨缪尔森的段落都传递了这样一个事实：货币与

---

① 弗里德曼对股市的看法将变得更加接近于萨缪尔森的看法。萨缪尔森在1990年与弗里德曼共同参加另一次电视节目时评述说，1987年的股市崩盘证实了经济和股市可能在较长时间内脱钩。弗里德曼在回应中说："虽然我通常与保罗的意见不一致，但是我同意他刚才所说的一切。"(MacNeil/Lehrer NewsHour, PBS, August 27, 1990, p.6 of transcript) 关于该内容进一步的讨论，请参见爱德华·纳尔逊(E. Nelson 2013a, 70-71)以及本书第五章和第六章对弗里德曼总需求观点的分析。

② 特别参见他在1979年7月2日《新闻周刊》上论能源政策的专栏文章。这篇文章掺杂着如此之多的讽刺，以至于很难说萨缪尔森在这个问题上采取的是什么立场。

名义收入之间的关系在短期内是松散的。但是，弗里德曼的引文更有效地做到了这一点。萨缪尔森的段落通过插入两个笑话以及使用专业术语"流通速度"使主题思想变得模糊不清，而弗里德曼在专栏文章中会避免使用这种专业术语。萨缪尔森的引语也揭示了他的通俗作品的两个方面，虽然这两个方面证明了他兴趣的广度，但可能无助于传达他的主题思想。首先，他引用了其他学科（在本例中，指的是心理学）。其次，萨缪尔森的论述暗示，他本人对货币关系进行了广泛的研究（弗里德曼在专栏文章中通过泛泛提到经济研究，从而避免了自己做这种研究的暗示）。

这个例子强调了一个事实，即萨缪尔森的专栏文章有相当大的价值。但是，总的来说，我们确实可以得出这样的结论：作为经济学专栏作家，弗里德曼优于萨缪尔森，而且按照向一般读者提供清晰性的标准来看，萨缪尔森的表现欠佳。

## 二、不断增长的媒体形象

弗里德曼在1970年1月3日《新闻日报》上报告他在1970年的新年计划是"决定不向新闻媒体发表那么多的公开演讲或声明"。在前一年，弗里德曼在《新闻周刊》的版面之外的媒体形象继续急剧上升。《新闻周刊》的竞争对手《时代》杂志在1969年1月10日刊登了弗里德曼的简历，导致一位经常与弗里德曼会面的《芝加哥论坛报》专栏作家在1969年3月2日评论说："弗里德曼拥有如此的声望，以至于他在向《新闻周刊》供稿时还在最近的《时代》杂志上刊登了简历。真是令人难以置信。"① 然而，1969 年 12 月 19 日出版的《时代》杂志将使这一报道黯然失色。弗里德曼的肖像出现在那期的封面上。选择弗里德曼作为 1969 年 12 月 19 日《时代》杂志封面故事的主题不仅因为弗里德曼是《时代》竞争对手的雇员，而且因为《时代》对弗里德曼的封面处理方式几乎比得上该杂志正好在四年前的 1965 年 12 月 31 日对凯恩斯的处理方式。②

虽然弗里德曼在该杂志正文中的简介仅限于一页，但他对 1970 年经济衰退的预测（在下一章中讨论）构成了 1969 年 12 月 19 日同一期《时代》上一篇较长文章的基础。③ 大致在这篇文章发表的同一时间，《经济学人》在 1970 年 1 月 10 日以《时代》杂志的凯恩斯封面的先例为证据，证明"过去的经济辩论具有越来越广泛的吸引力"，接着评论道，"现在在任何一天，它们都可能扩展到彩色副刊的版面上"。当《纽约时报》杂志的周日副刊在 1970 年 1 月 25 日那期用封面和主要故事刊登弗里德曼时，这个故作诙谐的评论在几周内变成了现实。就整个 1970 年而言，

---

① 这位专栏作家就是威廉·克拉克（William Clark）。弗里德曼的"盒式磁带评论"系列在 1969 年至 1976 年期间在芝加哥市录制时，他在那些插曲中充当弗里德曼的对话者。另见 1969 年 7 月 26 日的《商业周刊》。
② 格伦·坎贝尔（Campbell 1987，xi）（正如前面的第一章指出的那样）与多恩布什和菲舍尔（Dornbusch and Fischer 1978）的教材也提到了弗里德曼登上了《时代》杂志的封面。
③ 鉴于这种关注，《新闻周刊》的编辑们显然认为，该杂志应该大肆渲染弗里德曼与该杂志的联系，因此《新闻周刊》的定期撰稿人雅克恩·桑德斯（Jacquin Sanders）写了一篇弗里德曼的长篇简介。该简介在多家报纸上被同时发表（例如 1970 年 2 月 15 日的《亚利桑那共和报》）。

《纽约时报》提到弗里德曼的文章数量大约有 90 篇。相比之下，1966 年大约有 20 篇，而 1960 年则几乎没有。①

这种高度的引人注目反映了理查德·尼克松在 1968 年 11 月当选总统的可能性，同时，这一变化意味着弗里德曼的观点在政策界将受到更大重视。1969 年对弗里德曼的大量新闻报道都夸大了这种看法的重要性，而《纽约时报》在 1969 年 6 月 17 日的一篇报道是将弗里德曼描述为尼克松政府顾问的众多报道之一。② 虽然弗里德曼在这届政府中没有任何与经济政策相关的官方职位，但是梅格斯（Meig 1974，31）的描述相当真实："当总统尼克松在 1969 年上任时，他的经济顾问在他们的声明和计划中远比他们的前任在肯尼迪-约翰逊政府中更加重视货币政策尤其是货币供给量……米尔顿·弗里德曼本人被认为是一位非正式的白宫顾问，就像他的财政主义者对手保罗·萨缪尔森在肯尼迪政府早期一样。"弗里德曼的回忆录有一章的标题和内容显示出他会接受尼克松顾问的称号。正如我们所看到的那样，弗里德曼在尼克松就职之前肯定担任过尼克松的经济顾问；而且，正如下一章所讨论的那样，在尼克松的第一个任期内，他从 1969 年末直到 1972 年末偶尔会与尼克松进行交谈。他还将与该政府的关

---

① 1960 年大量提到的米尔顿·弗里德曼都是指与弗里德曼同名的人。正如本章后面的一节中会进一步讨论的那样，此人是纽约地区一名从事劳资关系的律师。

② 另一个例子参见 1969 年 11 月 24 日的《亚利桑那共和报》。在尼克松就职之前，弗里德曼作为一名与尼克松竞选活动有关的经济学家的身份，导致他作为专题小组成员在 1969 年 1 月 10 日参加了一档名为《尼克松政府》(*The Nixon Administration*)的公共电视新闻特别节目。

键经济政策人员进行更频繁的交往。

### 三、尼克松政府的福利提议

正如前一章所讨论的那样,弗里德曼对负所得税附加在现有的联邦转移支付和支出体系之上的福利改革的提议表示怀疑。尼克松政府在1969—1970年以"家庭援助计划"名义提出的改革建议在很大程度上属于这一类。因此,这些提议招致了弗里德曼的批评。他甚至在1970年5月18日的《新闻周刊》专栏文章中宣称:"我会投票反对该提案在众议院通过的形式。"而且,这种负面反应主要不是源于国会对该提案的修改,而是源于尼克松政府的基本建议。对劳动力供给影响的担忧在弗里德曼的反对意见中起到了重要的作用。弗里德曼在1970年5月18日和9月7日的专栏文章中和包括1969年11月在众议院筹款委员会上的证词在内的其他讨论中,区分了尼克松在1969年8月8日的广播讲话和该政府提出的实际计划。弗里德曼认为,这个计划未能遵守接受就业机会应该提高家庭税后的实得工资收入的原则。①

在某种程度上说,弗里德曼在1969年11月证词中的这个评论湮没在他对"家庭援助计划"提议的许多负面评论中:该提议在性质上是朝着他希望的方向迈出的"重要而受欢迎的一步"。弗里德曼的批评集中在该计划中的条款上。在他看来,这些条款

---

① 弗里德曼证词的这一方面和其他方面导致罗伯特·莫菲特(Moffitt 2003,122)强调了弗里德曼对家庭援助计划的负面反应。然而,正如目前的讨论所指出的那样,弗里德曼在1969年和回顾中也对家庭援助计划发表了正面的评论。

需要修改，以防止该计划根据现有安排来判断时出现数量上的倒退。①

在家庭援助计划提出之时，弗里德曼希望该提议能够得到修改，以便确保一个更有效的福利体系——尽管该提议并不是弗里德曼所支持的全面福利改革。弗里德曼相信，部分地实现其理想的改革在政治上是可行的。这一点在他用熟悉的格言"我们要非常小心，不要让最好的毁掉好的"做证词时得到了体现。②

然而，当尼克松政府或国会没有采纳他的修改建议时，弗里德曼的反对立场变得更加强硬——这种强硬反映在 1970 年 5 月 18 日的《新闻周刊》上。他宣称尼克松政府所提议的"家庭援助计划"是"荒谬的"。随后的事态发展导致弗里德曼的观点进一步变化，他对尼克松在一些国内政策领域的早期表现采取了更加宽容的态度。例如，正如下一章将要讨论的那样，尼克松政府在 1971 年 8 月对经济管理的急转弯，促使弗里德曼强调在 1969 年至 1971 年实施的稳定政策与他自己偏好的政策之间的相似性。同样，1970 年后的历届政府对全面的福利改革缺乏兴趣，导致弗里德曼在回顾中更加赞许"家庭援助计划"。在这些回顾性叙述中，他承认，该计划如果得以实施将"合并和取消"许多项目。按照同样的思路，弗里德曼表示支持丹尼尔·帕特里克·莫伊尼汉（Daniel Patrick Moynihan）在尼克松政府任职期间提出的改革福利的该计划和其他提议——这些提议在莫伊尼汉

---

① 1969 年 11 月 7 日在筹款委员会的证词（Committee on Ways and Means 1970, 1944）。
② 1969 年 11 月 7 日在筹款委员会的证词（Committee on Ways and Means 1970, 1952）。

(Moynihan 1973)中得到描述。[①] 然而，当弗里德曼发表这些支持性意见时，"家庭援助计划"已经成为历史，未能获得国会的批准。

## 第二节　问题：1969—1972年

### 一、企业的社会责任

弗里德曼在1970年9月13日的《纽约时报》上发表的一篇文章，说明了一个经济学家——尤其是宏观经济学家对非经济学者来说是如何看起来具有煽动性的。弗里德曼在这篇文章中采纳的立场是，企业的社会责任与它们对股东的责任是不可分的。根据弗里德曼的观点，企业的唯一责任就是利润最大化。

这篇文章在某种意义上引起了一场轩然大波。这反映在弗里德曼在1971年、1972年和1973年参与了与这篇文章有关的多次论战之中。弗里德曼在1970年后对企业社会责任的讨论包括一个电台节目《芝加哥对话：米尔顿·弗里德曼讨论公司结构的社会责任》(Conversations at Chicago: Milton Friedman Discusses the Social Responsibility of the Corporate Structure)，该节目播

---

[①] 弗里德曼对家庭救助计划的回顾性讨论（包括对莫伊尼汉著作的赞扬），体现在Friedman（1977b, 55, reprinted in Friedman 1978a, 8）中的讨论、1978年2月23日录音的《米尔顿·弗里德曼演讲》第5集"福利国家怎么啦？"的副本第14页、1978年2月21日录音的《米尔顿·弗里德曼演讲》第15集"我们自由社会的未来"的副本第9—10页中。正文中引用的短语来自后一个文献来源的第10页。

放的地区超出了芝加哥［参见 1971 年 3 月 6 日的《首都时报》（*Capital Times*）］。他还就这个问题接受了《商业与社会评论》1972 年春季版的采访。1973 年 10 月 14 日，弗里德曼与管理者伊莱·戈德斯顿（Eli Goldston）在纽约市参加了一场题为"社会责任是否是公司制定政策的一个必要组成部分"的辩论。①

正如他的另外一些引起强烈反响的通俗作品一样，1970 年的这篇文章并没有阐明弗里德曼的新立场。企业应该追求利润最大化并回避其他目标的观点，就是弗里德曼在 20 世纪五六十年代就已经表达过的一种观点。② 事实上，《资本主义与自由》第八章的标题是"垄断与企业和劳工的社会责任"。③

---

① 这场辩论被 1973 年 10 月 15 日的《费城晚报》（*Philadelphia Evening Bulletin*）和 1973 年 10 月 22 日的《新闻日报》（*Newsday*）报道过，在 1973 年 11 月的《财富》杂志上也被摘引过。关于之前就同一主题进行交锋的报道——这次是弗里德曼和商人戈登·谢尔曼（Gordon Sherman）之间的交锋，参见 1971 年 2 月 9 日的《堪萨斯城时报》（*Kansas City Times*）。
② 对公司应该有利润最大化以外的目标的这种观念持批评态度的其他人士包括西奥多·莱维特（Levitt 1958；Worthy and Levitt 1959）和尤金·罗斯托（见下文）。
③ 关于弗里德曼在 1962 年之前提出这种论点的一份出版物，参见 Friedman（1958a，22—23）。
托马斯·卡森（Carson 1993）只关注弗里德曼在 1962 年和 1970 年的论述，声称弗里德曼对企业责任的立场发生了非常大的变化。弗里德曼确实改变了他对一些话题的看法；但是，正如爱德华·纳尔逊（E. Nelson 2007，171）所讨论的那样，多年来的实际情况也是，评论家们经常认为弗里德曼在某些情况下公开放弃了之前的立场，然而实际上他并没有这么做。托马斯·卡森研究的公司责任例子可能是后一种现象的一个实例，特别是考虑到这样一个事实更是如此：即使按照卡森的解释，所谓的立场变化对弗里德曼来说也是无意识的（参见 Carson 1993，4）。

不管新颖与否，批评人士认为弗里德曼的观点反映了他极端的意识形态。然而，他只是在为企业的实际行为辩护，这是在经济分析中通常假设的行为。将企业视为利润最大化的观点绝不局限于弗里德曼在宏观经济辩论中的立场，也不局限于他参与的文献。这在研究企业购买资本品中很普遍——这是一个弗里德曼几乎没有贡献的宏观经济研究领域，包括凯恩斯主义者所做的研究。例如，托宾和布雷纳德（Tobin and Brainard 1990，543）评论说："如果管理者的行为符合股东的利益，q理论最有效。是的，从这个意义上说，q理论是一种新古典的企业投资理论。"将企业视为追求利润最大化者是主流经济学研究，特别是宏观经济学的标准立场。

在企业社会责任的辩论过程中，弗里德曼没有从企业应该追求利润最大化的立场退缩。然而，这场辩论确实见证了弗里德曼解释企业实际行为的观点所发生的变化。特别是，20世纪70年代，弗里德曼探索了1962年他称之为"所有权和控制权之间真正的分离"和经济学中委托与代理问题的经验相关性问题。[①]

弗里德曼在1953年的方法论论文中辩论说利润最大化是一种经验近似，这表明，他并不认为委托与代理问题在实践中非常重要。罗伯特·索洛在1967年也附和了他对这种近似有效性的信念。针对加尔布雷斯（Galbraith 1967）关于现代美国经济中的大企业采纳了公司经理无视股东目标的安排的论点，索洛争辩

---

① 引自《资本主义与自由》第136页。

说，企业追求利润最大化的假设仍然是一个不错的经验近似。[1]然而，弗里德曼在这一点上的信心在 1970 年似乎已经动摇。弗里德曼在 1970 年撰写了一篇关于企业社会责任主题的完整文章（之前提到的他在 1970 年 9 月 13 日的《纽约时报》杂志上发表的文章），来表示他对企业在实践中正在大规模偏离利润最大化目标的担忧。[2]这反映了他关于公司的经理们正在进行的投资和生产过程决策反映的是利润最大化以外的其他考虑的看法。

然而，法律学者亨利·曼尼在 1972 年 10 月利用参加弗吉尼亚大学纪念弗里德曼的会议的机会，挑战了弗里德曼的解释。"我对米尔顿·弗里德曼持批评态度，因为我认为当大多数公司履行所谓的企业社会责任时，我们有点天真，不了解它们真正在做的事情。"亨利·曼尼在 2014 年 4 月 30 日笔者的访谈中回忆道，"我不认为企业有良知，也不认为它们（企业）对社会责任非常感兴趣。它们感兴趣的是最终的利润。大多数这种（表面上出于社会动机的行为）是出于这样或那样的公共目的，可能是为

---

[1] 鲍莫尔和布林德（Baumol and Blinder 1982，814）将索洛的论点总结如下："虽然认识到利润最大化不能是对企业行为的字面描述……但索洛认为这仍然是一个可行的近似。"这种对索洛论点的描述突显了弗里德曼和索洛在经济研究方法论上的观点之间的相似性。

[2] 甚至在 1970 年之前，弗里德曼就在《资本主义与自由》第 132 页和 1969 年 2 月《动态经济学教学盒式磁带》第 15 集中曾敦促将所有公司收入视为股东收入。这项建议可被视为旨在确立股东对公司的更严格控制。但这并不意味着公司在现有税收安排下不会追求最大化利润，因为它反而可以被视为是关于股东对企业利润最大化所产生的资源实施控制。相反，尤金·罗斯托是另一位倡导企业应最大化股东财富的人，在 20 世纪 50 年代末深信在经验中存在一个重要的委托与代理的问题，因此他建议法律应规定企业追求利润最大化（Rostow 1960）。

了维护政府关系，也可能是为了攻击竞争对手。例如，如果出于这样或那样的原因，你投入了昂贵的环境控制和设备，你就会要求你的竞争对手这么做，因为这将增加他们的成本。因此，除了米尔顿·弗里德曼恰当的批评所指出的原因外，还有很多其他原因可解释公司为什么会这样做。"亨利·曼尼的分析后来发表为曼勒1975年（Manne 1975）的这篇文章，将企业以社会责任的名义采取的行动重新解释为利润最大化行为。

亨利·曼尼在参加1972年的会议时，预计到他的论点会遭到包括弗里德曼在内的与会者的强烈反对。最初对他的论文的反应似乎证实了他的预期。亨利·曼尼在2014年4月30日笔者的访谈中说："听众们明显强烈反对我在纪念米尔顿·弗里德曼的会议上批评他。因此，我想，最初的一些评论接下来就是（对曼勒的）批评。"在论文的大会讨论过程中情况发生了变化。亨利·曼尼说："米尔顿·弗里德曼走到讲台前，抓住麦克风说，'我想让这里的听众朋友们知道，我同意亨利·曼尼说的每一句话'。"

弗里德曼重新回到了企业偏离利润最大化的程度很小的观点。为了呼应亨利·曼尼的分析，他在1976年将公司使用电视广告来强调其社会责任的行为解释为公司的自利行为。[①]同一年，在讨论加尔布雷斯的观点时，弗里德曼拒绝将委托与代理问题作为影响管理者与股东之间相互作用的一个因素，并宣称他不知道

---

[①] 参见 Friedman（1976c，7；p.9 of 1977 version）。

有任何实证证据支持这一观点。① 这是一个比索洛（Solow 1967）本人对加尔布雷斯的批评所做的更为明确的声明。事实上，弗里德曼很可能已经从 20 世纪 70 年代早期对利润最大化假说怀有的过度怀疑转变为对其适用性的过度自信。当然，经济研究界并不认同弗里德曼现在完全摒弃委托与代理问题的看法，因为自 20 世纪 70 年代中期以来，随着詹姆斯·米尔利斯（Mirrlees 1975, 1976）（参见 S. Grossman and Hart 1983）研究的出现，有关这一主题的文献开始蓬勃发展。②

弗里德曼没有跟上企业理论的发展状况，很可能在很大程度上忽视了 20 世纪 70 年代出现的这一新理论。出于同样的原因，他似乎基本上没有意识到他 1970 年在《纽约时报》杂志上发表的关于企业社会责任的文章，在多大程度上成为经济研究文献讨论的主题。可以肯定的是，弗里德曼意识到了他的文章在早期引起的骚动。他在 1996 年 5 月 20 日《泰晤士报》第 41 版上说："大约 20 年前，这是一个非常时髦的话题，后来它似乎消失了。"弗里德曼认为，这篇文章通过商学院和法学院关于企业道德的课程

---

① 参见 Friedman（1977b, 25-29, reprinted in Friedman 1978a, 60-61）。这是弗里德曼在 1976 年所发表的演讲的印刷版。

② 正如索洛（Solow 1967）所指出的那样，关于委托与代理问题的早期文献包括索尔斯坦·凡勃伦（Veblen 1923）与阿道夫·伯利和加德纳·米恩斯（Berle and Means 1933）的著作。虽然他注意到了这些早期贡献，但是詹姆斯·米尔利斯爵士在 2015 年 1 月 6 日的访谈中评论说，促使他在 1975 年（Mirrlees 1975）的手稿（后来出版为 Mirrlees 1999）中采用契约理论方法来解决此问题的一个主要动力是阿罗（Arrow 1963）1963 年对医疗行业的分析——第二章中的讨论有必要提到阿罗的同一篇论文，是因为该论文质疑弗里德曼和库兹涅茨的《独立专业人士的收入》的分析。

和教材得以流传，而且即使在 2002 年，他似乎也不认为经济学家们对这一话题进行了较多后续的辩论。① 然而，弗里德曼的文章对经济研究产生了影响，因为它成了微观经济学中企业文献的一篇基准论文，而罗兰·贝纳布和让·梯若尔（Bénabou and Tirole 2010，11）2011 年的研究论文将其称为"著名的文章"。② 这些微观经济学文献并没有完全赞同弗里德曼的这篇文章。企业经济学领域的专家们不同意弗里德曼对企业职权范围的狭隘理解。相反，他们认为企业对股东的受托责任并不只是与股东财富最大化相一致（Hart and Zingales 2017）。③ 奥利弗·哈特在 2014 年 12 月 29 日笔者的访谈中认为，1970 年弗里德曼的分析反映

---

① 参见《两个幸运的人》第 365 页以及弗里德曼 2002 年在 Coelho, McClure, and Spry（2003）中的评论。然而，弗里德曼正确地认识到，关于他的立场的很多讨论都发生在一般的经济研究文献之外。关于弗里德曼对企业社会责任的观点的讨论已经广泛传播开来，其中包括 20 世纪 90 年代末新西兰新闻界的一场激烈辩论［参见 1997 年 1 月 6 日和 1998 年 8 月 18 日《晚邮报》（*Evening Post*）］和 2008 年一本名为《"星际迷航"和哲学》（*"Star Trek" and Philosophy*）的著作。

② 在一份研究期刊上显著地引用弗里德曼在《纽约时报杂志》上的文章的一个早期例子是阿尔马林·菲利普斯（Almarin Phillips，1974）1974 年的文章，他开篇就提到了弗里德曼的讨论。

③ 另一方面，这篇文献也提供了不同于亨利·G. 曼尼（Manne 1975）所提出的协调企业公民权与公司对股东的责任的论点。例如，虽然弗里德曼倾向于将公司对慈善事业的捐赠视为对股东权利的侵占，并呼吁取消此类公司捐赠的税收减免（Friedman 1962a，135；Center for Policy Study 1970，28），但是贝纳布和梯若尔（Bénabou and Tirole 2010，10）讨论了这种捐赠可能反映了股东对公司的捐赠责任授权。如果接受这一解释，就不能将这种捐赠视为委托与代理问题的证据。因此，接受这种解释就会怀疑弗里德曼在 1970 年前后关于企业行为的观点，但也将在一定程度上朝着支持他后来淡化委托与代理问题的方向前进。

了他在企业性质方面缺乏专业知识——正如第三章所指出的那样，弗里德曼本人坦率地承认这种专业知识的匮乏。

然而，在宏观经济领域，企业目标应该被模型化为追求利润最大化的观念被广泛接受。一种观点是，委托与代理问题具有一定程度的重要性，应被纳入标准宏观经济模型（参见 Gale 1983，155）。但是，这种观点肯定还没有成为支配性的观点。委托与代理的冲突只是偶尔被嵌入用于货币政策分析的模型中——被嵌入这种冲突的另一个模型就是马克·格特勒和彼得·卡拉蒂（Gertler and Karadi 2011）2011 年建立的模型。企业追求利润最大化已成为主导性的设定。基于微观经济分析的目的而对企业行为进行更深入的分析，并不需要排除利润最大化作为宏观经济建模的基准假设的有效性。克里斯蒂亚诺、艾森鲍姆和查尔斯·埃文斯（Christiano, Eichenbaum and Evans 2005）的著名研究就提供了使用该基准假设的一个例子。这些作者将企业视为利润最大化追求者，并将由此产生的利润流转移给股东，而以这些要素为特征的模型被用来匹配实际利润和其他几个关键宏观经济总量的经验行为。这种企业为股东利益最大化利润的模型，与弗里德曼在 1953 年倡导的基准和他在 1970 年坚持的利润最大化确实是公司合适的目标的主张是一致的。

## 二、货币和 Q 条例

弗里德曼和施瓦茨在国民经济研究局 1969 年的《年度报告》中表示，他们的新书《美国货币统计》"于 1969 年 5 月交给出版社，不久将出版"。正如弗里德曼与施瓦茨的货币项目产出中经常发生的那样，作者们在预计出版日期方面被证明过于乐观。弗里德曼和施瓦茨对新书中统计表的编排方式感到不满,因此随着这些统计表重新编排,出版工作进一步推迟。直到1970年中期,这本著作才最终由哥伦比亚大学出版社出版——那时《纽约时报》并没有刊登另一篇弗里德曼的简介,而是刊登了纽约市的安娜·施瓦茨的一次访谈来纪念这次出版参见(参见1970年7月12日的《纽约时报》)。①

《美国货币统计》中关于货币总量历史数据的表格确保了这本书作为标准参考书的长期性。然而,作者在书中的文本部分所强调的研究与发现,将被证明远没有这样持久。事实上,更准确的说法是,这些研究与发现在作者们完成这本书的时期之内就已经变得过时了。

当他们需要重新考虑关于美国货币关系的两个信条时,弗里德曼和施瓦茨的《美国货币统计》最终定稿了。他们在《美国货币统计》中高度强调的第一个信条就是一个经验信条:货币总量M1和M2同时变动,因此在货币分析中哪一个序列应该优先考虑的问题似乎不是最重要的事情。

弗里德曼与施瓦茨的第二个信条在本质上是理论性的。这个信条持这样一种观点:存款创造是一种商业银行系统作为一个

---

① 这篇文章是安娜·施瓦茨的公众形象在某种程度上的一个转折点。虽然施瓦茨在2004年10月8日与笔者的交谈中回顾,她自己的整个职业生涯在一直远离公众关注的焦点,但是从20世纪70年代初开始,她确实比从前更加引人注目。特别是,如上所述,她是始于1973年的影子公开市场委员会的创始成员。她还是国民经济研究局在东海岸举行的定期会议的固定成员,该会议从20世纪70年代末开始成为例行会议。正文的引语来自Friedman and Schwartz(1969b,79)。

整体可以实施但任何单个银行都只能在很短的时间内进行的行为——银行扩大自身存款负债的能力在更长的时间内变得不可靠。

鉴于20世纪60年代美国金融环境的发展状况,上面的两个信条都需要进行重大的修改。由此产生的修正使弗里德曼与施瓦茨关于货币与经济之间关系的许多一般性结论保持不变。这些修正也没有推翻弗里德曼关于货币控制可行性的基本思想。但是,根本上需要这些修改的事实反映了金融创新与商业银行行为的相互作用,这一现象将在此后几十年的货币分析中反复出现。从现在起,货币的计量问题将比弗里德曼和施瓦茨撰写《美国货币史》和《美国货币统计》时更加复杂。

随着20世纪60年代的发展,M1类型的总量和M2类型的总量之间的密切关系受到越来越多的质疑。这两个系列的趋势增长率长期存在差异。作为推论的M1和M2的流通速度的趋势行为也是如此——M1的流通速度在战后呈现出上升趋势,而M2的流通速度尤其是从20世纪50年代中期以来则表现得更加平缓。[1]但是,这两个总量的增长率往往高度相关。因此,弗里德曼和施瓦茨在《美国货币统计》中淡化了M1和M2定义之间选择的重要性,评论说:"重要的实质性结论很少取决于使用哪一个定义……我们试图检查我们的许多结果,看看它们是否严格依赖于所使用的特定定义。答案几乎总是它们并不依赖于特定的定义。"[2]类似地,梅尔策(Meltzer 1969b, 97)(与弗里德曼和施瓦茨相比更偏好M1而

---

[1] 例如参见 Rasche(1987)和 Simpson(1980)。正文给出的概括大致适用于旧的(即1980年之前)和新(1980年至今)的美国官方对货币的定义。

[2] 参见《美国货币统计》第2页和第92页。

不是 M2）表示："我不知道使用货币的一种定义而不是另一种定义作为货币政策的指标……在哪个时期会有实质性的差异。"

弗里德曼 1971 年 12 月在新奥尔良发表的一次演讲中，继续阐述了上述主题。当时，他提出了一个现在越来越站不住脚的主张："据我所知，没有一个重要的实证问题或政策问题真正取决于你是选择使用 M1 还是选择使用 M2。"[1] 由于弗里德曼的演讲论述的是 20 世纪 60 年代末的情况，因此弗里德曼的观点在考虑到该时期背景的情况下可以被认为是正确的。但是，如果用来对 20 世纪 60 年代中期以后的美国数据进行货币分析，这种说法是极不合适的。从那时起，M1 和 M2 的增长率将在很长一段时间内发出了不同的信号。

弗里德曼在 1959 年福特汉姆大学的演讲中预示了了 M1 和 M2 之间可能存在的差异。当时，弗里德曼指出，禁止活期存款利率并限制商业银行定期存款利率的 Q 条例是 M1 和 M2 增长率之间存在差异的一个潜在来源。[2] 由于利率的存在，M1 中的非 M1 部分比现金和活期存款更有可能对持有人保持吸引力。因此，可能会出现 M1 增长相对于 M2 增长特别弱的情况。然而，一旦市场利率超过定期存款利率上限，所有商业银行的存款相对于短期证券（以及在一定程度上对储蓄存款）的吸引力就会受到影响。在这种情况下，M1 和 M2（在弗里德曼和施瓦茨著作中定义的）都可能表现疲软——正如前面的第十一章和第十二章所讨论

---

[1] 参见 Friedman（1972g, 14）。
[2] 参见 Friedman（1960a, 91）。根据这次讨论，理查德·戴维斯（R. Davis 1974, 10）认为弗里德曼提出了一个 Q 条例可能会在 M1 和 M2 之间产生一定程度差异的早期预警。

的那样，这种情况实际上在1966年的信贷紧缩期间就发生了。

还有一个复杂情况是，商业银行倾向于根据短期证券市场的利率变动来缓慢地调整定期存款利率。市场利率的波动性在20世纪60年代中期加剧，这种情形成为影响货币数据行为的一个重要因素。这种缓慢性本身就是有利于定期存款流入和流出的一个因素，因此也是M1和M2增长率差异的另一个来源。

面对所有这些新的重要因素，弗里德曼在1969年2月的《动态经济学教学盒式磁带》第16集中评论说："在过去几年之前的50年数据中，你从来都没有见过在不同货币总量的变动之间会有如此大的差异。"在1971年6月提交给联邦储备委员会的一份备忘录中，他进一步指出，M1和M2同时变动的经验法则在20世纪60年代中期之前一直是可靠的，但此后这一法则经常被违反。[①]

不过，问题的另一个方面则是美国的商业银行在20世纪60年代培育出了一个规模庞大的大额存款市场。这既对货币的度量产生了影响，也对上文给出的弗里德曼和施瓦茨的第二个信条——涉及中央银行对商业银行创造的存款货币的可控性的解释产生了影响。

大额存款市场真正始于美国大型商业银行开始发行可交易的或"可转让"的定期存单——这是纽约第一国民城市银行在1960—1961年开始的。这类定期存单不同于普通的定期存款，它们可以在有组织的金融市场上交易，并且是大额存款。可转让的大额定期存单与商业银行的普通定期存款的另一个不同之处在于，后者实际上可以在短时间内由其持有人在其发行银行赎

---

① 参见Friedman（1971g, 9）。

回。① 相比之下，商业银行可以依靠可转让的大额定期存单来提供资金，这些资金在规定的到期日之前依然留在总负债中。正如托马斯·赫尔塔斯（Huertas1983，24）所说："定期存单第一次给了银行真正的定期存款。"

这种新的存单类型还使美国大型商业银行处于这样的地位，即能够获得额外资金来应对新情况，从而根据其贷款和投资业务的规模来调整其总负债的规模。因此，人们普遍认为，定期存单市场的出现标志着美国大规模的大额存款业务的开始，是各大商业银行"负债管理"而非"资产管理"的商业模型的推动者。

由于大额存款市场的出现，菲利普·卡根在著作《货币对利率影响的渠道》（*The Channels of Monetary Effects on Interest Rates*）中对存款创造理论的简明讨论受到了质疑。在这本1972年出版最初起草于20世纪60年代的著作中，卡根写道：

> 银行家过去常常否认他们创造了存款：在他们看来，通过扩大贷款而创造的存款被借款人提取，并从贷款银行的账簿中消失了。这个问题最终通过对单个银行和银行体系进行区分而得到解决。这在货币银行学教科书中已经司空见惯（Cagan 1972a，113）。

---

① 《美国货币统计》第105页和129页强调，商业银行在实践中既愿意将定期存款资金转移给第三方，也愿意在存款规定的到期日之前应存款人的要求赎回定期存款。关于传统定期存款类似于活期存款的方面，参见劳克林·居里（Currie 1934，14）以及上述第六章。

但是，如果可转让的大额定期存单和其他大额存款被视为货币，"最终解决"的问题再次出现，因为大额存款市场为单个银行提供了持续产生新存款的资金。① 因此刚才提到的问题就出现了。在大额存款存在的情况下，货币分析应该如何进行？特别是，大额存款是"货币"吗？

---

① 弗里德曼在不同的平台上发表了与卡根这个段落相似的评论，参见1969年6月30日《动态经济学教学盒式磁带》第29集、1970年2月2日的《新闻周刊》、Friedman（1970d, 19; 1972b, 192; 1974b, 352; 1987a, 10），以及1980年1月29日在美国公共电视台播放的美国电视版《自由选择》第3集"危机的解剖"的副本第2页。

即使应用于不存在大额存款的情况，这种对单个银行状况的描述也不完全符合现实。正如弗里德曼（Friedman and Schwartz 1970a, 168; Friedman 1970d, 24）所指出的那样以及他的博士论文学生本杰明克莱因（Benjamin Klein, 1970）所讨论的那样，商业银行在实践中利用补偿余额等手段，来限制它们向客户发放贷款所产生的存款通过新存款资金流向其他银行对其存款总额所造成的损失程度。有了这些手段，银行可以通过发放贷款来可靠地增加自己的存款（尽管它不知道这是否会增加总货币存量，因为这取决于其他银行的存款情况）。关于这些问题的讨论，参见Tobin（1982, 498-99）。

另一个值得强调的要点是，菲利普·卡根（Cagan 1972a）和弗里德曼（Friedman 1970d, 19）对通常结果的陈述严格说来都不是正确的。在前面的引文中，卡根应该更准确地说，"银行家过去常常否认他们有能力永远提高存款总额"，而不是"银行家过去常常否认他们创造了存款"。同样，即使在小额存款领域，弗里德曼（Friedman 1970d）的陈述也需要修改："在多银行体系中，没有任何一家银行会故意创造'货币'。它是一个金融中介机构，从一些人那里借钱，贷款给另外一些人。"这正确地描述了银行收到存款并贷出存款资金的情况，但它不太适用于构成卡根引语基础的情况，也就是，商业银行从给定的存款总额开始增加贷款，通过将资金记入接受贷款的客户的存款贷方来这样做的情形。对于后一种情况，如果将"故意创造'货币'"替换为"有意识地永久增加货币存量"，那么弗里德曼的描述将更加准确。

弗里德曼在20世纪60年代末和70年代初努力解决这个问题。起初，他遵循美联储当时盛行的惯例，将可转让定期存单简单地算作定期存款的一部分，从而算入他定义的M2的存款之中。截至20世纪60年代末，联邦储备委员会还没有编制自己的官方M2总量。因此，在1967年和1968年的《新闻周刊》专栏文章中，弗里德曼在绘制的表格中列出了包含大额可转让定期存单的M2系列。① 但是，正因为在当时大额可转让定期存单被美国官员视为普通定期存款的变体，所以大额可转让定期存单也受到Q条例的定期存款利率上限的限制。而且Q条例自1966年起变得具有约束力，商业银行将大额可转让定期存单作为负债管理工具的能力就受到了损害。

然而，银行对这一障碍的长期反应不是削减负债管理，而是推销不受Q条例约束的其他融资工具。这种尝试使用的工具包括银行发行的中期证券、银行控股公司发行的商业票据和欧洲美元——位于美国境外的尤其是在英国的以美元计价的存款。这种做法增加了弗里德曼批评诸如Q条例和20世纪60年代美国引入的外汇管制等措施的理由。弗里德曼认为，依靠这些管制工具，政策制定者未能实现限制美国商业银行资产负债表扩张的目标。相反，这些管制措施鼓励通过发行欧洲美元来实现这种增长，而欧洲美元市场的蓬勃发展反过来又提升了伦敦相对于纽约市作为

---

① 参见1967年10月30日和1968年6月3日的《新闻周刊》——这些专栏文章被重印在Friedman（1972d，44—48）中。

金融中心的地位。①

美联储对商业银行试图规避 Q 条例的直接反应是扩大对银行实施的监管。在这方面，罗默夫妇（Rome and Rome 1993，78）指出，美联储在 1966 年 9 月决定，商业银行发行的短期票据既要受到法定准备金的管制，又要包括在 Q 条例之中。与此相关的是，阿瑟·拉弗和马克·迈尔斯（Laffer and Miles 1982，271）讨论了美联储在 20 世纪 60 年代末至 1971 年间实施的法定准备金与美国银行借入欧洲美元之间的关系。② 乔治·考夫曼（Kaufman 1972，26）和梅尔策（Meltzer 2009a，470，568，648）探讨了联邦储备委员会在这段时间将各种商业银行负债重新归类为存款，或对更广泛的银行负债类别实施监管所采取的做法。

然而，不管定期存单或欧洲美元类的银行负债是否应被视为货币，弗里德曼和施瓦茨都认为，实施额外的监管并不是对新出

---

① 参见 Friedman（1969f，366；1980c，83；1984i，10；1998）、弗里德曼在 1973 年 6 月 21 日在联合经济委员会（Joint Economic Committee 1973，120）上的证词，以及他在 1974 年 2 月 4 日《动态经济学教学盒式磁带》第 139 集中的评论。弗里德曼 1971 年 6 月 8 日在尼克松的椭圆形办公室与尼克松和乔治·舒尔茨谈话时也阐明了这一点。花旗银行官员沃尔特·瑞斯顿（Walter Wriston）也持同样的观点。他在 1978 年 7 月英国《欧洲货币》（Euromoney）月刊第 89 页上说：" 当我们通过愚蠢的利息平衡税时，我们把欧洲美元市场输给了英国。" 另见 Bell（1973）。

② 同样，马丁主席在 1969 年 6 月 30 日美国众议院银行与货币委员会的证词（Committee on Banking and Currency, US House 1969b，301）中讨论了前一周对欧洲美元借款引入边际法定准备金的问题。至于弗里德曼对相关举措的讨论，参见 Friedman（1969d, reprinted in Friedman 1971b，22）。

现负债的恰当的回应。例如，施瓦茨后来在1985年2月《银行家》杂志第100页上谈到英国的情形时说："当每个管制都失败时，引入一个新的管制会得到类似的结果。"[①] 正如下文所讨论的那样，无论大额工具是否算作货币，弗里德曼仍然认为公开市场操作，而不是限制这些工具的管制，是货币控制的恰当方法。

弗里德曼在1969年转而使用的货币定义排除了大额可转让定期存单。然而，他这样做的根本理由却在演变。起初，他仍然倾向于相信大额可转让定期存单是一种货币类型工具，就像其他定期存款一样。既然如此，他在1969年5月26日《商业周刊》上将大额可转让定期存单排除在货币定义之外的依据在于这个事实，即商业银行失去大额可转让定期存单受到了Q条例的影响，以及按照惯例，这些银行直到1969年，在很大程度上都是通过增加欧洲美元的发行量来弥补定期存单负债损失的。弗里德曼据此认为，20世纪60年代末的定期存单的流失在很大程度上反映了银行从发行大额定期存单转向依赖其他负债，尤其是欧洲美元。他认为这是一种影响他测量M2的簿记操作，因为M2包

---

① 关于弗里德曼本人沿着这个思路对美国情况的讨论，参见Friedman（1957b，86-87）。这些对监管效果的描述与托宾（Tobin, 1970c, 8）关于美联储"在阻止这些迂回策略方面，发现自己陷入了一场永久的、可能会输掉的竞赛"的看法有很大的相似之处。然而，与弗里德曼（Friedman 1970d）形成直接对比的是，托宾认为小额存款利率的官方上限（有别于大额存款利率）可能有助于进行有意义的货币控制。

括大额定期存单，而不包括欧洲美元。① 为了在他的测量指标中消除由此产生的扭曲，弗里德曼集中于将 M2 减去大额定期存单（以下简称"M2 − CDs"）作为货币概念。使用"M2 − CDs"总量的理由考虑到了一种可能性，即欧洲美元和大额定期存单等大额存款与货币类似。在这种情况下，"M2+ 欧洲美元存款"的货币概念可能与"M2 − CDs"一样合适，甚至比"M2 − CDs"更合适。②

然而，在很短的时间内，弗里德曼提出了将大额定期存单排除在 M2 之外的不同理论依据——他和施瓦茨在《美国货币统计》中确定了这一理论依据。弗里德曼与施瓦茨定义货币的标准强调了货币需求。他们的立场是，货币分析中使用的货币总额应该包括不同的存款类别，前提是非银行私营部门（尤其是家庭，其行

---

① 参见 1969 年 5 月 26 日的《新闻周刊》的脚注，以及弗里德曼在 1969 年 8 月 21 日《动态经济学教学盒式磁带》第 33 集、1970 年 7 月 8 日《动态经济学教学盒式磁带》第 54 集和 Friedman（1970d，25）中的评论。可能正是弗里德曼所描述的那种操作促使圣路易斯联邦储备银行（Federal Reserve Bank of St. Louis 1970，4）的一篇分析断言，"货币存量（即 M1）加上定期存款是一个更广泛的货币概念，但近年来基本上失去了其重要性"。

② 其中的早期例子是，弗里德曼在 1969 年 5 月 26 日的《新闻周刊》专栏文章中，首次使用了排除大额定期存单的 M2 概念。该专栏文章与 20 世纪 70 年代文献中的普遍做法一致但与《美国货币统计》的惯例不同，包括定期存款但不包括大额定期存单的货币总额实际上被称为"M2"，而不是"M2-CDs"。弗里德曼在 1969 年将大额定期存单排除在其货币概念之外的决定，很快在 1969 年中期广为人知，并在威廉·考克斯（W. Cox 1969，74）的论文和 1969 年 6 月波士顿联邦储备银行货币总量会议（弗里德曼没有出席）的两份稿件中被提及：Meltzer（1969b，97）和 Wallich（1969，32）。

为在弗里德曼的货币需求理论中处于中心地位）认为这些不同的存款在产生货币服务方面在很大程度上是可以互换的。① 根据这一标准，弗里德曼和施瓦茨区分大额可转让定期存单和其他定期存款的依据集中在一个事实上，即所讨论的大额定期存单是大面额交易性工具。因此，大额定期存单的持有者可能会将其视为商业票据等非货币资产的替代品，而不是现金、活期存款或其他定期存款的替代品。②

实质上，弗里德曼和施瓦茨通过将货币（而不是现金）定义为仅包括小额存款的方式，来回应1960年之后批发银行和零

---

① 参见《美国和英国的货币趋势》第40—41页。在这本著作的第37页中，企业的货币需求被视为是由"最终财富持有人"家庭的货币需求所产生的。这种看法与前面讨论过的弗里德曼关于企业的经营是为股东服务的观点相吻合。

② 对笔者而言似乎是，本杰明·弗里德曼（Benjamin Friedman 1986, 455）似乎忽视了米尔顿·弗里德曼讨论的这一方面，以及区分小额存款与大额存款的其他分析。本杰明·弗里德曼说："然而，正如托宾等人所表明的那样，内部资产持有理论是与内部负债发行理论密不可分的……（所以）没有理由假定存在一个令人满意的理论，可以将M1或M2与其他内部资产和负债隔离开来，或者一个关于内部资产持有和负债发行的综合理论会以某种方式表明M1或M2有可能发挥特殊的作用。"然而，对家庭货币需求的关注确实"表明了M1或M2在货币定义中有可能发挥特殊的作用"，因为这种关注表明，小额存款加现金应被强调为与经济相关的货币余额。因此，这一推理确实为M1或M2"与其他内部资产和负债隔离"的考虑提供了依据。本杰明·弗里德曼提到的托宾的著作并没有推翻这一结论，因为托宾的货币理论是在大额存款与小额存款的区别显得重要的时代之前发展起来的。托宾（Tobin 1982, 496）承认他的银行理论不考虑大额存款的存在。

售银行并存的局面。① 在他们看来，大额存款更类似于商业票据那样的证券，而不是现金。② 弗里德曼和施瓦茨在《美国货币统计》中的讨论确实承认，通过对其中的存款进行平均加权来确定一个总量，比如 M1、M2 或更广泛的总量的方式，在理论上并不是一个理想的方法。他们评论说，构建一个总量更合适的做法就是，对不同的金融资产根据其不同的类现金性质进行不同程度的加权，权重可能会随着时间的推移而变化。③20 世纪 80 年代出现的"迪维西亚（Divisia）货币"理论采纳了这一思想，并将其付诸实施。威廉·巴内特（Barnett1981，2013）强调，弗里德曼与施瓦茨在《美国货币统计》中论述这个问题的章节是一个突破

---

① 然而，他们并没有选择使用这些术语。弗里德曼很少使用"小额存款"或"大额存款"这两个术语。他使用后者的一个例子是他在 1969 年 8 月 21 日《动态经济学教学盒式磁带》第 33 集中对欧洲美元市场的讨论。
② 特别参见《美国货币统计》第 80 页中关于大额可转让定期存单的讨论。这一观点也渗透到弗里德曼任职的巴赫货币统计委员会（Bach et al.1976）的报告中。类似的看法也出现在吉尔伯特·希布纳（Heebner 1969，28）的论文中。
③ 相关段落体现在《美国货币统计》第 151—152 页。在他们的讨论中，弗里德曼和施瓦茨并没有声称这一想法是原创的，而是在第 152 页说它被"频繁地提出"，并在这一点上引用了鲍里斯·佩塞克和托马斯·萨温（Pesek and Saving 1967）的著作。弗里德曼之前在 1959 年 5 月联合经济委员会（Joint Economic Committee 1959a，619）以及在弗里德曼–梅塞尔曼（Friedman and Meiselman 1965，753–54）1965 年的论文中提出过加权货币序列的想法。此外，在 1971 年 1 月 27 日《动态经济学教学盒式磁带》第 66 集中，他指出，M1 和 M2 都不能作为货币的唯一衡量指标，它们都是"真实货币供给量"的代表。另见第六章。

性的探讨。①

就界定传统或简单加总的货币测量指标这一更为实际和紧迫的问题而言,弗里德曼与施瓦茨处理大额可转让定期存单和界定货币的方式被证明非常有影响力。在下定决心将大额可转让定期存单排除在货币之外之时,弗里德曼和施瓦茨再也不能简单地将他们自己对货币的定义称为"现金加上所有商业银行存款"——弗里德曼在决定排除某些大额可转让定期存单之前能够这么说。②但是,弗里德曼和施瓦茨在提出了排除大额可转让定期存单的货币定义的充分理由之后,很快就看到了其论点得到了官方的认可。美联储最终在1971年开始发布官方M2系列(R. Anderson and Kavajecz 1994,2)。在设计M2的官方定义时,联邦储备委员会被认为遵循了弗里德曼和施瓦茨的分析(Berkman 1980,76)。这种影响具体表现在官方M2定义在定期存款总额中排除了大额可转让定期存单。③

当联邦储备委员会后来在1979—1980年重新定义货币总量时,人们再次感受到了弗里德曼和施瓦茨的影响力。虽然当时对M2的定义有所扩大,为的是将其纳入储蓄账户和货币共同基金份额,但是联邦储备委员会定义M2货币概念的基本标准仍然沿用的是1971年的现金加小额存款总额的标准,其理由可能是这与专注于家庭货币需求函数所产生的货币概念相吻合(Whiteell

---

① 有关Divisia方法的最新讨论,参见Barnett(2013)和Belongia and Ireland(2014,2016)。
② 参见Friedman and Heller(1969,87)。
③ 这些工具相反被纳入了一个更广泛的M5总量(Rasche 1990,159)。M5类似于联邦储备委员会在1979—1980年重新定义货币时被命名的$M_3$。

and Collins 1996）。① 在1979—1980年的重新定义中，大额存款基本上继续被排除在M2之外，而不是被放在M3的非M2部分。

弗里德曼对大额存款市场引入的另一个反应是，他强调大额存款的创造对货币政策行动很敏感。② 事实上，虽然弗里德曼和

---

① 此外，供给方面也存在将大额存款从M2中排除的理由。《美国货币统计》第81页引用了美联储早期的一次讨论（在1943年联邦储备系统的理事会上），大意是有理由将活期存款和定期存款同时纳入货币供给的定义中，因为这两类存款为银行信贷融资（或者用现代说法，提供资金）的方式相似。根据这一标准，大额存款应被排除在货币定义之外，因为它们在为银行信贷提供资金方面所起的作用不同：一家大型银行可以根据需要主动地筹集大额存款，为其贷款和投资提供资金，而在家庭对存款利率变化没有明显的即时反应的情况下，商业银行在吸收小额存款方面往往处于更加被动的地位。在1979年4月23日发表在银行、金融和城市事务委员会（Committee on Banking, Finance, and Urban Affairs 1980b, 114）上的一封信中，弗里德曼的前学生威廉·吉布森综合了将可转让大额定期存单排除在M2之外的供求理由。他当时写道："可转让定期存单交易量的变动反映了与其他存款截然不同的力量，而与投资证券市场和国际银行的全球融资活动有着更密切的联系。"

美联储在1970年8月决定将法定准备金扩大到银行附属机构发行的商业票据时，从发行银行的角度承认了大额可转让定期存单与定期存款的不同之处。伯恩斯主席在1971年3月10日银行、住房和城市事务委员会的证词（Committee on Banking, Housing and Urban Affairs 1971, 4）中说采取这个行动的理由是，它将商业票据的发行"置于与大额可转让定期存单相同的准备金基础上"。

② 参见Friedman（1969d）。这篇论文关注的是欧洲美元，而不是大额可转让定期存单，但是这个基本论点同样适用。后来，奥林·格拉贝（Grabbe 1982）在研究欧洲美元市场时，为使用一种形式的货币基础与货币乘数分析进行过辩护。这可以看作是对Friedman（1969d）分析的一种辩护。另请参见亚历山大·斯沃博达（Swoboda 1980）和曼弗雷德·威尔姆斯（Willms 1976）将弗里德曼的文章置于更大的欧洲美元文献背景下的讨论。早在20世纪60年代末和70年代初，弗里德曼还指导安-玛丽·梅伦戴克关于欧洲美元市场的博士论文——该研究的简略形式发表为Meulendyke（1975）。

施瓦茨的货币定义（其重点是小额存款）暗示中央银行对大额存款的影响对于控制货币存量并不是必要的，但总体的意见是，这种影响确实存在——与小额存款一样，大额存款的创造也受到公开市场操作的影响。①

这一结论与一些非货币主义分析家的立场形成了鲜明对比。他们认为，商业银行大规模负债管理的出现开启了一个中介机构不管准备金限制如何都可以扩大负债的时代。②对货币主义者来说，这种描述是从单个银行可利用的选择到总体银行系统所拥有的选择的无效推广。在威廉·德瓦尔德对货币主义立场的简洁描述中，商业银行从总体上看可以"管理而非躲避"中央银行对银行总准备金实施的限制。③这样的描述与弗里德曼在 1973 年 8 月

---

① 例如，莱纳·马塞拉（Masera 1972，173）认为大额可转让定期存单的发行与货币基数的增长相关。关于表明货币基数的增长与商业银行系统整体扩张之间关系松散的相反研究与发现，参见赛斯·卡彭特和塞尔瓦·德米拉尔普（Carpenter and Demiralp 2012）的研究。在讨论欧洲美元市场时同样存在明显的观点差异。因此，本杰明·克莱因（Benjamin Klein 1976b，516）认为欧洲美元的扩张与货币基数的增长无关，而罗伯特·戈登在 1975 年 4 月的评论中（Birnbaum and Laffer 1976，264）表达了与弗里德曼相类似的一个观点："欧洲美元市场正如美国的储蓄和贷款行业一样是一个基于美元基础货币的金融金字塔。"

② 例如，保罗·S. 纳德勒（Paul S. Nadler）在 1970 年春季的《银行家杂志》（Bankers' Magazine）第 19 页上断言："一旦债务管理得到真正的发展，那么，就没有什么因素能够阻挡大银行的扩张了。"同样，彼得·弗姆齐斯（Formuzis 1973，806）认为，在负债管理的环境中，货币乘数方法是无效的。他的理由是，这种环境赋予了银行机构在决定其总负债水平方面的自主权。

③ 参见 Dewald（1975，139）。另见 Llewellyn（1982，100）和 Darby and Lothian（1983，165）。

29日《动态经济学教学盒式磁带》第128集中关于中央银行的公开市场销售"迫使银行减少负债"的评论相一致。

因此,负债管理的出现意味着,菲利普·卡根(Cagan 1972a)关于单个银行和整个银行系统作用之间的前述差异需要被限定。但卡根的基本论点基本上仍然有效。对于卡根所描述的小额存款的资产管理领域而言,单个银行并不认为它们随着央行注入准备金有能力增加存款,但银行行为的总体影响意味着,商业银行实际上在存款创造中起着关键作用。[1] 类似地,在一个大额存款的负债管理的世界里,人们可以说,虽然一家银行可能认为它们有能力随意创造新的大额存款,但是央行向商业银行系统提供的准备金量实际上限制了大额存款总额的扩张。央行对银行准备金数额施加的限制意味着配置资产价格,从而限制整个银行系统发行新的大额存款的动机和能力。面对紧缩性的货币政策时,商业银行的负债管理将导致银行间负债的重组,但不会导致银行负债总额的增加。[2]

在实践中,大额存款市场的出现似乎意味着商业银行的信贷创造可能会持续偏离M2类型的货币总量的增长,因为非M2

---

[1] 因此,商业银行占据如此重要地位的存款创造可能被视为受限于来自央行在银行准备金市场上采取的行动。

[2] 在1974年8月21日《美国银行家》杂志上,明尼阿波利斯联邦储备银行副行长莱斯特·G.加布勒(Lester G. Gable)表达了这一种观点(参见Gable 1974)。正如迈克尔·阿蒂斯和默文·刘易斯(Artis and Lewis 1981, 123)与布莱恩·格里菲斯(1980年5月6日《泰晤士报》和Griffiths 1980)的分析所表明的那样,表达这种观点的另一种方式就是主张,限制商业银行准备金的存量会导致银行更偏好资产管理而不是负债管理。

类型的银行负债往往对公开市场操作的反应更慢（Beebe 1977）。但是，这似乎并没有阻止公开市场操作与商业银行和类似机构发行的总债务之间保持长期联系。[①]

弗里德曼对欧洲美元市场的分析传递出的一个相关但更深远的基本思想是，面对金融创新，货币控制是可行的。金融创新可能会扩大在市场上交易的金融资产的种类，也可能需要重新定义货币总量，但是在新环境下，公开市场操作仍然可以影响资产价格和存款创造。货币控制并不完全取决于银行系统的监管。特别是，如第二章所述，弗里德曼反复主张，在法定准备金为零的环境下货币控制仍然是可行的。[②] 临时性的额外监管，比如对新型银行负债的法定准备金，并不能很好地替代公开市场操作，而且可能会适得其反，因为它们鼓励旨在规避管制的创新，并降低了衡量货币总量的意义。弗里德曼认为，金融创新对货币乘数的影响并没有削弱通过公开市场操作进行的货币控制，因为公开市

---

[①] 查尔斯·比恩、马蒂亚斯·保斯蒂安、阿德里安·佩纳尔弗和蒂姆·泰勒（Bean, Paustian, Penalver and T. Taylor 2010）报告的结果是，总体（即银行和非银行）信贷增长容易受到公开市场操作的影响。

[②] 参见第二章论亨利·西蒙斯的一节中关于弗里德曼在1960年和1978年的讨论。R.L. 哈林顿（Harrington 1969, 89）和莱德勒（Laidler 1989, 1154）也表达了类似的观点（另见 Guttentag and Lindsay 1968）。安娜·施瓦茨在1992年1月10日接受笔者的访谈时也认同。她当时说："在我们现在的金融体系中，凡是通过中央银行进行清算的地方，每一种商业银行（和）每一种非商业银行（中介机构），都会发现在中央银行持有存款很方便。"与上述20世纪60年代的讨论相呼应，施瓦茨补充道："是否有金融机构在这个网络之外并不重要，因为它们反过来会在商业银行有存款，因此如果一家储备银行想这样做，商业银行就真的无法逃脱它可以施加的那种控制。"

场操作可以根据需要进行调整，以便抵消这些创新对货币存量的影响。[1]

弗里德曼的这些立场与包括一些货币主义者在内的许多货币经济学家的立场相反。他们认为，随着新的存款类型工具的出现，实施额外的法定准备金是保持货币控制的唯一途径（见 Cagan 1979b; Mayer 1982b）。但是，弗里德曼的立场也与一些货币主义者同行的观点保持一致。[2] 它们也与迈克尔·伍德福德（Woodford 2000, 2009）等现代讨论相吻合。就像这些现代讨论一样，弗里德曼提出的一个观点是，中央银行对金融机构行为的权力从根本上并不是源于强制实施的监管。相反，它源于金融机构往往会被央行债务作为其选择的交易媒介所吸引。[3] 弗里德曼在 1975 年 6 月 30 日的《华尔街日报》上强调，对存款机构缺乏"监督或监管"的权威，并不会让该机构"摆脱美联储货币行动的纪律"。

将货币分析局限于不包括大额存款的货币总量，仍然给弗里

---

[1] 参见 Friedman（1974a, 22）。杰弗里·贝尔（Bell 1970, 27）和威廉·吉布森（Gibson 1971）在将欧洲美元作为相关货币指标的一部分进行分析的背景下，也表达了这一观点。

[2] 例如迈克尔·汉堡（Hamburger 1966, 622）的报告提到"结果（那）……对金融中介机构的增长可能会降低货币政策的有效性的假设产生了严重的怀疑……这些结果提出的另一种假说是，如果金融中介机构支付的利率随市场利率变化，那么这些机构的存在应有助于货币政策效果的更广泛分布。"

[3] 参见 Friedman（1984h）和 Friedman and Schwartz（1986b）。相关观点参见蒂姆·康登（Congdon 1981）、斯坦利·菲舍尔（Fischer 1986）、查尔斯·古德哈特（Goodhart 1986）和本杰明·克莱因（B. Klein 1976b, 1978a, 1978b）。

德曼在20世纪70年代初留下了难以解释的货币行为。艾伦·梅尔策（Allan Meltzer1969b，97）曾表示，一旦采取弗里德曼将大额可转让定期存单排除在M2之外的做法，"M1和M2……同时变动"。但是，即便有这样定义的M2系列，M1和M2的增长率在1970年至1971年也彼此显著偏离——事实上，偏离如此之大，以至于弗里德曼在1971年3月1日的《新闻周刊》上写的一篇《货币：紧缩还是宽松？》的专栏文章中，以及在1971年6月向联邦储备委员会提交的备忘录的大量内容中，都阐述了相对缓慢的M1增长和非常快速的M2增长并存的问题。①

弗里德曼在1971年3月1日的《新闻周刊》上需要解释的M1增长和M2增长之间的差异似乎非常巨大：在1970年8月至1971年1月，M1的年增长率为3.5%，而M2的年增长率为10.4%。后来对货币数据的修订缩小了这种差异，1979—1980年对M1和M2的重新定义使这种差异变得更小。因此，对货币发展状况的后来解读确实显示M1和M2的增长在1970年下半年都有所回升，详见表14.1。

---

① 伯顿·艾布拉姆斯（Abrams 2006，184）描述了1972年2月14日美联储主席阿瑟·伯恩斯与尼克松总统之间的一次（有录音的）白宫谈话。阿瑟·伯恩斯在谈话中表示，弗里德曼最近写道"M2比M1更重要"。根据艾布拉姆斯所说，阿瑟·伯恩斯指出这一陈述出自弗里德曼的最新论文。艾布拉姆斯不确定阿瑟·伯恩斯是否提到了弗里德曼的这篇论文。这篇文章可能是弗里德曼发表在1971年3月1日《新闻周刊》上的专栏文章，也可能是他在1971年6月向联邦储备委员会提交的备忘录（Friedman 1971g）——然而，这两篇文章到1972年2月都不是弗里德曼的最新文章。阿瑟·伯恩斯也可能是指Friedman（1972e）。

表 14.1 1969—1972 年美国货币的六个月增长率（年化的百分比变化率：%）

| 六个月 | 美国货币总量 ||||
| --- | --- | --- | --- | --- |
|  | 旧 M1 | 旧 M2 | 新 M1 | 新 M2 |
| 1969 年 1—6 月 | 5.6 | 5.9 | 5.3 | 5.3 |
| 1969 年 6—12 月 | 2.3 | 0.7 | 2.5 | 3.0 |
| 1970 年 1—6 月 | 4.5 | 4.3 | 3.7 | 2.1 |
| 1970 年 6—12 月 | 5.3 | 10.3 | 6.4 | 10.3 |
| 1971 年 1—6 月 | 8.7 | 14.9 | 7.8 | 14.9 |
| 1971 年 6—12 月 | 4.7 | 8.0 | 5.4 | 11.9 |
| 1972 年 1—6 月 | 7.9 | 11.4 | 7.4 | 11.5 |
| 1972 年 6—12 月 | 9.0 | 11.0 | 9.4 | 14.1 |

注：旧 M1 和旧 M2 增长率的数据是根据罗迪安、安东尼·卡塞塞和劳拉·诺瓦克（Lothian, Cassese and Nowak 1983）中的数据计算出来的。这些数据包括 1977 年的数据修订。因此，这些增长率在某种程度上与弗里德曼在 1971 年和 1972 年的评论中所依据的增长率有所不同。新 M1 和新 M2 的增长率根据圣路易斯联邦储备银行 FRED 门户网站的序列计算得出。

尽管如此，事实依然是，M2 的增速仍比 M1 增速快得多。M1 与 M2 增长差异的一个主要来源前文已指出，即弗里德曼自 20 世纪 50 年代末以来一直强调的定期存款和短期证券回报率差异的潜在重要性。随着证券市场利率在 1970 年下半年下降，定期存款变得更具吸引力。事实上，虽然联邦基金利率在 1970 年年初达到峰值，并且在 1970 年下半年比上半年大幅下降——弗里德曼在 1970 年 12 月 16 日《动态经济学教学盒式磁带》第 63

集中称之为短期证券利率"绝对大幅度地且几乎史无前例地"下降,但是(现代)M2自身的利率(包括在货币总量中的基金加权利率)实际上在1970年下半年略有上升。[1]由于认为市场利率的下降是一种永久性的下降——这种下降反映了费雪效应,弗里德曼倾向于将一些M2的强劲增长视为社会永久性地转向持有更多的实际余额。他在1971年3月1日和1972年10月16日的《新闻周刊》上认为,M2增长因此夸大了潜在的货币增长。

结果,1971年和1972年的货币宽松的规模如此之大和持续的时间如此之久,以至于它产生了在1970年和1971年间观察到的通货膨胀预期的下降和利率下降被完全逆转的情形。随着这十年之初的经济放缓而来的利率在20世纪70年代初的下行压力,被证明没有持续性。相应地,持有实际余额的机会成本在20世纪70年代并没有被证明是一个实际货币持有量增加的长期来源。

随之而来的是,20世纪70年代中期的通货膨胀密切地反映了20世纪70年代早期的M2增长的行为——事实上,这种反映远远超出了弗里德曼在1971—1972年的预期。

如前文表14.1所示,M1和M2的增长率在1971年和1972年的变动接近一致。无论从哪种货币定义来看,这两年的货币增长都很迅速——弗里德曼在分析1972年后的通货膨胀时会强调这一点。[2]反过来,这种快速的货币增长也很容易地与美联储的

---

[1] 参见圣路易斯联邦储备银行FRED门户网站的数据:http://fred.stlouisfed.org/series/M2own。
[2] 参见1973年8月27日的《新闻周刊》和Friedman(1974a)。

政策行动相协调。①事实上，20世纪七八十年代与前几十年的相似之处在于，银行准备金和货币基数的增长（如果两个系列都对法定准备金的变化进行了调整）将与M1的增长密切相关，并且与M2的增长也有关联——可能不那么密切，但仍然存在非常显著的关联（参见Rutner 1975，8；Hafer 1981；Hein 1983，83）。下一章将讨论美联储放弃1969年的紧缩性政策，转而在20世纪70年代支持快速货币增长的原因。

## 第三节 人物：1969—1972年

### 一、罗伯特·戈登

《美国货币统计》并不像弗里德曼和施瓦茨的《美国货币史》那样被公认为是一个对货币政策讨论的贡献。在作者们看来，《美国货币统计》是一项"为分析提供原材料，但几乎没有提供

---

① 布鲁纳（Brunner 1980b，99）指出，货币政策从1970年到1971年夏季是宽松的，然后从1971年夏季到1972年春季是紧缩的（伴随着"货币增长的急剧下降"）。当用旧的M1定义时，这一看法在一定程度上是正确的，但是如上文表14.1所示，货币增长在1971年夏季的下降对于修订后的M1定义而言不太明显，而对于M2来说则更加温和——M2（根据旧的和现代的定义）在1971年夏季之后继续快速增长。即使按照旧的M1衡量，货币的快速增长到1972年中期也已经恢复。

经济分析"的研究。①然而，正是在经济分析领域，尤其是理论分析领域，弗里德曼的著作产生了巨大影响。虽然弗里德曼对自己专注于经济理论的方法心存疑虑，但到1970年，他在很大程度上已经在货币经济学家中设定了理论研究的议程。弗里德曼以前的学生邹至庄在这一年的《金融杂志》上写道："在重塑当代经济学家和经济政策制定者关于货币理论和政策的思维方面，米尔顿·弗里德曼比其他任何人都更胜一筹。"②罗伯特·克洛尔在1970年9月的一次会议上提交的一篇题为《货币政策的理论基础》的文章中承认："当代对货币政策的讨论集中于米尔顿·弗里德曼的著作。"③

但与此同时，罗伯特·克洛尔抱怨说，弗里德曼迄今为止还没有提出"一个适当准确的、逻辑连贯的、经验上可接受的理论，该理论应囊括货币在经济活动中的作用以及实际和货币数量之间相关的动态相互关系等方面的内容"。本书已经论证，这一理论可以从弗里德曼在1970年以前的各种著作和陈述中拼凑出来。然而，到了1970年，人们希望弗里德曼能走得更远——提供一个明确的、完备的数学模型，来概括他在货币问题上的思

---

① 参见《美国货币统计》第3页。尽管有此提醒，这本书还是包含了大量的经济分析——其中一些在本章的前一节以及本书的其他章节中进行了讨论。这本书中的许多经济分析都对其他研究者定义货币的方法采取了批评的态度。这相当于是对先前研究的替代审阅报告的一份汇编，满篇都充斥着人们对这两位作者的著作的习以为常的尖锐评论。例如，他们在《美国货币统计》第111页评论说："不幸的是，他们在这个问题上的分析在我们看来显然是错误的。"
② 参见 Chow（1970，687）。
③ 参见 Clower（1971，25）。

想。弗里德曼在那一年发表的一篇题为《货币分析的一个理论框架》的论文，似乎证实了这些希望。

这篇文章发表的重要推动力来自罗伯特·戈登。他于1967年从麻省理工学院获得博士学位，并在1967—1968学年在哈佛大学获得一个短暂的教学职位之后，自1968年以来一直是弗里德曼在芝加哥大学的同事。戈登负责芝加哥大学出版社令人尊敬的《政治经济学杂志》的编辑任务。[①] 罗伯特·霍尔曾是戈登在麻省理工学院的同学，并在毕业后的半个世纪里，每年都会见到戈登好几次。在2013年5月31日笔者的访谈中，罗伯特·霍尔认为弗里德曼的"美国经济协会主席演讲的技术性不足"在这篇新文章的创作中发挥了关键作用。"当鲍勃·戈登在芝加哥大学经济系工作时，他成为《政治经济学杂志》的编辑之一，并有了这个想法……他说，'好吧，米尔顿·弗里德曼，我希望你写下这些方程式'。"戈登从1968年起就以研讨会参与者和《政治经济学杂志》编辑的身份极力劝说弗里德曼朝着这个方向走。弗里德曼在《政治经济学杂志》上发表了该领域的四篇文章，其中最后的三篇发表在1970—1972年。

"货币分析的一个理论框架"是弗里德曼与施瓦茨为《美国和英国的货币趋势》这本著作所设想的一章。然而，弗里德曼把它发展成了一篇单独的文章。这篇文章和1971年的续篇《名义

---

① 戈登在20世纪60年代的履历资料发表于American Economic Association（1970, 161）。

收入的一个货币理论》发表在《政治经济学杂志》上。①戈登进而征求了弗里德曼批评者的评论。这些评论连同弗里德曼的回应一起，占据了1972年年末《政治经济学杂志》另一期的大部分篇幅。最后，弗里德曼1970—1971年的论文经过轻微的修订和综合，并与评论家的文章一起以著作的形式在1974年以《米尔顿·弗里德曼的货币框架：与批评者的辩论》(Milton Friedman's Monetary Framework: A Debate with His Critics)出版。②这场争论的著作版本被人们经常引用，以至于许多文章在参考弗里德曼的观点时不是直接引用弗里德曼本人的著作，而是引用戈登（Gordon，1974a）这本1974年的著作。

（一）受邀的参与者

当弗里德曼和他的批评者之间的辩论在1974年出版时，戈

---

① 参见Friedman（1971d）。虽然这篇后续文章与Friedman（1970b）一样，都是作为一篇独著发表的文章，但是这两篇文章的正文被确定将包含（正如最终的那样）在弗里德曼与施瓦茨即将出版的《美国和英国的货币趋势》著作之中的初步材料。弗里德曼发表了第一篇论文（Friedman 1970n）的勘误表，该论文的更正版本就是当弗里德曼（Friedman 1970b，1971d）的这两篇文章合并为Friedman（1971l）和后来合并在戈登（Gordon 1974a）论文集之中所发表的版本。

② 这本1974年的著作还收录了弗里德曼的三位评论者对他们在《政治经济学杂志》上的文章的简短答复及修订，以回应弗里德曼在修改其1970—1971年的文章时添加的少量材料。评论者没有被允许在《政治经济学杂志》上或Gordon（1974a）中发表他们对弗里德曼的1970—1971年的原始文章进行评论时针对弗里德曼（Friedman 1972a）的反应所做的反驳。这反映了戈登所执行的惯例：在一份杂志上引起辩论的最初撰稿人应被允许在辩论中提供最后的正式部分材料（Gordon 1974b, xii）。当然，这些研究者仍然可以在其他论坛上自由回应弗里德曼（Friedman 1972a），帕廷金（Patinkin 1981b）就这样做了。

登提到他曾通过发送邀请来征求批评者的文章，而"几乎所有我的邀请都被接受了"（Gordon 1974b, x）。这就提出了一个问题：那些拒绝邀请而未提交文章的批评者都是谁？对于这个问题，本书的访谈并没有得到答案。事实上，一些知名人物并未参加公开的辩论。戈登在2013年3月21日笔者的访谈中认为，货币经济学的辩论主要是"耶鲁大学与麻省理工学院对抗芝加哥大学。很难记得还有谁真正参与过这场辩论"。

但是，在麻省理工学院工作的经济学家也没有参加《政治经济学杂志》的辩论。[1] 这一事实在很大程度上反映了戈登的选择。保罗·萨缪尔森和罗伯特·索洛都曾质疑弗里德曼的货币著作，但是，他们主要是在媒体或商业银行期刊等半通俗读物上这样做的；索洛（Solow 1969）对弗里德曼关于菲利普斯曲线的观点进行的长篇评论是在英国而非美国发表的。"我不会邀请萨缪尔森或索洛，"戈登在2013年3月21日笔者的访谈中评论说，"索洛以增长理论而不是货币经济学闻名。萨缪尔森的作品范围非常广

---

[1] 然而，这场辩论的参与者之一唐·帕廷金与麻省理工学院关系密切，曾多次访问麻省理工学院。罗伯特·索洛在2014年7月7日笔者的访谈中回忆道，在他的访问过程中，他与"萨缪尔森、帕廷金进行了大量的交谈"。

泛，但它不会涉及这方面。"① 戈登还选择不邀请弗朗科·莫迪利安尼，部分原因是弗里德曼在 1965 年的"调幅与调频"的争论中已经与莫迪利安尼进行了长久的辩论（参见 2013 年 4 月 15 日罗伯特·戈登与笔者的私人通信）。②

将莫迪利安尼排除在这场辩论之外的依据，甚至在更大程度上适用于沃尔特·海勒。他在 1968 年 11 月与弗里德曼就货

---

① 马克·格特勒在《政治经济学杂志》辩论结束后成为斯坦福大学的一位研究生。他在 2014 年 9 月 26 日笔者的访谈中同样认为，货币经济学辩论的焦点是弗里德曼对托宾或"耶鲁阵营和芝加哥阵营"，而不是弗里德曼对萨缪尔森或芝加哥大学对麻省理工学院。"萨缪尔森可以说是现代经济学之父——嗯，我当时在斯坦福大学，所以（对我来说）萨缪尔森和阿罗是现代经济学之父，到此为止。（但是）就应用宏观经济学而言和对于那些对货币问题感兴趣的人来说，这应该是弗里德曼与托宾的辩论……作为一名研究生刚接触到它，我一直认为主角是弗里德曼和托宾。托宾和弗里德曼都是应用货币经济学的中心人物。"弗里德曼本人也承认这种情况，因为他在 1971 年晚期指出，学术界当前关于货币经济学的辩论被认为等同于"芝加哥对耶鲁"的辩论（Friedman 1972e，11）。

② 关于麻省理工学院和凯恩斯主义者——货币主义者的辩论，哈里·约翰逊（Harry Johnson，1972，70）提出了一个更有力的说法，大意是麻省理工学院的主要经济学家没有参加这些辩论以及其他货币分析的讨论。约翰逊将这种情况归因于"两个剑桥之争"所导致的注意力分散。然而，这种说法似乎忽视了这样一个事实，即莫迪利安尼在 20 世纪 60 年代大量参与货币理论和政策的研究和辩论是毋庸置疑的，而他自这个十年之初以来一直在麻省理工学院（American Economic Association 1970，302）。哈里·约翰逊的观点似乎还在于将萨缪尔森尤其是索洛在其中发挥了重要作用的菲利普斯曲线研究排除在货币分析之外。将菲利普斯曲线的研究与约翰·卡雷肯和罗伯特·索洛（Kareken and Solow 1963）等早期作品结合在一起，可能是帕廷金（Patinkin 1993，352）将托宾和索洛归为凯恩斯主义方法的两个主要学院派倡导者的基础。

币与财政政策进行的公开辩论出版于 1969 年。沃尔特·海勒参加《政治经济学杂志》辩论的资格，被与弗里德曼展开的双边公开辩论削弱了。另一个不利于沃尔特·海勒参与的因素在于这样一个事实，即到了 20 世纪 60 年代末，沃尔特·海勒已经达到了弗里德曼本人在几年后会发现自己所处的境况：沃尔特·海勒如此频繁地参与经济政策的公共讨论，以至于远离了学术讨论的前沿。在 20 世纪 70 年代，沃尔特·海勒会在多个场合直接与弗里德曼辩论——但都是在电视上，而不是在书面上。

尽管如此，不让沃尔特·海勒在《政治经济学杂志》的辩论中成为弗里德曼面对的批评者之一在某种程度上是一个错失的机会，因为沃尔特·海勒——远超过任何一位《政治经济学杂志》研讨会的参与者是一位旧式凯恩斯主义者，弗里德曼对货币政策的强调与他的立场形成了最鲜明的对比。弗里德曼本人在 1968 年与沃尔特·海勒的辩论中评论说，在沃尔特·海勒的领导下经济顾问委员会在 1962 年至 1964 年出版的《总统经济报告》所传达的印象是，货币对总需求无关紧要。[①] 戴维·梅塞尔曼在 2014 年 7 月 16 日笔者的访谈中认为，沃尔特·海勒是一位"不折不扣的"凯恩斯主义者，他对财政政策的倡导与对货币政策有效性的怀疑是相辅相成的。梅塞尔曼补充说，这种态度让沃尔特·海勒"完全不同于托宾"。

事实上，沃尔特·海勒从分析性研究转向政策研究的一个推动因素很可能是他持有这样一种看法，即理论问题在凯恩斯革命的早期阶段就已经被基本解决。"今天关于'知识革命'和'新

---

① 参见 Friedman and Heller（1969，49，85）。

经济学'的讨论，"沃尔特·海勒在1966年关于肯尼迪总统和约翰逊总统实施凯恩斯主义政策的演讲的序言中写道，"并非源于新经济事实的惊人发现，而是源于将现代经济学迅速地、稳步地融入国家思维和政策的结构中。"① 货币主义者对"现代经济学"强烈挑战的兴起显然不受沃尔特·海勒欢迎，因为当戴维·梅塞尔曼从1966年至1968年在明尼苏达大学做客座教授期间，他基本上避开戴维·梅塞尔曼的事实就明确表明了这一点。② 梅塞尔曼在2014年7月16日笔者的访谈中说："沃尔特·海勒将我视为一位敌人……他非常不喜欢我。"

弗里德曼在20世纪60年代的另一位主要批评者约翰·卡伯特森也没有参加《政治经济学杂志》的辩论。在他与弗里德曼论战后的十年里，他的重要性已逐渐下降，以至于他不太可能被邀请成为论战的一员。此外，卡伯特森（Culbertson 1968）1968年的这篇文章和特别是他在1967年2月的国会证词（Joint Economic Committee 1967b）中所给出的分析表明，卡伯特森在很大程度上与弗里德曼的货币和商业周期的观点趋于一致。卡伯特森尤其改变了立场，转而同意弗里德曼对变化无常的货币政策——以货币增长衡量是战后美国周期性波动的一个来源的强调。

除了弗里德曼，确实参加了《政治经济学杂志》辩论的人包括保罗·戴维森、唐·帕廷金、卡尔·布鲁纳、艾伦·梅尔策以

---

① 引自沃尔特·海勒在1966年8月27日在哈佛大学发表的一系列演讲的序言（Heller 1966, vii）。
② 梅塞尔曼与明尼苏达大学发生关联的年份出现在American Economic Association（1970, 293）上。

及詹姆斯·托宾。弗里德曼在1970—1972年的著作中对这场辩论提供的许多分析，已经在前面的章节中介绍过。接下来讨论的范围仅限于弗里德曼在1970—1971年的论文以及他在1972年与每一位批评者的论战中所阐明的选定主题。①

（二）一个狭隘的"理论框架"

弗里德曼本人在1972年以及其他人在后来就弗里德曼在1970—1971年的文章中提出的模型所强调的一个重要论点是：该模型并未表达他的货币主义理论框架的所有重要元素。② 特别是，弗里德曼在那场辩论中的焦点是将自己的观点与凯恩斯的《就业利息和货币通论》的观点进行对比。为此，弗里德曼强调的区别之处是：（1）与凯恩斯不同的是，他不仅将工资和价格视为内生的，而且将工资和价格视为对产出缺口持续敏感，以至于设定的价格调整允许在长期内存在完全的价格弹性。（2）与凯恩斯不同的是，他对在类似大萧条的情况下，当局创造的货币将在多大程度上对利率产生下行压力，并对总私人支出产生积极反应持乐观态度。简而言之，弗里德曼摒弃了价格刚性假设和流动性

---

① 本次辩论之前的讨论参见博尔多和安娜·施瓦茨（Bordo and Schwartz 2004）、丹尼尔·哈蒙德（Hammond 1996）和戴维·莱德勒（Laidler 2012）。

② 参见Friedman（1972a, 909, 911; 1976f）。如上文第十二章所详细阐述的那样，笔者对约翰·伍德（J. Wood 1981）对弗里德曼经济学的描述持严重的保留意见。尽管如此，应该承认的是，当约翰·伍德（Wood 1981, 231）指出Friedman（1970b, 1971d）"不能严肃地声称"是构成了《美国货币史》基础的模型时，他提出了一个非常中肯的论点。约翰·伍德指出，包括罗纳德·泰根（Teigen 1972）在内的早期研究者也提出了这一点。

陷阱。

作为对这些问题关注的反映，弗里德曼在1970—1971年的分析中使用了IS-LM框架和预期菲利普斯曲线。然而，在这样做的过程中，他从看上去与当时许多凯恩斯主义经济学家不同的三个主要领域进行了抽象。第一，正如他所承认的那样，虽然他的总体设定假定名义收入对货币的反应有所延迟，但是这个设定并未反映名义收入及其组成部分对他长期以来一直强调和在20世纪70年代初的其他著作中进一步完善的货币运动的滞后反应（见下一章）。[1] 第二，他对总供给的比较集中在需求拉动与成本推动的通货膨胀辩论上，代价是忽略了永久性向下倾斜的菲利普斯曲线和长期垂直的菲利普斯曲线之间的竞争。因此，在弗里德曼的描述中，他的对手和他自己都把菲利普斯曲线的预期通货膨胀的系数设定为1，并且相信产出缺口的系数是争论的根源。第三，弗里德曼的总需求分析侧重于IS和LM方程中不同的利率弹性值的影响，同时理所当然地认为基本的IS-LM分析中固有的立场是，IS和LM关系中的各种利率可以合并为一个单一利率。弗里德曼考虑了费雪的这种区别，但在1970—1971年的论文中，他遵循了将IS方程中的实际利率设定为单一利率的惯例，并同样在LM方程中只设定了一个单一的名义利率。

正是前面的第三种简化，妨碍了弗里德曼的"货币分析的一个理论框架"成为对其货币分析的最终阐述。在构建这个模型

---

[1] 特别是，弗里德曼（Friedman 1971d, 335）承认，他在1970—1971年的论文中提出的框架并没有完全反映他在实证研究中所强调的货币政策的滞后效应，以及这种滞后所隐含的流通速度行为的动态性。

时，他对基础模型的总需求方作了如此的简化，以至于从模型中排除了货币主义者关于传导机制的关键命题。

这并不是说这种简化没有好处。它使弗里德曼能够专注于萧条时期的总供给和货币政策的主题，而这些主题在他的观点与凯恩斯在《就业利息和货币通论》中表达的观点的对比中最为突出。① 一个推论是，在对萧条以外的条件进行分析中阐述凯恩斯主义者与数量理论家区别的问题时，弗里德曼可以心无旁骛地关注与总供给行为有关的问题——具体而言就是实际变量和名义变量的相互作用的问题。② 对弗里德曼而言，这种关注并非一种新方法：他之前曾使用 IS–LM 框架来阐述他自己与凯恩斯主义者在确定实际序列和名义序列时的一些差异。③ 此外，罗伯特·霍

---

① 然而，即使在这里，要更完整地说明他和凯恩斯在流动性陷阱方面的差异，也需要区分短期利率与长期利率。在这种情况下，弗里德曼本可以更明确地表明货币政策可以在给定的短期利率预期路径下影响长期利率的观点。
② 出于这个原因，本章论述的 1970—1972 年的这场辩论涉及总供给。劳伦斯·里特尔（Ritter 1975）在评论弗里德曼这些 1970—1971 文章的 1971 年专题论文版本时，准确地评价说它们过于强调对总供给的不同观点；根据里特尔的说法，虽然他二十年来一直关注 $MV=Py$ 的 $MV$ 这边的争议，但是弗里德曼现在将分歧集中在 $Py$ 这边。然而，里特尔批评的正确性在适用于他所评论的 1971 年的专题论文版本上，远不如这些发表在 1970—1971 年的《政治经济学杂志》上的文章——Friedman（1971l）这篇专题论文是这些文章的合并和修订。该专题论文至少在文字上讨论了货币主义者关于货币政策向总需求传导的多重收益观，尽管这种观点在弗里德曼提出的数学模型中并未得到体现。
③ 参见 Friedman（1966d）。此外，弗里德曼（Friedman 1968f）对流动性效应的阐述追溯到了单一利率对货币注入的反应，同时也认为报告的利率仅构成那些可能与支出决策相关的一个大的利率集合中的几个要素而已（Friedman 1968f, 17）。

尔在2013年5月31日笔者的访谈中认为，1970—1971年的这篇"货币分析的一个理论框架"突出了弗里德曼的一个先驱的领域。霍尔指出，弗里德曼提出了IS-LM系统面临着短期非垂直但长期垂直的菲利普斯曲线的一种货币分析。因此，霍尔评论道："米尔顿·弗里德曼是第一位新凯恩斯主义者！"[1]霍尔补充说，在弗里德曼的论述中，"在某种程度上作为新凯恩斯主义模型核心的菲利普斯曲线就在那里——当然，这是他的那种菲利普斯曲线"。霍尔评述说："我一直认为鲍勃（戈登）所做出的一个巨大贡献就是使米尔顿·弗里德曼坐下来，更多地成为一个构建模型的人。"

### （三）这场辩论削弱了弗里德曼的地位吗？

罗伯特·戈登和共同编辑哈里·约翰逊将弗里德曼的后续文章排在了1971年3—4月那期的《政治经济学杂志》上其他六篇未删节的文章之后，处于第七篇的位置。对戈登而言，1970—1971年的论文在数学建模方面的较低技术水平削弱了弗里德曼的地位："从今天的角度来看，你不会允许一位研究生写那样的文章。"（参见2013年3月21日笔者对罗伯特·戈登的访谈）迈克尔·博尔多也持这种观点："那种算法已经过时了……他所做的那种数学、微分方程之类……他有一群学生一直在用那些方法，但现在已经不用了。"博尔多补充说，弗里德曼的分析明显不是随机分析，与罗伯特·卢卡斯的研究相比，很快就会显

---

[1] 菲尔普斯（Phelps 1967）在IS-LM系统中明确引入了预期菲利普斯曲线，但他在模型中将利率固定了，从而将分析重点放在了财政政策而非货币政策上。

得更加原始。①

博尔多接着指出，弗里德曼通过对结构模型的分析，将模型的大部分表述为他自己和凯恩斯主义者共同的理论框架，损害了与他相联系的一种长期观点。这种观点是，一个可以可靠地用于短期货币分析的结构模型所需的知识尚未出现，而简化形式的研究必须在此期间填补这一空白。博尔多在2013年7月23日笔者的访谈中指出："在某种意义上，弗里德曼在那时之前总是说，'看，这就是我的方法，它是单一方程。它用不同类型的数据和不同的方法，从各个不同的方面来处理数据，研究问题。但是，我不打算写一个模型。我不会做一般均衡'。他既批评一般均衡又批评大模型。他（现在）离开了自己的舒适区。"② 威廉·布雷纳德同样认为，弗里德曼如此喋喋不休地与托宾就具体的建模问题进行大量的辩论是不明智的。布雷纳德在2014年3月5日笔者的访谈中评论说，《政治经济学杂志》的辩论"是在吉姆·托宾而非米尔顿·弗里德曼几乎完全控制的场地上所玩的一场游戏"。

迈克尔·博尔多在2013年7月23日笔者的访谈中，就弗里德曼和他的批评者之间的交锋所做的评价是，"他输掉了那场辩论"，弗里德曼在1970—1971年的论文中提出的所谓的简单通

---

① 关于卢卡斯的著作，以及托马斯·萨金特等人的著作，参见下一章。
② 同样，威拉德·卡尔顿（Carleton 1976, 1264）声称，说得具体点就是弗里德曼"放弃了他早期的立场"，这一立场强调了模型的不确定性。对此可以反驳的是，弗里德曼在1970—1971年间使用了一个足够简单的模型，以便专注于流动性陷阱和总供给问题。在这些领域中，他对设定适当的模型有着坚定的看法。

用模型，让他"遭到了很多人的抨击"，包括其他货币主义者的抨击，"从某种意义上说，这对他来说是一个很大的打击。这是安娜·施瓦茨告诉我的。这真的很了不起"。① 然而，有相当多的证据表明，弗里德曼认为，他在辩论后的表现还算不错，如果考虑到他在辩论中最后那篇 1972 年的文章的话。他对这场辩论的贡献的不满主要源于他在 1970—1971 年论文中的模型内容，尤其是 IS-LM 部分的模型内容，以及该内容受到的猛烈批评。弗里德曼似乎对他在 1972 年针对批评者的答复更为满意。随着那个答复总结了他对辩论的贡献，弗里德曼很高兴能在戈登（Gordon, 1974a）的文集中重印整个辩论的文章；罗伯特·戈登在 2014 年 3 月 5 日与笔者的私人通信中不记得弗里德曼曾告诉他说，他后悔参与了这次辩论。事实上，弗里德曼和施瓦茨在十年后将 1972 年对批评者的大部分回应改编进《美国和英国的货币趋势》一书之中。弗里德曼显然也对 1972 年的回复（该回复没有被纳入《美国和英国的货币趋势》，其论述范围不包括财政问题）中对财政政策的讨论感到满意，将其称为"我的《政治经济学杂志》解释"，并表示它比他之前对财政政策的论述更清晰。②

这些事实强化了这样一种推论：弗里德曼对参与《政治经济学杂志》辩论的后悔，集中在 1970 年和 1971 年他向这场辩论提交的论文的代数分析上。在这一点上，弗里德曼在 2000 年对约翰·泰勒评论说："我认为，试图调和凯恩斯主义思想和货币主

---

① 至于"简单通用模型"术语，参见 Friedman（1970b, 217）。
② 参见 Friedman（1976f, 312）。

义思想真的是浪费时间。"（Taylor 2001，119）① 很明显，虽然《美国和英国的货币趋势》会重新使用1970—1971年论文中出现的对凯恩斯和数量理论，包括对流动性陷阱和总供给的讨论的大部分文字描述，但是，1970—1971年的文章提出的"简单通用模型"——弗里德曼曾试图用它在IS-LM体系中表述凯恩斯主义和货币主义的命题——基本上被抛弃了。弗里德曼在辩论后指出，他发现用IS-LM的术语来表达他的观点的练习是一种"累赘"。②

至关重要的是，正如已经指出的那样，传统的IS-LM框架没有反映货币主义者通常强调的以及弗里德曼也曾多次强调过的（尤其是在20世纪60年代初的一些著名文章中）货币政策传导的多重收益观。③ 这种多重收益观支持货币主义者偏好货币增长而非任何单一利率（实际利率或名义利率）作为货币政策的总结。甚至在最初的1970—1971年《政治经济学杂志》的文章中，弗里德曼也指出IS-LM方法中隐含的资产加总水平在许多方面都不可取。例如，他不仅说"它对资产进行更精细的分类可能很重要"，而且指出，这样表述的分析是一种"坚持单一利率"的临时性分析。④ 但是，这些最初的《政治经济学杂志》的文章并

---

① 同样，在1999年7月4日的《纽约时报》上，弗里德曼指出，他在1970—1971年错误地认为"用凯恩斯主义语言表达我的思想，我就会对凯恩斯主义者产生影响"。
② 参见Friedman（1976f，315）。
③ 特别是Friedman（1961d）、Friedman and Schwartz（1963b）、Friedman and Meiselman（1963）。在这些研究之后，哈里·约翰逊（Harry Johnson 1970a，95）指出，弗里德曼反对"正统宏观经济理论基于IS-LM模型的主流学派"。
④ 引语来自Friedman（1970b，204）和Friedman（1971d，329）。

没有强调，摒弃单一利率框架有助于解释货币主义者将货币作为货币政策效果的总结的关注。

在这些文章发表后，弗里德曼领悟到，他在《政治经济学杂志》的文章中遗漏了货币主义思想的这一方面是一个严重的问题。因此，他在将这些文章编成一篇国民经济研究局的专题论文时添加了一段话，强调了货币主义者对货币注入通过一系列的收益率影响总需求的信念。[1] 这些段落为之前的草稿补充的文字而非方程式的事实就说明了1970—1972年辩论的一个更重要的观点。弗里德曼在他的"货币分析的一个理论框架"和相关论文中做出的最持久和最有价值的贡献不是明确的数学模型，因为这些模型不足以表达他的货币分析。相反，这些周围段落所做的贡献（包括他对思想史的还原和他对自己观点的澄清）非常有助于理解弗里德曼的框架。

### （四）布鲁纳与梅尔策

布鲁纳与梅尔策是弗里德曼在1972年就他的"货币分析的一个理论框架"进行论战时唯一的货币主义反对者，自然会责怪他提出的模型抽象掉了货币主义的一些关键方面。布鲁纳（Brunner 1970，20）曾表示，对货币主义者的分析而言，"使用IS-LM工具与其说更加清晰易懂，不如说更加难以理解"，从而

---

[1] 此外，弗里德曼在1972年的答复驳斥了这些1970—1971年的《政治经济学杂志》文章提供了他的完整理论框架的观点，让读者去查询弗里德曼（Friedman 1970a）列举的具有货币主义特征的命题（参见Friedman 1972a，913）。如第一章所述，伯南克（Bernanke 2004）主要依赖于这次演讲而非《政治经济学杂》上的文章来概述弗里德曼的货币框架。

导致布鲁纳与梅尔策（Brunner and Meltzer1972）反对弗里德曼在1970—1971年使用IS-LM。弗里德曼基本上接受了这一批评，并在回复布鲁纳与梅尔策时引用了他在1971年重写的"货币分析的一个理论框架"中所包含的传导机制的言论。①

### （五）帕廷金

弗里德曼对以替代效应为中心的传导机制的兴趣，使他在1972年辩论中与批评者之一唐·帕廷金产生了分歧——帕廷金是实际余额效应理论依据的提出者之一。早在20世纪70年代之前，弗里德曼就得出结论说，实际余额效应在经验上并不重要，因此帕廷金的传导机制观点是错误的。戈登在2013年3月21日笔者的访谈中回忆道："我清楚地记得的一件事是，有一条评论说（我认为这是弗里德曼回应的一份早期草稿，我想是我让他删除了，或者是他自己删除了这条评论）唐·帕廷金一生都钟情于实际余额效应。"

然而，帕廷金的大量评论（Patinkin 1972a）并不是集中在这一有分歧的领域，而是集中在阐述他之前在帕廷金（Patinkin 1965a,1969）的这些研究中表述过的立场上，即弗里德曼的数量理论思想在很大程度上与《就业利息和货币通论》中的货币分析是一致的，而不是源于芝加哥大学的货币经济学传统。罗伯特·里森（Leeson,2003b, 2003c）详细讨论了弗里德曼与帕廷金的这场辩论。这场辩论超出了本书的范围，但这里有几点需要说明。

首先，数量理论可以被视为一种以货币需求为中心的理论的观念，在《就业利息和货币通论》之前的文献（包括源于芝加哥

---

① 参见 Friedman（1972a, 09-11）。

大学以外的其他文献）中所获得支持远比帕廷金似乎认为的要多得多（见上文第六章）。

其次，返回到20世纪50年代的讨论中——包括在罗伯特·里森（Leeson 2000b，740）的著作中帕廷金在1959年对弗里德曼的评论，帕廷金倾向于将"凯恩斯主义"的标签应用于任何货币需求具有非零利率弹性的分析。然而，与这种描述相反，弗里德曼似乎立场坚定地认为，在《就业利息和货币通论》之前凯恩斯和其他人的著作，包括休谟的著作，都纳入了货币需求的非零利率弹性。而且，正如第十二章所讨论的那样，货币需求的非零利率弹性的后果往往被主要的凯恩斯主义者严重夸大了。与他们的结论相反，这种参数设置并不意味着货币政策对利率和通货膨胀的长期影响的结果与数量理论相矛盾。

最后，帕廷金（Patinkin 1972a，1974，1976）在声称弗里德曼以及芝加哥大学劳埃德·明茨等20世纪40年代的研究者只是在改进凯恩斯的货币理论的说法时，却认为凯恩斯摒弃了流动性陷阱。然而，弗里德曼在1972年的回复中提供了凯恩斯笃信流动性陷阱的许多例子。[1] 弗里德曼的回答还试图将他自己的观点与芝加哥大学前辈的观点联系起来。

---

[1] 参见Friedman（1972a）和上文第四章的讨论。虽然他自己（如Patinkin 1956）关于实际余额效应的研究本质上是对理论上挑战流动性陷阱的回应，但是，通过声称凯恩斯并没有倡导流动性陷阱的经验相关性，帕廷金（Patinkin 1972a，1974）实际上贬低了流动性陷阱在凯恩斯主义革命中的重要性。由于《就业利息和货币通论》的某些部分似乎确实支持流动性陷阱，帕廷金（Patinkin 1974，10-11；1976，112）不得不得出《就业利息和货币通论》中的一些段落是相互矛盾的结论。

帕廷金在1972年对弗里德曼的批评集中在学说史上的事实，既反映了学说史是帕廷金长期以来主要感兴趣领域的现实，也反映了他对弗里德曼对先前经济文献主体经常采取印象主义的看法的不满。作为美国经济协会主席，弗里德曼帮助创办了《经济文献杂志》(Journal of Economic Literature)。虽然该杂志创刊于1969年，但是他本人直到20世纪90年代才为该杂志撰稿。[1] 他确实涉猎了较早的文献，他的英雄是亚当·斯密、欧文·费雪和阿弗尔雷德·马歇尔这样的人物，尽管他甚至对这些人的著作了解得并不全面。正如戴维·莱德勒在2014年9月2日笔者的访谈中指出的那样，无可否认的事实是，"总之……米尔顿·弗里德曼对思想史本身并不是多么感兴趣"。戴维·梅塞尔曼在2014年7月16日笔者的访谈中也认同这一观点。他说："弗里德曼对思想史从来都不是很感兴趣……他只是没有那么卷入到谁先说了什么的知识较量中。"[2] 弗里德曼对这一研究活动领域的观点表述

---

[1] 然而，在Friedman（1977k，4）中，弗里德曼对"显然没有人读十年或十五年前写的东西"的事实表示遗憾。到这个时候，他自己的许多贡献都属于这样的时期。

[2] 当梅塞尔曼第一次见到弗里德曼时，后者当然做好了撰写阿尔弗雷德·马歇尔关于需求函数观点的一切准备。但是，即使在这里，弗里德曼充分展示了他对马歇尔著作的整体把握的局限性，因为后来的研究者能够在他对马歇尔文本解释的细节方面让他原形毕露（见第四章的讨论）。

梅塞尔曼在2014年7月16日笔者的访谈中回忆说，弗里德曼确实在20世纪40年代末培养人们对过去经济学著作的兴趣，因为他鼓励学生们自己去阅读阿尔弗雷德·马歇尔，"弗里德曼将马歇尔分析作为他自己价格理论课程的核心部分。他要求我们找马歇尔的著作阅读……弗兰克·奈特曾经私下把马歇尔的著作卖给研究生"。

在他1969年评论萨缪尔森（Samuelson，1968）的论文《古典和新古典货币理论究竟是什么》是"一篇我可以说既有启发性又有说服力的文章"之中。[1] 这句话表明，弗里德曼并不把思想史视为与萨缪尔森斗争的前线。[2] 这一评论进一步表明，弗里德曼倾向于尊重并使用萨缪尔森对第二次世界大战之前经济文献的知识。相比之下，更加习惯于思想史的货币经济学家，如哈里·约翰逊（Harry Johnson1970，440）和帕廷金（Patinkin，1972），都对萨缪尔森的旧文献描述提出了反对意见。

事实上，弗里德曼在1970—1971年的论文中对《就业利息和货币通论》提出的解释，实质上是步萨缪尔森的后尘。虽然这种解释充满了弗里德曼对凯恩斯的文献研究，但是它在本质上是对阿尔文·汉森、萨缪尔森、莫迪利安尼和其他研究者在20世纪40年代和50年代初的概述的一种翻版。在他们的描述中，凯恩斯的观点被描述为支持流动性陷阱，以及会假设固定的名义工

---

[1] 引自弗里德曼在1969年5月22日参加美国波士顿公共广播电台节目《经济学大辩论》中的评论。

[2] 似乎一个可能存在争议的领域是，芝加哥大学的经济学家是否对货币需求有成熟的看法，因为萨缪尔森（Samuelson 1971，12）就此问题在与弗里德曼的争论中支持帕廷金（Patinkin 1969）。然而，萨缪尔森在这一场合对帕廷金叙述的认可似乎与萨缪尔森的其他回忆不一致，例如他在Samuelson（1991，538）中评论说，雅各布·维纳版本的货币数量理论是利率加入货币需求函数的理论。同样，帕廷金（Patinkin 1969）关于弗里德曼是一位将货币数量理论视为货币需求理论的修正主义者的主张，基本上与萨缪尔森（Samuelson 1968）对古典货币理论和新古典货币理论的看法不一致。

资和价格水平。这种解释贯穿在萨缪尔森1948年的教科书中。①随着时间的推移,将凯恩斯描述为流动性陷阱的拥护者的做法变得越来越有争议。到了20世纪70年代初,萨缪尔森和托宾都否

---

① 罗伯特·索洛在2014年7月7日笔者的访谈中评论说:"这当然是真的,(萨缪尔森)教科书是我称之为美国凯恩斯主义的一本教科书。它侧重有效需求的思想——有时产出是由有效需求决定的,以及人们如何组织有效需求的思想。我不知道这是否是一种批评,但这是这本教科书采取的方法。"索洛指出,萨缪尔森从《就业利息和货币通论》中提炼出一个"直截了当的模型",无可否认缺乏"《就业利息和货币通论》中本身存在的长期不确定性之类的一些东西"。
在1970年《政治经济学杂志》上最初发表的一篇论文中,当时新出版的、广受关注的莱昂霍夫德(Leijonhufvud 1968)的著作激发了弗里德曼对《就业利息和货币通论》的解释给予了相当大的肯定(见Friedman 1970b, 207)。然而,弗里德曼对《就业利息和货币通论》的解释更接近于"美国凯恩斯主义"的标准解释,而不是莱昂霍夫德的解释。特别是,弗里德曼不同意莱昂霍夫德反对《就业利息和货币通论》认同流动性陷阱的观点。虽然弗里德曼认为莱昂霍夫德将价格刚性归因于凯恩斯,但这种对凯恩斯的解释在美国凯恩斯主义者的著作和弗里德曼之前对凯恩斯的讨论中已经很普遍。此外,莱昂霍夫德在1968年之后的研究(特别是Leijonhufvud 1974)中得出在凯恩斯的框架中价格事实上具有一定的弹性的结论之后,弗里德曼断言那种认为凯恩斯使用了价格刚性假设的说法是恰当的(参见《美国和英国的货币趋势》)第47页。

定了对凯恩斯观点的这种解释。[1]但是，这种解释曾经是美国经济学家讨论凯恩斯时的标准阐述，因此在提出这种解释时，弗里德曼遵循了旧的惯例。然而，弗里德曼解释的这一先例无助于安抚帕廷金。如上所述，帕廷金对《就业利息和货币通论》提出的一种解释是流动性陷阱不发挥作用。保罗·戴维森在2013年5月3日笔者的访谈中回忆道："帕廷金反对'对话'这个词，他说'对话'意味着人们在相互交流，而与米尔顿·弗里德曼你无法交流；所以（他说）最好用'辩论'这个词。"

### （六）戴维森

保罗·戴维森和帕廷金都是弗里德曼的批评者，他们都对凯恩斯的著作有着惊人的了解。作为1972年辩论中最年轻的参与者，戴维森迅速起草并传阅了一篇文章，批评弗里德曼1970年的《货币分析的一个理论框架》一文并反对该文对《就业利息和货币通论》分析的描述，从而在这场辩论中赢得了一席之地。当罗伯特·戈登1970年年末开始寻找弗里德曼批评者的文

---

[1] 因此，虽然萨缪尔森在1948年版《经济学》中对凯恩斯主义经济学的解释强调了流动性陷阱，但萨缪尔森（Samuelson 1971, 11）在1971年的讨论暗示，除了几个孤立的段落之外，凯恩斯不支持流动性陷阱或其他导致货币政策无效的途径。同样，虽然托宾（Tobin 1947, 128）提到了"在较低的正利率下对现金余额的需求接近于完全弹性的凯恩斯主义学说"，但托宾在后来关于凯恩斯的著作（例如，Tobin 1987a, 110）中摒弃了《就业利息和货币通论》支持流动性陷阱的观点。
应该注意到，虽然弗里德曼愿意承认凯恩斯在《就业利息和货币通论》出版之后的某个时候摒弃了流动性陷阱，但是他在1984年8月31日《华尔街日报》上认为，凯恩斯在《就业利息和货币通论》中摒弃了流动在性陷阱的说法并不恰当，因为《就业利息和货币通论》的分析赋予了这种陷阱核心的作用。

章（Gordon 1974b, x）之时，这篇文章引起了戈登的注意，戴维森也受邀参加这场辩论。"当他（弗里德曼）在《政治经济学杂志》上写下这篇文章时，我立刻看到它，说：'我的上帝呀，这错得太离谱了。'……所以我写了一篇文章，基本上是为了批评《政治经济学杂志》上的这篇文章。"①

戴维森在2013年5月3日笔者的访谈中回忆说，下一步是戈登"写信给我和其他人说，'你想和米尔顿·弗里德曼对话吗？'"。虽然戴维森很高兴能参与辩论，但弗里德曼在回应稿中对批评者的语气让他大吃一惊。"弗里德曼写了一封回信，戈登把它分发了出去，这真是一件非常令人讨厌的事情。它的语气不同，有很多形容词，不仅是针对我，而且是针对所有其他人。这些形容词表明（弗里德曼的观点是什么），他认为我们不理解他。"如前所述，在编辑的过程中，弗里德曼的语气被缓和了。虽然最终版本依然削弱了戴维森的论点，但是戴维森从容地接受了这种处理："我的回答是：我才不在乎弗里德曼叫我什么呢，只要他把我的名字拼对就行了。当时我还很年轻，这能让我在学术界内引起一些关注。"戴维森和弗里德曼在1974年9月召开的白宫经济学家关于通货膨胀问题的会议上相邻而坐。虽然他和弗

---

① 在质疑弗里德曼对《就业利息和货币通论》的解释时——该解释强调名义刚性，戴维森正如前面所指出的那样所采取的路线也等于质疑保罗·萨缪尔森相关的解释。"顺便说一句，我从未说服保罗·萨缪尔森。我与他就此事进行了多次讨论。他一直坚持凯恩斯只研究工资和价格固定的方程组。我问'你有没有读过《就业利息和货币通论》的货币工资的变化这一章？'，他和弗里德曼一样，对此不予理会，只说'哦，你知道，这一章出现在凯恩斯的总结章节之后。这不可能很重要'。"（参见2013年5月3日笔者对保罗·戴维森的访谈）。

里德曼友好地讨论了罗格斯大学——戴维森当时在那里教书,但是,戴维森并没有成功地将他们的谈话引导回他们关于《就业利息和货币通论》的辩论。他说:"我开始试着和他谈这些事情,但他就是不想谈论它。……我无法让他讨论这场辩论。谈话结束了,他就这样打发了我。至少这是他给我留下的印象。"

### (七)托宾

詹姆斯·托宾——弗里德曼在货币问题上最经常碰到的对手是批评者名单的最后一位。正如他在之前与弗里德曼的许多辩论中所做的那样,托宾煞费苦心地强调,信仰货币政策的有效性并不等同于信仰货币主义。"托宾的办公桌上有一块非常显眼的牌子,上面写着'货币很重要',"他以前的研究生邓肯·佛利在2014年10月2日笔者的访谈中回忆道:"这是有道理的,因为托宾在短期货币市场的实际运作方式上做了大量非常有创造性的工作。他当然相信货币政策非常重要。因此,他不属于老派阿尔文·汉森那样的凯恩斯主义者,后者似乎完全无视货币;他们的总需求理论几乎完全是财政政策。"这反映出他和弗里德曼都对货币政策对产出的影响给予了很高评价。尽管托宾与早期凯恩斯主义者存在差异,托宾还是在《政治经济学杂志》反对弗里德曼的许多理由让托宾为"纯"财政政策行动的效力进行辩护。①

为此,托宾(Tobin 1972a)在那时的《政治经济学杂志》论文中高度评价弗里德曼使用的具有利息弹性的货币需求函数。在

---

① 托宾将他与弗里德曼在总供给问题上的大部分争论保留在当年发表的另一篇论文(Tobin 1972b)之中。这篇论文构成了托宾在1971年年末美国经济协会上发表的主题演讲。

这样做时，托宾就对弗里德曼在20世纪五六十年代欣然承认货币需求具有利息弹性的情况视而不见。在给托宾的回复中，弗里德曼提请人们注意其中的一些陈述。而且，弗里德曼再次强调，货币主义的命题并不取决于货币需求的零利率弹性。此外，即使在货币需求具有利率弹性的情况下，与托宾侧重于将LM曲线的斜率当作讨论"纯"财政政策的有效性的一个决定性因素相反，弗里德曼指出了相信没有货币化的赤字支出对名义总支出的影响可能非常有限的理由。在这些理由中，弗里德曼提出了后来被称为李嘉图等价的理论。[1]

然而，弗里德曼对托宾的回答中一个薄弱的方面是，弗里德曼摒弃了他自己"认为货币的变化是（名义收入）变化的必要且充分的条件"的描述。[2] 托宾在将这一观点归于弗里德曼时没有提供具体的参考文献，弗里德曼也否认持有这一观点。但是，弗里德曼与施瓦茨在1963年的论文《货币与商业周期》实际上已经接近这种陈述。在那篇文章中，作者们指出，"货币存量增长率的显著变化是货币收入增长率显著变化的必要且充分的条件"。[3] 托宾本可以引用这一陈述，并援引做出这一陈述的这篇

---

[1] 参见 Friedman（1972a，917）。弗里德曼在那里指出，托宾在他自己辩论的论文中提到了这一论点。事实上，弗里德曼和托宾在之前的讨论中都提到了这个观点。有关弗里德曼对李嘉图等价的兴趣的更多论述，参见前一章。

[2] 参见弗里德曼（Friedman 1972a，913）对托宾（Tobin 1972a，853，855）的转述。

[3] 参见 Friedman and Schwartz（1963b，53）。弗里德曼在给托宾对《美国货币史》评论的一份未发表的回复中也表达了同样的看法。参见 Friedman（1964f，17），也引自 Hammond（1996，112-13）。

文章，但他都没有。也许这是因为托宾没有料到他对弗里德曼观点的描述会受到挑战。另一个可能的原因是，到了《政治经济学杂志》辩论的时候，托宾和弗里德曼之间的唇枪舌剑已经达到了这样的程度，以至于托宾可能很少能够让他自己详细研究弗里德曼的著作。

梅格纳德·德赛在 2015 年 1 月 9 日笔者的访谈中强调了弗里德曼及其批评者在《政治经济学杂志》上辩论的重要性。他当时评论说，这场辩论代表着"学术界接受弗里德曼"。作为研讨会的编辑，罗伯特·戈登在推动这次活动方面发挥了重要作用。回想起来，在完全相同的岁月中，即从 1970 年至 1972 年间，戈登在一个可以被视为经济学家接受弗里德曼与菲尔普斯版本的菲利普斯曲线的过程中也发挥了关键作用。

### （八）布鲁金斯会议和菲利普斯曲线辩论

虽然弗里德曼在 1970 年至 1971 年《政治经济学杂志》的文章中强调了货币分析的"缺失方程"——这是对确定名义变量和实际变量之间的相互作用至关重要的结构性价格设定的关系，但是，弗里德曼在这段时间里并没有投入大量的研究精力来估计这种关系。[①] 相反，在负责弗里德曼及其批评者之间辩论的同一时期，罗伯特·戈登位于估算美国菲利普斯曲线研究的最前沿。戈登在这些年中通过向华盛顿特区的布鲁金斯学会的经济学家定期会议或"专家小组"会议提交研究论文，以及在该学会 1970 年

---

① 参见上一章的讨论。的确弗里德曼在 20 世纪 70 年代初对通货膨胀进行的实证研究在本质上是将通货膨胀与货币变量直接联系起来的简化形式（见第十五章）。

创刊的名为《布鲁金斯经济活动论文集》的出版物上发表这些研究论文，提供了菲利普斯曲线的估计。[①]

布鲁金斯学会的专家小组会议已逐渐被视为进行菲利普斯曲线辩论的主要战场。最初，这个凯恩斯主义经济学的新堡垒最为敌对菲尔普斯和弗里德曼的自然率假说。"回头看看布鲁金斯的经济学论文，你会发现他们被当作疯子一样对待。"罗伯特·卢卡斯在 1982 年评论说。[②] 虽然卢卡斯没有指出具体的文章，但罗伯特·戈登在《布鲁金斯经济活动论文集》创刊号——这一期收录了 1970 年 4 月 16 日至 17 日在第一届布鲁金斯专家小组会议上的会议论文上发表的那篇文章，可能是卢卡斯想到的关键贡献之一。这篇声称在实证上否决了自然率假说的文章（Gordon 1970a）与索洛（Solow 1969）的文章一起将被麦卡勒姆（McCallum 1989b，183）、罗伯特·金和马克·沃森（King and Watson 1994a，1994b）与托马斯·萨金特（Sargent 1999）作为早期伴随着弗里德曼与菲尔普斯的理论著作而出现的有缺陷文献的典范。[③] 麦卡勒姆（McCallum 1989b，183）援引戈登（Gordon

---

[①] 并非这些会议的所有参与者都是正式的专家小组成员。阿瑟·奥肯和乔治·佩里（Okun and Perry 1971，10-11）将会议参与者分为三类：专家小组成员、资深顾问和嘉宾。

[②] 引自 Klamer（1983，56）。

[③] 正如下一章论述 1969—1972 年稳定政策的发展状况，以及里卡多·迪赛希奥和爱德华·纳尔逊（DiCecio and Nelson2013）与爱德华·纳尔逊（E. Nelson 2005b）的讨论所清楚表明的那样，笔者发现托马斯·萨金特的叙述（计量经济学家借此逐渐了解了真正的菲利普斯曲线斜率）更适用于 1970—1972 年间的学术辩论而非同期的政策辩论，这场政策辩论的关键问题相反则是强硬的成本推动通货膨胀观点的有效性问题。

1970a）的论文作为20世纪60年代末和20世纪70年代初发表的关于美国菲利普斯曲线的最著名的实证研究。

戈登的同一篇文章发表后也引起了媒体的极大关注。1970年6月12日，美联社在《堪萨斯城星报》（*Kansas City Star*）上刊登了一篇关于戈登文章的报道，标题为《低失业率还是稳定物价？经济学家说不能两者兼得》。[①] 这篇文章的一部分写的是："芝加哥大学的一位经济学家建议，美国可以有低失业率或稳定的物价，但不能两者兼而有之……作为一个基本的研究发现，戈登得出结论说，如果失业率保持不变，最终物价上涨率会稳定上升，而不是经济学家们所断言的加速和日益严重的通货膨胀。"[②] 当时刚从麻省理工学院研究生毕业的艾伦·布林德在2013年12月6日笔者的访谈中回忆道："当时的观点是，弗里德曼和菲尔普斯已经提出并且正在提出一个非常连贯和合理的理论论点，但由于这样或那样的原因，数据并不支持这一论点。"

戈登对自然率假说的否定，与他在芝加哥大学为之教授宏观经济学的一些研究生的看法形成了鲜明对比。沃伦·科茨在

---

① 另见1970年6月11日华盛顿特区《晚星报》以及1970年6月13日《圣路易环球民主报》的报道。

② 文章还引用了《布鲁金斯经济活动论文集》（*Brookings Papers on Economic Activity*）的编辑阿瑟·奥肯和乔治·佩里的话，以便增加罗伯特·戈登的研究发现的可信度。沃尔特·海勒（D. G. Johnson, Heller, Wallich, and Schnittker 1970, 295）大致在这个时候也曾对自然率假说（或者它至少在与稳定性政策相关的任何时间范围内的适用性）表示过类似的怀疑："我不认为米尔顿·弗里德曼告诉我们的高就业率和高度稳定的价格相容是长期的，因为在那样的长期中，我们事实上都死了。"

2013年10月21日笔者的访谈中指出，这些学生不仅信服失业与通货膨胀之间不存在长期权衡的论点，而且在课堂上试图使戈登相信弗里德曼观点的优点。戈登在很大程度上基于实证的理由而暂时没有被说服。戈登在1970年晚些时候发表在《布鲁金斯经济活动论文集》中的另一篇文章重申了他关于自然率假说的否定结论。文章标题真的说明了一切——《1970年的价格：水平菲利普斯曲线？》（Gordon 1970b）。

戈登在布鲁金斯学会上关于菲利普斯曲线的下一篇论文（Gordon 1971）再次否定了自然利率假说。然而，在向布鲁金斯专家小组报告论文之前，戈登于1971年年初在芝加哥大学弗里德曼的货币研讨会上展示了这篇论文。[1]作为研讨会的定期参与者，戈登也曾在该论坛上展示过论文，但是，他在这次的展示中却饱受折磨。在2013年3月21日笔者的访谈中，戈登指出："虽然我多次成功地经受了这个过程的历练，但有一次，我提出了某个理论，而他（弗里德曼）能够在最初几分钟之内说服听众说这个理论在逻辑上是不连贯的。"参加研讨会的研究生詹姆

---

[1] 戈登（Gordon 1971, 105）在发表的版本中承认弗里德曼和研讨会的其他参与者对论文早期版本的评论。弗里德曼还在《美国和英国的货币趋势》第641页中引用了这篇发表的论文。戈登在研讨会上报告论文的时间可能在1971年3月中旬至4月中旬之间。我们从弗里德曼的"盒式磁带评论"中了解到，他在1971年1月至4月期间常住在芝加哥——其他记录显示他有一些短期的外地访问，如1971年3月上半月访问克利夫兰和底特律。根据《美国和英国的货币趋势》第643页，我们还知道弗里德曼在1971年4月负责主持了芝加哥大学的货币研讨会。戈登大概是在向布鲁金斯专家小组报告修订版之前在研讨会上展示了他的论文，而布鲁金斯专家小组在1971年4月22日至23日的会议期间聆听了他的论文（Okun and Perry 1971, 1）。

斯·罗迪安在 2013 年 10 月 24 日笔者的访谈中回忆道："他对鲍勃·戈登说，'好吧，鲍勃，我们不打算讨论前二十页，因为它们完全是错误的。但我认为实证结果可能有一些东西'。"罗迪安叙述说，戈登开始为他的分析辩护，但弗里德曼随后说，"'不，鲍勃，这一切都错了。让我告诉你它的错误在何处，让我直说吧'"。 戈登在 2013 年 3 月 21 日笔者的访谈中回忆道："所以我们在某种程度上延长了讨论他如何处理这些东西的想法和理论。"

虽然戈登在 1971 年发表的布鲁金斯学会论文中继续否定自然率假说，但是，如前所述，弗里德曼发现了该论文有趣的实证结果。这毫不奇怪，因为戈登已经放弃了对水平菲利普斯曲线的短暂爱好，再次肯定了向下倾斜的菲利普斯曲线。但是，这条曲线的长期形状比戈登早些时候报告的更垂直。戈登在 1970 年曾报告，菲利普斯曲线中的滞后通货膨胀项的系数约为 0.45。[①] 虽然戈登在 1971 年的论文中发现，正如他在 1970 年所发现的那样，菲利普斯曲线中的滞后通货膨胀系数明显低于 1，但是，系数的估计值已接近他和许多其他人将它与自然率假说联系起来的数值 1。此外，大约在同一时期，托马斯·萨金特（Sargent1971）的研究表明，美国经济的基本菲利普斯曲线关系可能与自然率假说相吻合，即使估计的菲利普斯曲线的滞后通货膨胀系数低于 1。

然而，美国 20 世纪 70 年代初的数据情况并不稳定。就在托马斯·萨金特的分析对从美国历史的时间序列中得出的证据提出质疑时，增添的新数据点削弱了反对自然率假说的发现，使得托马斯·萨金特批评的研究所报告的系数估计过时了。特别是，

---

[①] 参见 Gordon（1970a，17-18），以及 McCallum（1989b，183）。

1971年戈登的论文确认，经验菲利普斯曲线的性质越来越接近于弗里德曼和菲尔普斯所预测的长期斜度。即使有人持有那种遭到托马斯·萨金特质疑的自然率假说自动蕴含着菲利普斯曲线中的滞后通货膨胀项的系数之和为1的观点，情况也是如此。

事实上，《布鲁金斯经济活动论文集》将成为学术界逐渐接受自然率假说的一个媒介。回想起来，布鲁金斯专家小组是一个菲利普斯曲线的争论可以得到解决的理想论坛。从表面上看，情况似乎并非如此。戈登的第一篇布鲁金斯论文的讨论者罗伯特·索洛，在对自然率假说的否定方面与戈登最初持有的观点相同。[1] 因此，布鲁金斯专家小组中作者和讨论者的最初组合似乎不利于在学术界广泛地交流思想。此外，弗里德曼在1972年9月25日的《新闻周刊》上将布鲁金斯学会描述为"在野民主党知识分子的第二个故乡"。[2]

然而，随着时间的推移，弗里德曼在1981年5月18日的《新闻周刊》上对布鲁金斯学会作为一个主要的经济研究中心逐渐产生了相当大的尊重。他还承认，该组织发布的许多研究在某些方面与他自己对政府政策的分析保持一致。[3] 多年来，他引用

---

[1] 参见Solow（1970）。因此，卢卡斯（Lucas 1972a）在控诉自然率假说的计量经济学检验时引用了罗伯特·戈登（Gordon 1970a）和索洛（Solow 1970）。

[2] 在1971年6月15日《动态经济学教学盒式磁带》第76集、1971年12月26日《动态经济学教学盒式磁带》第89集以及1977年5月31日美国公共电视台播放的《开放的思维》节目副本第9页中，弗里德曼做出了类似的评论。

[3] 特别参见弗里德曼在Friedman（1976j，8；p.74 of 1983 reprint）中对布鲁金斯学会对社会保障的研究结论的引用。

了几篇《布鲁金斯经济活动论文集》上的文章，这种做法反映了该期刊作为一份研究刊物而非一种宣传出版物或一种临时的经济评论来源的地位。布鲁金斯学会的长期会员查尔斯·舒尔策在2013年7月9日笔者的访谈中指出："阿特·奥肯和乔·佩奇曼（Joe Pechman）……指出它（《布鲁金斯经济活动论文集》）是一种阐述政策的经济背景的严肃刊物。双方的人员都有。我认为，明显存在有一些批评……但总的来说，它相当中立。"戈登在2013年3月21日笔者的访谈中指出，虽然奥肯最初选择的专家小组"非常以麻省理工学院为中心"，但是他评论说，最初小组的许多成员都很年轻，他们急于撰写"严肃论文"，以在学术上获得终身教职，"奥肯在那些年也是一位非常苛刻的批评家"。

而且，选择索洛来讨论戈登的研究被证明有点反常。更常见的情况是，布鲁金斯专家小组的讨论是真正的反复交流。正如查尔斯·舒尔策所指出的那样，非凯恩斯主义经济学家从一开始就被引入了这个论坛。尽管弗里德曼从未参加过布鲁金斯的专家小组讨论，那些认同他立场的人还是从一开始就在会议中占据了重要地位，因为艾伦·格林斯潘和弗里德曼以前的学生戴维·范德参加了第一次会议。布鲁金斯学会的专家小组在20世纪70年代初的另一位固定成员是威廉·普尔。在回顾这些专家小组时，威廉·普尔强调的一个事实是，《布鲁金斯经济活动论文集》成为学术界与自然率假说相协调的一个关键渠道。[①] 特别是，在1970年后提交给布鲁金斯会议论文集的研究，既推翻了戈登对菲利普

---

① 威廉·普尔在2013年4月21日与笔者的谈话中指出了这一点，并在2013年4月30日本书的一次访谈中对此进行了详细阐述。

斯曲线的最初发现，又巩固了《布鲁金斯经济活动论文集》作为研究期刊的声誉。戈登在2013年3月21日笔者的访谈中指出，他本人也逐渐认识到他这些年在布鲁金斯专家小组中扮演的角色是帮助"消除芝加哥大学和麻省理工学院之间的隔阂"。

正如他在《布鲁金斯经济活动论文集》的文章所证明的那样，戈登从1970年到1972年的研究让他从否定弗里德曼与菲尔普斯的菲利普斯曲线走向承认它。正如威廉·普尔所说，戈登每年都发现一个更大的预期通货膨胀系数。[①] 虽然戈登在1971年论文（Gordon1971）中的结论相当于对自然率假说的又一次明显的否定，但是，正如已经指出的那样，这篇论文对自然率假说的否定没有戈登在1970年的论文（Gordon 1970a）中所报告的数值那么具有决定性。在戈登（Gordon 1976a，55）回顾看来，这篇1971年的研究部分地传达了"长期菲利普斯曲线估计的斜率具有稳步上升的趋势"。

这一过程在此后的几年中继续进行。事实上，接下来的1972年尤为重要。在这一年的早期，布鲁金斯会议的常客罗伯特·霍尔仍然就自然率的论点指出："这个论点的逻辑力量是相当大的，尽管它的经验有效性尚存疑问。"[②] 这一说法因为罗伯特·戈登的新发现而在几个月内就过时了。

---

① 另参见卡洛斯·伦格鲁贝（Lemgruber 1974，43）的评论《在罗伯特·戈登的研究中可以发现估计的一个有趣演变》。
② 参见Hall（1972，66）。罗伯特·霍尔在布鲁金斯学会会议上以及作为麻省理工学院经济系成员的经历，反映在他在同一次讨论中提到的"传统宏观经济学家对通货膨胀在长期中不会减少失业的观点的敌意"之中。

正如戈登（Gordon1976b，193）在 1976 年所说，"随着时间的推移产生了更多的观测值，通货膨胀在 1966—1970 年的逐渐加速导致计算机产生了更高的（预期通货膨胀系数）α 值。直到最后，正如戈登（Gordon1972）所证明的那样，一个包括 1971 年年初的样本时期的检验无法在统计上拒绝 α=1 的假设"。[①] 在 2013 年 12 月 6 日笔者的访谈中，艾伦·布林德评论说："正如鲍勃·戈登在布鲁金斯专家小组中像每年一次所表述的那样，普通的凯恩斯主义菲利普斯曲线到 1972 年，已经承认并接受了弗里德曼与菲尔普斯关于长期菲利普斯曲线是垂直的观点。这和我在研究生院学到的东西有很大的不同。比如在 1969 年或 1970 年情形是这样的：'嗯，这是有道理的——它应该在长期中是垂直的论点，但是它从经验上看不是这样的。'到了 1972 年，它看来是这样的。因此在我看来，这场争论大约到 1972 年就已经结束了。"

罗伯特·戈登的实证研究使他转而同意自然率假说。当他最初在该领域进行研究时，美国数据中的菲利普斯关系展示了通货膨胀和失业组合的近乎教科书式的向下倾斜的散点图。"然后，"戈登在 2013 年 3 月 21 日笔者的访谈中评论说："美国的经济经历了他（弗里德曼）在 1967 年所说会发生的情况。这是天才和巧合的一个非常重要的结合，帮助地巩固了影响力，彻底扭转了局面。"戈登以这样的语言来反思 20 世纪 60 年代末和 20 世纪 70 年代初的情形："在那些日子里，弗里德曼在某种程度上将

---

[①] 事实证明，由于强制实施了价格管制，1971 年年初是美国通货膨胀数据在一些年中相当可靠的最后时期。

宏观经济学引上了更多地以通货膨胀环境为方向的道路。"而且，戈登（Gordon 1976b）承认，他在1970年和1971年对自然率假说的实证否定是有缺陷的，因而受到了托马斯·萨金特（Sargent 1971）和卢卡斯（Lucas 1972a）的批评——他们都指出，当滞后通货膨胀被用作预期通货膨胀的代理变量时，$\alpha<1$的发现很可能出现在自然率假说成立的情况下。20世纪60年代的数据毕竟不是反对弗里德曼与菲尔普斯观点的证据，而只是一个相当稳定的通货膨胀预期和稳定的通货膨胀数据相结合的人为产物。

当戈登（Gordon 1976a，56）在1974年的一次会议上反思这些问题时，他提到了凯恩斯主义者和货币主义者"两个群体都接受的预期菲利普斯曲线框架"。这种描述专业思维状态的方式是对美国经济学家大致到1982年普遍存在的共识的一种有预见性的描述。但是，它并没有传达这样一种现实，即在20世纪70年代上半叶，货币主义者和许多主要的凯恩斯主义者之间在通货膨胀行为上，特别是在成本推动力量是否已成为影响通货膨胀的一个重要因素的问题上的辩论实际上加剧了。①

然而，戈登的描述确实反映了这样一种观念，即美国学者到1972年以有利于后者的方式已经解决了长期非垂直和长

---

① 参见下一章。

期垂直的菲利普斯曲线设定之间的研究文献竞争。[1] 在这一点上，哈里·约翰逊——另一位最初反对自然率假说的人物（参见 Harry Johnson 1970a、Laidler 1984，606-8，以及上一章）评论说（Harry Johnson 1976b，15）："不仅弗里德曼和菲尔普斯的论点，而且他们的观点在通货膨胀的应用研究中的有用性，已经使形形色色的通货膨胀学者改信'附加预期的菲利普斯曲线假说'。"约翰逊补充说："这一假说有相当的能力解释'滞胀'的事实。"同样，卢卡斯（Lucas 1981a，560）评论说："弗里德曼和菲尔普斯是对的。事情实际上就这么简单。"

弗里德曼在多大程度上密切关注布鲁金斯学会关于菲利普斯曲线的讨论？我们知道弗里德曼已经查阅过戈登（Gordon 1971）

---

[1] 其他在这一时期对菲利普斯曲线瓦解的反应处于阿瑟·伯恩斯采用成本推动通货膨胀观点和戈登接受自然率假说之间的中间位置。几位研究人员通过添加解释变量或改变其他设定的方式提出了弗里德曼（Friedman 1977e，452，469）所描述的修补菲利普斯曲线的尝试（另见 E. Nelson and Schwartz 2008a）。例如，索洛（Solow 1969）、奥托·艾克斯坦和罗杰·布林纳（Eckstein and Brinner 1972，2，15）为20世纪60年代的工资和价格指导线增加了虚拟变量，而后两位作者也认为（Eckstein and Brinner 1972，1）当经济处于缺乏充分就业的区间时，长期的非垂直菲利普斯曲线仍然成立。虽然索洛（Klamer 1983，136）在1982年对通过添加新变量来拯救向下倾斜的菲利普斯曲线的尝试表示怀疑，但是，他在 Solow（1969）中估计英国和美国的菲利普斯曲线时添加了成本相关项。正如莱德勒（Laidler 1970，120）、弗里德曼（Friedman 1976a，228）和《美国和英国的货币趋势》第446页所指出的那样，以及第十三章所提到的那样，这种增添项改变了价格估计方程的解释，从而使索洛对加速主义者的限制条件的检验无效——因为索洛所估计的在本质上是加成与实际活动而非通货膨胀与实际活动之间的关系。这种对索洛设定的批评是对托马斯·萨金特（Sargent 1971）关于索洛检验问题的论点的一种补充。

这篇文章。威廉·普尔在2013年4月30日笔者的访谈中推测，弗里德曼为了跟上经济研究的潮流，可能在《布鲁金斯经济活动论文集》在20世纪70年代初出版时匆匆看了一下它上面的文章。

当芝加哥大学经济系在1972—1973学年正在考虑是否授予戈登终身教职时，弗里德曼在稍后很可能读过戈登在此期间发表在《布鲁金斯经济活动论文集》上的文章。戈登收到了包括来自美国西北大学富有吸引力的外部工作邀请，其职称要比他在芝加哥大学时获得的职称要高。芝加哥大学经济系只有在决定立即提拔戈登的情况下才会留下他。而作为对此事审议的一部分，戈登的研究成果受到了审查。

戈登的著作既涉及理解通货膨胀行为领域（他在宏观经济学中的主要研究主题），也涉及产出与价格测量领域（这一领域接近宏观经济学，但由于大量使用分类的价格和数量序列，因而更接近于应用微观经济学）。戈登在2013年3月21日笔者的访谈中回忆道："我的博士论文完全是关于测量的……弗里德曼基本上对我在博士论文中所做的事不感兴趣。"[①] 当弗里德曼被要求审查戈登的研究作为终身任职审议的一部分时，戈登回忆道："弗里德曼说，'我不打算读任何关于测量的东西；我只想看看他在宏观经济学上做了什么。'这样他就把我一半的东西都扔掉了。这再一次表明，虽然他是一位非常多才多艺的经济学家，但是刚

---

① 罗伯特·戈登在完成博士论文后的二十年里所进行的测量研究在1990年的著作（Gordon 1990）中达到了顶峰。

好存在他仍然不感兴趣的某些经济学部分。"①

前几章已经强调，芝加哥大学经济系的成员总是包括那些对弗里德曼的货币经济学和计量经济学方法不同意或不感兴趣的人。然而，我们没有理由质疑马克·纳洛夫在2013年9月18日笔者的访谈中的这种评论："正如我后来在（1969年与1973年之间）成为经济系的成员时所发现的那样，弗里德曼在经济系非常强势。"纳洛夫继续说道："我实际上发现，特别是在系里一次新人任命的会议上，只有两张选票算数，它们是弗里德曼和乔治·斯蒂格勒的票。行政部门总是知道投的是什么票，谁以何种方式投票。所以这是他职业生涯中有趣的一面。"虽然弗里德曼曾在20世纪60年代末支持对戈登的聘任，但是弗里德曼（在1973年年初棕榈泉疗养期间阅读了戈登的文章）当时对戈登的著作采取的态度就不那么积极了。②

---

① 在 Friedman（1970m, 5; 1972g, 10）中，弗里德曼讨论了乔治·斯蒂格勒和詹姆斯·辛达尔（Stigler and Kindahl 1970）的研究。该研究基于微观经济数据，确定了交易价格和报告价格之间的差异。虽然管弗里德曼发现诸如此类的研究很有趣，但是公平地说，他没有将这些研究结果整合到他的通货膨胀研究中，就像他没有这样处理斯蒂格勒委员会的研究结果一样（见第十章）。然而，乔治·斯蒂格勒和辛达尔的研究可能帮助弗里德曼坚定了这样的信念，即尼克松从1971年开始实施的价格管制将在很大程度上被规避，并使价格指数变得不那么可靠。弗里德曼在1970年7月22日《动态经济学教学盒式磁带》第55集中所强调的乔治·斯蒂格勒与辛达尔研究的另一个方面，是其价格变动是经济状态函数的结论。这一发现证实了价格水平的内生性，与价格设定的纯成本推动观点形成了对比。然而，这一结果并不意味着完全的短期价格弹性。事实上，乔治·斯蒂格勒与辛达尔的证据和数据集后来被用来说明新凯恩斯主义者关于价格对经济发展的反应缓慢的观点的原因（参见 Rotemberg 1987, 75）。
② 关于弗里德曼在1972—1973年生病，参见下一章。

对戈登来说不幸的是，弗里德曼正在审查的材料在很大程度上包含了戈登（Gordon 1970, 1970, 1971）对自然率假说的批评，而任期审议是在戈登后来支持该假说的大部分研究之前发生的。"他（戈登）没有获得终身教职，搬到了西北大学，然后就永远在那里。"纳洛夫在2013年9月18日笔者的访谈中评论说。[①]戈登在2013年3月21日笔者的访谈中回忆说，弗里德曼"对我没有在芝加哥大学获得终身教职负有主要责任"，同时也提到了弗里德曼几年后写给一位共同的熟人的"一张便条上说，关于终身职位的决定，'鲍勃·戈登是我最大的错误'"。

在任期审议期间尚不清楚的是，弗里德曼是否从戈登在1972年《布鲁金斯经济活动论文集》的文章中领会到了戈登已经改变立场，转而同意菲利普斯曲线的自然率版本。很清楚的是，弗里德曼不久就认识到戈登在菲利普斯曲线问题上已经成为盟友。他们两人在1974年关于指数化的辩论中并肩作战，部分原因就在于此。[②]此外，弗里德曼在诺贝尔演讲中恭恭敬敬地援

---

[①] 罗伯特·戈登自1973年9月以来一直是美国西北大学经济系的成员。
[②] 参见E. Nelson（2018）。虽然在这场指数化辩论中——这场辩论主要发生在1974年3月至9月，弗里德曼可能毫无疑问地认为戈登已经成为自然率假说的倡导者，但是弗里德曼可能仍然没有意识到专业意见和传统实证检验都在多大程度上转向支持这一假说。例如，在1974年9月于伦敦发表的一次演讲中，弗里德曼［Freidman 1975d, 24-25（p.75 of 1991 reprint）; 1976a, 228］指出，美国菲利普斯曲线的实证研究继续报告预期通货膨胀的估计系数，在这一点上引用了斯蒂芬·托洛维斯基（Turnovsky 1974）对该文献的讨论（见上一章）。戈登在布朗大学货币主义会议上进行讨论的几个月后，弗里德曼接触到了戈登（Gordon 1976a）对其文献现状所提出来的相反（或更新）看法。弗里德曼出席的这次会议于1974年11月举行（McCallum 1978c, 321）。也许正是从那时起，弗里德曼才充分意识到他和菲尔普斯在自然利率假说的辩论中取得了胜利。

引了戈登在1972年后关于通货膨胀的研究。① 在戈登皈依自然率假说之后的最初阶段，弗里德曼对他的态度显然没有那么和蔼。当戈登在1973年结束芝加哥大学的任职之前不久在货币研讨会上进一步报告菲利普斯曲线的研究时，弗里德曼毫不犹豫地提醒戈登从前他所坚持的失业与通货膨胀之间的长期关系。② 在2013年10月24日笔者的访谈中，詹姆斯·罗迪安回忆道："两年后（在戈登1971年的研讨会报告之后），他带着另一篇菲利普斯曲线的论文回来了，米尔顿·弗里德曼没有反对。他说，'好吧，鲍勃，怎么样？之前的模型夸大了吗？'。"

## 二、拉尔夫·纳德

弗里德曼和消费者权益倡导者拉尔夫·纳德（Ralph Nader）在20世纪60年代末和20世纪70年代初有过一些密切的接触。弗里德曼和拉尔夫·纳德于1969年10月6日这同一天在华盛顿特区举行的联合经济委员会听证会上就政府的效率问题作证，尽管不是在同一场会议上。他们在1970年1月22日参加了美国公共电视网关于尼克松第一次国情咨文演讲的专家小组讨论会，尽管他们在不同的电视演播室没有直接交流。但是，两人在20世纪70年代出现了更多直接的对抗，而弗里德曼在这十年结束时在1979年9月6日美国全国广播公司的《多纳休》节目中评论说，他曾多次与拉尔夫·纳德辩论。这是一场超越20世纪70年代二人所有对抗的辩论，弗里德曼和拉尔夫·纳德在1995年8

---

① 特别参见 Friedman（1977e）第459页和460页。
② 戈登这一年的菲利普斯曲线论文是 Gordon（1973）。

月1日和29日的《华尔街日报》上就经济增长和政府管制之间的关系进行的辩论的事实就证明了这一点。

在1977年发表的讲话中，弗里德曼认为拉尔夫·纳德的消费者保护运动将纳德"变成了一家跨国企业集团……（有）许多模仿者和许多后继者"。[1]即使是在《资本主义与自由》中——这本书是在纳德成为消费者保护的代言人之前写的，弗里德曼也对政府安全管制的价值提出了质疑。[2]但是，拉尔夫·纳德所倡导的这场运动带来了大幅度增加产品监管的压力，而弗里德曼在许多场合讨论了纳德的这场运动，包括1967年6月5日在《新闻周刊》上发表的专栏文章《汽车安全标准》。弗里德曼承认，拉尔夫·纳德的努力［其中一个关键部分是纳德在1965年出版的著作《任何速度都不安全》(*Unsafe at Any Speed*)］已经充分激起了公众舆论，促使联邦立法强制实施新的汽车安全要求。弗里德曼承认，新举措很可能会让目前生产的汽车比没有这些举措时更安全。但是，他批评这项立法没有考虑到将更多资源投入汽车安全所带来的机会成本。他争辩说，通过抑制创新，新法规从长远来看可能会降低汽车的安全性。在后来的几年里，弗里德曼还批评了纳德的基础研究，认为《任何速度都不安全》对考威尔（Corvair）汽车的指控经不起仔细审查。[3]

弗里德曼对纳德的汽车驾驶安全法规的不满可能部分反映

---

[1] 参见Friedman（1983d，161）。
[2] 参见Friedman（1962a，148）。
[3] 参见《自由选择》第192页，以及1980年2月29日在美国公共电视台播放的美国电视版《自由选择》第7集"谁在保护消费者？"的副本第6页和1980年4月17日《听众》杂志。

了他自己作为一名热情驾驶者的身份。他的反对意见的个人性质也反映在弗里德曼关于"不管我是否想要,法律要求我'为了我自己的利益'购买特定的汽车'安全'设备"的不满之中。[①] 弗里德曼还在 1974 年 6 月 3 日利用《新闻周刊》专栏文章抱怨强制佩戴安全带。最后一个反对意见并不是许多经济学家都会赞同的。事实上,正如我们将要看到的那样,在消费者保护的整个领域中,弗里德曼立场的来源存在着相当大的争议。根据一种解释,他反对拉尔夫·纳德和其他人的理由是基于经济分析。相反的解释则是,他采用了极端自由意志论者的观点——这种观点意味着人们的自主决策优先于对形势应用的经济分析。

在进一步考虑这一争议之前,应该强调的是,弗里德曼对安全保护的反对意见包含了相当多的经济内容。他争辩说,安全要求的统一性是一个低效的制度,不如让消费者选择他们的汽车所具有的安全功能数量,"消费者应该自由决定他想要承担的风险"。[②] 然而,消费者保护政策相反遵循了汽车安全措施引领的潮流,导致弗里德曼在 1980 年评论说:"自考威尔事件以来,美国政府越来越多地在美国市场的买方和卖方之间强行干预。"[③] 正如下文所讨论的那样,弗里德曼 1967 年在《新闻周刊》上发表

---

① 参见 Friedman(1972d,142;1975e,209)。另见 Friedman(1972c,22)。
② 引自 1977 年 9 月 27 日录音的《米尔顿·弗里德曼演讲》第 3 集"资本主义是人性的吗?"。这段引文出自演讲记录的第 33 页,作为第 28—34 页对该主题扩展讨论的一部分。
③ 参见 1980 年 2 月 29 日在美国公共电视台播放的美国电视版《自由选择》第 7 集"谁在保护消费者?"的副本第 1 页,以及 1980 年 4 月 17 日《听众》杂志第 489 页。

《论汽车安全》的文章后继续声称，采取更多的消费者保护措施的趋势是对消费者选择的一种不恰当的优先权，也是对经济增长和技术创新的一种阻碍。

在弗里德曼去世六个月后，保罗·克鲁格曼讨论此问题时批评了弗里德曼的消费者保护立场。克鲁格曼在2007年5月21日的《纽约时报》上写道："我把食品安全危机归咎于米尔顿·弗里德曼，他呼吁废除食品药品监督管理局的食品和药品监管两方面。如何保护公众免受危险或无效药物的伤害呢？他（弗里德曼）在1999年的一次访谈中坚称，不做这些坏事符合制药公司的自身利益。他可能会将同样的逻辑应用于食品安全领域（就像他对航空安全所做的那样）：无论环境如何，你总是可以相信私营部门能够进行自我监督。"在2008年6月13日《纽约时报》的一篇专栏文章中，克鲁格曼继续嘲笑弗里德曼在1999年同一次访谈中提出的表面建议，即私人诉讼的威胁为企业关注产品安全提供了充分的激励。克鲁格曼认为，弗里德曼的立场反映了人们对美国复杂而漫长的法律程序的一种特殊信任度，"与我能想到的几乎所有其他保守派不同的是，弗里德曼将律师视为自由市场资本主义的守护者"。

虽然克鲁格曼依赖弗里德曼最近的一次讨论作为他的信息来源，但他确实有坚实的理由表明，弗里德曼认为食品安全（和药品安全）在很大程度上是由私人激励来保证的，无须监管。[1] 弗

---

[1] 克鲁格曼提到的弗里德曼访谈，出现在1999年2月10日胡佛研究所网站系列片《难得的知识》（*Uncommon Knowledge*）中题为"自由意志论"的一集。

里德曼早在 1999 年之前就发表过此类言论——那是他在 20 世纪 70 年代和 20 世纪 80 年代初公共政策活动领域的全盛时期。弗里德曼所称的"营养服务",在他看来最好是在没有政府干预的情况下通过市场提供。① 弗里德曼在 1977 年陈述说:"保护消费者符合企业家的自身利益。"他在同一次演讲中评论说,企业对回头客的需求鼓励它们避免生产劣质产品。②

此外,在本章所述期间,弗里德曼为玛丽·贝内特·彼得森(Mary Bennett Peterson)的《受监管的消费者》(*The Regulated Consumer*)一书写了序言,将消费者安全监管的自由市场批判应用于食品和药品领域。弗里德曼在给玛丽·贝内特·彼得森的书作序言的最后说:"我向你们推荐这本书。"③ 这个推荐之所以值得注意,是因为书中有一段概述了克鲁格曼将它与弗里德曼联系起来的观点:

> 大多数制药公司为了自己的利益,在所有药物上市之前都要自己进行大量的测试。如果出售有害或有缺陷的药物,并造成伤害或死亡,那么有过失的企业可能会被起诉,面临严重的损害赔偿,因为这些药物甚至可以是食品药品监督管

---

① "营养服务"一词出现在 Friedman(1976a,284)中。
② 引文出自 Friedman(1983d,165),第二句话出自 1977 年 9 月 12 日录音的《米尔顿·弗里德曼演讲》第 2 集"谁在保护消费者?"的副本第 23—24 页。《资本主义与自由》第 159 页将类似的论点应用于医学行业的服务。
③ 引自 Friedman(1971i)第 20 页,弗里德曼给玛丽·贝内特·彼得森(Peterson 1971)写的序言标明的日期是 1971 年 4 月 2 日。

理局批准的药物。昂贵的诉讼风险和声誉受损的风险是如此之大，以至于阻止了最不负责任的公司之外的几乎所有公司故意地销售有害或虚假的药物。(Peterson 1971，70)。

沿着同样的思路，弗里德曼本人在20世纪70年代曾多次表示，受到企业产品伤害的个人能够对企业提起诉讼。[1]

因此，克鲁格曼似乎也有坚定的理由认为，弗里德曼将私人诉讼的可能性视为一种对企业出售有害产品的有效威慑。然而，克鲁格曼推断弗里德曼相信美国现有法律程序的效率的说法则是一个无效的跳跃。谁说弗里德曼对美国经济的改革计划不会触及法律制度？

诚然，要想考虑弗里德曼会支持什么样的法律制度变革，就必须进入他的著作在整体上很少涉及的领域。在与美国国内政治和经济安排相关的少数几个领域中，弗里德曼在法律改革领域留下的著作和声明较少。就法律制度的改革或将经济原则应用于该制度的改革而言，他几乎没有系统性的言论。弗里德曼在芝加哥大学的几位经济学家同事深入研究了经济学和法学的交叉领域。弗里德曼的儿子戴维·弗里德曼也在2000年的一本教材中深入

---

[1] 参见1973年2月《花花公子》杂志第56页［再版于Friedman（1975e，10—11；1983b，21—22）］、1973年6月6日《动态经济学教学盒式磁带》第122集、1977年9月12日录音的《米尔顿·弗里德曼演讲》第2集"谁在保护消费者？"的副本第35页，以及Proprietary Association（1979，32）。早些时候，理查德·洛（Low 1970，434）批评了弗里德曼对医疗行业的讨论，认为《资本主义与自由》中反对许可证的理由过分依赖医疗事故诉讼作为一种保持医疗质量的机制。

研究了这个主题。但是，法律的主题并不是弗里德曼大力研究的一个领域。弗里德曼自1972年起的秘书格罗丽娅·瓦伦丁在2013年4月1日笔者的访谈中也同意，弗里德曼远离法律问题的写作，"也许（因为）这正是他感觉这样做时不自在的事情"。弗里德曼自己的言论强化了这种印象：

"我不是一位商法专家。"[1]
"我不是一位律师。"[2]
"我并非律师。"[3]
"我不习惯与律师交谈。"[4]

不过，我们确实知道，弗里德曼阐述的理想法律制度还不完善，也与美国的实践大相径庭。弗里德曼反对法律许可证的事实证明了这一事实。[5] 当然，废除许可证的做法不能被认为是一个会得到经济学家或非经济学家广泛支持的建议。

---

[1] 摘自 Committee on Banking, Currency and Housing（1976a, 2187）。
[2] 参见马丁·安德森（M. Anderson 1982, 85）著作中弗里德曼于1979年的评论，以及戴维·利维（Levy 1992, 12）访谈中弗里德曼的评论。
[3] 参见 Friedman（1984f, 27）。
[4] 参见 Friedman（1987d, 1）。
[5] 关于弗里德曼对许可证的反对，参见上文第二章；关于强调这种反对包括合法许可这一点的讨论，参见《自由选择》第305页。弗里德曼在《资本主义与自由》中对许可制度的讨论主要集中在他最熟悉的医疗行业的例子上，在法律行业作为"题外话"被提到过。弗里德曼在《资本主义与自由》第151页和第153页指出，他的一位同事坚持反对律师执照。

尽管如此，但是我们似乎可以得出这样的结论、克鲁格曼对弗里德曼的批评（大意是弗里德曼将美国现有的法律体系推崇为消费者权利的保护者）是无效的。毕竟弗里德曼针对美国监管的全部改革建议，想必既会涉及减少消费者保护规则的措施，又会涉及努力降低美国法律制度复杂性的措施。

因此，弗里德曼反对消费者保护的理由，并不构成对美国法律制度的认可。然而可以说，弗里德曼的论点确实建立在过于乐观的信息假设基础上，特别是建立在消费者对产品市场知识的过度自信基础上。阿瑟·奥肯持这一观点，在1970年1月25日的《纽约时报》的第83页上认为，"米尔顿·弗里德曼谈论的仿佛是一个完美的（或可以完美的）市场，每个人在做出市场决策时都拥有完美的信息和完美的理解"。劳伦斯·萨默斯在2013年11月22日笔者的访谈中同样认为，弗里德曼"对不完美信息的认识不足，因为人们在自主决策时往往会做出错误的选择……我认为他对人们做出明智选择的困难相当漠不关心"。

弗里德曼针对这种批评会给出一种差强人意的回答。他声称，反对消费品监管的理由并不要求假设所有客户都拥有高水平的信息；相反，所需要的信息是存在一位知情的购买者——他可以确定某一产品信誉良好的卖家，并让其他消费者通过口碑了解它。[1]然而，可以说，这不是一种可接受的监管替代方案。对不安全产品的法律禁止，相当于社会对不安全产品的不可接受性发表公开声明——不允许出售此类产品的一种宣言。相比之下，弗

---

[1] 参见弗里德曼在1973年2月《花花公子》杂志第56页上的评论，再版于 Friedman（1975e, 10-11; 1983b, 21-22）。

里德曼的方案只能通过包括消费者口碑在内的市场力量的作用，来间接阻止不安全物品的生产。在某些情况下，后一种替代方案可能更可取，尤其是在需要以不同安全等级制造产品的情况下。但在其他情况下，可能会存在一种应该利用法律框架而不是市场来将产品驱逐出市场交易的强烈假设。"我的例子一直是：没有人真的想买一个不安全的婴儿座椅。"劳伦斯·萨默斯在2013年11月22日笔者的访谈中评论说，"事实上，很难判断婴儿座椅是否安全。因此，为婴儿座椅规定最低标准的想法实际上有相当的逻辑，即使会有一些人漫天要价因此将失去婴儿座椅市场，也可能要比让他们完全自由选择更好。"

弗里德曼对消费者保护运动提出的另一个反对意见是，该运动对潜在购买者在进行交易前仔细审查产品的责任规定得太少，因此违反了"买者自慎"的原则。[①] 对此，可能的反对意见是，例如与消费者主权这一概念相反的"买者自慎"原则实际上更多地植根于自由意志论，而非严格的经济分析本身，因此，这是一个弗里德曼无法诉诸学术界共识的原则。例如，鲍莫尔（Baumol 1974, 205）陈述说："对我而言，（买者自慎）并不是一个真正能接受的公共福利规则。"

前面在消费者保护方面反对自由放任立场的一些理由反映在霍华德·阿德勒（Adler 1971, 10）言简意赅的评论之中："如果产品是一种危险或制造上有缺陷的产品，如药品，那么明显存在

---

① 参见1973年6月6日《动态经济学教学盒式磁带》第122集、1977年9月12日录音的《米尔顿·弗里德曼演讲》第12集"谁在保护消费者？"的副本第34页。

的风险是，消费者很可能在产品淘汰之前就会受到伤害。"

因此，对于弗里德曼对消费者保护的看法，存在许多合理的反对意见。尽管如此，应该再次强调的是，弗里德曼对消费者保护的保留意见部分地包含了经济学家对这些问题的标准看法，尤其是他们援引了机会成本的概念。就连保罗·萨缪尔森在 1969 年与弗里德曼一起参加一个节目时，也只是对弗里德曼的管制立场提出了有条件的反对。"食品和贸易管制是好事，"萨缪尔森在 1969 年 5 月 22 日参加美国波士顿公共广播电台节目《经济学大辩论》时评论说，"尽管我确实意识到可以提出强有力的论据来反对它们。"萨缪尔森甚至在诉讼具有规范产品质量的作用的观点方面与弗里德曼达成某些共识。在这一点上，萨缪尔森在 1970 年 12 月 26 日的《纽约时报》上评论说："在不受欢迎的行为发生之后，利用民事诉讼来惩罚这种行为，实际上往往是一种比在行为发生前进行昂贵而不愉快的检查更好的社会手段。"（原文强调；另见 Samuelson 1973b，248）因此，在某些方面，弗里德曼反对拉尔夫·纳德观点的理由是在为学术界进行辩护。

但是，弗里德曼针对拉尔夫·纳德的讨论有一个特别的方面，远远超出了可能通过经济分析的合理解释，或者就此而言通过公正评论的合理定义所能证明的范围。弗里德曼这一代人打败了阿道夫·希特勒，但他们也常常会在国内公开辩论中太过于急不可耐地援引希特勒和纳粹主义。1971 年 6 月 6 日，弗里德曼在罗切斯特大学的毕业典礼上发表讲话时犯下了这一错误。在那次会议上，他说："上帝保佑我们远离那个不仅比我们更清楚什么东西对我们有利，而且也知道让我们做对我们有利的事是他的责任和义务的真诚狂热者——无论他的名字是托尔克马达或希特勒，还是在更小程度上的马尔库塞或纳德。这些真诚的狂热者在人类历史进程中造成了巨大的伤害。"① "更小程度"的限定不足以推翻弗里德曼将希特勒与纳德进行类比是极其不恰当的。② 在几年后回忆这次毕业典礼演讲时，弗里德曼对这种比较毫不后悔，尽管他在 1974 年 11 月 6 日《动态经济学教学盒式磁带》第 157 集中暗示观众对这种比较的反应很差。但是，当弗里德曼在 1977 年的演讲中重复这一比较时，已经怀有敌意的部分听众引起了大骚动，以至于活动被中断。当这篇 1977 年演讲的出版版本收录在 1983 年的文集《希望的诺言，惨淡的表现》（*Bright Promises, Dismal Performance*）中时，对希特勒的引用被删除了——这一删除可能反映了该书编辑威廉·R.艾伦有品位的判断。③

弗里德曼这种无节制的语言只是他在与拉尔夫·纳德就消费者保护进行辩论时表现不好这个事实的一种最极端表现。他本可以在这些辩论——一个分析型经济学家面对一个非分析型非经济

---

① 参见 Friedman（1971j, p.165 of 1972 printing）。
② 此外，在 1969 年 5 月 4 日组约西部国家广播公司的一次电视访谈节目《畅所欲言》副本第 6 页中，弗里德曼详细批评了肯尼迪总统的就职演说。他说，肯尼迪总统的就职演说呼吁公民为他们的国家做贡献，希特勒或墨索里尼可能也会这么说。
在弗里德曼的言论中，另一个与纳粹时代类比的不幸事件是无意中发生的。《美国货币史》第 362 页、第 449 页和第 480 页将 20 世纪 30 年代的大萧条称为"大屠杀"。在他们写作这本著作的时候，这个词经常被用作"灾难"的同义词。
③ 出版的版本是 Friedman（1983c）。原始的演讲出现在 1977 年 9 月 27 日录音的《米尔顿·弗里德曼演讲》第 3 集"资本主义是人性的吗"之中——被错误地列为 1978 年发表的。

学家中担任经济学家的代表,但是他在大多数情况下并没有扮演这一角色。相反,他不仅经常表现得更像一种自由意志主义者的代表,而不是经济学家的代表,而且使用的煽动性语言也不利于他表达建立在经济分析基础上的论点。

但是,当弗里德曼转向拉尔夫·纳德活跃的另一个领域——环境领域时,他的行为会更接近于履行经济学家代表的职责。

拉尔夫·纳德将与环境保护问题联系在一起。随着环境保护问题在尼克松执政早期的重要性上升,弗里德曼多次介入这一问题。在这里,他基于外部性的存在认为在原则上存在政府干预的正当理由。但是弗里德曼认为,环保主义者提出政府干预的理由是情绪化的,没有明察事理。截至1970年,大多数环境辩论都集中在工业污染上。在这里,弗里德曼认为,这场辩论被错误地塑造成一个好人对坏人的故事。在这个故事中,企业随意制造污染。弗里德曼在1970年8月16日《太阳先驱报》(Sun-Herald)第104版上说,产生污染的企业并不是"故意污染空气的邪恶的魔鬼"(另见 Center for Policy Study 1970, 2):他们这样做是因为消费者对其产品的需求产生了一定污染量的需求。"要对污染负责的人是消费者。正是购买产品的人创造了污染的需求。"弗里德曼在1970年4月芝加哥大学学生与教职员工就污染问题举行的一场喧嚣的会议上说。[1] 他早些时候在1970年2月1日的《芝加哥论坛报》上评论说:"如果人们发现控制污染的成本太高,那就让我们诚实地面对它说,我们宁愿有污染,也不愿花钱去消

---

[1] 引自 Center for Policy Study(1970, 3)。另参见《芝加哥论坛报》在1970年4月12日就这一议题对弗里德曼进行的长篇采访。

459

除它。"

弗里德曼对联邦政府通过监管法令对企业实施了大量的反污染措施而没有公开考虑消费者的隐性成本的做法感到不安。不过，弗里德曼并不反对政府针对消费者的反污染措施。事实上，在1970年6月参加的一次电视节目中，弗里德曼声明他支持汽油税作为一项反污染措施。[①] 而且，弗里德曼在20世纪70年代早期多次支持对企业征税的庇古解决方案，即与企业排放的污染物相关的一种税收。[②] 虽然一些非经济学家认为弗里德曼对这一措施的倡导意味着，该税只会得到强硬派自由市场倡导者的支持，但这并不是正确的解释。庇古税的主张在经济学家中属于正

---

[①] 参见1970年6月28日美国全国广播公司《与媒体见面》节目的副本第6页。弗里德曼支持汽油税的另一个理由是，这是驾驶者使用政府提供的公路基础设施要缴纳的一笔费用（Friedman 1981a, 16; 2006年11月5日《圣何塞水星报》）。

[②] 例如，参见弗里德曼在政策研究中心（Center for Policy Study 1970, 20, 25）的评论、1979年4月15日《动态经济学教学盒式磁带》第48集、1972年春季《商业与社会评论》，引自Friedman（1975e, 246），以及1973年2月《花花公子》杂志第58—59页［再版于Friedman（1975e, 16-17; 1983b, 29-30）］。弗里德曼一直到20世纪70年代倡导污染税的一个例子是他在弗里德曼与欧文·克里斯托尔（Friedman and Kristol 1976, 36-37）1976年的对话中的论述，而更早的一篇讨论是弗里德曼（Friedman 1957b, 92）在1957年的论文。这些文章和不久要讨论的其他文章支持杰弗里·萨克斯（Jeffrey Sachs）在2012年7月12日博客上关于弗里德曼认识到政府环境保护措施的必要性的观点（blogs.ft.com）。

统观点，而不是弗里德曼的一种创新或怪癖。① 对污染的控制偏好基于税收而非管制的方法一直是并依然在经济学家中很流行。保罗·克鲁格曼最近在 2014 年 11 月 28 日的《纽约时报》上的评论证实了这一事实："经济学教科书不是反环境的；它说应该限制污染，尽管是说在可能的情况下通过市场友好的方式进行限制。"

值得注意的是，即使在 20 世纪 70 年代末——那时他已经非常支持"公共选择"理论家对政府采取措施对抗外部性的负面看法——弗里德曼仍然直言不讳地提倡征收污染税。他在 1980 年 7 月 20 日的《芝加哥论坛报》第 21 页断言，政府在限制污染方面确实可以发挥作用。"我不认为有任何好的方法来处理我们所面临的那种污染问题"，弗里德曼在 1979 年评论说，"但最不坏的方法是通过征收排污税，从而在事实上将排放污染物的权利转化为私有财产。"② 弗里德曼夫妇还在 1980 年《自由选择》的著作

---

① 《自由选择》第 217 页承认税收在经济学正统观念中的地位。值得注意的是，这偏离了科斯关于外部性的立场。弗里德曼赞赏科斯（Coase 1960）1960 年这篇主要是与关于外部性的科斯定理相关联的论文。他不止一次为科斯定理的内部逻辑进行辩护（Kitch1983，227；Stigler 1988，76，212）。但与乔治·斯蒂格勒不同的是，弗里德曼并没有在著作中对科斯定理进行大量讨论。特别是，在考虑公共部门针对外部性所采取措施的优点时，弗里德曼不倾向于使用该定理作为起点。相反，弗里德曼在 20 世纪七八十年代对治理污染的庇古措施的反复倡导意味着，他在这个问题上的观点与科斯定理相关的观点截然不同，更加接近主流经济思想的观点。

② 引自 Proprietary Association（1979，38）。此外，弗里德曼（Friedman 1977j，34）指出，实施这些措施构成了政府的"适当职能"。

版中倡导庇古税。①

弗里德曼支持以税收为基础的措施的理由是，这些措施创造了条件，使私营部门的决策可以基于明确的价格进行成本与收益计算。根据1970年4月15日《动态经济学教学盒式磁带》第48集，这种情况将使生产和消费决策中"对清洁空气的需求是有效的"，但也将允许社会出现对正污染量的基本需求。以税收为基础的减排措施允许家庭和企业的行动成本进入他们的决策，因而是"正确的干预"，而由法令强制实施的统一监管标准则不是。②弗里德曼认为征收污染税可能产生的情况是，污染的产生将受到抑制，企业将根据税收使生产成本最小化。③对于克鲁格曼将弗里德曼描述为一个相信法律体系可以处理外部性的人而言，他的部分看法则提供了一个反例。而且弗里德曼和他的妻子指出，污染税优于污染管制的一个优点是，这种税收机制将减少对法院作为执行环境保护的一种机制的依赖。④

在环境问题上，在更大程度上比在消费者保护领域中，弗里德曼对拉尔夫·纳德立场的反对在整体上代表了弗里德曼为学术界进行辩护的情形。

截至20世纪70年代初，期望美国政府的污染防治措

---

① 《自由选择》第217—218页。另见1979年9月6日美国全国广播公司《多纳休》节目。有关重申，参见1998年8月24日《巴伦周刊》(*Barrons*)。
② 参见1977年9月12日录音的《米尔顿·弗里德曼演讲》第12集"谁在保护消费者？"的副本第35页。
③ 参见1977年10月13日录音的《米尔顿·弗里德曼演讲》第2集"掩盖现实之谜"的副本第27页。
④ 参见《自由选择》第216—217页。

施最终将采取税收措施的形式似乎不切实际。丹尼尔·沃克（DanielWalker 1971，5）在一次为管理人员举行的关于环境保护主题的会议上沿着这种思路表达了这种预测。但是，美国在20世纪70年代引入的环境保护措施中，监管措施相反仍然占据着重要地位。面对这一趋势，弗里德曼在1978年6月12日的《新闻周刊》上强调环境限制是住宅建设和工厂建设的一大新障碍。他在1979年12月31日的《新闻周刊》上认为，当局未能使用明确的税收和价格体系来控制污染，就意味着政府的环境措施未能反映"相互竞争的目标之间的合理平衡"。随着20世纪70年代的结束，以及1973年后生产率增长的放缓变得越来越明显，弗里德曼援引环境和消费者保护的增长作为阻碍美国经济增长和技术创新的因素（Proprietary Association 1979，28；1979年7月15日《芝加哥论坛报》）——他将在1995年8月1日《华尔街日报》上与拉尔夫·纳德的辩论中重申这一控诉。[1]

---

[1] 爱德华·纳尔逊（E. Nelson 2007，169）讨论了弗里德曼对1973年后生产率放缓的判断。

# 第十五章

## 货币政策辩论与稳定政策的发展：1969—1972 年[①]

---

[①] 本研究所表达的观点仅代表笔者本人，不应解释为美国联邦储备委员会或联邦储备系统的观点。笔者要感谢戴维·莱德勒对本章初稿的评论。笔者也要感谢米格尔·阿科斯塔、乔治·芬顿、威廉·甘伯和克里斯汀·卡尼尔对本章的研究帮助，同时也感谢加州大学伯克利分校经济史研讨会的参与者，包括 J. 布拉德福德·德隆、巴里·埃森格林、玛莎·奥尔尼、克里斯蒂娜·罗默和戴维·罗默，对本章部分报告内容的评论。关于完整的致谢名单，参见本书前言。笔者遗憾地指出，自本章的研究开展以来，笔者将在下面引述的四位访谈者——加里·贝克尔、莱尔·格拉姆利、艾伦·梅尔策和理查德·穆斯均已去世。

## 第一节　事件与活动：1969—1972年

在弗里德曼去世后回顾他的职业生涯时，安娜·施瓦茨在谈到他的1967年美国经济协会的主席演讲时评论说："那是顶峰。"[1] 当戴维·莱德勒（Laidler 1995，324）说到弗里德曼到1970年"实际上完成了对货币主义的学术文献的所有主要贡献"时，他就在早些时候提出了一个类似的但更加强有力的看法。同样的结论构成了托马斯·萨金特在1987年中期举行的向弗里德曼致敬的会议上报告的题为"米尔顿·弗里德曼对宏观经济学的一些科学贡献"的概述的基础。在萨金特的文章中，其参考目录所包含的弗里德曼撰写的最新参考文献的日期是1969年（Sargent 1987c，14）。

我们很难不同意这些看法。弗里德曼在1968年之后的两篇论文获得了并将继续获得大量的引用，其中一篇是《最优货币数量》。这是弗里德曼在1969年出版的一卷著作《最优货币数量论》的首篇（也是唯一没有再版的一篇）。[2] 但是，正如本书第八章强调的那样，《最优货币数量》实际上并非弗里德曼货币研究的主要思路的一部分。这篇论文不仅使用的模型简化不同于弗

---

[1] 参见安娜·施瓦茨在2008年5月27日纽约市立大学的国民经济研究局纽约市办公室对笔者的谈话。
[2] 参见Friedman（1969a）。

里德曼在大量的货币研究中使用的模型简化，而且突出的货币政策规则的优点不同于他在以政策为中心的著述中所强调的固定货币增长规则的优点。此外，这篇论文在理论分析上算不上真正的创新，因为它基本上是弗里德曼和其他人在 20 世纪 60 年代早期著述中所获得结论的一种概括。[①]

在政策方面，该著作一经出版，《新闻周刊》就在 1969 年 7 月 19 日不仅尝试鼓吹弗里德曼的《最优货币数量》这一篇论文的政策含义，而且认为弗里德曼在政策辩论中开辟了一个新的战斗舞台。而且，保罗·萨缪尔森报告说，这一篇论文给学术界和政策圈制造了一定程度的困惑，因为一些人想知道弗里德曼是否

---

[①] 再次参见第八章。

在否定旨在实现价格稳定的固定货币增长规则的主张。[1] 不过，与弗里德曼之前的著述相反，《最优货币数量》这篇的论文既不打算在美国的现实货币政策讨论中发挥重要的作用，也没有这样做。正如第八章指出的那样，弗里德曼在该论文的结尾部分明确表示，虽然他突出了引起价格水平的温和通货紧缩的政策规则的益处，但是他并不想在美国倡导这样一项规则。也就是说，他没有公开宣布放弃他之前关于货币增长应该按照与价格稳定保持一致的速度进行的观点。

---

[1] 参见 Samuelson（1970b, 35）。萨缪尔森的这次讨论提供了萨缪尔森援引弗里德曼的《最优货币数量》论文的一个事例。相比之下，佩里·梅林（Mehrling 2014, 190-91）无法确定萨缪尔森对弗里德曼《最优货币数量》论文的任何援引。

虽然梅林（Mehrling 2014, 190）提出，弗里德曼在《最优货币数量》论文中勾勒的支持通货紧缩规则——由实际利率的水平所支配的通货紧缩率的论点好像构成了弗里德曼与萨缪尔森的分歧的一部分，但是不存在任何理由支持这种解释。不仅萨缪尔森归根结底提出了这同一个论点的自己的版本——例如在 Samuelson（1968, 9-10）中，而且在本章涵盖的期间，弗里德曼从前的学生莫里斯·帕尔曼（Morris Perlman 1971, 247）也将通货紧缩规则归之于萨缪尔森和弗里德曼。后来的其他人也如此，包括于尔格·尼汉斯（Niehans 1978, 6）和罗伯特·汤森德（Townsend 1980, 266）。实际上，正如第八章所讨论的那样，埃德蒙·菲利普斯就1969年之后的大量文献将通货紧缩规则的结论唯一地归之于弗里德曼而不是他自己、萨缪尔森等其他在20世纪60年代文献的贡献者的做法表达了不满。

弗里德曼与萨缪尔森在通货紧缩规则的建议方面存在众多的一致性。弗里德曼与萨缪尔森都赞同，政府有货币管理的任务。他们都同意，不带利息的货币的存在让私人部门遭受了效用损失，这种损失可以通过支持稳态的名义利率为零的货币政策来减轻。而且至关重要的是，两人还同意，其他因素有可能表明在美国的现实货币政策中采纳通货紧缩规则是不可取的。

虽然存在"最优货币数量"的分析，但是弗里德曼继续倡导标准的固定货币增长规则，这突出表现在1969—1972年他在许多论坛的评论之中，特别值得注意的是他在1972年2月7日的《新闻周刊》上发表的专栏文章《支持货币规则的理由》。

弗里德曼在1968年之后得到广泛引用的第二篇论文是他在1977年关于通货膨胀与失业的诺贝尔演讲。这次演讲没有为了确立他的新立场，而是将他的菲利普斯曲线思想聚集在一起加以重述。包含在诺贝尔演讲中的理论评论可以在弗里德曼20世纪五六十年代的著述中找到。

虽然弗里德曼与施瓦茨在1982年的《美国和英国的货币趋势》著作是解释弗里德曼的分析框架的一个不可或缺的来源，但是它在经济学家中获得的关注度没有达到他在1969年之前的著作中所受到的关注的水平。它的存在与前面引述的莱德勒对弗里德曼的研究所做的描述并不矛盾。

但是，弗里德曼确实在1969年至1972年之间依然活跃于研究之中。而且，他在1971—1972年关于货币政策滞后效应的研究，虽然在研究文献中只获得了少量的参考文献援引，但提供的研究发现却构成了后来成为弗里德曼最为熟悉的命题的一部分。因此，这篇研究在某种意义上是弗里德曼在货币问题上的基本研究到20世纪60年代末就基本上结束了的概括的一种例外。在探讨弗里德曼从1969年到1972年在货币领域的几项其他的研究活动之后，在结束时论述这项时滞的研究。弗里德曼在1969年与1972年之间就货币发展状况所做的评论和交流，特别是尼克松政府的政策和威廉·麦克切斯尼·马丁与阿瑟·伯恩斯的美联储政策，留待本章后面几节来论述。①

## 一、国民经济研究局的货币项目

随着弗里德曼与施瓦茨的货币研究项目继续进行，他们的原创性著作继续获得了销售的成功。《华尔街日报》在1969年11月4日报道，《美国货币史》到当时为止已经销售或赠送了8300册。而且，《大收缩：1929—1933年》这本由《美国货币史》的第七章构成的书，在1965年出版的平装重印本到1970年12月已经销售了8748册。②同时，为了利用弗里德曼与施瓦茨著作的声望，格林伍德出版社在1969年重新出版了一本由一位叫查尔斯·J.布洛克（Charles J. Bullock）的人在1900年所著的题为《美国货币史论文集》(Essays on the Monetary History of the United States)的鲜为人知的大部头著作。普林斯顿大学出版社在1971年3月通知两位作者，计划在1971年秋季随同精装本第五次印刷1000册《美国货币史》的平装本（最初印数为4000册），这进一步表明《美国货币史》取得了成功。③在这个平装本第一次出版差不多五十年之后，它依然在印行。

从弗里德曼和施瓦茨在国民经济研究局1969年的《年度报

---

① 参见理性预期革命的叙述也如此。关于这一点，参见下面第三节题为"罗伯特·卢卡斯与托马斯·萨金特"的讨论。
② 参见普林斯顿大学出版社在1971年3月26日致安娜·施瓦茨的信，存放于安娜·施瓦茨档案。
③ 参见普林斯顿大学出版社在1971年3月26日致安娜·施瓦茨的信，存放于安娜·施瓦茨档案。相比之下，《最优货币数量》直到2005年才出版了平装本。

告》中对他们的研究所做的描述来看,人们以为弗里德曼与施瓦茨的一系列其他著作不久将要出版,那是可以理解的。除了预告《美国货币统计》著作的出版,这两位作者说:"本卷在分析上主要使用我们的货币统计来研究趋势,我们希望在1969年完成此卷著作;同时我们在1970年转向它的姐妹篇,在分析上主要使用我们的货币统计来研究周期性运动。"[1]但是,《美国和英国的货币趋势》(在1969年的讨论中被描述为差不多完成了)实际上直到1981年才最终付印。[2]弗里德曼的旅行、访谈和时事评论意味着对美国和英国的货币趋势的研究工作进入了慢车道。

弗里德曼与施瓦茨将《美国和英国的货币趋势》的最初延迟归因于《美国货币统计》的完成,并表示尽管如此,他们预期《美国和英国的货币趋势》的初稿将在1970年年末完成。[3]这将不会发生的一个早期迹象包含在1970年9月弗里德曼在英国的谢菲尔德(Sheffield)大学对一群货币经济学家听众所做的讲话之中。在那个场合,弗里德曼指出:"安娜·施瓦茨女士与我正在从事美国与英国的货币趋势的比较研究……我最初希望在这个研讨会上就这项工作报告一篇论文,但不幸的是,这项研究进展

---

[1] 参见 Friedman and Schwartz(1969b,80)。关于两位作者陈述他们再出版两本著作的计划的另一个例子,参见《美国的货币统计》。
[2] 弗里德曼和施瓦茨(Friedman and Schwartz 1991,39)指出,《美国和英国的货币趋势》在1981年付印。《美国和英国的货币趋势》的正文在第43页称1980年为当前日期(另参见第573—574页),尽管对正文的修改和补充明显是在1981年插入的。参见该著作第64页和第647页所给出的参考书目。
[3] 参见 Friedman and Schwartz(1970b,79,81)。

得不足够快。"① 在那次报告中和弗里德曼在 1971 年与 1972 年就他与施瓦茨的研究所做的讲座中，提供的材料主要限于讨论数据的散点图。② 弗里德曼与施瓦茨在 1972 年国民经济研究局的《年度报告》中就英国与美国的货币流通速度的相似性所写的研究发现，在 1972 年 10 月 17 日的《美国银行家》上以新闻报道他们的研究发现的形式引起了小小的轰动。不过，同一期国民经济研究局的《年度报告》表示，读者不要期待《美国和英国的货币趋势》著作很快出版。弗里德曼与施瓦茨承认："我们需要完成货币趋势手稿的估计时间在过去过于乐观，以至于我们避免预测完成的日期。"③

到那时,《货币周期》(*Monetary Cycles*) 的出现看起来甚至像一个遥不可及的梦想。在那十年开始之际，弗里德曼将他的研究列举为包括"货币周期与趋势"（American Economic Association 1970, 143）。但是，在 1971 年 10 月 20 日进行《动态经济学教学盒式磁带》第 84 集评论系列的演讲时，弗里德曼指出他的周期著作的研究依然只是处于一个特别早期的阶段，而"在过去做了如此之多的承诺以至于我不得不收回我的前言——我真的不想说那本著作在什么时候会完成"。由于弗里德曼与施瓦茨在完成《美国和英国的货币趋势》时遭遇了拖延，因此计划中的《货币周期》著作将被完全放弃。④ 弗里德曼与施瓦茨在 20 世纪 70 年出版的著作因而就是在前一章讨论过的那卷著作：20

---

① 参见 Friedman（1971e, 151）。
② 参见 Friedman（1972g, 1973a）。
③ 参见 Friedman and Schwartz（1972, 32）。
④ 参见《美国和英国的货币趋势》。

世纪70年代中期付印的《美国货币统计》。

## 二、托宾论因果性

在20世纪70年代中期出版的《经济学季刊》的一期上，弗里德曼与詹姆斯·托宾有一次极其著名的论战。这次论战的主要文章是托宾在1970年的这篇《货币与收入：后此谬误？》(Tobin 1970a)，该论文在发表之前的几年都已经广为传阅。[①] 托宾在这篇文章中阐述的模型就是货币政策无法影响实际收入和名义收入，但是货币需求函数的形式会导致货币的变动引起收入的变动的时间序列趋势。因此，这个模型就是要挑战弗里德曼在著述中对货币与收入的经验相关性所作出的解释。在弗里德曼的著述中，货币与收入的正向关系以及货币一般领先收入的事实就被视为支持货币政策有效性的证据。

托宾的论文因公开承认反向因果关系的问题而受到高度的赞扬。这种赞扬是否值得并不确定，可以确定的是，这已经大量夸大了托宾的论文提出了弗里德曼迄今为止所忽视的论点的程度。例如，布林德（Blinder 1983, 69）在1983年声称，"货币仅仅被动地对实际活动做出反应……的可能性"是在这篇1970年的文章中"由托宾第一个提出来的"。但是，这样一种描述忽视了弗里德曼本人在1970年之前对这个问题的讨论，其中包括他在1954年斯德哥尔摩的讲座、弗里德曼与施瓦茨在《美国货币史》最后一章十页的一节、他与施瓦茨在1963年的论文《货币与商

---

① 其结论在丹尼尔·布里尔（Brill 1968, 158）的论文中描述过。另参见 Tobin（1969b, 21-22）。

业周期》，以及他在 1964 年对国民经济研究局的货币研究的进度报告。① 事实上，弗里德曼甚至在 1963—1964 年之前在电视上评论说，在解释货币与收入的相关性问题上，"1964 年的美元问题"是一个它们是否反映了货币力量在决定名义收入行为方面的作用问题。在那次电视节目中，弗里德曼阐述说，他关于它们确实反映了这种作用的结论来自他集中关注这种情形，"货币存量的改变可以归因于那些与当时的收入变动无关的特定因素"。②

正是在这种背景下，弗里德曼在 20 世纪 60 年代末期指出，他是一位对抗他的实证研究发现——反映了收入对货币波动的重要性而不是相反观点的"已有多年的老兵"。③ 正如他在 1970 年详细阐述的那样，提出货币与收入的正相关性并不是反映了货币政策的有力影响的论点是美国的凯恩斯主义者在十多年中对他的货币主义著作所做反应的一部分。④ 弗里德曼关于反向因果性的批评

---

① 参见 Friedman and Schwartz（1963a，686-695；1963b）和 Friedman[1954a, p.82 of 1968 reprint；1964e，10-20（pp.265-77 of 1969 reprint）]。在"货币与商业周期"中，特别参见弗里德曼和施瓦茨（Friedman and Schwartz's 1963b，54）提到的货币是一个"变动的被动伴随物"的观念，以及他们在 Friedman and Schwartz（1963b，48-49）中讨论的货币与产出的正相关关系可能比别针的生产与总产出之间的正相关关系更多地揭示了周期性波动的原因。货币与别针在这一点上的对比在 Friedman（1970j，52）进行了重述。另参见 Friedman（1956a，16）。

另外，弗里德曼和施瓦茨（Friedman and Schwartz 1963b，50-52）对《美国货币史》中关于关键时期的历史分析有助于分离出货币的行为不可能被认为是由名义收入行为预先决定的情形的论点，提供了一个简明的形式。

② 引自弗里德曼在 1962 年 6 月 4 日哥伦比亚广播公司在空军学院拍摄的《美国经济》第 41 讲"金钱有多重要？"的评论。

③ 参见 Friedman and Heller（1969，87）。

④ 参见 Friedman（1970j，52）。

到20世纪70年代远不是一个新事物的观点也得到了许多其他评论者的呼应。例如，布鲁纳（Brunner 1973，531）在1973年评论说："断言大量'反向因果性'的可能性或者概率是每一个凯恩斯主义者在实践中对货币主义者曾经他提出的每一个回归方程的标准答案。"[1] 到20世纪60年代末足够熟悉的批评就是，约翰逊政府发布的最后一份《总统经济报告》（其中一节批评弗里德曼的货币观点但没有对他指名道姓）就使用了"反向因果性"的术语，声称固定货币增长规则的主张取决于"对这些关系的单方面解释"。[2]

当仔细审查弗里德曼的著作时，并非只有凯恩斯主义批评者才提出这个问题。弗里德曼与施瓦茨多次暗示，他们的研究在国民经济研究局被报以怀疑的态度，部分是因为国民经济研究局

---

[1] 同样，弗里德曼的学生理查德·塞尔登（Selden 1975a，226）指出，以这种方式批评货币主义存在"许多例子可以被援引"的论文，而他挑选的研究则是来自20世纪60年代的一篇论文（de Leeuw and Kalchbrenner 1969）。普遍把反向因果性作为对货币主义的一种反应的论据也在20世纪60年代的财经报道中得到承认。例如，《波士顿先驱旅行报》（*Boston Herald Traveler*）在1969年3月28日报道说，"那些对弗里德曼的理论持怀疑态度的人"的观点是，"没有人真的知道货币供给的变化在现实中是主要的经济变动的原因还是结果"。
应该强调的是，这个争议的反向因果性问题并不是中央银行在实践中是否遵循货币存量对经济状态进行反应的政策。凯恩斯主义者与货币主义者双方在20世纪六七十年代的论战中都接受这一点，尽管可以争论的是这个论点对货币与收入相关性数值的可能影响实际上被辩论的任何一方都进行了详细的研究。相反，争论的问题是中央银行的政策是否对实际收入和名义收入有影响，数据中的货币与收入的相关性是否主要反映了货币政策的有效性。另参见前面第八章的讨论。

[2] 参见 Council of Economic Advisers（1969，92）。不过，这里第91页的讨论承认，货币与收入的关系"很难不加理会"。

的态度在主要体现的是他们之前的商业周期研究者这一代人的看法。国民经济研究局的这些早期研究者通常将数据中非常明显的货币与产出的共同变动视为反向因果性的反映，而不是表示了货币或货币政策对周期的重要性。[1] 当从更长远的视野来看这一争论时，弗里德曼指出，从货币数量论最早时期的争论开始，持续不断的数量论批评家都认同反向因果性的论据。[2]

---

[1] 例如参见安娜·施瓦茨在爱德华·纳尔逊（E. Nelson 2004a，402）访谈中的评论，以及《美国和英国的货币趋势》第603页对库兹涅茨（Kuznets 1958）的讨论。不过，一些国民经济研究局的人物，比如杰弗里·摩尔（Geoffrey Moore）对弗里德曼与施瓦茨关于货币与实际变量之间的相关性发现感到惊讶。但是，安娜·施瓦茨回忆说，他们依然"不赞成"对货币作用的强调，再一次参见爱德华·纳尔逊（E. Nelson 2004a，402）的访谈。对这些批评家而言，将相关性归因于货币存量对收入的依赖也许是一种应变立场——旦货币与收入之间的相关性存在被牢固地确立起来，他们就可以依靠的立场。

也许在间接承认他们的著作遭到国民经济研究局的资深员工怀疑时，弗里德曼和施瓦茨的《美国货币史》将阿尔弗雷德·马歇尔预防"后此谬误"的推理的告诫当作他们著作的题词。在做这一选择时，弗里德曼与施瓦茨预期到了托宾（Tobin 1970a）（他当然选择"后此谬误"作为他的文章的副标题）所做的总体论证思路。

[2] 例如，弗里德曼（Friedman 1968c，433）说，价格水平行为的非货币解释的拥护者们认为，货币存量的增加是非货币力量引起价格水平变动的"结果"，而不是后者发生变动的必要条件或者充分条件之一。而且，弗里德曼（Friedman 1960a，1）陈述说，从1933年以来关于经济基本上对货币因素反应迟钝的主流观点在某种程度上伴随着货币存量被动地对经济变化做出反应的观点。同样，弗里德曼（Friedman 1975a，176）评论说，四分之一个世纪之前，"大量的职业经济学家将货币视为仅仅是……一个对其他经济力量进行反应但只有微不足道的独立影响力的完全被动的数量"。另参见《美国货币史》第300页。托马斯·汉弗莱（Humphrey 1991，1998）探讨了货币经济学从18世纪直到第二次世界大战之前对因果性问题进行争论的旧文献。

托宾在 1970 年 5 月的这篇论文引起了弗里德曼在同一期的回应——这是弗里德曼从 1936 年以来在《经济学季刊》上的第一篇，也是最后一篇投稿。[①] 正如弗里德曼在回应中所强调的那样，他关于货币政策对周期性波动的重要性的信念依赖的是时滞证据之外的大量证据。这些额外的证据包括推动货币的力量在很大程度上独立于收入的历史时期。弗里德曼与施瓦茨这方面的识别方案当然后来被罗默夫妇（Romer and Romer 1989，1994b）以及杰弗里·米隆（Miron 1994）所强调。在后一篇参考文献—对《美国货币史》的回顾性评论，杰弗里·米隆（Miron 1994，19）在 1994 年评论说：

>……所需要的时机就是货币存量相对于货币与产出的正常行为以不同寻常的方式进行变动。只要这种实验存在，人们就可以令人信服地决定货币是否起着独立的作用。

正如杰弗里·米隆继续论述的那样，弗里德曼不管是在他与施瓦茨的著作中还是在他的其他著述中漠视因果性和识别问题直到托宾迫使他面对这一问题的看法是没有根据的。相反，正如莱德勒（Laidler 1995，329）在 1995 年所评论的那样，弗里德曼的著述充斥着"他经常被指责忽视的"收入到货币的反馈的论述。尽管如此，在 1970 年漫画式地描述弗里德曼要为他从前所忽视的一个问题负责的说法继续存在。实际上，克里斯托弗·西姆斯

---

① 1936 年发表的文章是 Friedman（1936）。

（Sims 2012）和凯文·胡佛与斯蒂芬·佩雷兹（Hoover and Perez 1994）（后面这篇论文将它自己描述为按照托宾方法的"精神"）通过研究托宾（Tobin 1970a）的论文将这个问题渗透到后来的讨论之中。但是，杰弗里·米隆的论述和伯南克（Bernanke 2002b）的研究，以及基于罗默夫妇叙述的著作都如此强调弗里德曼和施瓦茨的方法，以至于弗里德曼在货币研究中避免谈论反向因果性的问题的说法是站不住脚的。

前面业已指出，托宾与弗里德曼在1970年的论战中所争论的具体问题是确定货币在周期中的作用的时间证据的有效性问题。虽然弗里德曼承认时机选择不是解决因果性问题的最重要部分，但我们也应该强调的是时间证据不应该完全不予考虑。[①]

事实上，托宾的模型确实提出了一个基于时间证据的因果性影响无效的模型。但是，托宾的论文在实际上并没有建立另一个解释货币与收入的相关性和时间关系的可信模型。[②] 正如托宾（Tobin 1970b，329）承认的那样，他的模型需要非标准的货币需求函数来产生这些性质。[③] 由于对货币关系的实证研究不是托宾研究的一个主要部分，因此，尝试获得一个与标准的货币需求函数和经验上可信的模型的相似结论的做法可能会将托宾置于他的专业知识领域之外。

---

[①] 除了接下来要论述的，还可参见前面第十二章对以相关性为基础的分析的优点的讨论。

[②] 在这种语境中"相关性"是否是一个正确使用的术语还是一个可争论的问题。虽然西姆斯（Sims 2012，1191）使用这个术语来描述托宾的模型，但是他也承认托宾的模型是决定性的。

[③] 另参见 Friedman（1970c，323）和 Cagan（1989，121-22）。

马库斯·米勒（Marcus Miller）在20世纪70年代在托宾的指导下学习，现在依然强烈倡导托宾的著作与现代宏观经济学的相关性（参见Driffill and Miller 2013）。但是，马库斯·米勒认为，这篇1970年的《货币与收入：后此谬误？》论文是托宾的一篇其重要性看起来不像当时那么大的文章。马库斯·米勒在2014年4月16日笔者的访谈中评论说："对我而言，重读托宾的那篇论文让我大为震惊。当他提出这篇论文时，它看起来就像一种不存在任何答案的毁灭性逻辑……但是现在阅读它，你会想，'喔，我的天呀。它在那时是多么了不起呀'。"

### 三、弗里德曼对时滞的修正看法

即便如此，弗里德曼在20世纪50年代和20世纪60年代初发表的大量时滞证据在某种意义上不仅是不可靠的，而且产生的结果与货币和收入之间的关系是无关的。弗里德曼的著作，包括20世纪60年代初他与施瓦茨的著作，被用作确定（名义）货币存量的增长率与经济活动（后者通常以数量，即实际数量而非名义数量表示）去趋势化的水平之间的关系的时滞的标准。[①]正如卡伯特森（Culbertson 1960）所强调的那样，以及萨缪尔森（Samuelson 1970c，151）和西姆斯（Sims 1992，978）在后来的批评性讨论中所回忆的那样，两个变量$X$和$Y$的增长率之间的同期关系可能蕴含着$X$的变化与$Y$的水平值之间的滞后。货币对收入的领先指标作用并没有通过增长率与水平值之间的比较得

---

① 也就是说，使用的水平序列是线性去趋势化而非一阶差分。参见Friedman（1961d，459）。

到公认，因为货币领先收入的报告可能仅仅反映了当货币以增长率测量时所产生的序列的增长率与水平值之间的相位偏差。①

弗里德曼认识到了前一点。②尽管如此，他似乎还是花费了一些时间才认识到，集中比较货币增长和收入增长才是前进之路，因为这些比较为存在滞后的更令人信服的证据提供了依据。弗里德曼事实上断断续续地使用了一段时间的货币增长率和收入增长率的比较。弗里德曼在1969年8月7日《动态经济学教学盒式磁带》第32集中描述问题的方式是，他的通俗著述强调了两个增长率之间的关系，尽管他在研究性著述中所提出的分析则侧重于货币增长与收入水平之间的关系。③这种划分并不完全成立，因为两个增长率之间的比较在他的研究成果中偶尔占有重要地位。但是，弗里德曼在20世纪60年代末之前在研究著作中实际上强调的是货币增长与收入水平的比较。他做过一些尝试来为增长与水平的比较的有效性进行辩护。他提出的一个理由是，收入与货币的不同性质证明了每一个序列具有不同的筛选程序的正

---

① J.M.克拉克在1960年与弗里德曼的通信中也提出了这种批评（Hammond 1996，92）。
② 参见Friedman（1964h）。
③ 由于受到弗里德曼在联合经济委员会（Joint Economic Committee 1959a, 39）证词中使用的一个图表的激励，约翰·卡伯特森（Culbertson 1960, 620）集中关注增长率之间的关系。另参见Friedman（1961d, 460; 1966d, 78）。弗里德曼在通俗著述中集中关注增长率之间的比较的例子包括1968年6月3日他在《新闻周刊》上的专栏文章。这篇文章比较了工业产出与消费价格的百分比变化与六个月之前的货币增长。

当性。① 弗里德曼在 1969 年 8 月 7 日《动态经济学教学盒式磁带》第 32 集中提出的另一个理由基于与汽车驾驶的类比。根据这种类比，增长与水平之间的比较反映了踩加速踏板的时间与汽车完成转变到新速度的时间之间的滞后，因而两个增长率之间的比较就记录了汽车改变速度时的最初时间。

但是，这些论据几乎都没有被经济学界所接受。弗里德曼与施瓦茨因使用货币增长与产出水平的比较不仅遭到外部批评者的责备，而且遭到国民经济研究局资深官员的指责。"他们当然不会相信货币是周期性的事情的试金石，"施瓦茨回忆说，"我认为，不仅阿瑟·伯恩斯，而且杰弗雷·摩尔——国民经济研究局的：把手——都认为，我们使用货币变化率实际上是没有根据的。"②

在《美国货币史》出版之后，弗里德曼明显向那些组织起来反对他先前计算滞后方式的论据的力量屈服。《金融时报》在 1980 年 10 月 15 日评论说，弗里德曼近年来放弃了货币增长与收入水平的比较，他现在明显侧重于货币与收入的增长率之间的比较。这篇 1980 年的讨论包含的一个猜想是，弗里德曼之所以做了这种改变，是因为他承认了批评货币增长与收入水平比较的有效性。这个猜想可能有很大的价值，因为它与弗里德曼和施瓦茨在 1982 年的《美国和英国的货币趋势》中提出的货币增长与

---

① 特别是，提出这一论点是为了证明货币存量（的对数）的一阶差分而不是与收入序列进行同样操作的正当性。参见弗里德曼和施瓦茨在丹尼尔·哈蒙德（Hammond 1996, 86–87）著作中在 1957 年的评论和弗里德曼（Friedman 1961d, 453–455）的那些评论。

② 引自 E. Nelson（2004a, 402）。

收入水平缺乏相关性,货币增长与收入增长具有相关性相吻合。但是,这个猜想并没有讲清楚整个事情的原委。因为弗里德曼在1969年到1972年的过渡期仅仅从增长率的数据中得出滞后的估计,分两个阶段进行:在第一个阶段,他转向越来越多地使用货币增长与收入增长的比较,而不是货币增长与收入水平的比较。在第二阶段,弗里德曼认识到影响货币增长的通货膨胀滞后期与货币增长和收入增长之间的滞后期之间的差异,进一步调整滞后的经验规则。

这些变化中的第一个基本上发生在1969—1970年。两个增长率的比较往往会表明从货币增长到名义收入增长有6~9个月的滞后,而这从1969年起就成了弗里德曼在许多著述中的经验规则。① 这不仅在他的通俗著述中是如此,例如,1969年5月26日的《新闻周刊》、1969年8月21日的《纽约时报》和1972年12月12日的《泰晤士报》,而且在针对更多的研究型听众的著述中也是如此。②

圣路易斯联邦储备银行的研究部门所获得的研究发现(这些研究发现在第十三章讨论过,并在1968年年末开始发表)当然是对弗里德曼在此问题上的思想的一个重要影响。那项研究确

---

① 弗里德曼报告6~9个月滞后的早期例子包括他在马歇尔·凯切姆和莱昂·肯德尔(Ketchum and Kendall 1962, 54)的论文集和1967年11月5日《华盛顿邮报》第H3版中的讨论。后一个讨论提到,6~9个月是平均数,包括3个月或12个月或18个月。类似地,弗里德曼在1967年1月9日的《新闻周刊》中提到6个月、12个月或18个月的滞后。这种表述问题的方式忽略了两个增长率的比较与货币增长和收入水平比较的滞后期之间的差异。主要是与后者的比较才表明滞后期超过一年。

② 后者的例子包括Friedman(1971d, 335; 1983a, 2)。

定，用朝鲜战争之后的美国季度数据的一阶差分（因此也更可能用百分比变化）就可以获得令人满意的货币与名义收入的关系。① 在此之前，弗里德曼发现第二次世界大战后的货币与支出的一阶差分呈弱相关。由于这个研究发现，他可能失去了集中关注这些相关性的信心。但是，回想起来似乎是，弗里德曼对1948—1958年发现的相关性可能因为在样本中包含朝鲜战争的时期而被降低了——尽管值得注意的是，即使包含朝鲜战争时期的数据，弗里德曼报告的从货币变化到名义收入变化的6个月的滞后也与他后来的经验规则保持一致。②

正是在圣路易斯联邦储备银行的研究发表之后不久，弗里德曼在他的讨论中更多地围绕变化率的关系。例如，他在1968年12月16日《动态经济学教学盒式磁带》第7集的评论中提到从货币增长到名义收入增长的6个月或9个月的时滞。③ 在1969年5月22日参加美国波士顿公共广播电台节目《经济学大辩论》中，弗里德曼认为货币增长与名义收入缺乏增长之间的关系具有重要意义，因为货币增长与收入增长之间的6个月时滞描述了它们的平均关系。他在1975年11月《动态经济学教学盒式磁带》

---

① 乔治·考夫曼的著作（Kaufman 1969b）也可能起到了一定的作用。《美国货币统计》第187页援引了考夫曼的这个研究发现：M2的一阶差分在1953—1966年等期间领先名义国民生产总值的一阶差分为两三个季度。
② 参见 Friedman（1961d，460-461）。
③ 另参见弗里德曼在1968年11月的讲话中提到6~10个月或9~10个月的滞后（Friedman and Heller 1969，56），和几个月之后，他在1969年6月12日的《动态经济学教学盒式磁带》第28集中提到的6~9个月的滞后。

第181集第2部分中提到在这种比较中"我通常说6~9个月的滞后"。①

因此,虽然弗里德曼没有明确宣布这是他此后研究货币与收入之间的时滞时使用的方式,但是从1969年年初开始就变得明显的是,他唯一关注的就是两个增长率之间的比较。② 两个增长率之间的直接比较确定了货币增长对名义收入增长的明确领

---

① 弗里德曼在与联邦储备委员会官员的交流中也许给出了相似的暗示,例如在1969年1月的顾问会议上。这种猜想的原因在于这个事实,该委员会的顾问莱尔·格拉姆利在1969年2月的讲话中评论说(Gramley 1969, 13; p.378 of 1970 printing):"按照我的理解,弗里德曼教授的当前观点是,货币增长率的变化与国民生产总值增长率的变化之间的平均滞后差不多有6个月。"

② 更熟悉弗里德曼早先著述的经济学家并不总是会注意到这种转变。例如,弗里德曼在20世纪60年代的同事罗伯特·蒙代尔(Robert Mundell)在1983年5月的一次会议上给出弗里德曼的时滞估计是9~18个月。当有人指出这个估计不是阅读弗里德曼最近的著作所支持的结论时,蒙代尔回答说:"我没有读过;我在芝加哥听到这些已经有七八年了"。(引自蒙代尔的评论:Hinshaw 1985, 56)
其他经济学家基本上是用将它们结合起来的方式来试图协调弗里德曼在之前与后来的时滞估计。例如,康登(Congdon 1978, 14)在1978年提到从货币增长到实际收入增长"通常有9~18个月的滞后";同样,康登(Congdon 1992, 145)在1992年说,"惯常的模式"是在货币增长之后9~18个月记录到实际收入增长的反应。类似地,罗杰·考曼迪和菲利普·梅圭尔(Kormendi and Meguire 1984, 879)——尽管他们没有明确引用弗里德曼的参考文献——提到"弗里德曼说货币冲击对实际产出的效应存在6~18个月的'长期、多变的滞后'"。

先。① 同时，对这些比较的依赖则意味着弗里德曼不再需要诉诸类比（弗里德曼在为增长率与水平的比较进行辩护时诉诸这种类比），而且让弗里德曼免于他依赖的数据比较是嵌入了货币对经济活动几乎自动领先的批评。

这些两个增长率滞后的估计适用于货币增长与名义收入增长的比较。它们也隐含地适用于货币增长与实际收入增长的比较。② 不过，弗里德曼在1972年之前对货币增长与名义收入增长中的通货膨胀成分之间的滞后没有给予足够的关注。随着弗里德曼的滞后思想在第二阶段中的变化，这种疏忽从1970年到1972年得到了纠正。同时，弗里德曼在他的货币主义者命题的清单中补充了最后一个主要的命题，即从货币增长到通货膨胀滞后的命题。

到20世纪70年代晚期，弗里德曼已经广泛传播了他关于货币政策行动与最明显的产出增长反应之间平均存在6~9个月的经验规则的关系，以及从货币政策行动到通货膨胀存在两年的时

---

① 鉴于阿瑟·拉弗和戴维·兰森（Laffer and Ranson 1971）在研究中声称这两个序列之间的关系是同时性的，货币主义者与（主要是）阿瑟·拉弗之间在1971年上半年就货币变化到名义收入变化的滞后展开了一场争论。拉弗与兰森的研究也在尼克松政府对1971年的名义国民生产总值的最初预测的争论中占有重要地位。不过，虽然保罗·萨缪尔森积极参与了这场辩论（例如参见 Samuelson 1971, 13-16），但是，弗里德曼本人在这场辩论中只是有限地参与，因为这场辩论实际上被政府转向（下一节要讨论）新经济政策缩短了。鉴于这些事实，拉弗与兰森的研究不在本章论述1969—1972年的稳定政策时探讨。
② 但有时是明确的，例如 Friedman[1970a, 23（p.15 of 1991 reprint）; 1983a, 2; 1985c, 52]。另参见前面的第四章。

滞的看法。① 在这方面，凯文·戴维斯和默文·刘易斯（K. Davis and Lewis 1981，187）谈到弗里德曼提出的从货币增长到产出增长有 6~9 个月和从货币增长到通货膨胀有 18~24 个月的"现在著名"的滞后。类似地，古德哈特（Goodhart 1989b，112）提到"弗里德曼那著名的产出在通常反应之前有三个季度的滞后和（从货币增长到通货膨胀）有两年的滞后"。② 然而，这些研究者并没有提供弗里德曼关于货币增长与通货膨胀关系的"著名"滞后源自何处的参考文献。实际上，确定弗里德曼最先陈述这种滞后的参考文献是一项许多研究者无法完成的任务。莱德勒（Laidler 1990，56）对诉诸弗里德曼后来的参考文献（1987 年出版的《新帕尔格雷夫经济学大辞典》的货币数量论词条）来陈述从货币变化到产出增长和通货膨胀的滞后分别是 6~9 个月

---

① 这发生到如此程度，以至于多恩布什和菲舍尔（Dornbusch and Fischer 1978，526）对弗里德曼在 1969 年的评论中表达了对通货膨胀在同一年对货币增长存在相当大的反应的期望感到惊讶。他们的讨论也许反映了这个事实：当他们写作他们的教科书时，多恩布什和菲舍尔对弗里德曼在 1969 年之后关于滞后的陈述比他在 1969 年之前该主题的立场更加熟悉。这种接触不仅来自他们阅读弗里德曼的著作，而且通过他们在芝加哥大学与弗里德曼的直接交流：菲舍尔在 1969 年至 1973 年间先是博士后，然后是系里的同事；多恩布什直到 1971 年是芝加哥大学的博士生，然后在 1974—1975 年是商学院的一名教师。参见 American Economic Association（1981，124，145）。
② 正如弗里德曼有时强调的那样（参见 1977 年 5 月 2 日《泰晤士报》、Friedman and Modigliani 1977，20；以及 Friedman 1980a, para. 21, p.59; p.57 of 1991 reprint），这些滞后的估计与经济对货币政策的反应分散在多个时期的观念相吻合。他给出的具体滞后估计旨在反映货币变化与其他经济总量随后相当大的反应之间的滞后。它们并不意味着产出增长或通货膨胀对货币政策行动的反应完全集中于某个特定存在的时点。

和18~24个月的经验规则表示不满。① 在这一点上，戴维·莱德勒承认："我在弗里德曼的早期著作中没有能够找到这点的一个明确而简洁的阐述。"（Laidler 1990，56）罗伯特·里森（Leeson 2000b，751）获悉，弗里德曼在1965年与1980年之间的某个时间提出了他的这个观点：货币政策的影响从主要在产出反应中被感觉到转变到主要体现在通货膨胀之中需要两年的时间。但是，罗伯特·里森没有具体描述弗里德曼的思想在这个问题上的发展。

实际上，弗里德曼在20世纪60年代的著作在有些例子中被描述为（它似乎是不正确的）已经阐述了广为熟知的产出增长与通货膨胀的反应时间的经验规则。本杰明·弗里德曼（Benjamin Friedman 1990，3）隐含地和安娜·施瓦茨（Schwartz 1983，14）明确地将这个研究结论归功于弗里德曼与施瓦茨在1963年的《美国货币史》和"货币与商业周期"。但是，这个研究结论在这些著作中是找不到的。弗里德曼与施瓦茨在1963年的参考文献都强调了价格对货币行动的反应的渐进特征。但是，这两项研究都没有报告通货膨胀对货币行动的反应明显要比实际总量的反应要延迟得多的研究结论。②

相比之下，格雷格·沃克（Greg Walker 1983，78）援引弗里德曼的论文《货币政策的滞后效应》[该论文发表于1961年，是

---

① 即 Friedman（1987a）。
② 《美国货币史》第638页确实说，1954年的货币行动直到1955年或1956年才对价格有"全面"（他们当然真正指的是"最明显"）的影响。但是，弗里德曼与施瓦茨在这时强调的是从货币行动到产出的相同滞后期。

对卡伯特森（Culbertson 1960）的回应］作为这种主张的依据："弗里德曼估计实际收入与就业的滞后是6~9个月，价格或通货膨胀的滞后是12~18个月。"但是，弗里德曼在1961年论滞后的论文事实上没有提供与从货币行动到通货膨胀的滞后明确相关的证据。实际上，这篇论文似乎没有表现出将实际变量的反应与名义变量的反应区分开来的一点兴趣，因为弗里德曼从讨论卡伯特森集中关注的货币与产出之间的联系，转移到分析名义变量之间的相关性，包括货币与名义收入之间以及它们的增长率之间的相关性。

而且，弗里德曼在1965年10月和1966年6月向联邦储备委员会提交的备忘录中，将货币增长与通货膨胀的时滞视为与货币增长与名义收入增长的时滞相同。① 沿着同样的思路，他在1968年6月3日的《新闻周刊》专栏文章中认为通货膨胀与实物生产的增长在货币增长之后具有相同的时滞。因此，虽然弗里德曼在20世纪60年代的著作中有时愿意支持货币增长与收入增长之间的关系，并且没有将他自己局限于《美国货币史》叙述中主导的货币增长与收入水平的模式，但是，他并没有明显地接受产出增长对货币政策行动的反应与通货膨胀的反应之间在时间的选择上存在明确的差异。

当然，弗里德曼很长时间以来都相信美国的价格存在相当大的黏性。例如，他在1969年8月18日的《新闻周刊》上写道："通货膨胀有它自己的惯性。许多价格和工资都是很早就提前决

---

① 参见Friedman（1968a，148-149，156）。另参见前面第十一章对弗里德曼分析美国在20世纪60年代前半期的通货膨胀行为的讨论。

定了。"① 但是，他在 1970 年之前明显地相信，通货膨胀对货币政策行动的大规模的（尽管不是完全的）反应似乎与产出的反应是同时发生的。这种信念导致他在 1969 年 8 月 24 日的《自治领邮报》(*Dominion Post*) 上预测，美国的通货膨胀到 1969 年四季度开始下降。但是结果不符合他的预期，导致他在 1970 年 6 月的全国电视上承认，1969 年的货币政策紧缩对通货膨胀的影响"比我们许多人希望或期望的来得更迟"，以及"我认为我们现在的情况比我们所处的通货膨胀紧缩之路更进一步"。②

这次的困惑尤其严重，因为弗里德曼截至 1970 年 6 月 12 的《每日新闻报》上依然认为，从货币增长的变化到通货膨胀的显著反应的 6 个月滞后是应该被预计到的。但是，在前面提到的那次电视节目中，他在该月的后来表示，他在重新研究滞后的证据。这次重新研究的结果是，弗里德曼在 1970 年 9 月给出从货币增长到通货膨胀的时滞大约是 12~18 个月。③ 他在下一年的早期在电视上重复了这次估计。当时他在 1971 年 1 月 5 日美国公共广播电视台节目《倡导者》(*The Advocates*) 中评论说，货币增长的变动与通货膨胀之间的间隔"由两部分组成"：从货币行动到实际支出需要 6~9 个月，而在通货膨胀明显反应之前还需要 6~9 个月。

最终，诸如此类的经验规则成了经济学界对货币政策在发达

---

① 另参见前面的第七章。
② 引自 1970 年 6 月 28 日美国全国广播公司的节目《与媒体见面》副本第 1 页和第 3 页。第一句引语也出现在 1970 年 6 月 29 日《芝加哥论坛报》采访的新闻报道中。
③ 参见 Friedman（1970a, 23; p.15 of 1991 reprint）。

经济体中的效应所持有的标准信念的一部分。① 但是，即使在弗里德曼第一次阐述了它们之后，这些经验规则也花费了一些时间才在弗里德曼本人构想的传导过程中得以被接受。这里有证据。特别是，截至1971年春天，他的观点明显还没有完全与这种观点保持一致：在货币增长模式相应地反应在通货膨胀行为之前通常有一年以上的滞后。实际上，弗里德曼在1971年5月3日的《新闻周刊》专栏文章中陈述说，当前的高速货币增长率可能会预示年底的通货膨胀爆发，"如果美联储要继续像目前的增长率一样实施货币增长，通货膨胀到1971年晚期或1972年年初的急剧加速几乎是不可避免的"。

当弗里德曼在1971年年底向美国经济协会的会议提交一篇赞成从货币增长到通货膨胀的时滞要长于从货币增长到产出增长的时滞的观点的论文时，弗里德曼立场的一个更加决定性的转变就发生了。这篇论文重新研究了美国战后时期的证据，发现了从货币增长到通货膨胀的时滞为11~31个月。② 根据这个研究发现以及美国在1973年和1974年的数据当时所提供的结果的强有力证明，弗里德曼后来总结道，从货币增长到通货膨胀存在两年的时滞并且"产出比价格的反应更快"。③

---

① 正是从这个角度，伯南克（Bernanke 2004）讨论了弗里德曼（Friedman 1970a）所勾勒的货币增长与其他变量之间的滞后。
② 参见Friedman（1972e，14-15）。虽然这篇论文是独撰的，但是这篇论文报告的计算是由安娜·施瓦茨使用国民经济研究局的设备做的。参见Friedman（1972e，11）。
③ 参见Friedman（1975a，178）。这种大小的时滞也基本上存在于弗里德曼与施瓦茨的《美国和英国的货币趋势》给出的价格对美国的货币行动反应的估计表格之中。他们的分析是基于1975年之前的数据。

这里值得注意的不仅仅是价格反应的时滞长于产出的观念：弗里德曼本人承认这是一个基于理论根据"我们都会预期得到的定性结论"。[①] 而且，阿瑟·伯恩斯在他短暂担任美联储主席期间转向通货膨胀的非货币观之前所提供的通货膨胀分析中，较早地概括了这样一个定性结论。[②] 弗里德曼在 1971 年晚期分析的一个值得注意的方面反而是他给予这个观念一个非常持久和有影响力的定量维度。通货膨胀对货币政策行动反应的两年经验规则不仅在 1971 年年底进入了弗里德曼的框架并在此后成了他的框架的一个主要部分，而且正如他所暗示的那样，自此以后该观点就

---

[①] 参见 Friedman（1972e，15）。在这方面，20 世纪 60 年代初发表的一份通货膨胀报告指出："由于需求的价格效应通常会存在一个时滞，因此一些价格在需求高的时期结束之后往往会继续上涨几个月。"（Fellner et al. 1961，34）

[②] 在 1970 年 2 月 18 日联合经济委员会的证词中。阿瑟·伯恩斯评论说："现在就时滞来说，你不得不在货币行动对价格的综合水平的影响与货币行动对经济活动的影响之间做出重要的区分。这里存在滞后期的一个差异——一个非常大的差异。第二个要比第一个短很多。"（Joint Economic Committee 1970c，147–148）

成了他应用货币分析的一个标准组成部分。①

即使在讨论不使用货币增长来测量货币行动的货币政策时，这项经验规则也成了一个必要的部分。例如，本·伯南克、托马斯·劳巴赫、弗里德里希·米什金和亚当·波森（Bernanke, Laubach, Mishkin, and Posen 1999，319-320）在1999年陈述说："关于货币政策需要花费多长时间影响通货膨胀的研究……表明，普遍估计的时滞大约是两年。"弗里德曼在1971年发现的货币增长与通货膨胀之间的两年时滞也由其他人在美国和其他国家的研究中所证实和重新发现，有时（或通常）没有提到弗里德曼。例如，在一篇名为《20世纪的通货膨胀与货币政策》的论文中——该论文没有提到弗里德曼的货币著作，劳伦斯·克里斯

---

① 参见尼可莱塔·巴蒂尼和爱德华·纳尔逊（Batini and Nelson 2001）。部分地由于弗里德曼不断地重复这个论点，两年的时滞到1976年似乎在美国的讨论中变得根深蒂固了。艾伦·梅尔策在1976年6月24日的国会听证会上陈述说，从货币增长到通货膨胀大致存在两年的时滞"在我看来不仅经过了充分的研究，而且通常得到了许多不同的人们的研究的支持"（Committee on Banking, Currency and Housing, US House of Representatives 1976b, 181）。梅尔策也许想到的是1976年由国会职员研究（弗里德曼在1976年9月20日的《新闻周刊》和1977年5月2日的《泰晤士报》都提到了这些研究）所做的从货币增长到通货膨胀的平均时滞为23个月的发现，这个研究发现与弗里德曼（Friedman1972e, 15）基本上基于1970之前的数据所做的估计非常吻合。而且，花旗银行的经济学家在1975年6月《第一国民城市银行每月通讯》(*First National City Bank Monthly Newsletter*)上报告的研究以跨国加权总量记录了1972年的货币增长与1974年的通货膨胀之间的关系。由于英国在20世纪70年代初的货币增长高峰值后在20世纪70年代中期出现了通货膨胀的高峰（弗里德曼在1976年9月20日《新闻周刊》中讨论英国的辩论时指出了这一点），两年的时滞也在英国的讨论中变得很著名。

蒂亚诺和特里·菲茨杰拉德（Christiano and Fitzgerald 2003，22）在 2003 年报告说，在第二次世界大战后的美国数据中，"通货膨胀滞后货币（增长）的时间大致为两年"。在一份研究工业化国家的论文中——这篇论文又一次没有提到弗里德曼的著作，特兰·范华（Van Hoa 1985，115）在 1985 年陈述说："我们发现，正是两年前货币增长率的变化……才与消费价格指数的上升具有明确的正向关系。"

当然，弗里德曼并没声称两年的时滞是一个普遍的规律。他承认，明显较高的通货膨胀率的持久经历会导致私人部门的行为朝着促进价格对货币变动的快速调整的方向变化。[①] 尽管如此，让弗里德曼深深感动的是，两年的时滞具有广泛的应用性。当他在 1974 年春天重读斯坦利·杰文斯（Stanley Jevons）论英国 19 世纪的经济关系的著作时，他增强了这种观点的信心。[②] 弗里德曼在 1884 年杰文斯的著作中找到的一段话说："货币的扩张在价格上升之前的一年或两年会发生。"（Jevons 1884，107）[③]

---

[①] 例如参见 Friedman（1983a，2-3）。
[②] 弗里德曼（Friedman 1975a，177）确定他在 1974 年夏天看到的这段话。但是，他早在 1974 年 5 月 30 日《动态经济学教学盒式磁带》第 147 集中的讨论就确定，他实际上是在 1974 年暮春偶然发现这句引文的。
[③] 弗里德曼提到杰文斯的这段引语的例子包括 Friedman（1974g，17n1），以及他在 1976 年 9 月 20 日和 1978 年 4 月 24 日的《新闻周刊》的专栏文章。

## 第二节 问题：1969—1972年

### 一、从渐进主义到新经济政策

在1969年与1970年，弗里德曼发现尼克松政府采取的稳定政策方法值得大加赞赏。他对政策的新基调感到满意的最初迹象是，他对该政府宣布经济团队的几位任命，包括戴维·肯尼迪（David Kennedy）的财政部部长任命、罗伯特·梅奥（Robert Mayo）的管理与预算办公室主任的任命以及查尔斯·沃克（Charls Walker）的财政部次长的任命，都进行了积极的反应。受到弗里德曼欢迎的另一个任命是保罗·沃尔克被任命为财政部的另一位次长——这个职位涉及国内和国际的货币问题。弗里德曼在1969年1月的《动态经济学教学盒式磁带》第12集中特别提到沃尔克，"我见过他，但对他不是很了解"，尽管也指出沃尔克极高的声誉是他对这项任命感到高兴的一个原因。①

在经济任命中，与芝加哥大学经济学界最直接相关联的任命就是乔治·舒尔茨的任命，他几乎在尼克松的整个任期之内都是一名内阁成员。在芝加哥大学商学院之前，乔治·舒尔茨长时间在麻省理工学院工作。乔治·舒尔茨在2013年5月22日笔者的访谈中回忆弗里德曼："我那时是麻省理工学院经济系的一名年轻教员，第一次见到他。他过来做了一次我们碰巧有的夜间

---

① 在尼克松政府提名的非经济类职位的成员中，与弗里德曼有密切联系的人是沃伦·纳特。作为弗里德曼最早的博士学位学生，沃伦·纳特在尼克松的第一任期内担任国防部的助理部长。

谈话。我读了他所写的东西。他非常令人印象深刻……我要回忆的是,(在那次谈话中)他和萨缪尔森几乎都在持续不断地争论。看着两颗极其优秀的"大脑"在来回争论真是有趣。"

乔治·舒尔茨后来在芝加哥大学担任的角色是芝加哥大学商学院的一位经济学教授。乔治·舒尔茨在商学院的岁月是从1957年开始的,包括从1962年开始担任商学院院长直到1969年1月进入尼克松的内阁——最初是作为劳工部长。[1]"当我受邀在芝加哥大学工作时,你会说'对呀,到芝加哥去吧'的一个明显的原因是,那是米尔顿·弗里德曼所在的地方"(参见笔者在2013年5月22日对乔治·舒尔茨的访谈)。

乔治·舒尔茨在芝加哥大学期间与弗里德曼有大量的交流,这种情形反映了经济系与商学院之间传统的紧密联系。乔治·斯蒂格勒在1958年来到芝加哥大学。"当我们招聘乔治·斯蒂格勒成为一名商学院的教授时,"舒尔茨回忆说,"他也是经济系教师的一员。但是,他的办公室是在商学院大楼,正好在我是院长时的办公室走廊的对面。乔治·斯蒂格勒与我成了非常亲密的朋友,我们在一起打了很多高尔夫球。我们彼此见面很多。因此,我通过乔治·斯蒂格勒以非正式的方式多次见到米尔顿·弗里德曼。"乔治·舒尔茨在尼克松政府的整个时期与弗里德曼保持联系,包括在1970—1972年接替罗伯特·梅奥担任管理与预算办公室主任和1972—1974年担任财政部部长。乔治·舒尔茨在2013年5月22日笔者的访谈中说:"我与米尔顿·弗里德曼保持联系,就各种各样的事情与他商谈。他的建议非常好,非常实

---

[1] 参见 Europa Publications(1986,1476)。

用。"弗里德曼"与乔治·舒尔茨的关系非常，非常密切"，阿瑟·拉弗在2013年6月4日笔者的访谈中回忆说。拉弗从芝加哥大学商学院请假，在1970—1972年到尼克松政府为乔治·舒尔茨工作了两年。

到乔治·舒尔茨在尼克松政府任职时，他与弗里德曼在许多问题，尤其是那些在国内市场和国际市场上依赖于市场机制的问题上都有相同的立场。尽管如此，他们的看法存在显著的差异。从他们之间的亲密关系就推断弗里德曼与乔治·舒尔茨的经济学看法相同的说法是错误的。这从罗伯特·索洛也称乔治·舒尔茨是他的亲密朋友就能看出。① 正如本节后面的讨论将要表明的那样，不要过分夸大乔治·舒尔茨与弗里德曼在货币问题上的一致程度是很重要的。

另一个重要的经济任命就是赫伯特·斯坦被任命为经济顾问委员会的一名成员。赫伯特·斯坦是弗里德曼与安娜·施瓦茨的长期家庭朋友。虽然赫伯特·斯坦在1958年从芝加哥大学获得了经济学博士学位，但是，他在20世纪30年代中叶就开始在芝加哥大学进行研究生学习，因而在那个时代就认识了弗里德

---

① 参见2015年3月27日罗伯特·索洛与笔者的私人通信。乔治·舒尔茨与索洛的长期友谊至少可以追溯到20世纪50年代初两人都是麻省理工学院的助理教授的时期，也反映在索洛接受芝加哥大学商学院20世纪60年代中叶举行的两场活动计划中的重要角色：1966年的指导线会议（Solow 1966a）和1967年的商业经济学院会议［1967年5月18日《金斯波特新闻报》(*Kingsport News*)］。

曼。① 赫伯特·斯坦在 1968 年的竞选中作为一位顾问加入了尼克松的团队。这次的任命显然是根据弗里德曼的建议，而赫伯特·斯坦后来加入经济顾问委员会则是因为弗里德曼敦促尼克松团队提名赫伯特·斯坦。②

赫伯特·斯坦在 1972 年升迁为经济顾问委员会主席，那个职位在尼克松政府开始之际由保罗·麦克拉肯（Paul McCracken）担任。麦克拉肯在 1969 年 2 月 28 日《老实人报》第一版描述他的思维趋向的路径在近年来"更多的是弗里德曼式的"。③ 弗里德曼与包括麦克拉肯在内的新政府成员的观点一致，这表现在多方面。其中一个方面涉及货币增长的重要性。更加具体来说，麦克拉肯将历史上的货币政策错误与货币增长交替地出现过多和不足的时期相联系（McCracken 1969, 7–9；另参见 Meigs 1972, 72）。另一个一致的领域表现在 1969 年 3 月 25 日参议院委员会的"高利率"听证会上，麦克拉肯关于费雪效应和名义利率与实际利率区分的讨论中。"这种利率在持续的通货膨胀时期突然上升的倾向从我们自己和国际上的经验可以清楚地看到"，麦克拉肯作证说，"当我们看国外时，我们发现经历了高通货膨胀率的

---

① 参见 American Economic Association（1970, 420）和 2015 年 3 月 18 日笔者对本·斯坦的访谈。在 H. Stein（1998, 17）中，赫伯特·斯坦提到他在 1936 年上过亨利·西蒙斯的课程。
② 1999 年 9 月 9 日的《纽约时报》说，赫伯特·斯坦是根据弗里德曼的建议被任命为经济顾问委员会成员的。此外，根据查尔斯·莫里茨（Moritz 1973, 390）、赫伯特·斯坦最初在 1968 年夏天被任命为尼克松的经济助理也是根据弗里德曼的推荐（另参见 Matusow 1998, 36）。
③ 另参见 1969 年 8 月 25 日《爱德华兹维尔讯报》（*Edwardsville Intelligencer*）和 Matusow（1998, 15）。

国家通常有较高的名义利率。随着为通货膨胀降温的措施变得有效，这些利率就会降低。实际上，强劲的经济对利率施加上行压力的倾向吸引了经济学家的注意力，这至少追溯到20世纪的早期的经济学家，例如凯恩斯、欧文·费雪、维克赛尔、李嘉图和托马斯·图克（Thomas Tooke）。"①

因此，与弗里德曼在1968年12月《动态经济学教学盒式磁带》第6集中表达的关于经济顾问委员会在麦克拉肯的领导下会出现"更加学术"风格的希望保持一致，麦克拉肯煞费苦心地强调尼克松政府关于利率立场的历史根源。"主席先生，我现在可以补充说，"麦克拉肯在前面提到的参议院听证会上作证说，"回顾过去一段时间，我就价格变化与利率之间的相互关系的问题做过一点研究。有趣的是，同样的陈述，只是形式不同会频繁地出现在一个多世纪之前的经济学家的著作中。"②虽然麦克拉肯赞成引用历史文献，但是，毫无疑问的是，在政策层面复兴费雪效应的问题反映了美国当时的利率与通货膨胀经历的残酷事实以及弗里德曼著作的影响。实际上，正如第六章和第十二章所讨论的那样，美国在20世纪五六十年代除了弗里德曼一群人之外几乎没有人对费雪效应进行过研究。麦克拉肯对货币扩张对名义利率行为的短期和长期的不同影响的概括很明显是模仿弗里德曼在1966年与1968年在演说中多次概括的内容。③

尼克松政府也采纳了弗里德曼关于长期菲利普斯曲线是垂

---

① 参见 Committee on Banking and Currency, US House（1969b，15）。
② 参见 Committee on Banking and Currency, US House（1969b，17）。
③ 参见麦克拉肯在美国众议院银行与货币委员会的证词：Committee on Banking and Currency, US House（1969b，15–16）。

直的立场。赫伯特·斯坦（Herbert Stein 1996，539）、罗默夫妇（Romer and Romer 2002b）、克里斯蒂娜·罗默（Romer 2007，10-11）和迪赛希奥与爱德华·纳尔逊（DiCecio and Nelson 2013）都用文献证据证明了尼克松政府从一开始就拒绝了永久性向下倾斜的菲利普斯曲线。这种拒绝的一个例子发生在新的经济顾问委员会在1969年的一个声明："在失业与通货膨胀之间不存在固定的关系或者权衡取舍。"（Joint Economic Committee 1969，334）[1] 约翰逊政府在1969年1月最后一份《总统经济报告》（Council of Economic Advisers 1969，95）中所画的向下倾斜的菲利普斯曲线因此立即被尼克松政府认定无效。与学术界对菲利普斯曲线的争论从1966年延长到1972年之间截然不同，政策界的这场争论因官方在1969年采纳了弗里德曼与菲尔普斯关于通货膨胀与失业相互作用的立场而被缩短了。

尼克松政府关于财政政策与货币政策的适当组合的看法与弗里德曼的立场不是非常兼容。当然，这届政府接受了货币政策在影响总需求方面的重要性，以及货币总量作为货币政策指标的价值。但是，弗里德曼在1969年1月《动态经济学教学盒式磁带》第12集中承认，尼克松的经济团队将政府的采购与税收视为在

---

[1] 尼克松总统的经济顾问委员会的成员各人发表的声明也支持自然率假说。例如，保罗·麦克拉肯在1969年被问到是否特定的失业率与该政府的通货膨胀目标相关时，他在1969年2月24日《芝加哥论坛报》上回答说："我并不认为人们会设置这种目标数字。"他的同事赫伯特·斯坦后来在1974年5月1日美国公共电视台播放的节目《芝加哥大学圆桌会议：美国经济失控》中陈述说："让我们假设这是正确的，正如我认为它是正确的一样，通货膨胀率0%与5%具有相同的失业率，如果0%与5%是稳定的。"

给定货币增长的情况下对总支出（比他所认为的）更重要的影响。① 部分地出于这一原因，尼克松政府在1969年延长了约翰逊政府的所得税附加，尽管最终以递减的税率延续至1970年6月（McLure 1972，61）。弗里德曼对这种举措嗤之以鼻，尽管他在1969年2月28日《老实人报》第7版中也暗示政府内部的主要经济学家也持相同的蔑视态度："如果我在政府内工作，我也许现在不得不在附加税上妥协，正如那里的一些同行实际上并不相信政府正在所做的事情一样。"该届政府采取的另一项勉强提高税收的措施就是暂停投资税收抵免。这个行动的确得到了弗里德曼的赞同，因为他在1969年5月25日《动态经济学教学盒式磁带》第25集中重申了他反对投资税收抵免的长期理由。②

虽然尼克松政府就财政政策与货币政策的组合所采取的立场与弗里德曼的这些立场存在一些差异，但是，它的整体反通货膨胀策略被他所接受。这届政府从一开始就阐述了一个渐进主义的政策：通过放缓名义总需求的增长和避免工资与价格指导线或管制来实现通货膨胀紧缩。对弗里德曼而言，"一些增长的减缓和失业的增加是遏制通货膨胀不可避免的副产品"（参见1969年8月18日《新闻周刊》）。之所以如此，既是因为通货膨胀是从低

---

① 另参见本节后面对赫伯特·斯坦与乔治·舒尔茨观点的讨论。
② 保罗·萨缪尔森也在1969年赞成中止投资税收抵免——参见他在1969年3月31日《新闻周刊》上的专栏文章，尽管是基于被弗里德曼视为基本上与投资税收抵免的决策无关的经济稳定理由。类似地，对财政政策作为一种稳定工具的信心也构成了沃尔特·海勒支持税收抵免延续的基础。沃尔特·海勒在1969年10月21日《华盛顿邮报》上称赞这种延续是尼克松"超越竞选的花言巧语"的一个例子。

于自然率的失业开始，也是因为失业上升到超过自然率的水平是恢复价格稳定的一个临时代价。但是他在1969年1月20日的《新闻周刊》上认为，逐渐实施的货币增长的稳步下降可以避免"对经济造成过大的痛苦"，因而可以限制与政策紧缩时期相关的失业高峰。

美国的这届新政府采取了类似的立场。尼克松政府在早期允许大量的经济官员就经济政策发表公开声明。弗里德曼在1970年6月2日的《华盛顿邮报》上抱怨说，美国经济官员发表了太多的演讲。这种情形导致尼克松总统在1971年6月集中控制了政府的经济信息。与此同时，为了减少他的政府在经济政策方面提供混淆信息的看法，尼克松让当时的财政部部长约翰·康纳利（John Connally）成为主要的经济发言人（Nixon 1978，517）。虽然官方声音激增，但是尼克松政府第一年中各种经济人员口中产生了相当一致的经济政策信息。"必须让经济经历一个缓慢增长的足够时期。"管理与预算办公室主任梅奥在1969年10月11日的《洛杉矶先驱考察家报》（*Los Angeles Herald-Examiner*）上说。沿着同样的思路，经济顾问委员会主席麦克拉肯在1969年12月5日的美国广播公司的《美元大劫案》节目中将官方政策描述为一个旨在"为长期过热的经济形势降温"的政策。阿瑟·伯恩斯在1969年全职担任白宫顾问（总统顾问）时，认为"降温的过程将有助于我们将经济置于有序的经济增长之中"。[①]

尼克松政府支持货币紧缩作为这种政策的一个组成部分。该

---

① 引自阿瑟·伯恩斯在1969年12月18日美国参议院银行与货币委员会上的证词（Committee on Banking and Currency, US Senate 1970a, 8）。

政府立场的一个重要声明则来自保罗·沃尔克——考虑到他在十多年后是制定货币政策方面的主要角色，他发表的这个声明极其尖锐。沃尔克在1969年2月在经济合作与发展组织上讲话时宣布，尼克松政府的第一个经济优先事项是控制通货膨胀。"如果那意味着紧缩性的货币政策，"沃尔克在1969年2月16日的《密尔沃基日报》（*Milwaukee Journal*）上说，"那就随它吧"。

该届政府在财政紧缩与货币紧缩的同时摒弃了收入政策的使用。白宫发言人罗纳德·齐格勒（Ronald Ziegler）在1969年7月发表了一份官方声明："总统不会使用工资与物价管制。他已经一贯地采取这一立场。本届政府正首尾一贯地采取行动来为经济降温。策略不包括工资与物价管制。本届政府排除了工资与物价管制作为一种在现在可预见的条件下处理通货膨胀的方法"（1969年7月17日的《华盛顿邮报》）。而且，新当选的尼克松政府与它的前任不同，还没有制定工资与物价指导线，这种情形导致沃尔特·海勒在1969年10月21日的《华盛顿邮报》上哀叹，联邦政府正在"回避物价与工资问题上的所有诉求"。因此，在抗击通货膨胀的策略中，它严重依赖于总需求的放缓。①

至于从这种减缓中计划产生的反通货膨胀路径，弗里德曼相信麦克拉肯和戴维·肯尼迪部长都与他持有相同的看法，即通货

---

① 一个较小的限制条件是，劳工部长乔治·舒尔茨在1970年1月7日《每日工人评论报》（*Daily Labor Review*）第E-9页上描述他的部门的"微观经济政策"目标是促进劳动力市场的灵活性和总供给，以便为反通货膨胀策略做出贡献。

膨胀最初应该从大约5%降低到3%。① 弗里德曼在1969年4月7日《动态经济学教学盒式磁带》第20集中建议，下一步是在接下来的两年中每年降低大约1%。②

弗里德曼从1969年到1971年投入大量的精力来阐述这种反通货膨胀政策的理论依据，并在1969年6月30日《动态经济学教学盒式磁带》第29集中敦促美国公民支持他所谓的"这届政府完全正确且正当的路线"。不管是公开地还是私下地，他也试图增强尼克松政府坚持这种政策的决心。③ 弗里德曼最终没有能让这届政府坚持这种路线。因此，保罗·沃尔克和20世纪70年代晚期在美联储的其他人不得不实施曾在1969年许诺的一种反通货膨胀的形式，但从通货膨胀率达到两位数或接近两位数才开始，与弗里德曼在同期所描述的在1968年年末普遍存在的5%

---

① 回想一下，弗里德曼关于从货币增长到通货膨胀的滞后观点在1969年依然在变化；正如前一节指出的那样，他尤其认为通货膨胀在同一年的下降可能来自1969年货币增长的降低。
② 但是，与第十章关于政策制定者在整个战后时期认为2%的通货膨胀是一个令人满意的价格稳定程度的看法相一致，联邦储备委员会的理事乔治·米切尔在1969年1月20日《美国新闻与世界报道》第25页上指出，将通货膨胀恢复到2%"我们就将做得相当好了"。正如马上将要讨论的那样，弗里德曼也认为，如果当局将通货膨胀降到2%，他们就做得很好。
③ 另一个主要的问题是政策应该更加一贯地被奉行，因为弗里德曼担心，在货币方面，许诺的渐进主义政策还没有实现，而从1969年到1971年中期出现的货币增长模式太不确定。除了下面提供的讨论，参见弗里德曼在1969年12月8日《华尔街日报》上的评论，1971年12月26日《动态经济学教学盒式磁带》第89集，以及Friedman（1972d，1）。

这个"相当大的和令人震惊的通货膨胀率"形成了对比。①但是，弗里德曼在1969—1971年公开倡导的渐进主义政策留下了大量经得起时间检验的公开声明，下面将讨论其中的几个声明。特别是，与美国其他主要的学院派经济学家在同一时期所采取的立场相比，他的分析占有明显的优势。

当然，对弗里德曼而言，反通货膨胀政策的成功取决于美联储。在这届新政府就职前不久，弗里德曼在1969年1月呼吁美联储资深主席威廉·麦克切斯尼·马丁辞职。虽然威廉·麦克切斯尼·马丁到1970年1月就要退休，但是弗里德曼希望他快速离开。他在1969年1月10日告诉《时代》杂志说："如果他早点走，将是一件非常好的事情。"为了支持这种立场，弗里德曼援引了威廉·麦克切斯尼·马丁曾经发表的一个声明，承认新总统应该有能力任命美联储的一位新主席的想法具有可取之处。与这个从前的声明保持一致，弗里德曼在1968年12月《动态经济学教学盒式磁带》第8集和1969年1月《动态经济学教学盒式磁带》第9集中声称，对威廉·麦克切斯尼·马丁而言，适当的举措就是在尼克松总统就职时递交辞呈，尼克松然后接受这个辞呈。弗里德曼因为这些言论将他自己置于尴尬的局面，因为他要在1969年1月23日参加联邦储备委员会的学术顾问会议，并在那儿会见威廉·麦克切斯尼·马丁。②不过，威廉·麦克切斯尼·马丁在会议中谦和地接待了弗里德曼。两人在活动结束后对

---

① 参见1968年12月《动态经济学教学盒式磁带》第6集。当然，20世纪70年代中期的通货膨胀新高峰使这些通货膨胀率格外引人注目。
② 弗里德曼在1969年1月23日参加了顾问会议，讨论了詹姆斯·杜森贝里的一篇论文。

货币控制问题进行了简短的讨论，之后弗里德曼就搭乘飞机回家了。

弗里德曼在1969年1月29日写给威廉·麦克切斯尼·马丁的一封信中，感谢他进行的友好讨论并提出要设立特别工作组。其成员包括芝加哥大学的货币与银行研讨会、联邦储备委员会的职员以及纽约联邦储备银行的人员，职责是研究对操作程序的可能修改，特别是集中关注控制银行总准备金的那些程序，从而改善货币总量的控制。到这封信到达的时候，威廉·麦克切斯尼·马丁已经在1969年1月30日给弗里德曼写信，表示纽约联邦储备银行会按照弗里德曼关于货币控制的建议采取后续行动。但是，当威廉·麦克切斯尼·马丁在1969年4月7日的一封信中专门探讨弗里德曼的特别工作组的建议时，他向这个提议泼了冷水。当威廉·麦克切斯尼·马丁在信中承认更精确地控制货币是可行的、"毫无疑问的事实"时，弗里德曼感到一丝安慰。但是，威廉·麦克切斯尼·马丁对稳定货币增长在实际上是可取的想法继续表示怀疑。[1]

---

[1] 威廉·麦克切斯尼·马丁在1969年4月7日致弗里德曼的信，引自Friedman（1982a, 106）。弗里德曼之前在1973年12月4日《动态经济学教学盒式磁带》第135集、1975年10月《动态经济学教学盒式磁带》第179集第3部分以及在1980年7月14日的《新闻周刊》专栏文章中公开讨论过1969年与马丁的这次通信（此信可以从联邦储备委员会的记录中获得）。他也在1969年6月19日向联邦储备委员会的学术顾问会议提交的一份备忘录中提到这封信（Friedman 1970m, 16b）以及在1973年12月6日向纽约市的奥本海默公司（Oppenheimer and Company）的客户所做的报告中提到这封信。梅策（Meltzer 2009a, 17）根据Friedman（1982b）中的引用也提到这封信。

威廉·普尔从20世纪60年代晚期到70年代初期作为联邦储备委员会的一位职业经济学家观察了威廉·麦克切斯尼·马丁的任职晚期。① 普尔在2013年4月30日笔者的访谈中认为,威廉·麦克切斯尼·马丁"对学术争论迷惑不解。他实际上不关心它"。

威廉·麦克切斯尼·马丁在离职十年后与弗里德曼再一次不期而遇是在弗里德曼的电视节目《自由选择》一集中担任特邀专家组成员的时候。马威廉·麦克切斯尼·丁回忆说,弗里德曼"不时地下来给我们提出建议"。"你从没有接受它。"弗里德曼回答说。威廉·麦克切斯尼·马丁回击说:"我非常高兴我们没有完全接受它。"②

在同一期电视节目中,威廉·麦克切斯尼·马丁坚持说,美联储在他担任主席的时期限制货币增长的能力受到为联邦政府的预算赤字进行融资的需要的限制。③ 这是威廉·麦克切斯尼·马丁在任职的岁月中也采取的立场。④

而且,这个立场也是弗里德曼在1951年与联邦储备委员会理事(和前主席)埃克尔斯交流时碰到的立场,更是他在20世

---

① 参见威廉·普尔(Poole 1969, 65)在这一时期的工作单位。
② 参见1980年3月14日在美国公共电视台播放的《自由选择》第9集"如何抑制通货膨胀"的辩论部分副本第7页。
③ 参见1980年3月14日在美国公共电视台播放的《自由选择》第9集"如何抑制通货膨胀"的辩论部分副本第8页。
④ 参见Meltzer(2009a, 84-87; 2009b, 1223)。梅尔策(Meltzer 2009a, 85)在1955年的评论中归之于马丁。尽管该评论是表述为逐字的引用,却在事实上是对最初引语在某种程度上的转译。但是,它们准确地表达了后者的实质。

纪70年代与美联储主席阿瑟伯恩斯交流时碰到的立场。这不是弗里德曼大加同情的立场：他认为这种立场与其说是正确描述了他们实际上必须做的事情，不如说描述了中央银行家认为他们不得不做的事情。虽然弗里德曼确实承认财政政策与货币政策之间存在联系，但是他并不认为预算赤字与货币增长之间的联系是自动发生的。① 与1979年之前的美联储主席往往将美联储的债务管理责任描述为在预算赤字出现时承担预算赤字货币化的义务相反，弗里德曼认为债务管理是一项与控制货币增长相一致的任务。弗里德曼在《美联储-财政部协议》之后时代的立场正如它在战后之初的债券价格钉住制的辩论期间一样：当局应该允许市场利率调整任何必要的数量，以便协调债务管理与货币控制。马里纳·埃克尔斯在1951年逼迫弗里德曼接受的格言——"你不能带着一个波动性的利率模式来从事大规模的赤字融资"，是弗里德曼显然是不会同意的。②

总之，威廉·麦克切斯尼·马丁显然没有接受货币主义者关于美联储有能力单方面实现全面的货币控制、改变美联储过去用来影响货币增长的程序的优点以及稳定货币增长的可取性的观点。即便如此，威廉·麦克切斯尼·马丁在20世纪60年代后期在解释货币立场的问题上的确向货币主义者的观点做出了相当大的让步——正如第十三章讨论的那样，这种看法改变的一个例子

---

① 参见本章第三节对阿瑟·伯恩斯的论述，以及第八章和第十一章的讨论。
② 引自理事马里纳·埃克尔斯未注明日期的信件草稿（但正如第十章指出的那样，可能写于1951年2月中旬）。此信可获取之处：https://fraser.stlouisfed.org /docs /historical /eccles /062_01_0002.pdf。

就是他重新开始集中关注费雪效应。

至于货币政策的实际行动，弗里德曼在1968年10月《动态经济学教学盒式磁带》第1集中认为，美联储在1968年的行动从实现反通货膨胀的观点来看是朝着错误的方向在走，因为在1968年春末与夏初时期发生了向宽松政策的转变。在1968年和1969年之交，弗里德曼判断，美联储逆转这种宽松的尝试在范围上太有限。当美联储在1968年12月提高25个基点的贴现率时，弗里德曼认为，这个政策是"对由从前的快速货币扩张所引起的通货膨胀过程的一个轻微反应"，并可能与通货膨胀预期和经济扩张所需要增加的幅度相比显得较小。①

不过，弗里德曼后来在1969年12月31日《动态经济学教学盒式磁带》第41集中提出，一个主要的紧缩阶段实际上在1968年就开始了。1968年12月转向紧缩与罗默夫妇（Romer and Romer 1989，135，139–140）从分析联邦公开市场委员会的商议得出的紧缩时期年表相吻合。②弗里德曼本人在1969年5月26日的《新闻周刊》上对紧缩的识别是基于M1和M2转向观察到的缓慢货币增长。③这种趋势的明确出现需要时间。在1969年的前几个月——

---

① 参见1968年12月《动态经济学教学盒式磁带》第8集。在1969年1月20日的《新闻周刊》上，弗里德曼同样声称，贴现率的上升构成了反通货膨胀的一个主要步骤。
② 在1969年3月25日提交的国会证词中，美联储主席马丁给出的紧缩阶段是在1968年年底开始的（Committee on Banking and Currency, US Senate 1969, 9）。
③ 然而，在1969年6月12日《动态经济学教学盒式磁带》第28集中，当弗里德曼明确地将货币增长的下降与联邦公开市场委员会在1968年12月的会议上做出的紧缩政策决定相联系时，他基本上将货币增长的这些变化归因于有意识的政策行动。

弗里德曼认为这一时期见证了紧缩的早期阶段，弗里德曼强调，当前的货币状况很难辨别，因为不同的货币总量给出了不一致的信号。正如在前一章中讨论的那样，在弗里德曼看来，M1 和 M2 行为的差异主要反映了 Q 条例的扭曲效应。对货币基数的解释也模糊不清。在这种情形下，产生噪声的一个关键因素就是美国财政部在商业银行和美联储持有存款的波动程度，弗里德曼在 1969 年 2 月《动态经济学教学盒式磁带》第 16 集中不仅将这种变动根源归因于"政府的无能"，而且在 1969 年年初与主席威廉·麦克切斯尼·马丁通信的结尾部分抱怨这种变动根源。

美联储像弗里德曼与政府一样，在 1969 年支持渐进主义的反通货膨胀策略，联邦储备委员会的理事乔治·米切尔在新政府就职时对一个采访者谈话时将货币政策描述为与这种方法相一致。乔治·米切尔在 1969 年 1 月 20 日《美国新闻与世界报道》第 25 页上预示了总需求的紧缩，因为"只要不断上升的价格与通货膨胀心理持续下去"，紧缩政策就要被用来抑制经济增长，且"不会将国家拖入商业衰退"。

但是，在 1969 年，美联储所认为的与渐进的反通货膨胀策略一致的政策在弗里德曼看来是太过于激进的政策转变。截至 1969 年年中，他也不太担心了：弗里德曼在 1969 年 5 月 25 日《动态经济学教学盒式磁带》第 25 集中评论说，虽然货币增长放缓的速度过快，但是，这种放缓不像 1966 年的紧缩那样严重。根据 1969 年 6 月 22 日的《纽约时报》的报道，他沿着同样的思路在 1969 年 6 月哥本哈根的美国银行家协会的会议上，将观察到的 2%~3% 的 M2 增长率描述为"在某种程度上太低了，但是我宁愿有这样的增长率而不是其他的增长率"。

一旦货币增长率进一步下降，弗里德曼就要改变他的评估。在1969年8月18日《新闻周刊》和1970年3月11日《动态经济学教学盒式磁带》第46集的回顾性评估中，弗里德曼认为美联储从1968年12月到1969年中期的温和紧缩转变到了从1969年6月到1969年12月的严重紧缩和适得其反的新阶段。当美国新政府上台后，弗里德曼在1969年1月20日的《新闻周刊》中认为，理想的政策就是先要将货币增长降到7%左右，然后它逐步地被降到他偏爱的3%~5%的范围——他相信这种政策会实现前面提到的渐进反通货膨胀的路径。[1]但是，他当时预测，货币增长的更急剧下降是可能的。在1969年8月18日《新闻周刊》的一篇名为《货币做得太过火》的专栏文章中，弗里德曼表示这种预测已经实现了。"联邦储备系统再次忙于此事，"他的专栏文章这样开头，"再一次，它反应过度了，正如它过去经常这样一样。"

当弗里德曼在1969年12月22日的《新闻周刊》上评论说货币存量自从1969年5月以来似乎一直大致稳定时，这个主题在弗里德曼1969年剩余时间的评论中继续存在。在1969年10月6日的国会听证会上，弗里德曼陈述说，已有信号表明经济也在放缓。[2]到1969年11月初，弗里德曼担忧经济衰退。在该月

---

[1] 弗里德曼在1969年1月参加联邦储备委员会的会议上大致给出了同样的描述，在这个描述中，他的计划由两个主要的步骤组成，先是将M2增长率从12%降到8%，后进一步降到5%左右。根据联邦储备委员会记录，里德·欧文（Reed J. Irvine）在1969年1月24日向联邦储备委员会的理事罗伯逊（Robertson）提交的"学术顾问建议的汇报"备忘录的第15页总结了1969年1月23日的顾问会议。

[2] 参见Joint Economic Committee（1970a，816）。

的第一周参加纽约市的第一国民城市银行（花旗银行）的会议上，弗里德曼呼吁放宽一些货币政策，"如果美联储维持目前的紧缩程度，经济会走向严重的衰退"（参见1969年11月7日的《每日新闻报》）。

后来在1969年11月菲尼克斯举行的一次会议上，弗里德曼说，鉴于美联储转向固定货币水平的一种"极端主义"政策，"很难理解在未来的三四个月内我们如何避免类似于我们在1957年和1958年所经历的那次衰退"。他在1969年11月24日的《亚利桑那共和报》上敦促回到更加"渐进而有序的"反通货膨胀政策，货币增长率有必要上升到4.5%左右。他在1969年11月24日的《菲尼克斯报》上补充说，可以提出充足的理由来让货币增长率暂时提高到8%，以便弥补货币存量基本不变的时期。在那个十年的最后一篇《新闻周刊》专栏文章中——这期《新闻周刊》与他的《时代》杂志封面几乎同时到达报刊亭，弗里德曼指出，"1960—1961年级别的轻微衰退几乎是不可避免的"，"如果美联储继续它目前过分紧缩的政策"，那么，像1957—1958年那样的严重衰退依然非常有可能发生（1969年12月22日《新闻周刊》）。[1]

---

[1] 其他货币主义者也警告称1970年将发生严重衰退的危险。例如，艾伦·梅尔策在1969年11月25日的《洛杉矶时报》上说，美联储的政策"太过于紧缩了。我们将在更大程度上有一场超过我们需要的衰退"。弗里德曼在1970年3月11日《动态经济学教学盒式磁带》第46集和Friedman（1970i，1）中指出，他从前的学生和《时代》杂志的经济预测小组的唯一货币主义者贝雷尔·斯普林克尔（Beryl Sprinkel）是这个小组中唯一预测到1970年衰退的成员。

正如前一章已经讨论的那样，弗里德曼在这个十年结束时获得的巨大关注包括1969年10月和11月的国会证词的报道，而这种关注在尼克松总统1969年12月18日傍晚给弗里德曼打电话中达到顶点。① 在这次谈话中——明显是尼克松任职以来他们之间的第一次谈话，总统可能有必要恭喜他出现在《时代》当期的封面上。但是，尼克松打这个电话的主要原因是另一条对他们两人来说的好消息：尼克松提名阿瑟·伯恩斯担任美联储的主席，已经得到了参议院对这个职位的批准。②

弗里德曼在1970年2月2日的《新闻周刊》上希望阿瑟·伯恩斯的到来会加入到缓解货币紧缩的战斗中去——本章第三节将详细讨论他与阿瑟·伯恩斯在20世纪60年代晚期至70年代初期之间的关系。在威廉·麦克切斯尼·马丁向阿瑟·伯恩斯的交接时期，美联储的政策制定者对弗里德曼的批评发生了分歧。联邦储备委员会理事乔治·米切尔在1969年晚期的美国全国广播公司的《今日》节目与弗里德曼的辩论中，为美联储的政策辩护。③ 但是，后来1969年12月9日的《华盛顿邮报》报道——当1969年9月的联邦公开市场委员会的会议纪要的概要按照当

---

① 这个日期出现在总统的日志中，可以从尼克松总统图书馆的网站获得：http://www.nixonlibrary.gov/president/presidential-daily-diary。
② 据报道，弗里德曼在这次谈话中评论说，即将卸任的主席马丁是"一位好人但经常犯错误"，(Matusow 1998, 33)。这种看法在某种程度上与弗里德曼曾经对艾伦·梅尔策所说的他对凯恩斯的看法相似。艾伦·梅尔策在2013年4月21日笔者的访谈中说："他说，凯恩斯是一个才华横溢之人，但经常犯错。"
③ 弗里德曼在1969年12月17日《动态经济学教学盒式磁带》第40集中提到这场辩论。

时的习惯在三个月间隔期之后发布时，乔治·米切尔也担心货币政策太紧缩了，于是投票支持政策宽松，而这个不同意见第一次记录在1969年8月的会议之中。① 相反，联邦储备委员会副主席J. L. 罗伯逊（J.L. Robertson）在1969年12月11日的《洛杉矶时报》上表示，如果通货膨胀不消退，1970年可能依旧会奉行更加紧缩的政策。

就此而言，政府的行政部门支持弗里德曼的担忧，因为劳工部部长乔治·舒尔茨在1970年1月6日公开呼吁宽松的货币政策。"我认为，我不得不说我的个人看法是，联邦储备委员会（原文如此，应为联邦公开市场委员会）的货币政策现在太紧了"，乔治·舒尔茨说。"这是我个人的观点。货币供给实际上现在已经几个月保持不变了……我认为，在此时需要一个克制的政

---

① 《华盛顿邮报》针对会议记录的报告将其描述为"会议纪要"。这也是弗里德曼专为这个发布会发明的术语，这个术语最接近于我们今天所称的联邦公开市场委员会的会议纪要（在联邦公开市场委员会会议三周之后发布它们所描述的商议）的对应物。但是，在20世纪60年代后期，这种会议的公共记录的官方名称是"政策行动记录"，而"会议纪要"这个术语保留给另一个列举会议所采纳的正式决定的文件。参见 http://www.federalreserve.gov/monetarypolicy/fomchistorical1969.htm。大致在这些联邦公开市场委员会会议纪要发布的同一时间，弗里德曼在弗里德曼与乔治·米切尔同时参加的《商业周刊》会议上赞扬乔治·米切尔是美联储引导政策制定者更加关注货币总量的人物之一（Friedman 1970f, 43）。根据1969年12月10日《华盛顿邮报》的报道，这次会议在1969年12月9日举行。

策,而不是这样一个激进的政策。"① 在1970年的最初几个月,联邦公开市场委员会先是在威廉·麦克切斯尼·马丁的领导下然后是在阿瑟·伯恩斯的领导的确转向宽松了。② 正如下面要讨论的那样,虽然弗里德曼到1970年中期已经在担忧纠正过度紧缩的政策表现出做得过分的迹象,但是,他在1970年的头四个月受到表面上极端的货币紧缩在1969年下半年结束的鼓舞。

随着联邦公开市场委员会在1969年下半年的政策行动发挥作用,很清楚的是,弗里德曼的衰退预测随着1970年的进展已经实现了。国民经济研究局后来将商业周期的高峰日期定在1969年12月。③ 这次的衰退是战后时期迄今为止所发生的最温和的衰退,伴随而来的产出下降甚至比1960—1961年的衰退还

---

① 参见1970年1月7日《每日工人评论报》第E-6页。乔治·舒尔策的讲话引起了1970年1月7日《达拉斯晨报》(*Dallas Morning News*)、1970年1月8日《金融时报》和1970年1月11日华盛顿特区的《明星晚报》广泛的新闻报道与评论。
应该说的是,在克林顿政府之前,内阁成员和其他资深官员对美联储的货币政策发表公开评论是一个普遍的做法。例如,在乔治·H.W.布什政府时期,白宫办公厅主任约翰·苏努努(John Sununu)在1991年12月2日《商业周刊》上评论说:"总统有时会游说美联储。"但是,即使在20世纪70年代初,尼克松政府寻求影响美联储政策的程度也被认为是不同寻常的(E. Nelson 2005b)。不过,说阿瑟·伯恩斯在1970—1972年的政策是这种压力的反映的说法是不正确的。相反,阿瑟·伯恩斯自己支持他采取的政策行动(参见 Meltzer 2009b, 798、Orphanides 2003、Romer and Romer 2002b、DiCecio and Nelson 2013、以及本章后面的讨论)。
② 弗里德曼在1970年6月《读者文摘》(*Reader's Digest*)第204页中承认,宽松政策在马丁作为主席的最后一次会议上就已经开始。
③ 参见 https://www.nber.org/cycles.html。

少。解释弗里德曼担忧1970年的严重衰退没有实现的一个原因是，1969年的货币紧缩没有他当时所想的那么大。1970年12月，美联储对估计的银行存款"浮量"的大幅度修正导致货币存量数据的大幅度向上修正。这些修正证实，1969年的货币紧缩比最初的货币数据所表明的紧缩程度要小得多。①

这次衰退很温和的另一个可能的原因，弗里德曼在1970年6月向联邦储备委员会提交的备忘录中提到过。②弗里德曼指出，与货币增长相比，名义收入增长比前几次衰退更强烈，因为利率行为是不同的。特别是，长期利率没有呈现出通常的周期性下降。相反，它们在衰退的最初几个月达到了新的高峰。因此，如果不存在衰退中通常发生的对货币流通速度施加的同等程度的向下压力，从而货币流动速度的增长就不能像前几个时期那样，增强货币增长对缓慢的名义收入增长的贡献。弗里德曼将长期利率没有下降归因于随着货币紧缩而来的较长时期（未来五到十年）的通货膨胀预期的没有下降。

---

① 参见 Jordan and Stevens (1971, 19)、Cagan (1972b, 105)，以及 Friedman (1972d, 52) 的脚注。1969年晚期货币增长的疲软在修改的数据，特别是对弗里德曼偏爱的将大额定期存单排除在外的（旧式）M2序列中依然很明显。但是，数据修正表明货币增长在1969年晚期通常是个位数的增长率，而不是弗里德曼（例如在1969年12月22日的《新闻周刊》）和乔治·舒尔茨在1969年晚期和1970年年初期基于最初的数据所引用的接近于零的增长率。

② 参见 Friedman (1970m)。这个为1970年6月19日学术顾问会议准备的备忘录是在1970年6月10日邮寄给联邦储备委员会的。弗里德曼也在1970年8月28日纽约市的大学俱乐部对金融企业奥本海默公司（信息来自鲁道夫·豪泽）的一次演讲中和在1970年12月16日《动态经济学教学盒式磁带》第63集中勾勒了这种解释。

1970年名义收入的强势让弗里德曼吃惊的事实，表明了这一时期和1967年他曾预测过衰退的前一时期的差异。虽然1970年衰退的温和性像1967年的衰退一样让弗里德曼措手不及，但是，与1967年不同，这次的通货膨胀对货币紧缩没有快速反应。根据1970年1月20日《堪萨斯城时报》，1969年12月的消费价格指数的数据表明比一年前增长了6.1%——这是自1951年以来的最高增长率。正如前面指出的那样，消费价格指数的通货膨胀在1970年年初依然很强劲。鉴于紧缩性的货币政策、朝鲜战争之后创纪录的通货膨胀以及工业生产指数的下降（随着1970年的进展，美国总产出的下降将跟随工业生产指数的下降）的难以接受的结合，政府和美联储发现它们自己处于守势。①

　　弗里德曼自己也处于艰难的境地，因为他在1969年预测通货膨胀会在这一年的年末明显地对货币行动进行反应。弗里德曼在1969年5月26日《新闻周刊》的专栏文章中写道："最迟到秋天，价格上涨的步伐应该开始下降。"甚至在1969年11月19日《动态经济学教学盒式磁带》第39集中，弗里德曼还在说，他预期通货膨胀到1969年年末的年增长率大致为4%，到1970年中期达到3%~3.5%。通货膨胀到1969年年末达到顶峰的预测就其本身而言并非大错特错：年度同比消费价格指数在1970年一季度达到峰值6.2%之后在1970年的年末为5.6%。但是，弗

---

① 由经济衰退、紧缩货币和高通货膨胀在1970年年初的结合所造成的紧张局面由《经济学人》在1970年2月7日的一篇题目为《美国的通货膨胀停滞》的文章得以说明。此外，保罗·萨缪尔森在这次衰退的主要部分发生之前的1969年6月23日在《新闻周刊》所写的专栏文章为《通货膨胀衰退》。

里德曼预测的 1970 年的通货膨胀改善程度并没有实现。从 1970 年中期到 1971 年年末,弗里德曼经历了重新思考他的滞后观点的过程——这个重估已经在本章第一节讨论过。在这次审查后,他放弃了通货膨胀对货币政策行动的反应大致与产出的反应同时的观点,转而支持他对货币政策行动与通货膨胀的峰值反应之间大致存在两年时滞的强调。

弗里德曼认为,1970 年年初的政策环境(特别是要在下面讨论的 1970 年 2 月在美联储主席阿瑟伯恩斯的领导下实行宽松政策之后的那些环境状态)比 1969 年后半期的政策环境要更加令人满意。这种看法的一个原因是,弗里德曼认为,正如在 1966—1967 年一样,非常紧缩的货币政策会产生如此严重的衰退,以至于它会造成货币增长回到通货膨胀水平的一个急转弯。因此,弗里德曼在 1969 年 11 月 7 日的《圣彼得堡时报》(*St. Petersburg Times*)和 1969 年 11 月 7 日的《每日新闻报》上警告说:"过度紧缩的货币政策基本上是迈向通货膨胀的一步。"按照他的观点,由于货币政策在 1970 年的上半年的立场大体正确,弗里德曼认为下一件要干的事情就是简单地维持这种立场。1969 年年末广泛报道的是(例如 1969 年 12 月 2 日在《新闻日报》上),企业界对尼克松政府维持总需求紧缩的决心持怀疑态度。弗里德曼则在 1970 年 1 月 15 日《动态经济学教学盒式磁带》第 42 集中指出,政府官员发表了大量的演讲,旨在说服企业界相信未来四至五年不会有政策的急转弯。体现在 1970 年的长期通货膨胀率的通货膨胀预期弹性可能反映了政策逆转的预期。此外,正如刚才指出的那样,伴随着 1970 年产出下降而来的令人失望的高通货膨胀率意味着,政府从它宣布的总需求紧缩的政策表明有可能获得的好处很少。

在这种环境中，弗里德曼试图通过他的公开声明和私下建议来支持尼克松政府的立场和预先阻止政策的急转弯。他在1970年3月初陈述说，20世纪70年代会看到名义利率平均只有5%~6%，比1969年的数值大致低3%。但是，弗里德曼在1970年3月6日《新闻日报》上警告说，这种情形的实现要求"勇气和决心来抵制"1970年向宽松政策的过度转变，"我相信，这个夏天和秋天所发生的事情不仅对于今年，而且对于20世纪70年代整个十年都会非常重要"。

1970年4月28日，弗里德曼在芝加哥的美国全国广播公司的电视新闻访谈节目《NBC晚间新闻》（NBC Nightly News）的讲话中详细阐述了这个论点："衰退非常温和，它几乎不可能（不可能）发展成为一个主要的经济问题。但是，在画面的另一边，比我们一些人希望的要晚得多，那么我们终于开始对通货膨胀率有影响了。虽然价格依然在上升，但是有一些迹象表明，它们上升的速度稍微不如它们预先上升的速度快。甚至有更多的迹象表明，如果我们只要有一些耐心，保持冷静，不要兴奋与恐慌，那么我们将大致在明年会有处于实际控制之下的螺旋式上升的通货膨胀。"他继续为《读者文摘》在1970年6月的那期写了一篇文章。在这篇文章的第202页，他敦促读者"帮助尼克松政府站稳立场"，反对采取主要的刺激措施的要求，同时他也强调通货膨胀已经开始降低的事实。

在1970年上半年，政府本身传递了一条非常相似的信息。例如，财政部助理部长穆雷·韦登鲍姆（Murray Weidenbaum）在1970年3月评论说："在即将到来的时期——1970年和1971

年，美国经济将经历调整……联邦政府奉行一个旨在控制通货膨胀的经济紧缩政策到现在已经一年多了，并在这样做时不会加速经济作为一个整体的主要衰退……到目前为止的结果主要是曾经过热的经济明显放缓了。通货膨胀在继续，但并非前期主要特征的通货膨胀率加速。我们预期，通货膨胀率将在明年显著下降，这将为随后的生产、就业和生活水准的实际的和持续的增长创造条件。"（Weidenbaum 1970，85）在《读者文摘》的文章中，弗里德曼大胆地定量说明了韦登鲍姆所描述的那种未来的情境。弗里德曼指出，从这种坚持中期望获得的好处包括到1971年中期产出扩张伴随着2%的通货膨胀的情形。[1] 然而，到1970年8月末，弗里德曼根据持续不断地对时滞的重新研究，认为这种情境事实上在1972年之前不可能实现。[2]

弗里德曼在1970年知名度最高的一次公开露面是在1970年6月28日美国全国广播公司的电视网《与媒体见面》节目中已经提到的访谈。在那个场合，弗里德曼不仅再次强调衰退是"相当的温和"，而且强调有"大量的证据"表明通货膨胀在下降，还指出已经采取的货币行动表明经济的好转可能在1970年三季度和四季度开始。[3] 这次预测获得了成功，因为经济的确在四季

---

[1] 参见1970年6月的《读者文摘》，以及1970年5月25日《新闻日报》（*Newsday*）的报道。

[2] 弗里德曼在1970年8月28日在纽约市的大学俱乐部向奥本海默公司（信息来自鲁道夫·豪泽）简要介绍时做的这个评论。早些时候，弗里德曼在1970年3月13日致信尼克松总统时描述了1972年的经济情形（Matusow 1998，61）。

[3] 参见1970年6月28日美国全国广播公司《与媒体见面》节目副本第1页。

度开始复苏，这次衰退的低谷根据国民经济研究局现代商业周期的年表可知发生在1970年11月。①

弗里德曼也在1970年期间在华盛顿与尼克松总统面对面会谈时，郑重声明他对反通货膨胀政策的信心。其中的一次会面发生在1970年4月。根据1970年4月29日《动态经济学教学盒式磁带》第49集，当时他同其他四位经济学家与尼克松总统见面，从而给予了他亲自向尼克松传达坚持到底的信息的机会。②

第二次会面发生在1970年11月19日。③这是一个比1970年4月的会晤要小得多的聚会，因为尼克松只是与弗里德曼和管

---

① 参见 http://www.nber.org/cycles.html。
② 这次大约一个小时的会晤发生在1970年4月27日。除了尼克松总统，参加的人包括总统助理约翰·埃利希曼（John Ehrlichman）和威廉·萨菲尔（William Safire），经济顾问委员会的成员麦克拉肯、赫伯特·斯坦、亨德里克·霍撒克（Hendrik Houthakker），以及外部经济学家弗里德曼、乔治·卡托纳（George Katona）、詹姆斯·奥列瑞（James O'Leary）、皮埃尔·林弗雷特（Pierre Rinfret）和劳埃德·乌尔曼（Lloyd Ulman）（http://www.nixonlibrary.gov）。在该年早些时候，弗里德曼在1970年2月21日与尼克松参加了完全自愿武装部队委员会进行报告的大型会议（来自1970年2月的总统日志，信息获取自 http://www.nixonlibrary.gov）。

伯顿·艾布拉姆斯和詹姆斯·布特基维茨（Abrams and Butkiewicz 2012，396）指出，除了本章叙述的这些谈话，弗里德曼与尼克松总统还有另一次谈话，因为他们发现，弗里德曼在1971年9月24日对总统说，他们的上一次谈话就是前一晚。这种推断似乎产生于弗里德曼言辞的转录错误。在1971年9月24日弗里德曼与尼克松会晤开始之际，尼克松提到弗里德曼在前一天的国会证词明显就表明总统在前一晚没有与弗里德曼交谈。
③ 这次会晤持续一个多小时，参见 http://www.nixonlibrary.gov/president/presidential-daily-diary。

理与预算办公室主任乔治·舒尔茨交流意见。乔治·舒尔茨在2013年5月22日笔者的访谈中回忆说，总统"知道我是弗里德曼的一位朋友。通常来说，当他会见总统时，我也在那儿……他们从没有让米尔顿·弗里德曼单独会见他。为什么不呢？因为米尔顿·弗里德曼太有说服力了"。因而，如果"没有人在那儿查明"，尼克松不会心血来潮地同意弗里德曼建议的新方案。在这次会晤中，弗里德曼表达了经济前景的乐观信息——尼克松对这种看法感到欣慰。[①] 到此时，弗里德曼不仅对政府支持总需求紧缩感到满意，而且对他所认为的美联储适当的航向修正（货币增长从1969年大部分时间记录的较低增长率开始提高）感到满意。

（一）货币政策行为

在弗里德曼看来，导致货币政策在1969年误入歧途并需要在1970年修正航向的一个关键因素是，美联储对利率的持续关注给人留下了它的政策与适当的紧缩是一致的印象，尽管货币增长讲述的故事不同（参见1969年8月18日《新闻周刊》）。他在1969年12月17日《动态经济学教学盒式磁带》第40集中认为，20世纪60年代末期货币增长的疲软是美联储努力保持短期利率上升的一种反映。新的十年开始的发展状况伴随着防止这种情形再次发生的希望。1970年1月，在主席威廉·麦克切斯尼·马

---

[①] 参见 http://www.nixonlibrary.gov/virtuallibrary/documents/PDD/1970/040%20November%2016-30%201970.pdf。罗伯特·霍尔德曼（Haldeman 1994, 253）记录了尼克松对这次会晤的良好反应，而霍尔德曼没有参加这次会晤。马图索 Matusow（1998, 88）也描述了这次1970年11月的会晤。如同1969年尼克松与弗里德曼的会谈一样，1970年的会晤发生在秘密安装记录总统谈话的录音设备之前。

丁领导下采取（但随后由阿瑟·伯恩斯继续）的一项行动中，美联储通过说货币总量的行为将是其政策决定标准并通过指定 M1 增长率是其自身目标的方式，似乎对弗里德曼的立场做出了一个重要的让步。虽然目标增长率整年变动不已，但是，联邦公开市场委员会在 20 世纪 70 年代期间的货币增长目标基本上就是将 M1 从 1969 年晚期的低增长率提高，然后让它稳定在大约 5% 的年化增长率上。①

结果，联邦公开市场委员会的这个行动被证明不管是在货币政策目标还是工具方面都没有较大的变化，因为威廉·普尔（Poole 1979，475）指出，1970 年 1 月的决定"更多的是形式上而不是其他方面的变化"。② 货币政策在 1970 年前后具有连续性的一个很能说明问题的迹象是，联邦基金利率依然是联邦公开市场委员会的政策工具。联邦基金市场在 20 世纪 60 年代中期得到深化（Fuhrer and Moore 1995b），联邦基金利率超过其他的短期利率成为美联储政策集中关注的利率。当联邦储备委员会的理事谢尔曼·梅塞尔（Sherman Maisel）在 1969 年 5 月说"美联储所做的事情是要影响银行资金的边际成本"之时，这一点就得到了官方的承认。③ 对弗里德曼而言，他不仅在 1969 年 4 月《动态经

---

① 参见 Jordan and Stevens（1971）。
② 参见伯南克和米什金（Bernanke and Mishkin 1992，191）同样暗示，1970 年安排的变化并没有在实践中改变问题。
③ Maisel（1969，2）。其他政策制定者在这一时期的声明则更加模糊地说美联储使用联邦基金利率的工具。例如，联邦储备委员会理事乔治·米切尔在 1969 年 9 月的一次演讲中说，"美联储并不直接决定货币供给，它控制的工具包括法定准备金、贴现率、公开市场操作以及定期存款的利率上限。"（Mitchell 1971，390）

济学教学盒式磁带》第 22 集中承认联邦基金利率就是一个"非常有趣的利率",而且认识到它是美联储所使用的操作目标。[1]

根据 1970 年制定的新政策,联邦基金利率目标在每一次会议上要进行调整,以便与货币增长目标保持一致。弗里德曼一贯对这种方法持否定的看法。他承认,尽管使用短期利率作为工具实现货币总量目标"在原则上是可能的",[2]但是,他怀疑这种结合在实践中的可行性,因为联邦基金利率目标具有缓慢调整的倾向。弗里德曼在回顾 20 世纪 70 年代美国货币政策的记录时逐渐认为,这种倾向实际上确实是普遍存在的,因为他认为这种情形的美国货币政策典型具有联邦公开市场委员会"只是缓慢地而又延迟地"改变联邦基金利率的目标来应对变化的(信贷)市场压力的特征。[3]这种倾向反映了弗里德曼所认为的联邦基金利率工具与货币基数或银行准备金工具相比所具有的缺陷。他相信,使用数量工具将确保利率调整伴随着货币总量目标的实现是自动而快速地发生的。而且,他认为联邦基金利率工具的继续使用是货币总量在中央银行家心中依然从属于利率这个事实的一种征兆。弗里德曼相信到 20 世纪 70 年代末存在后一种现象的确凿证据。

---

[1] 对于后一点,参见 1969 年 12 月 17 日《动态经济学教学盒式磁带》第 40 集和 Friedman(1971g, 5, 24-25)。在 20 世纪 70 年代前半期,弗里德曼在许多盒式磁带的评论中讨论了美联储使用联邦基金利率。从 1975 年国会第一次规定货币目标开始,弗里德曼就在 1975 年 2 月 7 日马里兰公共电视节目《华尔街周刊》(*Wall Street Week*)副本第 18 页、1975 年 3 月 10 日和 12 月 8 日的《新闻周刊》等许多论坛中讨论和批评了联邦基金利率作为联邦公开市场委员会工具的地位。

[2] 参见 Friedman(1980a, para. 14, p.58; p.55 of 1991 reprint)。

[3] 参见 Friedman(1984c, 27)。

他指出，美联储在实现利率目标方面拥有一个"优秀的记录"。但正是美联储在实现货币增长目标方面表现很差，导致其货币增长目标在表面上促成了联邦公开市场委员会对利率工具数值的选择。①

继续对逐步调整的利率工具的强调是弗里德曼在1970年6月10日《动态经济学教学盒式磁带》第52集中为什么担忧1970年有利于货币的官方变化不是货币控制的一个分水岭，而是变成了20世纪五六十年代的利率工具安排的延续的一个原因。他尤其担忧的是，迄今为止与从前的安排密切相关的货币增长的长期起起落落会继续下去。这种担忧被证明是有根据的。正如威廉·普尔（Poole 1979，476）评论说："广为人知的是，货币增长顺周期的一个主要原因是美联储努力控制短期利率。这种情形在阿瑟·伯恩斯的领导下也不会改变。"

1970年的变革实际上是美国货币政策操作的一系列变化之一，而这些变革似乎是对弗里德曼立场的让步，但在实践中并不等于政策行为的主要变革。例如，联邦公开市场委员会从1966年春天开始的指令提到了"银行信贷估计"——由联邦储备系统会员的商业银行存款负债构成（Holmes 1969，71；Meulendyke 1998，41）。弗里德曼在1969年2月《动态经济学教学盒式磁带》第14集中承认，这个序列的行为非常像M2。但是，他强调，联

---

① 参见 Friedman（1980a, para. 14, p.58; p.54 of 1991 reprint）。参见弗里德曼在1975年3月10日《新闻周刊》上对这个现象的早期评论，而詹姆斯·皮尔斯（Pierce 1980，82）和艾伦·梅尔策（Meltzer 2009a, 591; 2009b, 885-886, 897）等其他评论者在讨论美国20世纪70年代的货币目标时也曾指出过这种现象。

邦公开市场委员会提到这个序列并不表示对货币总量本身有兴趣。相反，这些提及只是反映了美联储对商业银行发行信贷的长期兴趣的延续——正如其名字蕴含的那样，银行信贷估计旨在对信贷提供一个间接的解读。①

弗里德曼确实在1969年2月《动态经济学教学盒式磁带》第14集中指出，美联储在近年来，"特别是"在最近几个月来，转向关注货币总量。然而，在几个月之后，弗里德曼在1969年4月7日《动态经济学教学盒式磁带》第20集中懊悔地评论说："我在过去多次被愚弄，相信美联储已经从关注利率转向对货币的更大关注。"前文已指出，弗里德曼最终将1970年的变革只是视为这种倾向的另一个例子。在这一点上，弗里德曼在1979年10月22日的《新闻周刊》上评论说："当我们将美联储之前的声明错误地解释为预示了操作程序的变化时，我们这些长期赞成这种变化的人一再受到挫折。"

然而，正如这句1979年的引语所暗示的那样，弗里德曼最初倾向于在美联储于1970年的程序变化中看到更多的实质变化。他认为美联储对货币目标很严肃，他在1970年6月向联邦储备委员会提交的备忘录中提到了"联邦公开市场委员会的货币增长率目标"。② 沿着类似的思路，弗里德曼在几周之后发表的一次公开谈话中评论说："尼克松政府的反通货膨胀政策被广泛地认为（这点不无道理）是基于货币主义者的观点。（因此有）……

---

① 参见 Friedman（1970d, 19）。
② 参见 Friedman（1970m, 16a）。

美联储操作方法的变化。"①

正如联邦公开市场委员会在1970年的公告被证明没有构成操作的一个主要变化一样,它也不表示政策制定者的总需求与通货膨胀的基本模型的变化。当然,在学术界和公众的辩论中,弗里德曼的货币经济学方法取得了显著的进展:他本人在1970年谈到"货币主义享有广泛的关注与承认"。② 表明这种转变的一个事实是,在学术讨论中两名重要的人物〔从前在凯恩斯主义者与货币主义者的辩论中被认为中立的乔治·巴赫(George L. Bach)和从前非常批评弗里德曼的货币著作的约翰·卡伯特森〕都在1969年2月25日的《密尔沃基日报》上支持美联储要详细阐明货币增长的目标范围并解释任何对这个目标的偏离的建议(该建议是国会在1975年到1977年期间实际上接受的建议的前身)。但是,弗里德曼在学术界特别是货币政策界面对的反对意见依然很大,正是在这种背景下需要理解联邦公开市场委员会在1970年的政策变化。正如尼科莱特·巴蒂尼和爱德华·纳尔逊(Batini and Nelson 2005, 27-29)在讨论英国的货币目标情形时的那样,货币供给目标与经济政策的许多非货币主义方法相兼容,包括那些在分析政策传导时对信贷总量优于货币供给强调的方法,以及那些将通货膨胀主要视为非货币因素决定的方法。

这些非货币主义者的推理方法确实在20世纪70年代的大部分时间中流行于美联储。联邦公开市场委员会在1970年的政策变化确实进一步远离了在十年之前美联储圈子内普遍存在对弗里

---

① 参见 Friedman (1970i, 3)。
② 参见 Friedman (1970m, 16d)。

德曼的研究完全置之不理的态度。但是，这远不是接受弗里德曼的货币观点和政策规则的观点——特别是对于控制通货膨胀和总需求而言，他将货币控制的充足性置于中心地位。[①] 有趣的是，在 1970 年的政策变化之前，联邦储备委员会和纽约联邦储备银行的官员们在演讲与文章中公开批评货币主义，包括格拉姆利（Gramley 1969）、理查德·戴维斯（R. Davis 1969）和杜威·达恩（Daane 1969）的批评。正如梅格斯（Meigs 1972，70）所说："虽然货币供给的控制已成为政府经济战略的核心组成部分，但是，美联储的高层发言人对货币主义在总体上，尤其是对米尔顿·弗里德曼发动了严厉的批评。"

具有启发性的是，这类批评在联邦公开市场委员会的指令在 1970 年变化之后继续存在。[②] 布鲁纳（Brunner 1972，104）评价说，政策变化确实"不意味着美联储当局接受了货币主义者的解释"，而美联储官员的公开声明与布鲁纳的看法高度一致。这些声明明确表明 1970 年的变革并不表示在总体上认可货币主义。联邦储备委员会的理事乔治·米切尔在 1971 年 4 月陈述说："更多地强调货币增长测量指标既不代表对中央银行的货币主义理论

---

[①] 弗里德曼与美联储在 20 世纪 60 年代之前已经达成的共识是，货币紧缩在去掉需求过剩方面可以发挥作用，而这在 20 世纪 70 年代依然是事实。因此，判断弗里德曼在 20 世纪 70 年代初的影响力的一个重要基准是，政界是否出现了接受货币政策是控制总需求和通货膨胀的一个充足的工具的观点。显然，这个基准没有得到满足。

[②] 例如，唐纳德·埃利奥特（Elliott 1985，134）列举了纽约联邦储备银行的杰拉德·科里根（Corrigan 1970）的文章，作为美联储继续反击货币主义的一个例子。

的承诺,也不代表构成美国中央银行基础的理论的激进变化。"[1]

沿着类似的思路,联邦储备委员会的高级职员斯蒂芬·阿克希尔罗德在1970年评论说:"对总量的更多强调与各种各样的经济理论相吻合。它并不必然蕴含着货币流量相对于利率和信贷条件而言,对经济的重要性有任何具体的看法。"[2] 保罗·萨缪尔森通过与联邦储备委员会成员定期对话的方式能够对此问题发表权威性的言论,在1971年8月1日的《华盛顿邮报》上评论说:"没有任何一位联邦储备委员会的成员屈从于货币主义。"因而,美联储在表面上采纳一种形式的货币目标发生在制定货币政策的关键人物依然对主要的货币主义观点不置可否或强烈反对的环境中。最终,发生在20世纪70年代初期的快速货币增长表明了货币目标与实际政策之间的松散关系。

另一位联邦储备委员会理事安德鲁·布里默(Andrew Brimmer)也明确表明,政策制定者相信货币主义的程度在1970年的政策变化之后,特别是从1970年3月开始就下降了(Brimmer 1972)。实际上,弗里德曼的观点与构成美国实际政策基础的学说之间的距离在1970年急剧扩大了,因为官方对通货膨胀过程的观点发生了变化。正是这种变化才支配着本章其余部分对国内经济政策的论述。特别是,它不仅占据了本小节其余

---

[1] 参见 Mitchell(1972,20)。
[2] 参见 Axilrod(1971,p.166 of 1976 reprint)。正文中的这一段和前一段的引语,与安德鲁·布里默(Brimmer 1972)当时的权威性叙述一起表明,莎伦·科奇茨基和彼得·廷斯利(Kozicki and Tinsley 2009)关于美联储政策从1970年起基本上以货币主义思想为基础的说法是不恰当的,在总体上得不到文献证据的支持。

部分的篇幅,而且占据了第三节对阿瑟·伯恩斯论述的大部分篇幅。

**(二)官方对通货膨胀的非货币观点**

正如前几章描述的那样,通货膨胀是一种成本推动的现象的观点是弗里德曼在20世纪五六十年代面对和偶尔批评的观点。不过,当经济处于充分就业之下时,通货膨胀完全是一个成本推动的现象的观点(也就是说对产出缺口完全不敏感)虽然流行于经济学界和其他英语国家的官僚之中,但是截至1969年年末在美国的经济学家和政策制定者中很少有追随者。极端的成本推动观和从这种观点产生的工资与物价管制的主张确实对公众的想象力有强大的影响,因而弗里德曼在媒体宣传中不得不反驳这种观点。例如,在1970年年初全美公共电视网的一个新闻特别节目中,当一个同行小组成员谈到选择直接的工资与物价管制之时,弗里德曼回答说:"我知道经济学家反对这一点,但是不仅我本人想知道,而且我倒是认为许多美国人也想知道为什么我们要回避它。我们避开它的理由就是因为它不起作用。"①

但是,不可否认这样的事实:在20世纪70年代初之前,弗里德曼在美国的主要经济学家中很少碰到极端的成本推动观点。当然,当弗里德曼偶尔与约翰·肯尼思·加尔布雷斯发生争论时,例外就出现了。其中当时的一次争论发生在1969年12月15日美国广播公司的新闻特别节目《美元大劫案:我们能抑制通货膨胀吗?》上。在那个节目中,弗里德曼被要求反驳加尔布

---

① 参见1970年1月22日WNET电视节目《1970年的国情咨文》(*State of the Union/'70*)副本第20页。

雷斯支持主要工业的价格管制的理由。弗里德曼回答说："美国和其他国家的经验都表明，固定最高工资和最高价格的这些法律与其说是在遵守中得到实施，不如说是在违法中得到实施。它们也表明，这样的法律造成巨大的伤害。它们攻击通货膨胀的征兆，而不是通货膨胀的原因。"

虽然加尔布雷斯在公众讨论中引人注目，并且拥有作为哈佛大学的经济学教授的崇高地位，但是他被公认为远离了主流经济学。实际上，在1970年的这些活动的一个引人注目之处是，美国主流宏观经济学的通货膨胀思想转向与从前的加尔布雷斯和英国的经济学家相联系的通货膨胀观。在那一年中，纯粹的成本推动观在美国的主要经济学家和政策制定者中变得很流行。主要的凯恩斯主义学院派经济学家、政府和企业的经济学家以及政策官员越来越多地认为，劳工和政府的市场力量已经改变了美国工资与价格制定的机制，以至于通货膨胀不是仅仅对经济衰退进行惯性的反应，而是现在对负的产出缺口根本不反应。根据这种思想派别，通货膨胀与失业之间的传统菲利普斯曲线关系的瓦解不是反映了弗里德曼与菲尔普斯版本的菲利普斯曲线的正确性，而是反映了供求均衡在一个很大的区域中对通货膨胀的决定不重要的结论（参见 E. Nelson 2005b）。到1971年年末，弗里德曼在1971年10月18日的《新闻周刊》上承认，与他自己不同，"其他许多经济学家"认为美国的通货膨胀反映了工会和企业权力所施加的压力。

皈依纯粹的成本推动观点的最著名的人物是美联储的新任主席阿瑟·伯恩斯。在1970年，阿瑟·伯恩斯从信奉总需求的紧缩就是结束通货膨胀所需要的观点，转向相信某种形式的收入政策是反通货膨胀策略所必要的一个组成部分的观点。阿瑟·伯恩斯在 1970 年 5 月 18 日在所发表的演讲中第一次阐述了支持收入政策的理由（Arthur Burns 1970），从而激起了本章后面要讨论的弗里德曼的剧烈反应。不过，与阿瑟·伯恩斯在几个月之后刚开始的声明不同，阿瑟·伯恩斯在 1970 年 5 月提出的论点似乎与弗里德曼的基本通货膨胀观是兼容的。在 1970 年 5 月的演讲中，阿瑟·伯恩斯呼吁回到指导线，以便将美国的价格与工资加快转向与当局的反通货膨胀政策相一致的路径。弗里德曼承认，这种立场可以与通货膨胀的纯粹货币观相协调，因为指导线是一种过渡措施。弗里德曼尤其承认，实施的收入政策连同向货币紧缩的转变可能会将价格与名义工资推向与新的货币政策环境调整相吻合的水平。这样一种政策组合可能会降低经济调整到紧缩货币政策时可能产生的实际成本（即产出和就业暂时下降）（《动态经济学教学盒式磁带》第 55 集和 1970 年 6 月 15 日的《新闻周刊》）。①

与阿瑟·伯恩斯不同的是，弗里德曼认识到在实践中会存在阻止工资与价格指导线发挥有用功能的问题，因而不同意阿瑟·伯恩斯的提议。但是，截至 1970 年 5 月，弗里德曼与阿瑟·伯恩斯当时在分析水平上依然保持一致。阿瑟·伯恩斯继续将通货膨胀视为一种货币现象。

然而，阿瑟·伯恩斯在 1970 年后期就永久性地转向非货币或纯粹的成本推动的通货膨胀观。根据这种观点，通货膨胀对经济衰退的幅度不敏感，像收入政策这样的非货币工具需要用来消除通货膨胀（Poole 1979; Romer and Romer 2002b, 2004; E.

---

① 弗里德曼也在 1974 年（Friedman 1974e, 86）中强调了这个论点。

Nelson 2005b）。这种观点为收入政策提供的理论根据并没有援引它在加快反通货膨胀的过程和控制需求紧缩的实际成本中所发挥的作用。相反，成本推动观将收入政策视为有能力降低通货膨胀（或者实际上也可能有能力影响总需求水平的工具，比如那些财政政策的工具）的一种工具。

而且，在1970年和1971年，强制性的工资与价格管制变得越来越合阿瑟·伯恩斯的胃口，国会在1970年授予总统强制实施这些管制的权力。弗里德曼在关注伯恩斯对这种看法的转变。弗里德曼在1970年9月28日的《新闻周刊》上进一步意识到，企业界可能会支持这些管制，因为雇主通常将他们的企业层面的经验推广到整个经济层面，导致他们得出工资会推动物价上涨和自主的力量会推动工资上涨的结论。前文已指出，尼克松政府在不断地拒绝采纳工资与价格指导线或管制。面对来自阿瑟·伯恩斯、国会、企业界和许多经济学家对管制的宣传，弗里德曼给他自己分配的任务就是继续支持这种政府和普通大众持有的立场。弗里德曼在1971年1月11日的《新闻周刊》上写道，采纳收入政策不仅会引起需求紧缩的放弃，而且根据加拿大和英国实施收入政策的不幸经验也是一个"模仿失败"的例子。

至于这一时期的货币政策，弗里德曼在1970年6月的一次访谈中说，今年的货币增长迄今为止太高了。他认为，这个结果反映了美联储继续实施以利率为导向的操作程序——与1969年的低速货币增长相吻合之后，这种程序的实施现在实现了高速的货币增长。但是，弗里德曼也在1970年6月11日的《纽约时报》中指出，他预期美联储将在未来的数月中放缓货币增长。弗里德曼在1970年6月出席联邦储备委员会的顾问会议上表达了同样的看法。他说，从1970年2月到5月的货币增长"高得吓人"——M1的年化增长率为9.4%和排除大额定期存单的M2年化增长率为10.2%。但是，他承认，这种增长弥补了1969年下半年观察到的货币增长的疲软。① 至于未来一段时期，他写道，从1969年12月的基数开始，"正确的政策（它再一次不会让任何人感到意外）对我而言，似乎是竭力走上大约4%到5%的货币增长的稳定之路"。② 虽然在弗里德曼看来1970年1月至2月的宽松做得过分了，但是他判断这种宽松还没有进行足够长的时间，以至于没有威胁到反通货膨胀战略。实际上，弗里德曼在1970年6月24日在给财政部部长戴维·肯尼迪的信中写道："到目前为止，尽管有很多障碍，我们在维持货币紧缩与财政紧缩方面做得非常好，整个经济团队因这一成就值得受到称赞。"③

让弗里德曼感到满意的是，尼克松总统在对全美国的一次电视讲话中确定1970年的货币增长为6%。由于它低于1970年二

---

① 参见 Friedman（1970m，2）。大致在同一时间，弗里德曼在1970年6月18日的《新闻日报》上说，前三个月的货币增长达到了大约9%的"恐怖水平"。几个月之后，弗里德曼在1970年11月20日参加联邦储备委员会的学术顾问会议上再次重复说，1970年的高速货币增长可以参考1969年的低速货币增长被辩解为是适当的（根据联邦储备委员会记录，这份报告在里德·J.欧文提交的1970年11月23日联邦储备委员会员工备忘录中被发现）。

② 参见 Friedman（1970m，3）。虽然他没有在备忘录中详细说明，但是，弗里德曼认为这个建议适用于M1和不包含大额定期存单的M2。他暂时（错误地）认为这两个序列有相似的增长倾向。

③ 参见1970年6月24日致肯尼迪部长的信，已被抄送给阿瑟·伯恩斯。这封信包含在阿瑟·伯恩斯文件集的伯恩斯与弗里德曼的通信中，存放于杰拉尔德·福特总统图书馆。

季度观察到的增长率,弗里德曼在 1970 年 6 月 18 日的《新闻日报》上将此解释为表明尼克松赞成这一年的其余时间放缓货币增长。因此,当几周之后财政部部长戴维·肯尼迪在 1970 年 7 月 1 日的华盛顿特区的《晚星报》(Evening Star)上援引经济停滞和通货膨胀正在下降的迹象时对记者说:"我认为美联储可能错误地站在了自由主义一边",弗里德曼对此不可能高兴。实际上,尽管弗里德曼在 1970 年对尼克松政府的勇气给予了赞扬,他还是一直关心的问题还是要预先防止伴随着 1969 年的紧缩政策而来的过度宽松。他后来回忆,在 1971 年 8 月启动新经济政策的那一年或者之前,他拒绝了尼克松总统恳求他帮助总统敦促阿瑟·伯恩斯加快货币增长。① 弗里德曼对这样的请求无动于衷。他在 1971 年 2 月 3 日的《每日新闻报》上不仅批评政府公开地敦促美联储转向更加宽松的政策立场,而且警告说这样一种举措是一个"严重的错误"。他相信,美联储在 1970 年转向更少紧缩性的政策立场就是立场的充分改变。

当 1970 年的数据公布时,结果显示,对于在 1971 年成为联邦储备委员会官方定义的 M1 和 M2 而言,1970 年四季度的年度同比货币增长率分别为 4.9% 和 7.2%(这些序列的现代定义的相应增长率为 5.0% 和 6.1%)。② 弗里德曼将 1970 年的美联储的

---

① 参见 1983 年 4 月 3 日《波士顿环球报》(Boston Globe)第 25 页和《两个幸运的人》第 386 页。
② 这些数据是基于罗迪安、安东尼·卡塞塞和劳拉·诺瓦克(Lothian, Cassese, and Nowak 1983)的研究。这些序列是从 20 世纪 70 年代晚期的货币数据中被推导出来的。正因如此,它们包含了 20 世纪 70 年代早期被大尺度修正过的美国货币数据。

政策描述为在 1969 年的紧缩之后在 1970 年 2 月表现出"向非常强劲的（货币）扩张的转向"。[1]但是对这一年的整体而言，他相信这种转变做得并不过分：弗里德曼不仅在 1972 年 5 月 17 日《动态经济学教学盒式磁带》第 99 集中将 1970 年 货币政策视为"中性"，而且在 1970 年 12 月 31 日《动态经济学教学盒式磁带》第 64 集中也赞扬了尼克松和阿瑟·伯恩斯坚持反通货膨胀的政策。

这是一个弗里德曼后来往往会坚持的看法。虽然他在 1970 年对阿瑟·伯恩斯主席倡导收入政策已经感到不满意，但是，弗里德曼通常将 1971 年而非 1970 年描述为货币政策偏离非通货膨胀路径之年。[2]但是，这可能是对 1970 年的美国货币政策太仁慈的一种看法。尽管 1970 年的货币增长实际上比 1971 年显著要低，但是它在这一年晚期的回升（这一点在现代货币序列的情形下尤其明显）回头看来不仅可以被视为来自那一年向宽松政策的转变，而且可以被视为形成了过度货币增长时代的一部分，从而宣告了 20 世纪 70 年代中期的严重通货膨胀的到来。[3]早在 1974

---

[1] 参见 Friedman（1971f, 13）。

[2] 参见弗里德曼在 1974 年 11 月 4 日和 1977 年 10 月 3 日《新闻周刊》与 1975 年 3 月 11 日《坦帕时报》(Tampa Times) 上的评论。同样，在 1972 年 2 月 7 日《新闻周刊》上，弗里德曼将 1970 年归入美联储的货币政策没有偏离货币主义建议很远的一年，尽管他在 1975 年 3 月 10 日的《新闻周刊》专栏文章中的批评针对的是 1971—1974 年时期。弗里德曼 1974 年（Friedman 1974a, 20-21）中的看法则更加模糊不清，因为其中的分析提到过度宽松时期的货币增长涉及从 1970 年到 1973 年和从 1971 年起的两种可能性。

[3] 关于这一时期的货币增长数据，参见前一章的表 14.1 和图 15.2a 和 15.2b。

年5月31日的《华盛顿邮报》上，亨利·沃利克（当时他是联邦储备委员会的一位新理事）实际上将1970年视为对渐进主义政策的不耐烦所引起的一种仓促的政策宽松的时期。同样，欧菲尼德斯（Orphanides 2003，657）将诱发大通货膨胀的货币政策决定的序列追溯到1970年2月。

这些回顾性的看法由利率行为的模式所证实。弗里德曼指出，在1970年中期之后的几个月见证了"在美国的经济记录中（短期）利率的一次也许是最急剧的下降"。[1] 短期利率的走势也明显偏离长期利率的走势，参见图15.1。弗里德曼在1970年12月指出，随着短期利率的下降而来的是长期利率与短期利率之间存在的"非常大的"利差。[2] 这种利差进而表明，短期利率的下降不能被归因于通货膨胀预期的下降。相反，短期利率的下降反映了货币宽松的证据由约翰·泰勒（Taylor 1999，337）绘制的泰勒（Taylor 1993）规则建议所提供。即使联邦基金利率在那一年中下降了400个基点，泰勒规则建议提供的证据中的利率在1970年也只有轻微的下降。

截至1971年年初，弗里德曼依然对政策环境感到满意。在那一年到来之际，他在1970年12月31日《动态经济学教学盒式磁带》第64集中赞扬"尼克松政府在面对如此多的批评下维护其政策"。他在1971年2月15日的《新闻周刊》专栏文章中继续跟进，宣布所需要的是"更多的一成不变"。弗里德曼

---

[1] 参见Friedman（1971g，3）。
[2] 参见1970年12月16日《动态经济学教学盒式磁带》第63集。在同一集盒式磁带的评论中，弗里德曼与金融领域的研究者之间的隔阂从他说"利差"是一个华尔街术语的陈述中得到说明。

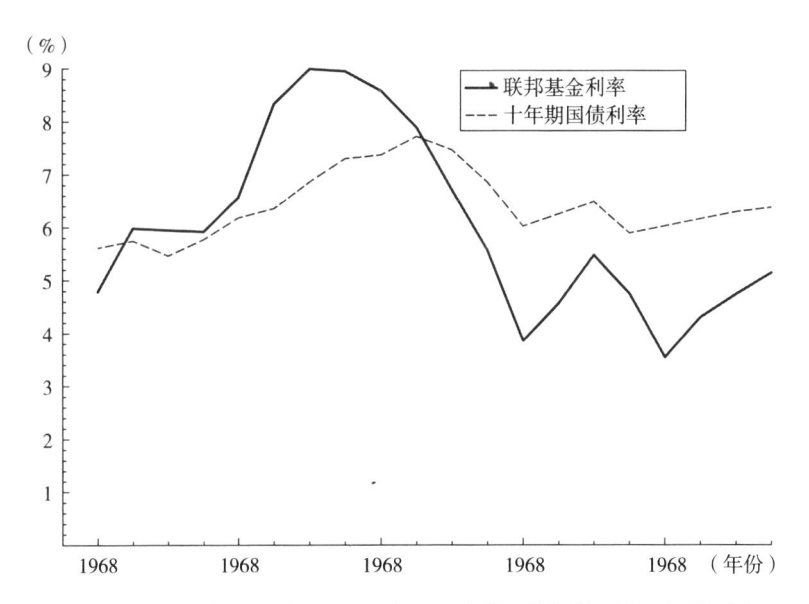

图 15.1　1968 年一季度至 1972 年四季度美国的短期利率和长期利率

资料来源：联邦基金利率由每月有效联邦基金利率的季度平均值组成，后者来自圣路易斯联邦储备银行 FRED 门户网站。十年期国债利率是联邦储备委员会的 H.15 数据发布的月度序列的季度平均值，也来源于 FRED。

在 1971 年 3 月底特律的演讲中继续谈论这一主题，提到通货膨胀率从 1969 年晚期和 1970 年年初期的 6.5% 左右下降到最近的 4%~4.5% 的事实是反通货膨胀政策取得进展的一个迹象。①

不过，弗里德曼已经在担忧连续几个月 M2 的再次快速增长。随着到 1971 年 3 月的货币数据的出现，弗里德曼的不安转变成了恐慌。弗里德曼在 1971 年 5 月 3 日《新闻周刊》上的专

---

① 参见 Friedman（1971f, 9）。另参见图 15.2 f。

栏文章的标题是"货币大爆发"。货币增长的行为本身就引起了弗里德曼在这篇专栏文章中的爆炸性反应。弗里德曼在这篇专栏文章中评论说,最近观察到的 M1 和 M2 的两位数增长率"在过去四分之一个世纪中的任何两个月中都没有被超越过"。在这篇专栏文章发表的那一周,弗里德曼在费城演讲中说,这种增长率部分地反映了美联储继续使用联邦基金利率作为政策工具。他在 1971 年 4 月 27 日《美国银行家》中认为这种做法是执行联邦公开市场委员会关于货币增长指令的一个障碍。

弗里德曼在这一年的年中在华盛顿特区重申了他的担忧。1971 年 6 月 8 日,弗里德曼在椭圆形办公室会见了尼克松总统。正如 1970 年 11 月一样,乔治·舒尔茨也参加了这次会见。由于尼克松在 1971 年年初安装了录音系统,这次谈话为后人保存了下来。前文已指出,虽然弗里德曼记得这次谈话主要是尼克松敦促他鼓励阿瑟·伯恩斯实行宽松的货币政策,但是这次谈话只有很小一部分才适用于这种解释。在那一部分,尼克松向弗里德曼表示他担忧弗里德曼会强烈要求阿瑟·伯恩斯采取太紧的政策。弗里德曼能够迅速地将谈话引向他关于货币政策目前太宽松的担忧。弗里德曼对尼克松说:"截至(1971 年)1 月或 2 月,我可以说你无法要求做得更好。我们的经济走上了增长的道路,增长率足够慢以至于不会再次引起通货膨胀,但如果增长率足够快,你就会看到失业率在 1972 年会急剧下降。""让人烦恼的事情是",他解释说,货币政策自从 1971 年年初以来就通过过度地推动货币增长率,危及了这一情景。这种刺激是不应该的。如果货币增长得以削减,复苏就仍将继续下去。"经济处于上升的态势,问题是不要让它走得太快。"弗里德曼评论说。他也评述说:"我认为，总统先生，你一直能做的重要事情是采取长远的眼光，不要让你自己周复一周地来回受到冲击。我想这才是你要做的正确的事情。此时此刻你只需要等待。"①

在与尼克松会晤之后的当天，弗里德曼向联邦储备委员会的另一次顾问会议提交了一份备忘录。在那份文件中，他指出 M2（现在的官方定义，因此排除了大额定期存单）的年增长率已经从 1970 年 2 月到 8 月的 9.8% 增加到从 1970 年 8 月到 1971 年 1 月的 10.4% 和从 1971 年 1 月到 4 月的 19.4%。② 他争辩说，"在 1970 年 2 月加速货币增长是可取的"，但"在 1971 年 1 月急剧加速货币增长则是不可取的"。③

在 1971 年 4 月 27 日《美国银行家》上，弗里德曼表达的信念是，快速的货币增长可能"不允许继续下去"；只要接下来货币增长降低到适当的水平，他就会对经济前景"非常乐观"。到 1971 年 6 月，由于担忧进一步的快速货币增长数据的不断堆积，他怀疑货币增长是否降得足够低以预防通货膨胀在某种程度上的复活，但是他在 1971 年 6 月 4 日的《费城晚报》（*Philadelphia Evening Bulletin*）上正式声明美联储还有机会"将车开回路上"。④ 因此，他在 1971 年 6 月向联邦储备委员会提交的备忘

---

① 引自 1971 年 6 月 8 日椭圆形办公室的谈话；记录的复印件尼克松总统图书馆能提供。
② 参见 Friedman（1971g, 4）。
③ 参见 Friedman（1971g, 6）。
④ 类似地，弗里德曼在 1971 年 6 月 10 日的《华尔街日报》第 1 页上说："（价格稳定之）马还没有从畜棚中被偷盗。但除非政策制定者奉行一个更加保守的货币政策，否则它不久将会被偷。"

录中提出的建议就是,在这一年的其余时间中大幅度削减货币增长。①

重要的是,虽然弗里德曼认为1971年年初的实际货币发展状况与渐进主义的反通货膨胀策略不一致,但是他仍将它视为对那种策略的有意识放弃。更准确地说,他将它主要视为货币政策的一个错误。实际上,弗里德曼在1971年5月10日《今日芝加哥》第23页上说:"我无论如何都不会怀疑,联邦储备委员会对(货币增长)的结果正如我一样感到不满意。""美联储犯了一个错误。"这是弗里德曼在1971年6月8日他们会见时向尼克松描述事情的方式。

然而,弗里德曼没有意识到政策制定者在承受巨大压力的情况下会进行急转弯。尼克松已经通过在1970年中期引入"通货膨胀预警制度而"做出了让步——政府机构打算在价格显著上升时通知公众。弗里德曼在当时低估了这个行动,在1970年6月18日的《新闻日报》上认为它是一个政治行动,不构成经济策略的任何变化。②到1970年年底,弗里德曼在1970年12月16日《动态经济学教学盒式磁带》第63集中相信,争取收入政策的努力已经被击退,并说这种政策在1971年的美国没有被引入的可能性。

但是,在1971年1月的第一周中,尼克松总统在停止广播时对一位电视访谈者说:"我现在在经济学上就是一位凯恩斯主

---

① 参见Friedman(1971g,8)。
② 两年之后,他将此视为尼克松从他的最初经济政策方法退缩的一个早期尽管不重要的例子。尽管如此,弗里德曼依然将美国政府政策的实质性变化确定为1971年8月。参见Friedman(1972d,1)。

义者。"(参见1971年1月7日的《纽约时报》、1971年1月8日的《芝加哥论坛报》)[1] 十年之后，当尼克松从1971年8月起的国内经济行动被广泛认为遭到误解时，弗里德曼在1981年7月27日的《新闻周刊》上将尼克松在1971年1月的评论视为"一个时代结束"的标志。也就是说，这相当于是一个凯恩斯主义时代达到顶峰的事件，而尼克松的工资与价格管制将被证明是这时代的最后一个篇章。[2] 但是，尼克松的声明在当时并非被认为是凯恩斯主义运动的最后喘息，而是被认为是总统对其批评者的一个重大让步并迫使弗里德曼采取守势。1969年11月4日《华尔街日报》的一篇头版文章引述了一位匿名经济学家的说法："米尔顿·弗里德曼也许会成为我们这个时代最具影响力的经济学家。"[3] 当然，弗里德曼不久之后就成了《时代》杂志的封面人物。然而在1971年2月1日，《时代》当时发表了一篇对弗里德曼更加慎重的文章，标题是"米尔顿·弗里德曼：被围攻的智囊"。这篇文章抓住尼克松的声明报道说："衰退与通货膨胀的不受欢迎的组合也让企业家、政治家和经济学家之间蔓延着对弗里德曼的怀疑。"

似乎怪异的是，通货膨胀与衰退的结合被视为是对弗里德曼概念框架的挑战，因为那个框架有两个显著的要素（通货膨胀

---

[1] 另参见 Meiselman（1973，528）。
[2] 尼克松在1971年1月所发表的这个声明对马图索（Matusow 1998，98）关于"货币主义在尼克松政府的高潮时期"发生在1970年11月之后的数个月的观点提出了严重的质疑。从1969年1月开始的那一年更加符合这种描述。
[3] 1969年5月21日在《纽约时报》上的文章也提出了这个看法。

对支出的滞后和预期菲利普斯曲线）可以解释这种动态现象。但是，正如前面详细论述的那样，弗里德曼关于货币政策的经验滞后期的观点在20世纪70年代早期处于变动之中，因此他在公共记录中提出的许多通货膨胀预测，诚如他在1972年所承认的那样，都是"过分乐观的"。①《时代》的文章声称，美国受到成本推动现象的困扰，而这种现象的存在可能会驳斥弗里德曼的通货膨胀观："弗里德曼的理论在当今部分自由、部分受管制的美国经济中能够适用吗？工业寡头几乎决定价格，而垄断者工会几乎决定工资。"这篇文章援引了一位商业银行的经济学家的话说，"重要的结构变迁"让"弗里德曼式的解决方案不现实"。这篇《时代》文章也指出（后来被证明是对尼克松立场的准确评价），"尼克松强烈呼吁反对钢铁价格的上涨获得了一半的成功表明，弗里德曼可能已经失去了他最显赫的皈依者"。其必然结果是尼克松改变立场，转而同意阿瑟·伯恩斯关于控制通货膨胀的立场。阿瑟·伯恩斯本人认为事情就是如此，因而在1971年3月的证词中评论说："我认为，总统的道德力量是非常巨大的。我很高兴地发现，总统最初是反对限价的，现在却在呼吁限价。我想他做得相当有效。"②

---

① 参见 Friedman（1972d，7）。尼克松政府的经济团队的关键人物，像弗里德曼一样，对通货膨胀对需求紧缩的反应速度都做出了过分乐观的预测。在1969年前半期，通货膨胀会在1969年结束前开始下降的错误预测由赫伯特·斯坦在1969年5月15日的《密尔沃基日报》和阿瑟·伯恩斯在1969年10月21日回忆的《华盛顿邮报》所阐述。

② 参见1971年3月10日在银行、住房与城市事务委员会上的证词（Committee on Banking, Housing and Urban Affairs 1971，13）。

弗里德曼在 1971 年 2 月《时代》杂志的文章中被提到正全神贯注于一个关键问题：政府与美联储是否有勇气保持目前的相对温和的扩张政策，从而让通货膨胀下降？第二个问题（基本上是第一个问题的反面）是，尼克松政府是否会屈服于工资与价格管制是抗击通货膨胀的恰当武器的立场？在 1971 年年初，弗里德曼与加尔布雷斯就管制的优点展开了另一场辩论，这次是在电视讨论节目《拥护者》上。① 虽然弗里德曼评论说"这里存在工会造成了通货膨胀的大量谈论"，但是他指出，美国的工会化要比许多其他国家要低，从而无论如何"你都会在工会存在与否的情况下有通货膨胀"。弗里德曼也在 1971 年 1 月 5 日美国公共广播电视台节目《倡导者》中反对利用货币紧缩抗击通货膨胀的主张等同于利用一个未经检验的工具抗击通货膨胀的这种观念，"我正在谈论的这种理论不仅被试验过，它也是唯一在历史上曾经起作用的理论。"相反，"工资与价格管制已经反复多次被试验过,(但是)它们从未起作用"。

但是，在随后几个月中，引入工资与价格管制的压力逐步增加。众议院联合经济委员会主席、众议员亨利·雷乌斯在 1970 年援引货币政策与财政政策作为抗击通货膨胀工具的不足来倡导管制（参见 E. Nelson 2005b）。② 亨利·雷乌斯在翌年继续持有

---

① 这里引用的材料来自节目的副本。《拥护者》辩论也被总结在威廉·巴克利联合报纸专栏文章中。参见 1971 年 1 月 8 日的《三角洲民主时报》（*Delta Democrat-Times*）。
② 正如第十三章指出的那样，雷乌斯在 20 世纪六七十年代倡导对通货膨胀的非货币分析，即便他看到了将货币目标作为调节总需求的手段的优点。

此立场，他在1971年6月22日的国会听证会上哀叹"我们乱得一塌糊涂的经济——6%的通货膨胀、6%的失业率和只使用了75%的厂房与设备"。[①] 实际上，到1971年中期的通货膨胀并不像雷乌斯所表明得那样高：1971年年中的数据表明，年度同比的通货膨胀是5%或者比5%略低。而且，经济衰退在1971年中期比政策制定者在当时所认为的要小得多（Orphanides 2003，645；2004，164）。但是，亨利·雷乌斯的看法反映了和强化了通货膨胀或失业方面都没有取得足够进展的普遍看法。

尽管如此，弗里德曼在1971年夏初认为，政府基本上再一次抵制了对反通货膨胀策略的批评，并在1971年7月26日《新闻周刊》上写的一篇题为《保持平稳》的专栏文章表达了这种看法。[②] 那篇专栏文章赞扬了尼克松在抵制改弦易辙的压力方面的"意志力和道德勇气"。但是，弗里德曼后来在1973年5月14日的《新闻周刊》上将这篇首次展示的专栏文章描述为一篇"错误时间的杰作"，并在1973年4月25日《动态经济学教学盒式磁带》第119集中很大程度上承认这篇专栏文章是"我曾写过的并

---

[①] 引自 Joint Economic Committee（1971c，239）。
[②] 标题是从乔治·舒尔茨在这一年早期就该主题所发表的一次演讲的标题中借用过来的。在1971年7月14日《动态经济学教学盒式磁带》第78集中，弗里德曼认为这是一个"非常重要的演讲"；正如他在《新闻周刊》专栏文章中所做的那样，他批评给这次演讲的新闻报道有限。在2013年5月22日接受本书的访谈时，乔治·舒尔茨也相当重视这次演讲并强调了它作为一篇被忽视的分析的作用："我发表了一篇题为'保持平稳'的演讲。我在那里主张……如果我们只要保持耐心，我们就将控制通货膨胀……我主张……我们应该继续'保持平稳'，但是我输掉了这场争论。米尔顿·弗里德曼也对此感到不安。"

非最具有杰出洞察力的文章之一"。在这篇专栏文章发表一个月之内，不管是通货膨胀还是失业都没有取得足够进展尼克松总统最终宣布了他的新经济政策。尼克松是在1971年8月15日的星期日在全国广播中这样做的。①

### （三）进入管制

新经济政策在国内的主要政策倡议就是90天的工资与价格冻结。就应用于国内的产品方面而言，这次冻结的全面性表明该政策正确地认识到了政府在1970年强烈呼吁工资与价格限制的适当努力的重要性。实际上，尼克松所强制实施的工资与价格管制的范围甚至比肯尼思·加尔布雷斯在该政府的第一年中建议的范围大得多。在1969年美国广播公司的电视特别节目中，弗里德曼被要求批评加尔布雷斯的建议，其中包含只适用于关键部门的工资与价格管制建议。

弗里德曼在1971年8月16日《纽约邮报》（*New York Post*）第39页的回应是，这种措施"在本质上纯粹是装门面的，而非治疗性的"。他在1971年8月16日的《路易斯维尔信使报》（*Louisville Courier-Journal*）上补充说："效果就是要掩盖价格与工资的上涨，而不是阻止它。第二次世界大战和其他时期的经验

---

① 根据1971年11月17日的《曼彻斯特联盟导报》（*Manchester Union-Leader*），这个新经济政策后来的绰号是"经济稳定计划"。"经济稳定计划"这个术语实际上在一些对1971—1974年美国经济政策的研究中被使用（例如Darby 1976b）。但是，尼克松本人并没有完全放弃"新经济政策"这个术语，例如1975年8月21日《纽约时报》报道他在1975年的宣誓证词中就使用过它；这里使用的"新经济政策"术语包含尼克松在1971—1974年整个工资与价格管制期间所采取的政策措施。

会证明，人们会找到办法来规避这种冻结。"至于尼克松，弗里德曼在1971年8月16日的《底特律自由新闻报》上评论说："我认为，从总体而言，尼克松先生的经济工作做得不错。但依我之见，我认为他今晚倒退了。我意识到，他处于巨大的压力之中。"

相比之下，这次的冻结措施不仅受到了阿瑟·伯恩斯和加尔布雷斯的称赞，而且受到了主要的凯恩斯主义经济学家，比如詹姆斯·托宾、沃尔特·海勒、阿瑟·奥肯和加德纳·阿克利的赞赏（参见 E. Nelson and Schwartz 2008a，842-844）。[①] 其中一位最著名的支持者是保罗·萨缪尔森。美国广播公司在1971年8月17日那期的《ABC晚间新闻》（*ABC Evening News*）节目中提供了弗里德曼与萨缪尔森的反应：

> 弗里德曼："依我之见，我认为工资与价格冻结非常糟糕。我认为它是高度不可取的。我非常遗憾地说，总统觉得有必要采取那项措施。它为什么不可取呢？它之所以不可取，是因为它抑制了通货膨胀的'症状'而没有治疗这种'疾病'。它纯粹是装门面。它没有治疗效果。"
>
> 萨缪尔森："我并不认为90天的冻结会解决通货膨胀问

---

[①] 不过，正如马图索（Matusow 1998，304）所做的那样，声称"在这个国家中，除了米尔顿·弗里德曼与乔治·舒尔茨之外的几乎每一个人都敦促价格与工资的管制措施和更多扩张性的政策"是一种夸张的说法。各种货币主义者的前哨基地，包括那些在纽约第一国民城市银行（花旗银行）和圣路易斯联邦储备银行的基地，都反对这种冻结与货币政策和财政政策同时转变的人。艾伦·格林斯潘也是其中之一（参见1971年8月17日《每日新闻报》、1971年8月23日《纽约时报》）。

题。但是，它是走向某种收入政策的第一步行动。善意的忽视不会起作用。总统是时候使用他的领导力了……我们在这个周一早晨比我们在上周五过得更好。上周五的形势糟糕透了。"

萨缪尔森对管制的支持在某种程度上与萨缪尔森在1970年的看法（Samuelson 1970c，147）相冲突：弗里德曼与来自芝加哥大学前一个时代的弗兰克·奈特和亨利·西蒙斯一起，"在影响经济学家理解市场定价相对于直接的政府干预的优越性方面获得了经济思想史中的崇高地位"。[1] 萨缪尔森对尼克松的工资与价格管制的支持也突出了他对价格机制信心的高度有限性。当然，萨缪尔森长期记录在案的是对股票市场作为一个整体会使股票价格正当地反映股票价值表示怀疑——正如第十四章讨论的那样，弗里德曼到20世纪70年代初在这个问题上已经与萨缪尔森接近一致了。但是，萨缪尔森在20世纪70年代初对成本推动因素的讨论表明，他认为工资与产品价格不再可能留给市场。甚至比他在20世纪60年代支持工资与价格指导线的时候还要少。协调萨缪尔森对价格机制的各种评论的一个可能性在于这个观念：萨缪尔森认为价格信号在家庭的消费品选择中起着重要的作用，但是他认为美国经济的供给方已经被成本推动力量所渗透，以至于名义工资增长和通货膨胀都不可能被视为容易受到总需求和总供给均衡的影响。

---

[1] 萨缪尔森在1972年7月31日《新闻周刊》的专栏文章中纪念弗兰克·奈特的最去世时，也向芝加哥学派的老一辈成员表达了敬意。

弗里德曼在1971年早些时候警告说,收入政策的拥护者认为它"是需求紧缩的一个替代而非一个补充"。弗里德曼在新经济政策被引入之后《新闻周刊》的第一篇专栏文章中预测,它会导致这种看法:"全速前进。价格冻结会抑制通货膨胀。"[①] 这实际上是主要的凯恩斯主义者在冻结措施开始之际的反应。

在这种背景下,弗里德曼在1971年9月的白宫与尼克松进行他们的另一次也是最后一次面对面交谈时向尼克松转达了如下信息:"现在在国内涉及两个问题。一个是你如何放松价格管制的技术问题——你用什么来代替它。但是我认为,还有一个更根本的和基础性的问题。我在我们现在正在行进的道路上所看到的巨大威胁是,在抑制通货膨胀的掩盖之下,真正的通货膨胀力量将会增加。那是真正的威胁,因为议员会说,'我们为什么要(通过支出限制)立法来对付通货膨胀呢?这里有生活费用委员会——他们会为我们处理好它的'。现在,那是一个非常真实的威胁。美联储是同样的威胁。它会说,'我们现在可以更多地印钞'。"

然后,弗里德曼勾勒了这种情境对尼克松所造成的长期政治成本:"现在,从你的观点和我们的观点来看,我们想要的不仅是期待1972年,而且期待1972年之后。我们不想要——我们在1972年想要一个胜利,但是我们不想要这样的一个胜利:随之而来的一系列行动让民主党人掌权二十年。"他承认尼克松将获得短期政治收益:"如果你让通货膨胀压力在我们身上集结,你

---

[①] 引语分别来自弗里德曼在1971年1月11日《新闻周刊》和1971年8月30日《新闻周刊》第22页的专栏文章。

能够通过选举来支撑住水坝。"但是，在那时之后，水坝就支撑不住了。更准确地说，机会是"70 对 30，它将会崩塌。当它崩塌时，你将会面临通货膨胀的大幅度飙升。接着，你将会有再一次猛踩刹车的压力。我们将会浪费我们从 1970 年的衰退代价中所获得的优势。你将不得不面临更严重的衰退。如果你在 1974 年被迫管理一次严重的衰退，那将会把民主党人推回来掌权二十年。"[1]

弗里德曼勾勒的经济预测证明是准确的，他的政治预测则不那么准确，因为紧随尼克松连任后的 1973 年和 1974 年的混乱岁月——当然，这不仅仅在本质上是经济混乱——而来的是，民主党重新夺回白宫只有四年。

弗里德曼向总统描述的那种急转弯没有立即发生在财政政

---

[1] 引自 1971 年 9 月 24 日椭圆形办公室的谈话；录音复印件由尼克松总统图书馆提供。
在分析这次谈话时，伯顿·艾布拉姆斯和詹姆斯·布特基维茨（Abrams and Butkiewicz 2012）提供了不同于此处给出的一些弗里德曼言辞的翻译。特别是，与他们的不同，这里提供的版本并没有将工资与价格管制可以降低通货膨胀压力而不是用来测量通货膨胀的观点（这与他在此问题上的众多著述完全相反）归因于弗里德曼。而且，艾布拉姆斯和布特基维茨（Abrams and Butkiewicz 2012）认为大量无法理解的弗里德曼的语词事实上可以被解码，并在这里给出的引语中表现了出来。也应该指出的是，由于他们没有将白宫谈话录音置于弗里德曼当时公开发表的经济评论背景下，因此，艾布拉姆斯和布特基维茨给人产生的不正确印象是，弗里德曼是私下地给出的建议，在公共分析中不可获取。而且，由于他们没有考虑当时和之前的货币文献，这些研究者（Abrams and Butkiewicz 2012, 396）将弗里德曼关于不要太过于重视货币总量的月度波动的评论——这种评论在 20 世纪 70 年代初非常普遍——视为好像是弗里德曼的先见之明。

策上。尼克松的公告包含了一个同等数量削减税收和政府支出的提议，弗里德曼在1971年8月17日《ABC晚间新闻》上说这是新经济政策"非常好的"一部分，因为它"表示政府规模的削减"（参见1971年8月23日《美国银行家》杂志第8页）。但是，到他会见尼克松时，弗里德曼打消了财政紧缩即将到来的错误观念。①

**（四）尼克松执政时期的联邦支出**

弗里德曼对尼克松政府缺乏削减政府支出的兴趣感到失望。例如，在1970年参加《与媒体见面》的节目时，弗里德曼说，从约翰逊政府开始，"非军事目的的支出以令人难以置信的速率上升"，尽管他也指出，他偏向于对农业"削减六七十亿美元的无用且浪费的补贴"，同时削减福利支出。② 现代时期的数据表明，在两年下降之后，联邦支出与产出的百分比在1971年财政年度上升，尽管投入国防支出的国民收入份额继续下降（Council of Economic Advisers 2011, table B-79, 284）。在1971年2月3日的《每日新闻报》上，弗里德曼称尼克松为1972年财政年度在联邦预算计划中提交的2290亿美元的总支出额"太大了"；在1971年8月17日美国广播公司节目《ABC晚间新闻》上，弗里德曼将新经济政策之前的财政政策描述为像货币政策一样"具有

---

① 在与尼克松谈话时，弗里德曼说，"我认为，你不能阻止国会开支。你将面对惊人的巨大赤字"。弗里德曼在1971年10月18日的《新闻周刊》中表达了同样的看法。

② 参见1970年6月28日美国全国广播公司《与媒体见面》节目副本第8页。另参见1970年6月29日《费城询问报》（*Philadelphia Inquirer*）的采访报道。

极端的扩张性"。

尼克松在1971年8月的公告中提议的削减支出并没有发生。相反，一个更具有扩张性的姿态出现了，它如此之大以至于弗里德曼认为尼克松执政的早期岁月的克制是值得称赞的。他最终认为，公共支出控制的目标是在那个较早的时期"坚持得相当好"。在这一点上，他援引名义联邦支出的增长从1965—1968自然年度期间的每年超过13%下降到1969—1971年的不足7%。[①]但是，弗里德曼也认为，尼克松的第一任期随着时间的推移见证了"联邦支出克制的消失"，联邦支出增长率在1972年最终达到10.7%。[②]

政府支出的增长，不管是实际的还是名义的，还是转移部分还是采购部分，与财政部助理部长穆雷·韦登鲍姆在1970年3月（Weidenbaum 1970, 89）关于联邦采购以实际值计算会从1969年到1975年累计下降15%左右的预测都形成了鲜明的对比——韦登鲍姆认为这种削减基本上抵消了转移支付在未来的大幅度上升，从而让1975年的联邦政府实际支出只是比这十年开始之际的水平适当高一点。韦登鲍姆的预测与实际发展状况之间存在差异，这突出了美国国防开支的削减伴随着联邦支出的非国

---

[①] 参见Friedman（1975e, 13）。
[②] 参见Friedman（1975e, 41）。尼克松政府在美国长期公共支出承诺的基础上通过1972年的社会保障的改革，导致迈克尔·波斯金（Boskin 1987, 84）所描述的"社会保障福利金的全面而巨大的提高"。罗默夫妇（Romer and Romer 2013c, 60）的定量分析表明，从1972年10月开始的社会保障福利金永久性地提高了20%。类似地，根据菲利普·梅圭尔（Meguire 2003, 127），1972年的变革提高了22%的社会保障义务的实际现值。

防领域的巨大扩张的这个事实。弗里德曼对这种新出现形势的不再痴迷通过对比他在尼克松就职当天在一个电视问答小组的评论就可以得到说明,"1969年如同1933年一样将是美国历史的一个重要年份,因为它将标志着……对政府更少依赖的倾向"(1969年1月20日WNET电视节目《国情咨文》),三年之后他对尼克松领导公共支出的这样一个大幅度的增加感到失望(参见他在1972年1月5日参加美国公共电视台的《火线》节目的副本第12页和第13页上的评论)。弗里德曼在财政政策领域中的另一个失望是,投资税收减免作为新经济政策一个组成部分被恢复了。

虽然弗里德曼对尼克松在1971年之后就财政问题所采取的方向感到失望,但是,这种转变对货币政策的可能影响比他在当时暗示的要小得多。正如前面几章讨论的那样,弗里德曼在20世纪60年代期间主张,货币增长与赤字支出通常在战争时期和其他极端条件下携手并进,甚至可能在温和的条件下是紧密相关的,即使它们不必联系在一起。这依然是他在尼克松执政的早期中的立场。因而,弗里德曼在1971年1月5日美国公共广播电视台节目《倡导者》中评论说,通货膨胀"并非总是赤字的结果,但绝大部分时间它都是有助于支付政府的费用",并将20世纪60年代末的通货膨胀的原因追溯到"约翰逊政府奉行的丢人的通货膨胀政策"。① 这种思维方式也明显体现在弗里德曼在尼克松任职期间在1969年2月28日克利夫兰《老实人报》(*The Plain Dealer*)第7版关于"除非政府放缓支出增长率,否

---

① 关于弗里德曼评论说预算赤字在历史上是高速货币增长的一个主要来源的早起场合,参见《资本主义与自由》第39页。

则它就不可能实现其他目标并让许多选举它的选民失望"的评论之中。预见到后来的托马斯·萨金特和尼尔·华莱士（Sargent & Wallace, 1981）等文献中所描述的赤字-货币增长-通货膨胀联系的术语，弗里德曼在1969年5月25日《动态经济学教学盒式磁带》第25集中评论说，限制联邦预算是让减少货币增长的努力成为"一种可信政策"的必要条件。

但是，正如前几章也指出的那样，20世纪70年代的经验也让弗里德曼对赤字支出与通货膨胀可以在实践中分离的程度印象深刻。他甚至在尼克松执政的后期也表达了这种观点，特别是摒弃了20世纪70年代的快速货币增长基本上被当作归因于财政政策的分析。甚至在提出这种经验性的看法之前，弗里德曼重申，财政政策与货币政策之间的联系原则上可以通过实施非调节性的货币政策应对赤字的方式来打破。[1] 这样，在弗里德曼看来，虽然尼克松政府的财政扩张举措无助于实现货币紧缩，但是，它排除了实施非通货膨胀货币政策的可能性。

### （五）对衰退的担忧

这样的货币紧缩并没有发生。相反，在货币方面，弗里德

---

[1] 一个恰当的例子就是1979年7月29日弗里德曼在《芝加哥每日新闻报》（*Chicago Daily News*）上的评论。在那次新闻采访中，弗里德曼陈述说，预算赤字导致的高速货币增长更可能发生并根据这种观点来解释最近的货币发展状况。但是，他在第4版补充说："预算赤字具有通货膨胀性的充要条件就是它主要是通过印刷钞票来融资的。"沿着同样的思路，弗里德曼在实施冻结之后在1971年8月30日《新闻周刊》第22页上陈述说，美联储在最近的岁月中"应为产生的通货膨胀受到大多数责备"。在1971年9月弗里德曼与总统谈话中，他强调了美联储在未来的岁月里对所出现的预算赤字非货币化的重要性。

曼担忧的过度扩张——1971年前半期的数据已经引起了货币扩张——也在1971年和1972年的整个时期发生了。

货币增长确实在1971年下半年在某种程度上放缓了。其实，弗里德曼在1971年年末到1972年年初的一段时期内担忧经济疲软。他在1972年1月13日《动态经济学教学盒式磁带》第90集中认为，工资与价格冻结所产生的不确定性导致了货币需求的上升，因而冻结"对复苏产生了寒蝉效应"。[①] 按照弗里德曼在1971年11月11日的《每日新闻报》、1971年11月13日的《商业周刊》、1972年1月10日和5月22日的《新闻周刊》上的估计，货币的放缓和流通速度的下降同时出现预示着有发生经济衰退的风险。弗里德曼在这一点上的担忧是如此严重，以至于他在1971年12月给阿瑟·伯恩斯的一封信中以这样的言辞开头："到底发生了什么？"这封信是对货币增长放缓的反应——弗里德曼在1971年12月15日《动态经济学教学盒式磁带》第88集音频评论中所描述的这种放缓基本上是从1971年7月到12月期间M1没有增长，M2增长很少。他在1972年1月10日《新闻周刊》和1972年2月22日《金融时报》中一度担忧，另一次衰退即将

---

[①] 詹姆斯·托宾同样在1971年10月31日《华盛顿邮报》和1971年11月13日《商业周刊》上认为，冻结就其本身而言通过不确定性渠道对支出往往会有一个抑制效应。

来临。①

  碰巧的是，这一时期也是后来货币数据的修正和重新定义对发展状况的解释具有巨大影响的一个时期。虽然以弗里德曼使用的旧式 M2 序列所测量的货币增长的年化增长率从 1971 年上半年的两位数下降到 1971 年下半年的个位数，但是，现代的 M2 数据在这一年的两个半年都出现两位数的增长。② 不过，两个序列都证明了 1972 年上半年的两位数增长，而弗里德曼则在 1972 年 4 月 15 日《日本时报》上准确地预测"1972 年下半年将是一个非常繁荣的时期"。③ 而且，两个 M2 序列都以自然度年为单位记录了快速的增长：弗里德曼在 1974 年报告了 1971 年的 M2 增长率为 11.8% 和 1972 年的增长率为 10.2%；现代 M2 数据表明

---

① 参见 1971 年 12 月 13 日的信件，引自威尔斯（Wells）1994。可获得的这封信的复印件表明，弗里德曼在这封信的开头提出了这个问题。

伯顿·艾布拉姆斯和詹姆斯·布特基维茨（Abrams and Butkiewicz 2012, 398）依靠这封信对 12 月底白宫谈话的描述来表明，它"看来是针对美联储已经采取的扩张性货币政策"。事实上，由于这封信的描述已经在威尔斯（Wells 1994）的讨论中可获得，以及这封信存放在阿瑟·伯恩斯和弗里德曼的档案之中，限定词"看来"是不必要的。这封信的存在有助于突出这两位作者依赖白宫录音作为资料来源所发生的以牺牲查找大通货膨胀的整体文献为代价的程度。

也要注意，重要的是不要将弗里德曼在 1971 年年底所采取的立场束之高阁。他在那个阶段不是一个敦促用更加紧缩的货币政策来对抗政府期望美联储采取更加宽松的立场的人物。虽然弗里德曼的信件对 1971 年扩张性的货币政策作为一个整体表达了遗憾，但是它紧接着关心的是他所认为的货币增长最近下降得是否太过于急剧。

② 参见前一章的表 14.1。

③ 弗里德曼也在 1972 年 5 月 22 日的《新闻周刊》上做出了这个预测。

1971年的货币增长为13.4%和1972年为13%。① 总之，当局政府的决定导致弗里德曼在1972年5月22日《新闻周刊》上所称的"令人难以置信的扩张性财政政策与货币政策"。

（六）继续支持尼克松

按照某些叙述，包括他自己的叙述，弗里德曼在总统强制实施价格管制之后就与尼克松断绝了关系。正如前面详细叙述的那样，弗里德曼高度批评冻结政策。在1972年7月对《新闻周刊》专栏文章的文集《一个经济学家的抗议》补充的一个评论中，弗里德曼陈述说："实际执行的政策分为两个明显区分的部分：1971年8月15日之前和1971年8月15日之后。"② 实际上，发表于1976年10月25日《时代》的文章说，管制一旦宣布，"弗

---

① 关于M2旧式定义的数据，参见弗里德曼（Friedman，1974a）。现代的M2报告的增长是使用圣路易斯联邦储备银行的FRED门户网站的月度数据计算的从1971年12月到1972年12月的年度同比增长率。由于现代的M2类似于旧式的M3，因此，前面正文报告的现代M2增长率就类似于弗里德曼（Friedman 1974a，22）所报告的1971年的M3增长率为12.8%和1972年的M3增长率为12.5%。

② 参见Friedman（1972d，1）。这个文集（Friedman 1972d）——出版商发行了精装本和软书皮装订本——包括弗里德曼为《新闻周刊》所写的前100篇文章中的99篇，以及一些最新的专栏文章和弗里德曼在1970年和1971年为《纽约时报》所写的专栏文章，加上弗里德曼在1971年6月6日在罗切斯特大学毕业典礼上的演讲（即Friedman 1971j，前一章讨论过这个演讲）。各章的引言和补充到重印的《新闻周刊》专栏文章的脚注提供了更新的信息和背景。此外，专栏文章中的排印错误被改正了：例如，1971年9月27日的专栏文章中的"1867年"被改正为"1967年"，1972年1月10日的专栏文章中坐标轴日期标记的错误被改正了——被安娜·施瓦茨在1972年1月31日《新闻周刊》上的一封信中指出。这本文集删除的专栏文章是1970年11月9日那篇在保罗·萨缪尔森获得诺贝尔经济学奖之后向他致敬的文章。

里德曼就辞去了尼克松顾问的职务"。①

然而，与这些陈述所给出的印象相反，关于新经济政策一旦实行弗里德曼所主张的政策就与政府断绝关系或者终止了对政府的支持的说法是不正确的。②他实际上既与政府保持着关系，也支持总统的连任。部分原因是他从一开始就同情尼克松的困境。弗里德曼在1971年8月16日《芝加哥论坛报》第1页上声称，就1971年8月之前的经济状况而言，尼克松强制实施的管制发生在"民主党政治家和民主党经济学家完成了花言巧语的劝说"之后。③弗里德曼在1971年9月27日的《新闻周刊》上觉得，经济扩张在冻结公告之前的七个月中都"很强劲"，而这一事实在1971年8月之前的这一时期对政府的大量批评性评论中都被忘掉了。在这一点上，罗伯特·戈登（Gordon, 1976a, 55）与弗里德曼有分歧。戈登认为直到1971年8月的经济增长率是"毫无活力"的3.2%。同样，业已指出，保罗·萨缪尔森认为1971年8月之前的经济进展是不堪一击的。但是，自1971年以来修正的数据支持弗里德曼的看法。现代的实际美国国内生产总

---

① 相似的说法出现在1974年12月1日的《阿克伦灯塔日报》（*Akron Beacon Journal*）上。
② 在1995年6月出版的《理性》杂志第33页中，弗里德曼指出，他在新经济政策实施后会见过尼克松一次，但是他错误地暗示这是他们在1971年8月之后的唯一交流，以及自那时起他对总统提供的任何建议都是通过他的著述或者通过第三方传达的。事实上，两人在1972年12月有一次电话交谈（参见本章结尾处）。在那之后不久，弗里德曼就经济形势也给总统写了一封信（这封1972年12月21日的信件，存放在福特总统图书馆的阿瑟·伯恩斯文件集中）。
③ 弗里德曼在1972年1月5日参加美国公共电视台的《火线》节目的副本第16页中做了相似的评论。

值的数据表明，产出的年化增长率在 1971 年的前两个季度超过了 6%。①

在 1971 年 3 月 9 日《底特律自由新闻报》上，弗里德曼详细阐述了他自己的立场：经济扩张应该允许的增长率就是让失业下降但依然让产出保持在潜在产出之下的一个较长时期，从而促进通货膨胀继续下降的增长率。他继续说："我们现在有一个绝妙的机会：我们降低通货膨胀已经付出了温和的代价；我们不要通过扩张如此之快以至于我们再次启动通货膨胀而浪费了它。"② 正如他大致在同一时间的 1971 年 3 月 8 日《克利夫兰新闻报》上指出："加速的诱惑是总统不得不抵制的最大诱惑。"尼克松总统并没有抵制那种诱惑，弗里德曼在 1971 年 4 月 27 日的《美国银行家》和 1971 年 6 月 14 日的《时代》上关于实际的问题是"要阻止经济增长过快"的警告被置若罔闻。③

就工资与价格管制而言，弗里德曼在 1971 年下半年与 1972 年的立场是，尼克松私下依然不赞成管制——正如下面要讨论的

---

① 在叙述尼克松政府的经济政策时，马图索（Matusow 1998, 103-4）传达同时代的官员和评论家的看法是经济很疲软。马图索依赖当时的叙述造成一个不幸的后果就是，他的叙述没有认识到后来对实际经济活动数据的向上修正。这种疏忽导致他赞成 1971 年最初记录的经济增长疲软驳斥了"货币主义的至关重要的假定"的观念（Matusow 1998, 103）。

② 类似地，弗里德曼在 1971 年 4 月 25 日《费城星期日公报》（*Philadelphia Sunday Bulletin*）上评论说："我们控制通货膨胀已经付出了衰退的代价。让我们不要浪费它。"在前面引述的部分中，他在 1971 年 9 月会见总统时沿着同样的思路说了这番话。

③ 参见弗里德曼在 1971 年 6 月 2 日《动态经济学教学盒式磁带》第 75 集中也发出了类似的警告。

那样，这种看法的证据很复杂。因此，弗里德曼认为尼克松倾向于在早些时候废除这些管制。与此同时，弗里德曼知道，从管制的历史获得的教训是，它们最初似乎起了作用。"其他国家的经验表明，大约在一年内，这种管制一般而言看起来不错；在大约两年之后，就突然失败了。"（参见1972年1月31日《新闻周刊》第75页）因而，弗里德曼在冻结强制实施之后在1971年8月30日《新闻周刊》第22页上评论说，尼克松抓住了老虎的尾巴，"他将发现很难放手"。

弗里德曼在1971年9月24日在白宫拜见尼克松和乔治·舒尔茨时提出了早日结束管制和避免持久的急转弯的理由。业已指出，他通过勾勒一个弗里德曼称为"恐怖故事"的情境的方式这样做了，在这种情境中，工资与价格管制同总需求的过度刺激相结合会在1976年之后将尼克松的政党长期赶下台。[1] 在这种情况下，尼克松承认，"我理解，这是可能的"，但是当冻结期在1972年11月终止时，尼克松只是转向管制的第二个阶段——诚如前面指出的那样，财政与货币环境变成了更具有扩张性。

这次会晤并不激烈，部分原因是弗里德曼花费了大量时间——因为他在前一天在联合经济委员会作证——谈论新经济政策的国际方面，而他基本上赞成该政策的这个部分。[2] 在回忆录中，弗里德曼确实回忆了一次激烈的争吵。在那次争吵中，尼克

---

[1] 1971年9月24日椭圆形办公室的谈话；录音的复印件由尼克松总统图书馆提供。虽然民主党在1971年控制了国会两院，但是，国会民主党议员的人数和构成意味着尼克松在大量的立法计划中可以指望有效的多数票。
[2] 参见本节的下一部分，题为"布雷顿森林的终结"。

松敦促弗里德曼不要指责乔治·舒尔茨采取的管制举措，弗里德曼说，"我要责备你，总统先生"。① 在本书的访谈时，乔治·舒尔茨在回忆这次会晤时提到了这次口舌之争，这个事实增加了这次争吵实际发生的可能性。但是，弗里德曼的回忆录表明了他认为这件往事的记忆存在的一些可疑之处。当弗里德曼在2002年5月开始听谈话的录音时，他发现这次谈话的相关部分听不清楚。②

事实上，这次谈话有两部分看起来像弗里德曼与乔治·舒尔茨所回忆的内容，但是像"指责"这样强烈的语言没有出现，这里讨论的两部分在语调上都比弗里德曼回忆的直接争吵要轻松一些。在第一部分中，尼克松开玩笑说，正是乔治·舒尔茨提出了管制的建议；弗里德曼回答说，这是"五十步笑一百步"。在第二部分中——弗里德曼在回忆中提到了这次会谈发生的时点，尼克松告诉弗里德曼，不要担心乔治·舒尔茨，而弗里德曼回答说，他其实不担心乔治·舒尔茨，而是担心总统可能要做的

---

① 《两个幸运的人》第387页。
② 弗里德曼在2002年5月18日给笔者写了一封电子邮件："我趁九年来第一次在华盛顿的机会，外出到（国家）档案馆去聆听尼克松的录音带。不幸的是，这些录音带的质量太差。你可以清楚听到一些片段，但不是绝大多数。碰巧的是，我最想核实的特定句子根本不可能听清。"
弗里德曼回忆的某些内容也可能在1971年会晤时发生过，特别是1971年6月的那一次，因为尼克松和乔治·舒尔茨在三人在1970年11月之前没有录音的会晤中可能实际上发生了争吵。但是，正如正文中指出的那样，1971年6月8日和1971年9月24日的谈话的确有部分大致与弗里德曼在《两个幸运的人》中给出的往事相吻合。

事情。①

虽然弗里德曼在尼克松辞职之后很久才再一次亲自会见了尼克松，但是，弗里德曼与政府的非正式关系在1971年和1972年持续进行。② 他不仅发现他自己与尼克松周围的一些经济人员不和，例如约翰·康纳利，他是新经济政策宣布时的财政部部长，而且不赞成经济顾问委员会回到肯尼迪时期通过公开演讲来支持政府政策而发挥积极作用的模式的程度，弗里德曼在1972年2月9日《动态经济学教学盒式磁带》第92集中笨拙地称这种变化为经济顾问委员会的"政治化"。③ 不过，弗里德曼不仅与乔治·舒尔茨保持了良好的关系，而且高度尊重经济顾问委员会的成员。"如果你想要一个文字评级，他们1972年的报告是曾经所写得最好的一份报告"，弗里德曼在1972年8月12日《国家期

---

① 这部分发生在会晤结束时，正如弗里德曼在《两个幸运的人》第387页中回忆的那样。
② 布莱恩·多米特诺维奇（Domitrovic 2009, 97）不正确地说，弗里德曼在1972年访问了白宫，从而错误地暗示弗里德曼公开支持尼克松政府在1971年之后的通货膨胀政策。
③ 在就类似话题进行写作时，艾伦·格林斯潘使用了"政治化"（politicization）［引自1974年7月29日的《底特律自由新闻报》（*Detroit Free Press*）］。只有这一次，格林斯潘的阐释要比弗里德曼的阐释更加清晰。
弗里德曼在1972年使用"政治化"（politicalization）不是他的疏漏。例如，在1976年1月22的银行、货币与住房委员会（Committee on Banking, Currency and Housing 1976a, 2180）的证词中，弗里德曼使用了"政治化"（politicalize）一词。为准确起见，"政治化"（politicalization）在英语语言中是一个可接受的单词，但是2015年版《牛津英语词典》表示，它仅仅意味着"政治化"（politicization）。但是，弗里德曼在1977年11月14日《新闻周刊》第91版的专栏文章中选择使用"使政治化"（politicizing）。

刊》第1281页上谈到1972年该委员会撰写的《总统经济报告》时评论说。"但是，唯一重要的评级就是关于他们在总统的办公室里提供的忠告的质量，这种忠告无人曾经所知。"这里的最后一句陈述——尽管在当时是无可指责的——将在一年之内听起来具有讽刺意味。尼克松的秘密录音系统——它的存在在1973年7月曝光——实际上永久性地保存了总统从1971年起在椭圆形办公室所获得的建议，包括弗里德曼在1971年提出的忠告。

（七）舒尔茨和斯坦论货币主义与管制

弗里德曼在1972年向尼克松提供的忠告中的一条信息是，经济顾问委员会的主席赫伯特·斯坦与他对工资与价格管制持有相同的蔑视看法。赫伯特·斯坦的看法是基于经济和道德理由。赫伯特·斯坦在这届政府的早期谈到收入政策的一个更加温和的形式即工资与价格指导线时，在1969年5月15日的《密尔沃基日报》上评论说："我们认为，它们在过去不起作用；我们尤其认为，它们在这种我们面对快速的通货膨胀依然持续进行的环境中将不会起作用。而且，即使它起作用，我们中的许多人，包括我，都不喜欢它，因为它正是管理一个国家的不合适方式。它退化成了强迫、恐吓和威胁。"弗里德曼很长时间以来表达了类似的看法，并在1971年10月28日和29日《纽约时报》的"道德与管制"的两部分系列中将它们应用于尼克松的工资与价格管制。

在尼克松的经济团队中，乔治·舒尔茨在1971年8月之前也是工资与价格管制的重要反对者。管制的官僚性质是乔治·舒尔茨在1971年6月8日与弗里德曼和尼克松会晤时强调的角度——在那个场合，乔治·舒尔茨告诫总统"尝试强制实施一大套管制措施会带来的全部烦心事和问题"。

虽然弗里德曼、赫伯特·斯坦和乔治·舒尔茨在反对管制方面达成了共识，但是，后两人对各种货币问题与财政问题的看法不同于弗里德曼。这种差异有助于突出弗里德曼的观点在尼克松政府的经济政策制定中从没有完全被接受的事实。正如这届政府在1969年的税收附加行动中所表明的那样，也正如他们在里根执政时期提出的同时敦促增税的内部忠告所表明的那样，乔治·舒尔茨和赫伯特·斯坦对财政赤字持有的观点都不如弗里德曼那么乐观。他们两人似乎都不迷恋饿死野兽的论点。当弗里德曼在1971年与乔治·舒尔茨和尼克松会晤提出这个论点时，他的对话者没有继续谈论这话题。

而且，乔治·舒尔茨和赫伯特·斯坦都不赞成弗里德曼急剧减少政府在经济中的作用的目标。就乔治·舒尔茨而言，当弗里德曼在1972年6月13日的《卫报》上说"乔治·舒尔茨是一个有原则的人，但他不像我是一个空想家"之时，他就承认了这一点。① 就赫伯特·斯坦而言，他关注的问题是，只要饿死野兽的假说对联邦支出决定的方式提供了一个合理的描述，那么它可能会意味着减税会导致国防开支削减——他认为这种发展状况是不得人心的。另外，赫伯特·斯坦对弗里德曼反对非国防公共部门活动的理由只有有限程度的认同。他特别不赞同弗里德曼关于政

---

① 正如这句引语表明的那样，弗里德曼并不反感将他自己描述为一个空想家或者一个意识形态的信徒，条件是要承认他提出的哲学框架与他的科学研究是可以区分开来的。例如在 Friedman（1983e，15）中，他在转向"意识形态层次"——在这里他概括了他的小政府哲学——之前讨论了与货币主义相关的经验命题。

府经营邮局有害于个人自由的观点（参见 2015 年 3 月 18 日笔者对本·斯坦的访谈）。

另一个事实是，不管赫伯特·斯坦，还是乔治·舒尔茨，都不赞成弗里德曼的总需求决定的观点。他们两人都比弗里德曼更加重视财政政策影响总支出的行为。在进入公共服务之前，赫伯特·斯坦写了一本关于美国经济政策的著作，侧重研究财政政策行动的效力（H. Stein 1969）。他认为，20 世纪 60 年代末的财政扩张在产生通货膨胀压力方面所起的作用不同于货币扩张。他后来援引财政失衡是 1972 年后通货膨胀起飞的一个根源。①

乔治·舒尔茨持有同样的看法。乔治·舒尔茨有时在媒体中被描述为货币主义的一个强有力支持者。② 而且，业已指出，阿瑟·拉弗从 1970 年到 1972 年担任乔治·舒尔茨的助理并将乔治·舒尔茨视为他的恩师之一，在 2014 年 8 月 11 日笔者的访谈中，他提到货币政策是他往往不赞同乔治·舒尔茨的一个领域，

---

① 例如，赫伯特·斯坦在 1974 年 5 月 1 日美国公共电视台播放的一次电视辩论节目《芝加哥大学圆桌会议：美国经济失控》中评论说，美国的这次通货膨胀"在历史上起源于从 1965 年到 1968 年时期的经济的巨大扩张，需求的巨大扩张——不仅包括货币供给的巨大扩张，而且包括预算的高度通货膨胀行为"。在同一次参加的电视节目中，赫伯特·斯坦援引财政政策是在最近年份影响总需求和通货膨胀力量的一个因素。另参见爱德华·纳尔逊（E. Nelson，2005b）对赫伯特·斯坦评论的讨论。

② 例如，1972 年 5 月 21 日巴尔的摩《星期日太阳报》（Sunday Sun）的一篇简介说："乔治·舒尔茨先生是一位货币主义者，芝加哥大学经济学家米尔顿·弗里德曼的理论的意识形态倡导者。"之前，联合专栏作家罗兰·埃文斯（Rowland Evans）和罗伯特·诺瓦克（Robert Novak）在 1971 年 2 月 24 日的《奥马哈世界先驱报》（Omaha World-Herald）上已经将乔治·舒尔茨称为"弗里德曼式的经济学家"。

他的观点是，乔治·舒尔茨的货币政策立场非常像弗里德曼的立场。但是，这种印象主要来自弗里德曼与乔治·舒尔茨在汇率观点方面的共同性，而不是来自他们关于货币与收入关系的观点。乔治·舒尔茨在1972年5月被批准为财政部部长时就与弗里德曼疏远了。乔治·舒尔茨利用这个机会勾勒了弗里德曼的观点与他的观点之间的差异，强调他关注财政政策对经济波动的重要影响，并在1972年5月26日的《华尔街日报》上指出"我并不像米尔顿·弗里德曼那样对货币供给有把握"。

赫伯特·斯坦和乔治·舒尔茨与弗里德曼在经济观点上的差异既不应该掩盖他们都共同反感工资与价格管制的事实，也不应该掩盖他们两人在1971年8月不成功地反对工资与价格冻结的事实。① 至于尼克松总统对管制的态度，弗里德曼从1971年8月起表达了各种意见。业已指出，他通常认为尼克松私下倾向于反对工资与价格管制，只是出于政治压力而采纳了它们。从1971年8月开始的两年之内，弗里德曼想当然地认为，尼克松是一个诚实正直之人，可以指望他信守诺言。② "从政治观点的角度看，

---

① 赫伯特·斯坦与乔治·舒尔茨反对采取冻结措施在当时是众所周知的事情。例如参见1971年9月4日巴尔的摩的《星期日太阳报》。
② 大约在1972年，当弗里德曼与他指导的芝加哥大学的一位高年级本科生托马斯·坎贝尔进行一次谈话时，这种态度就明显表现出来。弗里德曼精心制定了托马斯·坎贝尔在获得芝加哥大学本科部的学位之后进入芝加哥大学经济学研究生项目学习所应遵循的发展规划。托马斯·坎贝尔表达了这不可能的担忧，因为坎贝尔一旦获得本科学位，他就无法推迟服兵役。弗里德曼回答说，这个问题不会出现，因为尼克松总统说过，美国在越南的军事行动就会在第二年结束，可以指望总统信守这个承诺（参见2015年8月19日笔者对托马斯·坎贝尔的访谈）。

我理解你为什么要做你所做的事情，但是我不赞成你所做的事情"，弗里德曼在1971年9月的谈话中告诉尼克松，尽管他将这种行为与"失去信仰"区别开来。

这种对尼克松行动的解释就是，根据这种解释，总统将管制当作一种快速的政治手段而不是支持它们是抗击通货膨胀的有效工具的观点。这依然是对尼克松行动的通常解释（例如参见Meltzer, 2009b）。但是，这种解释是有缺陷的，因为它忽视了通货膨胀的成本推动观所提供的对收入政策的知识分子支持。正如阿瑟·伯恩斯所特别阐述的那样，这些观点可能有助于说服尼克松赞成管制。因为在他们两人后来在1974年5月1日美国公共电视台播放的一次电视辩论节目《芝加哥大学圆桌会议：美国经济失控》进行的一次讨论中，赫伯特·斯坦向弗里德曼指出："管制有一个在经济学界获得一定声望的理论（在支持它们），尽管不是在芝加哥。"

此外，弗里德曼关于总统的个人意愿的看法没有从记录中获得全心全意的支持。特别是，尼克松的椭圆形办公室的谈话确定无疑地表明，他对采纳收入政策没有丝毫的勉强。尼克松在1973年4月26日评论说，他从不喜欢工资与价格的管制，但是这次评论是在这些管制遭遇严重的压力之下出现的。[1] 早些时候，当他的助理查尔斯·科尔森（Charles Colson）谈到工资与价格管制运转良好时，尼克松在1972年6月20日回答说"当然啦"（参见1977年5月1日《华盛顿邮报》第A15页）。

---

[1] 在这次中午的谈话中，尼克松说："我们应该赶快摆脱工资与价格管制的事情……我总是这样认为。"引自第10片段。

随着两党签字支持工资与价格管制,并且政府内部一些重要的人物反对这些管制,弗里德曼在1972年1月表示,他支持总统连任。"我支持尼克松先生",弗里德曼在参加的一个电视节目中评论说,"即使我反对这些政策,并对他奉行这些政策非常失望"。①

### (八)对货币主义的批评

评论家们并没有忽略尼克松突然远离弗里德曼的建议的事实。弗里德曼在新经济政策之前的1971年4月的著述中宣告:"货币主义的牛市只是最近才开始。它还有很长的路要走。"②但是,在几个月之内,尼克松的政策转变,加上货币与收入关系存在所谓的实证问题,导致在美国媒体中出现了货币主义的大量讣告。在这一系列讣告中,保罗·萨缪尔森率先发难。弗里德曼最初在1971年1月9日的《芝加哥论坛报》上淡化尼克松宣称他是一位凯恩斯主义者的说法,并将它比作他在1965年对《时代》杂志所做的误解性陈述。但是,萨缪尔森比弗里德曼更加重视尼克松的评论,而在那个评论发表后的数周之内,萨缪尔森在1971年1月24日《星期日电讯报》和1971年2月8日《新闻周刊》上察觉到政府在收入政策和财政政策领域的变动。在颁布新经济政策之前的数周内,萨缪尔森在1971年8月2日的《新闻周刊》专栏文章中陈述说"货币主义正在学术见解市场上大幅度打折促销",并在1971年8月1日《华盛顿邮报》上撰写的一篇题为"瘟疫与货币主义的问题"的文章中宣称,"货币主义已

---

① 参见1972年1月5日美国公共电视台的《火线》节目的副本第13页。
② 参见Friedman(1971h, xxiii)。

经对我们造成了很大的伤害"。① 因此，对萨缪尔森而言，新经济政策就是尼克松政府摒弃弗里德曼关于总需求决定和通货膨胀的观点的顶点。

财经媒体延续弗里德曼的货币观点在 1971 年年初受到媒体负面评论的做法，也在很大程度上将 1971 年视为清楚地表明弗里德曼的经验性命题无效之年。一篇发表于 1971 年 10 月的《华尔街日报》的文章记载了货币总量据说在最近给出的错误信号，并在结尾中说货币主义者"准确地说今年已经不属于他们了"。这篇文章表示，货币主义者据说在 1971 年以流通速度的下降证明了他们的预测有错的形式遭遇了他们的"滑铁卢"。三个月之后，《波士顿星期天环球报》(*Boston Sunday Globe*) 在 1972 年 1 月 16 日的一篇评论中问道："货币主义到底发生了什么？"当一位采访者对财经专栏作家埃利奥特·詹韦 (Eliot Janeway) 评论说"对货币供给的重视似乎已经减弱了"的时候，埃利奥特·詹韦在 1972 年 1 月 23 日的《底特律自由新闻报》上回答说"哦，人们不再不相信它了"。

这些关于货币与收入关系消失的说法被证明是毫无根据的。将名义收入增长与 M1 增长联系在一起的圣路易斯方程式被证明很好地描述了 20 世纪 70 年代初的发展状况，不存在预测的失败（参见 Carlson, 1978；另参见 Francis, 1972）。② 将名义个人收入的百分比变化与 M2 增长的之前行为联系起来的这个方程也是如

---

① 萨缪尔森的文章标题预示了弗里德曼的另一位批评者在 1982 年的著作《货币主义的灾难》(*The Scourge of Monetarism*) 中所选择的书名。
② 参见第十三章关于圣路易斯（联邦储备银行）方程的详细讨论。

此——弗里德曼在1971年和1972年跟踪了这个方程。[1] 货币与收入关系的另一个晴雨表——货币需求函数——也被一些人在当时说成是在1971年遭遇了不稳定,至少对M1总量的情形是如此。但是,这些看法同样也证明是没有根据的。[2] 业已指出,直到1973年并包括1973年在内的时期实际上逐渐被视为美国货币需求函数稳定的一个"黄金时期",也是对货币流通速度进行简化形式的时间序列预测表现完美的一个时期(Rasche,1987)。

与最后一个发现相吻合,一旦国民收入的最终数据用来计算流通速度,从1969年到1972年的货币流通速度序列的行为几乎没有出现不同寻常之处。M1流通速度基本上沿着战后的上升趋势进行,M2的流通速度的行为从战后直到20世纪90年代表现出稳定的(尽管是可变的)特征。参见图15.2c和15.2d。虽然对流通速度的这种看法是基于现代货币序列,但是货币总量的旧式定义在这些年的表现非常像现代的定义一样,参见图15.2a和15.2b。因此,1980年对货币定义的改变对这个结果没有产生重要的影响。

---

[1] 这个方程就是第十三章提到的圣路易斯方程的弗里德曼变体。这个方程是安娜·施瓦茨应弗里德曼的请求所估计的(Friedman 1972e,11),它对20世纪70年代的早期年份,特别是如果考虑到被通用汽车在1970年罢工所影响的时期提供了一个合理的预测(1972年1月10日《新闻周刊》,参见Friedman 1972e,13;1973a,36)。

[2] 例如参见梅格斯(Meigs 1975,183-84)、汉堡(Hamburger 1977a;1983,108),以及关于弗里德曼为此的评论,参见Friedman(1976d,131)。

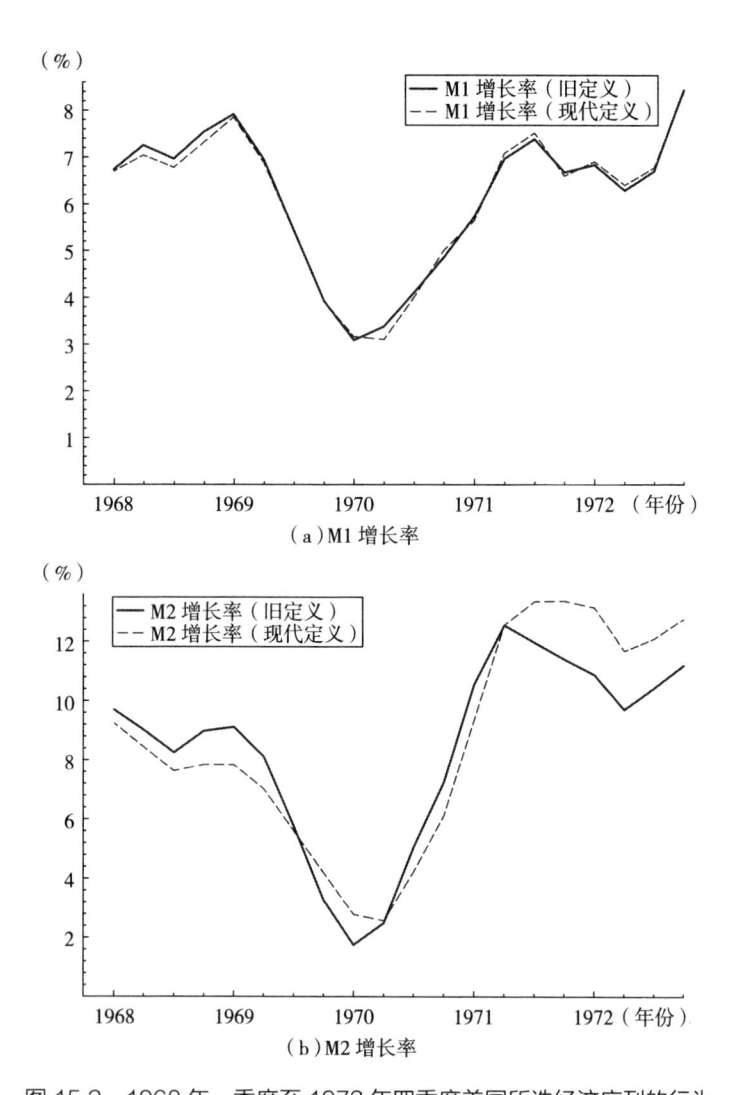

图 15.2 1968 年一季度至 1972 年四季度美国所选经济序列的行为

资料来源：所有绘制的数据序列均来自圣路易斯联邦储备银 FRED 门户网站，旧定义货币的增长率除外，这些增长率是根据罗迪安、安东尼·卡塞塞和劳拉·诺瓦克（Lothian, Cassese, and Nowak 1983）的数据序列计算得出的。流通速度由季度名义国内生产总值（按年率计算）除以货币形成。

(c) M1 流通速度

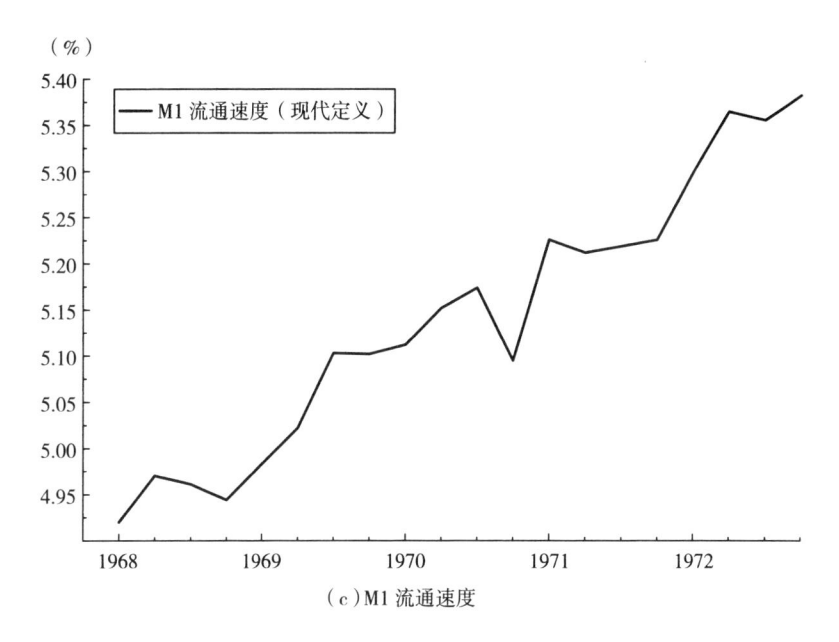

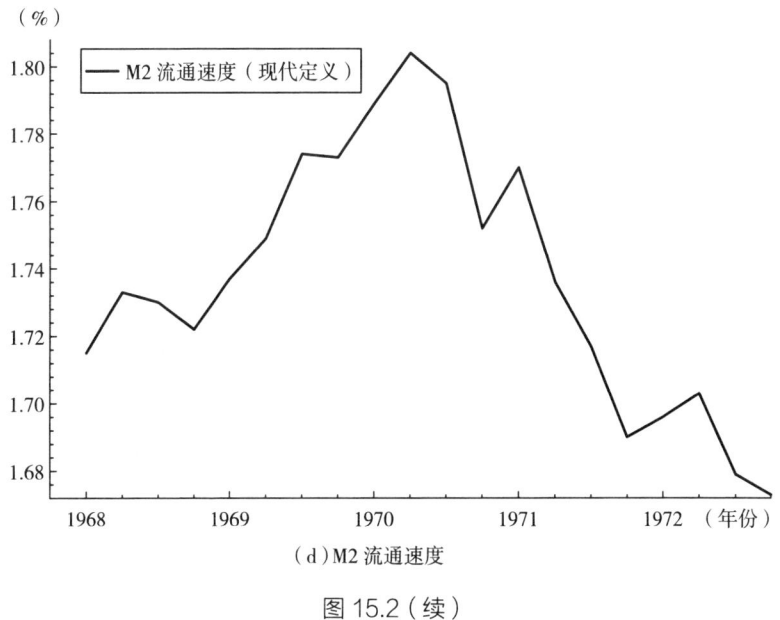

(d) M2 流通速度

图 15.2（续）

(e) 国内生产总值增长率

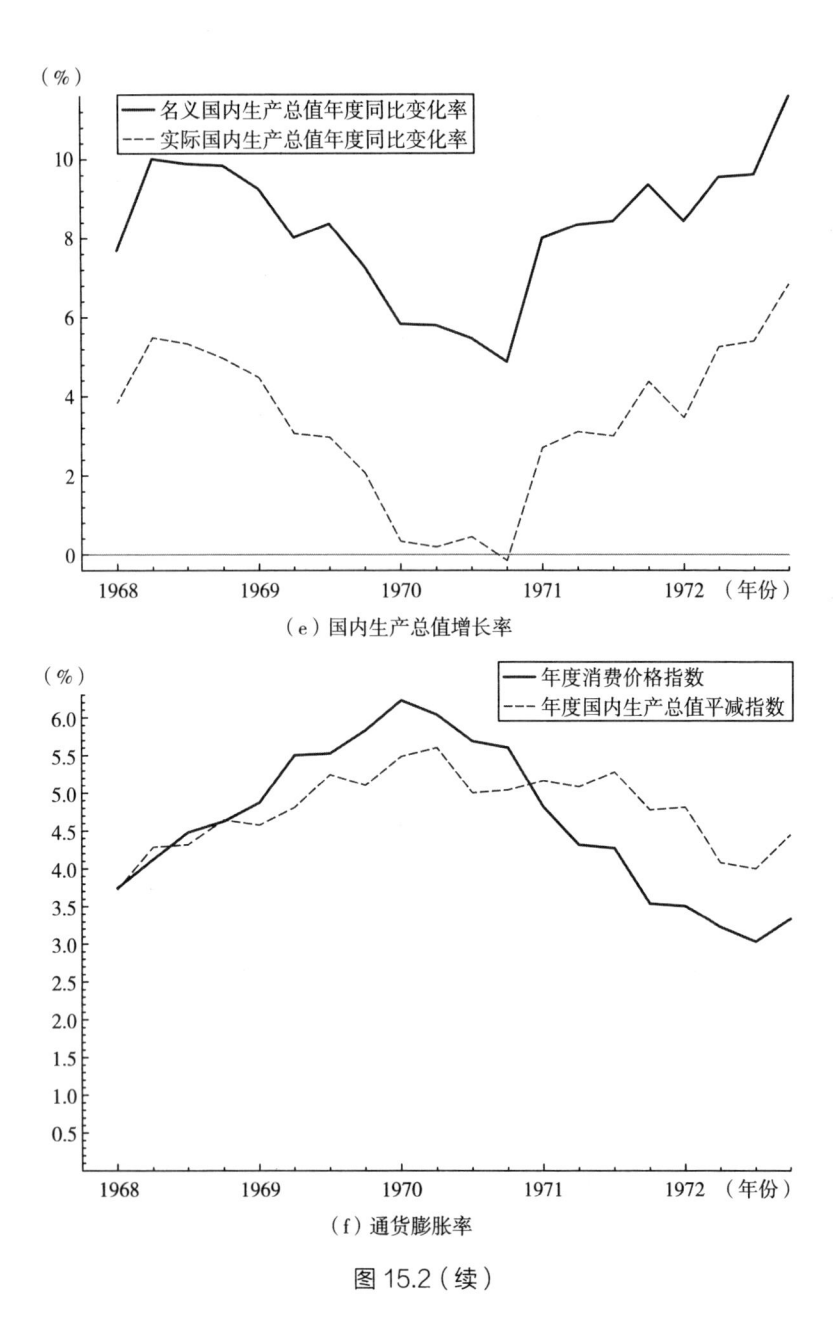

(f) 通货膨胀率

图 15.2（续）

总而言之，从 1969 年到 1972 年，在美国没有产生总支出，这没有挑战弗里德曼的命题，而他关于名义收入的发展状况可以由之前的 M2 行为很好地预测的观点也很好地经受住了检验。

　　与此同时，短期关系继续表现出弗里德曼所称的"大量松散"的特征，体现在他估计的名义个人收入方程有相当大的标准差之中。① 让弗里德曼生气的是，20 世纪 60 年代末到 70 年代初的美联储官员，包括纽约联邦储备银行主席阿弗尔雷德·海耶斯在内，都将这种非常紧密的短期关系的看法以及随之而来的固定货币增长会产生平滑的名义收入增长的观点归因于弗里德曼（Hayes 1970，22）。② 相反，弗里德曼在 1970—1972 年重申了他在 20 世纪 50 年代末第一次倡导固定货币增长规则时所阐述的立场：正是短期关系的松散性才强化了他关于固定货币增长规则在实践中很难加以改进的观点。③

　　至于名义收入增长的实际产出增长和通货膨胀的组成部分，特别是随着新经济政策的实施而来的通货膨胀所采取的路

---

① 参见 Friedman（1972e，15）。
② 马丁沿着这个思路在 1969 年 7 月 15 日的联邦公开市场委员会会议的讨论备忘录中做出了这个评论（Federal Open Market Committee 1969，81）。另参见 Matusow（1998，27）。然而，他将这些评论的源头追溯到这次会议的"会议纪要"。马图索的术语非常不恰当，因为业已指出，到 1969 年，带有"会议纪要"的标题相反适用于另一种联邦公开市场委员会的文件。至于阿尔弗雷德·海耶斯（Hayes 1970）的解释——这种解释类似于马丁在联邦公开市场委员会商议中所给出的解释——弗里德曼在 1971 年 7 月 14 日《动态经济学教学盒式磁带》第 78 集中表达了反对意见。
③ 例如参见 Friedman（1970a，26-27；pp.18-19 of 1991 reprint）和 1972 年 2 月 7 日的《新闻周刊》。

径，弗里德曼的预测记录则更具有争议性。问题不是通货膨胀从1969年到1971年的行为，即使这是当时大量批评弗里德曼和货币主义的依据。正如前面第一节所讨论的那样，一旦弗里德曼在1970—1971年从事货币增长到通货膨胀的滞后研究，通货膨胀对货币行动的反应没有显著偏离从前的模式就变得很明显了。因此，弗里德曼能够陈述说，虽然与他所希望的渐进主义不同，1969年和1970年的货币紧缩具有货币增长在年内波动的特征，但是，这种紧缩在降低通货膨胀方面"非常奏效"。①

相反，问题在于在新经济政策引入之后弗里德曼对通货膨胀的预测。正如在这些管制宣布后他即刻所做的许多评论清楚地表明的那样，他正确地把握了管制的总体后果。这包括他在1971年8月16日《芝加哥论坛报》第5页上关于工资与价格管制"只是使问题愈来愈严重"的评论。而且，在强制实施这些管制后不久，弗里德曼做出了他后来引以为豪的具体诊断："新经济政策的最严重的潜在危险是，在价格管制的掩盖之下，通货膨胀压力会积累，管制会突然失败，也许在1973年的某个时候通货膨胀会重新爆发，以及对通货膨胀的反应会产生严重的衰退。"② 弗里德曼的另一个具有先见之明的陈述是他大约在同一时间的1971

---

① 参见Friedman（1974e，87）。
② 参见1971年10月18日的《新闻周刊》。在通货膨胀于1973年大规模爆发之后，弗里德曼后来在1973年5月14日《新闻周刊》的一篇专栏文章中引用了这一段话——这个警告非常类似于他亲自给尼克松总统所提出的告诫。此外，罗丝·弗里德曼在说"人们可以要求更具有预言性的预测吗？"之前，也在1976年《东方经济学家》中引用了1971年的这一段话（R. D. Friedman 1976e，32）。

年10月6日《动态经济学教学盒式磁带》第83集中给出的:"你只有两种选择。(1)……一个更加强化的工资与价格管制计划,(2)……对货币或财政突然刹车,或两个都可能。那就是我看到的真正的危险所在——当管制崩溃时,由于对通货膨胀过度反应所产生的在1973年年末或者1974年年初的严重衰退的危险。"当弗里德曼在1972年3月24日的《檀香山广告人报》(*Honolulu Advertiser*)上评论说"我们正朝着1973年的真正危机前进"之时,他就保持这种分析到了1972年的最初几个月。

### (九)弗里德曼的退缩

如果弗里德曼坚决地坚持这些1973年和1974年的预测,他就会为这些年留下典范性的预测成绩记录。相反,他在1972年10月在某种程度上退缩了,采取了一个更加温和的立场。虽然弗里德曼在1972年10月9日的《美国银行家》上警告说"我相信,通货膨胀的逐渐降低终止了",并呼吁美联储开始降低货币增长率,但是他不再预料通货膨胀在1973年就要出现重大的复苏。特别是,他在1972年10月16日那期的《新闻周刊》上的分析表明,近来的货币增长率"根据历史标准是很高的,并且比我本人偏爱的要高很多,但是对这一时期而言,它们并非高得离谱"。[1]

是什么误导了弗里德曼呢?截至1972年10月,他似乎非常愿意按照字面意义来理解发布的前一年的通货膨胀数据,尽管存在工资与价格管制所产生的扭曲。这也许是因为通货膨胀从1971年8月到1972年四季度的基本轮廓并不令弗里德曼吃惊。

---

[1] 原文强调。

他不仅在1971年8月30日的《新闻周刊》上认为通货膨胀在1971年是沿着下行的路径在走，而且担忧通货膨胀的下降可能归因于工资与价格冻结，尽管此前的货币增长实际上已经表明了通货膨胀下降的可能性。[1]而且，弗里德曼在1972年3月24日的《檀香山广告人报》和1972年5月28日的《新闻日报》上成功地预测到，通货膨胀将在1972年下半年开始。这些管制措施并没有明显地全面掩盖1972年后半期的基础通货膨胀曲线。

然而，弗里德曼所忽视的是管制的存在让通货膨胀的绝对水平——用消费者价格的年度百分比变化表示，它在1972年始终低于4%——被严重低估的可能性。后来，弗里德曼得出的看法是，1974年观察到的一些通货膨胀反映了1972年应该发生的价格上升，如果价格管制没有压制它们的话。[2]当他与安娜·施瓦茨作为《美国和英国的货币趋势》工作的一部分后来研究20世

---

[1] 罗伯特·戈登在1971年11月13日的《商业周刊》上也对冻结表达了同样的关切。
[2] 参见Friedman（1975c，6）。另参见Friedman（1974e，88；1977c，17）。丹尼斯·卡诺斯基（Karnosky，1974a，9）、阿纳托尔·巴尔巴赫和丹尼斯·卡诺斯基（Balbach and Karnosky 1975，15）、尤金·法玛（Fama 1975，275）、罗伯特·赫泽尔（Hetzel 1976，16）以及斯蒂芬·麦克尼斯（McNees 1978，59）也表达了相似看法。斯蒂芬·麦克尼斯（McNees 1978，59）评论说："很少有疑问的是，管制压低了1972年的价格，而管制的放松导致通货膨胀在1973年和可能是1974年的加速。"布林德和杰里米·拉德（Blinder and Rudd 2013，159）没有吸收这个思想，并说："1973年之前的通货膨胀与后来所发生的相比则相形见绌。如果通货膨胀依然像1973年之前那样低于5%，我们就不会有这个'大通货膨胀'会议了。"当然更准确的说法则是，如果没有这些管制，通货膨胀在1973年之前就不会依然低于5%；如果没有这些管制，1973年的通货膨胀飙升会更加均匀地分散在1972—1973年。

纪 70 年代前半期的美国数据时，他们将一些估计的调整因素应用于原始的价格数据。这种调整的结果是将 20 世纪 70 年代中期数据记录的大部分通货膨胀重新分配到 20 世纪 70 年代初。具体对 1972 年来说，弗里德曼与施瓦茨推断，一旦调整消除了序列中的管制效应，通货膨胀就比报告的通货膨胀大致高出 2 个百分点。①

应该强调的是，这种估计旨在捕捉通货膨胀会采取的路径，如果货币政策在管制期间是相同的并且如果这些管制在事实上没有实施。这种估计并没有嵌入这些管制只是导致实际产品和价格指数在管制被实施和废除期间被歪曲的假设。相反，管制压低了报告的通货膨胀的观念是与这种可能性相吻合的：这些管制重写了它们存在期间的正常总供给关系，从而暂时在给定名义支出数量的条件下产生了更大的实际支出流量。随着产出需求在短期决定，较高的实际支出意味着实际产出比没有管制普遍存在的产出要高一些。即使这些管制可能对潜在国内生产总值有不利影响——这种供给效应之所以会发生，是因为价格信号的扭曲容易产生资源的错误配置以及某些部门的短缺——这种结果也可能会普遍存在。

---

① 参见《美国和英国的货币趋势》第 104—108 页。在这本著作中，产出平减指数序列被用来测量价格。约翰·塔托姆（Tatom 1981b, table 1）用一个不同的方法报告了 1972 年的通货膨胀被少报的类似估计。迈克尔·达比（Darby 1976b, 149）还使用另外一种方法证实，"在第一阶段和第二阶段通货膨胀率的明显急剧下降是一个统计幻觉"。根据达比的估计，在 1972 年三季度到 1972 年四季度期间美国经管制调整的价格水平的总体上升比官方公布的价格上升最终大约高出 3 个百分点。

工资与价格管制具有实际效应的观念实际上是弗里德曼叙述管制的有害性的一个重要组成部分。这也有助于解释他为什么抵制将价格管制的效应仅仅比作打破温度计的类比。[①] 结果，弗里德曼并没有在新经济政策实施的一年半之内着重强调管制的实际扭曲效应，尽管他从1973年开始对管制的分析与这些效应的强调更加一致。弗里德曼一开始就批评尼克松管制措施的独裁性质，认为它们可能会促进不适当的总需求政策。但是，他对1971—1972年的管制对经济所造成的伤害的评估在回头看来比在当时看来要大得多。他在1971—1972年的评论中强调企业和工人有能力通过隐蔽的工资与价格变化来规避这些管制。弗里德曼在同一时期的其他一些评论则在某种意义上采取另一种做法，表示1971年和1972年报告的工资与价格通货膨胀率与无论如何没有这些管制时会普遍存在的那些通货膨胀率相似。正是后一种看法才有助于引导弗里德曼在1972年年末对通货膨胀前景保持乐观的态度。

弗里德曼在1972年年底对通货膨胀前景保持乐观的态度在表面上得到当时的产出缺口估计的支持。弗里德曼在1970年11月4日《动态经济学教学盒式磁带》第60集中建议，在未来一些年份中，已经实施的总需求紧缩应该继续下去，以便让产出缺口变得越来越小，但依然在1972年是负数。业已指出，他在1971年给出了相似的建议。弗里德曼对1971年的新经济政策和

---

[①] 参见 Friedman（1966a, 19–20; p.100 of 1968 reprint）。与前面的管制效应一致，弗里德曼将管制描述为政策制定者允许在名义支出的实际支出与价格组成部分的划分中获得改进的一种情形（Friedman 1975i, 62–63）。管制也降低了潜在产出的水平，因为随着管制的延长和加深，后一种效应也变得更加严重（Friedman 1958a, 1977e）。

货币爆发的失望意味着这样的担忧：如果1970年美国的货币政策立场得以维持，那么，产出缺口在事实上就会以比它原本应该的更快速度弥合。根据这种他担忧的情境，产出迅速回复到潜在的水平不仅会发生，而且可能意味着20世纪70年代初获得的通货膨胀下行压力会被价格上涨的回升压力所取代。

无论是对于通货膨胀还是产出缺口而言，这种担忧证明是有根据的。至于后者的序列，国会预算办公室的现代估计表明，产出缺口在1972年年初弥合并转为正数。相反，当时的估计表明，这个缺口——尽管在绝对数值上不如1970年大——在1972年年初大约为-6%，并在整个的1972年保持为负数（Orphanides，2003，645；2004，164）。

弗里德曼在新经济政策时期所产生的通货膨胀压力的观点随着时间的推移而变化的一个推论就是，他对1971—1972年正在实施的宏观经济政策环境不断改变看法。业已指出，弗里德曼到1972年年底开始认为，政策制定者正设法避免工资与价格管制时期过分刺激经济所带来的严重问题。一旦对这个管制时期采取更长远的看法时，他就彻底地重新评估了这种判断。他在1977年评论说，工资与价格管制的实验具有"灾难性的后果"。[1] 强制实施管制所带来的问题被货币紧缩的放松大大地放大了："你要注意的不是1973年而是1972年和1971年，并询问导致1974—1975年衰退的问题源自何处。"[2]

---

[1] 参见1977年11月7日录音的《米尔顿·弗里德曼演讲》第6集"货币与通货膨胀"的副本第20页。
[2] 引自他在Friedman and Samuelson（1980，29）中的评论。

### （十）货币政策操作的继续

在美联储的操作程序领域中，弗里德曼也以比最初更大的乐观主义来迎接1972年的发展动态。在这一年的早些时候，他在1972年1月10日的《新闻周刊》上不仅批评美联储继续"迷恋利率"，而且敦促联邦公开市场委员会采纳银行准备金工具。美联储似乎在1972年2月表面上朝着这个方向移动，采纳了"私人存款准备金"作为它的操作目标（Meltzer 2009b，810）。在1972年6月14日《动态经济学教学盒式磁带》第101集中最初表达了怀疑态度之后，弗里德曼在1972年的后半期基本上在表面上接受了这个举措，在1972年10月16日的《新闻周刊》上称赞他所认为的准备金工具的采纳。但是，逐渐变得明显的是，弗里德曼的最初怀疑是有根据的。向私人存款准备金的转变毕竟不是程序的实质性变化，而美联储像往常一样维持业务，基本上继续使用联邦基金利率作为其工具。爱德华·凯恩（Kane，1974，749）在1974年年末指出，许多人认为这个新的安排"在实践中与旧的安排在运作上没有什么不同"。[①]

---

[①] 私人存款准备金机制正式地持续到1976年（H. M. Treasury 1980，2-3），尽管安-玛丽·梅伦戴克（Meulendyke（1988，12；1998，46）指出，私人存款准备金在1976年正式废除之前就在政策制定中失去了地位。1976年之前的货币政策发展状况证实了她的叙述。1973年9月11日，弗里德曼从前的学生威廉·吉布森在国会证词中评论说，虽然有私人存款准备金，但是在美联储政策中似乎是"利率目标继续起着中心的作用"（Committee on Banking and Currency, US House 1973，284）。按照这种方法，1974年8月28日《金融时报》报道说，美联储为了强制执行目标基金利率而干预了联邦基金市场，与此同时在1975年年初，主席阿瑟·伯恩斯坦率地在证词中承认美联储继续集中关注联邦基金利率（例如参见 E. Nelson 2005b）。

美联储还没有远离联邦基金利率目标的一个早期重要线索是1972年的政策变化没有伴随着回到同期准备金会计的这个事实。如果政策制定者的真实目标是紧密控制包含借贷的和非借贷的准备金在内的准备金总量,比如私人存款准备金总量,那么恢复同期准备金会计是一个合乎逻辑的步骤。虽然严格说来在滞后准备金会计方法中控制准备金总量并非完全不可能,但确定无疑的事实是,滞后会计制度无助于美联储直接控制包括借贷的准备金在内的准备金总量。到了1970年,弗里德曼认为,滞后准备金会计被证明不仅是严格控制准备金的一个障碍,而且也是紧密控制标准的货币总量的一个障碍。在这一年,他不仅在与主席阿瑟·伯恩斯的通信中卷入了争吵,而且间接地在此问题上与美联储工作人员在通信中发生了争吵。[①]

在弗里德曼看来,政策制定者对利率稳定的高度关注意味着美联储在短期努力控制货币时反绑了一只手。他在1969年4月《动态经济学教学盒式磁带》第23集中声称,滞后准备金会计意味着现在是双手反绑。对这种论点的支持得到弗里德曼的博士研究生沃伦·科茨分析的支持,他在1972年的博士论文中批评了滞后准备金会计(Coats 1972,1976)。但是,滞后准备金会计继

---

① 参见 Friedman(1982b,110-11;1984c,28)。在阿瑟·伯恩斯的请求下,联邦储备委员会的员工斯蒂芬·阿克希尔罗德——一位在20世纪50年代早期芝加哥大学的一位未完成博士论文的博士生——写了一篇分析,批评弗里德曼在给阿瑟·伯恩斯信中提出的滞后准备金会计。阿瑟·伯恩斯将这个分析转发给弗里德曼,而弗里德曼对阿克希尔罗德批评的语气不满(Friedman 1982b,110)。但是,弗里德曼与该委员会的对话还在继续,阿克希尔罗德在1970—1971年在弗里德曼的货币研讨会上讨论了货币控制问题(Friedman 1971g,1;1982b,107)。

续是美联储在整个20世纪70年代设定法定准备金时使用的方法。

尽管美联储的政策制定者对货币政策事实上远离联邦基金利率的制定的理解并无偏差，他们还是像弗里德曼一样可能受到价格管制对测量的通货膨胀的影响的误导。政策制定者在深信冻结已经降低了通货膨胀预期的情况下，在1971年年末允许降低短期利率。[①]约翰·斯卡丁（Scadding 1979，17）在后来的评估中阐述了这次决策受到误导的动机："没有证据表明，1971年的价格与工资管制对人们的基础通货膨胀率的看法产生了显著的影响。"由于没有这样的影响，降低名义利率就构成了货币政策的宽松或者更准确地说是已经记录在1971年快速货币增长的货币宽松的一个继续。

由于把1971年年末的利率降低错误地当作了中性政策举措，政策制定者在1972年错误地将他们的行动解释为紧缩。杜森贝里（Duesenberry 1983，135）指出，联邦公开市场委员会在1972年对联邦基金利率的调整似乎与此前的货币政策紧缩中典型的利率决策模式相似。根据这种标准判断，美联储实际上似乎是在进

---

[①] 在这一点上，参见主席阿瑟·伯恩斯在1971年11月的评论，引自里卡多·迪赛希奥和爱德华·纳尔逊（DiCecio and Nelson 2013，407）。政府部门成员表达了类似的观点。例如，财政部次长查尔斯·沃克（Charls Walker）在1971年12月15日《银行家月刊》（*Bankers Monthly*）第10页上评论说："利率的整体下降证实了通货膨胀趋势已经被置入了利率的信念，因为当通货膨胀预期减弱时，利率也就下降了。"与本章提出的论点一致，迈克尔·达比（Darby 1976b，158）表示，回头来看，造成1971—1972年货币政策立场明显放松的原因是当时的政策制定者按照字面意义来理解那个时期的测量通货膨胀的温和行为。

行政策紧缩。而且，联邦基金利率在1972年的上升也反映在其他短期市场利率行为之中。正如多恩布什和菲舍尔（Dornbusch and Fischer 1978，531）所指出的："国库券利率在1972年突然大幅度地上升。"多恩布什和菲舍尔也记录了这个利率在1972年的每一个季度平均而言都在上升的这个事实，而这些利率的上升最终在这一年增加了大约150个基点。1972年的短期利率上升也在弗里德曼1975年8月21日《华尔街日报》的回顾中得到承认，并被他用来强调利率作为货币政策立场的一个指标的误导性。正如多恩布什和菲舍尔（Dornbusch and Fischer 1981，568）评论说，利率上升的趋势可能导致美联储认为它在1972年以令人满意的速度紧缩货币——回头来看，即使当年的较高货币增长率准确地传达了宽松的状况。价格管制在混淆视听方面发挥了重要作用，因为它们抑制了测量的通货膨胀的增长，从而有助于产生利率在1972年的上升是伴随着紧缩的货币状况的观念。尤其是，实际利率而不仅仅是名义利率上升了。①

如果有什么不同的话，长期利率使看到的画面更加令人困惑，因为债券交易员在预测20世纪70年代美国通货膨胀的两个高峰方面并不比平常做得更好。弗里德曼在1971年6月与尼克松总统谈话时指出，金融市场显然期望通货膨胀会重新开始。实际上，截至1971年中期的长期利率依然上升了（再次参见图

---

① 这种扭曲间接表明，通过比较实际的联邦基金利率与泰勒（Taylor 1993）规则建议对1972年货币政策立场的回顾性分析往往低估了1972年货币政策宽松的程度。只要价格管制具有压低它们正在实施时期的测量通货膨胀的效果，它们就会降低泰勒规则建议，因为泰勒规则的计算涉及测量的通货膨胀作为一项输入。

15.1）。但是长期利率然后经历了一个显著的下降，因为投资者再次对美国的通货膨胀前景变得更加自满。这样一种看法似乎通过估计当期的通货膨胀、实际利率和当时的产出缺口被证明是有根据的。但是，1972年之后的事件会证实，就未来一些年份的通货膨胀所采取的路径而言，这些变量在1971至1972年在给出指示方面不如货币增长的数据所提供的指示更加准确。

## 二、布雷顿森林体系的终结

与国内经济政策的转变形成鲜明对比的是，尼克松政府所采取的国际经济政策方向在1971年8月宣布新经济政策之后继续得到弗里德曼的赞同。实际上，1971年8月的措施极大地增强了弗里德曼对该政府处理国际货币安排的方法的满意度。正如刚才详细讨论的那样，尼克松总统在1971年8月正式批准一揽子计划和加强国内经济安排的转变，这种安排所遵循的模式截然不同于弗里德曼的建议。但是，同一个政策一揽子计划在国际经济政策的重大变革方面占有重要地位，而弗里德曼在总体上强烈赞同这种变革。这种情形很好地概括在1971年11月17日发行的《圣彼得堡时报》的大字标题之中："弗里德曼喜欢尼克松经济学——如果它涉及国外。"

到那时，弗里德曼已经表达了他关于布雷顿森林体系已经寿终正寝的看法。本章涵盖的年份包括1968年对固定汇率体制的修改和1973年年初普遍的浮动汇率制的开始。因此，这一时期属于罗伯特·特里芬（Triffin 1979, 7）所指的"布雷顿森林体系逐渐解体和崩溃"的时代。然而在弗里德曼看来，这个序列不像罗伯特·特里芬的描述所表明的那样具有渐进性。对弗里德曼而言，布雷顿森林时代实际上已经在1971年8月被尼克松的措施终结了，从1971年8月直到1973年年初的事件只是一个尾声。①

国际货币状况构成了弗里德曼所描述的尼克松政府在1969年就职时面对的一系列最初不利条件的组成部分。自从1960年以来国际收支逆差的增加与其他事件（最明显的是通货膨胀）一起包含在弗里德曼对肯尼迪-约翰逊政府的经济记录的指责之中，而他在1968年12月9日的《新闻周刊》上将1968年巨额的逆差包括在他认为尼克松政府不得不处理的"困境"的一部分之中。不过，与通货膨胀相比，国际收支显然不是弗里德曼认为美国政府的需求管理工具应该被指向的问题。他主张，他赞成的货币紧缩可能会导致国际收支逆差的减少。弗里德曼之所以这么看是因为通货膨胀的下降会增加美国的净出口，从而倾向于降低总体的国际收支逆差。②但是，正如他所看到的那样，这是反通货膨胀政策的一个附带效应而不是那个政策的有效证明。当美联储主席阿瑟·伯恩斯在1970年11月询问美国当局在国际因素方面应采取什么态度时，弗里德曼回答说："我们应该优先考虑国内

---

① 例如，弗里德曼在1998年10月12日的《泰晤士报》上提到"布雷顿森林体系在1973年的正式死亡"，但是宣布它实际上在1971年8月15日就已经结束了。下面要讨论的一个限制性条件是，美国和其他国家在1971年12月制定的安排试图恢复1971年8月之前的一些国际货币安排，尽管最终不成功。
② 参见Friedman（1972d，1）。在这篇文章中，这个间接提及的效应据说是政策制定者所采取的立场，但是弗里德曼表明他同意这种立场。

问题，因为世界在美元本位制上是有效的。"①

这是弗里德曼在一段时间内公开表达的立场。例如，他在1969年5月21日《纽约时报》第59版上说："事实是，世界现在是处于美元本位的。这是没有人喜欢说的话。"② 在这种情形下，正如前几章所讨论的那样，弗里德曼认为美国注定要有国际收支逆差。虽然这些逆差比美国的高水平通货膨胀所产生的逆差可能要大很多，但是，恢复价格稳定不会消除这些逆差，在价格稳定情形下普遍存在的国际收支逆差不应该被视为要求美国做出政策反应。弗里德曼的看法是，这种逆差反映了世界对美国资产的需求，而不是要求美国进行经济调整。这种看法构成了他在1969年5月29日《动态经济学教学盒式磁带》第27集中的声明的基础——"在目前的情形下，美国不存在国际收支问题"和

---

① 引自弗里德曼在1970年11月20日该委员会的学术顾问会议上的讲话。根据联邦储备委员会记录，里德·欧文在1970年11月23日的联邦储备委员会的员工备忘录第2页引述了这句话。梅尔策（Meltzer 2009a, 618）暗示，弗里德曼参加了1970年12月2日美联储举行的学术顾问会议。然而，这个时期是不准确的，因为刚才提到的联邦储备委员会对这次活动的记录表明，弗里德曼大致在这个时间参加的顾问会议实际上是在1970年11月20日举行的。

② 《纽约时报》引用了一段弗里德曼在日内瓦发表的演讲（参见 Friedman 1969h, 10）。弗里德曼在1969年描述布雷顿森林体系相当于美元本位制的其他例子，参见1969年3月25日《耶路撒冷邮报》（*Jerusalem Post*）；1969年9月8日《新闻周刊》；1969年4月11日《动态经济学教学盒式磁带》第21集和1969年5月25日《动态经济学教学盒式磁带》第25集。弗里德曼在1983年5月30日《新闻周刊》上为布雷顿森林体系使用的另一个术语是"美元汇率制"。

"除了……进行不必要的担忧之外,美国没有国际收支问题"。[1] 特别是,在约翰逊执政时期源自国际收支逆差的问题,在弗里德曼看来,由官员对逆差的反应构成,包括强制实施海外投资的限制措施。[2]

正如第十三章指出的那样,弗里德曼私下地敦促尼克松一就任就放弃 35 美元的黄金价格钉住制和相关的限制措施。虽然尼克松没有接受这种忠告,但是,弗里德曼在 1969—1971 年相信,这种钉住制事实上已经被放弃了,主要是因为 1968 年在约翰逊总统领导下实施了布雷顿森林安排的改革。正如前几章所强调的那样,弗里德曼对美国在战后时期行使货币自主权的能力高度自信。也就是说,美国当局在 1968 年之前已经成功地将国内货币状况与黄金价格钉住制隔离开来。

因而,当弗里德曼在 1967 年 5 月 15 日的《新闻周刊》上敦促官方放弃钉住制时,他认为官方限制美国居民持有黄金的权利而非对货币政策的影响正是黄金价格钉住制造成的不利结果。随着 20 世纪 60 年代末对这个机制的改革,弗里德曼评估,黄金价格钉住制更是成为美国政策制定的一个边缘性的方面。特别是,弗里德曼相信,外国中央银行面对着与美联储从事黄金交易的最大限度的限制性条件,从而限制了这些实体提取美国的黄金存量的能力。他在 1969 年 4 月 30 日《动态经济学教学盒式磁带》第 24 集和 1969 年 5 月 22 日参加美国波士顿公共广播电台的节目

---

[1] 与此相关的是,弗里德曼在 1970 年 10 月 19 日的《新闻周刊》上质问美元实际上是否被高估了,正如许多人声称的那样。就美国而言,与其他国家相反,他并不认为国际收支逆差是汇率高估的一个初步证据。
[2] 参见 Friedman(1972d, 1)和前面的第十三章。

《经济学大辩论》中认为,从20世纪60年代末开始实施的这些安排,让美国当局继续按照每盎司35美元的价格提供黄金,因为这些安排也包含了阻止其他国家请求美国当局允许购买黄金的因素。

沿着这个思路,弗里德曼在1968年11月《动态经济学教学盒式磁带》第5集中陈述说,35美元的黄金价格钉住制"目前纯粹是一种形式;它几乎没有意义"。他在接下来的几年中陈述了类似的看法。例如,弗里德曼在1969年1月《动态经济学教学盒式磁带》第11集中声明,钉住制"几乎没有相关性",同时他在1971年5月12日的《今日芝加哥》上甚至冒昧地说,没有必要改变黄金的官方价格,因为那个价格只是用来记账的。①

然而,弗里德曼在1971年8月25日《动态经济学教学盒式磁带》第81集中承认,他低估了黄金价格钉住制被1968年的改革所抛弃的程度,以及低估了外国中央银行事实上在1968—1971年减少美国黄金持有量的能力。② 这些压力进而导致尼克松采取弗里德曼长期倡导的行动:中止美国执行35美元的黄金价格的承诺。

---

① 罗伯特·蒙代尔虽然在国际货币安排的许多问题上都是弗里德曼的一位反对者,但是在这个具体的问题上表达了与弗里德曼相似的看法。蒙代尔说:"美国没必要关掉那个窗口,因为其他国家不会来利用它。"(Mundell 1971, 6)

② 类似地,弗里德曼在1973年6月的国会证词中承认,美国在1968—1971年间的安排中提供黄金的义务"不那么直接,但是非常重要"(Joint Economic Committee 1973, 115)。但是,由于货币当局受限于冲销国际收支流动对货币基数影响的能力,这些妥协并不意味着黄金价格钉住制会对美国的货币状况产生影响。

弗里德曼对尼克松取消官方的黄金价格钉住制表示赞赏。列奥·梅拉米德在2013年6月19日笔者的访谈中回忆说："实际上，他在它（黄金窗口）关掉之后对我说的大致的话是'他为什么等这么长的时间呢？'。"① 然而，弗里德曼在1971年8月22日的《达拉斯时代先驱报》(*Dallas Times-Herald*)上小心翼翼地指出，"关闭黄金窗口仅仅是将在事实上无论如何隐含的东西更加明朗化"。这个陈述很好地描述这种形势的一个特别重要的原因，不在于美国或世界在1971年之前不是处于金本位制和现在摆脱了它的这个事实。自从20世纪30年代以来就不存在有效的金本位制，这个事实虽然在当时的经济学家和官员中得到广泛认可，但是在普通公众中却较少得到承认。

约翰·威廉姆森（Williamson 1979，33）暗示，布雷顿森林体系后期岁月的一个解释是"从金汇兑本位制到1971年转变为一个事实上的美元本位制"。然而，业已指出，弗里德曼认为整个布雷顿森林时代是由事实上的美元本位制构成。当1971年的改革宣布时，他声称这并非意味着与黄金关系的一个重大的新突破。相反，弗里德曼在1971年8月22日《星期日电讯报》和1971年8月23日《美国银行家》上强调，尼克松的行动延续了富兰克林·德拉诺·罗斯福在1933年终止黄金在国内的可兑换

---

① 弗里德曼也批评总统维持20世纪60年代实施的各种外汇管制措施，而尼克松直到1974年上半年都还在维持这些措施。弗里德曼在1969年8月21日《动态经济学教学盒式磁带》第33集中和1971年6月8日椭圆形办公室的会议上对尼克松本人表达了这种批评。

性之时肇始的美国惯例。① 不过，弗里德曼承认，1971年8月的行动具有历史重要性的原因是，它"正式切断了美国与黄金的联系"。因此，它标志着美国当局通过正式的和非正式的国内和国际的货币制度改革，采取一系列行动来切断黄金的价值与美元的国内购买力之间的联系所迈出的最后一步。②

弗里德曼在1984年8月31日的《华尔街日报》上进一步承认，在结束黄金甚至在美国的货币体系中的象征性存在时，尼克松顶住了共和党内部基于硬通货的理由将金本位制视为理想安排的长期思想路线的压力。在弗里德曼看来，这是所做的正确事情：弗里德曼的货币稳定思想包括避免通货紧缩，这个思想与传统的可能要容忍通货紧缩来实现汇率或金价目标的硬通货立场形成了鲜明的对比。因此，弗里德曼欣然接受尼克松1971年的举措断然拒绝共和党内部的硬通货派的这个事实。当弗里德曼哀叹尼克松同时的国内政策行动让工资和价格的直接管制成为共和党的主流政策时，这个事实就向弗里德曼提供了某些安慰。相比之下，弗里德曼在1974年8月7日《动态经济学教学盒式磁带》第151集中评论说，这种处理通货膨胀的方式在1971年之前基本上是共和党一致反对民主党的一个问题，而前一个集团采取反

---

① 当然，正如第二章指出的那样，《美国货币史》强调的一个要点是，甚至在1933年之前美国货币政策的一个特征就是将货币状况与黄金流动分离开来。按照弗里德曼（Friedman 1984c, 34）的看法，美国"相当严格的金本位制"时代结束于第一次世界大战。同样，弗里德曼在1988年3月4日的《华尔街日报》上将美国坚持严格的金本位制的时期确定为结束于1914年。

② 参见《美国和英国的货币趋势》第572页。

管制的立场。①

作为一个浮动汇率制的长期倡导者,弗里德曼有理由赞赏黄金窗口的关闭,因为这个窗口是战后固定汇率制度的一个支柱——尽管是一个象征性的支柱。弗里德曼在1971年9月24日《日本时报》上宣称:"布雷顿森林体系已经终结了。"这种看法被在接下来的18个月中尝试恢复汇率安排的国际合作失败所证实。但是,在一路走向这一结果的过程中,弗里德曼关于未来的国际安排的一些预测也有错。虽然他在许多评论家之前看到了黄金窗口终止之时布雷顿森林体制的终结,但是,弗里德曼低估了随着美国终结黄金承诺而发生的国际安排改革的程度。特别是,弗里德曼在1971年自信地表达的两种观点——美国当局不会对美元的汇率贬值和普遍的浮动汇率制不会出现——在这些事件之后不得不修改。

其中的第一种观点在尼克松8月15日公告之后就立即修改了。在1971年8月11日《纽约时报》和1971年8月11日《动态经济学教学盒式磁带》第80集中,弗里德曼认为众议员亨利·雷乌斯提出的美元应该贬值的提议不可行。②弗里德曼断言,美国作为该体系中的第$n$个(中心)的国家,不可能会单方面地降低其货币的外汇价值。美元的贬值需要其他国家的默许——弗里德曼没有看到这种默许发生。他声称,其他国家在总体上寻求

---

① 不过,正如第三节讨论阿瑟·伯恩斯时详细说明的那样,弗里德曼大量指责美联储主席阿瑟·伯恩斯而非尼克松总统促进了这种态度的转变。
② 弗里德曼坚持说美国鼓动的美元贬值是不可能的一个早期场合是在1970年7月8日《动态经济学教学盒式磁带》第54集之中。

对美国获得国际收支顺差。因此，他们不会允许平价的变动，从而挫败美国当局策划的美元贬值的企图。

在进行这种分析时，弗里德曼在1971年8月25日《动态经济学教学盒式磁带》第81集中认识到他应该附带一个限制性条件：美国可以策划一个事实上的贬值而无须其他国家同意，采取的方式是对进口征税和对出口提供税收抵免的措施。① 尼克松在1971年8月的行动事实上包含一个10%的进口附加税作为其显著特征。正如人们可能会预期的那样，弗里德曼在1971年8月22日的《星期日电讯报》上反对这种附加税，认为它是自由贸易的一个障碍。实际上，他警告说，这种附加税的延续会引发贸易战。② 他也声称，附加税作为一种改善美国贸易差额的方式基本上不会取得成功，即使它是一个可取的目标。因为弗里德曼在1971年10月6日《动态经济学教学盒式磁带》第83集和1977年10月《欧洲货币》第25页上坚持认为，进口附加税最终仅仅是将资源从出口部门转向进口替代产业。与这种附加税的一些批评家不同，弗里德曼当然没有援引通货膨胀后果作为反对他的一

---

① 弗里德曼在1971年8月23日接受《美国银行家》的采访中提出，征收进口附加税相当于是暗中贬值。他在1971年9月会见总统尼克松时表达了同样的意思。此外，他在1963年的国际安排的著名证词中对进口税提出了与此相关的评论（Joint Economic Committee 1963a）。另参见弗里德曼在1983年6月4日《经济学人》上的文章。

② 参见1971年11月17日《圣彼得堡时报》和1971年12月20日《新闻周刊》。

个理由。①

虽然弗里德曼对进口附加税表示了蔑视，但是，他承认，附加税的短期影响会复制美国汇率贬值的某些特征。在1971年国际形势的背景下，弗里德曼承认附加税给予了尼克松总统讨价还价的能力。附加税向其他主要工业国家具体表明，即使这些国家采取了那些维持与美元的固定汇率的操作，美国会强制实施事实上的贬值（参见1971年8月22日《星期日电讯报》和1971年8月25日《动态经济学教学盒式磁带》第81集）。部分地因为这个杠杆，尼克松政府获得了主要国家对美元贬值的正式同意——通过1971年12月签署的《史密森协定》（下面将要讨论）——伴随着进口附加税的取消。

---

① 让通货膨胀的成本推动观的反对者失望的是，美元的贬值和进口附加税被援引来作为强化美国实施工资与价格管制的依据。理论根据是，这些管制会预防进口价格的上涨压力溢出到更普遍的价格通货膨胀。乔治·舒尔茨在2013年5月22日的访谈中回忆说，在内部的讨论中，他通过指出进口只是占美国的总消费品的一个很小部分的事实，反对"如果我们对美元贬值，我们就会引起通货膨胀的上升的论点"。不过，弗里德曼反对汇率的下降和进口价格的上升就会自动影响通货膨胀的观念的理由则走得更远。它主张，排除总供给的任何反应，进口价格的上涨最后会被国内生产产品的价格下降压力所抵销，条件是美国的货币当局是非调节性的（参见Friedman 1953a，180-82；1961f，1054）。
然而，因为成本推动的理论在1971年流行于美国财政部和其他地方，这种论点没有被接受。相反，在贬值之后工资与价格螺旋式上升的情境所关心和要预先阻止的一个问题是，国内的工资与价格管制被视为美元贬值的一个替代品。正如戴维·兰森——当时是乔治·舒尔茨经济团队的一名成员——在2014年4月30日的访谈中回忆美国在1971年的国际经济安排的变动时，说道当时"普遍的恐惧是，它将是通货膨胀性质的，因而尼克松对此的解决方式就是制定工资与价格管制，而这在乔治·舒尔茨看来则是最糟糕的事情"。

弗里德曼在1971年9月27日《动态经济学教学盒式磁带》第82集中提出的问题是："如果布雷顿森林体系终结，接下来会发生什么呢？"正是他对这个问题的回答构成了他对1971年8月之后的汇率制度预测的第二个主要错误。大量的事件对这个问题提供的答案让他猝不及防。布雷顿森林体系之后的体制（或非体制）演变成了与弗里德曼预期的体制截然不同的东西。

当然，弗里德曼在1971年8月22日《星期日电讯报》第19页上对理想的后续制度将会是什么持有一个强有力的看法：真正的浮动汇率制。"我偏爱每一种货币都浮动"，他在1971年8月23日的《美国银行家》上证实。关于浮动制的问题，经济学家的意见趋势敦促弗里德曼采取这种立场。在1969年早期美国经济协会关于浮动汇率的会议之后，他在1969年1月《动态经济学教学盒式磁带》第9集中陈述说，此前十五年"所发生的巨大变化给他留下了深刻的印象"。[1] 保罗·萨缪尔森也注意到了这种意见的变化，在1969年与弗里德曼辩论时宣布："我愿意向米尔顿·弗里德曼表达个人敬意。他在十年前或十五年前赞成汇率的灵活性方面，是荒野中哭喊着的一个孤独呼声……（这）现在在学术界已经成了新的正统了。"萨缪尔森在1969年5月22日参加美国波士顿公共广播电台的节目《经济学大辩论》中补充说，虽然官员们依然在抵制，但是"我们极度需要的却是更多的灵活性"。[2] 在该年晚些时候，1969年11月4日的《华尔街

---

[1] 弗里德曼对这次圆桌会议的贡献是 Friedman（1969f）。
[2] 同样，萨缪尔森（Samuelson 1970c, 147）赞扬弗里德曼"让经济学家普遍地认识到浮动汇率的可取性"。

日报》报道说，哈里·约翰逊宣称弗里德曼1953年论浮动汇率制的论文是一篇现代的经典文章（Harry Johnson 1969b，12）。

学术界有几位赞成固定汇率制的主要坚持者，包括罗伯特·蒙代尔和麻省理工学院的查尔斯·金德尔伯格。当弗里德曼在1969年10月的波士顿联邦储备银行的会议上被指定为金德尔伯格论文的讨论者时，后者的分析受到弗里德曼令人沮丧的评论。[①] 但是，弗里德曼坚信更广泛的学术界已经基本上改变了立场，转而同意他的汇率观点，这得到了约翰逊政府的最后一份《总统经济报告》强有力地支持（Council of Economic Advisers 1969）。与早些年将汇率的浮动制当作一个禁忌话题相反，正如弗里德曼在1969年1月《动态经济学教学盒式磁带》第11集中指出的那样，这份报告倡导汇率调整的优点。随着约翰逊政府的经济专家在1968年放松布雷顿森林安排之后表达出这些看法，弗里德曼希望，继任的尼克松政府进一步加大力度支持汇率的灵活性。因此，当这个动力在尼克松政府就职的最初两年半之内熄火时，弗里德曼在1970年10月19日《新闻周刊》和1974年8月9日《纽约时报》上表示他很失望。尼克松在1971年8月在国际方面以放弃黄金价格钉住制的形式所采取的措施，弥补了失去的时间，因而弗里德曼对于尼克松政府的国际经济政策的热情重新恢复了。

尽管有经济学家见解的改变和尼克松的新经济政策措施提供的所有充满希望的预兆，弗里德曼在1971年8月改革之后还

---

[①] 参见弗里德曼（Friedman 1969e）对金德尔伯格（Kindleberger 1969）的评论。

是不认为，广泛的浮动汇率制是国际货币制度会达到的状态。相反，他认为，可能会有美元本位制的延续。弗里德曼设想的这种前景是美国的每一个贸易伙伴都要单面强制实施与美元的固定汇率的前景。对于一个典型的贸易伙伴而言，长时期的钉住汇率会偶尔地被一段时期的浮动汇率所打断，以便缓和国际收支的严重失衡。随着货币的浮动交替期而来的就是固定汇率在新的钉住价值上的恢复。虽然弗里德曼在1971年9月27日《动态经济学教学盒式磁带》第82集中强调这"不是理想的制度"，但是，他认为这是对20世纪五六十年代所看到的对固定汇率的"宗教式"的态度的改进。

1971年的其余时间和1972年的发展状况似乎都证实了弗里德曼的看法，因为主要国家做出了正式化一个新的固定汇率安排和设定一个新的官方黄金价格为38美元的努力（例如参见Argy 1981，65；Meltzer 2009b，775–76）。①1971年年末的《史密森协定》是这一过程的主要产物，在形成弗里德曼对约翰·康纳利——该协定签订之时的财政部部长——的看法时至关重要。尼

---

① 《史密森协定》(Smithsonian Agreement)没有重新开放黄金窗口。也就是说，美国政府并没有重新确定1971年8月之前向其他政府按照官方的黄金价格提供黄金的义务（黄金价格在这个协议之前依然正式规定为每盎司35美元）。但是，这个协定留下了这种安排将继续的可能性，因为史密森会议的公报提到了需要在一个未来的固定汇率制中确定"黄金的适当作用"（参见1971年12月19日巴尔的摩《太阳报》）。而且，该公报正式宣布该协定批准的美元贬值，作为一种"以黄金表示的美元价值的变化"。这些特征与各国当局延续官方黄金价格同存，就意味着美国公民自由拥有黄金的权利不会即将到来。相反，在1971年9月会见尼克松时，弗里德曼希望关闭黄金窗口之后要结束对美国公民获取黄金的限制。

克松执政时期的一位政策制定者乔治·舒尔茨，因他作为收入政策和固定汇率制批评者的地位获得了弗里德曼的赞扬。这一时期的另一位政策制定者阿瑟·伯恩斯对收入政策采取的立场遭到弗里德曼的蔑视，正如本章结尾处要进一步讨论的那样。① 但是，阿瑟·伯恩斯因在某种程度上对浮动汇率制采取积极的态度而受到弗里德曼在 1972 年 5 月 31 日《动态经济学教学盒式磁带》第 100 集中的赞扬。②

但是，从弗里德曼的角度看，康纳利对国内和国际经济政策都应负责任。康纳利是工资与价格管制的煽动者。根据前总统尼克松的看法，康纳利实际上是在他的核心圈子中主要倡导这些措施的人。③ 而且，康纳利引入了《史密森协定》，正如弗里德曼在该协定被提出来讨论的期间在 1971 年 12 月 20 日的《新闻周刊》上所说的那样，该倡议在推动更加灵活的国际货币制度方面"浪费了大量的机会"。在 1971 年 9 月访问华盛顿特区期间，弗里德曼会见了康纳利，试图说服他相信浮动汇率制的优越性

---

① 参见下文。
② 阿瑟·伯恩斯在 1972 年 7 月 5 日的《圣路易环球民主报》上也指出，美国"不应该限制投资资金的流动"。对弗里德曼而言，这种立场就等于是支持浮动汇率制。弗里德曼认为，各国不会接受固定汇率制和自由资本流动所蕴含的国内经济管理的优先权的丧失（参见 1968 年 5 月 8 日的《华尔街日报》；Friedman 1980c，83；以及前面的第十三章）。
③ 在 1975 年的作证誓言中，尼克松回忆说，"新经济政策……首先是我与康纳利在椭圆形办公室的长时间谈话中提出来的。政府部门内部完全反对这些观点的人写了备忘录给我，在备忘录中详细讨论了这种观点，我全都读过它们。当我们在戴维营里面时他们在一起的时候，这些人然后表达了那些观点。我做出了决策"。另参见 Nixon（1978，518-20）。

（Matusow 1998，172）。基于那次会见，弗里德曼在乔治·舒尔茨举办的晚宴上表示，他对康纳利的"印象非常深刻"。[①] 但在此后的一年中，他大幅度地转变了这种看法，因为康纳利被证实在国内和国际方面支持干预主义经济政策。

弗里德曼在1972年1月11日《檀香山广告人报》上对康纳利制定的新固定汇率制是否持续起作用持怀疑态度："我认为，我们有一系列非常脆弱的'固定'汇率。"他在1972年4月15日《日本时报》中也不认为布雷顿森林安排已经恢复了原状："布雷顿森林体系是一种刚性的但不稳定的汇率制，而且在我看来，世界很好地摆脱了它。"回顾起来，非常清楚的是，更多汇率灵活性的时代即将到来的一个先兆是采取了美国国际收支数据行为的形式。在1971—1972年，与前些年份形成对照的是，美国记录了经常账户逆差（例如参见 Brown and Darby 1985，168；和 McCallum 1996，7）。虽然随着1971年的美元贬值而来的是1973年回到了经常账户顺差，但是美国的经常账户逆差在20世纪80年代再次出现了。通过向世界其他地区提供可以获得美国资产的手段并且美国在整体上维持国际收支为零，美国的经常账户逆差在长期中有助于协调浮动汇率制与美元计价的金融资产的国际受欢迎程度。因此，为美元创造的条件将有一个比弗里德曼

---

① 参见引自1971年9月24日椭圆形办公室会晤中弗里德曼对尼克松总统和管理与预算办公室主任乔治·舒尔茨所讲的话（尼克松总统图书馆提供的记录副本）。

所预期的更加真实的浮动汇率。① 根据这种发展状况，弗里德曼能够在 1971 年之后将正在实施的制度描述为前所未有的：在这种制度中，美国追求的货币体制具有明显的命令性质，几个其他主要国家也是如此，因为浮动汇率制广泛流传，"美元本位制"不再是国际货币安排的一个良好的描述。②

新的浮动汇率制出现的一个更加直接的信号是英镑在 1972 年 6 月 23 日开始浮动。③ 如果他当时有所知，弗里德曼一定会对尼克松总统对英镑浮动的反应感到振奋。当他的助手罗伯特·霍尔德曼（H. R. Haldeman）告知他这次浮动时，尼克松拒绝在此主题上绝受简报的选择。"我才不在乎它，"尼克松说，"我们对

---

① 迈克尔·汉堡（Hamburger 1977b，36）将国际制度的变化描述如下："美元在 1971 年 8 月被允许浮动。"沿着类似的思路，在 1975 年宣誓作证的证词中，前总统尼克松将 1971 年 8 月 15 日的措施描述为包括"美元浮动"在内（引自 1975 年 8 月 21 日《纽约时报》；另参见 Nixon 1978，520）。虽然弗里德曼本人逐渐使用这种简短而隐晦的说法（例如 Friedman 1980c，83），但是，这实际上不是他当时看待事情的方式。1971 年 8 月的变革和后来在 1971—1973 年之间的发展动态解除了美国当局对固定汇率制的承诺。在那种意义上，美元是浮动的，而弗里德曼在 1971 年 12 月 20 日的《新闻周刊》上是这样描述的。但是，美元的浮动要求美国的主要贸易伙伴允许浮动，弗里德曼的美元本位制的思想在这种情形下没有实现。然而到头来，实际的安排结果导致美元在 1973 年之后的绝大部分时期都是真正浮动的。
② 参见 Friedman（1985a；1986d，643；1987a，7，18；1988a，238；1992b，viii；1992c，xii，42；第十三章）；Friedman and Schwartz（1986b，38）；1987 年 2 月 23 日《金融时报》。
③ 甚至在 1971 年 8 月变革之前，弗里德曼已经在 1970 年 10 月 4 日《动态经济学教学盒式磁带》第 58 集中预测，英镑浮动在接下来的几年内是"高度可能的"。

此无能为力。"①

不管新的国际环境如何，对1971年年末的弗里德曼而言清楚的是，汇率都会具有更大的灵活性。布雷顿森林类型的体制在1971年年末的表面恢复在总体上并没有使他的期望落空，他在1972年年初的评论中指出，他并不认为主要的国家有能力不放弃《史密森协定》规定的新平价。在这种背景下，弗里德曼在1971—1972年帮助鼓励美国的金融市场应对汇率变化的基础设施方面发挥了积极作用。特别是，他在他后来所称的"金融期货市场在1971年之后的爆发"中起到了一定的作用。②

在1971年11月13日星期六的芝加哥，弗里德曼会见了律师和金融家列奥·梅拉米德，探讨了外汇期货市场的可行性。③梅拉米德在2013年6月19日笔者的访谈中回忆说："他极其随和，非常非常具有绅士风度，尽管我在某种程度上还是一个年轻人。我问他的问题是，他是否认为货币［期货］市场的想法是疯狂的还是值得一试。他说，这是一个很棒的想法，我简直不相信

---

① 引自1972年6月23日早晨在白宫的一次谈话，总统尼克松在1974年8月5日发布了这次谈话的抄本（1974年8月6日《纽约时报》）。谈话的其他材料——与在水门事件中隐瞒的总统作用有关——导致尼克松在1974年8月9日辞职。
② 参见Friedman（1988a, 239）。
③ 关于弗里德曼与梅拉米德对这些发展状况的书面记录，分别参见《两个幸运的人》第350—352页与列奥·梅拉米德和鲍勃·塔马尔金（Melamed and Tamarkin 2006, 176-77）的著作。弗里德曼的叙述提供了会见的具体日期，梅拉米德的叙述则给出了弗里德曼为他的委托研究收取的费用。

我的耳朵。于是,我重复说了几次。'你确定你是说这是一个很棒的想法吗?'他当然重复说,'是的,它是,你应该做它'。然后我说,'好吧,当然没有人会相信我'。他不把那当一回事。他说,'好吧,你可以告诉他们是我这样说的',我说,'好吧,我怀疑他们是否相信我,除非你书面写下来'。正是在那时他说,'喔,你是在寻找为什么货币进入期货市场会很好的一个可行性研究,是吗?'"梅拉米德委托了这项研究,弗里德曼要求的费用是5000美元。梅拉米德的芝加哥商品交易所国际货币市场在1972年发布了这项研究。[①]

1972年2月24日,在货币期货市场正式启动之前的一段时间,梅拉米德在芝加哥就货币期货的主题举行了一次研讨会。弗里德曼当时在夏威夷教书,没有参加。在这次活动上讲话的重要学院派经济学家反而是保罗·萨缪尔森。"在研讨会上,我所想要的是或多或少地表明,不仅像米尔顿·弗里德曼这样的自由市场经济学家支持我们正在做的事情……(我想要)这样的一个研讨会,我可以邀请那种为大众所喜爱的经济学家,像保罗·萨缪尔森这样的,因为他的经济学著作在每一个大学都有"(参见笔者在2013年6月19日对梅拉米德的访谈)。根据萨缪尔森在1969—1970年对弗里德曼支持浮动汇率的理由表示赞赏,人们可能会预期,萨缪尔森像弗里德曼一样会设想在未来一段时期有一个充满活力的期货市场,作为浮动汇率制新时代的结果。然而,事实并非如此。"你知道这句谚语'别过来在我的游行队伍上撒尿'吗?好吧,他就是这样,"梅拉米德在回忆萨缪尔森的

---

① 参见 Friedman(1972f)。

讲话时说,"我在那时十分恼火,因为是我发的邀请,我们在那个房间有两千多人——他可是一个名人。他说,'你知道,你所做的是一件非常非常有趣的事情,但是我担心它不会起作用,因为他们将要返回固定汇率制。'因此,那是我不希望听到的讲话。"萨缪尔森的讲话(Samuelson 1972)陈述说,期望汇率自由浮动是一种幻想,并暗示对有管理的浮动来说,这可能也是事实。萨缪尔森也表示,《史密森协定》规定的固定汇率至少会持续几年。

虽然让梅拉米德失望,但是,萨缪尔森在这次活动上表达的立场也与弗里德曼无异。正如前面指出的那样,弗里德曼期望浮动汇率,但是截至1972年年初,他依然相信可以期待的最好结果就是,主要国家将它们的货币钉住美元并比1971年之前的体制所正常进行的那样更频繁地调整钉住汇率。然而,在萨缪尔森于1972年2月讲话之后刚好一年之内,弗里德曼和萨缪尔森持有的期望将落空,世界将比弗里德曼敢于希望的更加接近于完全自由的浮动汇率制。

## 第三节 人物:1969—1972年

### 一、罗伯特·卢卡斯与托马斯·萨金特

"我们从来不知道未来会怎样。但我们总是会畅想。"对于经济学界而言,卡莉·西蒙(Carly Simon)的专辑《预期》(*Anticipation*)的标题歌曲的这句开头歌词具有很强的主题性。

这个专辑是在1971年11月发布的。① 那张专辑的发行几乎与两篇强调未来发展状况的预期对宏观经济结果有重大影响的论文的发表同时发生：托马斯·萨金特在1971年8月的《货币、信贷与银行》杂志上发表的《关于"加速主义"论战的笔记》和小罗伯特·卢卡斯与爱德华·普雷斯科特在1971年9月的《计量经济学》杂志上发表的《不确定下的投资》。

托马斯·萨金特的论文并没有明确援引弗里德曼的文章。② 但是，这篇论文的开篇就提到了弗里德曼——它关心的核心问题是美国学术界在20世纪70年代初弗里德曼的研究帮助启动的自然率假说的辩论。③ 卢卡斯与普雷斯科特的论文关注的是另一个问题。这篇论文不仅没有援引弗里德曼，而且没有提到他。这可以理解，因为卢卡斯与普雷斯科特论文的主题是实物资本投资的需求。④ 这碰巧在事实上是弗里德曼对总支出的整体研究中几乎

---

① 参见1971年11月20日《公告牌》（*Billboard*）。
② 托马斯·萨金特在参考文献目录中唯一提到弗里德曼的就是卡根作为编辑的Cagan（1956）。
③ 除了接下来要讨论的内容，参见前两章对这场辩论的讨论。托马斯·萨金特论文的开篇提到"菲尔普斯与弗里德曼的菲利普斯曲线的'加速主义'观点"，想当然地认为读者熟悉20世纪60年代已经众所周知的这些贡献（Sargent 1971，721）。
④ 在卢卡斯-普雷斯科特（Lucas and Prescott 1971）论文之前，卢卡斯在Lucas（1967）中已经在研究投资行为了。

没有论述的一个唯一的类别。①

但是，卢卡斯在1969—1972年发表的其他著作，带有弗里德曼影响的强烈标记。

其中的一篇研究就是卢卡斯与莱昂纳德·纳平（Lucas and Rapping，1969）在1969年涉及跨期替代的思想对美国劳动供给数据的相关性研究。这两位作者研究这篇论文的动机是将弗里德曼用来分析消费行为的收入的持久性与暂时性分解应用于工资的决定（Lucas and Rapping，1969，729-30）。他们也指出，弗里德曼本人也在他的价格理论课程中提到了劳动供给的跨期替代的思想，尽管没有正式对它模型化。②

卢卡斯对弗里德曼著作的形式化的兴趣事实上追溯到20世纪60年代刚开始之际。正如前几章指出的那样，卢卡斯在芝加哥大学研究生学习的第一年，1960—1961年，就上了弗里德曼的价格理论课程。卢卡斯养成了一种习惯，在课后花时间将弗里德曼所讲的思想转换成正式的数学术语，而这类术语他是从萨缪尔森的著作中学到的（Lucas，1995）。卢卡斯在1969—1972年的大量研究也

---

① 参见第五章。对弗里德曼没有研究投资支出的概括的主要例外包括弗里德曼在《资本主义与自由》和其他地方讨论税收和预算赤字对私人投资支出的可能影响，以及弗里德曼-梅塞尔曼（Friedman and Meiselman 1963）的论文在构建一个自动支出的测量指标的背景中对投资的探讨。在芝加哥大学上研究生时，卢卡斯担任弗里德曼-梅塞尔曼这项研究的研究助理——也许是在1961—1962学年——但是他的工作主要是校对，而他并不认为这项工作形成了他的经济研究思想（Lucas 2004a，18-19）。因而，卢卡斯对研究生岁月的描述就是"我没有与弗里德曼一起工作"（McCallum 1999b，282）。

② 参见前面的第一章以及第七章对总供给的讨论。

是按照这种精神做的，尽管应用于弗里德曼的书面著作而非他的教学。在2013年3月12日笔者的访谈中，卢卡斯被问到他在这一时期的研究是否可以被视为将20世纪60年代弗里德曼的一些研究贡献严格化并置于动态优化的语境之中时说，"是的，绝对是"。

他遵循这种做法的动力并非来自他在1961年之后与弗里德曼的密切交往。卢卡斯当研究生时不是货币研讨会的一名成员。[①] 卢卡斯在芝加哥大学的博士论文是在阿诺德·哈伯格而非弗里德曼指导下完成的。弗里德曼与卢卡斯从1962年到1974年的岁月中彼此很少见面。[②]

然而，弗里德曼1967年的主席演讲对卢卡斯的研究计划而言是一个转折点。这场演讲的基本论点在弗里德曼1960—1961年的价格理论课程中可以找到：

> 他甚至在价格理论课程中给我们布置了一道家庭作业，就是菲利普斯曲线那种问题。他即使在那时都不是它（非附加的菲利普斯曲线）的狂热爱好者。然而，我接着就开始与莱昂纳德·纳平研究这类东西。然后，正当纳平与我正努力将我们的论文发表或完成我们的论文时，弗里德曼的主席演讲等等之类的文章发表了。那就是我可以看出我们的论文没

---

① 参见卢卡斯在麦卡勒姆（McCallum 1999b, 282）的访谈和卢卡斯的演讲（Lucas 2004a, 19）中的评论。
② 在1962—1963学年，弗里德曼不在芝加哥大学；从1963年到1974年，卢卡斯是卡内基理工学院——1967年更名为卡内基梅隆大学——的一名教师。根据2013年3月12日笔者对罗伯特·卢卡斯的访谈，在这些岁月中，卢卡斯与弗里德曼的联系很少。

有理性预期的地方。因此,弗里德曼在他的主席演讲中所做的预测,不同于我们利用常规的菲利普斯曲线模型所做的预测。我们在那儿中断了。因为我们都是弗里德曼的学生,我们很担忧,但是我们直到后来才找到问题所在。(参见2013年3月12日笔者对罗伯特·卢卡斯的访谈)[1]

卢卡斯与莱昂纳德·纳平重新撰写了他们的论文的结束语,承认未来的研究可能需要认识到自然率假说所蕴含的预期内生性那种观点(Lucas 1981b,6)。[2] 他们的研究通过使用自适应形成的通货膨胀预期,只是在一定程度上使预期内生化。

卢卡斯与普雷斯科特的论文在对预期进行模型化时采用了一种不同于卢卡斯与纳平的论文所用的方法。正如这两位作者所说(Lucas and Prescott 1971,660):"我们将……假设实际价格与预期价格都具有相同的概率分布,或者价格预期是理性的。"

然而,卢卡斯与普雷斯科特的论文并没有真正地将理性预期置于宏观经济研究议程的前沿。更准确地说,正如罗伯特·希勒(Shiller 1978,7)在早期的回顾中描述这种发展状况时说:"这

---

[1] 弗里德曼给卢卡斯布置的菲利普斯曲线的家庭作业问题,可能类似于出现在1962年的《价格理论》教材中的问题,正如前面的第十一章讨论的那样。

[2] 卢卡斯和莱昂纳德·纳平并非在他们的论文中设置限定性条件的唯一研究者,以便等待自然率假说的辩论结果。在一篇为1970年3月的会议写的一篇论文中,赫伯特·格鲁贝尔(Grubel 1973,104)将一个国家选择它自己的通货膨胀与失业组合的能力包括在浮动汇率的优势的一个清单中。但是,这位作者补充说,清单上的条目将"不得不删除,如果弗里德曼对凯恩斯主义经济学的质疑是有根据的话"。

些'理性预期'在宏观经济学文献中的最重要应用就是对'自然失业率假说'的应用。"在他与普雷斯科特的著作同时但独立进行的研究中，卢卡斯将理性预期与自然率假说结合起来。他在1970年10月联邦储备委员会的会议上提交的一篇论文（Lucas 1972a）中，对反对自然率假说的现有实证研究发现提出异议，批评的方式类似于托马斯·萨金特（Sargent 1971）的批评方式。① 这篇批评的关键是，绝大多数现有的研究发现都是用滞后通货膨胀被当作菲利普斯曲线的预期通货膨胀变量时是否有一个单位估计系数来评价自然率假说的。然而，如果滞后通货膨胀项用 $t$ 期或 $t$ 期之后的通货膨胀预期来代替，那么，如果自然率假说成立和通货膨胀是稳态的（正如在20世纪70年代之前美国的通货膨胀无疑似乎是稳态的那样），则理性预期必然意味着系数要小于1。因此，这个论点就对实证研究拒绝弗里德曼与菲尔普斯关于菲利普斯曲线的观点提出了怀疑。正如托马斯·萨金特后来所说，"少数几个似乎技术上干净的对该假说的检验并没有强烈要求拒绝自然率假说"（Sargent 1976a，83）。

卢卡斯在联邦储备委员会的会议论文中强调，研究计划中的一个高度优先的事项就是要将"自然率假说……转变为明确的理论"（Lucas 1972a，51）。在一篇最终发表于《经济理论杂

---

① 正如第十三章所指出的那样，弗里德曼从未发表一篇带有"自然率假说"标题的论文。相反，卢卡斯（Lucas 1972a）在1972年这篇论文的标题中使用了这样的言辞。此外，卢卡斯在1973年的论文"产出与通货膨胀的权衡的一些国际证据"最初在标题中使用了这个短语。当他在1971年2月26日在耶鲁大学的考尔斯基金会研讨会系列报告这篇文论时，卢卡斯报告的题目是"自然率假说的横截面检验"（参见 https://cowles.yale.edu/cf-seminars）。

志》(*Journal of Economic Theory*)上的原创性论文"预期与货币中性"中,卢卡斯(Lucas 1972b)正是继续这样做的。卢卡斯认为,这篇论文不仅形式化了自然率假说,而且对弗里德曼的货币著作提供了更加普遍的支持。卢卡斯(Lucas 1972b,104)写道,他的模型出现了"弗里德曼在他的1968年文章和其他地方归因于美国经济的许多特征。据我所知,这篇论文是第一篇对经济中一些可以严谨表述并证明是符合逻辑的命题提供了一个明确阐述的例子"。卢卡斯承认了菲尔普斯(Phelps 1970a)论文的另一个优先性,因为卢卡斯像菲尔普斯一样,使用不完全信息是货币短期非中性的来源的一个正式模型。[①] 实际上,依赖不完全信息——排除了名义工资和商品价格中的黏性——来获得预期菲利普斯曲线,正是弗里德曼与早期的理性预期理论(后面要对此进行讨论)分道扬镳的关键点。

卢卡斯(Lucas 1980b,705)得出结论:理性预期对形式化自然率假说提供了一个天然的工具。卢卡斯与托马斯·萨金特对自然率假说的形式化进而具有如此重要的影响,以至于他们与弗里德曼和菲尔普斯在一起被列为该主题的主要贡献者。因而,查尔斯·比恩(Bean 2005,9)回忆起"由米尔顿·弗里德曼、内德·菲尔普斯和鲍勃·卢卡斯对菲利普斯曲线的基础进行的理论化",斯坦

---

① 更一般地说,卢卡斯的研究当然可以追溯到弗里德曼与菲尔普斯,因为他们各自在20世纪60年代末的论文中提出了自然率假说。卢卡斯(Lucas 1980b,705)在描述他在20世纪70年代初"试图形式化弗里德曼与菲尔普斯的自然率假说"的研究时就承认了这一点。另参见Lucas(1976b,19)。

下面提到的莫滕森(Mortensen 1970a,1970b)的论文,是另一篇在这一时期集中分析劳动市场时形式化自然率假说的文章。

利·菲舍尔（Fischer 1979，250）提到了"弗里德曼、菲尔普斯和卢卡斯类型的菲利普斯曲线"。①最近，卢卡·贝纳蒂（Benati 2012）在开篇的段落就对比了现代的菲利普斯曲线的观点与"菲尔普斯、弗里德曼、卢卡斯和托马斯·萨金特之前的共识"。②

卢卡斯与托马斯·萨金特对自然率假说的研究可以被视为就挑战凯恩斯主义一方的辩论而言，在两个方面超越了弗里德曼研究所提供的内容。其中的第一方面涉及这个事实：业已指出，卢卡斯（Lucas 1972a）和托马斯·萨金特（Sargent 1971）的论文对现有的菲利普斯曲线的实证性研究提供了一个分析性的批判，质疑罗伯特·戈登、罗伯特·索洛等人报告的那种在经验上拒绝自然率假说的有效性。这种挑战的第二方面来自这个事实：理性预期理论的主要贡献——尤其是卢卡斯的贡献（Lucas 1972b）——使用了基于私人部门的优化行为（特别是效用最大化）的分析，因此，坚持了索洛、萨缪尔森和托宾这样的凯恩斯主义者在他们自己的大部分著作中所使用的方法。这个第二方面值得进行更加详细的阐述。

虽然上面列举的主要凯恩斯主义者在他们进行周期性问题研究时往往不使用最优化的一般均衡模型，但是，他们在分析经济增长和最优的长期通货膨胀率时已经这样做了，以至于托马

---

① 另参见比恩（Bean 2003b，62）。
② 在这一点上，托马斯·萨金特与尼尔·华莱士合著的论文有时也被讨论；在这种情形下，尼尔·华莱士也被加入自然率假说的提出者的名单。例如，马克·格特勒在理性预期革命时是一位研究生，在2014年9月26日笔者的访谈中提到"由菲尔普斯和弗里德曼提出的，并由卢卡斯、萨金特和华莱士完善的错觉模型"。

斯·萨金特（Sargent 1987a, xviii）认为，那些在20世纪60年代进行一般均衡经济增长理论研究的人为迈向理性预期宏观经济学提供了直达路线。相反，弗里德曼的研究基础并不基于20世纪60年代的这种文献。当然，他在1970年将他的1969年关于最优货币数量的论文算作货币与增长文献的一部分，将它与托宾（Tobin 1965b）的文章在一起援引。①但是，弗里德曼的那篇文章在货币与增长文献之外是另一种类型，因为弗里德曼没有明确使用一般均衡模型。相反，他不仅使用货币需求函数与家庭效用的一些性质，而且基本上以文字形式探讨模型的其余部分。这种做法反映了弗里德曼喜欢称之为"马歇尔的"方法——虽然这不仅仅是局部均衡分析，因为它的确探讨了经济的不同部分之间的反馈，但是它不等于正式的一般均衡分析。②

弗里德曼回避一般均衡理论，留下了具有争议性的结果，尤

---

① 参见 Friedman（1970b, 221）。弗里德曼（Friedman 1976a, vii）在1976年指出不再了解增长理论的最新情况。
② 弗里德曼支持他所谓的马歇尔方法并与瓦尔拉斯的方法区分开来的事实并不意味着他全心全意地支持局部均衡分析。他在1955年（Friedman 1955a, 404）对局部均衡方法的告诫就清楚地表明了这一点。同样，保罗·埃文斯是20世纪70年代前半期弗里德曼的研讨会的一名成员，在2013年2月26日笔者的访谈中评论说"我不会说'马歇尔的'就特别是局部均衡"。阿诺德·哈伯格在2013年4月12日笔者的访谈中将弗里德曼的方法描述为识别一个感兴趣的领域，于是在"集中关注特定领域时，你会集中精力解决手头的问题和那里的所有联系，等等，然后以相当粗糙的方式引入其他经济领域，因为它实际上严重影响了那里所发生的事情"。哈伯格将这种方法比作"一个治疗膝关节的整形外科医生对膝关节非常了解，但也不忽视其中一位病人可能有心脏问题"。格伦·韦尔（Weyl 2015）界定和勾勒了芝加哥大学所实践的"价格理论"传统，以便强调它与马歇尔方法之间的联系。

其是自然率假说，它不可能得到正式的理论化证明。然而，卢卡斯和在理性预期文献中的其他人相反，却明确使用一般均衡模型框架，而且他们获得的结论基本上证实了弗里德曼的分析。这些在托宾和萨缪尔森使用的模型传统中获得的结论导致卢卡斯反思说，"托马斯·萨金特、尼尔·华莱士和我是来自内部的批评者"，而弗里德曼在某种程度上明显不是这样的内部批评者（Lucas 2001，10）。"我的意思是说，像萨缪尔森这样的人总是在某种程度上贬低弗里德曼缺乏技术等等"，卢卡斯在2013年3月12日笔者的访谈中回忆说，"而且存在一个重要的说法是芝加哥那帮人不精通他们这一行。因此我的东西扭转了局势，随同托马斯·萨金特等人的东西，我们在某种程度上改变了研究方式"，从而提供了正式的分析来支持弗里德曼的研究。"弗里德曼对此很高兴。我不知道对所有（从前）轻视他的研究，他的感觉如何，但是我确信他不会喜欢它们。我的意思是，谁喜欢呢？"

在20世纪70年代早期出现的对自然率假说更严谨的研究不仅增加了弗里德曼那一代人对凯恩斯主义经济学的质疑，而且有助于影响年轻经济学家评判凯恩斯主义模型的是非曲直。正如罗伯特·索洛在第四章末尾引用的话语所表明的那样，弗里德曼的大部分著作缺乏数学的严谨性往往损害了他在年轻经济学家中的声望。邓肯·佛利从麻省理工学院助理教授的职位开始观察这些事件，认为埃德蒙·菲尔普斯编辑的著作《就业与通货膨胀理论的微观基础》（*Microeconomic Foundations of Employment and Inflation Theory*）中的材料，包括"菲尔普斯类型的模型。在这种模型中，明确存在劳动市场对通货膨胀预期调整的模型化。当我阅读那些东西时，我就想那就是凯恩斯主义观点的大麻烦了——

麻烦大了"，在改变年轻理论家对自然率假说的看法方面特别有效。佛利在2014年10月2日笔者的访谈中看到了他的同时代人经历了相似的反应："菲尔普斯与戴尔·莫腾森的东西真的触到了当时年轻经济学家的痛处。"虽然卢卡斯与莱昂纳德·纳平（Lucas and Rapping 1969）1969年的论文只是对自然率假说提供了暂时性的支持，但是当这篇论文的一个版本出现在菲尔普斯（Phelps 1970b）1970年编辑的著作中时，它与其他文章，包括莫腾森（Mortensen 1970a）的文章一起似乎对该假说提供了更加明确的支持。那时，卢卡斯本人就成了自然率思想的强有力支持者。

当人们考虑录卢卡斯是如何长期被视为弗里德曼在货币经济学理论中的天然继承者之时，具有讽刺意味的是，当卢卡斯（当时受雇于卡内基梅隆大学工业管理研究生院下属的商学院）访问芝加哥大学——最可能是在1970年——在计量经济学研讨会系列报告"预期与货币中性"时，弗里德曼在卢卡斯访问期间没有参加这次演讲或会见卢卡斯（参见2013年3月12日笔者对罗伯特·卢卡斯的访谈）。他的缺席也许反映了其他工作承诺的压力，或者弗里德曼每年在芝加哥只居住六个月（对应于在芝加哥大学每年的两个学期）和当他居住在芝加哥区域时偷偷地参加郊外旅行的事实。

无论如何，弗里德曼到1971年已经足够熟悉理性预期，在通信中使用这个术语。[1] 这个术语以及这个概念的定义，正如托马斯·萨金特（Sargent 1971）和卢卡斯与普雷斯科特（Lucas and Prescott 1971）所承认的那样，是由约翰·F. 穆斯（John F. Muth

---

[1] 例如，弗里德曼在1971年与费希尔·布莱克的同一次通信中使用了这术语，引自梅林（Mehrling 2005，155）。

1961）在1961年的著作中提出来的。① 在20世纪60年代，正如卢卡斯和托马斯·萨金特（Lucas and Sargent 1981，xi）有必要指出的那样，对约翰·穆斯著作的反应无疑是有限的。用电影批

---

① 帕廷金（Parkin 1990，825）就约翰·穆斯（Muth 1961）1961年的论文指出："事实上，他在发表论文的时候还没有获得博士学位。"从技术上说这是一个事实，因为约翰·穆斯在1962年获得博士学位。但是，他从20世纪50年代中期起就是卡内基理工学院的助理教授（American Economic Association 1981，301），而且与弗里德曼一样，约翰·穆斯的论文基本上早在他正式获得博士学位之前就撰写好了。实际上，卡内基理工学院在1962年接受的博士论文包括日期为1956年的材料（参见McCallum 2016，343）。在卡内基理工学院的院长警告他说除非他获得了博士学位该学院才可能留下他担任教师之后，约翰·穆斯才获得了博士学位。这个警告促使约翰·穆斯为获得博士学位完成了其余的课程要求（一门语言课）。这门语言课就是法语课，因为约翰·穆斯在几年前放弃了旨在完成他的博士课程作业的德语课程。碰巧的是，约翰·穆斯的兄长理查德·穆斯过去学过法语。在弗里德曼的请求下，理查德·穆斯在1963—1964年的芝加哥大学的货币研讨会上翻译、展示和批评了一篇弗里德曼偶然发现的用法语写的论货币问题的研究论文（参见2015年5月20日笔者对理查德·穆斯的访谈）。

根据罗伯特·卢卡斯在2013年3月12日访谈中的回忆，约翰·穆斯活动中的另一件事证明了他甚至在1962年之前被视为事实上的博士学位获得者："当杰克大概作为一位博士后访问芝加哥时，他在这儿也待了一年……并确定无疑地受到弗里德曼的影响。"约翰·穆斯在芝加哥大学担任访问教师的时期被穆斯确定为是在1957—1958年（Blaug 1986，625）。由于弗里德曼在1957—1958学年居住在加州，弗里德曼与约翰·穆斯之间的当面交流可能发生在其他时候。在这一点上，值得一提的是，约翰·穆斯也许待在芝加哥地区的时期接近于1957—1958学年。约翰·穆斯的出生地是芝加哥，前面提到他的兄长理查德·穆斯与芝加哥大学有学术联系，先是在1956年之前作为芝加哥大学校园的博士研究生，后来从1959年到1964年作为商学院的一名教师（参见Blaug 1986，625-26）。理查德·穆斯在2015年5月20日的访谈中回忆，约翰·穆斯在1957年之前的时期没有到过芝加哥大学的校园，但确实在理查德·穆斯就职于商学院期间偶尔访问该校园。

评的术语来说，约翰·穆斯的论文是一个"冷门电影"。弗里德曼本人偏爱用植物世界进行比喻。他后来写道，理性预期革命等于是"约翰·穆斯在1961年种下的种子姗姗来迟的开花时节"。[1] 弗里德曼在后来继续声称，约翰·穆斯的著作是"理性预期的真正开始"，而卢卡斯的重大贡献就是让理性预期可操作。[2]

实际上，正是约翰·穆斯在1960年发表的一篇稍微更早的论文，可能使一小群理性预期的倡导者——卢卡斯、托马斯·萨金特和罗伯特·巴罗不在其中——逐渐从理性预期假设相关的角度看待弗里德曼的观点。约翰·穆斯（Muth 1960）将适应性预期与理性预期并置的事实可能影响到了这一小群支持者的观点。约翰·穆斯在1961年的论文中没有提到弗里德曼的著作。相反，约翰·穆斯在1960年的论文侧重于弗里德曼的《消费函数理论》，推导出了那本著作在时间序列研究中使用的适应性预期假设与预期是理性的假设相一致的条件。约翰·穆斯的方法在本质上认为弗里德曼的著作与理性预期是相容的。

约翰·穆斯的分析赋予了弗里德曼的时间序列方程一种理性预期的解释，由此产生的综合被称为"弗里德曼与约翰·穆斯的持久

---

[1] 参见 Friedman（1987a，14）。弗里德曼早期在一篇未发表的论文（Friedman 1978c）中使用了这些言辞——该论文在朝圣山学社的会议上报告过。这篇论文包含了对理性预期的一个最广泛的讨论。但是，由于没有发表和传阅较少，这篇论文很少为人所知。一个例外是凯文·胡佛（Hoover 1984，61）顺便提及了它，他承认，他大概是在与弗里德曼就理性预期问题进行通信的过程中获得了这篇论文。

[2] 引自他在布莱恩·斯诺登和霍华德·文恩（Snowdon and Vane 1997，200）中的评论。弗里德曼（Friedman 1987a，14）提出了类似的观点，认为卢卡斯和托马斯·萨金特共同应用了约翰·穆斯的概念。

收入模型"（C. R. Nelson & Plosser，1982，154）或者"约翰·穆斯与弗里德曼模型"（Schwert 1987，77）。正如卢卡斯在 2013 年 3 月 12 日笔者的访谈中说到约翰·穆斯："如果你仔细阅读他的原创性著作，《消费函数理论》的东西就是他关于理性预期的主要例子。"同样，托马斯·萨金特（Sargent 1993，210）将约翰·穆斯对弗里德曼消费著作的分析视为"理性预期思想实际上开始"的时间。

不过，理性预期在 20 世纪 70 年代的其他一些倡导者却采取了不同的立场。他们像约翰·穆斯一样，将弗里德曼的著作与理性预期方法并列。但是，与约翰·穆斯证明这两种观点之间可能一致不同的是，这些评论家强调这两者之间的差异。这种解释基本上将弗里德曼视为一个尼安德特人——一位既抵制前卫的理性预期运动，又支持将非理性归于代理人的研究做法的非理智旧秩序的代表。

约翰·卡雷肯为这种批评提供了一个最好例证，他在 20 世纪 70 年代同时供职于明尼苏达大学和明尼阿波利斯联邦储备银行。在 20 世纪 60 年代早期，卡雷肯在著述中怀疑弗里德曼的著作——他是从凯恩斯主义角度这样做的。特别是，卡雷肯与索洛（Kareken & Solow，1963）在 1963 年对弗里德曼关于从货币政策行动到经济的滞后著作提出了批评。[1] 到 20 世纪 70 年代晚期，

---

[1] 从分析角度说，约翰·卡雷肯与索洛批评弗里德曼的理由与约翰·卡伯特森（Culbertson 1960）和其他人批评的理由相同：这个理由就是基于货币增长与产出水平的比较来估计滞后容易产生虚假的估计。约翰·卡雷肯与索洛（Kareken and Solow 1963）从实证角度声称，他们对货币政策到经济活动的滞后估计显著不同于弗里德曼的估计，弗里德曼（Friedman 1964h）对这种看法提出了强烈的异议。关于卡雷肯与索洛对弗里德曼的滞后著作的批评的早期叙述，参见丹尼尔·哈蒙德（Hammond 1996，125-30）与爱德华·纳尔逊和安娜·施瓦茨（E. Nelson and Schwartz 2008a，846）。

卡雷肯不再是一位凯恩斯主义者。不过，他依然是弗里德曼的一位激昂的批评者，尽管现在是从理性预期而非老式凯恩斯主义的角度。在赞扬了弗里德曼论自然率假说的著作之后，卡雷肯的讨论继续攻击他所认为的弗里德曼让那个假说可操作的方式——将通货膨胀的滞后（加总为 1）置于菲利普斯曲线中：

> 弗里德曼的预期假设——适应性预期假设，重复一下，是说预期的通货膨胀率是过去实际通货膨胀率的平均数——是多么的合理呀？我发现很难接受它，部分是因为它将个人描述为如此愚笨，如此不关心他们自己的利益。根据这个假设，他们从过去学习，或者更准确地说，是从其中的很小一部分但以一种他们可以永远继续被愚弄的方式学习。政府只是不得不使当期的通货膨胀率高于刚刚过去的时期的通货膨胀率。个人将永远弄不明白。（Kareken 1978，11）

卡雷肯描述的看法——在这种看法中，菲利普斯曲线的长期垂直性质可以由滞后的通货膨胀代表预期通货膨胀和滞后的加总为 1 的设定来表示——实际上容易受到卡雷肯的批评。[1] 然而，将那种看法与弗里德曼联系在一起似乎不是一个恰当的推论。这个事实——早在卡雷肯的文章发表之前，弗里德曼本人就书面赞同卡雷肯阐述的同样的批评——最明显地证明了卡雷肯的推理错位。具体而言，弗里德曼在诺贝尔演讲中指出，用"通货膨胀加

---

[1] 例如参见麦卡勒姆（McCallum 1982，8；1987b，127；1990c，993-94）的相似批评。

速与失业之间的稳定关系来取代通货膨胀与失业之间的稳定关系"的做法只能被视为对自然率假说的一种权宜之计的反应。他警告说,如果政策制定者努力用它来实现低于自然率的失业率,那么通货膨胀变化与失业率之间的关系可能变得不稳定。[1]

一个更广泛的观点是,弗里德曼的著作充斥着对机械使用适应性预期的大量警告,以及经济时间序列会对实施中的政策体制非常敏感的观念。当卢卡斯对结构性的计量经济学模型提出他的著名批判(上述卡雷肯的论点作为一个特例体现在这个批判之中)时,卢卡斯(Lucas 1976b, 20)说,这个论点"隐含(也许对于识别能力更强的读者而言就是明显)"在弗里德曼的著述中,

---

[1] 参见 Friedman(1977e, 459)。这个陈述与弗里德曼支持的同自然率假说相关的"加速主义理论"术语并非不一致(例如在 1986 年《经济学名人录》中的词条:参见 Blaug 1986, 293)。自然率假说可以被视为坚持说菲利普斯曲线中的通货膨胀项是"$\pi-\pi^e$",其中 $\pi$ 表示通货膨胀,$\pi^e$ 表示预期通货膨胀。在这种语境中,托马斯·萨金特(Sargent 1971)和罗伯特·卢卡斯(Lucas 1972a)对菲利普斯曲线的经验性研究的批评与通过将 $\pi^e$ 近似地表示为滞后通货膨胀的一个固定的和政策不变的函数来检验这假说的做法有关(以及与此相关的是,根据菲利普斯曲线的滞后通货膨胀的估计系数小于 1 来推断自然率假说被拒绝的做法)。但是,这些分析确实支持这种观念:应该与菲利普斯曲线的实际序列相关的通货膨胀变量是一个"加速"变量,条件是这一项被解释为"$\pi-\pi^e$"。关于此问题,尤其参见托马斯·萨金特(Sargent 1971, 721)。

这个事实表明实际情况就是如此。① 在这方面，弗里德曼与施瓦

---

① 卢卡斯在这一点上明确地援引了弗里德曼的消费函数著作（Friedman 1957a），他的论文是为1973年4月举行的第一届卡内基-罗切斯特会议准备的，参见1973年4月28日的《商业周刊》与布鲁纳与梅尔策（Brunner and Meltzer 1976b, 2）的论文。正在生效的政策体制与观察到的加总时间序列的模式之间的相互作用实际上一直是消费函数文献反复出现的一个主题。回忆本书第三章和第四章，阿尔文·汉森通过诉诸有效的稳定政策对观察到的消费与收入的关系的影响，来竭力协调消费与收入的经验比率的长期稳定性与边际消费倾向不为1之间的一致性。
另一位对消费函数理论的杰出贡献者詹姆斯·杜森贝里在1970年的布鲁金斯特别小组会议的大会讨论期间使用了政策体制的论点。讨论总结记录的是（Brookings Institution 1970, 301）："詹姆斯·杜森贝里指出，（这篇论文讨论）的所有模型都与过去二十年到二十五年的数据拟合得很好。这一时期的货币增长相对较慢，利率上升，然而在历史上存在货币增长率截然不同的时期。这些模型不能分析最近的缓慢增长过程被逆转的情况下所发生的事情。"
可以说，杜森贝里暗示了同样的推理思路的一个早期材料是他在1963年2月6日的国会证词。在这里，杜森贝里对基于相关性的证据（艾伦·梅尔策在同一个会议上报告的）来支持货币主义观点进行回应时说："如果我对每一个我看到的不起作用的有说服力的相关性收取5美分，那么我将变得富有。"（Joint Economic Committee 1963b, 607）然而，这个早期的评论实际上就是计量经济学模型的建构者在20世纪60年代所采取的应该用结构模型来取代简化形式的证据的传统立场。相反，卢卡斯批判指出——杜森贝里在1970年预示了它，号称是结构性的模型实际上可能在性质上是简化形式的模型的危险，因为它们对私人部门行为参数的估计实际上是样本期间奉行的经济政策一个函数。
对卢卡斯批判的另一个预见则来自雅各布·马尔沙克，他曾经是弗里德曼的同事，尽管他与弗里德曼在计量经济学问题上存在截然不同的看法（参见第十章）。雅各布·马尔沙克（Marschak 1966, viii-ix）评论说："经济学家的主要观测值是历史数据。然而，他不能将未来的正确性赋予过去的趋势。因为政策变动主要在于改变环境影响经济变量的机制。"卢卡斯（Lucas 1976b, 20）本人认为马尔沙克预见到了卢卡斯提出的论点，尽管卢卡斯引述了不同于刚才引用的马尔沙克的另一篇讨论。

茨的《美国货币史》警告不要机械地应用适应性预期，指出价格的上升对通货膨胀预期并没有明确无误的影响——它在一些情况下可能是"对进一步上升的一种预兆"，然而如果它被认为是暂时性的，它就可能接着是通货紧缩预期。①

而且，弗里德曼在20世纪70年初期在许多场合不仅强调了预期的前瞻性的特征，而且强调了不管政策体制如何就将预期模拟为一个固定分布的滞后的不满。在1970年6月的两次讨论中——1970年6月10日《动态经济学教学盒式磁带》第52集的盒式磁带评论和向联邦储备委员会提交的顾问备忘录，弗里德曼对一篇1969年使用适应性预期的费雪效应研究（Yohe and Karnosky 1969）提出了异议。② 虽然他赞同这篇论文的两位作者威廉·约埃和丹尼斯·卡诺斯基关于美国大约在1960年开始了一个新的货币政策体制的论点，但是，弗里德曼批评他们将私人部门在那个体制之内的通货膨胀预期当作由通货膨胀的长期滞后分布所产生的。③ 他不仅表示他偏爱将预期视为依赖于一系列变量，而且强调，驱动实际的通货膨胀预期的因素是对货币当局不坚持反通货膨胀政策的担忧。同样，弗里德曼在1971年6月2日《动态经济学教学盒式磁带》第75集中陈述说，他对圣路易

---

① 参见《美国货币史》第583页。
② 这份备忘录对威廉·约埃和丹尼斯·卡诺斯基（Yohe and Karnosky 1969）的讨论出现在Friedman（1970m, 13-16）之中。
③ 这与弗里德曼和施瓦茨后来在《美国和英国的货币趋势》第569页的看法是一致的——当这涉及不同体制的外推时，使用适应性预期是"最不合理的"。关于弗里德曼的通货膨胀预期行为的观点的相关讨论，另参见爱德华·纳尔逊（E. Nelson 2008a, 104-5）。

斯联邦储备银行的多方程模型处理实际变量和名义变量的相互作用的怀疑，部分来自对模型使用通货膨胀的长期分布滞后来逼近通货膨胀预期的做法的担忧。当他自己在1970年使用适应性预期来阐述货币分析的理论框架时，弗里德曼不仅指出当务之急是要让预期成为内生的而非自主的变量，而且指出可能存在其他比适应性预期假设能够更好地实现这个目的的假设。[1]

20世纪70年代见证了弗里德曼进一步警告不要机械地外推过去的行为。例如，他在1971年3月告诫不要采取这种看法："明天将像昨天一样，已经发生的变化不会更改。"[2]1973年，他在国会证词中提到"将目前的条件外推到不确定的未来的巨大错误"。[3]

更广泛地说，弗里德曼的宏观经济学著作的主体贯穿着与20世纪70年代后来的文献相关的两个关键方面：一个是对预期在私人部门决策中的作用的强调，另一个是将这些预期当作内生的关注。就其中的第一方面而言，查尔斯·普洛瑟——他是20世纪70年代前半期芝加哥大学商学院的一位学生，也是第一批让罗伯特·卢卡斯参加博士论文委员会的芝加哥大学研究生之一——评论说："自从米尔顿·弗里德曼提出持久收入假说以来，

---

[1] 参见 Friedman（1970b，228）。
[2] 参见 Friedman（1971f，13）。
[3] 引自弗里德曼在1973年6月21日联合经济委员会（Joint Economic Committee 1973，139）上的证词。后来，弗里德曼对将最近的经验或最新的数据外推到未来的做法表达的批评，包括在1974年4月3日《动态经济学教学盒式磁带》第143集、1974年4月17日《动态经济学教学盒式磁带》第144集和1976年8月《动态经济学教学盒式磁带》第197集第1部分中。

预期的作用在经济理论中起到了越来越重要的作用。"（Plosser 1979，407）消费函数实际上是这样一个最好的例证。上面考虑的菲利普斯曲线情形是另一个明显的例子。①

但是，还有大量的例子。正如第四章、第五章以及下面的进一步讨论详细论述的那样，弗里德曼经常在他的研究和经济评论中诉诸家庭和企业的前瞻性行为。②这种看法也体现在弗里德曼对货币政策与财政政策规则的讨论之中。特别是，正如在第八章讨论的那样，弗里德曼支持固定货币增长规则的论据包括它对预期具有有益的影响。③

就预期内生的问题而言，弗里德曼对适应性预期的倡导和使用可以被视为支持与理性预期运动相同的议程。根据这种解释，

---

① 许多评论家像卢卡斯一样承认自然率假说与理性预期之间的密切关系。与卡雷肯的解释相反并与本节提供的讨论一致，这些评论家中的许多人都将弗里德曼（Friedman 1968b）在1968年的分析等同于假设理性预期。例如，克鲁格曼（Krugman 1995，209）将弗里德曼（Friedman 1968b）的叙述描述为代理人"理性的行为"，而罗伯特·巴罗（Barro 2007，129）则认为弗里德曼（Friedman 1968b）"预见了20世纪70年代由鲍勃·卢卡斯所领导的理性预期宏观经济学革命"。
② 弗里德曼的教学也是这样。实际上，迈克尔·达比在2013年10月15日笔者的访谈中声称，他从1967年秋季开始上的弗里德曼的课程捕捉到了理性预期的本质，因为他坚持"预期不得不在适当的时候适应现实，因此，你必须要让预期通货膨胀在长期中逼近或者等于实际通货膨胀"的说法。与这种描述一致，弗里德曼大约在这一时期的论文包括了一个警告，反对将家庭当作他们仿佛在形成预期时会忽视数据的演变模式（参见 Friedman 1969a，28）。
③ 在这方面，在担任纽约联邦储备银行的主席期间，保罗·沃尔克认为，货币主义促使人们对"预期在解释金融市场和普遍的经济生活行为中的重要性"有了更多认识（Volcker 1977，24）。

弗里德曼的适应性预期著作——与卡雷肯（Kareken 1978）的描述相反——通过坚持要将预期不是视为一个常数或者外在给定（"自主"）的，而是视为一个观察到的时间序列的函数，从而被认为有助于为理性预期铺平道路。正是从这种角度，彼得·辛克莱尔（Sinclair 1983，1）与达德利·华莱士和卢·西尔弗（T. D. Wallace and Silver 1988，316）认为，弗里德曼在发展宏观经济学的预期的理论处理中起着重要的作用。弗里德曼在 1970 年援引《消费函数理论》作为一本通过承认和模型化预期来努力帮助填补动态分析的一个空白的著作之时，就采取了相似的看法。① 实际上，即使在他的早期论适应性预期的著作中，弗里德曼也没有"破釜沉舟"地捍卫预期是过去数据的不变函数的观念。例如：他在 1957 年陈述说，持久收入的滞后测量指标是一个"更一般概念的经验特化"；1958 年，他与加里·贝克尔希望，更好的预期理论会对持久收入产生更令人满意的替代指标。②

总之，卡雷肯（Kareken 1978）将弗里德曼当作一个将代理人模拟为非理性的倡导者和一个适应性预期的强硬辩护者的说法是没有根据的。无可否认，在卡雷肯对弗里德曼立场的批评中存在一个符合逻辑的因素。这个符合逻辑的因素在于弗里德曼的确在 20 世纪 70 年代将滞后的通货膨胀视为预期通货膨胀的一个良好替代指标。例如，弗里德曼在 1979 年 2 月 12 日《圣荷西水星报》上谈到美国经济中实际变量与名义变量的关系时陈述说："这种关系是通货膨胀率的变化与失业之间的关系。"但是，这个

---

① 参见 Friedman（1970b，222）。
② 分别参见 Friedman（1957a，25）和 Friedman and Becker（1958a，549）。

陈述没有反映执着于适应性预期作为适应性预期的心态。相反，前面引述的诺贝尔演讲的段落证明，弗里德曼对利用不同体制下的滞后通货膨胀作为预期通货膨胀的替代指标的可靠性持怀疑态度。① 弗里德曼在 1979 年的这个陈述更可能反映了美国到 20 世纪 70 年代中期的货币体制让美国的通货膨胀时间序列过程类似于随机游走过程的这种经验性看法，后来的著作，例如麦卡勒姆（McCallum 1994a）和托马斯·萨金特（Sargent 1999），对 20 世纪 70 年代的通货膨胀的时间序列的研究支持了这种看法。② 如果通货膨胀类似于随机游走，那么通货膨胀的理性预期暂时就可以被滞后的通货膨胀（系数为 1）很好地代替。实际上，弗里德曼在 1979 年对菲利普斯曲线的关系的描述非常类似于理性预期模型的一些主要贡献者所给出的描述，比如奥利弗·布兰查德。③

而且，虽然他享有适应性预期的倡导者的声誉，但是，弗里德曼的一些经验性著作实际上使用的是理性预期。具体而言，克里斯托弗·西姆斯（Sims 1974，292）、罗伯特·卢卡斯（Lucas 1976b，27）和托马斯·萨金特（Sargent 1977a，445–46；1978，

---

① 就弗里德曼而言，这种怀疑态度并不新颖。在 Friedman（1968c，443）中，他指出，滞后通货膨胀作为预期通货膨胀的替代指标的价值取决于政策体制。

② 另参见《美国和英国的货币趋势》第 570 页关于美国的通货膨胀可能变成了一种随机游走和这种结果反映了正在实施的政策体制的评论。至于相关的讨论，参见 Fuhrer and Moore（1995a，135）。

③ 布兰查德（Blanchard 1997，343，356）说："失业率与通货膨胀率之间不再存在任何关系……在今天的美国，总供给关系采取的形式是失业与通货膨胀变化之间的关系。"布兰查德对理性预期理论的贡献包括布兰查德和查尔斯·卡恩（Blanchard and Kahn 1980）的论文——这是一篇为理性预期的线性模型勾勒了解决方法的原创性论文。

673）都指出，弗里德曼在《消费函数理论》中使用的横截面数据分析使用了家庭的收入预期是基于消费的实际概率分布的假设，也就是说预期是理性的假设。托马斯·萨金特（Sargent 1973a，463）还提到弗里德曼在20世纪50年代对货币问题的讨论，作为理性预期和研究名义变量时区分预期的和未预期到的观念"长期以来是芝加哥大学的宏观经济学的重要因素"的一种证明。①

此外，正如前面指出的那样，理性的假设在数十年前就贯穿于弗里德曼对私人部门行为的著述中。一个早期的大致相同的陈述是在亨利·舒尔茨（Schultz 1938，569）的著作中弗里德曼合著部分，支持经济行为基于"理性方法"，根据这种方法，代理人的偏好要受制于理论施加的约束条件。弗里德曼在20世纪40年代到50年代初期的决策理论著作——例如预期效用理论就是其中的一部分——必然要使用理性预期，因为它通过计算数学预期来评估预期的收益。② 而且，弗里德曼在1953年那篇研究方法论的著名论文中为最优化经济人的范式进行辩护。那篇

---

① 萨金特在弗里德曼（Friedman 1958b，252；p.183 of 1969 reprint）1958年的论文中引述了一个段落。在这篇论文中，弗里德曼指出，将更具通货膨胀性的货币政策并入私人部门的预期之中会去除政策对实际产出的刺激效应。弗里德曼在1978年回顾他的过去著作时发现这种论点占有重要地位的许多例子，但漏掉了这篇1958年的文章，反而引述他在同一年提交给朝圣山学社（Friedman 1958d）这篇关于通货膨胀的作用是"隐含"的论文（Friedman 1978c, R–184）。

② 理性预期的奠基人约翰·穆斯承认这一点。他在布劳格（Blaug 1986，625）中指出，使用"理性的优化假设来进行静态均衡分析"在20世纪50年代已经是一种标准做法。

论文的一段还在回顾中被解释为提出了支持理性预期均衡的一个论点（Blume and Easley 2006, 930, 932; Cogley, Sargent, and Tsyrennikov 2014）。①

弗里德曼在1953年写的另一篇文章——具体而言是汇率论文——被卡尔·霍默斯（Hommes 2006, 1112）重点作为他的这个陈述的依据："米尔顿·弗里德曼是理性经济人方法的强有力倡导者之一，主张消费者、企业和投资者的行为可以被描述为他们仿佛是按照理性行事。弗里德曼的假说——说的是非理性的经济人不会在演化竞争中生存下来，因而会被赶出市场——在这种讨论中发挥了重要的作用。"② 弗里德曼本人有时提供了像这样的解释。实际上，在一次对理性预期革命的重要性进行不那么慷慨的评价中，弗里德曼在1984年中期与戴维·莱德勒通信时说："我们所有人都以这种或那种形式使用那个概念。然而，在'理性预期'的术语被发明和关于它的极端陈述出现之前，它实际上从来没有发挥应有的作用。"③

---

① 后一篇参考文献（Cogley, Sargent, and Tsyrennikov 2014, 1）明确认为弗里德曼（Friedman 1953c, 22）1953年的论文包含了相关的内容。而且，弗里德曼（Friedman 1976a, 150）1976年的文章也有相关的讨论。另参见前面第九章对方法论论文的讨论。

② 卡尔·霍默斯然后从弗里德曼（Friedman 1953a, 175）1953年这篇论汇率投机的文章中引用了他称之为"众所周知的"一个段落。

③ 引自1984年6月22日弗里德曼致戴维·莱德勒的一封信，该信存放于多伦多大学的戴维·莱德勒文件集。
莱德勒的同事迈克尔·帕尔金在1979—1980年在胡佛研究所与弗里德曼待过一段时间，他根据弗里德曼在这个十年中期的著述认为弗里德曼支持理性预期假设。帕尔金在这个问题上对比了弗里德曼与詹姆斯·托宾的立场。参见Parkin（1979, 435）。

625

然而，弗里德曼在其他场合反思时承认，理性预期革命让先前不存在于文献中，特别是迄今为止不存在于动态模型中的这个概念形式化了。例如：在迈克尔·帕尔金（Parkin 1990, 100）的教材中，弗里德曼将理性预期列为前二十年经济学领域中最重要的发展之一；在戴维·利维（Levy 1992, 8）1992 年的访谈中，他赞扬明尼阿波利斯联邦储备银行在 20 世纪 70 年代与理性预期和货币理论相关的研究。[1] 正如下面要讨论的那样，弗里德曼在1973—1974 年认识到了卢卡斯著作的重要性。"他非常尊重卢卡斯。"阿诺德·哈伯格在 2013 年 4 月 12 日笔者的访谈中评论说。对这种看法强有力的证明就是弗里德曼在 1981 年采取公开声明的形式——卢卡斯因为理性预期著作将成为未来诺贝尔奖的获得者。[2] 当他和卢卡斯在 20 世纪 70 年代中期是同事时，理性预期与他的整体著作之间的协同作用导致弗里德曼哀叹，他的研究没有促使他在时间序列的语境中使用理性预期的概念。罗伯特·卢卡斯在 2013 年 3 月 12 日笔者的访谈中回忆说："他后来说，他有点想弄明白为什么在他那本著作（《消费函数理论》）的研究中没有想到理性预期。你知道，那本著作非常接近了它。"沿着这种思路，弗里德曼在 1978 年的回顾中反思，预期是如何在他的货币分析中起着越来越重要的作用，并在 1967 年的主席演讲中达到顶峰。他指出，在这方面，他的货币研究是理性预期运动的

---

[1] 此前，弗里德曼在 1987 年《新帕尔格雷夫经济学大辞典》的货币数量论词条中提供的货币经济学文献的概述中，理性预期占有重要地位（Friedman 1987a, 14-15）。这篇论文对理性预期的论述是在最初草稿词条中对此论述的一个大幅度缩减的版本（Friedman, 1985b）。

[2] 参见 Wallechinsky, Wallace, and Wallace（1981, 417-18）。

先驱。①

到1978年这次讨论时，理性预期革命在1970—1972年启动之后正在横扫学术界。那些没有并入理性预期的著作显然看起来过时了。保罗·埃文斯在2013年2月26日笔者的访谈中指出，在20世纪70年代前半期的芝加哥大学，"希望在学术界顺利发展的研究生当然会看到，理性预期在当时是一个广受欢迎的创新。因此，有许多研究生写的论文都是与将理性预期应用于某种问题有关，而大量的这些论文都在（货币）研讨会上报告。"②

正是在这种背景下，弗里德曼在1974年3月参加的一次会议中对理性预期理论进行了评论——这个评论导致会议论文集的评论者道格拉斯·普尔维斯评论说（Purvis 1978，350）："值得注意的是，根据后来的发展状况，米尔顿·弗里德曼在讨论中顺便讲的话是在整本论文集中唯一提到理性预期的评论。"弗里德曼

---

① 参见Friedman（1978c, R-184）和上面对这篇参考文献的讨论。
② 托马斯·萨金特（Sargent 1993，210）认为，20世纪70年代中期是宏观经济学家放弃适应性预期的时期。在学术界，特别是美国学术界的研究中，萨金特（Sargent 1971）的主题思想已经变得根深蒂固了，正如劳伦斯·萨默斯（Summers 1986，83）后来提到"对分布滞后模型的识别性的现在－传统批判"。然而，到了20世纪80年代，政策机构使用带有结构但没有前瞻性项的宏观计量经济模型的做法很普遍（K. Wallis and Whitley 1991，120）。不过，得出那些后顾性模型的建构者对卢卡斯（Lucas 1972a）和萨金特（Sargent 1971）提出的论点在整体上充耳不闻的结论是不正确的。这种说法不正确的原因在于，到20世纪80年代，在菲利普斯曲线中基于先验的理由对预期通货膨胀项施加系数为1的约束条件而非自由地估计它是典型的做法。因此，出于理论上的原因，模型构建者坚持认为长期垂直的菲利普斯曲线的一种形式是宏观计量经济系统的一个性质。

在这本讨论的论文集（Claassen and Salin 1976，313-14）中的评论值得引用——部分是讨论的总结：

> 米尔顿·弗里德曼宣布他本人同意迈克尔·帕尔金和阿萨尔·林德贝克（Assar Lindbeck）。实际上，对于人们来说，根据变化的现象来保持同样的预期函数是不理性的。如果我们假设，人们以某种理性的方式形成预期，那么他们就应该考虑他们所知道的价格形成的经济理论是什么；因此，货币当局行为的改变与价格水平形成的行为改变就会意味着预期函数的变化。考虑到预期函数变化的模型——正如罗伯特·卢卡斯和汤姆·萨金特所做（原文如此，疑为"所提出"）的那样——因而就比假设预期函数稳定的模型更好。

接着前面的评论，弗里德曼在1974年年末在美国经济协会的会议上对卢卡斯与托马斯·萨金特的研究讲了些鼓励的话。[①] 当时，弗里德曼称赞卢卡斯与托马斯·萨金特形式化了预期与菲利普斯曲线的研究，他还补充说，在这样做时，他们在表达货币政策作用的一些主要思想方面比他与亨利·西蒙斯"好得多"。[②]

弗里德曼对这种新出现的理论给予的另一次信任投票反映在

---

[①] 参见 Friedman（1975a）。弗里德曼在1974年讨论理性预期研究的另一个场合是在1974年9月的伦敦所做的菲利普斯曲线的演讲（Friedman 1975d）。这次演讲在前面的第十三章讨论过。

[②] 参见 Friedman（1975a, 177）。沿着类似的思路，弗里德曼和施瓦茨在《美国和英国的货币趋势》第564页中认为托马斯·萨金特（Sargent 1973b）已经形式化了维克塞尔的货币著作。

这个事实中：到弗里德曼在 1974 年年末的这次评论时，卢卡斯作为芝加哥大学经济系的研究教授已经是弗里德曼的同事了。卢卡斯是在 1974—1975 学年开始之际加入的。[①] 而且，到 1973 年，弗里德曼的另一位系里的同事罗伯特·巴罗也是理性预期的一位强有力倡导者，而罗伯特·巴罗在芝加哥大学经济系的第一个任期是在 1972 年与 1975 年之间（Barro 2007，132）。

弗里德曼对理性预期革命的赞扬不仅反映了理性预期和前瞻性优化行为的总体思路与他的大部分研究具有一致性，而且反映了来自理性预期理论的具体研究发现与他的大部分研究具有一致性。出现在 20 世纪 70 年代理性预期领域的大量研究都支持他提出的经济行为和政策的许多具体假说，使约翰·米尔

---

① 这些年的传记资料来源对卢卡斯开始在芝加哥大学工作给出了不同的日期。在美国经济协会（American Economic Association 1981，262）中，卢卡斯认为他从卡内基梅隆大学搬到芝加哥大学发生在 1975 年，这个日期在卢卡斯于 1995 年获得诺贝尔奖时也出现在 1995 年 10 月 11 日的《威斯康辛州日报》（*Wisconsin State Journal*）的新闻报道中。然而，卢卡斯（Lucas 1995）在 1995 年确定他的这次搬动发生在 1974 年，这个日期是正确的。这些日期缺乏明晰性的原因在于，卢卡斯在芝加哥大学的第一年，即 1974—1975 年，在形式上是一位访问教授（Lucas 2004b，297）。不过，根据笔者在 2013 年 6 月 13 日对本内特·麦卡勒姆的访谈和在 2015 年 4 月 2 日对查尔斯·普洛瑟的访谈，他直接参加了研究生项目的教学活动，讲授一门宏观经济学课程。而访问教授的职位附带有它可能会转变为一个永久性职位的预期。斯坦利·菲舍尔在 2013 年 8 月 30 日笔者的访谈中回忆说："我参加了（在 1972—1973 学年）教师会议。这次会议决定将鲍勃·卢卡斯以访问者的身份带到芝加哥大学，明确的意图是将他看作下一代中最重要的人物之一。"因此，卢卡斯直到 1976 年年末与弗里德曼作为系里的同事有两个半学年的交集。卢卡斯在研究生时候曾在芝加哥大学担任过一段时间的讲师（参见 Lucas 2004b，297），但这发生在 1962—1963 年弗里德曼休假期间。

曼（Myhrman1983，63）关于"理性预期不仅与货币主义相当兼容，而且可以被视为它的一个发展"的观点更加可信。① 理性预期文献在多方面对弗里德曼的经济结构观点提供了支持：卢卡斯和托马斯·萨金特的贡献在自然率假说上支持他；托马斯·萨金特（Sargent 1973b）的分析支持弗里德曼对费雪的实际利率与名义利率区分的强调；在 20 世纪 70 年的发展中，罗伯特·巴罗（Barro 1974，1978）和罗伯特·霍尔（Hall 1978）论消费行为的著作都建立在持久收入假说的基础上。②

而且，理性预期的早期文献提出的政策建议支持弗里德曼倡导的消极规则。事实上，卢卡斯（Lucas 1981b，1–2）评论说："最近利用这个原则（理性预期）的研究增强了米尔顿·弗里德曼和其他战后的货币主义者提出的许多政策建议，但很少，如果

---

① 弗里德曼本人在 1978 年评论说，对预期的强调"明显突出了我的许多结论"（Friedman 1978c, R–184）。另参见前面给出的具体例子。
② 在这些研究中，罗伯特·巴罗对李嘉图等价的研究（Barro 1974）形式化了弗里德曼在 20 世纪 60 年代和 20 世纪 70 年代初提及，并在 20 世纪 80 年代回到的一个话题。参见第十三章和第十四章。

有的话，贡献原创性的政策建议。"① 在《美国经济评论》拒绝了他的"预期与货币中性"的论文之后，卢卡斯在1970年7月7日写信给《美国经济评论》的编辑办公室时也更早地强调了同样的要点。卢卡斯的这封信指出，他的论文不仅提出了预期菲利普斯曲线，而且"对弗里德曼的百分之五规则具有非零的最优性质提出了曾经见过的第一个证明"。②

然而，卢卡斯（Lucas 1972b）提出的固定货币增长规则的

---

① 同样，麦卡勒姆（McCallum 1978a, 122）评论说，卢卡斯、萨金特和尼尔·华莱士的命题——只有非预期的货币冲击对产出变动才重要——"对米尔顿·弗里德曼关于货币当局应该放弃奉行积极的反周期性的货币政策的尝试，转而奉行那种产生名义货币存量稳定增长率的政策的主张提供了强有力的认知性支持"（另参见Sargent and Wallace 1975, 242; McCallum 1978b, 419）。不过，麦卡勒姆（McCallum 1978c, 324）对这个陈述进行了更多的限制，评述说卢卡斯、萨金特和尼尔·华莱士的命题"可能在字面意义上不支持百分之几（货币增长）规则，但无疑强烈支持这样一种立场"。

尼尔·华莱士（Neil Wallace 1977）明确提出货币基数增长的百分之几（具体而言就是百分之零）规则。但是，他这样做是基于与他关于社会持有货币余额的基本原因的研究相关的论点，而不是基于卢卡斯（Lucas 1972b）在1972年或托马斯·萨金特和尼尔·华莱士（Sargent and Wallace 1975）在1975年提出的论点。相反，托马斯·萨金特和尼尔·华莱士（Sargent and Wallace1981）在1981年认为，货币政策与财政政策相互作用的性质提供了一个弗里德曼的1948年货币化规则优于百分之几规则的一个理由。尼尔·华莱士在2013年3月15日接受本书的访谈时指出，他认为货币化规则比固定货币增长规则更具有可行性。

② 引自Shepherd（1995, 49）。

理论依据明显地不同于弗里德曼支持那项规则的理由。[1] 正如本书的第八章用文献证明的那样，弗里德曼承认积极的货币增长规则在原则上根据提供经济稳定的标准可以优于固定货币增长规则。[2] 尽管如此，弗里德曼主张，可以引导当局选择货币对经济状态的一种反应，从而导致非货币扰动对产出的影响被放大。这是因为在对实际的经济结构缺乏知识的情况下，政策制定者可能会使用错误设定的模型，从而导致他们对政策环境的误判。相比之下，在卢卡斯支持固定货币增长规则的理论依据中，积极的货币规则必然是破坏稳定的；货币增长的变动仅仅对产出的变动增

---

[1] 同样的评论适用于早期理性预期文献中支持消极规则的相关论文，尤其是托马斯·萨金特和尼尔·华莱士（Sargent and Wallace 1975）1975年的论文。后一篇论文的内容由托马斯·萨金特在芝加哥大学研讨会上报告过，作为主要利用萨金特（Sargent 1973a）1973年的早期稿子的讲演的一部分。托马斯·萨金特和尼尔·华莱士（Sargent and Wallace 1975, 241）感谢弗里德曼对这篇论文的评论。托马斯·萨金特在2014年1月24日接受本书访谈时回忆说，这些评论是在弗里德曼参加的阿诺德·泽尔纳（Arnold Zellner）计量经济学研讨会的一次会议上做出的。弗里德曼对萨金特（Sargent 1973a）1973年论文的接触由《美国和英国的货币趋势》第650页将它包含在参考文献中得到证实。萨金特-华莱士的这篇论文对比了固定货币增长规则与利率规则，据说后者没有得出模型解（或者他们在后来报告的结果中得出了多重模型解）。然而，从今日的角度来看，托马斯·萨金特与尼尔·华莱士明显没有在货币增长与利率规则之间提供一个公平竞赛，因为他们没有考虑利率规则对价格、货币或其变化率的反应（Parkin 1978; McCallum 1981, 1986b; McCallum 2001a, 151–53; McCallum and Nelson 1999, 306–10; Woodford 2003, 44–45, 108）。

[2] 因此，他不可能同意托马斯·萨金特（Sargent 1976b, 207）的这种说法：不仅固定货币增长不可能得到改进是一个货币主义命题，而且宏观经济模型越是接近于产生这种结论，它就"越是货币主义者的"。

加了一个扰动的来源——货币存量。①

尽管在处理货币问题的方法上存在一些差异,但很明显的是,弗里德曼毫无疑问地认为新一代的理性预期的倡导者,不仅在许多重要的方面是他的自然继承者,而且产生了一个令人印象深刻的理论。②在他的诺贝尔演讲中,他简要地但正面地提到了在理性预期领域"约翰·穆斯、罗伯特·卢卡斯和托马斯·萨金特的开创性贡献"。③当卢卡斯本人在1995年获得诺贝尔奖时——证实了弗里德曼在多年前的预测,弗里德曼在1995年10月11日的《今日美国》(USA Today)上评论说:"任何该死的傻瓜都知道每一个人都在展望未来。但是从那里开始并将它转变为正式的理论,是一个微不足道的想法在对的人手里如何可能产生重要含义的经典例子。"

理性预期理论也对弗里德曼的经济学看法存在反馈。安娜·施瓦茨对笔者强调,她与弗里德曼在20世纪70年代到80年代初继续他们的货币研究项目时吸收了理性预期理论。④理性

---

① 与前面的讨论一致,西姆斯(Sims 2009,249)评论说,虽然固定货币增长规则似乎与早期的理性预期文献的分析相符,但是弗里德曼支持这项规则的理由在很大程度上来自不同于这个文献所强调的那些论据。
② 另一篇在20世纪70年代作为弗里德曼分析的一个严谨版本提出来的论文是威廉·布洛克(Brock 1974)1974年的论文。布洛克在这篇论文中提出的模型在数学上形式化了弗里德曼1969年的"最优货币数量"论文。但是,布洛克的分析在某种程度上不同于20世纪70年代的理性预期文献形式化了弗里德曼的一些货币思想的分析,部分是因为布洛克的完美预期的假设,部分是因为布洛克形式化的弗里德曼的论文在弗里德曼的主要货币著作中不具有代表性。
③ 参见 Friedman(1977e,459)。
④ 参见 E. Nelson(2004a,406)。

预期理论对弗里德曼思想的影响也明显体现在他使用的言辞之中。在 1977—1984 年，他使用该理论的术语来取代他从前对同一个概念倾向于使用的语言："代理人"取代"经济单位"或"消费单位"，政策制定者的"信誉"取代"决心"，"度量"取代"测量"。[①]托马斯·萨金特（Sargent 1987a, xxii）认为，证明理性预期革命存在的事实在于，"宏观经济学家说的语言改变了"，因而弗里德曼明显不会与这次革命的这方面隔离开来。

就宏观经济学的实质问题而非语言而言，约翰·泰勒从 1984 年起就认识弗里德曼，在 2013 年 7 月 2 日笔者的访谈中指出："我几乎从没有回忆起他批评现代宏观。也许他会怀疑理性预期太极端诸如此类的事情，但他总是非常——也许词语是'容忍'——愿意听取卢卡斯所做的诸如此类的事情。这些类型的模型比米尔顿·弗里德曼在某种程度上往往做的东西更加详细，他

---

[①] 弗里德曼（Friedman 1984d, 397）在 1984 年使用了术语"代理人"，而弗里德曼（Friedman 1977e, 464）在 1977 年和弗里德曼夫妇在 1985 年版的《现状的专制》第 107 页中提到了"经济代理人"。弗里德曼（Friedman 1981e, 10）在 1981 年使用了"度量"。至于"信誉"，麦卡勒姆（McCallum 1984b, 105）将在现代货币理论意义上使用这个词语归功于威廉·费尔纳（Fellner 1976）。然而，正如本章其他地方讨论的那样，弗里德曼在现代意义上使用词语"可信的"至少稍微早于理性预期革命。尽管如此，一旦理性预期革命开始启动，他就在现代意义上更频繁地使用"可信的"或"信誉"，例如在 1978 年 4 月 27 日《曼哈顿水星报》（*Manhattan Mercury*）第 A6 页、1987 年 7 月 2 日《华尔街日报》、《自由选择》第 277 页以及在 1982 年参加的电视节目中——在 1982 年 3 月 21 日美国全国广播公司《与媒体见面》节目副本第 8 页中，他说低通货膨胀的国家已经"证明了他们的长期模式的信誉"。爱德华·纳尔逊（Nelson 2018）提供了进一步的讨论。

的消费函数著作除外。"乔·安娜·格雷是弗里德曼在芝加哥大学最后几年的一位芝加哥大学的研究生,在2013年8月8日笔者对她的访谈中强调了弗里德曼的观点与早期理性预期学派的观点之间的连续性:"它正是私人部门有能力挫败公共部门这个基本思想的自然延伸。因此在那种意义上,我会想,他会觉得它是该领域的一个令人愉快的发展,而根本不是与他的直觉无关。"托马斯·萨金特在2014年1月24日笔者的访谈中回忆道:"弗里德曼在芝加哥的最后一两年,芝加哥向克里斯·西姆斯和我发出了工作邀请。我想,弗里德曼都积极参与了这两个工作邀请。他确定无疑地非常了解我们两人所做的研究。他也在向鲍勃·卢卡斯发出的工作邀请中积极介入了。因此,我想他是支持它的。"[1] 前面的这些话,加上弗里德曼本人的声明,都极大地证实了罗伯特·卢卡斯在2013年3月12日笔者的访谈中的评论:

---

[1] 除了前面提到的交往,托马斯·萨金特在20世纪70年代与弗里德曼的交往包括在弗里德曼的研讨会上报告(参见Sargent 1977b, 59; 2014年1月24日笔者对托马斯·萨金特的访谈),以及萨金特在1976—1977学年在芝加哥大学担任访问教授——这包括与弗里德曼1976年9月到12月期间在系里的重叠时期(参见 https://www.tomsargent.com/personal/resume.pdf)。

"哦，他喜欢理性预期。"①

然而，业已指出，事情还没有结束。因为诚如弗里德曼的同事阿诺德·哈伯格对弗里德曼对理性预期的看法所做的评论"他既喜欢它，又不喜欢它"那样，这也是事实。②哈伯格认为，弗里德曼不喜欢 20 世纪 70 年代的理性预期模型的一个原因，就是这些模型偏离了弗里德曼关于价格和产出对货币注入的平滑反应的想法，以便支持价格与产出的正向反应集中于货币注入时间附近的日期的设定。与最初倡导理性预期相反，弗里德曼区分了资产价格的快速反应与经济总量的缓慢反应。弗里德曼在 1971 年

---

① 卢卡斯在 1982 年（参见 Klamer 1983, 40）确实指出，弗里德曼对将整个社会的预期表示为一个共同的分布函数的做法持保留意见。在这一点上，迈克尔·帕尔金在 2013 年 5 月 29 日笔者的访谈中回忆说，从弗里德曼的角度来看，"在本质上使用约翰·穆斯的宏观版本来贯彻那个思想（理性预期），在某种程度上太容易了……我记得米尔顿·弗里德曼在 Friedman（1978c）中引用我的话说，未来宏观经济学的一个主要挑战就是精心推导出预期是理性地形成的这个思想的含义。我知道，米尔顿·弗里德曼的意思是想出在某种程度上不同于鲍勃·卢卡斯等人的方式来处理这个思想"。关于弗里德曼的保留意见，另参见《美国与英国的货币趋势》第 55 页。

正如第四章讨论的那样，这种保留意见是弗里德曼在 20 世纪 40 年代对微观经济学的研究的延伸。它们适用于随机宏观经济模型的许多应用，而不是专门地适用于理性预期模型。这种保留意见也许是一个限制弗里德曼愿意使用正式的宏观经济模型的因素。但是，它们并没有提供一个在宏观经济建模中拒绝使用理性预期假设的合理依据。

② 参见 2013 年 4 月 12 日笔者对阿诺德·哈伯格的访谈。按照类似的思路，斯坦利·菲舍尔在 2013 年 8 月 30 日接受笔者的访谈中回忆道，"米尔顿·弗里德曼对理性预期有着非常复杂的感情"。加里·贝克尔在 2013 年 12 月 13 日笔者的访谈中将弗里德曼对理性预期文献的观点描述为，"起初非常反对，但后来逐渐地适应了这一观点"。

6月向联邦储备委员会提交的备忘录中这样说:"货币变化对收入、就业与价格的影响比对金融市场的影响更平缓一些,在时间中更分散一些。"[1] 正如哈伯格在 2013 年 4 月 12 日笔者的访谈中回忆说:"你不得不有一个通货膨胀率超过货币扩张率然后向下回调等诸如此类的时期。那就是弗里德曼的思考方式。"哈伯格声称,这是弗里德曼概括的货币传导过程的一个微妙方面,而这一点等于是"对你在许多理性预期模型中所获得东西的一种非常强有力的批评"。

总而言之,弗里德曼并不反对理性预期,但是他的确坚持说,20 世纪 70 年代流行的理性预期模型应该加以修改,以便反映观察到的货币政策的动态效应。弗里德曼特别表明,理性预期模型如果摆脱了货币政策对产出的序列不相关效应的含义,就可以很好地得到认同。[2] 在阐述这种观点时,弗里德曼采取的一种方法就是援引理性预期假设可能与序列相关误差一致的例子——尤其是文献放在"比索问题"标题下的例子。例如,弗里德曼指出,美国在 19 世纪后期的白银运动与商品价格的序列相关预测误差有

---

[1] 引自弗里德曼(Friedman 1971g,8)的这个评论与南希·斯托基、罗伯特·卢卡斯和爱德华·普雷斯科特(Stokey, Lucas, and Prescott 1989, 485)的评论形成了对比:"像普通股这样活跃交易的证券,价格每天都会发生很大的变化,然而平常家庭的消费是相对平滑的。"对弗里德曼来说,这个陈述所遗漏的东西是不仅实际数量而且名义商品价格都平滑调整的认识。

[2] 参见 Friedman(1977c,14)。

关,即使预测很可能是理性的。① 然而,弗里德曼认为早期的理性预期模型的弱点远远超越了比索问题,延伸到货币政策行动的影响的一般预测。正如他在 1983 年所说:"经验明显与预测对货币增长变化进行快速调整的更极端的理性预期模型相矛盾。"②

诚然,弗里德曼与理性预期的早期倡导者都共同认为,货币政策的实际效应可以被视为货币增长偏离其预期增长率的结果。弗里德曼和施瓦茨在 1963 年明确阐述的这个观点,是卢卡斯(Lucas 1972b,121)认为他的模型经济呈现了"弗里德曼学派"的性质的一个理由。③ 1983 年,弗里德曼重申,在货币主义

---

① 参见《美国和英国的货币趋势》第 516—517 页、第 556—557 页和第 630 页。此外,在 1976 年 6 月《动态经济学教学盒式磁带》第 192 集第 1 部分中和 Friedman(1977c,14)中,弗里德曼明确援引了比索的案例。根据 2016 年 1 月 23 日笔者对罗伯特·霍德里克的访谈,他从前在芝加哥大学的货币研讨会的最后几年中就这样做了。另参见《美国货币史》第 247 页对相关推理思路的早期阐述。
② 参见 Friedman(1983a,5)。弗里德曼(Friedman 1978c,R-185)在 1978 年也表达了大致这种意思的看法。
③ 参见 Friedman and Schwartz(1963a,678;1963b,55,60)。弗里德曼(Friedman 1960a,92)在 1960 年同样说,未预期到的价格变化有利于产出的波动。参见他在 Friedman(1977c,15)中的评论。
正如第十三章讨论的那样,弗里德曼将预期的菲利普斯曲线的思想追溯到休谟。他也认为休谟是货币偏离其预期路径是产生货币行动的实际效应的这种更一般观念的首次提出者(Friedman 1975a,176-77;1976 年 9 月 13 日《泰晤士报》)。
虽然弗里德曼在 20 世纪 60 年代阐述的经济供给方的观点增加了对预期的关注,但是正如前面指出的那样,预期的作用已经明显体现在他的货币政策如何影响经济的观点之中。因此,正如维多利亚·奇克(Chick 1973,4)所做的那样,声称"只是在货币主义的后来发展阶段"对预期与实现价值之间的区分才发挥重要作用的说法是不恰当的。

的分析中,"任何提前预期到的名义货币数量的变化都会完全体现在通货膨胀和其他的预期之中"。①

但是,这方面的一致性并不能否定弗里德曼对早期理性预期模型的反对意见。特别是,这并没有减少他对这些模型的两个主要特征的反对意见:这些模型将货币意外限制为一个时期的预测误差;这些模型在设定经济结构时使用弹性价格假设。弗里德曼偏爱那些考虑到存在名义工资和价格合同的重新设定。在合同存在的情形下,货币政策对实际变量的影响可能分散在时间中,而理性预期假设与只产生短期产出变动的货币政策行动会就是提前一期不可预测的货币政策行动的观念之间的联系就会断开。弗里德曼的立场是,"预期可以是理性的,但要花费很长一段时间的调整",如果构成私人部门关键决策基础的预期由于长期合同只能间或地修正,那么它们就会如此。②

包含理性预期模型和长期名义价格或工资合同的文献分支的兴起发生在弗里德曼越来越远离研究的时期,包括斯坦利·菲舍尔(Fischer 1977)、埃德蒙·菲尔普斯和约翰·泰勒(Phelps and Taylor 1977)、约翰·泰勒(Taylor 1980)和乔·安娜·格

---

① 参见 Friedman(1983a,2)。
② 参见 Friedman(1980c,83)。

雷（Gray 1976a，1976b，1978）的研究。[①]但是，他不仅密切关注整个发展动态（特别是乔·安娜·格雷的研究，这项研究来自1976年她在芝加哥大学的博士论义），而且强烈地支持它——当他与安娜·施瓦茨在1982年为带有名义合同特征的理性预期模型进行辩护时，这种看法就惹人注目。[②]

"米尔顿·弗里德曼质疑卢卡斯所做的许多理性预期的东西"，查尔斯·普洛瑟在2015年4月2日笔者的访谈中，基于1974—1976年他观察两人在货币研讨会上的交流时回忆说。但是，普洛瑟指出：弗里德曼对理性预期的观念"并不强烈反对"；

---

[①] 乔·安娜·格雷和斯坦利·菲舍尔的论文手稿在1975年就可以获得，因为他们的研究的这些版本在罗伯特·戈登（Gordon 1976b，217）的论文中被引用。在实证方面，对只有货币政策的意外才影响产出波动观点的批评也出现在20世纪70年代晚期，尤其是作为对罗伯特·巴罗声称支持这种观点的结论所作审查的一部分（Barro 1977）。罗伯特·戈登在2013年3月21日笔者的访谈中认为，美国经济学界相信只有意外才重要的观点具有可行性的信念在1978年达到顶点，此后迅速下降。否定性的结论后来以书面的形式出现在米什金（Mishkin 1982，1983）、迈克尔·达比（Darby 1983）和戈登（Gordon 1982）的论文之中。弗里德曼青睐后一篇论文，并在Friedman（1984c，33）中强调了其结论。

[②] 参见《美国和英国的货币趋势》第415页。正如前面的第七章讨论的那样，在名义价格（和名义工资）表现出短期黏性的假设与企业或劳动者（无论是短期还是长期中）供给的产品数量是供应商产品的相对价格的一个函数的假设之间不存在任何矛盾。弗里德曼（和其他许多人）坚持这两个假设，而笔者认为坚持第二个假设的必然结果就是有短期价格的完全弹性的假设没有优点。基于同样的原因，笔者像其他许多人一样认为，不管菲利普斯曲线的关系是从黏性价格的条件还是从弹性价格的条件推导出来的，将菲利普斯曲线关系描述为"总供给函数"的做法都是适当的（参见第七章）。

相反，他关心的问题是需要"让它发挥作用，正确处理它"。①

弗里德曼在20世纪70年代对理性预期革命的反应在主要的方面类似于他在二十世纪四五十年代对垄断竞争运动的反应。在这两种情况下，他都强调它的一些基本思想都存在于先前的文献之中；他质疑这场革命可能对经济研究和政策的影响所声称的一些强烈说法；他怀疑新的研究路线一旦被经济学界充分地处理，就会真正导致先前存在的大量经济分析被抛弃。体现在最后一个观点中的预测无疑在垄断竞争运动情形下被证明是正确的；我们也可以得出结论说，这个预测在理性预期情形中基本上得到了证明。证明这个结论的一个证据就是，弗里德曼关于货币政策的延迟效应的许多命题都被证明是具有持久生命力的，而早期理性预期文献所提出的许多命题则被证明是没有持久生命力的。另一个证据来自需求与供给的分析。托马斯·萨金特（Sargent 1982b）猜想，理性预期革命会导致宏观经济分析超越供求曲线分析；但是，并入了理性预期（和私人部门决策的微观基础）的现代宏观经济模型通常在事实上很容易将方程分离为需求组和供给组。

在1983年5月的通信中，弗里德曼总结了前十二年他对这个理论的许多看法。"正如你也许知道的那样，"弗里德曼给克里

---

① 本内特·麦卡勒姆在1975年冬季学期访问芝加哥大学经济系期间参加了研讨会，在2010年2月10日与笔者的私人通信中也有一个相似的回忆。"弗里德曼的货币研讨会将我引入了非常重要的货币经济学。定期的参加者包括卢卡斯、罗伯特·巴罗、多恩布什、雅各布·弗伦克尔（Jacob Frenkel）、泽尔纳、查尔斯·纳尔逊和保罗·埃文斯，有时还有法玛和其他人……虽然弗里德曼与其他人在理性预期上不存在任何公开的冲突，但是我感觉到有点紧张。"

斯托弗·西姆斯写信说,"我从来就没有被货币主义的极端理性预期版本——它产生了瞬间的市场出清并导致了著名的政策无效性观点——说服过。我没有理由不同意理性预期的一般原则。相反,它明显是正确的和受人欢迎的,但是我确实有重要的理由不赞同它的特定应用。"如前所述,虽然一些这样的研究对弗里德曼的固定货币增长规则提供了支持,但是,弗里德曼郑重声明:"说服我相信稳定的货币增长率的可取性的证据来自更长时间的单位和更广泛的历史证据,而不是来自具体的动态或随机的经济模型。"①

弗里德曼早期在公共记录中就总结了他对理性预期的弹性价格模型的保留意见。1976 年 11 月 8 日《商业周刊》第 76 页的一份理性预期运动报告指出,弗里德曼——以报告的言辞说——对这项研究"明显印象深刻",但是报告也引用了他的评论说:"你可能有能力愚弄人们很长一段时间。我不能接受的观念是,通货膨胀溢价瞬间就并入了利率和工资。"②

这个引语加上写给西姆斯的信件,就强调了这一点:弗里德曼对早期理性预期模型的不满,包含了对弹性价格假设和货币政策只对实际变量施加一期影响的观念的正当且合理的批评。刚

---

① 参见弗里德曼在 1983 年 5 月 14 日写给克里斯托弗·西姆斯的信,联邦储备委员会记录。
② 这个《商业周刊》引语对凯文·胡佛(Hoover1984,61)的断言——只是从 1977 年开始的出版物中,弗里德曼对理性预期研究的看法才进入公共记录——提供了一个反例,尽管是一个在研究文献之外的反例。另一个反例是先前引用过的弗里德曼在多芬(Dauphine)会议上的评论——1974 年的讲话,发表在 1976 年。

才提供的这个 1976 年的引语实际上超出了这一点,因为它将弗里德曼对瞬时调整的怀疑甚至延伸到利率。考虑到马文·古德弗伦德和罗伯特·金(Goodfriend and King 2005)与安德鲁·莱文和约翰·泰勒(Levin and Taylor 2013)等人对美国历史上的长期利率行为的解释——这种解释将 20 世纪 70 年代的通货膨胀溢价变动视为对货币政策行动完全瞬时的、基于市场的合理评估的反映——这些怀疑可能看起来不协调。但是,本章第二节已经叙述过,美国在 1971 年和 1972 年的债券市场没有预见到 20 世纪 70 年代中期的通货膨胀爆发。当人们考虑在 1972 年之后直到 1979 年期间——在此期间,它对通货膨胀隐含的预测通常被证明远不如弗里德曼本人公开提供的预测那样准确——债券市场的通常非常乐观的行为时,弗里德曼在 20 世纪 70 年代对债券定价持有的怀疑明显表明不是没有根据的。

即使在一次修正中并入了名义合同,理性预期理论也在另一方面距弗里德曼的看法很远。根据现代文献的标准,弗里德曼不是一位严谨的理论家。他不仅在二十世纪三四十年代研究统计理论的岁月中获得了大量技术诀窍,而且可能有时被激励将那种知识公布出来。罗伯特·戈登在 2013 年 3 月 21 日笔者的访谈中回忆弗里德曼在 1968—1973 年在货币研讨会上的行为时说:"他有时转过身去,根据记忆写下方差和各种协方差之类的分析公式。"

虽然几个具体的创新引起了他的注意,但是,一般而言,弗里德曼在 20 世纪 70 年代并不是特别地保持接触经济研究中的技术进步。业已指出,他也没有表现出使用被认为是 20 世纪五六十年代的最佳做法的建模方法的较大兴趣。相反,弗里德曼在这几十年中通过一系列相互一致但基本上是独立的分析——

每一个分析都集中于经济系统中的一个特定部分——零散地提供他的货币理论。因此，正如卢卡斯所说的那样（Klamer 1983，56），虽然弗里德曼与菲尔普斯"对这些问题突然跳到了一般均衡的思维水平"，但是要承认的是，弗里德曼对明确使用卢卡斯和其他人认为是研究货币主题的恰当工具那类新古典动态最优模型感到不自在。弗里德曼在建模中使用的动态性通常缺乏严格的正当理由，因为邹至庄（Chow 1970, 689）评论说，弗里德曼的典型做法就是集中关注稳态的最优条件并假设动态性在稳态下收敛。[1] 20 世纪 70 年代初，弗里德曼的论文——1971 年论来自通货膨胀的政府收入的论文和 1972 年对货币需求的理论研究——的技术水平（在最大化问题中）从来没有显著超过慎重使用的一阶导数。[2]

在某种意义上说，弗里德曼受益于经济学的技术标准在 20 世纪 70 年代的提高。总体来说，弗里德曼在 20 世纪 60 年代没有参与的大量正式模型都过时了，流量需求与存量需求的讨论、相位图、决定性的连续时间系统以及"预期的弹性"的讨论都已经被取代了。实际上，让理性预期的一些倡导者感到失望的是，

---

[1] 邹至庄认为弗里德曼的"最优货币数量"论文第 30 页就是这种做法的一个例证。弗里德曼（Friedman 1970b）1970 年的论文使用的动态性（不是那些描述菲利普斯曲线的动态性）提供了后来的一个例子。在那篇论文中，弗里德曼认为，"瓦尔拉斯的一般均衡方程"决定了模型的稳态，但是，与卢卡斯（Lucas 1972b）相反，他并没有进一步使用它们来决定名义收入对货币行动的动态调整（Friedman 1970b, 219）。

[2] 参见 Friedman（1971c, 849; 1977d, 406）。后一篇的讨论也表述了最优化的二阶条件，这篇论文的发表版本是在 1972 年起草的。这篇论文在本章末讨论。

那些被认为是比弗里德曼更严谨的主要宏观经济学家，比如托宾和莫迪利安尼，在20世纪70年代人们对理性预期方法非常抵制，而不是将它视为一个自然的理论进步（Sargent 1996，545）。相反，弗里德曼在20世纪60年代的著作很少使用这些方法——如果根本有的话。因此，他与这些方法的存在没有利害关系。而且，他在那个十年大致上所进行的文字的或历史的分析——尤其是《美国货币史》和1967年的主席演讲——比同时代的大量著作都更具有可读性和更少过时，因为他的这些著作在写作的时候很少使用当时的尖端技术。

不过，事实依然是，20世纪70年代的技术革新让弗里德曼在一定程度上思想僵化。由于没有跟上理性预期理论的技术水平，弗里德曼在20世纪70年代在某种程度上孤立于货币研究世界之外，尽管他是世界上观点被谈论最多的经济学家。1977年1月，他指出，在他指导货币研讨会的最后岁月中，研讨会疲于应对理性预期领域的论文。[①] 他发现理性预期理论的实证研究最容易理解。罗伯特·卢卡斯在2013年3月12日笔者的访谈中回忆说："他非常喜欢汤姆·萨金特的研究……以及克里斯·西姆斯——他对克里斯·西姆斯的研究兴奋不已。他对计量经济学的研究比对我所做的理论研究感到更加自在。"增强这一评论的事实在于，弗里德曼似乎从没有引用过高度理论导向的卢卡斯论

---

[①] 他表示，唯一的竞争来自使用博克斯-詹金斯（Box-Jenkins）差分整合移动平均自回归时间序列方法的论文。参见 Friedman（1977c，13）。研讨会的这一特征在1972年秋天就明显表现出来，当时弗里德曼对约翰·P. 古尔德和查尔斯·纳尔逊（Gould and Nelson 1974）的报告开头就这样抱怨（参见2013年9月9日笔者对查尔斯·纳尔逊的访谈）。

文，比如卢卡斯（Lucas 1972b）1972年的论文和卢卡斯与普雷斯科特（Lucas and Prescott 1974）1974年的论文，尽管它们与他的研究具有密切的联系。相反，他的确引用了具有更多实证的卢卡斯论文，比如卢卡斯（Lucas 1972a）在1972年的论文和卢卡斯（Lucas 1973）在1973年的论文。卢卡斯的看法是，弗里德曼"意识到我是他的仰慕者和追随者。但是，我并不认为他喜欢阅读这些（技术性强的）论文"。与这种看法一致的是弗里德曼在1975年对迈克尔·达比所说的话："我不习惯于以新古典增长模型的方式思考。"①

正当他已经习惯于谈论"货币主义革命"之时，理性预期革命让弗里德曼的革命成为明日黄花。② 正如前一章讨论的那样，弗里德曼在1970–1971年阐述的理论框架虽然包含了一些值得注意的内容，但是与新一代经济学家的建模工作相比显得微不足道。正是因为他的许多货币命题越来越被接受和视为理所当然，学术界的议程远离了之前凯恩斯主义与货币主义的争论中涵盖的一些议题。弗里德曼本人在1969年评论说，他在这些辩论中的观点曾经是"高度非正统的"，但是由于"学术界见解的重大转变"，这些观点不再被如此描述了。③

理性预期理论的优先性反映了这种转变。特别是，20世纪70年代的理性预期文献很少集中关注货币（$M$）和名义收入

---

① 参见弗里德曼在1975年3月12日写给迈克尔·达比的信，存放于胡佛研究所米尔顿·弗里德曼文件集。
② 参见弗里德曼在1970年10月4日《动态经济学教学盒式磁带》第58集中使用这个术语。另参见Friedman（1970a）。
③ 参见Friedman（1969b, vi）。

（$Py$）之间的关系。它将这些关系置于背景之中，将其存在视为既定的，关心将 $Py$ 分解成 $P$ 和 $y$。或者 20 世纪 70 年代的理性预期理论研究为什么家庭在事实上需要货币，也就是说他们采取的决策是让 $M/P$ 在均衡中为正。特别是尼尔·华莱士等人的情形就是如此，他们的研究表现为明尼阿波利斯联邦储备银行（Federal Reserve Bank of Minneapolis 1980）在 1980 年编辑的这样的著作之中。弗里德曼在 20 世纪 70 年代对这样的问题毫无兴趣。[1] 尼尔·华莱士在 2013 年 3 月 15 日笔者的访谈中的看法证实了这一点："你知道，有一种观点认为，人们在写论文时心中要有听众，有时是非常小的一群听众——我的意思是特定的某个人。因此，我可以说当我在 20 世纪 70 年代写这些论文时，我的确想到的是我在一定意义上是为弗里德曼写作。但是，我从没有特别寄给他这些东西，或者类似的东西；它在某种程度上是处于我思考的背景之中。然后，我在某种程度上有点变了。"

对这种观点——货币政策对名义收入的行为具有决定性的影响和货币增长对货币政策立场的变动提供了一个很好的概括——的认同充分体现了弗里德曼的影响。[2] 但是，这也意味着对理性预期理论家而言，弗里德曼在 20 世纪 70 年代投入了大量的研究时间来继续他与施瓦茨的《美国和英国的货币趋势》研究工作——对于 $M$ 和 $Py$ 的关系。弗里德曼在 1974 年 10 月 25 日在明尼苏达大学经济系发表了题为"价格与产出对货币变化的反

---

[1] 在这一点上，参见《美国和英国的货币趋势》第 37 页的讨论。
[2] 当然，如上所述，货币与名义收入是否存在一个显著的关系在 1971 年与 1972 年的公共政策辩论中依然是一个尚在争议的问题，即使它在某些学术讨论中被认为是已经解决的问题。

应：美国与英国的证据"的演讲，参加这次演讲的系里成员包括西姆斯、托马斯·萨金特与尼尔·华莱士。①"他来对这个题目作了一次演讲，"尼尔·华莱士回忆说。"好吧，我不知道——它看起来到那时是非常过时的东西。"尼尔·华莱士不仅指出他研究的关系似乎不是特别具有主题性，而且指出弗里德曼处理数据的方法似乎更加接近于上一代研究者的方法，而不是接近于现代的做法。在这次演讲中，弗里德曼阐述了国民经济研究局的方法（从20世纪40年代阿瑟·伯恩斯与韦斯利·米切尔的著作中传下来），在这种方法中，数据点在时间中加总成为观测值，旨在与商业周期日期相对应。尼尔·华莱士感觉到，弗里德曼在"谈论我想我们现在称之为过滤数据的这些方法"时将他自己置于不利的境地，因为他概述的国民经济研究局的过滤方法明显不是最近的文献——他的主要贡献者包括研讨会的参加者托马斯·萨金特与西姆斯——中确立的最好做法。②

"因此，我要说到那时，我不再将他视为我正在所做研究的听众了。"尼尔·华莱士在2013年3月15日笔者的访谈中评论说。至于弗里德曼在货币经济学文献中的更广泛作用，尼尔·华莱士的看法是，弗里德曼"有一些闪光的思想。但是，按照他表达它们的方式，他是一位过渡性的人物——在表达思想的旧方式与在某种程度上更现代的理论家之间"。

---

① 这次报告的题目与日期是由格罗丽娅·瓦伦丁在2013年7月11日私人通信中提供给笔者的。
② 托马斯·萨金特（Sargent 1987a, xxi）将"最优预测与过滤的工具"引入宏观经济学列为理性预期革命的一部分。

## 二、阿瑟·伯恩斯

本章的第二节对美国经济政策转向 1971—1972 年的工资与价格管制和总需求刺激的讨论，主要集中关注弗里德曼对尼克松总统放弃渐进主义方法的反应。这个故事的另一方面是——接下来要讨论这方面，弗里德曼对阿瑟·伯恩斯在 1970—1971 年改变他对美国经济行为的立场与制定美国的货币政策所做出的反应。这些改变支持并补充了尼克松的经济急转弯。

虽然无论是尼克松还是阿瑟·伯恩斯都放弃了弗里德曼支持的政策，但是，弗里德曼对每一位政策制定者的核心批评却是不同的。在 1971 年的政策变化之前，弗里德曼说，反通货膨胀的实现是一个要有"耐心、勇气与智慧"来保持经济政策的克制的问题。[①] 弗里德曼不愿意——这样做是正确的——将尼克松与阿瑟·伯恩斯后来所做的政策变化归因于勇气的缺乏。[②] 然而，弗里德曼在批评两位政策制定者时不那么愿意表态的指控则是缺乏耐心与智慧。就政治家尼克松而言，正如第二节指出的那样，弗里德曼主要将新经济政策的制定归因于缺乏耐心。他在 1972 年 1 月 5 日《萨拉索塔日报》(Sarasota Journal) 上声称，尼克松屈服于"错误的紧迫感"。因此，弗里德曼在 1977 年 5 月 10 日《购买》(Purchasing) 杂志上说，总统"在政治压力下屈服了"，于是乐意采纳或似乎赞同工资与价格管制对通货膨胀提供了一个解决方案的这个流行观点，然而与此同时采取弗里德曼认为轻率

---

[①] 参见 Friedman (1971k, 10)。
[②] 例如，在新经济政策制定很久之后，弗里德曼依然在 1973 年 4 月 2 日《新闻周刊》中谈到"总统的勇气与理智。"

的加快经济发展的措施。"（当）你是一位政治家……按照定义，你就是短视的。"弗里德曼在尼克松辞职之后几个月对一群听众评论说。①

不过，当谈到阿瑟·伯恩斯立场的改变时，弗里德曼更愿意强调智慧的缺失。弗里德曼相信，阿瑟·伯恩斯从1970年开始就采纳了错误的经济分析，从而产生了有缺陷的政策建议并支持包含在新经济政策之中的工资与价格管制。

阿瑟·伯恩斯思想的这种转变对1971年的政策变化也许比弗里德曼所认为的要更加重要。因为如上所述，尼克松政府对管制态度的变化可能主要反映了阿瑟·伯恩斯是其主要倡导者的成本推动观的影响力，而弗里德曼通常认为处于尼克松决策中心的短期政治计算只是一个次要的因素。

### （一）1970年之前经济学界保持一致

如下所述，阿瑟·伯恩斯立场的这种改变不仅出乎弗里德曼的意料，而且形成了他自己与他从前的老师之间严重不和的基础。有人会争辩说，弗里德曼确实有理由感到意外，因为在1970年5月之前，阿瑟·伯恩斯与弗里德曼在总支出的决定以及尤其是通货膨胀过程方面都有大量相同的看法。②

当然，阿瑟·伯恩斯与弗里德曼确实在观点方面存在一些长期的重要分歧。这些分歧包括对服务政府的看法。第三章已

---

① 参见 Friedman（1975g, 15; p.707 of 1979 reprint）。
② 在下面对阿瑟·伯恩斯1970年5月之前的观点讨论之中，将要考虑阿瑟·伯恩斯在登上美联储主席的职位之前所发表的声明。此外，还将分析阿瑟·伯恩斯在他任期开始的几周所做的声明，因为这些声明被视为阿瑟·伯恩斯可能在就职之前就持有的观点。

经表明，弗里德曼在20世纪40年代结束美国财政部的工作时就对服务联邦政府不感兴趣。"我在华盛顿有许多朋友，"弗里德曼在阿瑟·伯恩斯担任美联储主席时在1970年2月《机构投资者》(*Institutional Investor*)杂志第130页上指出，"但就我在那儿还有任何影响力而言，这种影响力归因于我过去二十多年的著述而非日复一日的影响。"正如安娜·施瓦茨回忆说："米尔顿·弗里德曼从来不想要一个政策职位，而阿瑟·伯恩斯很高兴拥有它。"[①]

正如第十章讨论的那样，阿瑟·伯恩斯在尼克松执政时期之前的公共服务包括从1953年到1956年在艾森豪威尔执政时期担任经济顾问委员会主席。弗里德曼对这个任期的评价是高度称赞性的，不管是对于阿瑟·伯恩斯的政策建议还是对于阿瑟·伯恩斯在管理经济顾问委员会时设定的技术基调都是如此。[②] 不过，弗里德曼的确对阿瑟·伯恩斯在1956年之后采取的职业道路私下地表达了某些疑虑。弗里德曼没有能够说服阿瑟·伯恩斯成为芝加哥大学经济系的一名教授，而不是回到纽约市（Hammond and Hammond 1999；2006，6）。阿瑟·伯恩斯不仅没有接受这个工作邀请，而且采取了比他在1953年之前的学术性导向更少的职业道路。虽然阿瑟·伯恩斯回到了国民经济研究局名义领导的职位——称弗里德曼为他的"同事"之一（Arthur Burns 1960，1），但是，他实际上并没有重新开始做让他最初成名的商业周期的基础研究。相反，阿瑟·伯恩斯在1956年之后的许多贡献往往是在公共政策领域集中评论当前的政策发展状况，而不是进行

---

① 参见 E. Nelson（2004a，404）。
② 参见前面的第十一章和第十四章。

技术性的研究。他甚至在1959年12月的美国经济协会的主席演讲（参见Arthur Burns 1960）中讨论政策问题，没有提到研究文献。当他在20世纪70年代回顾阿瑟·伯恩斯的选择时，弗里德曼逐渐认为阿瑟·伯恩斯没有回到研究是因为他在华盛顿特区的第一个时期就染上了"波托马克热症"并变得过于迷恋处于权力走廊的观念（参见2013年7月15日笔者对查尔斯·H.布鲁尼的访谈）。

这就是对阿瑟·伯恩斯的职业轨道的一种看法，而阿瑟·伯恩斯的儿子约瑟夫·伯恩斯并非在总体上不赞成这种看法。尤其是，约瑟夫·伯恩斯在2013年9月12日笔者的访谈中认为，他的父亲在离开艾森豪威尔政府之后应该重新进行商业周期的研究。"他再也没有从事过那种研究。他的著述和演讲更多的是政策导向的。我认为那就是政府工作的一个缺点。虽然政府工作有许许多多的优势和优点，但是政府工作的一个个人因素就是他的确离开了伯恩斯-米切尔那种类型的研究。我认为，要是他不在华盛顿（并继续他的商业周期研究），我想他也许会获得诺贝尔经济学奖。"然而，应该指出的是，弗里德曼本人并未证明他自己是处于理想的位置来批评阿瑟·伯恩斯倾向于公共政策的著述，因为弗里德曼自身的职业生涯也沿着那种道路前进，特别是在1972年之后。

就经济本质的问题而言，阿瑟·伯恩斯与弗里德曼依然在1970年之前似乎大致上保持一致。阿瑟·伯恩斯在20世纪40年代被认为是一位凯恩斯主义经济学的早期批评者，因而在这一点上引导了弗里德曼，尽管更多的是帮助建立一个主题而不是提供详细的理论批评。① 他们两人之间已经出现了某些意见分歧。在财政政策领域，阿瑟·伯恩斯（Arthur Burns 1968，8）赞成而弗里德曼反对1968年的增税措施——这种分歧部分地反映了他们之间关于财政政策影响总需求的效力方面的意见分歧，以及反映了什么是不折不扣的"财政保守主义"对高税收态度的何种意见分歧。但是，一旦总需求在面对1968年增税的情况下表现出来的活力，阿瑟·伯恩斯就表明他已经将弗里德曼的一些财政政策观点包含在了他自己的框架之中，因为阿瑟·伯恩斯援引持久收入假说来解释附加税的失败。②

当他在1969年12月美联储主席的职位批准的听证会上作证时，阿瑟·伯恩斯的确强调了弗里德曼的商业周期观点与他自己的商业周期观点之间存在一些差异。在被问到弗里德曼预测的衰退时，阿瑟·伯恩斯回答说："我当然希望他是错误的。他是如何得到他的概率的，我不得而知。对此我不会认可……我认为弗里德曼教授的预测是有点草率的。"③

因此，就货币政策的传导与非货币因素对商业周期的短期影

---

① 弗里德曼在2001年约翰·泰勒的访谈中强调了这一点。胡里奥·罗腾伯格（Rotemberg 2013，72-73）也强调了阿瑟·伯恩斯的观点与弗里德曼的观点截至1970年的相似之处，尽管罗默夫妇（Romer and Romer 2004，154）指出阿瑟·伯恩斯在20世纪60年代反对收入政策，下面将要讨论。
② 参见阿瑟·伯恩斯在1970年2月28日在联合经济委员会（Joint Economic Committee 1970c，177-78）以及1970年2月20日《芝加哥论坛报》上的证词。
③ 引自阿瑟·伯恩斯在1969年12月18日在美国参议院银行与货币委员会（Committee on Banking and Currency 1970a，8）上的证词。

响的效力而言，阿瑟·阿瑟·伯恩斯与弗里德曼在1970年之前毫无疑问存在一些意见分歧。但是，这些意见分歧既没有使弗里德曼与伯恩斯在20世纪60年代的重要政策争论中处于对立的地位，也没有对他们在20世纪70年代的分裂提供基础。阿瑟·伯恩斯在20世纪60年代与1970年的评论表明，他承认和赞成弗里德曼的这些主题，比如名义利率与实际利率的区分、美联储的政策在20世纪30年代的失败以及需要更多地强调货币总量（参见 E. Nelson 2013d，2016）。

弗里德曼与阿瑟·伯恩斯在1970年之前也似乎对20世纪70年代成为他们意见分歧中心的问题保持强烈一致：关于决定通货膨胀的因素以及侧重于总需求政策作为控制通货膨胀的手段的优越性。实际上，阿瑟·伯恩斯在20世纪60年代介入公共政策的辩论，特别是他对肯尼迪政府与约翰逊政府的批评，得到了弗里德曼的大量赞同。其中包括阿瑟·伯恩斯对20世纪60年代初对扩张性策略的分析（正如前面的第十一章讨论的那样）以及阿瑟·伯恩斯反对工资与价格的指导线或者指南。阿瑟·伯恩斯在1966年8月2日《克利夫兰新闻报》上谈到指导线时说："这些需要私人团体违背他们的经济利益行动，制造了幻觉，导致了纠正性政策的推迟。"阿瑟·伯恩斯是在弗里德曼在1971年11月20日《动态经济学教学盒式磁带》第86集中称之为"思维非常敏捷和非常有效的"著述中以及在1967年4月与保罗·萨缪尔森的公开辩论（Burns and Samuelson 1967）中阐述这些论点的。[1]

---

[1] 弗里德曼也在1970年5月27日《动态经济学教学盒式磁带》第51集中和1970年6月15日的《新闻周刊》中指出阿瑟·伯恩斯长期反对工资与价格指导的记录。

## （二）伯恩斯的收入政策转变

阿瑟·伯恩斯在最初回到政府工作时继续反对收入政策。在 1969 年 7 月 14 日《美国新闻与世界报道》第 61 页上，作为总统顾问，阿瑟·伯恩斯说："在行政机构内部不存在支持直接的价格或工资的管制——一点都没有。"（也引自 Sobel 1974，18）在 1969 年 12 月 18 日批准提名的听证会上，阿瑟·伯恩斯陈述说，"世界对工资与价格管制具有大量的经验"，而那些经验都是反面的，是与地下市场的发展而非与真正的通货膨胀控制有关。①

阿瑟·伯恩斯对主导工资与价格决定的私人部门行为的设想也在 1970 年年初似乎代表了他与弗里德曼保持一致的另一个问题。第一个原因是，在通货膨胀的成本推动观与以需求为基础的观点之间，阿瑟·伯恩斯似乎明确地支持后者，证据是他对工资与价格指南与管制的评论以及前面引用的 1966 年对工资推动的通货膨胀解释。第二个原因是，在通货膨胀的不同需求拉动的理论之间，阿瑟·伯恩斯似乎决定支持弗里德曼与菲尔普斯的变体——在这种变体中，菲利普斯曲线在短期中是非垂直的，但在长期中则是垂直的。阿瑟·伯恩斯在 1967 年 12 月弗里德曼发表主席演讲并主要概括了自然率假说时主持了美国经济协会的会议。弗里德曼回忆说，阿瑟·伯恩斯赞同该论文关于长期不存在权衡的论点（Taylor 2001，124）。这种立场与阿瑟·伯恩斯在 1956 年 11 月 3 日的《商业周刊》第 176 页上表达的价格稳定与

---

① 阿瑟·伯恩斯在 1969 年 12 月 18 日在美国参议院银行与货币委员会（Committee on Banking and Currency 1970a，11）上的证词。

保持高就业兼容而且有助于保持高就业的观点相符。

阿瑟·伯恩斯1969年在政府任职时采取的立场证实了他接受自然率假说。业已指出，阿瑟·伯恩斯在尼克松政府的白宫职位工作的这一年间，尼克松政府将弗里德曼的演讲并入了它的通货膨胀分析以及反通货膨胀的渐进主义方法。而且，阿瑟·伯恩斯本人则进一步表明他接受了弗里德曼的菲利普斯曲线分析。在前面特别提到的1969年12月18日的听证会上，阿瑟·伯恩斯陈述："我认为菲利普斯曲线是对短期变动的一个概括，一个非常粗糙的概括；我认为甚至在非常短的时期中，菲利普斯曲线可能会被改变。"[1]

鉴于阿瑟·伯恩斯对总需求和通货膨胀的决定过程所表达的见解，难怪弗里德曼在20世纪60年代说他相信阿瑟·伯恩斯赞成大部分货币主义理论。[2] 也难怪弗里德曼以十分赞许的口吻对阿瑟·伯恩斯在1969年年末被提名和批准为美联储主席并在1970年2月1日登上这个职位进行了反应。在阿瑟·伯恩斯宣誓就职的那一周发表在《新闻周刊》1970年2月2日的专栏文章中，弗里德曼宣布："我的密友和从前的导师阿瑟·伯恩斯不仅仅是另一位主席。他是在合适的时间、合适的地点出现的合适的人选。"他还补充说，阿瑟·伯恩斯是在"该职位拥有合适资格"的第一位美联储主席。

弗里德曼在1970年2月21日佛罗里达长老会学院（Florida

---

[1] 引自阿瑟·伯恩斯在1969年12月18日在美国参议院银行与货币委员会（Committee on Banking and Currency 1970a, 24）上的证词。关于阿瑟·伯恩斯在担任美联储主席的整个时期继续摒弃失业与通货膨胀之间的长期权衡的文献证据，另参见DiCecio and Nelson（2013, 412-13）。
[2] 弗里德曼在1969年10月22日《动态经济学教学盒式磁带》第36集和Friedman（1970e, 24）之中表达了这种印象。

Presbyterian College）的一次演讲中阐述这个论点的。弗里德曼说，阿瑟·伯恩斯"是第一位背景并非一家银行或一个企业的委员会主席。我不想对任何人进行恶意的评论——我谈论的是背景与资历。从一开始，所有的主席都是令人钦佩之人，能干之人，尽力做最好之人——我不质疑他们的动机或他们的意图——但是他们所有的背景都是在一个企业或一家银行工作过。阿瑟·伯恩斯的背景则是将经济作为一个整体对待。他是商业周期的世界权威之一，是艾森豪威尔执政时期的经济顾问委员会主席，也是在一般经济问题上的一位非常优秀的专家。"[1]

在阿瑟·伯恩斯担任主席的最初几个月中，弗里德曼援引这个事实——当阿瑟·伯恩斯在经济顾问委员会任职时发生的 1953—1954 年的衰退引起了战后时期最温和的政策反应，即最不剧烈地转向高度刺激的政策——作为阿瑟·伯恩斯坚持尼克松政府和美联储阐述的反通货膨胀战略的一个证据。[2] 官场中主要人物的变化与政策制定者从过去的经验中所学到的教训相结合，使弗里德曼乐观地相信持续到 1970 年的反通货膨胀政策就像 20 世纪 60 年代的上一个反通货膨胀政策一样不会被放弃。[3]

弗雷德·莱文当时是芝加哥大学的一位学生，在 2014 年 3 月 10 日笔者的访谈中回忆说："当阿瑟·伯恩斯成为主席时，弗里德曼欣喜若狂，因为阿瑟·伯恩斯是弗里德曼的老师。我记得在芝加哥大学，他印制了这些带有阿瑟·伯恩斯图像的美元钞

---

[1] 参见 Friedman（1970e，23-24）。
[2] 参见 Friedman（1970k，12；1970l，9）。
[3] 参见 Friedman（1970l，9）。

票。因此阿瑟·伯恩斯必定令弗里德曼大失所望。"当时的另一位学生，约翰·保卢斯在2014年2月28日笔者的访谈中回忆说："我是在1970年冬季学期上的（弗里德曼货币）课程。我想，阿瑟·伯恩斯刚被任命为美联储主席。他花了一整堂课告诉我们，我们有阿瑟·伯恩斯作为美联储的新主席是如何的幸运。这种看法他可能在多年后要重新评估。"

在非常短的时期内，弗里德曼对阿瑟·伯恩斯会将美联储转向弗里德曼支持的方向的信心被证明是正确的。业已指出，虽然阿瑟·伯恩斯在他的任命听证会上对向他引述的弗里德曼的衰退预测表达了怀疑，但是他补充说，"我不会那样说。但是，衰退的危险是存在的。"①

弗里德曼在1970年2月2日的《新闻周刊》上表达的愿望是，阿瑟·伯恩斯本人通过实现货币增长"足够高来鼓励复苏……但是足够低来避免通货膨胀的重新开始"，从而采取行动来避免一场真正严重的衰退。在这一点上，阿瑟·伯恩斯最初并没有让弗里德曼失望。正如本章早些时候讨论的那样，美联储在1970年年初转向更加宽松的立场以及明显更加强调货币总量——弗里德曼发现这种立场的转变是合适的。

然而，在更长的时期中，阿瑟·伯恩斯的行动与弗里德曼的建议之间的联系消失了。在阿瑟·伯恩斯被提名到联邦储备委员会之后，弗里德曼欣然地承认，阿瑟·伯恩斯不会采纳他的3%—5%的M2增长率规则。但是，他在1969年10月22日

---

① 引自阿瑟·伯恩斯在1969年12月18日的证词，引语在1970年1月12日的《美国新闻与世界报道》之中。

《动态经济学教学盒式磁带》第36集中声称,阿瑟·伯恩斯"毫无疑问地"会"比美联储实际采取的增长率规则更加接近这一规则"。阿瑟·伯恩斯领导下的美联储最终允许货币快速增长,在事实上如此之快以至于出现了两位数的通货膨胀。实际上,一旦考虑到货币政策行动与通货膨胀之间的滞后,无论是20世纪70年代中期那次还是1979—1980年这次的两位数通货膨胀基本上可以归因于在阿瑟·伯恩斯任期之内所做的货币政策决策。阿瑟·伯恩斯的前雇员安娜·施瓦茨对他担任主席的时期的回顾性看法如下:"我认为,他就是一场灾难,可能因为他没有听从米尔顿·弗里德曼。"[1] 弗里德曼本人后来对阿瑟·伯恩斯担任主席期间的评论是:"我有很高的期望……我很失望。"[2]

为什么阿瑟·伯恩斯最终采取的政策如此不同于弗里德曼所希望的政策呢?很大一部分的原因是,阿瑟·伯恩斯在成为主席之后不久就急剧改变了他关于通货膨胀的经济理论。[3] 业已指出,这实际上是分两个阶段进行的(另参见 E. Nelson 2005b)。在第一阶段——开始于本章前面提到的1970年5月18日的演讲(Arthur

---

[1] 参见 E. Nelson(2004a,404)。
[2] 参见1977年12月录音和1978年3月发行的《动态经济学教学盒式磁带》第215集。
[3] 除了下面要讨论的内容,参见 Poole(1979);Hetzel(1998);Romer and Romer(2002b);E. Nelson(2005b)。此外,罗默夫妇(Romer and Romer 2004)、里卡多·迪赛希奥和爱德华·纳尔逊(DiCecio and Nelson 2013)和爱德华·纳尔逊(E. Nelson 2013d,2016)详细叙述了阿瑟·伯恩斯在本章考虑的1970—1972年之外的通货膨胀观,而后面三个参考文献对阿瑟·伯恩斯的通货膨胀决定观,一旦经历了这里所描述的1970年的转变,就在他担任美联储主席的时期没有进一步经历显著的变化提供了解释。

Burns 1970），阿瑟·伯恩斯谈到工资与价格指导线的价值是加快通货膨胀容易对需求紧缩反应的一种方式。在这时，阿瑟·伯恩斯继续认为通货膨胀容易通过总需求政策控制。但是，诉诸指导线的呼吁构成了弗里德曼与尼克松政府对付通货膨胀所倡导的需求政策与市场力量相结合的一个断裂。这种呼吁也与弗里德曼在1969年12月美国广播公司电视节目《美元大劫案：我们能抑制通货膨胀吗？》上发表的评论形成了鲜明的对比："我认为，旧的指导线完全失败了。我想恢复它们将会同样失败。我认为，当你做那种事情之时所发生的就只是在公众中传播错误信息。"

这种意见分歧导致弗里德曼在1970年5月给阿瑟·伯恩斯寄去了一封手写的长信，批评阿瑟·伯恩斯的收入政策声明。《费城问询报》（*Philadelphia Inquirer*）在1970年5月29日报道，阿瑟·伯恩斯被这封信弄得心烦意乱，而且它暗示阿瑟·伯恩斯与弗里德曼的关系已经恶化了。这封信——实际上是多封信，因为弗里德曼写了很多次——的文本现在可从弗里德曼与阿瑟·伯恩斯的档案中获取，证实了安娜·施瓦茨的描述："米尔顿·弗里德曼写给阿瑟·伯恩斯一封严厉的信，说他从不该相信阿瑟·伯恩斯要做的事情，是如此违背他所相信的阿瑟·伯恩斯的原则。"[1] 弗里德曼也寄给阿瑟·伯恩斯一篇在《新闻周刊》上

---

[1] 参见安娜·施瓦茨在爱德华·纳尔逊（E. Nelson 2004a, 404）中所说的话。据笔者所知，除了当时的新闻报道，最早公开提到这些交流的是怀亚特·威尔斯（Wells 1994, 57, 280）。这些交流也在爱德华·纳尔逊（E. Nelson 2005b, 2007）——它利用了新闻报道——之中讨论。弗里德曼在1970年写给阿瑟·伯恩斯的这些信件也在怀亚特·威尔斯（Wells 1994, 57）和罗特·里森（Leeson 2009, 182–83）的著作中引用。

论阿瑟·伯恩斯倡导的指导线的专栏文章的初稿——随后发表在1970年6月15日那一期。在这篇专栏文章中，弗里德曼承认，指导线在理论上可以被视为与通货膨胀的货币理论相容，条件是它们被视为加速工资与价格合同对货币措施的调整而非货币紧缩替代品的一项措施。① 但是，这篇专栏文章显然重新表述了弗里德曼关于指导线在实践中不会起到这个作用的看法，从而激烈地批评了阿瑟·伯恩斯的立场。

只是随着阿瑟·伯恩斯在1970年5月之后几个月内的观点的进一步发展，阿瑟·伯恩斯的通货膨胀立场才真正变得与弗里德曼的通货膨胀观不可协调。阿瑟·伯恩斯在1970年5月采取的通货膨胀立场与他在这一年后期支持纯粹成本推动的观点相比似乎是温和的。在他的立场进一步演变之中，阿瑟·伯恩斯转而将通货膨胀视为一个非货币的现象，不容易受到经济衰退水平的影响。

这是一种弗里德曼将它与20世纪30年代末期美国流行的更加极端的凯恩斯主义版本，而不是与美国现代的经济分析相联系的立场。他与施瓦茨后来写道，《美国货币史》的大部分篇幅"将从来不会写出来，如果我们或明或暗地接受凯恩斯关于价格是一种制度数据的假设"。② 然而，阿瑟·伯恩斯这位凯恩斯主义者的早期挑战者，在价格与通货膨胀决定方面现在基本上采取

---

① 除了他的《新闻周刊》专栏文章，弗里德曼在1970年5月27日《动态经济学教学盒式磁带》第51集和1971年11月20日《动态经济学教学盒式磁带》第86集之中承认支持收入政策的理由作为一种加快工资与价格反应的手段的理论正确性。另参见前面第二节的讨论。
② 参见《美国和英国的货币趋势》第51页。

了旧式的凯恩斯主义立场。因为阿瑟·伯恩斯基本上否认了这些变量的内生性，至少对于产出缺口为负的条件是如此。

因此，弗里德曼对阿瑟·伯恩斯立场的转变感到非常意外。安娜·施瓦茨较少感到意外，因为她甚至怀疑它是否真的是一个转变。艾伦·梅尔策在2013年4月21日笔者的访谈中评论说："安娜·施瓦茨当时告诉我，他完全误解了（阿瑟·伯恩斯），阿瑟·伯恩斯……不相信弗里德曼告诉他的一切。"迈克尔·达比在2013年10月15日笔者的访谈中回忆说："她有一次告诉我……阿瑟·伯恩斯在佛蒙特靠近弗里德曼的地方有一个住所，弗里德曼会对他谈论货币理论，而阿瑟·伯恩斯在抽他的烟斗。弗里德曼继续说，阿瑟·伯恩斯还在抽这根烟斗，点点头，米尔顿·弗里德曼就认为他赞同他……安娜·施瓦茨对此的看法是，弗里德曼（在1970年）领略了现实。"

罗默夫妇（Romer and Romer 2004）也提出了阿瑟·伯恩斯甚至在加入美联储之前就支持1970年后的通货膨胀观的观点。不过，依笔者的看法，这种解释是没有根据的。弗里德曼在1970年5月之前的看法——阿瑟·伯恩斯所赞成的通货膨胀过程的货币观类似于弗里德曼自己的观点——是由阿瑟·伯恩斯在1970年之前的声明记录所大量证实的看法。因此，阿瑟·伯恩斯从1970年开始提倡成本推动的通货膨胀观就他而言是一个主要的转变。这种转变将要发生的一个征兆——但也是伯恩斯在这时依然对通货膨胀分析保留着以需求为基础的看法的一个迹象——就出现在1970年2月，当时阿瑟·伯恩斯被问到"难道你要完全反对价格与工资管制吗？"阿瑟·伯恩斯回答说："恐怕我的答案是'肯定的'，参议员，我是要完全反对。但让我补充一下，我并非一个意识形态经济学家。我总是会再评估我的立场。"①

对弗里德曼而言，阿瑟·伯恩斯在1970年采取的成本推动分析，随同政府直接管理价格与工资决策的相应政策建议一起，都被经验证据证明是过时的和不足信的。正如第四章和第七章所讨论的那样，弗里德曼在货币主义岁月之前赞成成本推动观，但它在此前的二十年间被货币主义的通货膨胀观所取代——根据这种观点，通货膨胀取决于通过总支出的货币力量。正如他在1970年7月29日《芝加哥每日新闻报》中所说："对每一个独立的企业家而言，看起来好像是他之所以不得不提高价格，是因为成本已经上升了。但是我们然后必须问一下，'为什么它的成本上涨了呢？为什么它是这样：（比如）从1960年到1964年，他发现他没有必要为劳动支付如此之多以至于他不得不提高价格，但是突然从1964年到1969年他不得不呢'。答案就是，因为在第二个时期的总需求到处都增加了。"

由于通货膨胀的成本推动观与支持公共部门干预市场机制的理由间的交叉，阿瑟·伯恩斯与弗里德曼在这个问题上的对立更加尖锐。阿瑟·伯恩斯从1970年后开始采取的立场就是，美国的劳动与商品市场产生的那种通货膨胀压力对货币政策行动具有抵抗力，但容易受到政府在工资与价格设定方面的直接干预的影响，这导致了阿瑟·伯恩斯对指导线的倡导和他后来对管制的支持。阿瑟·伯恩斯的这个转变意味着离开他在1970年3月郑重

---

① 引自1970年2月18日阿瑟·伯恩斯在联合经济委员会上的证词（Joint Economic Committee 1970c, 164）。

声明的"我强烈支持自由市场"的立场。① 因此，阿瑟·伯恩斯在通货膨胀决定过程方面的思想演变在他本人与弗里德曼之间产生了两方面的相当大的距离：货币政策方面以及收入政策的优点方面——他们从前在这两个问题上都具有很大的共识。

在1971年3月10日的国会证词中，阿瑟·伯恩斯特别清晰地阐述了他的新观点——根据这种观点，货币政策在控制通货膨胀中只可能有非常有限的作用：

> 参议员，我希望完全澄清这一点。我并不认为我们的财政政策和货币政策足以控制通货膨胀。不仅我们国家的经验非常清楚地表明这一点，而且其他国家，特别是加拿大和英国甚至更加显著地表明了这一点。因此，我极力主张政府和国会采取收入政策。(Committee on Banking, Housing and Urban Affairs 1971, 19)

从1970年夏季到1971年夏季——这一时期是阿瑟·伯恩斯强烈要求收入政策和不间断地倡导通货膨胀的成本推动观的时期——弗里德曼明显地采取了相反的路线。② 弗里德曼明确地对强大的工会已经变成了通货膨胀的一个重要来源——正如阿瑟·伯恩斯所声称的那样——的观念表示异议。弗里德曼在

---

① 引自阿瑟·伯恩斯在1970年3月18日美国参议院银行与货币委员会上的证词(Committee on Banking and Currency 1970b, 14)。
② 除了这里给出的弗里德曼评论的例子，另参见第二节"从渐进主义到新经济政策"讨论的例子。

1970年7月29日《芝加哥每日新闻报》第3版上指出："你可以走遍世界，找到有非常强大的工会但没有通货膨胀的国家……事实是，工会与通货膨胀几乎没有任何关系。"[1] 差不多一年之后，厌倦的语气已经成为弗里德曼讨论这个问题的一部分："正如我一而再再而三地强调那样，我并不认为存在两种不同的通货膨胀。"弗里德曼在1971年6月1日《动态经济学教学盒式磁带》第76集中评论说，"我并不相信我们正在经历成本推动的通货膨胀。"在他看来，评论者将价格与成本对过度需求的延迟反应错误地诊断为成本推动的通货膨胀。因此，弗里德曼在1971年8月之初坚持说："工会不用为通货膨胀负责；相反，他们对它进行反应。"[2]

弗里德曼否认工会在分析通货膨胀中的重要性超越了他对通货膨胀的成本推动观的否认。他也怀疑工会压力对货币当局反应的影响。特别是，弗里德曼不支持这种观点：政策制定者在实践中可能会支持通货膨胀政策，是因为工会哄抬名义工资会引起失业的担忧。对他来说，这种观点不像成本推动观那样可恶，因为它保留了通货膨胀为了继续则需要货币增长的观念。它等于是对通货膨胀的货币解释与关于货币当局的行为假设的结合。不过，弗里德曼怀疑后一个假设在分析上和经验上的合理性。其中的一个原因是，他断言，工会的力量就其本身而言不可能提高整体的失业率或自然失业率——他在1973年8月29日的《泰晤士报》

---

[1] 同样，弗里德曼在1970年9月在英国的谢菲尔德举行的一场会议上评论说，工会施加压力的程度在理解通货膨胀行为方面不是一个有用的变量（Clayton, Gilbert, and Sedgwick 1971，70-71）。
[2] 引自 E. Hoffman（1971, 12）。

上重申了这个观点。① 其中的另一个原因是，就他所考虑的美国和大多数国家而言，观察到的时间选择关系似乎与工会引起货币增长的解释不一致。相反，经济中工会化的部门的工资增长往往落后于非工会部门的工资增长，这两个工资增长序列似乎都是跟随而不是领先货币增长。②

虽然阿瑟·伯恩斯在1970年的收入政策声明的确接近于与弗里德曼的立场决裂，但是，正如本章此前所指出的那样，1970年的货币总量行为大体上说并没有遭到弗里德曼的强烈反对。业已指出，他在1970年3月认为从1970年中期到晚期是急转弯的动力达到顶点的时期，并援引阿瑟·伯恩斯在美联储任职作为他相信当局会断然拒绝政策转变的呼吁的根据。在1970年的夏天，弗里德曼称赞当局顶住了强有力扩张总需求的压力。他在1970年8月6日《动态经济学教学盒式磁带》第56集中坚持认为，这种抵制防止了美国"重复之前"对衰退的过度反应"所犯的错误"。

## （三）伯恩斯与新经济政策

正如弗里德曼在1970年年末期所看到的那样，政策制定者，

---

① 作为一个推论，弗里德曼怀疑工会有能力提高总工资水平（无论是名义的还是实际的）。
② 关于弗里德曼对工会与非工会工资的探讨，参见上述第十章。关于他否认工资推动的调节是对高速货币增长的一个经验上的现实解释，参见弗里德曼的评论：1975年4月14日美国全广播公司的澳大利亚电视节目《星期一讨论会》副本第15页和米尔顿·弗里德曼等人（Friedman, Porter, Gruen, and Stammer 1981, 27）1981年的著作。正如在爱德华·纳尔逊（E. Nelson 2009a, 2009b）中讨论的那样，弗里德曼截至1963年愿意支持名义工资行为引起了英国等国家的货币增长反应的观点，但是他后来认为这种反应在经验上是重要的。

包括美联储的政策制定者，成功地克服了改变政策的压力。但他依然很警惕：他在 1970 年 11 月 18 日的《动态经济学教学盒式磁带》第 61 集中警告说，"正如我多次强调的那样，美联储所说的与它所做的并非总是一回事"。但是，正如本章前面讨论的那样，弗里德曼在 1970 年年末的一个评论中赞扬尼克松总统自从就职以来坚持反通货膨胀的政策。他也称赞阿瑟·伯恩斯作为美联储主席所显示的成熟与勇气。大致在同一时期，弗里德曼在 1971 年 1 月 2 日《新闻日报》上就这个问题上进一步评论说："不管是自愿的还是不自愿的，也无论是公开的还是隐蔽的，我将继续对政府支出实施紧缩的政策，鼓励美联储采取适中的货币扩张率，完全避免工资与价格指导线或管制。到目前为止采取的这种政策已经非常成功，尽管所有的谈论都与此相反。"

然后在 1971 年事情发生变化了，首先是上半年的货币增长率非常之高。本章第二节指出，弗里德曼在《新闻周刊》对货币增长的这种急剧上升的评论中看起来几乎不能克制他自己。弗里德曼在这一时期所做的另一个评论是一个必定会让阿瑟·伯恩斯生气的评论。弗里德曼在 1971 年 4 月 25 日的《费城星期日通公报》上评论说，虽然当局实际上必定不希望高速的货币增长，但是，无论如何，它正在发生，原因是他们没有有效地实施货币政策。他继续说："我尊重他们的意愿，但是坦率地说，货币供给的管理是无能的。"这里提到的无能回应了弗里德曼与施瓦茨在解释大萧条的结论部分的标题"为什么货币政策如此无能？"[1]

早已指出，弗里德曼将 1971 年的货币爆发部分地归咎于阿

---

[1] 《美国货币史》第七章第七节第 407—419 页。

瑟·伯恩斯所继承的美联储的操作程序。他在1971年11月20日《动态经济学教学盒式磁带》第86集中指责阿瑟·伯恩斯接管美联储后没有做出改变，尤其是，既没有实行操作程序的改革，也没有对改变高级职员。不过，在弗里德曼看来，这个问题暂时是，阿瑟·伯恩斯不作为、没有足够高度重视必要改革的一个例证：不作为，而非主动犯错。

相比之下，弗里德曼认为主动犯错是，阿瑟·伯恩斯在整个1971年在政策圈和普通大众面前都继续倡导收入政策是一种抗击通货膨胀的手段。弗里德曼钦佩尼克松政府的关键经济人员坚定不移地反对管制。在尼克松最终确实强制实施工资与价格管制之后，《新闻周刊》引用其中的一位人员（被描述为"政府高级官员"）的话说："你知道米尔顿·弗里德曼所说的。如果一个社会百分之六十的人都相信巫术，那么政府很难不雇佣女巫。"[①]

"他长期感到烦恼的是，尼克松正好依赖美联储来控制通货膨胀。"约瑟夫·伯恩斯在2013年9月12日笔者的访谈中回忆他父亲的看法时说，"因此，我认为，他非常高兴有一个收入政策"。在新经济政策宣布之后，阿瑟·伯恩斯在1971年8月17日的《哈钦森新闻报》(*Hutchinson News*)上将尼克松总统强制实施的工资与价格冻结描述为"阿瑟·伯恩斯的一场胜利"。在这种背景下，弗里德曼对新经济政策的工资与价格管制部分的大量批评都针对阿瑟·伯恩斯。弗里德曼既对阿瑟·伯恩斯推动公众舆论和政府朝着管制方向前进的方式感到失望，又对阿瑟·伯恩斯促使阿瑟·伯恩斯将管制看作抗击通货膨胀的一种合法武器

---

[①] 1971年10月25日《新闻周刊》第88页。

的心态变化感到失望。[①]"我想，他对阿瑟·伯恩斯很失望。"乔治·舒尔茨在2013年5月22日笔者的访谈中评论说。从1970年起，乔治·舒尔茨指出，"阿瑟·伯恩斯就是指导线的一个重要支持者，而这个指导线在观念上是工资与价格管制的先驱"。

阿瑟·伯恩斯到1971年8月对强制性的工资与价格管制的支持性态度也激怒了弗里德曼。在阿瑟·伯恩斯开始倡导指导线之后，弗里德曼依然在1971年3月1日的《新闻周刊》设想他是"强制性的政府价格管制"的一位反对者。甚至从1978年4月的立场来说——到这时，弗里德曼与阿瑟·伯恩斯的关系从1971年的状态有了大幅度的改进——弗里德曼还严厉地看待阿瑟·伯恩斯在1971年所采取的立场，在1978年4月4日《华尔街日报》中公开评论说："我发现很难原谅的不是他在货币政策中所做的事情，而是他公开宣布支持工资与价格管制。我从来都没有弄明白他为什么那样做。"

在1971年年末新奥尔良举行的美国经济协会的会议讲话中，弗里德曼对阿瑟·伯恩斯的成本推动的通货膨胀诊断和尼克松尝试的管制措施加大了攻击力度。弗里德曼陈述说，管制被强制实施"不是因为'经济规律不是像它们过去那样起作用'"——这里他提到了阿瑟·伯恩斯使用的短语——"不是因为传统的措施如果正确地应用，不能抑制通货膨胀，而是因为广大公众被引导去期待作为经济学家的我们不知道如何实现的业绩标准"。[②] 弗

---

[①] 除了正文中引用的评论，参见弗里德曼在1974年8月17日《动态经济学教学盒式磁带》第151集中对阿瑟·伯恩斯的评论。
[②] 参见Friedman（1972e，17）。

里德曼已经指出，高通货膨胀伴随经济衰退的时期，像1970年观察到的这些时期，与通货膨胀的货币观是相容的，一旦考虑到通货膨胀滞后于货币政策行动更是如此。[1] 现在，他进一步阐述这个观点，尽管他也宣布阿瑟·伯恩斯对成本推动观的接受，不仅反映了"经济学家每当困惑时就有诉诸我们的经济结构变化的倾向"，而且反映了阿瑟·伯恩斯复兴了通货膨胀的旧式谬论。[2]

弗里德曼对阿瑟·伯恩斯的管制立场的指控超越了他所认为的阿瑟·伯恩斯有缺陷的经济分析。当然是因为弗里德曼认为管制有害于政治自由。在阿瑟·伯恩斯宣布支持指导线之前仅一个月时，弗里德曼在1970年4月26日的《费城星期日公报》上评论说："如果美国在任何时候变成了一个集体主义国家，这不是因为来自左派的压力，而是因为管制的压力。"在前面提到的1971年年末的美国经济协会的会议上，弗里德曼将管制描述为"迫使（我们）进入一种专横跋扈地控制我们的经济生活的普遍

---

[1] 参见 Friedman（1971f，22）。
[2] 参见 Friedman（1972e，11）。艾布拉姆斯和布特基维茨（Abrams and Butkiewicz 2012）没有在尼克松的白宫录音带中发现阿瑟·伯恩斯的成本推动观与他赞成的工资和价格指导线与工资与价格管制的态度之间的关键联系。这两位作者在任何地方都没有查阅到通货膨胀的成本推动观。因此，他们不仅忽视了阿瑟·伯恩斯关于管制消除了成本推动压力的观点，而且被迫得出这种不正确的结论：阿瑟·伯恩斯一定知道，1971—1972年货币的快速增长与消除通货膨胀压力是不兼容的。这些作者更是想当然地认为，1971年年末利率的降低代表了阿瑟·伯恩斯对政治压力的屈服。在这样做时，作者们忽视了阿瑟·伯恩斯基于通货膨胀的非货币观所形成的支持这些利率降低的依据（参见 DiCecio and Nelson 2013，407，以及前面第二节的讨论）。

制度"。[①]一周之后，在洛杉矶的一次讲话中，弗里德曼责备企业界支持工资与价格管制，并且声称，管制使美国"更加接近于老大哥一直在那儿严密监视我们的日子"（1972年1月5日《萨拉索塔日报》）。

阿瑟·伯恩斯——弗里德曼记得他是说服艾森豪威尔总统反对工资与价格管制之人（参见1970年5月27日《动态经济学教学盒式磁带》第51集和本书的第十章）——在20世纪70年代是将这些管制引入美国的主要人物之一，弗里德曼觉得这是一个令人沮丧的讽刺。当弗里德曼在管制实施之后在白宫会见尼克松和乔治·舒尔茨时，弗里德曼惦记的是阿瑟·伯恩斯的立场。"我要说，我想要提一件事，"弗里德曼对总统说，"你应该任命阿瑟·伯恩斯担任工资与价格审查委员会的主席……尽管阿瑟·伯恩斯是我的一位非常要好的朋友，但这依然是他应得的惩罚。"弗里德曼宣称，阿瑟·伯恩斯最应该为引入工资与价格管制的制度负责，而且"他应该成为这个委员会的主席，以便（最终）让我们摆脱（它）"。[②]

### （四）并非竞选活动的一个案例

最后这个评论加上阿瑟·奥肯在上面引述的反应，突出了阿瑟·伯恩斯是尼克松政府收入政策急转弯的一个压力来源的事实。在对1971年和1972年的经济政策解释中，将阿瑟·伯恩斯描述为在1972年选举之前屈服于尼克松政府的压力来刺激经济

---

[①] 参见 Friedman（1972e，17）。
[②] 引自弗里德曼在1971年9月24日椭圆形办公室谈话中的讲话，记录的复印件由尼克松总统图书馆提供。

的说法正好与事件的次序不一致。这个记录事实上与阿瑟·伯恩斯有意识的过度刺激是相矛盾的。阿瑟·伯恩斯本人在1971年3月陈述说,"我们现在可能所犯的最大错误就是不顾一切地处理我们的货币与财政事务……在货币领域的慎重是必要的,免得新一波的通货膨胀力量被释放出来"。①

对阿瑟·伯恩斯的行为更加逻辑一贯的和真实无误的解释是,它并非出于蓄意地过度货币扩张的目的,相反,它基于阿瑟·伯恩斯对通货膨胀的成本推动解释所产生的政策心态。这种心态让阿瑟·伯恩斯容易采取一个结果被证明是过度宽松的政策,原因有:①它阻止了他使用货币政策工具来抗击通货膨胀(因为它暗示这些工具是无效的);②它鼓励他对表面上看到的经济衰退采取措施——这种衰退给人留下的印象就是当前制定的货币政策被证明是正确的(然而,通货膨胀的货币观可能在面对1970—1971年持续通货膨胀的证据中会导致降低资源过剩的估计);③它向他错误地保证,他已经他恢复了正的实际利率(正如前面讨论的那样,因为对于给定的名义利率而言,管制降低了

---

① 引自阿瑟·伯恩斯在1971年3月10日银行、住房和城市事务委员会的证词(Committee on Banking, Housing and Urban Affairs 1971, 7)。

测量的通货膨胀)。①

提供货币宽松的通货膨胀数量是阿瑟·伯恩斯的不明智行动——也就是说，它构成了他自己与联邦公开市场委员会的其他成员对与实现价格稳定的目标相一致的货币政策立场的错误判断——的观念，得到阿瑟·伯恩斯在1972年2月9日的国会证词的支持。在那个证词中，阿瑟·伯恩斯陈述说，"过度扩张的货币政策将是最不幸的事情"，而且美联储决心预防"再次发生

---

① 实际利率在此期间上升（以及在1972年名义利率的上升）的事实，让人们对阿瑟·伯恩斯在1972年了解利率太低的叙述产生了怀疑。一个著名的论证方式（参见P. Wonnacott and R. J. Wonnacott 1979, 317; 和Wells 1994）就是阿瑟·伯恩斯担任利率与股利委员会的领导（尼克松管制时期创建的一个监督而非控制非工资收入的委员会）限制了阿瑟·伯恩斯在1972年提高市场利率的能力。一个相关的论点就是，阿瑟·伯恩斯可能会压低利率，因为他担心如果不这样做就会导致尼克松将强制性的管制扩大到包括利率（参见Dornbusch and Fischer 1981, 568）。当与正文中刚才提到的因素——这些因素可能让阿瑟·伯恩斯感到满意，过度的货币宽松已经被避免了——相比较时，这两种观点似乎对笔者都不具有说服力。
利息监督委员会与阿瑟·伯恩斯的货币政策角色相冲突的观点也在1973年4月9日的《曼彻斯特联盟导报》上被表达过。但是，正如他在1972年的行为一样，阿瑟·伯恩斯在1973年的行为与这种说法——他通过货币政策的宽松解决了他的角色冲突——是相矛盾的。相反，阿瑟·伯恩斯的联邦公开市场委员会在1973年实际上显著地收紧了货币政策的。为了协调这种政策紧缩与他的利息监督角色，阿瑟·伯恩斯同意像"双轨制基本利率"这样的工具（参见DeLong 1997, 266）。这种工具无疑会使金融中介复杂化并扭曲它，但是它们在1973年通常不被认为是否定了货币政策紧缩的宏观经济效应的措施。

通货膨胀的螺旋式上升"。① 正如阿瑟·伯恩斯在 1972 年 7 月的进一步讲话中指出的那样,他相信美国已经避免了过度扩张政策的行动。更准确地说,他在 1972 年 7 月 5 日的《圣路易环球民主报》上声称,美国"在世界所有工业化国家中"坚持最强有力的反通货膨胀政策——这个政策意味着美国在 1972 年年末"可能会达到"宣布的 2.5% 通货膨胀的目标。

对弗里德曼而言,他在 1971 年 2 月 19 日的巴尔的摩《太阳报》上直截了当地摒弃了阿瑟·伯恩斯刺激经济是推动尼克松连任的一种手段的说法。在尼克松连任之后,弗里德曼郑重声明了这种看法,在 1974 年 5 月 30 日《动态经济学教学用盒式磁带》第 147 集、1974 年 8 月 21 日《动态经济学教学用盒式磁带》第 152 集和 1976 年 5 月《动态经济学教学用盒式磁带》第 190 集的第一部分中宣布美联储并没有在 1971 年和 1972 年实施以尼克松连任为目的的货币政策。弗里德曼宣称,阿瑟·伯恩斯不会赞成对货币政策进行任何最细微的改变来支持尼克松的选举机会;弗里德曼在 1974 年 9 月 1 日的《纽约时报》上坚持说,甚至努力为尼克松增加一张额外的选票的想法对阿瑟·伯恩斯的政

---

① 引自阿瑟·伯恩斯在联合经济委员会上的证词(Joint Economic Committee 1972b,121),另在莱斯特·索贝尔(Sobel 1975,19)著作中被引用。

策制定方式都是一件可恶的事情。[1]

虽然弗里德曼早在1972年2月就判断尼克松政府处于一种"恐慌状态",并在1972年竞选之后的一个场合中提出水门事件是尼克松政府为了追求连任所采取的冒险行动,与在经济政策领域的那些行为一样(参见1973年4月25日《动态经济学教学盒式磁带》第119集),但是,弗里德曼将货币政策排除在了这种特定的指控之外。[2] 相反,在1972年11月29日《动态经济学教学盒式磁带》第112集这个1972年最后的盒式磁带评论中,弗里德曼评述说:"阿瑟·伯恩斯先生和(联邦公开市场委员会

---

[1] 参见Meltzer(2009b, 796-97)。虽然梅尔策强调了政治在叙述1979年之前美联储行为中所起的作用(可能这样强调的作用远比记录所证明的作用要大得多,参见Romer 2005和E. Nelson 2012b),但是他也拒绝接受阿瑟·伯恩斯在1971—1972年的货币政策决策反映了1972年选举的因素。

艾布拉姆斯(Abrams 2006)在叙述阿瑟·伯恩斯与尼克松的白宫谈话时,表面上是关心尼克松对阿瑟·伯恩斯的压力,但是最终基本上宣布支持阿瑟·伯恩斯的政策与阿瑟·伯恩斯自己的通货膨胀行为思想基本一致的观点。因此,这篇论文的解释与大通货膨胀的先前文献——它并没有谈到美联储的政治压力——是可以协调的。艾布拉姆斯和布特基维茨(Abrams and Butkiewicz 2012)得出了相反的结论。但是,基于本章前面讨论过的理由,虽然这两位作者因研究了经济政策制定者在白宫的谈话录音而值得赞扬,但是,他们的货币分析与对现有文献的论述所存在的缺陷削弱了他们关于决定20世纪70年代的货币政策决策因素的主要结论。

[2] 无论如何,弗里德曼批评他所认为的这届政府几乎自一开始就表现出恐慌行为的事例。例如,他在1969年6月12日《动态经济学教学盒式磁带》第28集中陈述说这届政府对国会可能不延长所得税附加的期限的信号"感到战战兢兢",并感觉到官员们"采取了疯狂的活动"来确保附加税延期。

的）其他同事，不会偏离他们认为是正确的政策，仅仅是为了对尼克松先生态度好一点。"他说，他对这一点不会有"丝毫的怀疑"。①

实际上，就阿瑟·伯恩斯的货币政策反映了尼克松政府的压力这个指控的相关问题而言，阿瑟·伯恩斯和货币主义者有一些相反的现场逻辑。在1972年之后，阿瑟·伯恩斯将通货膨胀的急剧上升部分地归咎于联邦政府的借款，他声称，美联储有义务采取更快的货币创造来对这种借款进行反应。相反，弗里德曼与其他货币主义者摒弃了尼克松政府的赤字支出作为20世纪70年代初货币快速增长的一个原因（参见 Hetzel 1998；和 E. Nelson 2005b）。正如本章第二节"从渐进主义到新经济政策"所提到的那样，弗里德曼甚至在20世纪70年代初就强调，货币增长在大部分时期都可以独立于财政政策行动。在这方面，弗里德曼在1972年1月10日《新闻周刊》上将该年的第一篇专栏文章命名为"不负责任的货币政策"，并在几周之后的1972年1月31日《新闻周刊》第74页上宣称1971年的货币政策"可怕极了"，尽管宣称尼克松政府不用为这次发生的事情负责。

虽然弗里德曼对1971年的货币政策结果感到不满意，但是，

---

① 弗里德曼在1973年8月6日的《新闻周刊》中评论说，"尼克松总统连任的紧迫欲望"在产生通货膨胀中发挥了一定的作用。然而，要注意的是，这个评论并不必然意味着蓄意地过度刺激经济。相反，它可以被视为这样一种解释，为什么当局在制定政策时没有像弗里德曼所喜欢的那样避开对实际变量，比如失业和产出缺口估计的依赖。例如，在1974年8月21日《动态经济学教学盒式磁带》第152集中，弗里德曼拒绝接受美联储"在1972年按照政治行动"的观念，但是，他援引了当局"持续地对形势做出的错误评价"来作为影响过度货币宽松的一个因素。

他明显认为阿瑟·伯恩斯本人不想要通货膨胀，并努力采取政策来避免它。弗里德曼在 1970 年 4 月 26 日《费城星期日公报》中陈述说"总统和阿瑟·伯恩斯不会恐慌"，补充说他对阿瑟·伯恩斯与尼克松的"品性与人格高度信赖"。类似地，弗里德曼在 1971 年 2 月 24 日《动态经济学教学盒式磁带》第 68 集中称赞阿瑟·伯恩斯是一个独立和坚强之人，他提到的一个事实就是阿瑟·伯恩斯在作证时说他不会支持非常扩张的政策。弗里德曼在 1971 年 3 月初详细阐述了这一点："我不仅受到我的内在乐观主义的鼓舞，而且受到联邦储备委员会主席阿瑟·伯恩斯先生的讲话与人格的鼓舞。他在国会的证词中说联邦储备委员会不会再次成为通货膨胀的发动机。我不仅确信那是他的观点，而且确信他与该委员会的其他人会坚持这种观点。"[1] 正如前面引用的弗里德曼在 1972 年年末所做的评论表明的那样，他对阿瑟·伯恩斯意图的这种看法在货币爆发和新经济政策开始之后都没有改变。[2]

弗里德曼的分析——也被事件的记录所证实——对阿瑟·伯恩斯的货币政策所提出的指控既不涉及阿瑟·伯恩斯对外部通货膨胀压力的默认，也不涉及阿瑟·伯恩斯有意识地追求通货膨胀政策。相反，正如本章反复强调的那样，它在于他对通货膨胀的非货币观的认同。出于上述概括的理由，这种观点可能在 1971—1972 年说服阿瑟·伯恩斯相信联邦储备公开市场委员会

---

[1] 参见 Friedman（1971f, 17）。
[2] 事实上，就阿瑟·伯恩斯没有结束美联储任期——与高通货膨胀如此相关——的公共服务而言，弗里德曼的陈述被证明是准确的。在 20 世纪 80 年代，他在里根政府任职，首先是作为外部经济顾问，然后是作为美国驻德意志联邦共和国的大使。

的货币政策并非通货膨胀性的，尽管与像弗里德曼这样的评论家的意见相反。在阿瑟·伯恩斯看来，成本推动因素已经被管制控制住了。因此，他在1972年7月5日《圣路易环球民主报》上的看法就是，管制"显著地有助于降低我们所经历的通货膨胀率"。这种看法考虑了过度需求可能作为一个额外的通货膨胀压力根源而出现的可能性，但是阿瑟·伯恩斯相信他已经实现了与避免过度需求一致的政策环境。

阿瑟·伯恩斯相信他正在奉行一项适当政策的信念可能得到这个事实的支持：虽然弗里德曼和许多其他评论家认为货币政策过于宽松，但是其他著名的评论家甚至在与新经济政策相关的变革付诸实施之后，还确信美国的危险在于货币政策与财政政策过于紧缩。这些评论家包括尼克松政府的一些成员，以及像保罗·萨缪尔森和沃尔特·海勒这样的主要凯恩斯主义经济学家。[1] 阿瑟·伯恩斯在1971—1972年偏爱的货币政策，往往比联邦储备委员会的杜威·达恩和谢尔曼·梅塞尔等理事支持的政策具有更少的扩张性。[2]

---

[1] 萨缪尔森和沃尔特·海勒在1972年7月27日的国会听证会上作证反对总需求政策的紧缩（参见1972年7月27日《明星晚报》；另参见 Joint Economic Committee 1972a）。

[2] 阿瑟·伯恩斯不得不面对联邦储备公开市场委员会的资深同事的一系列意见并有义务在成员之间寻求一个共识的事实，是阿瑟·伯恩斯对弗里德曼的货币政策评论感到生气的一个原因。约瑟夫·伯恩斯在2013年9月12日笔者的访谈中评述说："我认为，我的父亲不喜欢的一件事情就是，他（弗里德曼）把公开市场政策所宣布的东西联想为'伯恩斯的政策'……但是，委员会中有一些非常聪明、独立的人，他们有能力形成他们自己的见解。而且我并不认为他们会受到我父亲所想要的东西的过度影响。"

## （五）严重不和

弗里德曼与阿瑟·伯恩斯在收入政策方面的争论——从阿瑟·伯恩斯倡导指导线开始——是他们之间的严重不和在20世纪70年代的其余时间持续的一个根源。这次严重不和开始于前面提到的1970年5月那封言辞激烈的信。当那封信的存在迅速变得广为人知时，弗里德曼郑重声明阿瑟·伯恩斯是"我最亲密的一位私人朋友"。但是，当《费城询问报》在1970年5月29日询问他收入政策的争论是否伤害了他们之间的私人关系时，他拒绝回答。阿瑟·伯恩斯在1970年2月说，"我现在最不愿做的事情就是与人争吵"。[①] 但是从1970年5月起，他发现自己与他从前的学生和迄今为止阿瑟·伯恩斯的一位最重要支持者米尔顿·弗里德曼处于不断争论之中。

加里·贝克尔在芝加哥大学注视着这场争论，在2013年12月13日笔者的访谈中回忆说："好吧，弗里德曼在《新闻周刊》上——我认为是在其他地方，撰写了一篇意见分歧的公开文章。我想这篇文章让阿瑟·伯恩斯非常生气，他们真的有好几年都没有说过话。他们最后和解了，但是他们从此就没有像先前那样亲密地在一起了。"

芝加哥大学经济系的另一位成员斯坦利·菲舍尔也是见证了弗里德曼这边与阿瑟·伯恩斯的严重不和，包括可能发生在1970年或1971年的一个事件。[②] 根据2013年8月30日笔者对

---

① 引自1970年2月7日美国众议院银行与货币委员会上的证词（Committee on Banking and Currency, US House 1970, 252）。
② 斯坦利·菲舍尔在芝加哥大学经济系直到1973年中期。但是，正文中所描述的事件可能发生在1970年或1971年。

斯坦利·菲舍尔的访谈，菲舍尔听说不和的程度"出于简单的原因，我想，我的办公室是在他的（弗里德曼的）办公室的路（走廊）对面，他过去常常扔掉他所写的东西。因为当他完成一篇他不想保留的论文时——这些论文似乎占了绝大多数，他们在外边有一张桌子，他把这些东西扔在上面。有一天，桌子上有篇他写的东西，我不确定他是否打算公之于众。但是，这是严厉批评阿瑟·伯恩斯的言论。不过，我记不清它的内容了。但是，我意识到，他（弗里德曼）感觉在某种意义上被背叛了"。

弗里德曼与阿瑟·伯恩斯并没有中断彼此的通信。他们继续通信。[①] 虽然在许多人（包括弗里德曼在晚年）的回忆中他们几乎没有彼此交谈过，但是他们确实在1970年之后私下地和在电话中互相交谈过。在专业层面上，弗里德曼在联邦储备委员会的顾问会议上在1970年6月、1970年11月、1971年6月以及从1973年到1976年的每一年都见过阿瑟·伯恩斯。[②] 虽然他们共同出席这个论坛是他们保持联系的一种手段，但它也证明是他们之间紧张的一个根源，因为弗里德曼经常利用顾问会议的机会无拘无束地批评当前的货币政策。

弗里德曼与阿瑟·伯恩斯也是夏季的邻居，两人都在佛蒙

---

[①] 例如参见弗里德曼（Friedman 1982b，106-10）引用的1970—1971年的通信。

[②] 弗里德曼在1972年下半年路过华盛顿时访问过联邦储备委员会。阿瑟·伯恩斯与弗里德曼在华盛顿会见的另一次是在他们两人都参加美国企业研究所在1971年9月22日举行的国际货币问题会议上（American Enterprise Institute 1972，135）。两人也都参加了如下所述的1972年5月的蒙特利尔会议。

特的伊利有避暑别墅。① 他们的临近避暑别墅使他们长期以来能够保持定期联系。弗里德曼在1969年11月4日《华尔街日报》第15页上表达的最初期望是,阿瑟·伯恩斯在华盛顿的角色意味着他们不再会在他们的避暑别墅相见:"他是我在伊利的邻居,我想念他的陪伴。"但是,在他担任美联储主席期间,阿瑟·伯恩斯实际上遵循的惯例是,回到伊利的家度过长周末和每年8月份的绝大部分时间(参见1975年8月17日《纽约时报》第13页)。此外,阿瑟·伯恩斯与弗里德曼继续保持着良好的家庭关系。因此,认为阿瑟·伯恩斯与米尔顿·弗里德曼之间的严重不和让他们彼此进入了一种完全疏远的状态的说法是不准确的。

但是,两人之间的关系确实比之前冷淡多了。"他可能在碰到阿瑟·伯恩斯时彬彬有礼,"安娜·施瓦茨在2007年1月25日给笔者的电子邮件中评论说,"但是亲密关系已经结束了。"约

---

① 直到20世纪60年代,弗里德曼一家在佛蒙特州之外有一所避暑别墅,离阿瑟·伯恩斯在佛蒙特州的家相当近。根据2013年9月12日笔者对约瑟夫·伯恩斯的访谈和2014年10月29日笔者与约瑟夫·伯恩斯的私人通信,弗里德曼一家在20世纪60年代将避暑别墅搬到位于佛蒙特州伊利的别墅之后,弗里德曼一家在地理上离伯恩斯家更近,这使得这两个家庭实际上是邻居。弗里德曼在1975年8月17日《纽约时报》第13页上谈到他在佛蒙特州的家时说:"谢天谢地,我们的家在路的尽头,可以俯瞰一个湖泊和一个山谷。"他还指出,这所房子距离任何其他房子,包括阿瑟·伯恩斯的家大约有一英里(约1.6千米)的距离。另见上文第十二章。
包括1970年1月25日的《纽约时报》、1970年4月26日的《费城星期日公报》和1976年10月16日《纽约邮报》在内的媒体多次提到弗里德曼和阿瑟·伯恩斯是夏季的邻居,马图索(Matusow 1998,60)和梅尔策(Meltzer 2009a,644)也提到过。

瑟夫·伯恩斯在2013年9月12日笔者的访谈中说,"在那时之后,家庭关系就不如以前亲密了"。他进一步评论说,他与弗里德曼的争论反应的"不仅仅是指导线（的问题）。我认为指导线可能是主要的一部分；它的确伤害了这种关系"。但是,另一个重要的事实是,"弗里德曼非常批评"货币政策,从1971年起更是如此。莱尔·格拉姆利是20世纪70年代初联邦储备委员会的一名高级职员,他在2013年4月10日笔者的访谈中回忆说,阿瑟·伯恩斯"对弗里德曼批评美联储不满,因为阿瑟·伯恩斯认为这是针对他个人的"。阿瑟·伯恩斯的回应就是,他在对联邦储备委员会的高级职员讲话时高度批评弗里德曼的分析。这种态度虽然是不公开表达的,但外部评论者都知道,因为一位财经记者在1972年5月21日的《星期日太阳报》(*Sunday Sun*)评论说,"阿瑟·伯恩斯……毫不掩饰他对弗里德曼货币学派的支持者的狭隘方法表示深深的厌恶和蔑视"。

然而,按照阿瑟·伯恩斯的官方公开讲话来说,他对弗里德曼立场的不满通常表达得不那么明显。阿瑟·伯恩斯在1970年2月国民经济研究局的活动上对弗里德曼发表了热情洋溢的讲话之后,这很少公开提到弗里德曼［参见 E. Nelson（2013d,27；2016,317）］。伯恩斯在他们具有严重分歧的时期很少提到弗里德曼的名字,不管是在1970—1971年弗里德曼质疑阿瑟·伯恩斯的收入政策的时期,还是在1971—1972年弗里德曼就收入政策和货币政策责备阿瑟·伯恩斯的时期,抑或是从1973年中期起弗里德曼对阿瑟·伯恩斯作为美联储主席的表现所做的新的和尖锐的批评的时期。

弗里德曼在1978年之后修补了与阿瑟·伯恩斯的关系,并在1985年将阿瑟·伯恩斯描述为"依然是我的最好朋友之一"。①因此，弗里德曼在1978年之后不愿意批评阿瑟·伯恩斯的表现，详细叙述他从前的批评，或者甚至承认之前的严重分歧。他的回忆录热情赞扬阿瑟·伯恩斯，以至于导致安娜·施瓦茨在2007年1月25日给笔者的电子邮件中评论说，"我也认为，人们不应该肤浅地只看他（弗里德曼）在《两个幸运的人》中所写人物的表面现象"。但是，阿瑟·伯恩斯与弗里德曼在20世纪70年代的关系恶化不仅从施瓦茨和其他人的叙述中明显表现出来，而且事实上也明显表现在弗里德曼1973—1978年对阿瑟·伯恩斯所做的尖锐的公开批评之中（参见 E. Nelson 2007，2013d，2016）。

不过，甚至在20世纪70年代末和解之前，阿瑟·伯恩斯与弗里德曼之间的关系在1972年与1973年年初之间暂时地明显改善。这次改善表现在阿瑟·伯恩斯在1972年10月参加向弗里德曼致敬的一次会议中。②改善的部分原因可能来自弗里德曼在1972年年末对1971年以来的货币政策行动的看法比他在此之前或在此之后的看法都更加积极的事实。他暂时深信——与他之前的分析相反——到目前为止，阿瑟·伯恩斯任期内的货币政策立场也许是一个勉强避免了通货膨胀问题的立场。③随着通货膨胀

---

① 参见 Friedman（1986a，83）。
② 阿瑟·伯恩斯与乔治·舒尔茨是参加这次会议的两位高级政策制定者。参见 Selden（1975b，323，325）。
③ 参见前面的第二节"从渐进主义到新经济政策"。除了正文提到的这些因素，在帮助理解弗里德曼和阿瑟·伯恩斯在1972年的货币政策看法时必定发挥一定作用的一个因素是1972年的货币增长数据后来显著地向上修正了。约瑟夫·伯恩斯在与笔者交谈时指出，他希望他将这一点包括在他2004年4月26日在《华尔街日报》上为他的父亲在1971—1972年的表现所写的辩护之中。

的爆发，弗里德曼不仅在 1973 年急剧地修改了这种看法，而且在此过程中，他与阿瑟·伯恩斯在 1972 年稍微修补的关系再度恶化了。

联邦储备委员会的高级职员莱尔·格拉姆利，既是一位与弗里德曼在 1971—1972 年对美国货币政策持有相同担忧的经济学家，也是一位没有曾经短暂相信通货膨胀可以避免的经济学家。莱尔·格拉姆利在 2013 年 6 月 24 日笔者的访谈中回忆说："阿瑟·伯恩斯把我叫到他的办公室。时间是在（1972 年）6 月中旬或者左右。他说，'莱尔·格拉姆利，我得到了一个在美国经济协会和美国金融学会的年度午餐上发表演讲的重要机会'——我相信，那一年是在多伦多。他说，'我希望就通货膨胀做一个言辞激烈的演讲'。我对他说——我不仅是与阿瑟·伯恩斯紧密合作之人，而且是可以反驳他但无须害怕某种惩罚的人：'主席先生，你没有问我的意见，但我无论如何都要对你说，不要那样做。挑选另一个主题吧'。他对我说，'好吧，我为什么要那样做？你知道，我在一生中都一直非常擅长于抑制通货膨胀'。我说，'是吧，你负责的货币政策都把经济击溃了'。我们谈了大概十五到二十分钟，然后他对我说，'莱尔·格拉姆利，你知道我多么感谢你，但是你在这件事上完全错了。'我则说，'好吧，你知道，我们走着瞧吧。我认为，通货膨胀被工资与价格管制掩盖了，货币政策现在太激进了'。"虽然格拉姆利相信，阿瑟·伯恩斯'真诚地认为'通货膨胀已被战胜了并且非通货膨胀的扩张正在进行中，但是，格拉姆利确信，到 1972 年 12 月美国经济协会举行会议时阿瑟·伯恩斯就被证明是错误的。结果，格拉姆利预见的和弗里德曼也担心的通货膨胀的猛烈爆发刚好发生在会议之后的1973年年初。

\* \* \*

与一年前的会议记录相反，弗里德曼没有出席1972年12月的美国经济协会会议。原因是，他在1972年的会议时正处于心脏直视手术之后的康复期。在这次手术之前的时期，不清楚弗里德曼什么时候开始注意到他的心脏问题。在1977年发表的回忆中，罗丝·弗里德曼认为，1972年夏季某个不确定的时间是她的丈夫突发心脏病的时期，从而提醒他注意这个问题，并让他做出心脏手术的决定。① 米尔顿·弗里德曼也在他后来所写的叙述中选择这个时间范围，而他的妻子在1977年的文章明显是他选择这个日期的资料来源。②

但是，存在大量的、尽管不是决定性的证据表明，弗里德曼的心脏问题实际上在1971年就被察觉了。克里斯托弗·西姆斯在20世纪70年代初在芝加哥大学的研讨会——据他在2013年9月20日笔者的访谈中回忆，这次研讨会是作为计量经济学研讨会系列的一部分举行的——上报告他的论文"货币、收入与因果关系"。西姆斯在芝加哥大学期间的访问时间表包括与弗里德曼的会面。这次会面发生在一个不寻常的地方和一个不寻常的环境中，因为弗里德曼在患心脏病之后住在校园里的一个医疗中心。在与卧床不起的弗里德曼讨论的过程中，西姆斯发现他自己卷入了对格兰杰因果关系概念的定义和重要性的争论。鉴于弗里德曼的健

---

① 参见 R. D. Friedman（1977a, 28）。
② 参见《两个幸运的人》第420页。

康状况,西姆斯担心他们的口头交流正变得有几分激烈了。"它是一个争论,他当时在医院——心脏有问题。它不是一个激烈的争论:只是他有一个观点,我难以说服他,他是错误的。因此,我当然在想,'我真的不希望这成为一个令人激动的争论'。"

西姆斯的论文发表于1972年9月(Sims 1972)。由于弗里德曼在1972日历年直到9月的时期都不在芝加哥大学,因此,西姆斯的研讨会报告明显是在1971年——他在这一年写了一篇工作论文"货币、收入与因果关系"并在各种论坛上报告它。[①] 其他表明弗里德曼的心脏病在1971年就变得明显了的证据在于这样一个事实:马克·迈尔斯在1971年秋季在芝加哥大学开始研究生学习,了解到弗里德曼部分地因为健康问题而在1971—1972学年不会讲课(参见2014年2月20日笔者对马克·迈尔斯的访谈)。沿着同样的思路,罗伯特·戈登在2013年3月21日笔者的访谈中回忆说,弗里德曼出于健康原因离开了校园一年到一年半。这种解释包括弗里德曼在1971—1972学年不在校

---

① 托马斯·萨金特(Sargent 1972, 96)指出,西姆斯(Sims 1972)的手稿版本注明的时间是1971年2月。西姆斯1971年4月16日在考尔斯基金会(安置在耶鲁大学)报告了这篇论文(参见http://cowles.yale.edu/cf-seminars)。将这些信息与弗里德曼在1971年的行踪记录结合在一起,可以得出西姆斯在芝加哥大学报告的可能时间段似乎是1971年3月至5月和1971年8月至12月。如果使用罗丝·弗里德曼(Rose Friedman 1977a, 28)描述的弗里德曼住在芝加哥大学医院的时间是11月份,那么就可以进一步确定为1971年11月。与这里指出的另一个时间节点相反,如果人们也接受她给出的医院探视的年份是1972年,那么,西姆斯对芝加哥大学的访问就发生在1972年11月。但是,这样一个日期似乎与西姆斯在访问中报告"收入、货币与因果关系"论文的回忆不一致,因为这篇论文已经在1972年11月发表了。

园的一段时期，加上他在 1972—1973 学年不在校园的大部分时间——作为他的健康相关的假期的一部分。

诚然，弗里德曼在 1972 年的最初几个月在檀香山休假，并在夏威夷大学讲课。因此，他在这几个月不在芝加哥大学在形式上与疾病无关。但是，罗伯特·海勒在弗里德曼访问时是夏威夷大学经济系的一名资深教师，在 2013 年 9 月 9 日笔者的访谈中谈到弗里德曼的健康状况时说，"我们知道它"。不过，罗伯特·海勒补充说，"他似乎完全健康"，并指出"他精力相当充沛，并在海滩上长时间散步"。弗里德曼也在夏威夷时期履行了相当多的教学义务和演讲义务。在 1972 年下半年返回到美国大陆之后，弗里德曼继续进行大量的演讲活动。①

到 1972 年年末，弗里德曼已被安排在明尼苏达州罗切斯特的梅奥医疗中心在 12 月 13 日进行心脏直视手术。表面上，他不带感情地对待这次手术。实际上，弗里德曼的秘书格罗丽娅·瓦伦丁在无意中听到弗里德曼在电话中谈论它之前，没有意识到这

---

① 弗里德曼在 1972 年春季与夏季参加的活动包括他参加 5 月前半期在蒙特利尔举行的美国银行家协会的国际货币会议［1972 年 5 月 11 日《多伦多明星报》(Toronto Star)]和他在 5 月 23 日纽约市的金融分析师联盟会议上就经济政策与皮埃尔·林弗雷特（Pierre Rinfret）进行辩论（参见 1972 年 5 月 24 日《芝加哥论坛报》和 1972 年 5 月 28 日《新闻日报》）。而且根据 1972 年 9 月 15 日《独立晚报》(Evening Independent) 和《两个幸运的人》第 335 页，弗里德曼在 1972 年 9 月初参加了在瑞士蒙特勒举行的朝圣山学社的会议。他还出席了由罗切斯特大学校长在 1972—1973 学年的某个时候在罗切斯特大学（在纽约州）举行的晚宴。在晚宴上，弗里德曼与当年来自伦敦政治经济学院访问该大学的布莱恩·格里菲斯勋爵进行了长谈（参见 2013 年 9 月 23 日笔者对布莱恩·格里菲斯勋爵的访谈）。

次即将到来的手术（参见 2013 年 4 月 1 日笔者对格罗丽娅·瓦伦丁的访谈）。"他有点儿理性主义"，斯蒂芬·斯蒂格勒在 2013 年 11 月 6 日笔者的访谈中回忆弗里德曼决定动手术时说，"他认为这个主意不错，于是就接受了它。"

虽然弗里德曼后来将他自己描述为一个"不是非常内省的人"（Martin 1983, 50），但是事实是，他在 1972 年的下半年，即年末手术之前的几个月中，获得了许多重要的机会来回顾他的职业生涯。其中重要的一次机会是 1972 年 7 月 31 日在他的 60 岁生日举行的活动。另一次反省的机会出现在 1972 年 10 月，当时弗吉尼亚大学经济系举行了纪念弗里德曼的会议。①

《华尔街日报》在 1972 年 10 月 30 日报告这次的纪念文集时说，"自从约翰·梅纳德·凯恩斯以来没有任何经济学家如此影响了经济理论和公共政策"。② 但是在某种程度上，就政策的重要问题而言，这种关于弗里德曼影响力的说法听起来不真实。虽然汇率已经变得更加有弹性是事实，但是，截至 1972 年 10 月，汇率制度似乎在几个主要的国家回到了固定平价的安排。美国政策制定者现在还更多地注意货币增长，这也是事实。但是，他们并没有按照弗里德曼建议的货币存量的增长会导致反通货膨胀向下的路径的方式这样做。相反，货币增长在前两年都一直很高。

---

① 发表为 Selden（1975b）。弗里德曼当时的 60 岁生日形成了这次会议的部分推动力。
② 这篇文章是由林德利·克拉克（Lindley Clark）所写的。他既是《华尔街日报》正式受雇的作家，又是弗里德曼的一位从前的学生。弗里德曼在 1972 年 11 月 1 日《动态经济学教学盒式磁带》第 110 集中讨论了这篇文章。

而且，正如《华尔街日报》的这篇文章指出的那样，前十年"看到了政府的巨大扩张"。在纪念他的大会的一次会议的演讲中，弗里德曼指出，他在十年之前的《资本主义与自由》中关于美国随时准备向小政府转变的预测都错了。威廉·尼斯坎南（William Niskanen）提交的会议论文阐述了这种看法，声称弗里德曼在1962年认为趋势朝着不利于公共部门增长的方向转变的说法是"严重错误的"。① 弗里德曼本人承认，公共舆论自从1962年以来是一个促进政府作用扩张的强有力因素。② "不幸的是，普通大众不过在事实上不会反对政府的扩张以及它一直扩张的方式"，弗里德曼在这次大会上评论说。③ 在1972年11月6月《新闻周刊》题为"我们可以阻止利维坦吗？"的专栏文章中——这篇文章大致写于这次会议的时候，弗里德曼呼吁对"我们赋予政府的作用"进行急剧的改变。弗里德曼评论说，除非在公共讨论中形成了这种改革需要的广泛认同，否则美国全国辩论的议题不是关于维持和减少政府规模的选择问题，而是维持与增加它的选择问题。在这方面，弗里德曼指出，虽然民主党的总统

---

① 分别参见理查德·塞尔登（Selden 1975b，51）和威廉·尼斯坎南（Niskanen 1975，21）对大会的讨论。
② 对于政府支出，弗里德曼在20世纪70年代中期越来越强调的一个限制条件是，通货膨胀允许没有立法的税收增加，因而按照他的"饿死野兽"的逻辑，倾向于为更高的政府支出产生动力。但是，弗里德曼认为，甚至可以追溯至这一根源的公共支出增长之所以发生，部分是因为普通大众的同意或默认。
③ 参见Selden（1975b，50）。这种判断部分地反映了从尼克松第一任期收集到的事实。三年前，弗里德曼在1969年10月6日联合经济委员会的证词中更加乐观地认为普通大众会认识到政府项目往往不会实现其预定的目标（Joint Economic Committee 1970a，818）。

候选人参议员乔治·麦戈文提议提高联邦支出在国民收入中的份额大约五个百分点，来自尼克松总统的竞争性提案则是维持其现有水平的份额而不是大幅度减少它。

最显著的是，根据美国最近的经济政策偏离弗里德曼的建议的角度看，美国在 1972 年年末结束了第一个一整年的在和平时期的全面价格管制，而这些管制自从 1971 年 8 月以来作为旨在抗击通货膨胀的非货币武器起着重要的作用。在 1971 年 8 月 16 日——这是最初的工资与价格冻结强制实施后的一天，尼克松总统指示乔治·舒尔茨给弗里德曼打电话，将这次冻结辩护，说它是一项临时措施，旨在应对民主党政治家要求永久性的工资与价格管制的压力（Matusow 1998，157）。弗里德曼一开始就对这种看法持怀疑态度，在 1971 年 8 月 18 日的《新闻日报》上哀叹说："人们的记忆力是如此的短暂。难道他们不记得第二次世界大战了吗？难道他们不记得朝鲜战争了吗？一旦你请管制帮忙，摆脱它们就太难了。"果然，当冻结措施按计划即将结束时，1971 年 10 月 25 日《新闻周刊》的第 87 页在一篇报道中总结了后冻结时期的政府公告，在这个公告中，"尼克松总统介绍了他无限期地管制美国经济的计划"。当保罗·麦克拉肯在 1971 年年底准备辞去经济顾问委员会主席的职务时，他在 1971 年 12 月 31 日的《纽约时报》上指出，工资与价格管制可能继续到遥远的未来。

实际上，管制看起来到 1972 年年末可能已经成为美国经济景观的一个永久性特征。保罗·萨缪尔森在 1972 年 12 月的专栏文章中指出，尼克松总统转达了他的决定，管制要继续。萨缪尔森还在 1972 年 12 月 25 日的《新闻周刊》上评论说，这个决定已经由财政部部长乔治·舒尔茨公开宣布了。萨缪尔森不失讽刺地说，乔治·舒尔茨在他的学术生涯中首先是他自己的同事，然后是弗里德曼的同事，并被认为支持弗里德曼的经济学，然而，乔治·舒尔茨正在执行的收入政策是萨缪尔森而不是弗里德曼所支持的。在1972年12月的同一个月中，阿瑟·奥肯在1972年12月7日《堪萨斯城明星报》中预测，某种形式的工资与价格管制将在"我们的余生"中有效，并补充说，"我赌五分硬币，我们从来不会听到另一位美国总统说尼克松总统在1969年和1970年所说的话：政府在工资与价格的私人决策中没有任何作用"。

因此，在许多政策问题上，事情似乎在弗里德曼动手术之时对他不利。猜想弗里德曼如果在手术中没有活下来人们如何纪念他，是很有趣的事情。在20世纪80年代在政策制定中所发生的对自由市场兴趣的部分复兴，即使他没有活下来，也可能会进行，而弗里德曼在1972年之前的著述和活动也可能在一定程度上被认为是推动这种复兴的一个因素。从20世纪70年代末开始对通货膨胀是一种货币现象的更多认同，也可能会导致对弗里德曼的货币著作的持续兴趣。

人们可以有把握地说，如果弗里德曼是在1972年而不是在2006年去世，他将作为一个争议性更少的人物而被铭记。虽然他的思想在1972年前后没有什么不同，但是，他倡导这些思想的许多最引人注目的活动，包括在美国电视上和在英国的广受关注的采访，都发生在1972年之后。尤其是，他在1975年对智利有争议性的访问——这次访问损害了弗里德曼在许多评论家中的形象——不会发生。在1972年之前，弗里德曼访问了许多独裁统治的国家，向那些他在每一个国家中会见的人倡导自由市场政策。他接受的事实是，他给独裁国家的经济建议与他给民主国家的经济建议相同；他向那些他在独裁国家中会见的人，包括政府官员倡导民主制；他坚信经济自由化有助于政治自由化和经济改善——所有这一切都构成了他访问国外的善意。但是，由于一些批评家采取不同的看法，因此，从20世纪70年代中期起与弗里德曼关联的争议比1972年之前要大得多。

正如本章开头就强调的那样，非常明显的是，弗里德曼对经济研究的贡献到20世纪70年代初多数情况下已经写下来了。因此，如果他在1972年死去，这无论如何对他作为研究者的地位几乎不会发生任何影响。事后看来，事实上很明显的是，弗里德曼大约到1972年年末会重新安排主要的优先事项，远离研究而走向公共政策活动。似乎对他而言，研究显然不再是他能够产生影响的最佳手段了。作为理性预期革命的一部分，新一代货币经济学家的出现使弗里德曼进一步落后于当前技术经济建模领域的最佳实践，即使新文献报告的许多结论证实了弗里德曼的观点与直觉。他在20世纪70年代并没有很好的条件来研究和写出20世纪五六十年代那种议程设定质量的著作来。

相反，弗里德曼在20世纪70年代初的公共政策领域依然处于主导地位。杰里米·西格尔在2013年9月17笔者的访谈中回忆经济系在20世纪70年代初的状况——他从商学院的角度观察这种情况——时评论说:"贝克尔、弗里德曼和乔治·斯蒂格勒在芝加哥大学就像跨越地球的巨人一样。"在这三个人中，弗里德曼无论是相对的还是绝对的优势越来越在于远离研究。贝克尔继续进行充满活力的研究计划，尽管乔治·斯蒂格勒自从1946年的《屋顶还是天花板？》的小册子以来只是偶尔介入公共辩论。"我的父亲不像米尔顿·弗里德曼那样卷入政策声明。"斯蒂芬·斯蒂格勒在2013年11月6日笔者的访谈中回忆说。他补充道:"我的父亲偶尔会尝试寄给各种类型的编辑一封信,他会对公共问题进行评论。这不是他所做事情的核心部分,却是米尔顿·弗里德曼所做的核心部分。至少这是我的看法。"

事实上,乔治·斯蒂格勒怀疑,学院派经济学家在从事大众辩论时是否有效地花费了他们的时间。本杰明·克莱因注视着乔治·斯蒂格勒与弗里德曼在20世纪60年代中期的关系,在2013年3月4日笔者的访谈中指出:"我记得,乔治·斯蒂格勒老是拿他开玩笑,因为乔治·斯蒂格勒总是认为,你应该只是一位纯学者,你不应该把时间浪费在政治、向政治家提供咨询以及所有这类其他的东西上。"

20世纪70年代初,乔治·斯蒂格勒做出贡献的公共选择理论,以及弗里德曼在政策制定者实施他的建议时所碰到的挫折,都让乔治·斯蒂格勒的观点得到了加强。[1] 戴尔德尔·麦克洛斯基在2013年8月21日笔者的访谈中评论说:"我喜欢讲米尔顿·弗里德曼与乔治·斯蒂格勒之间的一次谈话这个故事。它

---

[1] 至于后一个发展状况,查尔斯·考克斯(Charles Cox)——他是芝加哥大学在20世纪60年代末到20世纪70年代初的一位研究生——在2013年11月5日笔者的访谈中回忆说:"除了是一位非常好的经济学家,他(乔治·斯蒂格勒)还有非常吸引我的幽默感。例如,他记得他说:'米尔顿·弗里德曼怎么了?他为什么在改变政策方面如此无效?'"查尔斯·考克斯叙述的事实是,乔治·斯蒂格勒说这就提出了一个问题,"我们应该辞退米尔顿·弗里德曼吗?还是我们应该研究政策阐述目标的方式,你知道,似乎不同于米尔顿·弗里德曼所认为的那样?"。

发生在20世纪70年代初的社会科学大楼下面的咖啡室，我们去那儿喝咖啡。我无意听到的这次短暂交流的大意是，乔治·斯蒂格勒向米尔顿·弗里德曼抱怨，因为米尔顿·弗里德曼努力说服人们相信自由贸易是一个不错的想法。乔治·斯蒂格勒说，'听我说，人们支持自由贸易是出于他们的利益'。乔治·斯蒂格勒从任何事情都是受到利益驱动的这种理性激情开始论述，认为这与意识形态、劝说、言辞或者任何像那样的东西无关。而米尔顿·弗里德曼则说，'好吧，听我说，我认为我可以说服人们改变他们的看法'。乔治·斯蒂格勒又一次对此加以嘲讽地说，'哦，别这么说，别那么天真。人们的信念并不取决于他们的思想，而是取决于他们的财力'。米尔顿·弗里德曼只好说，'但我是一名教师。我希望教育人们'。"[1]

实际上，乔治·斯蒂格勒让学者可能会影响公共政策的怀疑成为他在1972年纪念弗里德曼的大会上发言的主题。他对弗里德曼的影响力所表达的否定语气让正在参加会议的本内特·麦卡勒姆大吃一惊："我认为，乔治·斯蒂格勒所做的评论并不是非

---

[1] 另参见戴尔德尔·麦克洛斯基（McCloskey 1992, 689）——对这次谈话给出的大致时间稍微要早一些，大致在1968年——对这次谈话的回忆。乔治·斯蒂格勒本人对他自己和弗里德曼的不同看法在1982年10月22日《每日邮报》上简洁有力地总结如下："米尔顿·弗里德曼走出去是为了拯救世界，而我走出去则是为了理解它。"虽然乔治·斯蒂格勒的描述准确地阐明了弗里德曼在倡导政策变革方面的兴趣，但是，它的缺陷在于没有承认弗里德曼在实证经济学中的大量研究成果。这个引语突出了本书反复强调的一个观点：乔治·斯蒂格勒似乎从20世纪50年代初开始就不熟悉弗里德曼的研究工作，这不同于他的公共政策活动。

常感激弗里德曼。对一个缺乏经验的年轻经济学家而言，那是非常令人吃惊的，因为他们明显是伟大的同事。"（参见2013年6月13日笔者对本内特·麦卡勒姆的访谈）

安娜·施瓦茨对乔治·斯蒂格勒的讲话存在类似的反应，后来说"乔治·斯蒂格勒的论文没有充分如实地陈述经济学家的影响力，包括他的和米尔顿·弗里德曼的影响力"。[1]但是，她也在乔治·斯蒂格勒的演讲中发现了对弗里德曼的鼓励，从而认为乔治·斯蒂格勒是在轻松地告诫弗里德曼不要期待政策会变化很大，同时激励弗里德曼继续努力，促成变革。[2]

虽然乔治·斯蒂格勒在这个问题上不断地数落弗里德曼，但是，他事实上开始思考，弗里德曼也许能够对公众舆论产生显著的影响。因此，当谈到弗里德曼时，乔治·斯蒂格勒对学者影响公共政策的能力的通常看法多少有点例外。这种看法的一个明显证据就是乔治·斯蒂格勒在1966年鼓励弗里德曼接受《新闻周刊》专栏的任务。[3]

后一种发展状况对弗里德曼本人的看法的影响明显体现在20世纪60年代末他的评论之中：虽然他的主要兴趣仍然是货币经济学研究，但是他在1969年11月4日的《华尔街日报》第

---

[1] 参见Schwartz（1993, 209）。关于正在讨论的乔治·斯蒂格勒讲话的相关材料，尤其参见Stigler（1975, 312, 319-21）；对比弗里德曼与乔治·斯提格勒关于倡导政策变革的观点的早期讨论，参见Bordo and Landau（1986）。关于弗里德曼的看法，参见R. D. Friedman（1977b, 26）。
[2] 参见Schwartz（1993, 207）。
[3] 参见弗里德曼在《两个幸运的人》第357页以及R. D. Friedman（1998）中的评论。

15页上说，写作专栏文章是他相当喜爱的事情。弗里德曼后来提到，《新闻周刊》专栏文章的一个好处是能够得到读者的反馈，并将随之而来的交流描述为"一种双向论坛"，这突出了两个吸引弗里德曼参与公共活动的关键点。① 一方面，弗里德曼喜欢绝大部分非经济学家读者的反应。"我认为，乔治·斯蒂格勒与弗里德曼的差别就是他们总体上的思想开放"，马克·纳洛夫——他是弗里德曼之前的学生，后来成为系里的一位同事——在2013年9月18日笔者的访谈中评论说。② "弗里德曼的思想非常开放，而乔治·斯蒂格勒则不是那么开放……弗里德曼会没完没了地倾听怪人说话：他希望发现他们是否有好的想法。不是说我曾经注意到他严肃对待怪人的想法，而是他在倾听。那也是他在课堂上的特征。他会倾听我们学生说和问的一些愚蠢的事情，如此耐心地，非常耐心地倾听。我想，那就是让他成为一位好老师的品质。"

另一方面，弗里德曼希望对广大公众进行实证经济学的教育，说服他们相信他的规范经济学思想的正确性。查尔斯·考克斯在2013年11月5日笔者的访谈中评论说，"我认为，弗里德曼永远相信最好的方法……我认为他的看法是，说服人们最好的方法就是简单地进行辩论，并以非常友好的方式来努力强调你的观点"。类似地，斯坦利·菲舍尔在2013年8月30日笔者的访谈中指出："乔治·斯蒂格勒曾经说过，'如果米尔顿·弗里德

---

① 引自注明的日期为1982年11月20日弗里德曼在Friedman（1983b, x）中的序言。
② 马克·纳洛夫从1969年到1974年是芝加哥大学经济系的一名教师（American Economic Association 1981, 305）。

曼发现九岁或九十岁的人在思维方式方面有错误，无所谓。他会耐心地向他们解释他们的想法有什么问题'。他不会区别对待人们。"

撰写公共政策文章在这一点上对弗里德曼很有吸引力，既因为它有广大的听众，也因为它要求弗里德曼"用所有人都懂得的语言来表达技术经济学"。[1] 理查德·泽克（Richard Zecher）是从1968年到1973年近距离观察弗里德曼的一位年轻同事，在2013年9月3日笔者的访谈中评论说："我认为，米尔顿·弗里德曼在我的经历中是一位天赋独一无二的人，可能是我所曾经所知的最真诚的教师，（因为）他真的花大量的时间以人们可能明白的方式努力阐释事情。"[2]

乔治·斯蒂格勒本人以这些言辞在1970年2月《机构投资者》第136页上评论了弗里德曼在公共场所的另一种技能："米尔顿·弗里德曼是世界上最好的经济辩论家。"[3] 保罗·旺纳科特在2014年5月12日笔者的访谈中也回忆说，根据他在20世纪60年代看到的弗里德曼的行动，"在辩论中，他是我曾经所遇见的最聪明之人"。

罗伯特·艾斯纳多次承受这种聪明的主要压力。由于他作为货币主义的尖锐批评者和政府大规模干预经济的支持者的地位，

---

[1] Friedman（1972d, ix）.
[2] 理查德·泽克从1968年到1973年是芝加哥大学经济系的助理教授（参见 https://prabook.com/web/joseph_richard.zecher/586927）。
[3] 就保罗·萨缪尔森而言，他在1976年10月16日《纽约邮报》第27页上提供了一个更加具有限制性的认同，说弗里德曼在他（即弗里德曼的）那一边辩论的人当中是最优秀的经济辩论家。

加上居住在西北大学的大芝加哥地区，因此，艾斯纳是一个天生被选中与弗里德曼辩论之人。因而，两人在许多公共演讲活动中彼此较量。在1975年的国会证词中，艾斯纳讲述了这些经历给他留下的印记。他当时在一个旁注中回忆说，"在多年前与米尔顿·弗里德曼的一场辩论中，我失败了"。[1]

鉴于这样一些看法，人们有理由这样问，弗里德曼在20世纪70年代初是否将他的这一技能发挥到最大的作用。他的《新闻周刊》专栏文章，以及较少引人注目的《动态经济学教学盒式磁带》，基本上都是独白。只是弗里德曼偶尔参加的电视节目才让他的演讲和辩论才能得以真正发挥出来，吸引了公众的注意。弗里德曼在1972年之后的时间分配似乎反映了对这一点的承认，开始于他在1974—1976年参加的一大把电视访谈节目和在1975—1976年担任哥伦比亚广播公司的电视评论员。

甚至在1972年都可能看到弗里德曼正在脱离学术世界。正如本章反复指出的那样，弗里德曼的主要研究到1972年就已经结束了。罗丝·弗里德曼正确地坚持说，弗里德曼在尼克松总统的第一任期内的各种公共政策活动与源源不断的研究发表同时并进。[2] 但是，弗里德曼与他的批评者之间在发表于1972年四季度的《政治经济学杂志》上的辩论——后来发表于戈登（Gordon 1974a）编辑的文集中——对他而言多少有点最后的绝唱的意味。从现在开始，他们研究之路就算结束了。他并没有把他在1972

---

[1] 引自罗伯特·艾斯纳在1975年7月31日联合经济委员会的证词（Joint Economic Committee 1975, 293）。
[2] 参见 R. D. Friedman（1976e, 32）。

年之前指派给他自己的几个研究项目做完。例如，早先指出，弗里德曼放弃了提议中的弗里德曼与施瓦茨的周期著作。这种做法的另一个例子出现在弗里德曼在20世纪70年代初一直在研究的一篇论文"货币需求的时间视角"中。在1972年秋季学期在货币研讨会的一次会议上报告这篇论文之后，弗里德曼基本上停止了对它的研究，在稍微修改之后将它发表于1977年的《斯堪的纳维亚经济学杂志》(*Scandinavian Journal of Economics*)上，用于纪念他获得诺贝尔经济学奖。①

虽然他会继续对研究人员邮寄给他的论文提供评论，但是，弗里德曼从那时起很少正式评审论文了。②他继续履行他在芝加哥大学的教学任务，这些教学任务在20世纪70年代初基本上与二十年前的教学任务相同。③但是，弗里德曼对教学主题的选择甚至也反映了他向公共政策活动的转移。后者经常处理价格理论的话题，而弗里德曼从1973年起的教学，正如一位在1973—1974年班上的学生查尔斯·普洛瑟在2015年4月2日笔者的访

---

① 参见Friedman (1977d)。
② 弗里德曼在1972年之前经常担任评审人，例子包括Chow (1966)(2013年7月1日笔者对邹至庄的访谈), Laidler (1966)(参见前面第十二章)和Dunn (1970)(参见Dunn 1973, 259)。弗里德曼也评审了克里斯托弗·西姆斯的文章"货币、收入与因果关系"的国民经济研究局论文版本，但由于这篇论文的发表版本(Sims 1972)要付印(信息来自克里斯托弗·西姆斯)，所以评论没有继续进行。格罗丽娅·瓦伦丁从1972年1月到直到弗里德曼在2006年去世都是他的秘书，在2013年5月15日的私人通信中几乎记不起弗里德曼在这整个时期所做的评审。在1972—1979年的例外包括塔弗拉斯(Tavlas 1977b：参见Tavlas 1998, 19)的论文。
③ 参见前一章。

谈中所说,"回到了它的根上",因为从那一年开始弗里德曼重新开始讲授价格理论而非货币理论。①

因此,甚至在他于1977年之初出发去加利福尼亚之前,弗里德曼就已经进入了半退隐状态。弗里德曼远离研究前线的一个最明显的表现就是他在1973年决定在《政治经济学杂志》上发表他与丹尼斯·罗伯逊爵士(Sir Dennis Robertson)在20世纪50年代的通信。②诚然,弗里德曼对第二次世界大战之前的七十五年间取得卓越成就的英国经济学家的钦佩是很难被高估的。他引以为豪的是在他的职业生涯的最初几十年中与这个团体——即使在这种情况下,包括与罗伯逊的交流都在书面中与通信中包含了意见分歧——的许多活着的成员进行交流。尽管如此,但是就弗里德曼而言,在这个阶段提供与丹尼斯·罗伯逊的通信用于发表依然是一个令人费解的决定。发表这些材料的决定可能是在1972年做出的,而这样一个决定看起来更像是一个结束其研究生涯的人所做出的,而不是像一个在研究领域中期待持续的高水平活动的人所做出的。因此甚至在这时,弗里德曼可能知道,公共政策的工作将是他的主要工作。

如果弗里德曼从他的心脏直视手术中存活了下来并康复,这无论如何将是他的主要工作。在手术之前,他是否会这样做依然是一个尚未解决的问题。手术的日期是1972年12月15日。在入院之前不久的12月13日,弗里德曼在明尼苏达州罗切斯特的

---

① 弗里德曼在1972年年初访问夏威夷大学对课程的选择也反映了这种导向。他讲授的课程是本科生的初级经济学课程(R. D. Friedman 1977a, 24)。
② 参见Friedman and Robertson(1973)。关于两人在20世纪50年代就决策理论的书面交流,参见Robertson(1954)和Friedman(1955c)。

宾馆房间内接到尼克松总统的一个电话。①

"我刚才从乔治·舒尔茨获悉,你要到梅奥去动手术,"尼克松说。"我想要你知道,我们只希望你一切顺利。当我说'他们要做什么手术?'时,(他们)说,'他们要对他的心脏做手术'。我说,好吧,没关系的——只要不对他的大脑动手术就行。因为我们需要你。"

"好的,感谢你的体贴与好意。"弗里德曼回答说。

"对啦,我告诉你,"尼克松继续说,"我知道这些事情必定是要忍受的难忘经历,但是他们对我说,他们是世界上最好的。你也是一个非常强硬的人,你知道吗?……我们只希望你一切顺利,我们期望看到你回来,带着一颗好的心脏和同样的大脑。"

"我只是希望他们会像你一直好好照顾美国一样好好地照顾我。"弗里德曼回答说,尽管有工资与价格管制。他继续说:"在那种情况下,我们将状况良好。"②

弗里德曼与尼克松再次谈话几乎是在四年后。到那时——1976年10月,两人的情形都变化巨大。在1972年12月面对可能致命的手术的弗里德曼,不仅早就恢复了健康,而且在1976年10月获得了诺贝尔经济学奖,正好达到了职业生涯的新顶点。没有在白宫完成第二任期的尼克松,在辞职和接受总统特赦之

---

① 下面的引述来自尼克松总统图书馆可下载的1972年12月13日的录音中的尼克松与弗里德曼的电话谈话(https://www.nixonlibrary.gov/white-house-tapes/34/conversation-034-065)。

② 除了出于礼貌说这些话,弗里德曼可能还表达了对总统的越南政策的赞成。

后，在加利福尼亚隐居生活，而且打电话祝贺弗里德曼获奖。美国也在这些年间历尽了磨难，因为1973—1976年是美国战后时期经济与政治最动荡的岁月。

# 本书使用的惯例

1. 本书中按年代顺序排列的各章（包括一系列年份的各章，换句话说第二—四章和第十一—十五章）划分为"事件与活动""问题"和"人物"三节标题（后面两节又细分为各部分）。"事件与活动"一节论述弗里德曼在该章涉及的年份中主要参与经济辩论的一些事件和活动。但是，该节没有包括在随后的"问题"和"人物"两节讨论的主题。"问题"一节探讨弗里德曼在这些年中参与的主要政策或研究问题。例如，第三章涵盖1940—1943年在"问题"一节中包括了如何支付战时政府开支的问题。"人物"一节与"问题"一节在形式上相同，除了该节更紧密地关注弗里德曼在该章涵盖的年份中与之互动（或者弗里德曼对之反应）的个人。在每种情况下，本书都没有打算在"人物"一节全面描述所考虑人物的研究。相反地，这里探讨的目的是要说明弗里德曼的活动和研究，以便反映他与此人的利益交集。

将各章划分为"事件与活动""问题"和"人物"三节的理由是，弗里德曼的活动在所论述的各系列年份中涉及多个不同的领域。因此，将各章按照主题进行明确划分看起来优于严格按照年代顺序排列的格式。

2. 对于弗里德曼一生中或者出生之前的各种出版物，本书在引用文献时采用过去时描述，如"罗默夫妇曾提出"（Romer and Romer, 2002a）。在2006年以后发表的各种著作，本书在引用时采用现在时描述，如"罗默夫妇提出"（Romer and Romer,

2013a）。① 后一做法的例外情形是，引用文献在 2006 年之后发表但作者现在已经去世，比如安娜·施瓦茨和加里·贝克尔等。在这种情况下，即使引用这些作者在 2006 年之后的文章也采用过去时。

3. 除引用其他人的著作，或者使用标准术语（如"芝加哥学派"）之外，"芝加哥"一词在单独出现时，指的是芝加哥市，而不是用作芝加哥大学的缩写语。

4. 本书中引用的那些出现在报纸、新闻报道或公共事务期刊上的文章，在正文或尾注中按照出版物的名称和日期引用（如 1970 年 1 月 25 日《纽约时报》）。这些文章的更全面参考书目细节，包括文章标题、给出的文章作者和已知的页码列在参考书目的第一部分。其中，新闻文章按照年代顺序排列。参考书目的第二部分包括著作和发表在研究期刊上的文章。这部分的参考书目按照作者的字母顺序排列文章。

5. 为了限制正文中句子的流畅程度被参考书目的引用所打断，以及为了控制"弗里德曼"一词在正文的句子中出现的次数，对弗里德曼著作的引用将出现在注释而非正文中。因此，正是在尾注的文本中才会找到弗里德曼著作的引用，而正文只是提及这些著作（这些尾注通常读作"参见 Friedman〔（1973a，1973b）〕"）。除了米尔顿·弗里德曼，提到其他带有弗里德曼姓氏的作者是通过加上作者的姓和名加以辨识的。

6. 本书在正文和尾注中具体指出的访谈按照访谈主题的名

---

① 除非另有所指，罗默夫妇在本书中一律指克里斯蒂娜·罗默和戴维·罗默。

称和访谈日期列出。在正文或尾注中引用或引证的访谈,如果发表在研究期刊上,在引用时采用访谈者而非被访谈者的名字。①因此,约翰·泰勒对米尔顿·弗里德曼的访谈,发表在2001年的《宏观经济动态》杂志上,在引证时当作约翰·泰勒(Taylor 2001)的文章,而不是当作弗里德曼所著的文章。

---

① 在少数几种情况下存在例外,如弗里德曼(Friedman,1973c)。这些文章没有明确的访谈者,或者弗里德曼在出版物中被列为文章的作者,尽管文章发表时采用问答的格式。

# 参考书目

参考书目分为两部分。第一部分是按照时间顺序列举的、研究中引用的媒体材料，包括录音、电视、报纸、杂志来源的材料。第二部分是按照字母顺序排列的参考文献目录，包括引用的研究论文和著作。

## 一、引用的报纸文章、杂志文章和电子媒体材料

John McDonald. "The Economists." *Fortune*, December 1950, 108-13, 126, 128, 131-32, 134-36, and 138.

"The Boom-Bust Cycle: How Well Have We Got It Tamed?" *Business Week*, November 3, 1956, 176-88.

"Unemployment and Wages." *Financial Times* (London), October 11, 1957, 3.

Edith Kermit Roosevelt. "A Specialist on Theory of Earnings and Savings." *Newark Sunday News* (New Jersey), February 22, 1959, magazine section, 12-14.

John F. Kennedy appearance on *Meet the Press*, NBC July 10, 1960; NBC transcript, held by John F. Kennedy Presidential Library.

Richard Hammer. "Will Trading Stamps Stick?" *Fortune*, August 1960, 116-19. (Reprinted in R. Clifton Andersen and Philip R. Cateora, eds., *Marketing Insights: Selected Readings*. New York: Appleton-Century-Crofts, 1963. 343-55.)

"The Pragmatic Professor." *Time*, March 3, 1961a, 18-22.

"How Goes the Recession?" *Time*, March 3, 1961b, 20.

Debate between Milton Friedman and Senator Joseph S. Clark (D-PA). "The Role of Government in Our Society," US Chamber of Commerce, Washington, DC, May 3, 1961. (Audiotape of debate held in Hoover Institution archives; information on date, title, and location of debate available in worldcat.org and in coverage of the debate in afternoon editions of newspapers: UPI, "CoC Reviews Code of Ethics," *Philadelphia Inquirer*, May 3,

1961; AP, "U.S. CoC Boos Clark: 'Grow Up,' He Retorts," *Philadelphia Evening Bulletin*, May 3, 1961; and AP, "CoC Delegates Boo Democratic Senator's Speech," *Racine Journal-Times* [WI], May 3, 1961, 1. A next-day report also appeared as AP, "U.S. Chamber Group Raps Kennedy Plan, Boos Senator," *Abilene Reporter-News* [TX], May 4, 1961, 12-B.)

"What Chronic Slack?" *Business Week*, May 6, 1961, 112-13 and 116.

Milton Friedman. "Capitalism and Freedom: Why and How the Two Ideas Are Mutually Dependent." *Wall Street Journal*, May 17, 1961, 16.

Milton Friedman. "The New Liberal's Creed: Individual Freedom, Preserving Dissent Are Ultimate Goals." *Wall Street Journal*, May 18, 1961, 14.

Joseph R. Slevin. "Administration Fights Wage-Price Inflation: Management, Labor Are Urged to Hold Line by Self-Discipline."

*New York Herald Tribune*, June 6, 1961, 33.

*First National City Bank of New York Monthly Economic Letter*, September 1961.

"Debate over Controls Begins." *Business Week*, September 30, 1961, 84-86 and 90-94.

"Economist Says Tariff Plan Bad: Dr. Friedman, in Emphasis Series, Says Cuts Would Reduce Free Trade." *Chattanooga Times* (Tennessee), March 9, 1962, 21.

"The Nation." *Time*, April 27, 1962, 17.

Milton Friedman. "An Alternative to Aid: An Economist Urges U.S. to Free Trade, End Grants of Money." *Wall Street Journal*, April 30, 1962, 12.

Milton Friedman. "Tariffs and the Common Market." *National Review*, May 22, 1962, 363-64.

Milton Friedman appearance on *The American Economy, Lesson 41: How Important Is Money?*, presented by Learning Resource Institute, cosponsored by American Economic Association and Joint Council on Economic Education; filmed for CBS College of the Air on June 4, 1962; broadcast on November 19, 1962.

Milton Friedman and Paul A. Samuelson appearance on *The American Economy, Lesson 48: Can We Have Full Employment without Inflation?*, presented by Learning Resource Institute, cosponsored by American Economic Association and Joint Council on Economic Education; filmed for CBS College of the Air, circa June 5, 1962; broadcast on November 30, 1962.

"Free Enterpriser—without Any Strings." *Business Week*, October 6, 1962, 76-79.

Paul A. Samuelson. "The Pause That Doesn't Refresh." *Financial Times* (London), October 8, 1962, 8 and 30.

"A Tract for the Times: *Capitalism and Freedom* by Milton Friedman." *Economist* (London), February 16, 1963, 611.

"Monetarists and Structuralists." *Economist* (London), April 6, 1963, 79.

W. B. Meyer. "Cure for Inflation." *Economist* (London), April 27, 1963, 299.

"Universities: Return of a Giant." *Time*, May 31, 1963, 38.

"Theorizing for Goldwater?" *Business Week*, November 23, 1963, 106 and 108.

Advertisement for *A Monetary History of the United States*, *Wall Street Journal*, November 26, 1963, 24.

George Shea. "The Outlook: Appraisal of Current Trends in Business and Finance." *Wall Street Journal*, December 2, 1963, 1.

Chesly Many. "U.C. Economic Experts Advise Goldwater: Many to Aid Campaign of Conservative." *Chicago Tribune*, April 12, 1964, 8.

*First National City Bank of New York Monthly Economic Newsletter*, May 1964.

"Friedman Cautions against Rights Bill." *Harvard Crimson* (Cambridge, MA), May 5, 1964, 1.

"The Fed Remodels Itself." *Business Week*, May 16, 1964, 64-76.

Milton Friedman. "Monetary Management." *Wall Street Journal*, July 21, 1964, 14.

Albert L. Kraus. "Economist Is Foe of U.S. Controls: Views of Chicago Educator Admired by Goldwater." *New York Times*, July 26, 1964, F1 and F13.

Our U.S. Correspondent. "The Economics of Barry Goldwater." *Financial Times* (London), August 18, 1964, 6.

"Transcript of Acceptance Speeches by Johnson and Humphrey at Atlantic City." *New York Times*, August 28, 1964, 12.

AP. "Nutter Seen as Choice of Goldwater." *Christian Science Monitor*, September 4, 1964, 10.

Frank C. Porter. "Blunt Views from a Barry Aide: Everybody May Talk about Free Enterprise, but Hardly Anyone Wants It, He Says." *Washington Post*, September 11, 1964,

A10.

David R. Francis. "The Economic Scene: Goldwater's Bark Called Further Right Than His Bite." *Christian Science Monitor*, September 28, 1964, 10.

"Academic Economists Attend Conference at Princeton." *Banking: Journal of the American Bankers Association* 57, no. 4 (October 1964): 116 and 118.

Milton Friedman. "The Goldwater View of Economics." *New York Times* (*New York Times Magazine* section), October 11, 1964, 35 and 133-37.

Michael T. Gengler. "Calling the Kettle Black: Friedman Says Faculty Attitude towards Goldwater Is 'Illiberal.'" *Columbia Daily Spectator* (New York), October 22, 1964, 1 and 3.

Andrew Sinclair. "None Dare Call It Reason." *Guardian* (London and Manchester, UK), October 27, 1964, 10.

Robert M. Solow. "Friedman on America's Money." *Banker* (London) 114, no. 465 (November 1964): 710-13 and 715-17.

Lawrence Bollen. "Interview with Milton Friedman: Goldwater Economic Advisor Attacks 'Extra-Legal' Pressures and Social Security." *Columbia Owl* (New York), November 25, 1964, 1 and 4.

Henry Brandon. "Pupil into Teacher: The Economic Education of President Kennedy." *Sunday Times* (London), June 20, 1965, 27.

Sylvia Porter. "Your Money's Worth: Buying Power of U.S. Dollar Holding Up Well, Thank You!" *Morning Herald* (Hagerstown, MD), June 21, 1965, 26.

Milton Friedman. "Social Responsibility: A Subversive Doctrine." *National Review*, August 24, 1965, 721-23.

Our Own Correspondent. "Wall St. Active on U.S. Bank Rate Rise: Johnson Sends for Federal Reserve Chairman." *Financial Times* (London), December 7, 1965, 1.

David M. Grebler. "Rate Hike Hailed by Top Economist; Dr. Milton Friedman Criticizes Johnson Methods to Curb Inflation." *St. Louis Globe-Democrat*, December 9, 1965, 7A.

Austin C. Wehrwein. "Economist Says Negative Tax Should Replace All Poverty Aid." *New York Times*, December 19, 1965a, 41.

"Under a Negative Tax, Poor Would Get Cash." *New York Times*, December 19, 1965b,

41. "'We Are All Keynesians Now.'" *Time*, December 31, 1965, 64-67B.

Paul Bareau. "The Economic Scene." *Journal of the Institute of Bankers* (London), February 1966, 7-12.

Milton Friedman. "Friedman and Keynes." *Time*, February 4, 1966, 13.

Milton Friedman. "Mr. Friedman's Negative Tax." *Wall Street Journal*, February 15, 1966, 16.

"Chicago U Alumni to Hear Professor." *Detroit News*, February 16, 1966, 15A.

Hobart Rowen. "Poll of Economists Favors Prompt Tax Boost." *Washington Post*, March 10, 1966, G1.

"'The Coming Period of Inflation Won't Get Out of Hand': Interview with Milton Friedman." *U.S. News and World Report*, April 4, 1966, 63-64.

"Economists Report Guideposts Are Ineffective against Inflation." *New York Times*, April 29, 1966, 1 and 59.

"Quotable." *Chicago Tribune*, May 8, 1966, G5.

Editorial, "What Would You Do?" *Wall Street Journal*, May 10, 1966, 18.

Milton Friedman and Leon Keyserling appearance on *The Great Society: The Sizzling Economy*, NET (National Educational Television), June 27, 1966.

Milton Friedman. "Why Does the Free Market Have Such a Bad Press?" *Human Events*, July 2, 1966, 8 and 14.

*Press*-Chicago News Wire. "Ike's Economist Opposes Tax Hike, Investment Credit." *Cleveland Press*, August 2, 1966, B5.

"Is Money Tight—or Isn't It?" *Business Week*, August 6, 1966, 96.

"Samuelson and Friedman to Write for *Newsweek*." *New York Times*, September 4, 1966, 111.

Advertisement for *Guidelines* in *Wall Street Journal*, September 7, 1966, 7.

Paul A. Samuelson. "Science and Stocks." *Newsweek*, September 19, 1966, 92.

Milton Friedman. "Minimum-Wage Rates." *Newsweek*, September 26, 1966, 96.

Milton Friedman. "Inflationary Recession." *Newsweek*, October 17, 1966, 92.

Richard L. Strout. "Jiggle That Jolted Economists." *Christian Science Monitor*, December 19, 1966, 1 and 7.

Milton Friedman. "Friedman on U.S. Monetary and Fiscal Policy." *Banker* (London) 117, no. 491 (January 1967): 68-70.

Milton Friedman. "Current Monetary Policy." *Newsweek*, January 9, 1967, 59.

Milton Friedman. "Higher Taxes? No." *Newsweek*, January 23, 1967, 86.

UPI. "Economist Predicts Recession." *Lodi News-Sentinel* (CA), February 10, 1967, 3.

Paul A. Samuelson. "Social Security." *Newsweek*, February 13, 1967, 88.

Milton Friedman. "The Case for the Negative Income Tax." *National Review*, March 7, 1967, 239-40. (Reprinted in Haring 1972, 60-62.)

Milton Friedman. "Myths That Keep People Hungry." *Harper's Magazine*, April 1967, 16-24.

Milton Friedman. "Social Security." *Newsweek*, April 3, 1967, 81.

Henry C. Wallich. "Magic Numbers." *Newsweek*, April 10, 1967, 82.

"Economics: What Happens When Fed Changes Its Tune?" *Business Week*, April 15, 1967, 188, 190, and 192.

James Tobin. "Tobin Attacks Friedman's Theories of Money Supply." *Washington Post*, April 16, 1967, G1-G2.

Milton Friedman. "A Dollar Is a Dollar." *Newsweek*, May 15, 1967, 86.

Richard T. Cooper. "U.S. Economy: Can It Be Managed?" *Kingsport News* (TN), May 18, 1967, 6-C.

Harvey H. Segal. "Free versus Fixed: Economists Debate Exchange Rate Role." *Washington Post*, May 19, 1967, D9.

"Central Banking and Interest Rates." *First National City Bank Monthly Letter*, June 1967, 63-65.

John Davenport. "The Radical Economics of Milton Friedman." *Fortune*, June 1, 1967, 131-32, 147-48, 150, and 154.

Milton Friedman. "Auto-Safety Standards." *Newsweek*, June 5, 1967, 80.

Milton Friedman. "Fiscal Responsibility." *Newsweek*, August 7, 1967, 68.

"Is a Money Crunch on Its Way?" *Business Week*, September 30, 1967, 35-36.

James Tobin. "Tobin: Case for Tax Increase Simple, Powerful." *Washington Post*, October 8, 1967, F1.

"Why Does More Money Mean Higher Interest?" *Business Week*, October 14, 1967, 134-36.

Milton Friedman. "Current Monetary Policy." *Newsweek*, October 30, 1967, 80.

Milton Friedman. "Taxes, Money and Stabilization." *Washington Post*, November 5, 1967, H1 and H3.

Alfred L. Malabre Jr. "The New Confusion: More Analysts Question Some Basic Concepts of the 'New Economics.'" *Wall Street Journal*, November 17, 1967, 1 and 15.

"Maverick in the Fed System." *Business Week*, November 18, 1967, 128-29, 132, and 134.

Milton Friedman. "The Price of Gold." *Newsweek*, January 1, 1968, 51.

Milton Friedman appearance on *Firing Line*, syndicated, episode "The Economic Crisis," January 8, 1968; transcript available on Hoover Institution website.

"Webs, NET to Carry State of Union Talk." *Newsday* (Long Island, NY), January 12, 1968, 2A.

Milton Friedman appearance on *State of the Union/'68*, National Education Television (NET), January 17, 1968; NET transcript.

Milton Friedman. "The Price of the Dollar." *Newsweek*, January 29, 1968, 72.

Gerald R. Rosen. "Has the New Economics Failed? An Interview with Milton Friedman." *Dun's Review*, February 1968, 38-39, 92-94, and 96.

Milton Friedman. "The Gold Requirement." *Newsweek*, February 19, 1968, 78.

"3 Profs. Cite Good, Bad in Riot Report." *Chicago Tribune*, March 3, 1968, 1-2.

Milton Friedman appearance on National Educational Television's *Great Decisions 1968 #7: The Dollar in Danger*, broadcast Washington, DC, March 17, 1968, WETA/channel 26; NET transcript.

Rob Warden. "Friedman: Knight of Economic Chessboard." *Chicago Daily News*, March 26, 1968, 37 and 39.

Milton Friedman. "Gold Clichés." *Newsweek*, April 1, 1968, 83.

Milton Friedman. "Floating Dollars." *Wall Street Journal*, May 8, 1968, 16.

Milton Friedman. "Monetary Policy." *Newsweek*, June 3, 1968, 85.

Milton Friedman. "Politics and Violence." *Newsweek*, June 24, 1968, 90.

Louis Dombrowski. "Ask Money Supply Equal to Growth Rate." *Chicago Tribune*, July 5, 1968, C8.

Milton Friedman. "Customers Go Home." *Newsweek*, August 26, 1968, 75.

Milton Friedman. "Negative Income Tax—1." *Newsweek*, September 16, 1968, 86.

Scripps-Howard Newspapers. "Tax Boost Fails to Slow Inflation." *Cleveland Press*, September 21, 1968, A1.

Instructional Dynamics Economics Cassettes (audiotaped series of commentaries by Friedman), various dates October 1968-December 1978. Most tapes available in digitized form on Hoover Institution website.

Instructional Dynamics Economics Cassettes (Paul Samuelson series) (audiotaped series of commentaries by Paul A. Samuelson), various dates October 1968-October 1977.

Milton Friedman. "Negative Income Tax—II." *Newsweek*, October 7, 1968, 92.

"Friedman's Hard Line: U.S. Controls over Business Challenged by Nixon Adviser." *St. Louis Post-Dispatch*, November 11, 1968, 5B.

"Hard or Soft Money?" *Newsday* (Long Island, NY), November 15, 1968, 96.

Milton Friedman. "After the New Economics." *Newsweek*, December 9, 1968, 83.

"Neighbors in the News." *Hyde Park Herald* (IL), January 1, 1969, 9.

"The New Attack on Keynesian Economics." *Time*, January 10, 1969, 64-65.

Milton Friedman appearance on *The Nixon Administration*, WNET, January 10, 1969.

Milton Friedman. "The Inflationary Fed." *Newsweek*, January 20, 1969, 78.

"Inflation Crackdown Begins: 'Trying to Slow the Economy'; Exclusive Interview with George W. Mitchell, Member, Federal Reserve Board." *U.S. News and World Report*, January 20, 1969, 25-28.

Milton Friedman and Walter W. Heller appearance on *State of the Union*, WNET, January 20, 1969.

"Charge Plot by Radicals to Hurt U.C.: 2 Profs Discuss Sit-In Goal." *Chicago Tribune*, February 6, 1969, 3.

J. A. Livingston. "Business Outlook: Federal Reserve Isn't Out to Crunch US Economy." *Milwaukee Journal*, February 16, 1969, sec. 4, p. 12.

Glen Elsasser. "Prefers Slow Inflation Fight." *Chicago Tribune*, February 24, 1969, 16.

AP. "FRB Rapped for Inflationary Policy." *Milwaukee Journal*, February 25, 1969, part 2, p. 18.

John E. Bryan. "Chicago Expert Puts Money Back in Style." *Plain Dealer* (Cleveland), February 28, 1969, 1 and 7.

William Clark. "Sunday Comment." *Chicago Tribune*, March 2, 1969, C9.

"Ask Them Yourself." *Family Weekly*, March 16, 1969, 2; published as a supplement in *Sarasota Herald-Tribune* (FL), March 16, 1969.

Milton Friedman. "Exchange Controls." *Newsweek*, March 24, 1969, 75.

Moshe Ater. "Noted Economist Milton Friedman's Advice to Israel: Stop Bothering about Exchange Rates." *Jerusalem Post*, March 25, 1969, 10.

Edson B. Smith. "The Investor." *Boston Herald Traveler*, March 28, 1969, 32.

Paul A. Samuelson. "Investment Tax Credit." *Newsweek*, March 31, 1969, 76.

Milton Friedman appearance on *Speaking Freely*, NBC television (WNBC, New York), taped April 4, 1969, broadcast May 4, 1969; WNBC transcript.

Milton Friedman. "Invisible Occupation." *Newsweek*, May 5, 1969, 94.

AP. "U.S. Economists Hopeful about Attack on Inflation." *Milwaukee Journal*, May 15, 1969, part 2, p. 22.

Albert L. Kraus. "A Dollar Standard? If U.S. Severs Its Gold Ties, Europe Must Accept the Fact or Go It Alone." *New York Times*, May 21, 1969, 59 and 70.

Milton Friedman and Paul A. Samuelson appearance on *The Great Economics Debate*, PBS (Boston station WGBH), May 22, 1969 (listed in "TV Highlights Today," *Boston Globe*, May 22, 1969, 61). (This was a live transmission of the Friedman/Samuelson seminar dialogue "Old, New, and Correct Economics," in the Karl Compton Lecture Series, Kresge Auditorium, Massachusetts Institute of Technology.)

Milton Friedman. "Money and Inflation." *Newsweek*, May 26, 1969, 105.

Milton Friedman. "Book Burning, FCC Style." *Newsweek*, June 16, 1969, 86.

John M. Lee. "Banker Warns of Money Crisis." *New York Times*, June 17, 1969, 59.

Clyde H. Farnsworth. "Fiscal Prospect Worries Bankers: Denmark Meeting Points Up Possibility of Slowdown." *New York Times*, June 22, 1969, 13.

Paul A. Samuelson. "Inflationary Slowdown." *Newsweek*, June 23, 1969, 86.

"The Nation's Biggest Danger—as Seen by Arthur Burns, Adviser to Nixon on Domestic Problems." *U.S. News and World Report*, July 14, 1969, 60-65.

"Nixon Rules Out Wage-Price Controls." *Washington Post*, July 17, 1969, A2.

"The Great Iconoclast Has a Shocking Answer." *Business Week*, July 19, 1969, 82.

"Marketing: Taped Newsletters Sound Off." *Business Week*, July 26, 1969, 58.

Richard D. James. "Two Noted Economists Stage Running Debate via Tape Recordings: Views of Friedman, Samuelson Sell for $175 for 20 Tapes; Other Experts to Be Offered." *Wall Street Journal*, July 28, 1969, 1 and 15.

Milton Friedman. "Monetary Overkill." *Newsweek*, August 18, 1969, 75.

Milton Friedman. "Spending Slowdown." *New York Times*, August 21, 1969, 40.

Albert L. Kraus. "'Mini-recession' Seen." *Dominion Post* (Morganstown, WV), August 24, 1969, 3D.

H. Erich Heinemann. "Monetarists Hold Sway: Keynesians Are Out." *Edwardsville Intelligencer* (IL), August 25, 1969, 4.

Milton Friedman. "The Obsolete SDR's." *Newsweek*, September 8, 1969, 76.

UPI. "Inflation Curbs Working, but Tight Money Stays." *Los Angeles Herald-Examiner*, October 11, 1969, B9.

Hobart Rowen. "Heller Raps 'Jawboning Nixonomics.'" *Washington Post*, October 21, 1969, A4.

Alfred L. Malabre Jr. "Influential Economist: Milton Friedman's Ideas Gain Wider Acceptance among Policy-Makers."

*Wall Street Journal*, November 4, 1969, 1 and 15.

"Economist Sees Cut in Interest Rates Soon." *Daily News* (New York), November 7, 1969, 54.

William Mathewson (AP). "Friedman Forecasts Interest Rate Decline." *St. Petersburg Times* (FL), November 7, 1969, 6C.

AP. "Stock Prices Extend Gains; Trading Quiet." *Evening Star* (Washington, DC), November 7, 1969, E-3.

Don Campbell. "Recession Feared by Nixon Adviser." *Arizona Republic*, November

24, 1969, A1.

"'Through the Windshield': Nixon Adviser Warns of Severe Recession." *Phoenix Gazette* (AZ), November 24, 1969, 26.

AP. "Stock Prices Widen Losses; Trading Quiet." *Evening Star* (Washington, DC), November 24, 1969, A-17.

Ernest A. Schonberger. "Inside the Market: Economists Paint Dark Picture for Next Year." *Los Angeles Times*, November 25, 1969, C14.

Milton Friedman. "How to Free TV." *Newsweek*, December 1, 1969, 82.

Frank W. Corrigan. "Business Isn't Buying Nixon's Inflation Plan." *Newsday* (Long Island, NY), December 3, 1969, 68.

Roy F. Harrod. "Keynes: The Arrested Revolution." *New Statesman* (London) 78, no. 2021 (December 5, 1969): 808-10.

Milton Friedman. "Gradualism." *Wall Street Journal*, December 8, 1969, 22.

Hobart Rowen. "Money Managers Split on Monetary Policy: Minority Feel It's Too Tight." *Washington Post*, December 9, 1969, D7. (Also appeared as Hobart Rowen, "Basic Split Emerges in FOMC over Federal Reserve Policy," *Greeley Tribune* [CO], December 11, 1969, 26.)

*Washington Post* Staff Writer. "Economists Differ over Recession." *Washington Post*, December 10, 1969, 78.

"Fed Official Hints Even Tighter Curbs to Control Inflation." *Los Angeles Times*, December 11, 1969, 15 and 17.

*The Great Dollar Robbery: Can We Arrest Inflation?*, ABC television news special, December 15, 1969.

"The Intellectual Provocateur." *Time*, December 19, 1969a, 71.

"The Rising Risk of Recession." *Time*, December 19, 1969b, 66-70 and 72.

Milton Friedman. "Economic Perspective." *Newsweek*, December 22, 1969, 75.

Paul A. Samuelson. "Love." *Newsweek*, December 29, 1969, 52.

Prudence Brown. "Their New Year's Resolutions." *Newsday* (Long Island, NY), January 3, 1970, 32.

Dennis Duggan. "The Economists: Philosopher-Kings or Faddists?" *Newsday* (Long

Island, NY), January 5, 1970, 68.

"Transcript of Remarks of Secretary of Labor Shultz at Labor Department Press Conference [January 6, 1970]." *Daily Labor Review* (Bureau of National Affairs, Washington, DC), January 7, 1970, E-1 to E-9.

Associated Press. "Shultz Feels Tight Money Gone Too Far." *Dallas Morning News*, January 7, 1970, 1A.

John Graham. "Shultz Calls on Fed to Relax Monetary Policy." *Financial Times* (London), January 8, 1970, 5.

"Ask the Economist?" *Economist* (London), January 10, 1970, 43.

Lee M. Cohn. "Credit Easing Tied to Budget." *Evening Star* (Washington, DC), January 11, 1970, A1 and A6.

"Arthur Burns on Easier Credit . . . Business in '70." *U.S. News and World Report*, January 12, 1970, 56.

"Cost of Living Spurts: Food and Housing Prices Rise Sharply in December to Make Year Most Inflationary 12 Months since 1951, the Bureau of Labor Statistics Reports." *Kansas City Times*, January 20, 1970, 1.

Milton Friedman appearance on *State of the Union/'70*, broadcast on WNET, January 22, 1970; WNET transcript.

Milton Viorst. "Friedmanism, n[oun]. Doctrine of Most Audacious U.S. Economist, Esp. Theory 'Only Money Matters.'" *New York Times* (*New York Times Magazine* section), January 25, 1970, 22-23, 80, and 82-84.

Harvey D. Shapiro. "The Chicago School: Apostles of the Money Supply." *Institutional Investor* 4, no. 2 (February 1970): 36, 39, 40, 130, 134, and 136.

"A Look at a Problem Which Concerns All of Us—Our Decaying Environment." *Chicago Tribune*, February 1, 1970, A1.

Milton Friedman. "A New Chairman at the Fed." *Newsweek*, February 2, 1970, 68.

Barry Goldwater. "Capitol Notes: Get-Tough Policy for Domestic Ills." *Arizona Republic* (Phoenix), February 3, 1970, A6.

"America's Inflationary Stagnation." *Economist* (London), February 7, 1970, 56-57.

Jacquin Sanders. "This Is Year of Boom or Bust . . . for Economist Milton Friedman

If Not for Nation." *Arizona Republic*, February 15, 1970, 22D. (Also appeared as Jacquin Sanders, "A Gloomy Outlook for '70," *Today* [Cocoa, FL], February 17, 1970, 4A; and Jacquin Sanders, "The Man of the Moment: Jersey-Born Economist Rejects Many Fashionable Policies," *Courier-Post* [Camden, NJ], February 18, 1970, 18.)

Louis Dombrowski. "Washington Finance: Burns Offers Views in Two Appearances." *Chicago Tribune*, February 20, 1970, C10.

Paul A. Samuelson. "Bleak Outlook." *Newsweek*, March 2, 1970, 64.

AP. "Friedman Warns of Overreaction." *Newsday*, March 6, 1970, 84. (Also appeared as AP, "Warns Money Easing Could Fan Inflation," *Chicago Tribune*, March 6, 1970, C9.)

Paul S. Nadler. "Regulation Q and Credit Control." *Bankers' Magazine* (Boston) 153, no. 2 (Spring 1970): 17-25.

Peter Malken. "Hysterics Won't Clean Up Pollution: Economist Milton Friedman Appraises an Old Problem and the Cost of Solving It." *Chicago Tribune*, magazine section, April 12, 1970, 66-67, 69, 71-72, 77, 80, and 82.

A. Joseph Newman. "Economist Friedman Says: Unemployment at 6% a Possibility in 1970." *Philadelphia Sunday Bulletin*, April 26, 1970, sec. 1, p. 36.

Milton Friedman appearance on *NBC Nightly News*, April 28, 1970; also syndicated by Reuters Television, April 29, 1970.

Milton Friedman. "Welfare: Back to the Drawing Board." *Newsweek*, May 18, 1970, 89.

"End of Inflation?" *Newsday* (Long Island, NY), May 25, 1970, 72.

Vera Glaser. "Economist Hits Burns on Inflation Plan." *Philadelphia Inquirer*, May 29, 1970. (Also appeared as Vera Glaser [*Times-Miami Herald* Service], "Income Policy Splits Friedman and Burns," *St. Petersburg Times* [FL], May 29, 1970, 6C.)

Milton Friedman. "We *Must* Stand Firm against Inflation." *Reader's Digest*, June 1970, 202-4 and 206.

Hobart Rowen. "Too Much Big Talk about the Economy?" *Washington Post*, June 2, 1970, A18.

Reuters. "Friedman Expecting New Money Rein by the Reserve." *New York Times*, June 11, 1970, 65.

"Chronic Inflation Is Predicted If Unemployment Is Reduced." *Evening Star* (Washington, DC), June 11, 1970, A-4.

"Low Unemployment or Stable Prices? Can't Have Both, Economist Says." *Kansas City Star*, June 12, 1970, 20.

Kenneth McKenna. "Fed Must Curtail Money Supply, Economist Warns." *Daily News* (New York), June 12, 1970, 50.

Peter S. Nagan. "Professor Finds Economy Trapped: Inflation-Unemployment Dilemma Raised." *St. Louis Globe-Democrat*, June 13, 1970.

Milton Friedman. "Burns and Guidelines." *Newsweek*, June 15, 1970, 86.

"Nixon's Plan: Jeers and Cheers." *Newsday* (Long Island, NY), June 18, 1970, 96.

Milton Friedman appearance on *Meet the Press*, NBC, June 28, 1970; NBC transcript.

Wire Services. "U.S. Spending Is Too High, Adviser Says." *Philadelphia Inquirer*, June 29, 1970, 1.

John Maclean. "Friedman Views Inflation Curbs: Fewer Jobs, Product Dip Called Vital." *Chicago Tribune*, June 29, 1970, E7.

H. Erich Heinemann. "Milton and Anna: Book Two—Friedman Publishes Volume 2." *New York Times*, July 12, 1970, sec. 3, pp. 1 and 13.

Lee M. Cohn. "Treasury Secretary Asks Easier Money." *Evening Star* (Washington, DC), July 16, 1970, A-4.

Rob Warden. "What Really Causes Inflation? Milton Friedman, Top White House Adviser, Puts the Blame on Washington and Nowhere Else." *Chicago Daily News*, July 29, 1970, 3-4.

Derryn Hinch. "Smokestacks That 'Smell Like Jobs': Pollution Backlash Divides Americans." *Sun-Herald* (Sydney), August 16, 1970, 94 and 104.

Karl Brunner. "Controlling the Money Supply." *The Times* (London), September 7, 1970, 19.

Milton Friedman. "Welfare Reform Again." *Newsweek*, September 7, 1970, 70.

Milton Friedman. "A Friedman Doctrine—the Social Responsibility of Business Is to Increase Its Profits." *New York Times* (*New York Times Magazine* section), September 13, 1970, 32-33, 122, and 124. (Reprinted under the title "Social Responsibility of Business" in

Friedman 1972d, 177-84.)

"Miscellany: Freedom Fighter." *Guardian* (London and Manchester, UK), September 17, 1970, 19.

Milton Friedman. "Inflation and Wages." *Newsweek*, September 28, 1970, 77.

Milton Friedman. "Set the Dollar Free." *Newsweek*, October 19, 1970, 98.

Milton Friedman. "Paul Samuelson." *Newsweek*, November 9, 1970, 80.

Milton Friedman and Paul A. Samuelson joint appearance on *Blue Christmas? An Inquiry into the State of the Economy*, CBS television news special, December 1, 1970.

Studs Turkel. "Hard Times, 1970: An Oral History of the Recession." *New York Times* (*New York Times Magazine* section), December 20, 1970, 10, 46-51, and 54.

Paul A. Samuelson. "Love That Corporation." *New York Times*, December 26, 1970, 17. (Reprinted in Samuelson 1973b, 246-48.)

Penny Brown and Clarence Newman. "'If I Were President Nixon, I'd. . . .'" *Newsday* (Long Island, NY), January 2, 1971, 3W.

Milton Friedman appearance on *The Advocates*, PBS television, WGBH Boston, January 5, 1971.

Reuters. "Nixon Reportedly Says He Is Now a Keynesian." *New York Times*, January 7, 1971, 19.

AP. "Nixon Quote: 'I'm Now a Keynesian.'" *Chicago Tribune*, January 8, 1971, 1.

William F. Buckley Jr. "The Fight for Price Controls." *Delta Democrat-Times* (Greenville, MS), January 8, 1971, 4.

Nick Poulos. "Milton Friedman Sees Nixon Quote on Keynes as Rib." *Chicago Tribune*, January 9, 1971, E7.

Milton Friedman. "Imitating Failure." *Newsweek*, January 11, 1971, 72.

Paul A. Samuelson. "Milton Friedman Is Wrong—So Wrong." *Sunday Telegraph* (London), January 24, 1971, 19-20.

"Milton Friedman: An Oracle Besieged." *Time*, February 1, 1971, 72.

"Friedman Hits Big Budget, Money Expansion Policy." *Daily News* (New York), February 3, 1971, 50.

Paul A. Samuelson. "The Two Nixons." *Newsweek*, February 8, 1971, 84.

Service of the *Chicago Daily News*. "Economist, Businessman Clash on Responsibility." *Kansas City Star*, February 9, 1971, 11.

Milton Friedman. "Needed—More of the Same." *Newsweek*, February 15, 1971, 58.

Jesse Glasgow. "Friedman Expects Rapid Growth Soon." *Evening Sun* (Baltimore), February 19, 1971, C7.

Rowland Evans and Robert Novak. "On to Controls: Shultz Is Wage-Price Loser." *Omaha World-Herald*, February 24, 1971, 10.

Milton Friedman. "Money—Tight or Easy?" *Newsweek*, March 1, 1971, 80.

"Conversations at Chicago: 'Milton Friedman Discusses the Social Responsibility of the Corporate Structure.'" Wisconsin WHA radio program broadcast March 8, 1971; listed in "Monday's Features," *Capital Times* (WI), March 6, 1971, 3.

Ray De Crane. "Friedman Urges a 'Go-Easy' in Growth of Money Supply." *Cleveland Press*, March 8, 1971, B8.

Brian Bragg. "Friedman Warns against Rapid Expansion." *Detroit Free Press*, March 9, 1971, 3B.

John E. Bryan. "Zero Inflation Called Possible for Future." *Plain Dealer* (Cleveland), March 9, 1971, 5-A.

"Saturday Selections." *Plain Dealer* (Cleveland), March 13, 1971, 5-A.

Joseph Newman Jr. "Economist Friedman Offers Advice on Bonds, Elections, and the Making of Money." *Philadelphia Sunday Bulletin*, April 25, 1971, sec. 2, p. 10.

Special to the *American Banker*. "Friedman Labels Fed Monetary Policy 'Inept.'" *American Banker*, April 27, 1971, 3.

Milton Friedman. "Money Explodes." *Newsweek*, May 3, 1971, 81.

Warren Moulds. "U.S. Goal Is Growth without Inflation." *Chicago Today*, May 10, 1971, 23 and 26.

Television listings, *Los Angeles Times*, May 10, 1971, E17.

Milton Friedman. "Friedman's Credo: Optimism." *Chicago Today*, May 12, 1971, 23.

Dow Jones Service. "Milton Friedman Sees Rekindling of High Inflation." *Philadelphia Evening Bulletin*, June 4, 1971, 23.

Alfred Malabre Jr. and Richard Martin. "Inflation Paradox: Concern about Prices

Spreads Despite Easing in Amount of Increases." *Wall Street Journal*, June 10, 1971, 1 and 33.

Milton Friedman. "Truth in Advertising." *Newsweek*, June 14, 1971, 88.

"Seeking Muscle for a Flabby Recovery." *Time*, June 14, 1971, 104.

Milton Friedman. "Which Crystal Ball?" *Newsweek*, July 5, 1971, 62.

Milton Friedman. "Steady as You Go." *Newsweek*, July 26, 1971, 62.

Paul A. Samuelson. "Plague and Problem of Monetarism." *Washington Post*, August 1, 1971, "Business" section, E1.

Paul A. Samuelson. "Nixon Economics." *Newsweek*, August 2, 1971, 70.

Reuters. "Friedman Differs with Reuss Panel: Says Unilateral Devaluing of Dollar Won't Work—Roosa Calls Move Impractical." *New York Times*, August 11, 1971, 49 and 54.

Nick Poulos. "Friedman Declares Freeze Won't Work." *Chicago Tribune*, August 16, 1971, 1 and 5.

Arthur Greenspan. "Leading Economists View Nixon Freeze." *New York Post*, August 16, 1971, 5 and 39.

AP. "Most Economists Favor Nixon Economic Steps; Some Are Critical." *Louisville Courier-Journal* (KY), August 16, 1971, 2.

AP and UPI. "Economists Like Nixon Plans, Some Grumble at Details." *Detroit Free Press*, August 16, 1971, 9A.

Robert D. Hershey Jr. ("*New York Times* News Service"). "Domestic Initiatives 'Leap Forward into Realism.'" *Hutchinson News* (Kansas), August 17, 1971, 4.

Charles J. Elia. "Economic Plan Is Praised Here, Not Abroad." *Daily News*, August 17, 1971, 38.

Milton Friedman and Paul A. Samuelson appearances on *ABC Evening News*, August 17, 1971.

Frank W. Corrigan. "The Future: Experts See Some Form of Wage Controls Continuing Longer Than Nixon's 90 Days." *Newsday* (Long Island, NY), August 18, 1971, 5.

"Dollar Crisis: What the Experts Think." *Sunday Telegraph* (London), August 22, 1971, 19 and 21.

AP. "Opinions Voiced: U.S. Economic Experts Differ." *Dallas Times-Herald*, August 22, 1971, B10.

"Friedman Fears Credit Ease, More Inflation." *American Banker*, August 23, 1971, 1 and 8.

H. Erich Heinemann. "Analysts Hail Nixon Move: Economists Appear Mostly Bullish on Policy's Impact." *New York Times*, August 23, 1971, 43-44.

Milton Friedman. "Why the Freeze Is a Mistake." *Newsweek*, August 30, 1971, 22-23.

TRB. "Nixon's Aides Left Awash by Strong Shifting Winds." *Sun* (Baltimore), September 4, 1971, A15.

Paul A. Samuelson. "Blood." *Newsweek*, September 13, 1971, 94.

UPI. "Bretton Woods System Is Dead, Friedman Says." *Japan Times*, September 24, 1971, 13.

Milton Friedman. "Last Readings on the Old Game Plan." *Newsweek*, September 27, 1971, 95.

Milton Friedman. "Will the Kettle Explode?" *Newsweek*, October 18, 1971, 30.

Alfred L. Malabre Jr. "Heard on the Street." *Wall Street Journal*, October 22, 1971, 29.

"Business and Finance: Who's at the Controls?" *Newsweek*, October 25, 1971, 87-88.

Milton Friedman. "Morality and Controls: I." *New York Times*, October 28, 1971, 41.

Milton Friedman. "Morality and Controls: II." *New York Times*, October 29, 1971, 41.

James Tobin. "Administration's Gamble with Nation's Economy." *Washington Post*, October 31, 1971, F1 and F3.

William Brown. "Loss of Confidence Stalls Expansion Plans: Friedman." *Daily News* (New York), November 11, 1971, 80.

"The Economists Have Second Thoughts." *Business Week*, November 13, 1971, 110.

Lou Schneider. "Trade Winds: Inflation Resurgence Probable in Late '72." *Manchester Union-Leader* (NH), November 17, 1971, 13.

"Friedman Likes Nixon's Economics—If It's Abroad." *St. Petersburg Times* (FL), November 17, 1971, 17B.

"*Billboard* Album Reviews." *Billboard*, November 20, 1971, 70.

Herbert Bratter. "Washington Finance: View from Treasury Now—Exclusive Interview with [Undersecretary of the Treasury] Charls E. Walker." *Banker's Monthly*, December 15, 1971, 10-11.

AP. "Text of Group of Ten Communique." *Sun* (Baltimore), December 19, 1971, A3.

Milton Friedman. "Keep the Dollar Free." *Newsweek*, December 20, 1971, 83.

Edwin L. Dale Jr. "McCracken Sees More Controls: Predicts Continuing Government Role after Phase 2." *New York Times*, December 31, 1971, 5.

UPI. "Leaders Help Dig Business Grave." *Sarasota Journal*, January 5, 1972, 2A.

Milton Friedman appearance on *Firing Line*, PBS, episode "American Conservatives Confront 1972," PBS, taped January 5, 1972, broadcast January 7, 1972; PBS transcript, available on Hoover Institution website.

Milton Friedman. "Irresponsible Monetary Policy." *Newsweek*, January 10, 1972, 57.

Kit Smith. "As Visiting Economist Sees It . . . Controls Are Curtailing Economic Recovery." *Honolulu Advertiser*, January 11, 1972, A4.

Thomas Oliphant. "Whatever Happened to Monetarism?" *Boston Sunday Globe*, January 16, 1972, A84.

Brian Bragg. "'Super Bear' Shows His Claws." *Detroit Free Press*, January 23, 1972, 3F.

Milton Friedman, Paul A. Samuelson, and Henry C. Wallich. "Three Views of Nixonomics and Where It Leads [panel Q&A]." *Newsweek*, January 31, 1972a, 74-75.

Anna J. Schwartz. "Time Out, Time In." *Newsweek*, January 31, 1972b, 5.

Milton Friedman. "The Case for a Monetary Rule." *Newsweek*, February 7, 1972, 67.

Paul Lewis. "U.S. Bank Forecasts More Gloom on Unemployment." *Financial Times* (London), February 22, 1972, 5.

Milton Friedman. "Homogenized Schools." *Newsweek*, February 28, 1972, 77.

Gerry Keir. "Money Not Going to Poor: Top Economist Scores Policymakers." *Honolulu Register*, March 9, 1972, A6.

Kit Smith. "Economist Predicts '73 'Crisis': Walkout Seen as Boon for Nixon." *Honolulu Advertiser*, March 24, 1972, A11.

John McClaughry. "Milton Friedman Responds: A *Business and Society Review* Interview." *Business and Society Review* 1, no. 1 (Spring 1972): 5-16. (Excerpted in

Friedman 1975e, 240-56.)

"Friedman Predicts U.S. Economic Boom." *Japan Times*, April 15, 1972, 5.

David Crane. "Some Monetary Reforms Won't Work, Bankers Told." *Toronto Star*, May 11, 1972, 44.

Joseph A. Slevin. "Inside the Economy: Shultz Not a Treasury Man." *Sunday Sun* (Baltimore), May 21, 1972, K7.

Milton Friedman. "Controls: An Exercise in Futility." *Newsweek*, May 22, 1972, 86.

Joseph Egelhof. "'Great Debate' Needles Flash." *Chicago Tribune*, May 24, 1972, G7 and G10.

"Nominee Testifies: Federal Budget 'Discipline' Urged by Shultz before Tax-Boost Plans." *Wall Street Journal*, May 26, 1972, 3.

George Wheeler. "Wheeler's Wall Street: The First Round Went to Friedman on Points, Though Rinfret Had Some, Too." *Newsday* (Long Island, NY), May 28, 1972, 46.

Frank Corrigan. "Laurel in Hardy's Shoes." *Guardian* (London and Manchester, UK), June 13, 1972, 12.

Robert Reinhold. "Scholars Starting to Advise McGovern." *New York Times*, June 18, 1972, 28.

Bruce Handler (AP). "Burns Predicts 2 1/2 Pct. Inflation by End of Year." *St. Louis Globe-Democrat*, July 5, 1972, 6C.

"Liberal Economists Warn Congress." *Evening Star* (Washington, DC), July 27, 1972, A4.

Paul A. Samuelson. "Frank Knight, 1885-1972." *Newsweek*, July 31, 1972, 55.

John F. Burby. "Economic Advisers." *National Journal*, August 12, 1972, 1279-81.

John Chamberlain. "Mont Pelerin Society Meets." *Evening Independent* (St. Petersburg, FL), September 15, 1972, 20-A.

Milton Friedman. "Unrepentant Sinners." *Newsweek*, September 25, 1972, 90.

Reuters. "Friedman Asks Fed to Cut Money Growth." *American Banker*, October 9, 1972, 3.

Milton Friedman. "The Fed on the Spot." *Newsweek*, October 16, 1972, 98.

David O. Tyson. "Friedman and Mrs. Schwartz Find Velocity of Money Almost

Identical in Both U.S., Britain." *American Banker*, October 17, 1972, 3.

Lindley H. Clark Jr. "The Outlook: Appraisal of Current Trends in Business and Finance." *Wall Street Journal*, October 30, 1972, 1.

Milton Friedman. "Can We Halt Leviathan?" *Newsweek*, November 6, 1972, 98.

AP. "Economist Says Controls to Stay." *Kansas City Star*, December 7, 1972, 2A.

Milton Friedman. "Unemployment and Monetary Growth." *The Times* (London), December 12, 1972, 17.

Paul A. Samuelson. "The Right to Hoard Gold." *Newsweek*, December 25, 1972, 67.

"Friedman: Budget Deficit May Upset Money Policy." *National Journal*, January 13, 1973, 57.

Edwin L. Dale Jr. "The Security of Social Security: The Young Pay for the Old." *New York Times* (*New York Times Magazine* section), January 14, 1973, 8-9, 40-41, 43, and 45.

Michael Laurence and Geoffrey Norman. "*Playboy* Interview: Milton Friedman—a Candid Conversation in Which the Maverick Economist Advocates the Abolition of Welfare, Social Security and the Graduated Income Tax." *Playboy* 28, no. 2 (February 1973): 51-54, 56, 58-60, 62, 64, 66, 68, and 74. (Reprinted in Friedman 1975e, 1-38, and Friedman 1983b, 9-59.)

AP. "Social Security Bite Causes Few Complaints." *Evening Capital* (Annapolis, MD), February 12, 1973, 5.

Milton Friedman. "The Nixon Budget." *Newsweek*, April 2, 1973, 82.

Lou Schneider. "Trade Winds: Loan Rate Climb Gaining Momentum." *Manchester Union-Leader* (NH), April 9, 1973, 14.

"Is the Phillips Curve Losing Its Allure?" *Business Week*, April 28, 1973, 88-89.

Milton Friedman. "'Steady as You Go' Revisited." *Newsweek*, May 14, 1973, 100.

"Book Briefs: *The Samuelson Sampler*." *Business Week*, July 14, 1973, 12.

Milton Friedman. "A Frightening Parallel." *Newsweek*, August 6, 1973, 70.

Milton Friedman. "The Inflationary Fed." *Newsweek*, August 27, 1973, 74.

Milton Friedman. "Public Spending and Inflation." *The Times* (London), August 29, 1973, 15.

Milton Friedman. "The Voucher Idea." *New York Times* (*New York Times Magazine* section), September 23, 1973, 22-23, 65, 67, and 69-72. (Reprinted in Friedman 1975e, 270-84.)

Peter H. Binzen. "Stick to Profits, Business Told." *Philadelphia Evening Bulletin*, October 15, 1973, 19-20.

"The Corporate Balance Sheet: Should It Include a Social Conscience?" *Newsday* (Long Island, NY), October 22, 1973, 32A.

"The Responsible Corporation: Benefactor or Monopolist?" *Fortune*, November 1973, 56.

Appearance by Robert Eisner, Milton Friedman, and Herbert Stein on *University of Chicago Round Table: The Nation's Economy Out of Control*, PBS, May 1, 1974.

John Vaizey. "Whatever Happened to Equality?—5. Equality and Income [Interview with Milton Friedman]." *Listener* (London), May 30, 1974, 688-90.

Hobart Rowen. "Patience Is Urged on Inflation Fight." *Washington Post*, May 31, 1974, D11.

Milton Friedman. "What Majority Rules?" *Newsweek*, June 3, 1974, 68.

Dan Miller. "A *Laissez-Faire* Look for Nixon's Economics." *Detroit Free Press*, July 29, 1974, 9-C.

Special to the *New York Times*. "White House Transcripts of 3 Nixon-Haldeman Conversations on June 23, 1972." *New York Times*, August 6, 1974, 14.

Michael C. Jensen. "Severe Economic Problems Are Being Left by Nixon." *New York Times*, August 9, 1974, 45 and 50.

"Liability Management Philosophy Weakening Credit Quality, Minneapolis Fed Official Says." *American Banker*, August 21, 1974, 1 and 10.

Guy De Jonquieres. "U.S. Treasury Bill Rates May Go Even Higher." *Financial Times* (London), August 28, 1974, 1.

Milton Friedman. "Controversy over Burns and Fed's Role." *New York Times*, September 1, 1974, 122.

Frances Cairncross. "Inflation 'Immoral Tax No M.P. Would Approve.'" *Guardian* (London and Manchester, UK), September 16, 1974, 12.

Milton Friedman. "Inflation Prospects." *Newsweek*, November 4, 1974, 84.

Tibor Machan, Joe Cobb, and Ralph Raico. "An Interview with Milton Friedman." *Reason*, December 1974, 4 and 7-14.

Carolyn Jay Wright. "Friedman: The U.S. Won't Let Recession Run Long Enough." *Akron Beacon Journal* (OH), December 1, 1974, D9.

Milton Friedman. "Wonderland Scheme." *Newsweek*, January 27, 1975, 25.

Milton Friedman appearance on *Wall Street Week*, Maryland Public Television, February 7, 1975; Maryland Public Television transcript.

"A Talk with Economist Karl Brunner." *Forbes*, March 1, 1975, 34.

Dennis V. Waite. "A Monetarist Talks Tough on Recession." *Philadelphia Sunday Bulletin*, March 2, 1975, 25.

Milton Friedman. "What Is the Federal Reserve Doing?" *Newsweek*, March 10, 1975, 63.

Grant Donaldson. "Economist Predicts Teetering Economy." *Tampa Times* (FL), March 11, 1975, 8.

Milton Friedman appearance on *Monday Conference*, ABC Television (Australia), April 14, 1975; ABC Television (Australia) transcript.

"Flexible Rates—the Monetary Shock Absorber." *First National City Bank Monthly Newsletter*, June 1975, 12-15.

Milton Friedman. "Subsidizing OPEC Oil." *Newsweek*, June 23, 1975, 75.

Milton Friedman. "Six Fallacies." *Wall Street Journal*, June 30, 1975, 11.

Michael Goodwin. "Executives, Seasonally Adjusted: Vacation Is a Time for Diversification." *New York Times*, August 17, 1975, sec. 3, pp. 1 and 13.

"Excerpts from Deposition Taken from Nixon by Lawyers." *New York Times*, August 21, 1975, 26.

Milton Friedman. "Five Examples of Fed Double-Talk." *Wall Street Journal*, August 21, 1975, 6.

Milton Friedman appearance on *Donahue*, NBC, September 30, 1975.

Theodore Kurrus. "*Laissez Faire*: Friedman against Government Control." *Dallas Morning News*, October 17, 1975, 13B.

Repps B. Hudson. "Friedman Thinks Inflation Will Resurge." *Kansas City Times*,

December 5, 1975, 16C.

Milton Friedman. "How to Hit the Money Target." *Newsweek*, December 8, 1975, 85.

Milton Friedman. "Ford's Budget." *Newsweek*, February 9, 1976, 64.

UPI. "Adviser Calls Reagan Plan 'Underestimated.'" *Detroit News*, February 15, 1976, 13A.

"In His Own Words: Economist Milton Friedman Calls the Income Tax 'an Unholy Mess' and Wants to Reform It." *People Weekly*, April 5, 1976, 49-52.

Milton Friedman appearance on *The Jay Interview* (hosted by Peter Jay), ITN, videotaped May 11, 1976; UK broadcast date July 17, 1976.

"Interview with Economist Milton Friedman: Called Conservative[,] but Is He Really?" *Christian Science Monitor*, August 26, 1976, 15.

David Sinclair. "Inflation: 'The Tax That Never Has to Be Passed by Parliament.'" *The Times* (London), September 13, 1976, 7.

Milton Friedman. "Money and Inflation." *Newsweek*, September 20, 1976, 77.

Advertisement for *Newsweek*. *New York Times*, October 15, 1976, D11.

David Rostenthal. "Man of the Week, Milton Friedman: A Nobel for Economics." *New York Post*, October 16, 1976, 27.

James Tobin. "The Nobel Milton." *Economist* (London), October 23, 1976a, 94-95.

Harry G. Johnson. "The Nobel Milton." *Economist* (London), October 23, 1976b, 95.

Milton Friedman appearance on *Meet the Press*, NBC, October 24, 1976; NBC transcript.

Larry Martz. "A Nobel for Friedman." *Newsweek*, October 25, 1976, 86 and 89 (40-41 of UK edition).

"Medal for a Monetarist." *Time*, October 25, 1976, 58.

"How Expectations Defeat Economic Policy." *Business Week*, November 8, 1976, 74 and 76.

Milton Friedman appearance on *Donahue*, NBC, November 24, 1976 (Chicago broadcast date; syndication broadcast dates included December 1, 1976).

"Positive Values of the Negative Income Tax." *Business Week*, November 29, 1976, 62-64.

Milton Friedman. "To Jimmy from James." *Newsweek*, December 6, 1976, 87.

Milton Friedman appearance on *Dinah!* (Dinah Shore talk show), broadcast March 30, 1977. Clip of appearance available on *Free to Choose* website; recording of full appearance purchased from Hoover Institution.

Milton Friedman. "Tax Gimmickry at Its Finest." *Newsweek*, April 11, 1977, 90.

Fred Kutchins. "Leaning against Next Year's Wind" (interview with Milton Friedman). *Saturday Evening Post* (New York) May/June 1977, 16 and 18-20.

"Nixon: It Should Never 'Get Out That We Taped This Office': '. . . Where the Hell Are All These Leaks . . . Coming From?'" *Washington Post*, May 1, 1977, A14-A15.

Milton Friedman. "Monetary Policy and the Inflation Rate." *The Times* (London), May 2, 1977, 13.

"Energy Proposals Are Inflationary." *Purchasing* (Boston), May 10, 1977, 7.

AP. "Carter's Plan Faces Opposition." *St. Petersburg Evening Independent* (FL), May 13, 1977, 16A.

Milton Friedman appearance on *The Open Mind*, episode titled "A Nobel Laureate on the American Economy," PBS, May 31, 1977; transcript.

Milton Friedman. "Energy Rhetoric." *Newsweek*, June 13, 1977, 82.

*Milton Friedman Speaks*, episode 12, "Who Protects the Consumer?," taped September 12, 1977.

*Milton Friedman Speaks*, episode 3, "Is Capitalism Humane?," taped September 27, 1977.

"The IMF Multiple Interview: Will the Refusal of the Strong to Reflate Bring a Wave of Protectionism?" *Euromoney*, October 1977, 20-32.

Milton Friedman. "Why Inflation Persists." *Newsweek*, October 3, 1977, 54.

*Milton Friedman Speaks*, episode 1, "What Is America?," taped October 3, 1977.

*Milton Friedman Speaks*, episode 2, "Myths That Conceal Reality," taped October 13, 1977.

*Milton Friedman Speaks*, episode 6, "Money and Inflation," taped November 7, 1977.

Milton Friedman. "Entebbe Again." *Newsweek*, November 14, 1977, 90-91.

Paul A. Samuelson. "Reappoint Burns?" *Newsweek*, November 21, 1977, 81.

Donald C. Bauder. "Economist Assails Growth in Monetary Aggregates." *St. Louis Globe-Democrat*, December 7, 1977, 4G.

*Milton Friedman Speaks*, episode 15, "The Future of Our Free Society," taped February 21, 1978.

*Milton Friedman Speaks*, episode 5, "What Is Wrong with the Welfare State?," taped February 23, 1978.

Lindley H. Clark Jr. "Speaking of Business: Assessing Arthur." *Wall Street Journal*, April 4, 1978, 22.

Milton Friedman. "Inflationary Recession." *Newsweek*, April 24, 1978, 81.

Rusty Harris. "No Tariffs, Urges Friedman: Lecturer Wants Total Free Trade." *Manhattan Mercury* (KS), April 27, 1978, A1 and A6.

*Milton Friedman Speaks*, episode 14, "Equality and Freedom in the Free Enterprise System," taped May 1, 1978.

*Milton Friedman Speaks*, episode 10, "The Economics of Medical Care," taped May 9, 1978.

Milton Friedman. "Three Mini-columns." *Newsweek*, June 12, 1978, 88.

William Clarke. "Why Citibank's Walt Wriston Is Looking Forward to the 1980s." *Euromoney*, July 1978, 84, 86, 89, and 92-93.

Virginia Payette. "Average Voter Flexing His Muscles: Congress Feels Taxpayer Pressure." *Victoria Advocate* (TX), August 25, 1978, 4A. (Also appeared as Virginia Payette, "Direct Democracy," *Syracuse Post-Standard* [NY], August 31, 1978, 5.)

Milton Friedman. "Borrowing Marks." *Newsweek*, January 8, 1979, 56.

Lindley H. Clark Jr. "Speaking of Business: The Fed's Research." *Wall Street Journal*, January 23, 1979, 24.

Harry Farrell. "Who Gains from Inflation? The Politicians, Says Milton Friedman." *San Jose Mercury News*, February 12, 1979, 7B.

Milton Friedman. "Implementing Humphrey-Hawkins." *Newsweek*, March 5, 1979, 87.

Merrill Sheils, Lea Donosky, Pamela Abramson, and Stryker McGuire. "Capitalism 101." *Newsweek*, April 30, 1979a, 62 and 65.

Paul A. Samuelson. "The Last Days of the Boom." *Newsweek*, April 30, 1979b, 58.

Paul A. Samuelson. "Tragicomedy of the Energy Crisis." *Newsweek*, July 2, 1979, 62.

Alvin Nagelberg. "Friedman Says Villain Is Poor Productivity." *Chicago Tribune*, July 15, 1979, E5.

Milton Friedman. "Volcker's Inheritance." *Newsweek*, August 20, 1979, 65.

Milton Friedman appearance on *Donahue*, NBC, September 6, 1979 (Chicago broadcast date; the syndication broadcast date was October 10, 1979). A videotape including this episode was released commercially in 1994-96 as *Interviewing the Great Minds of America*. Also available on YouTube.

Milton Friedman. "Has the Fed Changed Course?" *Newsweek*, October 22, 1979, 39.

Milton Friedman. "Inflation and Jobs." *Newsweek*, November 12, 1979, 97.

Dana Rohrabacher. "An Economist against the Government: An Interview with Milton Friedman." *Register* (Orange County, CA), December 23, 1979, E10-E11.

Hamish McRae. "Keynes Wanes." *Guardian* (London and Manchester, UK), December 28, 1979, 11.

Milton Friedman. "Iran and Energy Policy." *Newsweek*, December 31, 1979, 61.

*Free to Choose* (US television version), PBS, episode 1, "The Power of the Market," broadcast dates in US areas included January 12, 1980; transcript available online on *Free to Choose* website.

*Free to Choose* (US television version), PBS, episode 3, "Anatomy of a Crisis," broadcast dates in US areas included January 29, 1980; transcript available online on *Free to Choose* website.

*Free to Choose* (US television version), PBS, episode 5, "Created Equal," broadcast dates in US areas included February 15, 1980; transcript available online on *Free to Choose* website.

Anthony Holden. "The Free Market Man." *Observer* (London), February 17, 1980, 33-34.

*Free to Choose* (US television version), PBS, episode 7, "Who Protects the Consumer?," broadcast dates in US areas included February 29, 1980; transcript available online on *Free to Choose* website.

Milton Friedman. "Monetarism: A Reply to the Critics." *The Times* (London), March 3, 1980, 19.

Milton Friedman. "Things That Ain't So." *Newsweek*, March 10, 1980, 79.

*Free to Choose* (US television version), PBS, episode 9, "How to Cure Inflation," broadcast dates in US areas included March 14, 1980; transcript available online on *Free to Choose* website.

Milton Friedman. "The Government as Nanny." *Listener* (London), April 17, 1980, 489-90.

Peter Jay. "The Friedman Doctrine: Who Really Are the British Monetarists?" *Listener* (London), May 1, 1980, 561-62 and 564.

Brian Griffiths. "Has the Green Paper Got It Wrong?" *The Times* (London), May 6, 1980, 17.

Milton Friedman. "Monetary Overkill." *Newsweek*, July 14, 1980, 62.

Peter T. Maiken. "Milton Friedman—the Free-Market Monetarist Thrives in a New Locale." *Chicago Tribune*, July 20, 1980, magazine section, 20-24.

Milton Friedman and Paul A. Samuelson. "Productivity: Two Experts Cross Swords [panel Q&A]." *Newsweek*, September 8, 1980, 68-69.

M. Roberts. "Money and Prices." *Financial Times* (London), October 15, 1980, 19.

"And Friedman Chose a Rose...." *Straits Times* (Singapore), October 18, 1980, sec. 2, p. 1.

Peter Jay. "Those Puzzling Monetarist Misconceptions." *The Times* (London), January 5, 1981, 12.

Milton Friedman. "A Memorandum to the Fed." *Wall Street Journal*, January 30, 1981, 20. Jane Perlez. "*The Economist* Invades America." *Daily News* (New York), March 16, 1981, M6.

Robert Lenzner. "Friedman Would Take Fed Job—but Paul Volcker's Got It and Shows No Intention of Resigning." *Boston Globe*, April 1, 1981, 39 and 45.

Milton Friedman. "An Open Letter on Grants." *Newsweek*, May 18, 1981, 99.

Milton Friedman. "Closet Keynesianism." *Newsweek*, July 27, 1981, 60.

Lindley H. Clark. "The Monetarist: Karl Brunner Sways Government Policies, Rides

Herd on the Fed." *Wall Street Journal*, October 7, 1981, 1 and 12.

Milton Friedman. "Investigative Reporting?" *Newsweek*, January 11, 1982, 56.

Milton Friedman appearance on *Meet the Press*, NBC, March 21, 1982; NBC transcript.

Milton Friedman. "*Newsweek* on Poverty." April 19, 1982, 80.

Milton Friedman. "Defining 'Monetarism.'" *Newsweek*, July 12, 1982, 64.

Dermot Purgavie. "City Slickers." *Daily Mail* (London), October 22, 1982, 4.

Milton Friedman appearance on *Saturday Briefing*, BBC2, March 12, 1983; BBC transcript.

Lindley H. Clark Jr. "Speaking of Business: The Perils of Paul and Coming Attractions." *Wall Street Journal*, March 22, 1983, 33.

Sidney Blumenthal. "Economic Navigator for the Right." *Boston Globe* (magazine section), April 3, 1983, 10, 11, 20-21, 24-25, 40, and 42-43.

Milton Friedman. "Is the Summit Worth the Climb?" *Newsweek*, May 30, 1983, 33.

Milton Friedman. "The Keynes Centenary: A Monetarist Reflects." *Economist* (London), June 4, 1983, 17-19 of US edition; 35-37 of London edition.

Paul A. Samuelson. "Sympathy from the Other Cambridge." *Economist* (London), June 25, 1983, 19-21 of US edition; 21-25 of London edition.

Milton Friedman. "Why a Surge of Inflation Is Likely Next Year." *Wall Street Journal*, September 1, 1983, 24.

Milton Friedman appearance on *CBS Morning News*, March 1, 1984; CBS transcript.

Rose D. Friedman. "First Person: Sharing." *San Francisco Chronicle* (*California Living* magazine supplement), March 18, 1984, 8-9.

*Tyranny of the Status Quo* television program, episode 3, "Politicians," US broadcast dates including March 28, 1984, on channel 16 in Pennsylvania (as given in "Today's Television Listings," *Beaver County Times* [PA], March 28, 1984, B8).

Milton Friedman. "The Taxes Called Deficits." *Wall Street Journal*, April 26, 1984, 28.

P.H.S. "*The Times* Diary." *The Times* (London), August 17, 1984, 8.

Milton Friedman. "Monetarist Can Be a Supply-Sider, Too." *Wall Street Journal*, August 31, 1984, 13.

Anna J. Schwartz. "Where the Bank Went Wrong." *Banker* (London) 135, no. 708 (February 1985): 100-101.

"Milton Friedman. "The Fed's Monetarism Was Never Anything but Rhetoric." *Wall Street Journal*, December 18, 1985, 29.

Audiotape of the proceedings of conference, "The Legacy of Keynes," twenty-second Nobel Conference, held at Gustavus Adolphus College, St. Peter, Minnesota, September 30 and October 1, 1986.

Karl Brunner and Allan H. Meltzer. "The Straight Dope on the Money Supply." *Wall Street Journal*, October 20, 1986, 27.

Jonathan Peterson. "The Captain of Capitalism: Even as Milton Friedman's Theories Have Gone Out of Vogue in Washington, His Ideas Have Come to Shape the Way Nations Manage Their Money." *Los Angeles Times* (*Los Angeles Times Magazine*

section), December 14, 1986, 12-18 and 54. (Also appeared as Jonathan Peterson, "Defining Friedman Takes a Lifetime," *San Francisco Chronicle*, December 26, 1986, 39; and Jonathan Peterson, "Now, the Friedman Revival," *Sydney Morning Herald*,

December 27, 1986, 27.)

Idea Channel. *Milton Friedman*. Videotaped interview, 1987.

Anatole Kaletsky. "Freedom Rules, O.K.: Anatole Kaletsky Talks to Milton Friedman, Father of Monetarism." *Financial Times* (London), February 23, 1987, 12.

Milton Friedman. "Ice-Cream Cone Challenge Scooped Up." *Wall Street Journal*, July 2, 1987, 19.

Alan S. Blinder. "Balancing the Equation between Inflation and Joblessness." *Business Week*, February 15, 1988, 18.

Milton Friedman. "Floating Rates vs. Monetary Standard." *Wall Street Journal*, March 4, 1988, 29.

Peter Brimelow. "Why Liberalism Is Now Obsolete [interview with Milton Friedman]." *Forbes*, December 12, 1988, 161-65, 168, 170, 174, and 176.

Willa Johnson. "Freedom and Philanthropy: An Interview With Milton Friedman." *Alternatives in Philanthropy*, March 1989, 1-6.

Milton Friedman. "Britain Should Defer to the Earlier Keynes." *Wall Street Journal*,

April 19, 1989, A19.

Warren T. Brookes. "The Gospel According to Knut Wicksell." *Forbes*, July 9, 1990, 66-69.

Milton Friedman and Paul A. Samuelson appearance on *MacNeil/Lehrer NewsHour*, PBS, August 27, 1990; PBS transcript.

"Sununu Speaks: Business Is Partly to Blame." *Business Week*, December 2, 1991, 31 of US edition; 14 of international edition.

Milton Friedman appearance, May 6, 1993, at House Republican Conference Task Force on the Economy, Washington, DC, Broadcast on CSPAN, May 7, 1993, and released as a videotape by CSPAN educational video. Also viewable on CSPAN website.

Paul Sheehan. "Friedman's Fundamentals." *Australian Business Monthly*, October 1993, 52-55.

Milton Friedman and Anna J. Schwartz. "A Tale of Fed Transcripts." *Wall Street Journal*, December 20, 1993, A12.

Chuck Freadhoff. "Nobelist Milton Friedman: Looking Back on Career Spent Out of the Mainstream." *Investor's Business Daily*, January 14, 1994, 1-2.

Interview with Milton Friedman conducted by Brian Lamb for *Booknotes*, CSPAN, November 20, 1994. Transcript and recording available on CSPAN website; transcript was also issued in hard-copy form by CSPAN in 1994.

Brian Doherty. "Best of Both Worlds: Interview with Milton Friedman." *Reason*, June 1995, 32-38.

Milton Friedman. "Getting Back to Real Growth." *Wall Street Journal*, August 1, 1995, A14.

Ralph Nader. "Increase of Regulations Has Slowed, as a Rule." *Wall Street Journal*, August 29, 1995, A15.

Beth Bolton. "Chicago Professor Wins Nobel." *USA Today*, October 11, 1995, 2B.

Brian Bergstein (AP). "U of Chicago Prof. Wins Nobel Economics Prize." *Wisconsin State Journal*, October 11, 1995, 8B.

Milton Friedman appearance, April 18, 1996, at Claremont McKenna College, broadcast on CSPAN on December 26, 1996; viewable on CSPAN website.

"Minimum Wage versus Supply and Demand." *Wall Street Journal*, April 24, 1996, A14.

Bill Saporito. "Good for the Bottom Line." *Time*, May 20, 1996, 40-43.

Milton Friedman. "The Fed and the Natural Rate." *Wall Street Journal*, September 24, 1996, A22.

Roger Kerr. "The Business of Business Is Business." *Evening Post* (Wellington, New Zealand), January 6, 1997, 4.

Dean Bedford. "The Caring Capitalist." *Evening Post* (Wellington, New Zealand), August 8, 1998, 13-14.

Gene Epstein. "Mr. Market: A Nobelist Views Today's Fed, Currencies, Social Security, Regulation." *Barron's*, August 24, 1998, 30.

Milton Friedman. "Clear Lessons to Be Learnt from the East Asian Episode." *The Times* (London), October 12, 1998, 49.

Anna J. Schwartz. "Dawn of the Euro: What Europe Can Learn from the Fed." *Wall Street Journal*, December 31, 1998, A10.

Milton Friedman. "Social Security Chimeras." *New York Times*, January 11, 1999, A17.

Milton Friedman appearance on *Uncommon Knowledge* (Hoover Institution website series), episode "Libertarianism," February 10, 1999.

Michael M. Weinstein. "Milton Friedman: My Biggest Mistake." *New York Times*, July 4, 1999, sec. 3, p. 2.

Michael M. Weinstein. "Herbert Stein, Nixon Adviser and Economist, Is Dead at 83." *New York Times*, September 9, 1999, C22.

Joseph M. Burns. "Monetary Policy Wasn't Manipulated for Nixon." *Wall Street Journal*, April 26, 2004, A15.

Milton Friedman appearance on television special *Election 2004: The Economy*, WQED San Francisco, broadcast live on October 15, 2004.

John T. Ward. "The View from Up There: Economist Milton Friedman, RC '32, Reflects on a Long Life as a Contrarian." *Rutgers* magazine, Fall 2006, 22-27 and 48.

Scott Duke Harris. "Nobel Prize Winner Expounds on Education, Health Care, Iraq."

*San Jose Mercury*, November 5, 2006.

*The Power of Choice*, PBS documentary, broadcast January 29, 2007.

Paul Krugman. "Fear of Eating." *New York Times*, May 21, 2007, A19.

Paul Krugman. "Bad Cow Disease: How America Returned to *The Jungle*." *New York Times*, June 13, 2008, A29.

Michael M. Weinstein. "Paul A. Samuelson, Economist, Dies at 94." *New York Times*, December 14, 2009, A1.

Jeffrey Sachs. "Move America's Economic Debate Out of Its Time Warp." *Financial Times* website (blogs.ft.com), July 12, 2012. Also available at https://www.earth.columbia.edu/sitefiles/file/Sachs %20Writing/2012/moveamericaseconomyoutofitstimewarp.pdf.

Jon Hilsenrath. "Reporter's Journal: A Close Bond and a Shared Love for 'Dismal Science'— Correspondence between Famously Brash Summers and His Uncle, a Nobel Economist, Reveals Flashes of Humility and Tenderness." *Wall Street Journal*, September 14, 2013, A4.

Jason Kelly. "Human Capitalist." *University of Chicago Magazine* 106, no. 6, July/August 2014, 26-27. https://mag.uchicago.edu/university-news/human-capitalist#.

Paul Krugman. "Pollution and Politics." *New York Times*, November 28, 2014, A31.

David Warsh. "The Rivals: Paul Samuelson and Milton Friedman Arrive at the University of Chicago—in 1932," on Warsh's blog website economicprincipals.com, entry dated July 12, 2015.

# 二、参考文献

Abbott, William J. 1960. "A New Measure of the Money Supply." *Federal Reserve Bulletin* 46, no. 10 (October): 1102-23.

Abel, Andrew B., and Ben S. Bernanke. 1992. *Macroeconomics*. Reading, MA: Addison-Wesley.

Abrams, Burton A. 2006. "How Richard Nixon Pressured Arthur Burns: Evidence from the Nixon Tapes." *Journal of Economic Perspectives* 20, no. 4 (Fall): 177-88.

Abrams, Burton A., and James L. Butkiewicz. 2012. "The Political Business Cycle:

New Evidence from the Nixon Tapes." *Journal of Money, Credit and Banking* 44, nos. 2-3 (March/April): 385-99.

Adler, Howard, Jr. 1971. "Advising Corporate Management." In Conference Board, ed., *Economic Fact and Antitrust Goals: Inputs for Corporate Planning, Tenth Conference on Antitrust Issues in Today's Economy: Transcript of Conference, March 11, 1971*. New York: Conference Board. 7-18.

Akerlof, George A. 1979. "The Case against Conservative Macroeconomics: An Inaugural Lecture." *Economica* 46, no. 183 (August): 219-37.

Allen, Stuart D., and Donald L. McCrickard. 1988. "Deficits and Money Growth in the United States: A Comment." *Journal of Monetary Economics* 21, no. 1 (January): 143-53.

All Participants. 1951. "Selections from the Discussion of Friedman's Paper." In David McCord Wright, ed., *The Impact of the Union: Eight Economic Theorists Evaluate the Labor Union Movement*. New York: Harcourt Brace. 235-59.

Alogoskoufis, George S., and Ron Smith. 1991. "The Phillips Curve, the Persistence of Inflation, and the Lucas Critique: Evidence from Exchange-Rate Regimes." *American Economic Review* 81, no. 5 (December): 1254-75.

Amacher, Ryan C., and Richard James Sweeney. 1980. *Principles of Macroeconomics*. Cincinnati, OH: South-Western.

American Bankers Association. 1979. *Conference on Reserve Requirements and the Role of the Federal Reserve System, January 18-19, 1979, Washington, D.C.* Washington, DC: American Bankers Association. Reprinted in Committee on Banking, Housing, and Urban Affairs, US Senate, *Monetary Policy Improvement Act of 1979: Hearings*. Washington, DC: US Government Printing Office, 1979. 814-1069.

American Economic Association. 1966. "Annual Business Meeting, December 30, 1965, New York Hilton Hotel, New York, New York." *American Economic Review* 56, nos. 1-2 (March): 603-5.

———. 1968. "Program of the Eightieth Annual Meeting." *American Economic Review (Papers and Proceedings)* 58, no. 2 (May): vii-x.

———. 1970. "Biographical Listings of Members." In American Economic Association, *1969 Handbook of the American Economic Association*. Nashville, TN:

American Economic Association. 1-492. Archived in jstor.org as an issue of the *American Economic Review* (59, no. 6 [January 1970]).

———. 1981. "Biographical Listing of Members." In American Economic Association, *Nobel Lectures and 1981 Survey of Members*. Nashville, TN: American Economic Association. 33-456. Archived in jstor.org as part of an issue of the *American Economic Review* (71, no. 6 [December 1981]).

American Enterprise Institute. 1966. *International Payments Problems: A Symposium Sponsored by the American Enterprise Institute for Public Policy, Washington, D.C., September 23 and 24, 1965*. Washington DC: American Enterprise Institute.

———. 1972. *International Monetary Problems*. Washington, DC: American Enterprise Institute.

———. 1974. *Indexing and Inflation*. Washington, DC: American Enterprise Institute.

Andersen, Leonall C., and Keith M. Carlson. 1970. "A Monetarist Model for Economic Stabilization." *Federal Reserve Bank of St. Louis Review* 52, no. 4 (April): 7-21.

Andersen, Leonall C., and Jerry L. Jordan. 1968a. "Monetary and Fiscal Actions: A Test of Their Relative Importance in Economic Stabilization." *Federal Reserve Bank of St. Louis Review* 50, no. 11 (November): 11-24.

———. 1968b. "The Monetary Base—Explanation and Analytical Use." *Federal Reserve Bank of St. Louis Review* 50, no. 8 (August): 7-11.

Anderson, Martin, ed. 1982. *Registration and the Draft: Proceedings of the Hoover-Rochester Conference on the All-Volunteer Force*. Stanford, CA: Hoover Institution Press.

Anderson, Richard G., and Kenneth A. Kavajecz. 1994. "A Historical Perspective on the Federal Reserve's Monetary Aggregates: Definition, Construction and Targeting." *Federal Reserve Bank of St. Louis Review* 76, no. 2 (March/April): 1-31.

Ando, Albert, E. Cary Brown, Robert M. Solow, and John H. Kareken. 1963. "Lags in Monetary and Fiscal Policy." In Commission on Money and Credit, ed., *Stabilization Policies*. Englewood Cliffs, NJ: Prentice Hall. 1-13.

Ando, Albert, and Franco Modigliani. 1965. "The Relative Stability of Monetary Velocity and the Investment Multiplier." *American Economic Review* 55, no. 4 (September): 693-728.

Argy, Victor. 1981. *The Postwar International Money Crisis: An Analysis*. London: Allen and Unwin.

Arrow, Kenneth J. 1963. "Uncertainty and the Welfare Economics of Medical Care." *American Economic Review* 53, no. 5 (December): 941-73.

Artis, Michael J., Derek Leslie, and Graham W. Smith. 1982. "Wage Inflation: A Survey." In Michael J. Artis, Christopher J. Green, Derek Leslie, and Graham W Smith, eds., *Demand Management, Supply Constraints and Inflation*. Manchester, UK: Manchester University Press. 134-52.

Artis, Michael J., and Mervyn K. Lewis. 1981. *Monetary Control in the United Kingdom*. London: Philip Allan.

Auerbach, Robert D., and Jack L. Rutner. 1976. "The Concept of Private Income." *Federal Reserve Bank of Kansas City Economic Review* 61, no. 9 (November): 11-20.

Axilrod, Stephen H. 1962. "Asset Structure and Monetary Expansion." *Staff Economic Comment* (Federal Reserve Board) 5, no. 15 (May): 13-26. Federal Reserve Board Library.

———. 1971. "Monetary Aggregates and Money Market Conditions in Open Market Policy." *Federal Reserve Bulletin* 57, no. 2 (February): 79-104. Reprinted in Board of Governors of the Federal Reserve System, *Open Market Policies and Operating Procedures—Staff Studies*. Washington, DC: Federal Reserve Board, 1971. 193-218. Also reprinted in Subcommittee on Domestic Monetary Policy of the Committee on Banking, Currency and Housing, US House of Representatives, *The Impact of the Federal Reserve's Money Policies on the Economy: Hearings, June 8, 9, 10, and 24, 1976*. Washington, DC: US Government Printing Office, 1976. 162-78.

Axilrod, Stephen H., and Ralph A. Young. 1962. "Interest Rates and Monetary Policy." *Federal Reserve Bulletin* 48, no. 9 (September): 1110-37.

Bach, George L. 1967. "Criteria for the Conduct of Monetary Policy—the Implications of Recent Research; For Academia." In George Horwich, ed., *Monetary Process and Policy: A Symposium*. Homewood, IL: Richard D. Irwin. 346-56.

Bach, George L., Phillip Cagan, Milton Friedman, Clifford G. Hildreth, Franco Modigliani, and Arthur M. Okun. 1976. *Improving the Monetary Aggregates: Report of the Advisory Committee on Monetary Statistics*. Washington, DC: Federal Reserve Board.

Baer, Werner. 1962. "Inflation and Economic Growth: An Interpretation of the Brazilian Case." *Economic Development and Cultural Change* 11, no. 1 (October): 85-97.

Bailey, Martin J. 1962. *National Income and the Price Level*. New York: McGraw-Hill.

———. 1968. "Comment: Optimum Monetary Growth." *Journal of Political Economy* 76, no. 4, part 2 (July/August): 874-76.

———. 1971. "The 1971 Report of the President's Council of Economic Advisers: Inflation and Recession." *American Economic Review* 61, no. 4 (September): 517-21.

Balbach, Anatol, and Denis S. Karnosky. 1975. "Real Money Balances: A Good Forecasting Device and a Good Policy Target?" *Federal Reserve Bank of St. Louis Review* 57, no. 9 (September): 11-15.

Ball, R. J. 1982. *Money and Employment*. London: Macmillan.

Barnett, William A. 1981. *Consumer Demand and Labor Supply: Goods, Monetary Assets, and Time*. Amsterdam: North-Holland.

———. 2013. "Friedman and Divisia Monetary Measures." Manuscript, University of Kansas.

Barro, Robert J. 1974. "Are Government Bonds Net Wealth?" *Journal of Political Economy* 82, no. 6 (November/December): 1095-117.

———. 1977. "Unanticipated Money Growth and Unemployment in the United States." *American Economic Review* 67 (March): 101-15.

———. 1978. "Comment from an Unreconstructed Ricardian." *Journal of Monetary Economics* 4, no. 3 (August): 569-81.

———. 1982. "United States Inflation and the Choice of Monetary Standard." In Robert E. Hall, ed., *Inflation: Causes and Effects*. Chicago: University of Chicago Press. 99-110.

———. 1984. *Macroeconomics*. New York: Wiley.

———. 1995. "Optimal Debt Management." NBER Working Paper No. 5327, October.

———. 2007. "Milton Friedman: Perspectives, Particularly on Monetary Policy." *Cato Journal* 27, no. 2 (Spring/Summer): 127-34.

Barro, Robert J., and Martin S. Feldstein. 1978. *The Impact of Social Security on*

*Private Saving: Evidence from the U.S. Time Series*. Washington, DC: American Enterprise Institute.

Barro, Robert J., and Charles J. Redlick. 2011. "Macroeconomic Effects from Government Purchases and Taxes." *Quarterly Journal of Economics* 126, no. 1 (February): 51-102.

Batini, Nicoletta, and Edward Nelson. 2001. "The Lag from Monetary Policy Actions to Inflation: Friedman Revisited." *International Finance* 4, no. 3 (Winter): 381-400.

———. 2005. "The U.K.'s Rocky Road to Stability." Federal Reserve Bank of St. Louis Working Paper 2005-020A, March.

Bator, Francis M. 1987. "The State of Macroeconomics." In Alfred Steinherr and Daniel Weiserbs, eds., *Employment and Growth: Issues for the 1980s*. Boston: Kluwer Academic. 29-45.

Batten, Dallas S., and Daniel L. Thornton. 1986. "The Monetary-Fiscal Policy Debate and the Andersen-Jordan Equation." *Federal Reserve Bank of St. Louis Review* 68, no. 8 (October): 9-17.

Baumol, William J. 1974. "Discussant, Moskowitz Lecture." In Henry G. Manne, Ezra Solomon, et al., *Wall Street in Transition: The Emerging System and Its Impact on the Economy*. New York: New York University Press. 203-6.

Baumol, William J., and Alan S. Blinder. 1979. *Economics: Principles and Policy*. New York: Harcourt Brace Jovanovich.

———. 1982. *Economics: Principles and Policy*. 2nd ed. New York: Harcourt Brace Jovanovich.

Bean, Charles R. 2003a. "Economists and the Real World." Speech at the London School of Economics, January 29.

———. 2003b. "Asset Prices, Financial Imbalances and Monetary Policy: Are Inflation Targets Enough?" In Anthony Richards and Tim Robinson, eds., *Asset Prices and Monetary Policy*. Sydney: Reserve Bank of Australia. 48-76.

———. 2005. "Monetary Policy in an Uncertain World." Speech to Oxonia, Oxford Institute of Economic Policy, February 22.

Bean, Charles R., Matthias Paustian, Adrian Penalver, and Tim Taylor. 2010. "Monetary

Policy after the Fall." In Federal Reserve Bank of Kansas City, ed., *Macroeconomic Challenges: The Decade Ahead.* Kansas City, MO: Federal Reserve Bank of Kansas City. 267-328.

Becker, Gary S. 1991a. "Milton Friedman." In Edward Shils, ed., *Remembering the University of Chicago: Teachers, Scientists, and Scholars.* Chicago: University of Chicago Press. 138-46.

———. 1991b. *A Treatise on the Family.* Enlarged ed. Cambridge, MA: Harvard University Press.

Beebe, Jack. 1977. "A Perspective on Liability Management and Bank Risk." *Federal Reserve Bank of San Francisco Economic Review* 59, no. 1 (Winter): 12-25.

Bell, Geoffrey L. 1970. "Recent Issues in Monetary Policy in United States and United Kingdom." *Financial Analysts Journal* 26, no. 2 (March/April): 24-29.

———. 1973. *The Euro-Dollar Market and the International Financial System.* London: Macmillan.

Belongia, Michael T., and Peter N. Ireland. 2014. "The Barnett Critique after Three Decades: A New Keynesian Analysis." *Journal of Econometrics* 183, no. 1 (November): 5-21.

———. 2016. "Money and Output: Friedman and Schwartz Revisited." *Journal of Money, Credit and Banking* 48, no. 6 (September): 1223-66.

Bénabou, Roland, and Jean Tirole. 2010. "Individual and Corporate Social Responsibility." *Economica* 77, no. 305 (January): 1-19.

Benati, Luca. 2012. "The Long-Run Phillips Curve." Manuscript, University of Bern.

Benveniste, Lawrence M., and José A. Scheinkman. 1979. "On the Differentiability of the Value Function in Dynamic Models of Economics." *Econometrica* 47, no. 3 (May): 727-32.

Berkman, Neil G. 1980. "Abandoning Monetary Aggregates." In Federal Reserve Bank of Boston, ed., *Controlling Monetary Aggregates III: Proceedings of a Conference Held at Melvin Village, New Hampshire, October, 1980.* Boston: Federal Reserve Bank of Boston. 76-100.

Berle, Adolf A., Jr., and Gardiner C. Means. 1933. *The Modern Corporation and*

*Private Property.* New York: Macmillan.

Bernanke, Ben S. 1986. "Alternative Explanations of the Money-Income Correlation." *Carnegie-Rochester Conference Series on Public Policy* 25, no. 1, 49-99.

———. 2002a. "Deflation: Making Sure 'It' Doesn't Happen Here." Speech before the National Economists Club, Washington DC, November 21.

———. 2002b. "On Milton Friedman's Ninetieth Birthday." Remarks at the Conference to Honor Milton Friedman, University of Chicago, November 8.

———. 2004. "Friedman's Monetary Framework: Some Lessons." In Mark A. Wynne, Harvey Rosenblum, and Robert L. Formaini, eds., *The Legacy of Milton and Rose Friedman's "Free to Choose": Economic Liberalism at the Turn of the 21st Century.* Dallas: Federal Reserve Bank of Dallas. 207-17.

———. 2010. "Economic Policy: Lessons from History." Remarks at the 43rd Annual Alexander Hamilton Awards Dinner, Center for the Study of the Presidency and Congress, Washington, DC, April 8. www.federalreserve.gov.

———. 2013. "A Century of U.S. Central Banking: Goals, Frameworks, Accountability." *Journal of Economic Perspectives* 27, no. 4 (Fall): 3-16.

Bernanke, Ben S., and Alan S. Blinder. 1988. "Credit, Money, and Aggregate Demand." *American Economic Review (Papers and Proceedings)* 78, no. 2 (May): 435-39.

Bernanke, Ben. S., Thomas Laubach, Frederic S. Mishkin, and Adam S. Posen. 1999. *Inflation Targeting: Lessons from the International Experience.* Princeton, NJ: Princeton University Press.

Bernanke, Ben S., and Ilian Mihov. 1998. "The Liquidity Effect and Long-Run Neutrality." *Carnegie-Rochester*

*Conference Series on Public Policy* 49, no. 1 (December): 149-94.

Bernanke, Ben S., and Frederic S. Mishkin. 1992. "Central Bank Behavior and the Strategy of Monetary Policy: Observations from Six Industrialized Countries." *NBER Macroeconomics Annual* 7, no. 1, 183-228.

Bernheim, B. Douglas, Andrei Shleifer, and Lawrence H. Summers. 1985. "The Strategic Bequest Motive." *Journal of Political Economy* 93, no. 6 (December): 1045-76.

Bhagwati, Jagdish N. 1977. "Harry G. Johnson." *Journal of International Economics* 7, no. 3 (August): 221-29.

Birnbaum, Eugene A., and Arthur B. Laffer, eds. 1976. *Proceedings of the International Conference on World Economic Stability, April 17-20, 1975*. Manuscript, First National Bank of Chicago and University of Chicago.

Blanchard, Olivier J. 1997. *Macroeconomics*. New York: Prentice Hall.

Blanchard, Olivier J., and Charles M. Kahn. 1980. "The Solution of Linear Difference Models under Rational Expectations." *Econometrica* 48, no. 5 (July): 1305-11.

Blaug, Mark, ed. 1986. *Who's Who in Economics: A Biographical Dictionary of Major Economists 1700-1986*. 2nd ed. Cambridge, MA: MIT Press.

Blinder, Alan S. 1979. *Economic Policy and the Great Stagflation*. New York: Academic.

———. 1981. "Monetarism Is Obsolete." *Challenge* 24, no. 4 (September/October): 35-41.

———. 1983. "On the Monetization of Deficits." In Laurence H. Meyer, ed., *The Economic Consequences of Government Deficits*. Boston: Kluwer-Nijhoff. 39-73.

———. 1986. "Ruminations on Karl Brunner's Reflections." In R. W. Hafer, ed., *The Monetary versus Fiscal Policy Debate: Lessons from Two Decades*. Totowa, NJ: Rowman and Allanheld. 117-26.

———. 1987. "Keynes, Lucas, and Scientific Progress." *American Economic Review (Papers and Proceedings)* 77, no. 2 (May): 130-36.

———. 1997. "Distinguished Lecture on Economics in Government: What Central Bankers Could Learn from Academics—and Vice Versa." *Journal of Economic Perspectives* 11, no. 2 (Spring): 3-19.

Blinder, Alan S., and Jeremy B. Rudd. 2013. "The Supply-Shock Explanation of the Great Stagflation Revisited." In Michael D. Bordo and Athanasios Orphanides, eds., *The Great Inflation: The Rebirth of Modern Central Banking*. Chicago: University of Chicago Press. 119-75.

Blinder, Alan S., and Robert M. Solow. 1973. "Does Fiscal Policy Matter?" *Journal of Public Economics* 2, no. 4 (November): 319-37.

———. 1976. "Does Fiscal Policy Still Matter? A Reply." *Journal of Monetary*

*Economics* 2, no. 4 (November): 501-10.

Blume, Lawrence, and David Easley. 2006. "If You're So Smart, Why Aren't You Rich? Belief Selection in Complete and Incomplete Markets." *Econometrica* 74, no. 4 (July): 929-66.

Board of Governors of the Federal Reserve System. 1943. *Banking and Monetary Statistics, 1914-1941.* Washington, DC: Federal Reserve Board.

Bodkin, Ronald G. 1966. *The Wage-Price-Productivity Nexus.* Philadelphia: University of Pennsylvania Press.

Bordo, Michael D., ed. 1989a. *Money, History, and International Finance: Essays in Honor of Anna J. Schwartz.* Chicago: University of Chicago Press.

———. 1989b. "The Contribution of *A Monetary History of the United States, 1867-1960* to Monetary History." In Michael D. Bordo, ed., *Money, History, and International Finance: Essays in Honor of Anna J. Schwartz.* Chicago: University of Chicago Press. 15-70.

———. 1993. "The Bretton Woods International Monetary System: A Historical Overview." In Michael D. Bordo and Barry Eichengreen, eds., *A Retrospective on the Bretton Woods System: Lessons for International Monetary Reform.* Chicago: University of Chicago Press. 3-98.

Bordo, Michael D., Ehsan U. Choudhri, and Anna J. Schwartz. 1995. "Could Stable Money Have Averted the Great Contraction?" *Economic Inquiry* 33, no. 3 (July): 484-505.

Bordo, Michael D., and Barry Eichengreen. 2013. "Bretton Woods and the Great Inflation." In Michael D. Bordo and Athanasios Orphanides, eds., *The Great Inflation: The Rebirth of Modern Central Banking.* Chicago: Chicago University Press. 449-89.

Bordo, Michael D., Owen Humpage, and Anna J. Schwartz. 2015. *Strained Relations: U.S. Foreign-Exchange Operations and Monetary Policy in the Twentieth Century.* Chicago: University of Chicago Press.

Bordo, Michael D., and Lars Jonung. 1987. *The Long-Run Behavior of the Velocity of Circulation: The International Evidence.* Cambridge: Cambridge University Press.

Bordo, Michael D., and Daniel Landau. 1986. "Advocacy and Neo Classical Economics." *Eastern Economic Journal* 12, no. 2 (April-June): 94-102.

Bordo, Michael D., and Hugh Rockoff. 2013a. "Not Just the Great Contraction: Friedman and Schwartz's *A Monetary History of the United States, 1867-1960.*" *American Economic Review (Papers and Proceedings)* 103, no. 3 (May): 61-65.

———. 2013b. "The Influence of Irving Fisher on Milton Friedman's Monetary Economics." *Journal of the History of Economic Thought* 35, no. 2 (June): 153-77.

Bordo, Michael D., and Anna J. Schwartz. 1979. "Clark Warburton: Pioneer Monetarist." *Journal of Monetary Economics* 5, no. 1 (January): 43-65.

———. 2004. "IS-LM and Monetarism." *History of Political Economy* 36, supplement 1 (December): 217-39.

Boskin, Michael J. 1987. *Reagan and the Economy: The Successes, Failures, and Unfinished Agenda*. San Francisco: Institute for Contemporary Studies.

Boughton, James M., and Elmus R. Wicker. 1975. *The Principles of Monetary Economics*. Homewood, IL: Richard D. Irwin.

Boulding, Kenneth E. 1945. *The Economics of Peace*. New York: Prentice Hall.

Bowsher, Norman N. 1977. "The Early 1960s: A Guide to the Late 1970s." *Federal Reserve Bank of St. Louis Review* 59, no. 10 (October): 12-18.

Brainard, William C., and James Tobin. 1968. "Pitfalls in Financial Model Building." *American Economic Review (Papers and Proceedings)* 58, no. 2 (May): 99-122.

Breit, William, and Roger L. Ransom. 1971. *The Academic Scribblers: American Economists in Collision*. New York: Holt, Rinehart and Winston.

Brigham, Eugene F., ed. 1971. *Readings in Managerial Finance*. New York: Holt, Rinehart and Winston.

Brill, Daniel H. 1965. "Criteria for the Conduct of Monetary Policy: The Implications of Recent Research." Paper delivered at Conference of University Professors, sponsored by American Bankers Association and Purdue University, September 1, 1965.

———. 1968. "Can the Government 'Fine-Tune' the Economy?" Presented at panel discussion at Washington, DC, chapter of the American Statistical Association, February 28, 1968. Printed in Joint Economic Committee, US Congress, *The 1968 Economic Report of the President: Hearings, Part 1: February 5, 6, 7, 14, 15, 1968*. Washington, DC: US Government Printing Office. 156-63.

Brimmer, Andrew F. 1972. "The Political Economy of Money: Evolution and Impact of Monetarism in the Federal Reserve System." *American Economic Review* 62, nos. 1-2 (March): 344-52.

Brittan, Samuel. 2005. *Against the Flow: Reflections of an Individualist*. London: Atlantic Books.

Brock, William A. 1974. "Money and Growth: The Case of Long-Run Perfect Foresight." *International Economic Review* 15, no. 3 (October): 750-77.

Bronfenbrenner, Martin, and Franklyn D. Holzman. 1963. "Survey of Inflation Theory." *American Economic Review* 53, no. 4 (September): 593-661.

Brookings Institution. 1970. "Gradualism: A Mid-course View—General Discussion." *Brookings Papers on Economic Activity* 1, no. 2, 300-301.

Brown, Arthur J. 1955. *The Great Inflation, 1939-1951*. London: Oxford University Press.

Brown, Arthur J., and Jane Darby. 1985. *World Inflation since 1950: An International Comparative Study*. Cambridge: Cambridge University Press.

Brozen, Yale. 1969. "The Effect of Statutory Minimum Wage Increases on Teen-Age Employment." *Journal of Law and Economics* 12, no. 1 (April): 109-22.

Brozen, Yale, and Milton Friedman. 1966. *The Minimum Wage Rate: Who Really Pays?* Washington, DC: Free Society Association.

Brumberg, Richard. 1953. "Ceteris Paribus for Supply Curves." *Economic Journal* 63, no. 250 (June): 462-67.

Brunner, Karl. 1957. "Review: *Studies in the Quantity Theory of Money*." *Journal of Finance* 12, no. 4 (December): 512-14.

———. 1958. "A Case Study of U.S. Monetary Policy: Reserve Requirements and the Inflationary Gold Flows of the Middle '30s." *Swiss Journal of Economics and Statistics* 94, no. 2 (June): 160-201.

———. 1961a. "Some Major Problems in Monetary Theory." *American Economic Review (Papers and Proceedings)* 51, no. 2 (May): 47-56.

———. 1961b. "The Report of the Commission on Money and Credit." *Journal of Political Economy* 69, no. 6 (December): 605-20.

———. 1961c. "A Schema for the Supply Theory of Money." *International Economic Review* 2, no. 1 (January): 79-109.

———. 1966. "The State of Monetary Policy." Unpublished manuscript, August 31.

———. 1968a. "On Lauchlin Currie's Contribution to Monetary Theory." Introduction to reprint of Lauchlin Currie, *The Supply and Control of Money in the United States*. New York: Russell and Russell. ix-xxxv.

———. 1968b. "The Role of Money and Monetary Policy." *Federal Reserve Bank of St. Louis Review* 50, no. 7 (July): 8-24.

———. 1969a. "Monetary Analysis and Federal Reserve Policy." In Karl Brunner, ed., *Targets and Indicators of Monetary Policy*. San Francisco: Chandler. 250-82.

———. 1969b. "'Assumptions' and the Cognitive Quality of Theories." *Synthese* 20, no. 4 (December): 501-25.

———. 1970. "The 'Monetarist Revolution' in Monetary Theory." *Weltwirtschaftliches Archiv* 105, no. 1 (March): 1-30.

———. 1971a. "A Survey of Selected Issues in Monetary Theory." *Swiss Journal of Economics and Statistics* 107, no. 1 (March): 1-146.

———. 1971b. "The Monetarist View of Keynesian Ideas." *Lloyds Bank Review* 26, no. 102 (October): 35-49.

———. 1971c. "'Yale' and Money." *Journal of Finance* 26, no. 1 (March): 165-74.

———. 1972. "Discussion [of 'Role of Projections and Data Evaluation with Monetary Aggregates as Policy Targets']." In Federal Reserve Bank of Boston, ed., *Controlling Monetary Aggregates II: The Implementation*. Boston: Federal Reserve Bank of Boston. 103-13.

———. 1973. "A Diagrammatic Exposition of the Money Supply Process." *Swiss Journal of Economics and Statistics* 109, no. 4 (December): 481-533.

———. 1975. "Monetary Management, Domestic Inflation, and Imported Inflation." In Robert Z. Aliber, ed., *National Monetary Policies and the International Financial System*. Chicago: University of Chicago Press. 179-209.

———. 1979a. "The Commitment to Permanent Inflation." In Federal Reserve Bank of St. Louis, ed., *Alternative Policies to Combat Inflation: Proceedings of the Third Annual*

*Economic Policy Conference of the Federal Reserve Bank of St. Louis.* St. Louis: Federal Reserve Bank of St. Louis. 7-41.

———. 1979b. "SOMC Position Paper, September 1979." Shadow Open Market Committee paper, September 17.

———. 1979c. "Milton Friedman in Our Time." In Karl Brunner, ed., *Economics and Social Institutions: Insights from the Conferences on Analysis and Ideology.* Boston: Martinus Nijhoff. 29-39.

———. 1980a. "A Fascination with Economics." *Banca Nazionale del Lavoro Quarterly Review* 33, no. 135 (December): 403-26.

———. 1980b. "Theories of Inflation and the Explanation of Intractable Inflation." In Artur Woll, ed., *Inflation: German Contributions to the Debate.* London: John Martin. 97-143.

———. 1983. "Has Monetarism Failed?" *Cato Journal* 3, no. 1 (Spring): 23-62.

———. 1986. "Fiscal Policy in Macro Theory: A Survey and Evaluation." In R. W. Hafer, ed., *The Monetary versus Fiscal Policy Debate: Lessons from Two Decades.* Totowa, NJ: Rowman and Allanheld. 33-116.

Brunner, Karl, and Anatol B. Balbach. 1959. "An Evaluation of Two Types of Monetary Theories." *Proceedings of the Thirty-Fourth Meeting of the Western Economic Association* 1, no. 1, 78-84.

Brunner, Karl, and Allan H. Meltzer. 1964a. *Analysis of Federal Reserve Policy-Making [Part 1:] Some General Features of the Federal Reserve's Approach to Policy: A Staff Analysis.* Printed for the use of the Committee on Banking and Currency, US House of Representatives. Washington, DC: US Government Printing Office.

———. 1964b. *Analysis of Federal Reserve Policy-Making [Part 2:] The Federal Reserve's Attachment to the Free Reserve Concept: A Staff Analysis.* Printed for the use of the Committee on Banking and Currency, US House of Representatives. Washington, DC: US Government Printing Office.

———. 1964c. *Analysis of Federal Reserve Policy-Making [Parts 6 to 8:] An Alternative Approach to the Monetary Mechanism.* Printed for the use of the Committee on Banking and Currency, US House of Representatives. Washington, DC: US Government

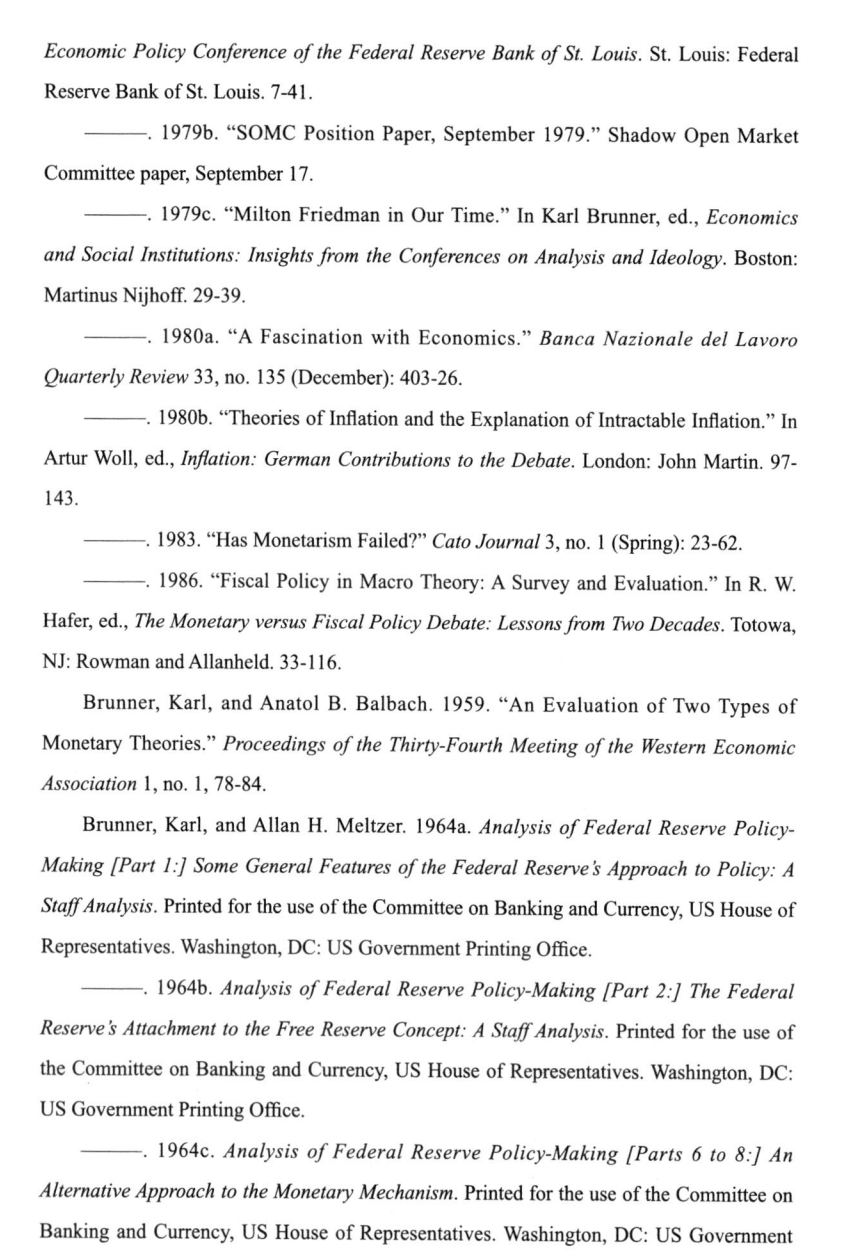

Printing Office.

———. 1964d. "Some Further Investigations of Demand and Supply Functions for Money." *Journal of Finance* 19, no. 2, part 1 (May): 240-83.

———. 1968. "What Did We Learn from the Monetary Experience of the United States in the Great Depression?" *Canadian Journal of Economics* 1, no. 2 (May): 334-48.

———. 1971. "The Uses of Money: Money in the Theory of an Exchange Economy." *American Economic Review* 61, no. 5 (December): 784-805.

———. 1972. "Friedman's Monetary Theory." *Journal of Political Economy* 80, no. 5 (September/October): 837-51.

———. 1973. "Mr. Hicks and the 'Monetarists.'" *Economica* 40, no. 157 (February): 44-59.

———. 1976a. "An Aggregative Theory for a Closed Economy." In Jerome L. Stein, ed., *Monetarism*. Amsterdam: North-Holland. 69-103.

———. 1976b. "The Phillips Curve." *Carnegie-Rochester Conference Series on Public Policy* 1, no. 1, 1-18.

———. 1990. "Money Supply." In Benjamin M. Friedman and Frank H. Hahn, eds., *Handbook of Monetary Economics*. Vol. 1. Amsterdam: Elsevier/North-Holland. 357-98.

Buiter, Willem H. 2003. "James Tobin: An Appreciation of His Contribution to Economics." *Economic Journal* 113, no. 491 (November): F585-F631.

Bullock, Charles Jesse. 1900. *Essays on the Monetary History of the United States*. New York: Macmillan. Reissued version: New York: Greenwood, 1969.

Burgin, Angus. 2012. *The Great Persuasion: Reinventing Free Markets since the Depression*. Cambridge, MA: Harvard University Press.

Burns, Arthur F. 1947. "Keynesian Economics Once Again." *Review of Economics and Statistics* 29, no. 4 (November): 252-67.

———. 1957. *Prosperity without Inflation*. New York: Fordham University Press.

———. 1960. "Progress towards Economic Stability." *American Economic Review* 50, no. 1 (March): 1-19.

———. 1961a. "Examining the New 'Stagnation' Theory." *Morgan Guaranty Survey* 3, no. 5 (May): 1-7. Reprinted in John J. Clark and Morris Cohen, eds., *Business Fluctuations,*

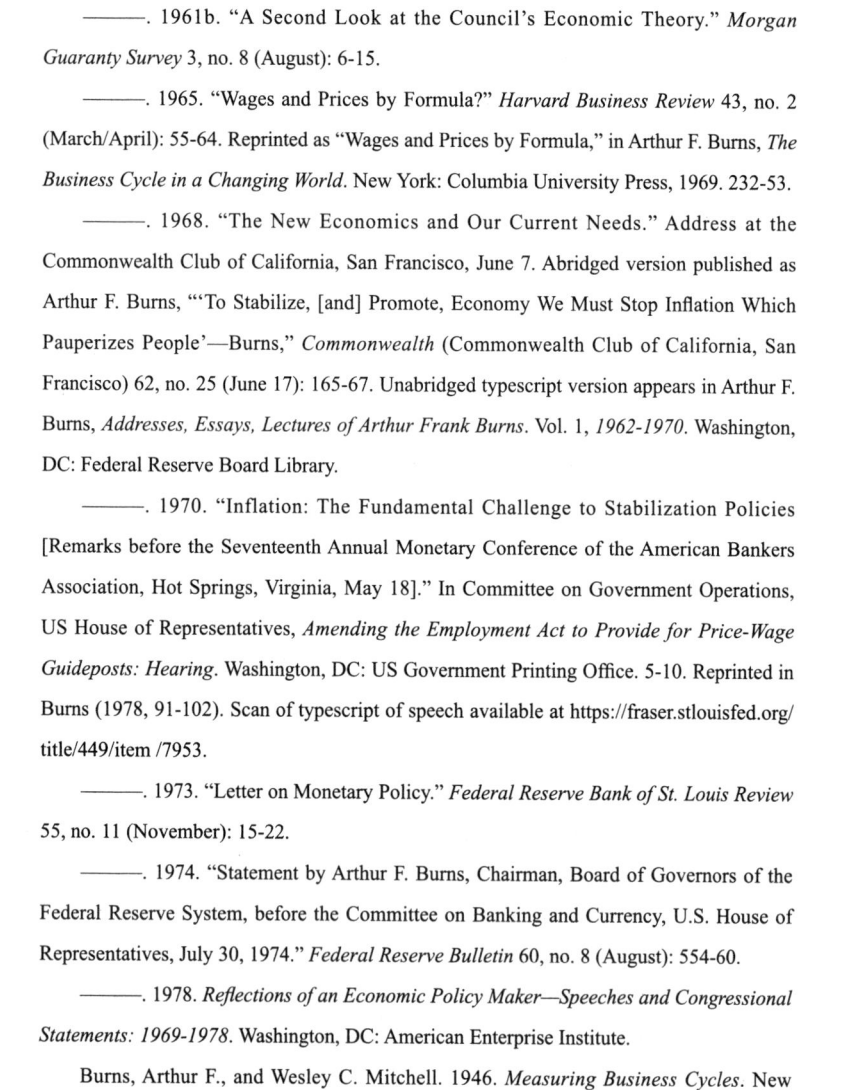

*Growth, and Economic Stabilization: A Reader*. New York: Random House, 1963. 492-501.

———. 1961b. "A Second Look at the Council's Economic Theory." *Morgan Guaranty Survey* 3, no. 8 (August): 6-15.

———. 1965. "Wages and Prices by Formula?" *Harvard Business Review* 43, no. 2 (March/April): 55-64. Reprinted as "Wages and Prices by Formula," in Arthur F. Burns, *The Business Cycle in a Changing World*. New York: Columbia University Press, 1969. 232-53.

———. 1968. "The New Economics and Our Current Needs." Address at the Commonwealth Club of California, San Francisco, June 7. Abridged version published as Arthur F. Burns, "'To Stabilize, [and] Promote, Economy We Must Stop Inflation Which Pauperizes People'—Burns," *Commonwealth* (Commonwealth Club of California, San Francisco) 62, no. 25 (June 17): 165-67. Unabridged typescript version appears in Arthur F. Burns, *Addresses, Essays, Lectures of Arthur Frank Burns*. Vol. 1, *1962-1970*. Washington, DC: Federal Reserve Board Library.

———. 1970. "Inflation: The Fundamental Challenge to Stabilization Policies [Remarks before the Seventeenth Annual Monetary Conference of the American Bankers Association, Hot Springs, Virginia, May 18]." In Committee on Government Operations, US House of Representatives, *Amending the Employment Act to Provide for Price-Wage Guideposts: Hearing*. Washington, DC: US Government Printing Office. 5-10. Reprinted in Burns (1978, 91-102). Scan of typescript of speech available at https://fraser.stlouisfed.org/title/449/item/7953.

———. 1973. "Letter on Monetary Policy." *Federal Reserve Bank of St. Louis Review* 55, no. 11 (November): 15-22.

———. 1974. "Statement by Arthur F. Burns, Chairman, Board of Governors of the Federal Reserve System, before the Committee on Banking and Currency, U.S. House of Representatives, July 30, 1974." *Federal Reserve Bulletin* 60, no. 8 (August): 554-60.

———. 1978. *Reflections of an Economic Policy Maker—Speeches and Congressional Statements: 1969-1978*. Washington, DC: American Enterprise Institute.

Burns, Arthur F., and Wesley C. Mitchell. 1946. *Measuring Business Cycles*. New York: National Bureau of Economic Research.

Burns, Arthur F., and Paul A. Samuelson. 1967. *Full Employment, Guideposts, and*

*Economic Stability*. Washington, DC: American Enterprise Institute.

Burns, Joseph M. 1973. "*Academic Views on Improving the Federal Reserve Discount Mechanism*: A Review Essay." *Journal of Money, Credit and Banking* 5, no. 1, part 1, 47-60.

Butler, Eamonn. 1985. *Milton Friedman: A Guide to His Economic Thought*. New York: Universe Books.

Cagan, Phillip. 1956. "The Monetary Dynamics of Hyperinflation." In Milton Friedman, ed., *Studies in the Quantity Theory of Money*. Chicago: Chicago: University of Chicago Press. 25-117.

———. 1965. *Determinants and Effects of Changes in the Stock of Money, 1875-1960*. New York: Columbia University Press.

———. 1968. "Theories of Mild, Continuing Inflation: A Critique and Extension." In Stephen W. Rousseas, ed., *Inflation: Its Causes, Consequences and Control; A Symposium Held by the Department of Economics, New York University, January 31, 1968*. Wilton, CT: Kazanjian Economic Foundation. 30-48.

———. 1972a. *The Channels of Monetary Effects on Interest Rates*. New York: National Bureau of Economic Research.

———. 1972b. "Monetary Policy." In American Enterprise Institute, ed., *Economic Policy and Inflation in the Sixties*. Washington, DC: American Enterprise Institute. 89-153.

———. 1972c. "The Recent Cyclical Movements of Interest Rates in Historical Perspective." *Business Economics* 7, no. 1 (January): 43-52.

———. 1979a. *Persistent Inflation: Historical and Policy Essays*. New York: Columbia University Press.

———. 1979b. "Financial Developments and the Erosion of Monetary Controls." In William Fellner, ed., *Contemporary Economic Problems*. Washington, DC: American Enterprise Institute. 117-51.

———. 1987. "Monetarism." In John Eatwell, Murray Milgate, and Peter Newman, eds., *The New Palgrave: A Dictionary of Economics*. Vol. 3, *K to P*. London: Macmillan. 492-97. Reprinted in John Eatwell and Murray Milgate, eds., *Money: New Palgrave*. New York: W. W. Norton, 1989. 195-205.

———. 1989. "Money-Income Causality—a Critical Review of the Literature since *A Monetary History*." In Michael D. Bordo, ed., *Money, History, and International Finance: Essays in Honor of Anna J. Schwartz*. Chicago: University of Chicago Press. 117-51.

Campbell, W. Glenn. 1987. "Foreword." In Kurt R. Leube, ed., *The Essence of Friedman*. Stanford, CA: Hoover Institution Press. xi-xii.

Canto, Victor A., Douglas H. Joines, and Arthur B. Laffer. 1981. "Tax Rates, Factor Employment, and Market Production." In Laurence H. Meyer, ed., *The Supply-Side Effects of Economic Policy*. St. Louis: Federal Reserve Bank of St. Louis. 3-32.

Card, David, and Alan B. Krueger. 1994. "Minimum Wages and Employment: A Case Study of the Fast-Food Industry in New Jersey and Pennsylvania." *American Economic Review* 84, no. 4 (September): 772-93.

Carleton, Willard T. 1976. "Review: *Milton Friedman's Monetary Framework: A Debate with His Critics*." *Journal of Finance* 31, no. 4 (September): 1263-64.

Carlson, Keith M. 1978. "Does the St. Louis Equation Now Believe in Fiscal Policy?" *Federal Reserve Bank of St. Louis Review* 60, no. 2 (February): 13-19.

Carpenter, Seth B., and Selva Demiralp. 2012. "Money, Reserves, and the Transmission of Monetary Policy: Does the Money Multiplier Exist?" *Journal of Macroeconomics* 34, no. 1 (March): 59-75.

Carpenter, Seth B., Jane Ihrig, Elizabeth Klee, Daniel W. Quinn, and Alexander H. Boote. 2015. "The Federal Reserve's Balance Sheet and Earnings: A Primer and Projections." *International Journal of Central Banking* 11, no. 1 (January): 237-83.

Carson, Thomas. 1993. "Friedman's Theory of Corporate Social Responsibility." *Business and Professional Ethics Journal* 12, no. 1 (Spring): 3-32.

Center for Policy Study. 1970. *The Legal and Economic Aspects of Pollution*. Chicago: Center for Policy Study, University of Chicago.

Chamberlin, Edward H. 1933. *The Theory of Monopolistic Competition*. Cambridge, MA: Harvard University Press.

Chen, Chau-nan. 1976. "Currency Denominations and the Price Level." *Journal of Political Economy* 84, no. 1 (February): 179-84.

Chick, Victoria. 1973. *The Theory of Monetary Policy*. London: Gray-Mills. Chow,

Gregory C. 1966. "On the Long-Run and Short-Run Demand for Money." *Journal of Political Economy* 74, no. 2 (April): 111-31.

———. 1970. "Friedman on Money." *Journal of Finance* 25, no. 3 (June): 687-89.

Chow, Gregory C., and An-loh Lin. 1971. "Best Linear Unbiased Interpolation, Distribution, and Extrapolation of Time Series by Related Series." *Review of Economics and Statistics* 53, no. 4 (November): 372-75.

Christ, Carl F. 1966. *Econometric Models and Methods*. New York: John Wiley and Sons.

———. 1977. "Karl Brunner at the Cowles Commission: A Reminiscence." *Journal of Money, Credit and Banking* 9, no. 1, part 2 (February): 245-46.

Christiano, Lawrence J., and Martin Eichenbaum. 1992. "Current Real-Business-Cycle Theories and Aggregate Labor-Market Fluctuations." *American Economic Review* 82, no. 3 (June): 430-50.

———. 1995. "Liquidity Effects, Monetary Policy, and the Business Cycle." *Journal of Money, Credit and Banking* 27, no. 4 (part 1) (November): 1113-36.

Christiano, Lawrence J., Martin Eichenbaum, and Charles L. Evans. 2005. "Nominal Rigidities and the Dynamic Effects of a Shock to Monetary Policy." *Journal of Political Economy* 113, no. 1 (February): 1-45.

Christiano, Lawrence J., Martin Eichenbaum, and Sergio Rebelo. 2011. "When Is the Government Spending Multiplier Large?" *Journal of Political Economy* 19, no. 1 (February): 78-121.

Christiano, Lawrence J., and Terry J. Fitzgerald. 2003. "Inflation and Monetary Policy in the Twentieth Century." *Federal Reserve Bank of Chicago Economic Perspectives* 27, no. 1 (first quarter): 22-45.

Claassen, Emil Maria, and Pascal Salin. 1976. "Summary of the Discussion on Laidler and Nobay." In Emil Maria Claassen and Pascal Salin, eds., *Recent Issues in International Monetary Economics: Third Paris-Dauphine Conference on Money and International Monetary Problems, March 28-30, 1974*. Amsterdam: North-Holland. 311-14.

Clayton, George, John C. Gilbert, and Robert C. Sedgwick. 1971. "Summary of the General Discussion." In George Clayton, John C. Gilbert, and Robert C. Sedgwick, eds.,

*Monetary Theory and Monetary Policy in the 1970s: Proceedings of the 1970 Sheffield Money Seminar*. London: Oxford University Press. 69-71.

Clower, Robert W. 1971. "Theoretical Foundations of Monetary Policy." In George Clayton, J. C. Gilbert, and Robert Sedgwick, eds., *Monetary Theory and Monetary Policy in the 1970s*. Oxford: Oxford University Press. 15-28.

Coase, Ronald H. 1960. "The Problem of Social Cost." *Journal of Law and Economics* 3, no. 1 (October): 1-44.

Coats, Warren L., Jr. 1972. "The September, 1968, Changes in 'Regulation D' and Their Implications for Money Supply Control." PhD diss., Department of Economics, University of Chicago, June.

———. 1976. "Lagged Reserve Accounting and the Money Supply Mechanism." *Journal of Money, Credit and Banking* 8, no. 2 (May): 167-80.

Cochrane, John H. 1989. "The Return of the Liquidity Effect." *Journal of Economics and Business* 7, no. 1 (January): 75-83.

Coelho, Philip R. P., James E. McClure, and John A. Spry. 2003. "The Social Responsibility of Corporate Management: A Classical Critique." *American Journal of Business* 18, no. 1 (Spring): 15-24.

Cogley, Timothy, Thomas J. Sargent, and Viktor Tsyrennikov. 2014. "Wealth Dynamics in a Bond Economy with Heterogeneous Beliefs." *Economic Journal* 124, no. 575 (March): 1-30.

Cohen, Wilbur J., and Milton Friedman. 1972. *Social Security: Universal or Selective?* Washington, DC: American Enterprise Institute.

Cole, Harold L., and Lee E. Ohanian. 2013. "The Impact of Cartelization, Money, and Productivity Shocks on the International Great Depression." NBER Working Paper No. 18823, February.

Commission on Money and Credit. 1961. *Money and Credit—Their Influence on Jobs, Prices, and Growth: The Report of the Commission on Money and Credit*. Englewood Cliffs, NJ: Prentice Hall.

Committee on Banking and Currency, US House of Representatives. 1964. *The Federal Reserve System after Fifty Years: Hearings*. Washington, DC: US Government

Printing Office.

———. 1968a. *Removal of Gold Cover: Hearings, January 23, 25, 30 and 31; February 1, 1968*. Washington, DC: US Government Printing Office.

———. 1968b. *Compendium on Monetary Policy Guidelines and Federal Reserve Structure, Pursuant to H.R. 11*. Washington, DC: US Government Printing Office.

———. 1969a. *Grassroots Hearings on Economic Problems: Hearings*. Washington, DC: US Government Printing Office.

———. 1969b. *Investigation of Increase in Prime Interest Rate: Hearings*. Washington, DC: US Government Printing Office.

———. 1970. *Emergency Home Financing: Hearings, February 2, 3, 4, 5, 6, 7, 9, 16, 17, 19, 20, 24, and 25, 1970*. Washington, DC: US Government Printing Office.

———. 1973. *The Credit Crunch and Reform of Financial Institutions: Hearings, September 10, 11, 12, 13, and 14, 1973*. Washington, DC: US Government Printing Office.

Committee on Banking and Currency, US Senate. 1969. *High Interest Rates: Hearings, March 25 and 26, and April 1, 1969*. Washington, DC: US Government Printing Office.

———. 1970a. *Nomination of Arthur F. Burns to Be a Member of the Federal Reserve Board: Hearing, December 18, 1969*. Washington, DC: US Government Printing Office.

———. 1970b. *State of the National Economy: Hearing, March 18, 1970*. Washington, DC: US Government Printing Office.

Committee on Banking, Currency and Housing, US House of Representatives. 1976a. *Financial Institutions and the Nation's Economy (FINE): Discussion Principles: Hearings, Part 3*. Washington, DC: US Government Printing Office.

———. 1976b. *The Impact of the Federal Reserve's Money Policies on the Economy: Hearings, June 8, 9, 10, and 24, 1976*. Washington, DC: US Government Printing Office.

Committee on Banking, Finance, and Urban Affairs. 1977. *Conduct of Monetary Policy: Hearings, February 2, 3, and 4, 1977*. Washington, DC: US Government Printing Office.

———. 1980a. *Monetary Policy: Goals and Conduct for the 1980s; Hearings, November 13; 27; and December 4, 1979*. Washington, DC: US Government Printing Office.

———. 1980b. *Measuring the Money Aggregates: Compendium of Views*. Washington, DC: US Government Printing Office.

Committee on Banking, Housing and Urban Affairs, US Senate. 1971. *State of the National Economy—1971: Hearing before the Committee on Banking, Housing and Urban Affairs, United States Senate, to Hear the Views of Arthur F. Burns, Chairman of the Federal Reserve Board, on the State of the National Economy, March 10, 1971*. Washington, DC: US Government Printing Office.

———. 1984. *Federal Reserve's Second Monetary Policy Report for 1984: Hearings, July 25 and 31, 1984*. Washington, DC: US Government Printing Office.

———. 2011. *Federal Reserve's First Monetary Policy Report for 2011: Hearing, March 1, 2011*. Washington, DC: US Government Printing Office.

Committee on Financial Services, US House of Representatives. 2011. *Monetary Policy and the State of the Economy: Hearing, July 13, 2011*. Washington, DC: US Government Printing Office.

Committee on House Administration, US House of Representatives. 1964. *Detailed Statement of Disbursements, Fiscal Year 1964 (July 1, 1963 to June 30, 1964)*. Washington, DC: US Government Printing Office.

Committee on Labor and Public Welfare. 1967. *Manpower Implications of Selective Service: Hearings, March 20-23, April 4-6, 1967*. Washington, DC: US Government Printing Office.

Committee on Ways and Means, US House of Representatives. 1967a. *President's 1967 Tax Proposals: Hearings, Part 2*. Washington, DC: US Government Printing Office.

———. 1967b. *President's Proposals for Revision in the Social Security System: Hearings, Part 3*. Washington, DC: US Government Printing Office.

———. 1970. *Social Security and Welfare Proposals: Hearings, Part 6, November 7, 10, and 12, 1969*. Washington, DC: US Government Printing Office.

Conference Board. 1971. *Economic Fact and Antitrust Goals: Inputs for Corporate Planning, Tenth Conference on Antitrust Issues in Today's Economy; Transcript of Conference March 11, 1971*. New York: Conference Board.

Congdon, Tim. 1978. *Monetarism: An Essay in Definition*. London: Centre for Policy

Studies.

———. 1981. "Is the Provision of a Sound Currency a Necessary Function of the State?" *National Westminster Bank Quarterly Review* 14, no. 3 (August): 2-21.

———. 1992. *Reflections on Monetarism: Britain's Vain Search for a Successful Economic Strategy*. Aldershot, UK: Edward Elgar.

———. 2011. *Money in a Free Society: Keynes, Friedman, and the New Crisis of Capitalism*. New York: Encounter Books.

Corrigan, E. Gerald. 1970. "The Measurement and Importance of Fiscal Policy Changes." *Federal Reserve Bank of New York Monthly Review* 52, no. 6 (June): 133-45.

Council of Economic Advisers. 1961. "The Council's View." *Morgan Guaranty Survey* 3, no. 8 (August): 1-6.

———. 1962. *The Economic Report of the President, 1962*. Washington, DC: US Government Printing Office.

———. 1966. *The Economic Report of the President, 1966*. Washington, DC: US Government Printing Office.

———. 1969. *The Economic Report of the President, 1969*. Washington, DC: US Government Printing Office.

———. 1972. *The Economic Report of the President, 1972*. Washington, DC: US Government Printing Office.

———. 2011. *The Economic Report of the President, 2011*. Washington, DC: US Government Printing Office.

Courchene, Thomas J., and H. T. Shapiro. 1964. "The Demand for Money: A Note from the Time Series." *Journal of Political Economy* 72, no. 5 (October): 498-503.

Cowles Foundation. 1964. *Report of Research Activities July 1, 1961-June 30, 1964*. New Haven, CT: Cowles Foundation for Research in Economics at Yale University.

Cox, Albert H., Jr. 1966. *Regulation of Interest on Bank Deposits*. Ann Arbor: University of Michigan Press.

Cox, William N., III. 1969. "The Money Supply Controversy." *Federal Reserve Bank of Atlanta Monthly Review* 54, no. 6 (June): 70-75.

Cross, Rod. 1984. "Monetarism and Duhem's Thesis." In Peter Wiles and Guy Routh, eds., *Economics in Disarray*. Oxford, UK: Basil Blackwell. 78-99.

Culbertson, John M. 1960. "Friedman on the Lag in Effect of Monetary Policy." *Journal of Political Economy* 68, no. 6 (December): 617-21.

———. 1961. "The Lag in Effect of Monetary Policy: Reply." *Journal of Political Economy* 69, no. 5 (October): 467-77.

———. 1964. "United States Monetary History: Its Implications for Monetary Theory." *National Banking Review* 1, no. 3 (March): 359-79.

———. 1968. *Macroeconomic Theory and Stabilization Policy*. New York: McGraw-Hill.

———. 1973. "Alternatives for Debt Management: Discussion." In Federal Reserve Bank of Boston, ed., *Issues in Federal Debt Management: Proceedings of a Conference Held at Melvin Village, New Hampshire, June, 1973*. Boston: Federal Reserve Bank of Boston. 30-38.

Currie, Lauchlin B. 1934. *The Supply and Control of Money in the United States*. Cambridge, MA: Harvard University Press. Rev. ed., 1935.

Daane, J. Dewey. 1969. "New Frontier for the Monetarists." Speech to Northern New England School of Banking, Dartmouth College, Hanover, NH, September 8.

D'Amico, Stefania, William B. English, David López-Salido, and Edward Nelson. 2012. "The Federal Reserve's Large-Scale Asset Purchases: Rationale and Effects." *Economic Journal* 122, no. 564 (November): F415-F446.

Darby, Michael R. 1976a. "Comments on Modigliani and Ando." In Jerome L. Stein, ed., *Monetarism*. Amsterdam: North-Holland. 67-68.

———. 1976b. "The U.S. Economic Stabilization Program of 1971-1974." In David Laidler et al., *The Illusion of Wage and Price Control*. Vancouver, British Columbia, Canada: Fraser Institute. 135-59.

———. 1983. "Actual versus Unanticipated Changes in Aggregate Demand Variables: A Sensitivity Analysis of the Real-Income Equation." In Michael R. Darby and James R. Lothian, eds., *The International Transmission of Inflation*. Chicago: University of Chicago Press.

Darby, Michael R., and James R. Lothian. 1983. "British Economic Policy under

Margaret Thatcher: A Midterm Examination." *Carnegie-Rochester Conference Series on Public Policy* 18, no. 1, 157-207.

———. 1986. "Economic Events and Ideas: The 1930s and the 1970s." In John Burton, ed., *Keynes' "General Theory": Fifty Years On*. London: Institute of Economic Affairs. 71-86.

Darby, Michael R., and Michael T. Melvin. 1986. *Intermediate Macroeconomics*. Glenview, IL: Scott, Foresman.

Davidson, Paul. 1972. "A Keynesian View of Friedman's Theoretical Framework for Monetary Analysis." *Journal of Political Economy* 80, no. 5 (September/October): 864-82.

Davis, Kevin T., and Mervyn K. Lewis. 1981. "Money and Expenditures." In Kevin Davis and Mervyn K. Lewis, eds., *Australian Monetary Economics*. Melbourne: Longman Cheshire. 187-89.

Davis, Richard G. 1969. "How Much Does Money Matter? A Look at Some Recent Evidence." *Federal Reserve Bank of New York Monthly Review* 51, no. 6 (June): 119-31.

———. 1974. "Implementing Open Market Policy with Monetary Aggregate Objectives." In Federal Reserve Bank of New York, ed., *Monetary Aggregates and Monetary Policy*. New York: Federal Reserve Bank of New York. 7-19.

de Leeuw, Frank, and John Kalchbrenner. 1969. "Monetary and Fiscal Actions: A Test of Their Relative Importance in Economic Stabilization; Comment." *Federal Reserve Bank of St. Louis Review* 51, no. 4 (April): 6-11.

DeLong, J. Bradford. 1997. "America's Peacetime Inflation: The 1970s." In Christina D. Romer and David H. Romer, eds., *Reducing Inflation: Motivation and Strategy*. Chicago: University of Chicago Press. 247-76.

de Oliveira Campos, Roberto. 1961. "Two Views on Inflation in Latin America." In A. O. Hirschman, ed., *Latin American Issues: Essays and Comments*. New York: Twentieth Century Fund. 69-79.

———. 1964. "Economic Development and Inflation with Special Reference to Latin America." In OECD, ed., *Studies in Development: Development Centre 1963 Papers and Proceedings*. Paris: OECD. 127-41.

DePrano, Michael. 1968. "Money or Autonomous Expenditures? Tests of Alternative

Hypotheses." *Business Economics* 3, no. 2 (Spring): 35-41.

DePrano, Michael, and Thomas Mayer. 1965. "Tests of the Relative Importance of Autonomous Expenditures and Money." *American Economic Review* 55, no. 4 (September): 729-52.

Desai, Meghnad. 1973. "Growth Cycles and Inflation in a Model of the Class Struggle." *Journal of Economic Theory* 6, no. 6 (December): 527-45.

———. 1981. *Testing Monetarism*. London: Frances Pinter.

———. 1984. "Wages, Prices and Unemployment a Quarter Century after the Phillips Curve." In David F. Hendry and Kenneth F. Wallis, eds., *Econometrics and Quantitative Economics*. Oxford, UK: Basil Blackwell. 253-73.

Dewald, William G. 1966. "Money Supply versus Interest Rates as Proximate Objectives of Monetary Policy." *National Banking Review* 3, no. 4 (June): 509-22.

———. 1975. "Banking and the Economy." In Committee on Banking, Housing, and Urban Affairs, US Senate, *Compendium of Major Issues in Bank Regulation*. Washington, DC: US Government Printing Office. 138-51.

DiCecio, Riccardo, and Edward Nelson. 2013. "The Great Inflation in the United States and the United Kingdom: Reconciling Policy Decisions and Data Outcomes." In Michael D. Bordo and Athanasios Orphanides, eds., *The Great Inflation: The Rebirth of Modern Central Banking*. Chicago: University of Chicago Press. 393-438.

Dolan, Edwin G., and David E. Lindsey. 1977. *Basic Economics*. Hinsdale, IL: Dryden.

Domitrovic, Brian. 2009. *Econoclasts: The Rebels Who Sparked the Supply-Side Revolution and Restored Economic Prosperity*. Wilmington, DE: ISI Books.

Dornbusch, Rudiger, and Stanley Fischer. 1978. *Macroeconomics*. New York: McGraw Hill.

———. 1981. *Macroeconomics*. 2nd ed. New York: McGraw Hill.

———. 1987. *Macroeconomics*. 4th ed. New York: McGraw Hill.

Driffill, John, and Marcus Miller. 2013. "Liquidity When It Matters: QE and Tobin's $q$." *Oxford Economic Papers* 65 (supplement) (April): 115-45.

Duesenberry, James S. 1972. *Money and Credit: Impact and Control*. 3rd ed.

Englewood Cliffs, NJ: Prentice Hall.

———. 1983. "The Political Economy of Central Banking in the United States or *Quis Custodiet Ipsos Custodes*." In Donald R. Hodgman, ed., *The Political Economy of Monetary Policy: National and International Aspects—Proceedings of a Conference Held in July 1983*. Boston: Federal Reserve Bank of Boston. 123-40.

Dunn, Robert M., Jr. 1970. "Flexible Exchange Rates and Oligopoly Pricing: A Study of Canadian Markets." *Journal of Political Economy* 78, no. 1 (January/February): 140-51.

———. 1973. "Flexible Exchange Rates and Traded Goods Prices: The Role of Oligopoly Pricing in the Canadian Experience." In Harry G. Johnson and Alexander K. Swoboda, eds., *The Economics of Common Currencies*. Cambridge, MA: Harvard University Press. 259-80.

Ebenstein, Lanny. 2007. *Milton Friedman: A Biography*. New York: Palgrave Macmillan.

———, ed. 2012. *The Indispensable Milton Friedman: Essays on Politics and Economics*. Washington, DC: Regnery.

Eberl, Jason T., and Kevin S. Decker. 2008. *"Star Trek" and Philosophy: The Wrath of Kant*. Chicago: Open Court.

Eckstein, Otto. 1965. "Perspectives on the Economy, 1965." *Business Economics* 1, no. 2 (Winter): 14-17.

———. 1976. "Econometric Models and the Formation of Business Expectations." *Challenge* 19, no. 1 (March/April): 12-19.

Eckstein, Otto, and Roger Brinner. 1972. *The Inflation Process in the United States: A Study Prepared for the Use of the Joint Economic Committee*. Washington, DC: US Government Printing Office.

Ehrenberg, Ronald G., and Robert S. Smith. 1985. *Modern Labor Economics: Theory and Public Policy*. 2nd ed. Glenview, IL: Scott, Foresman.

Eichenbaum, Martin. 1997. "Some Thoughts on Practical Stabilization Policy." *American Economic Review (Papers and Proceedings)* 87, no. 2 (May): 236-39.

Eichengreen, Barry. 1986. "Review: *A Monetary History of the United Kingdom, 1870-1982, Volume 1: Data, Sources, Methods* by Forrest Capie and Alan Webber." *Business

*History Review* 60, no. 1: (Spring): 154-56.

———. 1992. *Golden Fetters: The Gold Standard and the Great Depression, 1919-1939.* Oxford: Oxford University Press.

Einstein, Albert. 1996. *The Theory of Relativity and Other Essays.* Secaucus, NJ: Carol.

Eisner, Robert. 1969. "Fiscal and Monetary Policy Reconsidered." *American Economic Review* 59, no. 5 (December): 897-905.

———. 1971a. "What Went Wrong?" *Journal of Political Economy* 79, no. 3 (May/June): 629-41.

———. 1971b. "What Went Wrong: Further Thoughts on Fiscal and Monetary Policy." In James J. Diamond, ed., *Issues in Fiscal and Monetary Policy: The Eclectic Economist Views the Controversy.* Chicago: DePaul University. 75-91.

Elliott, Donald Allan. 1985. *The St. Louis Fed's Monetary Model: Whence It Came—How It Thrived, 1970-1983.* New York: Garland.

Ericsson, Neil R., David H. Hendry, and Stedman B. Hood. 2017. "Milton Friedman and Data Adjustment." IFDP Note, Federal Reserve Board, May 15.

Ericsson, Neil R., David F. Hendry, and Hong-Anh Tran. 1994. "Cointegration, Seasonality, Encompassing and the Demand for Money in the United Kingdom." In Colin P. Hargreaves, ed., *Nonstationary Time Series Analysis and Cointegration.* Oxford: Oxford University Press. 179-224.

Europa Publications. 1986. *The International Who's Who 1986-87.* London: Europa.

Evanoff, Douglas D. 1990. "An Empirical Examination of Bank Reserve Management Behavior." *Journal of Banking and Finance* 14, no. 1 (March): 131-43.

Evans, Michael K. 1983. *The Truth about Supply-Side Economics.* New York: Basic Books.

Evans, Paul. 1982a. "The Effects of General Price Controls in the United States during World War II." *Journal of Political Economy* 90, no. 5 (October): 944-66.

———. 1982b. *"The Supply-Side Effects of Economic Policy,* edited by Laurence H. Meyer." *Journal of Money, Credit and Banking* 14, no. 3 (August): 429-31.

Fama, Eugene F. 1975. "Short-Term Interest Rates as Predictors of Inflation."

*American Economic Review* 65, no. 3 (June): 269-82.

Fand, David I. 1968. "Comment: The Impact of Monetary Policy in 1966." *Journal of Political Economy* 76, no. 4, part 2 (July/August): 821-30.

———. 1969a. "Some Issues in Monetary Economics." *Banca Nazionale Quarterly Review* 22, no. 90 (September): 215-47.

———. 1969b. "A Monetary Interpretation of the Post-1965 Inflation in the United States." *Banca Nazionale del Lavoro Quarterly Review* 22, no. 89 (June): 99-127.

———. 1970. "The Role of Monetary Policy in the Post-1965 Inflation." *Financial Analysts Journal* 26, no. 2 (March/April): 17-22 and 29.

Farmer, Roger E. A. 2000. "Two New Keynesian Theories of Sticky Prices." *Macroeconomic Dynamics* 4, no. 1 (March): 74-107.

Federal Open Market Committee. 1962. Historical Minutes for Meeting of December 4, 1962. www.federalreserve.gov.

———. 1963. Historical Minutes for Meeting of March 26, 1963. www.federalreserve.gov.

———. 1969. "Memorandum of Discussion [for Meeting of July 15, 1969]." www.federalreserve.gov.

———. 1982. "[Transcript of] Meeting of the Federal Open Market Committee, October 5, 1982." www.federalreserve.gov.

———. 2012. "Statement on Longer-Run Goals and Monetary Policy Strategy." January 25. www.federalreserve.gov.

Federal Reserve Bank of Minneapolis. 1980. *Models of Monetary Economies*. Minneapolis: Federal Reserve Bank of Minneapolis.

Federal Reserve Bank of New York. 1988. "A Review of Federal Reserve Policy Targets and Operating Guides in Recent Decades." *Federal Reserve Bank of New York Quarterly Review* 70, no. 3 (Autumn): 6-17.

Federal Reserve Bank of St. Louis. 1970. "Monetary and Financial Developments." *Federal Reserve Bank of St. Louis Review* 52, no. 11 (November): 2-7.

Federal Reserve Board. 1924. *Tenth Annual Report of the Federal Reserve Board, Covering Operations for the Year 1923*. Washington, DC: US Government Printing Office.

Scan available at https://fraser.stlouisfed.org/files/docs/publications /arfr /1920s/arfr_1923. pdf.

———. 1966. *Report of the Ad Hoc Subcommittee on Reserve Proposals, May 13, 1966*. Washington, DC: Federal Reserve Board. Copy held by Federal Reserve Board Library.

Feldstein, Martin S. 1973. *Lowering the Permanent Rate of Unemployment: A Study Prepared for the Use of the Joint Economic Committee, Congress of the United States*. Washington, DC: US Government Printing Office.

———. 1981. "'Twas a Night in the Sixties." *Journal of Political Economy* 89, no. 6 (December): 1266-69.

———, ed. 1998a. *Privatizing Social Security*. Chicago: University of Chicago Press.

———. 1998b. "Introduction." In Martin S. Feldstein, ed., *Privatizing Social Security*. Chicago: University of Chicago Press. 1-29.

Feldstein, Martin S., and Douglas W. Elmendorf. 1989. "Budget Deficits, Tax Incentives, and Inflation: A Surprising Lesson from the 1983-1984 Recovery." *Tax Policy and the Economy* 3, no. 1, 1-23.

Feldstein, Martin S., and James H. Stock. 1994. "The Use of a Monetary Aggregate to Target Nominal 国内生产总值 ." In N. Gregory Mankiw, ed., *Monetary Policy*. Chicago: University of Chicago Press. 7-62.

Felix, David. 1961. "An Alternative View of the 'Monetarist'-'Structuralist' Controversy." In Albert O. Hirschman, ed., *Latin American Issues*. New York: Twentieth Century Fund. 81-93.

Fellner, William J. 1976. *Towards a Reconstruction of Macro-economics: Problems of Theory and Policy*. Washington, DC: American Enterprise Institute.

Fellner, William J., et al. 1967. *Ten Economic Studies in the Tradition of Irving Fisher*. New York: John Wiley and Sons.

Fellner, William J., Milton Gilbert, Bent Hansen, Richard Kahn, Friedrich Lutz, and Pieter de Wolff. 1961. *The Problem of Rising Prices*. Paris: Organisation for European Economic Cooperation.

Fischer, Stanley. 1975. "Recent Developments in Monetary Theory." *American

*Economic Review (Papers and Proceedings)* 65, no. 2 (May): 157-66.

———. 1977. "Long-Term Contracts, Rational Expectations, and the Optimal Money Supply Rule." *Journal of Political Economy* 85, no. 1 (February): 191-205.

———. 1979. "Anticipations and the Nonneutrality of Money." *Journal of Political Economy* 87, no. 2 (April): 225-52.

———. 1986. "Friedman versus Hayek on Private Money: Review Essay." *Journal of Monetary Economics* 17, no. 3 (May): 433-39.

———. 1987. "Paul Anthony Samuelson." In John Eatwell, Murray Milgate, and Peter Newman, eds., *The New Palgrave: A Dictionary of Economics*. Vol. 4, *Q to Z*. London: Macmillan. 234-41.

———. 1990. "Rules versus Discretion in Monetary Policy." In Benjamin M. Friedman and Frank H. Hahn, eds., *Handbook of Monetary Economics*. Vol. 2. Amsterdam: Elsevier/North-Holland. 1155-84.

———. 1994. "Modern Central Banking." In Forrest Capie, Charles A. E. Goodhart, Stanley Fischer, and Norbert Schnadt. *The Future of Central Banking: The Tercentenary Symposium of the Bank of England*. Cambridge, UK: Cambridge University Press. 262-308.

Fischer, Stanley, and Rudiger Dornbusch. 1983. *Economics*. New York: McGraw Hill.

Fisher, Irving. 1896. *Appreciation and Interest*. New York: Macmillan.

———. 1922. *The Purchasing Power of Money*. 2nd ed. New York: Macmillan.

Foley, Duncan K., and Miguel Sidrauski. 1970. "Portfolio Choice, Investment, and Growth." *American Economic Review* 60, no. 1 (March): 44-63.

Forder, James. 2010a. "Economists on Samuelson and Solow on the Phillips Curve." University of Oxford Department of Economics Discussion Paper No. 516, December.

———. 2010b. "Friedman's Nobel Lecture and the Phillips Curve Myth." *Journal of the History of Economic Thought* 32, no. 3 (September): 329-48.

———. 2014. "A Neglected Inconsistency in Milton Friedman's AEA Presidential Address." University of Oxford Department of Economics Discussion Paper No. 723, September.

Formuzis, Peter A. 1973. "The Demand for Eurodollars and the Optimum Stock of Bank Liabilities." *Journal of Money, Credit and Banking* 5, no. 3 (August): 806-18.

Fourcade, Marion, Etienne Ollion, and Yann Algan. 2015. "The Superiority of Economists." *Journal of Economic Perspectives* 29, no. 1 (Winter): 89-114.

Francis, Darryl R. 1972. "Has Monetarism Failed?—The Record Examined." *Federal Reserve Bank of St. Louis Review* 52, no. 3 (March): 32-38.

Fratianni, Michele, and Paolo Savona. 1972a. "International Liquidity: An Analytical and Empirical Reinterpretation." In Guido Carli, Michele Fratianni, Francesco Masera, Rainer S. Masera, and Paolo Savona, *A Debate on the Eurodollar Market.*

Rome: Bank of Italy. 41-121.

———. 1972b. "The International Monetary Base and the Euro-Dollar Market." In Karl Brunner, ed., *Proceedings of the First Konstanzer Seminar on Monetary Theory and Policy*. Berlin: Duncker and Humblot. 347-94.

Frazer, William. 1982. "Milton Friedman and Thatcher's Monetarist Experience." *Journal of Economic Issues* 16, no. 2 (June): 525-33.

———. 1988a. *Power and Ideas: Milton Friedman and the Big U-Turn I: The Background*. Gainesville, FL: Gulf-Atlantic.

———. 1988b. *Power and Ideas: Milton Friedman and the Big U-Turn II: The U-Turn*. Gainesville, FL: Gulf-Atlantic.

Freedman, Craig D., Geoffrey C. Harcourt, Peter Kriesler, and John W. Nevile. 2013. "Milton Friedman: Constructing an Anti-Keynes." University of New South Wales Australian School of Business Research Paper No. 2013-35.

Frenkel, Jacob A. 1981. "Adjustment Lags versus Information Lags: A Test of Alternative Explanations of the Phillips Curve Phenomenon; Note." *Journal of Money, Credit and Banking* 13, no. 4 (November): 490-93.

Friedland, Claire. 2002. "Friedland on Stigler and Economic Policy." *American Journal of Economics and Sociology* 61, no. 3 (July): 644-49.

Friedman, Benjamin M. 1976. "The Theoretical Nondebate about Monetarism." *Kredit und Kapital* 9, no. 3, 347-67.

———. 1986. "Money, Credit, and Interest Rates in the Business Cycle: Reply." In Robert J. Gordon, ed., *The American Business Cycle: Continuity and Change*. Chicago: University of Chicago Press. 450-55.

———. 1988. "Monetary Policy without Quantity Variables." *American Economic Review (Papers and Proceedings)* 78, no. 2 (May): 440-45.

———. 1990. "Implications of Corporate Indebtedness for Monetary Policy." NBER Working Paper No. 3266, February.

———. 1993. "The Role of Judgment and Discretion in the Conduct of Monetary Policy: Consequences of Changing Financial Markets." In Federal Reserve Bank of Kansas City, ed., *Changing Capital Markets: Implications for Monetary Policy*. Kansas City, MO: Federal Reserve Bank of Kansas City. 151-96.

Friedman, Benjamin M., and Kenneth N. Kuttner. 1992. "Money, Income, Prices, and Interest Rates." *American Economic Review* 82, no. 3 (June): 472-92.

Friedman, David D. 1996. *Hidden Order: The Economics of Everyday Life*. New York: Harper Business.

———. 2000. *Law's Order: What Economics Has to Do with Law and Why It Matters*. Princeton, NJ: Princeton University Press.

Friedman, Milton. 1936. "Marginal Utility of Money and Elasticities of Demand: II." *Quarterly Journal of Economics* 30, no. 3 (May): 532-33.

———. 1943a. "The Spendings Tax as a Wartime Fiscal Measure." *American Economic Review* 33, no. 1 (March): 50-62.

———. 1943b. "Methods of Predicting the Onset of 'Inflation.'" In Carl S. Shoup, Milton Friedman, and Ruth P. Mack, *Taxing to Prevent Inflation: Techniques for Estimating Revenue Requirements*. New York: Columbia University Press. 111-53.

———. 1947. "Lerner on the Economics of Control." *Journal of Political Economy* 55, no. 5 (October): 405-16.

———. 1948a. "A Monetary and Fiscal Framework for Economic Stability." *American Economic Review* 38, no. 3 (June): 245-64.

———. 1948b. "*Cycles: The Science of Prediction* by Edward R. Dewey [and] Edwin F. Dakin." *Journal of the American Statistical Association* 43, no. 241 (March): 139-41.

———. 1950. "Wesley Mitchell as an Economic Theorist." *Journal of Political Economy* 58, no. 6 (December): 465-93.

———. 1951a. "Some Comments on the Significance of Labor Unions for Economic

Policy." In David McCord Wright, ed., *The Impact of the Union: Eight Economic Theorists Evaluate the Labor Union Movement.* New York: Harcourt Brace. 204-34.

———. 1951b. "Comment [on 'A Test of an Econometric Model for the United States, 1921-1947']." In NBER, ed., *Conference on Business Cycles.* New York: National Bureau of Economic Research. 107-14.

———. 1952a. "A Method of Comparing Incomes of Families Differing in Composition." In NBER, ed., *Conference on Research in Income and Wealth.* New York: National Bureau of Economic Research. 9-20.

———. 1952b. "Price, Income, and Monetary Changes in Three Wartime Periods." *American Economic Review (Papers and Proceedings)* 62, no. 2 (May): 612-25.

———. 1953a. "The Case for Flexible Exchange Rates." In Milton Friedman, *Essays in Positive Economics.* Chicago: University of Chicago Press. 157-203.

———. 1953b. *Essays in Positive Economics.* Chicago: University of Chicago Press.

———. 1953c. "The Methodology of Positive Economics." In Milton Friedman, *Essays in Positive Economics.* Chicago: University of Chicago Press. 3-43.

———. 1954a. "Why the American Economy Is Depression Proof." *Nationalekonomiska Föreningens Förhandlingar,* no. 3, 58-77. Reprinted in Milton Friedman, *Dollars and Deficits: Living with America's Economic Problems.* Englewood Cliffs, NJ: Prentice Hall, 1968. 72-96.

———. 1954b. "The Marshallian Demand Curve: A Reply." *Journal of Political Economy* 62, no. 3 (June): 261-66.

———. 1954c. "The Reduction of Fluctuations in the Incomes of Primary Producers: A Critical Comment." *Economic Journal* 64, no. 256 (December): 698-703.

———. 1955a. "Marshall and Friedman on Union Strength: Comment." *Review of Economics and Statistics* 37, no. 4 (November): 401-6.

———. 1955b. "The Role of Government in Education." In Robert A. Solo, ed., *Economics and the Public Interest.* New Brunswick, NJ: Rutgers University Press. 123-44.

———. 1955c. "What All Is Utility?" *Economic Journal* 65, no. 259 (September): 405-9.

———. 1955d. "Credit and Monetary Policy, 1952-1954." Report on [Federal Reserve

Board] Staff Studies by Review Panel, No. 6, Federal Reserve Board, May 20. Federal Reserve Board records.

———. 1955e. "Liberalism, Old Style." In William T. Couch, ed., *Collier's 1955 Year Book: Covering National and International Events of the Year 1954*. New York: P. F. Collier and Son. 360-63.

———. 1955f. "Money and Banking." In Solomon Fabricant, ed., *Government in Economic Life: National Bureau of Economic Research Thirty-Fifth Annual Report, May 1955*. New York: National Bureau of Economic Research. 30-33.

———. 1955g. "Leon Walras and His Economic System." *American Economic Review* 45, no. 5 (December): 900-909.

———. 1956a. "The Quantity Theory of Money—a Restatement." In Milton Friedman, ed., *Studies in the Quantity Theory of Money*. Chicago: University of Chicago Press. 3-21.

———, ed. 1956b. *Studies in the Quantity Theory of Money*. Chicago: University of Chicago Press.

———. 1956c. "Monetary Policy, Domestic and International." Lecture, Wabash College, June. Available on Hoover Institution website. Robert Leeson and Charles G. Palm, Milton Friedman Collected Works Project (CWP).

———. 1956d. "The Keynesian Revolution and Economic Liberalism." Lecture, Wabash College, June. Available on Hoover Institution website (CWP).

———. 1957a. *A Theory of the Consumption Function*. Princeton, NJ: Princeton University Press.

———. 1957b. "Consumer Credit Control as an Instrument of Stabilization Policy." In Federal Reserve Board, ed., *Consumer Instalment Credit, Part 2*. Vol. 2, *Conference on Regulation*. Washington, DC: Federal Reserve Board. 73-103.

———. 1958a. "What Price Inflation?" *Finance and Accounting* 38, no. 7, 18-27.

———. 1958b. "The Supply of Money and Changes in Prices and Output." In Joint Economic Committee, *The Relationship of Prices to Economic Stability and Growth: Compendium of Papers Submitted by Panelists Appearing before the Joint Economic Committee*. Washington, DC: US Government Printing Office. 241-56. Reprinted in Milton

Friedman, *The Optimum Quantity of Money and Other Essays*. Chicago: Aldine, 1969. 171-87.

———. 1958c. "Capitalism and Freedom." In Felix Morley, ed., *Essays on Individuality*. Philadelphia: University of Pennsylvania Press. 168-82.

———. 1958d. "Inflation." Paper delivered at the Ninth Meeting of the Mont Pelerin Society, Princeton, NJ, September 3 to 8.

———. 1958e. "Minimizing Government Control over Economic Life and Strengthening Competitive Private Enterprise." In Committee for Economic Development, *Problems of United States Economic Development*. Vol. 1, January. New York: Committee for Economic Development. 251-57. Reprinted as "Strengthening Competitive Private Enterprise," in Shelley M. Mark and Daniel M. Slate, eds., *Economics in Action: Readings in Current Economic Issues*. 2nd ed. Belmont, CA: Wadsworth, 1962. 33-38.

———. 1958f. "Foreign Economic Aid: Means and Objectives." *Yale Review*, June 47, no. 4, 500-516. Reprinted in Kurt R. Leube, ed., *The Essence of Friedman*. Stanford, CA: Hoover Institution Press. 79-91.

———. 1958g. "Money Supply." In Solomon Fabricant, ed., *Investing in Economic Knowledge: Thirty-Eighth Annual Report—a Record for 1957 and Plans for 1958, National Bureau of Economic Research, Inc*. New York: National Bureau of Economic Research. 39-41.

———. 1959a. "The Demand for Money: Some Theoretical and Empirical Results." *Journal of Political Economy* 67, no. 4 (August): 327-51.

———. 1959b. "Discussion of 'Wage-Push Inflation' by Walker A. Morton." In *Proceedings of the Eleventh Annual Meeting of the Industrial Relations Research Association, December 28-29, 1958*. Chicago: Industrial Relations Research Association. 212-16.

———. 1959c. "The Demand for Money: Some Theoretical and Empirical Results." *American Economic Review (Papers and Proceedings)* 49, no. 2 (May): 525-27.

———. 1960a. *A Program for Monetary Stability*. Fordham, NY: Fordham University Press.

———. 1960b. "Comments." In Irwin Friend and Robert Jones, eds., *Conference on*

*Consumption and Saving: Proceedings.* Vol. 2. Philadelphia: University of Pennsylvania Press. 191-206.

———. 1961a. "The Demand for Money." *Proceedings of the American Philosophical Society* 105, no. 3 (June): 259-64.

———. 1961b. "Monetary Data and National Income Estimates." *Economic Development and Cultural Change* 9, no. 3 (April): 267-86.

———. 1961c. "Vault Cash and Free Reserves." *Journal of Political Economy* 69, no. 2 (April): 181-82.

———. 1961d. "The Lag in Effect of Monetary Policy." *Journal of Political Economy* 69, no. 5 (October): 447-66.

———. 1961e. "Economic Aid Reconsidered: A Reply." *Yale Review* 50, no. 4 (Summer): 533-40.

———. 1961f. "*Inflation* by Thomas Wilson." *American Economic Review* 51, no. 5 (December): 1051-55.

———. 1962a. *Capitalism and Freedom.* Chicago: University of Chicago Press.

———. 1962b. *Price Theory: A Provisional Text.* Chicago: Aldine.

———. 1962c. "A Program for Monetary Stability: Part I." In Marshall D. Ketchum and Leon T. Kendall, eds., *Proceedings of the Conference on Savings and Residential Financing: 1962 Proceedings, May 10 and 11, 1962, Chicago, Illinois.* Chicago: US Savings and Loan League. 11-32.

———. 1962d. "Should There Be an Independent Monetary Authority?" In Leland B. Yeager, ed., *In Search of a Monetary Constitution.* Cambridge, MA: Harvard University Press. 219-43. Reprinted in Milton Friedman, *Dollars and Deficits: Living with America's Economic Problems.* Englewood Cliffs, NJ: Prentice Hall. 173-94.

———. 1962e. "Foreword." In A. James Meigs, *Free Reserves and the Money Supply.* Chicago: University of Chicago Press. v-viii.

———. 1962f. "The Interpolation of Time Series by Related Series." *Journal of the American Statistical Association* 57, no. 300 (December): 729-57.

———. 1962g. "The Report of the Commission on Money and Credit: An Essay in Petitio Principii." *American Economic Review (Papers and Proceedings)* 52, no. 2 (May):

291-301.

———. 1963a. "The Present State of Monetary Theory." *Economic Studies Quarterly* 14, no. 1 (September): 1-15.

———. 1963b. "Windfalls, the 'Horizon,' and Related Concepts in the Permanent-Income Hypothesis." In Carl F. Christ et al., *Measurement in Economics: Studies in Mathematical Economics and Econometrics in Memory of Yehuda Grunfeld*. Stanford, CA: Stanford University Press. 3-28.

———. 1963c. *Inflation: Causes and Consequences*. Bombay: Asia Publishing House. Reprinted in Milton Friedman, *Dollars and Deficits: Living with America's Economic Problems*. Englewood Cliffs, NJ: Prentice Hall, 1968. 21-71.

———. 1964a. "Comments by Milton Friedman on Testimony of George W. Mitchell and J. Dewey Daane." In Committee on Banking and Currency, US House of Representatives, *The Federal Reserve after Fifty Years: Hearings*. Vol. 2. Washington, DC: US Government Printing Office. 1220-22.

———. 1964b. "Post-war Trends in Monetary Theory and Policy." *National Banking Review* 2, no. 1 (September): 1-9. Reprinted in Milton Friedman, *The Optimum Quantity of Money and Other Essays*. Chicago: Aldine, 1969. 69-79.

———. 1964c. "A Dissent of Prominency." *Challenge* 12, no. 10 (July): 2.

———. 1964d. "Comment on 'Collusion in the Auction Market for Treasury Bills.'" *Journal of Political Economy* 72, no. 5 (October): 513-14.

———. 1964e. "The Monetary Studies of the National Bureau." In NBER, ed., *The National Bureau Enters Its 45th Year*. 44th Annual Report. New York: National Bureau of Economic Research. 7-25. Reprinted in Milton Friedman, *The Optimum Quantity of Money and Other Essays*. Chicago: Aldine, 1969. 261-84.

———. 1964f. "Reply to James Tobin." Remarks at American Bankers Association Conference of University Professors, Princeton, NJ, September 1.

———. 1964g. "Can a Controlled Economy Work?" In Melvin R. Laird et al., *The Conservative Papers*. Garden City, NY: Anchor Books, Doubleday. 162-74.

———. 1964h. "Note on Lag in Effect of Monetary Policy." *American Economic Review* 54, no. 5 (September): 759-60.

———. 1965a. "Transfer Payments and the Social Security System." *National Industrial Conference Board Record* 2, no. 9 (September): 7-10.

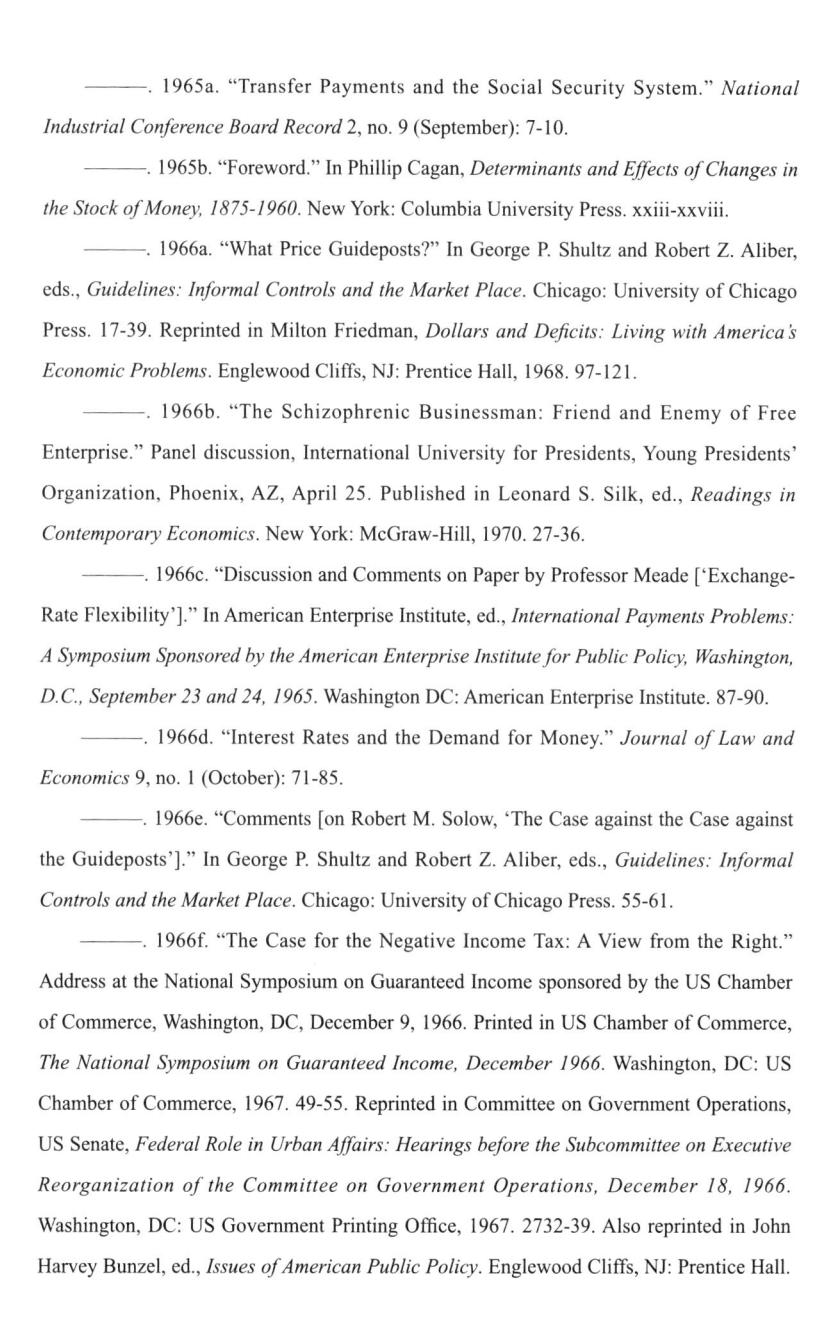

———. 1965b. "Foreword." In Phillip Cagan, *Determinants and Effects of Changes in the Stock of Money, 1875-1960*. New York: Columbia University Press. xxiii-xxviii.

———. 1966a. "What Price Guideposts?" In George P. Shultz and Robert Z. Aliber, eds., *Guidelines: Informal Controls and the Market Place*. Chicago: University of Chicago Press. 17-39. Reprinted in Milton Friedman, *Dollars and Deficits: Living with America's Economic Problems*. Englewood Cliffs, NJ: Prentice Hall, 1968. 97-121.

———. 1966b. "The Schizophrenic Businessman: Friend and Enemy of Free Enterprise." Panel discussion, International University for Presidents, Young Presidents' Organization, Phoenix, AZ, April 25. Published in Leonard S. Silk, ed., *Readings in Contemporary Economics*. New York: McGraw-Hill, 1970. 27-36.

———. 1966c. "Discussion and Comments on Paper by Professor Meade ['Exchange-Rate Flexibility']." In American Enterprise Institute, ed., *International Payments Problems: A Symposium Sponsored by the American Enterprise Institute for Public Policy, Washington, D.C., September 23 and 24, 1965*. Washington DC: American Enterprise Institute. 87-90.

———. 1966d. "Interest Rates and the Demand for Money." *Journal of Law and Economics* 9, no. 1 (October): 71-85.

———. 1966e. "Comments [on Robert M. Solow, 'The Case against the Case against the Guideposts']." In George P. Shultz and Robert Z. Aliber, eds., *Guidelines: Informal Controls and the Market Place*. Chicago: University of Chicago Press. 55-61.

———. 1966f. "The Case for the Negative Income Tax: A View from the Right." Address at the National Symposium on Guaranteed Income sponsored by the US Chamber of Commerce, Washington, DC, December 9, 1966. Printed in US Chamber of Commerce, *The National Symposium on Guaranteed Income, December 1966*. Washington, DC: US Chamber of Commerce, 1967. 49-55. Reprinted in Committee on Government Operations, US Senate, *Federal Role in Urban Affairs: Hearings before the Subcommittee on Executive Reorganization of the Committee on Government Operations, December 18, 1966*. Washington, DC: US Government Printing Office, 1967. 2732-39. Also reprinted in John Harvey Bunzel, ed., *Issues of American Public Policy*. Englewood Cliffs, NJ: Prentice Hall.

111-20.

———. 1967a. "The Monetary Theory and Policy of Henry Simons." *Journal of Law and Economics* 10, no. 1 (October): 1-13.

———. 1967b. "Comments by the Panelists: Milton Friedman." In American Bankers Association, ed., *Proceedings of a Symposium on Money, Interest Rates and Economic Activity*. Washington, DC: American Bankers Association. 100-103.

———. 1967c. "Must We Choose between Inflation and Unemployment?" *Stanford Graduate School of Business Bulletin* 35, no. 3 (Spring): 10-13, 40, and 42.

———. 1968a. *Dollars and Deficits: Living with America's Economic Problems*. Englewood Cliffs, NJ: Prentice Hall.

———. 1968b. "The Role of Monetary Policy." *American Economic Review* 58, no. 1 (March): 1-17.

———. 1968c. "Money: Quantity Theory." In David L. Sills, ed., *The International Encyclopedia of the Social Sciences*. Vol. 10. New York: Macmillan. 432-47.

———. 1968d. "Why Economists Disagree." In Milton Friedman, *Dollars and Deficits: Living with America's Economic Problems*. Englewood Cliffs, NJ: Prentice Hall. 1-14.

———. 1968e. *Dollars and Deficits: Inflation, Monetary Policy and the Balance of Payments*. Englewood Cliffs, NJ: Prentice Hall.

———. 1968f. "Factors Affecting the Level of Interest Rates." In Donald P. Jacobs and Richard T. Pratt, eds., *Proceedings of the 1968 Conference on Savings and Residential Financing*. Chicago: US Savings and Loan League. 11-27.

———. 1968g. "Money and the Interest Rate." In University of Miami, *Savings Institutions Forum, March 11-12, 1968: Proceedings*. Miami: University of Miami. Chapter 4.

———. 1968h. "The Case for the Negative Income Tax." In Melvin R. Laird, ed., *Republican Papers*. Garden City, NY: Anchor Books, Doubleday. 202-20.

———. 1968i. "[Remarks by] Milton Friedman." In Lawrence Fertig, ed., *What's Past Is Prologue: A Commemorative Evening to the Foundation for Economic Education on the Occasion of Leonard Read's Seventieth Birthday, October 4, 1968, the Starlight Roof, Waldorf-Astoria Hotel*. New York: Foundation for Economic Education. 22-31.

———. 1969a. "The Optimum Quantity of Money." In Milton Friedman, *The Optimum Quantity of Money and Other Essays.* Chicago: Aldine. 1-50.

———. 1969b. *The Optimum Quantity of Money and Other Essays.* Chicago: Aldine.

———. 1969c. "Miguel Sidrauski." *Journal of Money, Credit and Banking* 1, no. 2 (May): 129-30.

———. 1969d. The Euro-Dollar Market: Some First Principles." *Morgan Guaranty Survey* 11, no. 10 (October): 4-15. Also appeared as Graduate School of Business Selected Papers No. 34, University of Chicago, 1969.

———. 1969e. "Discussion of Charles P. Kindleberger, 'The Case for Fixed Exchange Rates, 1969.'" In Federal Reserve Bank of Boston, ed., *The International Adjustment Mechanism: Proceedings of a Conference Held at Melvin Village, New Hampshire, October 8-10, 1969.* Boston: Federal Reserve Bank of Boston. 109-19.

———. 1969f. "Round Table on Exchange Rate Policy." *American Economic Review (Papers and Proceedings)* 59, no. 2 (May): 364-66.

———. 1969g. "The International Adjustment Mechanism: Panel Discussion." In Federal Reserve Bank of Boston, ed., *The International Adjustment Mechanism: Proceedings of a Conference Held at Melvin Village, New Hampshire, October 8-10, 1969.* Boston: Federal Reserve Bank of Boston. 15-20.

———. 1969h. "Fiscal and Monetary Policy." Transcript of talk given at Bache Institutional 1969 Seminar, Geneva, Switzerland, April 25.

———. 1970a. "The Counter-revolution in Monetary Theory." Institute of Economic Affairs Occasional Paper No. 33. London: Institute of Economic Affairs. Reprinted in Milton Friedman, *Monetarist Economics.* Oxford, UK: Basil Blackwell, 1991. 1-20.

———. 1970b. "A Theoretical Framework for Monetary Analysis." *Journal of Political Economy* 78, no. 2, 193-238.

———. 1970c. "Comment on Tobin." *Quarterly Journal of Economics* 84, no. 2 (May): 318-27.

———. 1970d. "Controls on Interest Rates Paid by Banks." *Journal of Money, Credit and Banking* 2, no. 1 (February): 15-32.

———. 1970e. "Monetarism: A Counter-revolution in Economic Thought." Lecture at

Florida Presbyterian College, February 21.

———. 1970f. "Money Management and Economic Growth." In *Business Week*, ed., *Money and the Corporation: "Business Week" Conference*. New York: McGraw Hill. 37-45.

———. 1970g. "Special Interest and the Law." *Chicago Bar Record* 51, no. 9 (June): 434-41.

———. 1970h. "Protecting Free Institutions from Our Noble Impulses." Lecture at Florida Presbyterian College, February 19.

———. 1970i. "The Proof of the Monetarist Pudding." Manuscript, July 1; held in Milton Friedman papers, Hoover Institution (box 53, folder 8).

———. 1970j. "The New Monetarism: Comment." *Lloyds Bank Review* 25, no. 98 (October): 52-53.

———. 1970k. "Address Commemorating the 80th Anniversary of Halle and Stieglitz." Plaza Hotel, New York City, March 5. Available on Hoover Institution website.

———. 1970l. Address to Provident National Bank, April 24. Available on Hoover Institution website (CWP).

———. 1970m. "Current Monetary Policy." Memorandum for Federal Reserve Board Consultants Meeting, June 19.

———. 1970n. "Errata: A Theoretical Framework for Monetary Analysis." *Journal of Political Economy* 78, no. 6 (November/December): 1385-86.

———. 1971a. "In Memoriam: Jacob Viner, 1892-1970." *American Economic Review* 61, no. 1 (March): 247-48.

———. 1971b. "The Euro-Dollar Market: Some First Principles." *Federal Reserve Bank of St. Louis Review* 53, no. 7 (July): 16-24.

———. 1971c. "Government Revenue from Inflation." *Journal of Political Economy* 79, no. 4 (July/August): 846-56.

———. 1971d. "A Monetary Theory of Nominal Income." *Journal of Political Economy* 79, no. 2 (March/April): 323-37.

———. 1971e. "A Note on the U.S. and U.K. Velocity of Circulation." In George Clayton, John C. Gilbert, and Robert C. Sedgwick, eds., *Monetary Theory and Monetary*

*Policy in the 1970s: Proceedings of the 1970 Sheffield Money Seminar*. London: Oxford University Press. 151-52.

———. 1971f. "Have Monetary and Fiscal Policy Failed?" Speech before the Economic Club of Detroit, March 8.

———. 1971g. "Monetary Aggregates and Monetary Policy." Memorandum for Federal Reserve Board Consultants Meeting, June 9.

———. 1971h. "Introduction." In Beryl W. Sprinkel, *Money and Markets: A Monetarist View*. Homewood, IL: Richard D. Irwin. xix-xxiii.

———. 1971i. "Introduction." In Mary Bennett Peterson, *The Regulated Consumer*. Los Angeles: Nash. 15-20.

———. 1971j. "Doing Good." Commencement speech, University of Rochester, June 6. Printed in Milton Friedman, *An Economist's Protest: Columns in Political Economy*. Glen Ridge, NJ: Thomas Horton, 1972. 164-66.

———. 1971k. "The Dollar Standard: Its Problems and Prospects." *Montana Business Quarterly* 9, no. 1 (Spring): 5-12.

———. 1971l. *A Theoretical Framework for Monetary Analysis*. New York: NBER.

———. 1972a. "Comments on the Critics." *Journal of Political Economy* 80, no. 5 (September/October): 906-50.

———. 1972b. "Monetary Policy." *Proceedings of the American Philosophical Society* 116, no. 3 (June): 183-96.

———. 1972c. "A Libertarian Speaks [Interview]." *Trial Magazine* 8, no. 1 (January/February): 22-24.

———. 1972d. *An Economist's Protest: Columns in Political Economy*. Glen Ridge, NJ: Thomas Horton.

———. 1972e. "Have Monetary Policies Failed?" *American Economic Review (Papers and Proceedings)* 62, no. 1-2 (March): 11-18.

———. 1972f. "The Need for Futures Markets in Currencies." In International Monetary Market of the Chicago Mercantile Exchange, ed., *The Futures Market in Foreign Currencies*. Chicago: International Monetary Market of the Chicago Mercantile Exchange. 6-12.

———. 1972g. "Monetary Trends in the United States and United Kingdom." *American Economist* 16, no. 1 (Spring): 4-17.

———. 1973a. *Money and Economic Development: The Horowitz Lectures of 1972*. New York: Praeger.

———. 1973b. "How Much Monetary Growth?" *Morgan Guaranty Survey* 15, no. 2 (February): 5-10.

———. 1973c. "Facing Inflation." *Challenge* 16, no. 5 (November/December): 29-37.

———. 1973d. "Contemporary Monetary Problems." *Economic Notes* 2, no. 1 (January-April): 5-18.

———. 1974a. "Letter on Monetary Policy." *Federal Reserve Bank of St. Louis Review* 56, no. 3 (March): 20-23.

———. 1974b. "Money." In *The New Encyclopaedia Britannica*. 15th ed. Chicago: Encyclopaedia Britannica. 349-56.

———. 1974c. "Using Escalators to Help Fight Inflation." *Fortune* 91, no. 7 (July): 94-97 and 174-76. Reprinted in Friedman 1975e, 148-61.

———. 1974d. "Short-Term and Long-Term Economic Outlook." Talk at O'Hare Executive's Club, March 14. Available on Hoover Institution website (CWP).

———. 1974e. "Inflation, Taxation, Indexation." In Institute of Economic Affairs, ed., *Inflation: Causes, Consequences, Cures*. London: Institute of Economic Affairs. 71-88.

———. 1974f. "Schools at Chicago." *University of Chicago Magazine* 67, no. 1 (Autumn): 11-16.

———. 1974g. *Monetary Correction: A Proposal for Escalator Clauses to Reduce the Costs of Ending Inflation*. London: Institute of Economic Affairs.

———. 1975a. "Twenty-Five Years after the Rediscovery of Money: What Have We Learned? Discussion." *American Economic Review (Papers and Proceedings)* 65, no. 2 (May): 176-79.

———. 1975b. "Critique of Guideposts." In John E. Elliott and Arthur L. Grey, eds., *Economic Issues and Policies: Readings in Introductory Economics*. 3rd ed. New York: Houghton-Mifflin. 113-18.

———. 1975c. "The National Business Outlook for 1975 [address of December 16,

1974]." In Portland State University School of Business Administration, *Proceedings of the 12th Annual Business and Economic Outlook for 1975*. Portland, OR: Portland State University of Business Administration. 1-27.

———. 1975d. "Unemployment versus Inflation?—An Evaluation of the Phillips Curve." IEA Occasional Paper No. 44. London: Institute of Economic Affairs. Reprinted in Milton Friedman, *Monetarist Economics*. Oxford, UK: Basil Blackwell, 1991. 63-86.

———. 1975e. *There's No Such Thing as a Free Lunch*. LaSalle, IL: Open Court.

———. 1975f. *Milton Friedman Speaks to CEDA: A Report on the Visit of Professor Milton Friedman to the Committee for Economic Development of Australia on April 11, 1975, at the Great Hall, the National Gallery of Victoria, Melbourne*. Melbourne: Committee for Economic Development of Australia.

———. 1975g. *Is Inflation a Curable Disease?* Pittsburgh: Pittsburgh National Bank, Alex C. Walker Educational and Charitable Foundation, and University of Pittsburgh Graduate School of Business. Reprinted in Committee on the Budget, US House of Representatives, *Impact of Inflation on the Economy: Hearings before the Task Force on Inflation*. Washington, DC: US Government Printing Office, 1979. 693-712.

———. 1975h. "Gold, Money and the Law: Comments." In Henry G. Manne and Roger LeRoy Miller, eds., *Gold, Money and the Law*. Chicago: Aldine. 71-81.

———. 1975i. *Milton Friedman in Australia 1975*. Sydney: Constable and Bain and the Graduate Business Club.

———. 1976a. *Price Theory*. 2nd ed. Chicago: Aldine.

———. 1976b. "Homer Jones: A Personal Reminiscence." *Journal of Monetary Economics* 2, no. 4 (November): 433-36.

———. 1976c. *Adam Smith's Relevance for 1976*. In *The Adam Smith Lectures*, Graduate School of Business, University of Chicago Selected Paper No. 50. Reprinted in Fred R. Glahe, ed., *Adam Smith and "The Wealth of Nations": 1776-1976 Bicentennial Essays*. Boulder: Colorado Associated University Press, 1978. 7-20. A version also appeared as Milton Friedman, "Adam Smith's Relevance for Today." *Challenge* 20, no. 1 (March/April 1977): 6-12.

———. 1976d. "Rejoinder by Milton Friedman to 'Federal Reserve Staff Comments on Prof. Friedman's Statement before Senate Committee on Banking, Housing, and Urban Affairs (Nov. 6, 1975).'" In Committee on Banking, Housing, and Urban

Affairs, US Senate, *Third Meeting on the Conduct of Monetary Policy: Hearings, May 3, 4, and 5, 1976*. Washington, DC: US Government Printing Office. 130-32.

———. 1976e. "Foreword." In Fritz Machup, ed., *Essays on Hayek*. New York: New York University Press. xxi-xxiv.

———. 1976f. "Comments on Tobin and Buiter." In Jerome L. Stein, ed., *Monetarism*. Amsterdam: North-Holland. 310-17.

———. 1976g. Letter to Rep. Stephen L. Neal, Chairman, Subcommittee on Domestic Monetary Policy, October 2, 1976. In Committee on Banking, Currency and Housing, US House of Representatives, *Maintaining and Making Public Minutes of Federal Reserve Meetings: Hearings*. Washington, DC: US Government Printing Office, 1977. 201-2.

———. 1976h. "The Milton Friedman View." *University of Cape Town Graduate School of Business Journal* 3, no. 1, 15-18.

———. 1976i. "The Fragility of Freedom." *Brigham Young University Studies* 16, no. 4 (Summer): 561-74.

———. 1976j. "Economic Myths and Public Opinion." *The Alternative: An American Spectator* 9, no. 4 (January): 5-9. Reprinted in Milton Friedman, *Bright Promises, Dismal Performance: An Economist's Protest*. New York: Harcourt Brace Jovanovich, 1983. 60-75.

———. 1976k. "The Line We Dare Not Cross." *Encounter*, November 47, no. 5, 8-14.

———. 1977a. "The Invisible Hand." In Milton Friedman et al., *The Business System: A Bicentennial View*. Hanover, NH: University Press of New England. 2-13.

———. 1977b. *From Galbraith to Economic Freedom*. IEA Occasional Paper No. 49. London: Institute of Economic Affairs.

———. 1977c. "Discussion of 'The Monetarist Controversy.'" *Federal Reserve Bank of San Francisco Economic Review* 59 (supplement) (Spring): 12-19.

———. 1977d. "Time Perspective in Demand for Money." *Scandinavian Journal of Economics* 79, no. 4, 397-416.

———. 1977e. "Nobel Lecture: Inflation and Unemployment." *Journal of Political Economy* 85, no. 3 (June): 451-72.

---. 1977f. "The Future of Capitalism." Speech at the Pioneer Theater in Reno, Nevada, February 7. Transcript (including question and answers). Audio excluding question-and-answer available at http://www.coba.unr.edu/faculty/cargill/documents /future-of-capitlecture.mp3.

---. 1977g. "Containing Spending." *Society* (Rutgers University) 14, no. 2 (March/April): 89-92.

---. 1977h. "Payroll Taxes, No; General Revenue, Yes." In Michael Boskin, ed., *The Crisis in Social Security: Problems and Prospects*. San Francisco: Institute for Contemporary Studies. 25-30.

---. 1977i. "Economic Controls versus Personal Freedom." *Commitment* (Abbott Laboratories, North Chicago), Spring 1977, 1-3. Reprinted in Patricia A. Moody, ed., *Writing Today: A Rhetoric and Handbook*. Englewood Cliffs, NJ: Prentice Hall, 1981. 201-3.

---. 1977j. *The Future of Capitalism*. Stockholm: Federation of Swedish Industries.

---. 1977k. *The Nobel Prize in Economics, 1976*. Stanford, CA: Hoover Institution Press.

---. 1978a. *Tax Limitation, Inflation and the Role of Government*. Dallas: Fisher Institute.

---. 1978b. Submission dated August 21, 1978. In Committee on Banking, Housing, and Urban Affairs, US Senate, *Federal Reserve Requirements Act of 1978: Hearings*. Washington, DC: US Government Printing Office. 280-82.

---. 1978c. "How Stands the Theory and Practice of Monetary Policy?" Paper presented at Mont Pelerin Society meeting, Hong Kong.

---. 1978d. "The Future of Capitalism." In Milton Friedman, *Tax Limitation, Inflation and the Role of Government*. Dallas: Fisher Institute. 1-13.

---. 1978e. "The Limitations of Tax Limitation." *Policy Review* 2, no. 5 (Summer): 7-14.

---. 1978f. "Preface." In William E. Simon, *A Time for Truth*. New York: McGraw Hill. xiii-xvi.

---. 1980a. "Memorandum: Response to Questionnaire on Monetary Policy, June

11, 1980." In Treasury and Civil Service Committee, House of Commons, ed., *Memoranda on Monetary Policy*. London: Her Majesty's Stationery Office. 55-61. Reprinted in Milton Friedman, *Monetarist Economics*. Oxford, UK: Basil Blackwell, 1991. 49-62.

———. 1980b. "Prices of Money and Goods across Frontiers: The £ and the $ over a Century." *World Economy* 2, no. 4 (February): 497-511.

———. 1980c. "Comment: The Changing Character of Financial Markets." In Martin S. Feldstein, ed., *The American Economy in Transition*. Chicago: University of Chicago Press. 78-86.

———. 1981a. "An Address by Professor Milton Friedman, Wellington, New Zealand, April 22nd, 1981." Wellington, New Zealand: Buttle Wilson and Broadbank.

———. 1981b. "Foreword." In Thomas Sowell, *Markets and Minorities*. New York: Basic Books. viii-ix.

———. 1981c. *The Invisible Hand in Economics and Politics*. Singapore: Institute of Southeast Asian Studies.

———. 1981d. "Introduction." In William R. Allen, *The Midnight Economist: Choices, Prices and Public Policy*. New York: Playboy. xiii-xvi.

———. 1981e. Address to the National Press Club of Australia. Canberra, Australia, April 7.

———. 1982a. *On Milton Friedman*. Vancouver, British Columbia: Fraser Institute.

———. 1982b. "Monetary Policy: Theory and Practice." *Journal of Money, Credit and Banking* 14, no. 1 (February): 98-118.

———. 1982c. "Supply-Side Policies: Where Do We Go From Here?" In Federal Reserve Bank of Atlanta, ed., *Supply-Side Economics in the 1980s: Conference Proceedings*. Westport, CT: Quorum Books. 53-63.

———. 1982d. "Monetary Policy: Theory and Practice: A Reply." *Journal of Money, Credit and Banking* 14, no. 3 (August): 404-6.

———. 1982e. "Preface 1982." In Milton Friedman, *Capitalism and Freedom* (reissue). Chicago: University of Chicago Press. vi-ix.

———. 1983a. "Monetarism in Rhetoric and in Practice." *Bank of Japan Monetary and Economic Studies* 1, no. 2 (October): 1-14.

———. 1983b. *Bright Promises, Dismal Performance: An Economist's Protest.* Introductions and selections by William R. Allen. New York: Harcourt Brace Jovanovich.

———. 1983c. "Is Capitalism Humane?" In Milton Friedman, *Bright Promises, Dismal Performance: An Economist's Protest.* New York: Harcourt Brace Jovanovich. 83-90.

———. 1983d. "Who Protects the Consumer?" In Milton Friedman, *Bright Promises, Dismal Performance: An Economist's Protest.* New York: Harcourt Brace Jovanovich. 161-68.

———. 1983e. "A Monetarist View." In Alan Horrox and Gillian McCredie, eds., *Money Talks: Five Views of Britain's Economy.* London: Thames Methuen. 1-17.

———. 1984a. *The Suicidal Impulse of the Business Community: Based on Remarks Delivered at the Hoover Pacific Coast Seminar Dinner, October 25, 1983.* Stanford, CA: Hoover Institution.

———. 1984b. "Comment on 'The Success of Purchasing-Power Parity: Historical Evidence and Its Implications for Macroeconomics.'" In Michael D. Bordo and Anna J. Schwartz, eds., *A Retrospective on the Classical Gold Standard, 1821-1931.* Chicago: University of Chicago Press. 157-62.

———. 1984c. "Monetary Policy for the 1980s." In John H. Moore, ed., *To Promote Prosperity: U.S. Domestic Policy in the Mid-1980s.* Stanford, CA: Hoover Institution Press. 23-60.

———. 1984d. "Lessons from the 1979-82 Monetary Policy Experiment." *American Economic Review (Papers and Proceedings)* 74, no. 2 (May): 397-400.

———. 1984e. "Has Monetarism Failed?" *Manhattan Report* 4, no. 3, 3-4.

———. 1984f. *Market or Plan? An Exposition of the Case for the Market.* London: Centre for Research into Communist Economies.

———. 1984g. "Capitalism and the Jews." *Encounter* 62, no. 6 (June): 74-79.

———. 1984h. "Currency Competition: A Sceptical View." In Pascal Salin, ed., *Currency Competition and Monetary Union.* The Hague: Martinus Nijhoff. 42-46.

———. 1984i. *Politics and Tyranny: Lessons in Pursuit of Freedom.* San Francisco: Pacific Institute for Public Policy Research.

———. 1985a. "Monetary Policy in a Fiat World." *Bank of Japan Monetary and Economic Studies* 3, no. 2 (September): 11-18.

———. 1985b. "Quantity Theory of Money." Manuscript, Hoover Institution.

———. 1985c. "How to Give Monetarism a Bad Name." In James K. Galbraith and Dan C. Roberts, eds., *Monetarism, Inflation and the Federal Reserve: Essays Prepared for the Use of the Joint Economic Committee, Congress of the United States*. Washington, DC: US Government Printing Office. 51-61.

———. 1986a. "My Evolution as an Economist." In William Breit and Roger W. Spencer, eds., *Lives of the Laureates: Seven Nobel Economists*. Cambridge, MA: MIT Press. (Paperback edition, 1988.) 77-92.

———. 1986b. "Keynes' Political Legacy." In John Burton, ed., *Keynes' General Theory: Fifty Years On*. London: Institute of Economic Affairs. 47-55.

———. 1986c. "Economists and Economic Policy." *Economic Inquiry* 24, no. 1 (January): 1-10.

———. 1986d. "The Resource Cost of Irredeemable Paper Money." *Journal of Political Economy* 94, no. 3, part 1 (June): 642-47.

———. 1987a. "Quantity Theory of Money." In John Eatwell, Murray Milgate, and Peter Newman, eds., *The New Palgrave: A Dictionary of Economics*. Vol. 4, *Q to Z*. London: Macmillan. 3-20.

———. 1987b. "*Rational Expectations and Inflation* by Thomas J. Sargent." *Journal of Political Economy* 95, no. 1 (February): 218-21.

———. 1987c. "Arthur Burns." In American Enterprise Institute, ed., *In Memoriam: Arthur F. Burns, 1904-1987*. Washington, DC: American Enterprise Institute. 7-11.

———. 1987d. "Free Markets and Free Speech." *Harvard Journal of Law and Public Policy* 10, no. 1 (Winter): 1-9.

———. 1988a. "Money and the Stock Market." *Journal of Political Economy* 96, no. 2 (April): 221-45.

———. 1988b. "A Proposal for Resolving the U.S. Balance of Payments Problem: Confidential Memorandum [dated October 15, 1968, submitted December 1968] to President-Elect Richard Nixon." In Leo Melamed, ed., *The Merits of Flexible Exchange*

*Rates: An Anthology*. Fairfax, VA: George Mason University Press. 429-38.

———. 1988c. "Internationalization of the U.S. Economy: Fact or Fiction? [Talk on July 15, 1988]." *Commonwealth* (Commonwealth Club of California, San Francisco) 82, no. 36 (September 5): 378 and 380-81.

———. 1989. "Collaboration in Economics." In Michael D. Bordo, ed., *Money, History, and International Finance: Essays in Honor of Anna J. Schwartz*. Chicago: University of Chicago Press. 247-50.

———. 1990a. *Friedman in China*. Hong Kong: Chinese University Press for the Hong Kong Centre for Economic Research.

———. 1990b. "The Crime of 1873." *Journal of Political Economy* 98, no. 6 (December): 1159-94.

———. 1991a. "Economic Freedom, Human Freedom, Political Freedom." Smith Center Inaugural Lecture, November 1.

———. 1991b. "Old Wine in New Bottles." *Economic Journal* 101, no. 404 (January): 33-40.

———. 1992a. "Do Old Fallacies Ever Die?" *Journal of Economic Literature* 30, no. 4 (December): 2129-32.

———. 1992b. "Preface." In Milton Friedman, *A Program for Monetary Stability*. 10$^{th}$ printing with new preface. Fordham, NY: Fordham: University Press. vii-xii.

———. 1992c. *Money Mischief: Episodes in Monetary History*. New York: Harcourt Brace Jovanovich.

———. 1992d. "Parental Choice: The Effective Way to Improve Schooling [Talk on August 7, 1992]." *Commonwealth* (Commonwealth Club of California, San Francisco) 86, no. 31 (August 17): 514-16 and 521-23.

———. 1997. "John Maynard Keynes." *Federal Reserve Bank of Richmond Economic Quarterly* 83, no. 2 (Spring): 1-23.

———. 1998. "The Suicidal Impulse of the Business Community." Remarks at luncheon address, San Jose, California, November 21.

———. 2001. "How to Cure Health Care." *Public Interest* 36, no. 142 (Winter): 3-30.

———. 2002. *Capitalism and Freedom: Fortieth Anniversary Edition*. Chicago:

University of Chicago Press.

———. 2005a. "How Not to Stop Inflation." *Region Focus* (Federal Reserve Bank of Richmond), Summer, 2-7.

———. 2005b. "Comment: Inflation, Unemployment and the Pound." In Subroto Roy and John Clarke, eds., *Margaret Thatcher's Revolution: How It Happened and What It Meant*. London: Continuum. 66.

———. 2010. "Tradeoffs in Monetary Policy." In Robert Leeson, ed., *David Laidler's Contributions to Economics*. New York: Palgrave Macmillan. 114-18 and 126.

Friedman, Milton, and Gary S. Becker 1958a. "The Friedman-Becker Illusion: Reply." *Journal of Political Economy* 66, no. 6 (December): 545-49.

———. 1958b. "Reply to Kuh and Johnston." *Review of Economics and Statistics* 40, no. 3 (August): 298.

Friedman, Milton, and Rose D. Friedman. 1980. *Free to Choose: A Personal Statement*. New York: Harcourt Brace Jovanovich.

———. 1984. *Tyranny of the Status Quo*. New York: Harcourt Brace Jovanovich.

———. 1985. *The Tyranny of the Status Quo*. Harmondsworth, UK: Penguin.

———. 1988. "The Tide in the Affairs of Men." In Annelise G. Anderson and Dennis L. Bark, eds., *Thinking about America: The United States in the 1990s*. Stanford, CA: Hoover Institution Press. 455-68.

———. 1998. *Two Lucky People: Memoirs*. Chicago: University of Chicago Press.

Friedman, Milton, and Walter W. Heller. 1969. *Monetary vs. Fiscal Policy*. New York: W. W. Norton.

Friedman, Milton, and Irving Kristol. 1976. "Dialogue: The Relationship between Business and Government: Collaboration or Confrontation?" In Alan Heslop, ed., *Business-Government Relations*. New York: New York University Press. 11-45.

Friedman, Milton, and Simon Kuznets. 1945. *Income from Independent Professional Practice*. New York: National Bureau of Economic Research.

Friedman, Milton, and David Meiselman. 1959. "Judging the Predictive Abilities of the Quantity and Income-Expenditure Theories." Manuscript, University of Chicago, for discussion at Workshop on Money and Banking session of October 27, 1959.

———. 1963. "The Relative Stability of Monetary Velocity and the Investment Multiplier in the United States, 1897-1958." In Commission on Money and Credit, ed., *Stabilization Policies*. Englewood Cliffs, NJ: Prentice Hall. 165-268.

———. 1964. "Keynes and the Quantity Theory: Reply to Donald Hester." *Review of Economics and Statistics* 46, no. 4 (November): 369-76.

———. 1965. "Reply to Ando and Modigliani and to DePrano and Mayer." *American Economic Review* 55, no. 4 (September): 753-85.

Friedman, Milton, and Franco Modigliani. 1977. "Discussion of 'The Monetarist Controversy' [dialogue portion]." *Federal Reserve Bank of San Francisco Economic Review* 59 (supplement) (Spring): 19-26.

Friedman, Milton, Michael Porter, Fred Gruen, and Don Stammer. 1981. *Taxation, Inflation and the Role of Government*. Sydney: Centre for Independent Studies.

Friedman, Milton, and Dennis H. Robertson. 1973. "A Milton Friedman-Sir Dennis Robertson Correspondence." *Journal of Political Economy* 81, no. 4 (July/August): 1033-39.

Friedman, Milton, and Robert V. Roosa. 1967. *The Balance of Payments: Free versus Fixed Exchange Rates*. Washington, DC: American Enterprise Institute.

Friedman, Milton, and Paul A. Samuelson. 1980. *Milton Friedman and Paul A. Samuelson Discuss the Economic Responsibility of Government*. College Station: Texas A&M University Center for Education and Research in Free Enterprise.

Friedman, Milton, and Leonard J. Savage. 1947. "Planning Experiments Seeking Maxima." In Churchill Eisenhart, Millard W. Hastay, and W. Allen Wallis, eds., *Selected Techniques of Statistical Analysis for Scientific and Industrial Research and Production and Management Engineering by the Statistical Research Group, Columbia University*. New York: McGraw Hill. 363-82.

Friedman, Milton, and Anna J. Schwartz. 1963a. *A Monetary History of the United States, 1867-1960*. Princeton, NJ: Princeton University Press. (Also appeared as trade paperback edition, 1971.)

———. 1963b. "Money and Business Cycles." *Review of Economics and Statistics* 45, no. 1 (February): 32-64.

———. 1965. *The Great Contraction, 1929-1933*. Princeton, NJ: Princeton University Press.

———. 1966. "Trends in Money, Income, and Prices, 1867-1966." Book manuscript. New York: National Bureau of Economic Research.

———. 1967. "Trends in Money, Income, and Prices." In Geoffrey Moore, ed., *Contributions to Economic Knowledge through Research: Annual Report, National Bureau of Economic Research*. New York: National Bureau of Economic Research. 36-40.

———. 1969a. "The Definition of Money: Net Wealth and Neutrality as Criteria." *Journal of Money, Credit and Banking* 1, no. 1 (February): 1-14.

———. 1969b. "Money." In NBER, ed., *New Challenges for Economic Research: 49th Annual Report, October 1969*. New York: National Bureau of Economic Research. 79-80.

———. 1970a. *Monetary Statistics of the United States: Estimates, Sources, Methods*. New York: Columbia University Press.

———. 1970b. "Money." In NBER, ed., *Economics—a Half Century of Research, 1920-1970: 50th Annual Report, September 1970, National Bureau of Economic Research, Inc*. New York: National Bureau of Economic Research. 79-81.

———. 1972. "Money." In NBER, ed., *Innovations in Economic Research: National Bureau of Economic Research, Inc., 52nd Annual Report, September 1972*. New York: National Bureau of Economic Research. 29-32.

———. 1982a. *Monetary Trends in the United States and the United Kingdom: Their Relation to Income, Prices, and Interest Rates, 1867-1975*. Chicago: University of Chicago Press.

———. 1982b. "The Effect of Term Structure of Interest Rates on the Demand for Money in the United States." *Journal of Political Economy* 90, no. 1 (February): 201-12.

———. 1986a. "The Failure of the Bank of United States: A Reappraisal—a Reply." *Explorations in Economic History* 23, no. 2 (April): 199-204.

———. 1986b. "Has Government Any Role in Money?" *Journal of Monetary Economics* 17, no. 1 (January): 37-62.

———. 1991. "Alternative Approaches to Analyzing Economic Data." *American Economic Review* 81, no. 1 (March): 39-49.

Friedman, Milton, and George J. Stigler. 1946. *Roofs or Ceilings? The Current Housing Problem*. Irvington-on-the-Hudson, NY: Foundation for Economic Education. Reprinted in Milton Friedman, *Monetarist Economics*. Oxford, UK: Basil Blackwell, 1991. 169-83.

Friedman, Milton M. 1971. "Listening—Assurance for a Vital Musical Future." *Music Educators Journal* 58, no. 2 (October): 26-28.

Friedman, Rose D. 1976a. "Milton Friedman: Husband and Colleague (1): Early Years." *Oriental Economist* 44, no. 787 (May): 28-32.

———. 1976b. "Milton Friedman: Husband and Colleague (2): The Beginning of a Career." *Oriental Economist* 44, no. 788 (June): 18-22.

———. 1976c. "Milton Friedman: Husband and Colleague (4): The Years 1946-1953." *Oriental Economist* 44, no. 790 (August): 21-26.

———. 1976d. "Milton Friedman: Husband and Colleague (6): Milton Friedman and Monetarism." *Oriental Economist* 44, no. 792 (October): 22-26.

———. 1976e. "Milton Friedman: Husband and Colleague (8): First Nixon Administration." *Oriental Economist* 44, no. 794 (December): 28-32.

———. 1977a. "Milton Friedman: Husband and Colleague (9): Heights and Depths." *Oriental Economist* 45, no. 1 (January): 24-32.

———. 1977b. "Milton Friedman: Husband and Colleague (10): The Nobel Award." *Oriental Economist* 45, no. 796 (February): 24-28.

———. 1998. "Tribute on the Quad [Remarks at Stanford University, July 22, 1998]." *Hoover Digest*, no. 4 (October): 139-41. https://www.hoover.org/research/tribute-quad.

Frost, Peter A. 1966. "Banks' Demand for Excess Reserves." PhD diss., Department of Economics, University of California, Los Angeles.

———. 1971. "Banks' Demand for Excess Reserves." *Journal of Political Economy* 79, no. 4 (July/August): 805-25.

Fuhrer, Jeffrey C., and George R. Moore. 1995a. "Inflation Persistence." *Quarterly Journal of Economics* 110, no. 1 (February): 127-59.

———. 1995b. "Monetary Policy Trade-Offs and the Correlation between Nominal Interest Rates and Real Output." *American Economic Review* 85, no. 1 (March): 219-39.

Gable, Lester G. 1974. "Liability Management—an Indictment." *Journal of Commercial Bank Lending* 56, no. 12 (August): 2-10.

Galbraith, John Kenneth. 1967. *The New Industrial State*. Boston: Houghton Mifflin.

Gale, Douglas. 1982. *Money: In Equilibrium*. Cambridge: Cambridge University Press.

———. 1983. *Money: In Disequilibrium*. Cambridge: Cambridge University Press.

Garrison, Charles B. 1984. "Friedman versus Keynes on the Theory of Employment." *Journal of Post Keynesian Economics* 7, no. 1 (Autumn): 114-27.

Gavin, William T. 1996. "The FOMC in 1995: A Step Closer to Inflation Targeting?" *Federal Reserve Bank of St Louis Review* 78, no. 5 (September/October): 29-47.

———. 2009. "More Money: Understanding Recent Changes in the Monetary Base." *Federal Reserve Bank of St. Louis Review* 91, no. 2 (March/April): 49-59.

Gayer, A. D., Walt W. Rostow, and Anna J. Schwartz. 1953a. *The Growth and Fluctuations of the British Economy, 1790-1850: An Historical, Statistical, and Theoretical Study of Britain's Economic Development*. Vol. 1. Oxford, UK: Clarendon.

———. 1953b. *The Growth and Fluctuations of the British Economy, 1790-1850: An Historical, Statistical, and Theoretical Study of Britain's Economic Development*. Vol. 1. Oxford, UK: Clarendon.

Geddes, Sir Patrick, and J. Arthur Thompson. 1914. *Sex*. London: Williams and Norgate.

Gertler, Mark. 1999. "Government Debt and Social Security in a Life-Cycle Economy." *Carnegie-Rochester Conference Series on Public Policy* 50, no. 1 (June): 61-110.

Gertler, Mark, and Peter Karadi. 2011. A Model of Unconventional Monetary Policy." *Journal of Monetary Economics* 58, no. 1 (January): 17-34.

Geweke, John. 1986. "The Superneutrality of Money in the United States: An Interpretation of the Evidence." *Econometrica* 54, no. 1 (January): 1-21.

Gibson, William E. 1970. "Price-Expectations Effects on Interest Rates." *Journal of Finance* 25, no. 1 (March): 19-34.

———. 1971. "Eurodollars and U.S. Monetary Policy." *Journal of Money, Credit and Banking* 3, no. 3 (August): 649-65.

———. 1972. "Interest Rates and Inflationary Expectations: New Evidence." *American Economic Review* 62, no. 5 (December): 854-65.

Gibson, William E., and George G. Kaufman. 1966. "The Relative Impact of Money and Income on Interest Rates: An Empirical Investigation." Federal Reserve Staff Economic Studies 26, revised November 1966.

Gilbert, John Cannon. 1982. *Keynes' Impact on Monetary Economics*. London: Butterworth Scientific.

Goldfeld, Stephen M. 1973. "The Demand for Money Revisited." *Brookings Papers on Economic Activity* 4, no. 3, 577-638.

———. 1976. "The Case of the Missing Money." *Brookings Papers on Economic Activity* 7, no. 3, 683-730.

Goodfriend, Marvin. 1983. "Discount Window Borrowing, Monetary Policy, and the Post-October 6, 1979 Federal Reserve Operating Procedure." *Journal of Monetary Economics* 12, no. 3 (September): 343-56.

Goodfriend, Marvin, and Robert G. King. 2005. "The Incredible Volcker Disinflation." *Journal of Monetary Economics* 52, no. 5 (July): 981-1015.

Goodhart, Charles A. E. 1984. "Introduction." In Charles A. E. Goodhart, *Monetary Theory and Practice: The U.K. Experience*. London: Macmillan. 1-19.

———. 1986. "The Implications of Shifting Frontiers in Financial Markets for Monetary Control." In Donald E. Fair, ed., *Shifting Frontiers in Financial Markets*. The Hague: Martinus Nijhoff. 303-27.

———. 1989a. "The Conduct of Monetary Policy." *Economic Journal* 99, no. 396 (June): 293-346.

———. 1989b. "Keynes and Monetarism." In Roger Hill, ed., *Keynes, Money and Monetarism: The Eighth Keynes Seminar Held at the University of Kent at Canterbury, 1987*. London: Macmillan. 106-20.

———. 1992. "The Objectives for, and Conduct of, Monetary Policy in the 1990s." In Adrian Blundell-Wignall, ed., *Inflation, Disinflation and Monetary Policy*. Sydney: Ambassador. 314-34.

———. 2002. "The Endogeneity of Money." In Philip Arestis, Meghnad Desai, and Sheila Dow, eds., *Money, Macroeconomics and Keynes: Essays in Honour of Victoria Chick*. London: Routledge. 14-24.

Gordon, Robert J. 1970a. "The Recent Acceleration of Inflation and Its Lessons for the Future." *Brookings Papers on Economic Activity* 1, no. 1, 8-41.

———. 1970b. "Prices in 1970: The Horizontal Phillips Curve?" *Brookings Papers on Economic Activity* 1, no. 3, 449-58.

———. 1971. "Inflation in Recession and Recovery." *Brookings Papers on Economic Activity* 2, no. 1, 105-58.

———. 1972. "Wage-Price Controls and the Shifting Phillips Curve." *Brookings Papers on Economic Activity* 2, no. 2, 385-421.

———. 1973. "The Welfare Cost of Higher Unemployment." *Brookings Papers on Economic Activity* 4, no. 1, 133-95.

———, ed. 1974a. *Milton Friedman's Monetary Framework: A Debate with His Critics*. Chicago: University of Chicago Press.

———. 1974b. "Introduction." In Robert J. Gordon, ed., *Milton Friedman's Monetary Framework: A Debate with His Critics*. Chicago: University of Chicago Press. ix-xii.

———. 1976a. "Comments on Modigliani and Ando." In Jerome L. Stein, ed., *Monetarism*. Amsterdam: North-Holland. 52-66.

———. 1976b. "Recent Developments in the Theory of Inflation and Unemployment." *Journal of Monetary Economics* 2, no. 2 (April): 185-219.

———. 1977. "The Theory of Domestic Inflation." *American Economic Review (Papers and Proceedings)* 67, no. 1 (February): 128-34.

———. 1978. *Macroeconomics*. Boston: Little Brown.

———. 1980. "Postwar Macroeconomics: The Evolution of Events and Ideas." In Martin S. Feldstein, ed., *The American Economy in Transition*. Chicago: University of Chicago Press. 101-62.

———. 1982. "Price Inertia and Policy Ineffectiveness in the United States, 1890-1980." *Journal of Political Economy* 90, no. 6 (December): 1087-117.

———. 1990. *The Measurement of Durable Goods Prices*. Chicago: University of Chicago Press.

Gould, John P., and Charles R. Nelson. 1974. "The Stochastic Structure of the Velocity of Money." *American Economic Review* 64, no. 3 (June): 405-18.

Grabbe, J. Orlin. 1982. "Liquidity Creation and Maturity Transformation in the Eurodollar Market." *Journal of Monetary Economics* 10, no. 1 (July): 39-72.

Gramley, Lyle E. 1968. "The Informational Content of Interest Rates as Indicators of Monetary Policy." In Federal Reserve Bank of Minneapolis, ed., *Proceedings of the 1968 Money and Banking Workshop*. Minneapolis: Federal Reserve Bank of Minneapolis. 12-24.

———. 1969. "Guidelines for Monetary Policy: The Case against Simple Rules." Speech at the Financial Conference of the National Industrial Conference Board, New York, February 21. https://fraser.stlouisfed.org/docs/historical/federal %20reserve%20history/ bog_members_statements/gramley_19690221.pdf. Also appeared in Warren L. Smith and Ronald L. Teigen, eds., *Readings in Money, National Income, and Stabilization Policy*. 2nd ed. Homewood, IL: Irwin, 1970. 488-95.

Gramley, Lyle E., and Samuel B. Chase, Jr. 1965. "Time Deposits in Monetary Analysis." *Federal Reserve Bulletin* 51, no. 10 (October): 1380-406.

Gray, Jo Anna. 1976a. "Wage Indexation: A Macroeconomic Approach." *Journal of Monetary Economics* 2, no. 2 (April): 221-35.

———. 1976b. "Essays on Wage Indexation." PhD diss., Department of Economics, University of Chicago.

———. 1978. "On Indexation and Contract Length." *Journal of Political Economy* 86, no. 1 (February): 1-18.

Greenwood, Robin, Samuel G. Hanson, Joshua S. Rudolph, and Lawrence H. Summers. 2015. "The Optimal Maturity of Government Debt." In David Wessel, ed., *The $13 Trillion Question: How America Manages Its Debt*. Washington, DC. Brookings Institution Press. 1-41.

Griffiths, Brian. 1980. "Monetary Base Control in the UK: The Next Steps." *Annual Monetary Review* (City University) 2, no. 1 (December): 35-45.

Grossman, Herschel I. 1974. "The Nature of Quantities in Market Disequilibrium."

*American Economic Review* 64, no. 3 (June): 509-14.

———. 1982. "*Asset Accumulation and Economic Activity: Reflections on Contemporary Macroeconomic Theory*, [by] James Tobin." *Journal of Monetary Economics* 10, no. 1 (July): 134-38.

Grossman, Sanford J., and Oliver D. Hart. 1983. "An Analysis of the Principal-Agent Problem." *Econometrica* 51, no. 1 (January): 7-45.

Grubel, Herbert G. 1973. "The Theory of Optimum Regional Associations." In Harry G. Johnson and Alexander K. Swoboda, eds., *The Economics of Common Currencies*. Cambridge, MA: Harvard University Press. 99-113.

Guillebaud, C. W., and Milton Friedman. 1957. "Introduction to the Cambridge Economic Handbooks by the General Editors." In Peter T. Bauer and Basil S. Yamey, *The Economics of Under-developed Countries*. Chicago: University of Chicago Press. v-vii.

Guttentag, Jack M., and Robert Lindsay. 1968. "The Uniqueness of Commercial Banks." *Journal of Political Economy* 76, no. 5 (September/October): 991-1014.

Haberler, Gottfried. 1964. "Inflation." In Melvin R. Laird et al., *The Conservative Papers*. Garden City, NY: Doubleday. 175-99.

Hafer, R. W. 1980. "The New Monetary Aggregates." *Federal Reserve Bank of St. Louis Review* 62, no. 2 (February): 25-32.

———. 1981. "Much Ado about M2." *Federal Reserve Bank of St. Louis Review* 63, no. 8 (October): 13-18.

Hafer, R. W., and Dennis W. Jansen. 1991. "The Demand for Money in the United States: Evidence from Cointegration Tests." *Journal of Money, Credit and Banking* 23, no. 2 (May): 155-68.

Hafer, R. W., and David C. Wheelock. 2001. "The Rise and Fall of a Policy Rule: Monetarism at the St. Louis Fed, 1968-1986." *Federal Reserve Bank of St. Louis Review* 83, no. 1 (January/February): 1-24.

Hahn, Frank H. 1983a. "Comment [on Allan H. Meltzer, 'On Keynes and Monetarism']." In David Worswick and James Trevithick, eds., *Keynes and the Modern World: Proceedings of the Keynes Centenary Conference, King's College, Cambridge*. Cambridge: Cambridge University Press. 72-75.

———. 1983b. *Money and Inflation.* Cambridge, MA: MIT Press. Haldeman, H. R. 1994. *The Haldeman Diaries: Inside the Nixon White House.* New York: G. P. Putnam's Sons.

Hall, Robert E. 1972. "*Microeconomic Foundations of Employment and Inflation Theory* [ed. Edmund S. Phelps]." *Journal of Economic Literature* 10, no. 1 (March): 65-66.

———. 1978. "Stochastic Implications of the Life Cycle-Permanent income hypothesis: Theory and Evidence." *Journal of Political Economy* 86, no. 6 (December): 971-87.

———. 2009. "By How Much Does GDP Rise If the Government Buys More Output?" *Brookings Papers on Economic Activity* 40, no. 2 (Fall): 183-231.

Hall, Robert E., and John B. Taylor. 1997. *Macroeconomics.* 5th ed. New York: W. W. Norton.

Halliwell, Leslie. 1977. *Halliwell's Film Guide.* London: Granada.

Hamburger, Michael J. 1966. "The Demand for Money by Households, Money Substitutes, and Monetary Policy." *Journal of Political Economy* 74, no. 6 (December): 600-623.

———. 1977a. "Behavior of the Money Stock: Is There a Puzzle?" *Journal of Monetary Economics* 3, no. 3 (July): 265-88.

———. 1977b. "The Demand for Money in an Open Economy." *Journal of Monetary Economics* 3, no. 1 (January): 25-40.

———. 1983. "Recent Velocity Behavior, the Demand for Money and Monetary Policy." In Federal Reserve Bank of San Francisco, ed., *Proceedings of the Conference on Monetary Targeting and Velocity.* San Francisco: Federal Reserve Bank of San Francisco. 108-28.

Hamilton, James D., and Jing Cynthia Wu. 2012. "The Effectiveness of Alternative Monetary Policy Tools in a Zero Lower Bound Environment." *Journal of Money, Credit and Banking* 44, no. 1 (supplement) (February): 3-46.

Hammond, J. Daniel. 1989. "An Interview with Milton and Rose Friedman, July 24, 1989." Manuscript, Wake Forest University.

———. 1992. "An Interview with Milton Friedman on Methodology." *Research in the*

*History of Economic Thought and Methodology* 10, no. 1, 91-118.

———. 1996. *Theory and Measurement: Causality Issues in Milton Friedman's Monetary Economics*. Cambridge: Cambridge University Press.

Hammond, J. Daniel, and Claire H. Hammond. 1999. "The Friedman-Stigler Correspondence, 1945-1958." Manuscript, Wake Forest University, June.

———, eds. 2006. *Making Chicago Price Theory: Friedman-Stigler Correspondence 1945- 1957*. London: Routledge.

Hansen, Lars Peter, and Thomas J. Sargent. 1981. "Formulating and Estimating Continuous-Time Rational Expectations Models." Federal Reserve Bank of Minneapolis Research Department Staff Report No. 1975, October.

Haring, Joseph R., ed. 1972. *Urban and Regional Economics: Perspectives for Public Action*. Boston: Houghton Mifflin.

Harrington, R. L. 1969. "*An Introduction to the Theory of Finance* by Basil J. Moore." *Manchester School of Economic and Social Studies* 37, no. 1 (March): 88-89.

———. 1970. "*The Optimum Quantity of Money and Other Essays* by Milton Friedman." *Manchester School of Economic and Social Studies* 38, no. 3 (September): 272-74.

———. 1983. "Monetarisms: Real and Imaginary—a Review Article." *Manchester School of Economics and Social Studies* 51, no. 1 (March): 63-71.

Hart, Oliver D., and Luigi Zingales. 2017. "Companies Should Maximize Shareholder Welfare Not Market Value." *Journal of Law, Finance, and Accounting* 2, no. 2, 247-74.

Harvard University Press. 1985. Advertisement. *Quarterly Journal of Economics* 100, no. 2 (May): 558.

Haubrich, Joseph G., and Patricia Waiwood. 2013. "Yield Curve and Predicted GDP Growth." Federal Reserve Bank of Cleveland, April.

Havrilesky, Thomas M., and John T. Boorman, eds. 1976. *Current Issues in Monetary Theory and Policy*. Arlington Heights, IL: AMH.

Hayes, Alfred. 1970. "Inflation: A Test of Stabilization Policy." *Federal Reserve Bank of New York Monthly Review* 50, no. 2 (February): 19-24.

Hazlitt, Henry. 1959. *The Failure of the "New Economics": An Analysis of the*

*Keynesian Fallacies*. Princeton, NJ: D. Van Nostrand.

Heebner, A. Gilbert. 1969. "Negotiable Certificates of Deposit: The Development of a Money Market Instrument." *Bulletin* (Institute of Finance, Graduate School of Business, New York University) 11, nos. 53-54 (February): 1-96.

Hein, Scott E. 1983. "Discussion [of Alan S. Blinder, 'On the Monetization of Deficits']." In Laurence H. Meyer, ed., *The Economic Consequences of Government Deficits*. Boston: Kluwer-Nijhoff. 75-85.

Heller, Walter W. 1966. *New Dimensions in Political Economy*. Cambridge, MA: Harvard University Press.

———. 1982. "Kennedy Economics Revisited." In Richard H. Fink, ed., *Supply-Side Economics: A Critical Appraisal*. Frederick, MD: Aletheia Books/University Publications of America. 286-93.

Henderschott, Patric H. 1969. "Open Market Operations, the Money Stock, and Various Policy Issues." In Karl Brunner, ed., *Targets and Indicators of Monetary Policy*. San Francisco: Chandler. 283-99.

Hendry, David F., and Neil R. Ericsson. 1983. "Assertion without Empirical Basis: An Econometric Appraisal of *Monetary Trends in . . . the United Kingdom* by Milton Friedman and Anna Schwartz." In Bank of England, ed., *Monetary Trends in the United Kingdom*. London: Bank of England. 45-101.

———. 1991a. "Modeling the Demand for Narrow Money in the United Kingdom and the United States." *European Economic Review* 35, no. 4 (May): 833-81.

———. 1991b. "An Econometric Analysis of U.K. Money Demand in *Monetary Trends in the United States and the United Kingdom* by Milton Friedman and Anna J Schwartz." *American Economic Review* 81, no. 1 (March): 8-38.

Hester, Donald D. 1964. "Keynes and the Quantity Theory: A Comment on the Friedman-Meiselman CMC Paper." *Review of Economics and Statistics* 46, no. 4 (November): 364-68.

Hetzel, Robert L. 1976. "Predicting the Rate of Inflation in 1976." *Federal Reserve Bank of Richmond Economic Review* 62, no. 1 (January/February): 13-18.

———. 1998. "Arthur Burns and Inflation." *Federal Reserve Bank of Richmond*

*Economic Quarterly* 84, no. 1 (Winter): 21-44.

———. 2007. "The Contributions of Milton Friedman to Economics." *Federal Reserve Bank of Richmond Economic Quarterly* 93, no. 1 (Winter): 1-30.

Hinshaw, Randall, ed. 1985. *World Recovery without Inflation?* Baltimore: Johns Hopkins University Press.

H. M. Treasury, United Kingdom. 1980. "Monetary Control, Annex 2: Monetary Control in the United States." October 8 memorandum to the Prime Minister. Declassified in 2011. http://margaretthatcher.org/document/113263.

Hoffman, Dennis L., and Robert H. Rasche. 1991. "Long-Run Income and Interest Elasticities of Money Demand in the United States." *Review of Economics and Statistics* 73, no. 4 (November): 665-74.

Hoffman, Eileen B. 1971. "Controls or Collective Bargaining?" *Conference Board Record* 8, no. 8 (August): 12-18.

Holmes, Alan R. 1969. "Operational Constraints on the Stabilization of Money Supply Growth." In Federal Reserve Bank of Boston, ed., *Controlling Monetary Aggregates: Proceedings of the Monetary Conference Held on Nantucket Island, June 8-10, 1969.* Boston: Federal Reserve Bank of Boston. 65-77.

Hommes, Cars H. 2006. "Heterogeneous Agent Models in Economics and Finance." In Leigh Tesfatstion and Kenneth L. Judd, eds., *Handbook of Computational Economics.* Vol. 2, *Agent-Based Computational Economics.* Amsterdam: Elsevier /North-Holland. 1109-86.

Hoover, Kevin D. 1984. "Two Types of Monetarism." *Journal of Economic Literature* 22, no. 1 (March): 58-76.

Hoover, Kevin D., and Stephen J. Perez. 1994. "Post Hoc Ergo Propter Once More: An Evaluation of 'Does Monetary Policy Matter?' in the Spirit of James Tobin." *Journal of Monetary Economics* 34, no. 1 (August): 47-74.

Hoover Institution. 2004. "Aaron Director, Founder of the Field of Law and Economics, Hoover Institution Fellow and Distinguished University of Chicago Economist." September 14. Hoover Institution website.

Horn, Karen Ilse. 2009. *Roads to Wisdom: Conversations with Ten Nobel Laureates in Economics.* Cheltenham, UK: Edward Elgar.

House Republican Research Committee. 1984. *Candid Conversations on Monetary Policy*. Washington, DC: House Republican Research Committee.v

Hsieh, Chang-Tai, and Christina D. Romer. 2006. "Was the Federal Reserve Constrained by the Gold Standard during the Great Depression? Evidence from the 1932 Open Market Purchase Program." *Journal of Economic History* 66, no. 1 (March): 140-76.

Huertas, Thomas F. 1983. "The Regulation of Financial Institutions: A Historical Perspective on Current Issues." In the American Assembly, ed. *Financial Services: The Changing Institutions and Government Policy*. Englewood Cliffs, NJ: Prentice Hall. 6-27.

Hume, David. 1752. "Of Interest." In David Hume, *Political Discourses*. Edinburgh, UK: Fleming. Included in David Hume, *Essays, Moral, Political and Literary*. Modern edition: Oxford: Oxford University Press, 1963.

Humphrey, Thomas M. 1971. "Role of Non-Chicago Economists in the Evolution of the Quantity Theory in America 1930-1950." *Southern Economic Journal* 38, no. 1 (July): 12-18.

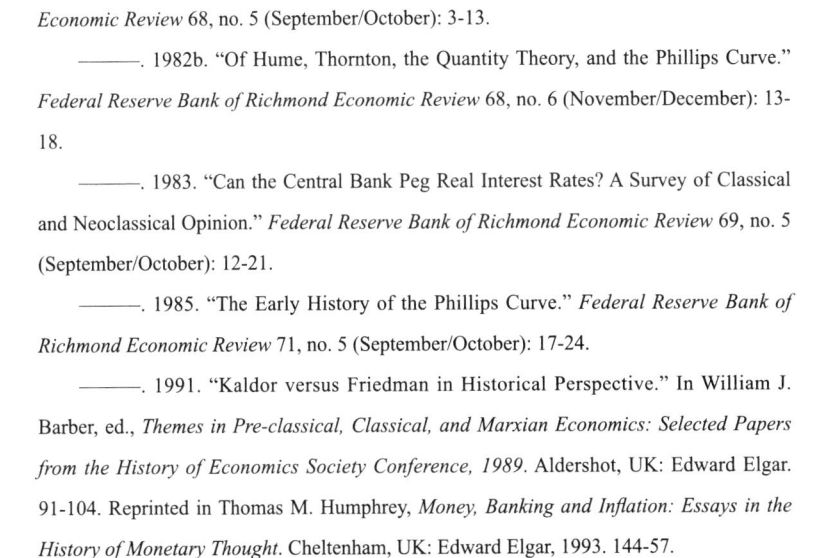

———. 1982a. "The Real-Bills Doctrine." *Federal Reserve Bank of Richmond Economic Review* 68, no. 5 (September/October): 3-13.

———. 1982b. "Of Hume, Thornton, the Quantity Theory, and the Phillips Curve." *Federal Reserve Bank of Richmond Economic Review* 68, no. 6 (November/December): 13-18.

———. 1983. "Can the Central Bank Peg Real Interest Rates? A Survey of Classical and Neoclassical Opinion." *Federal Reserve Bank of Richmond Economic Review* 69, no. 5 (September/October): 12-21.

———. 1985. "The Early History of the Phillips Curve." *Federal Reserve Bank of Richmond Economic Review* 71, no. 5 (September/October): 17-24.

———. 1991. "Kaldor versus Friedman in Historical Perspective." In William J. Barber, ed., *Themes in Pre-classical, Classical, and Marxian Economics: Selected Papers from the History of Economics Society Conference, 1989*. Aldershot, UK: Edward Elgar. 91-104. Reprinted in Thomas M. Humphrey, *Money, Banking and Inflation: Essays in the History of Monetary Thought*. Cheltenham, UK: Edward Elgar, 1993. 144-57.

———. 1998. "Historical Origins of the Cost-Push Fallacy." *Federal Reserve Bank of*

*Richmond Economic Quarterly* 84, no. 3 (Summer): 53-74.

Ireland, Peter N. 2003. "Endogenous Money or Sticky Prices?" *Journal of Monetary Economics* 50, no. 8 (November): 1623-48.

———. 2011. "What the Political System Can Do to Help the Fed." Shadow Open Market Committee position paper, October.

Jacobs, Donald P., and Richard T. Pratt, eds. 1968. *Proceedings of the 1968 Conference on Savings and Residential Financing*. Chicago: US Savings and Loan League.

Jevons, W. S. 1884. *Investigations into Currency and Finance*. London: Macmillan.

Johnson, D. Gale, Walter W. Heller, Henry C. Wallich, and John A. Schnittker. 1970. "Panelists' Introductory Statements." *American Journal of Agricultural Economics* 52, no. 2 (May): 291-301.

Johnson, Harry G. 1962. "Monetary Theory and Policy." *American Economic Review* 52, no. 3 (June): 335-84.

———. 1963. "A Survey of Theories of Inflation." *Indian Economic Review* 6, no. 3 (February): 29-69.

———. 1965. "A Quantity Theorist's Monetary History of the United States." *Economic Journal* 75, no. 298 (June): 388-96.

———. 1969a. "Inside Money, Outside Money, Income, Wealth, and Welfare in Monetary Theory." *Journal of Money, Credit and Banking* 1, no. 1 (February): 30-45.

———. 1969b. "The Case for Flexible Exchange Rates, 1969." *Federal Reserve Bank of St. Louis Review* 51, no. 6 (June): 12-24.

———. 1970a. "Recent Developments in Monetary Theory—a Commentary." In David R. Croome and Harry G. Johnson, eds., *Money in Britain, 1959-1969: The Papers of the "Radcliffe Report: Ten Years After" Conference at Hove, Sussex, October, 1969*. London: Oxford University Press. 82-114.

———. 1970b. "Is There an Optimal Money Supply?" *Journal of Finance* 25, no. 2 (May): 435-42.

———. 1971a. "The Keynesian Revolution and the Monetarist Counterrevolution." *American Economic Review (Papers and Proceedings)* 61, no. 2 (May): 1-14.

———. 1971b. *Macroeconomics and Monetary Theory*. London: Gray-Mills. (US edition: New York: Aldine, 1972.)

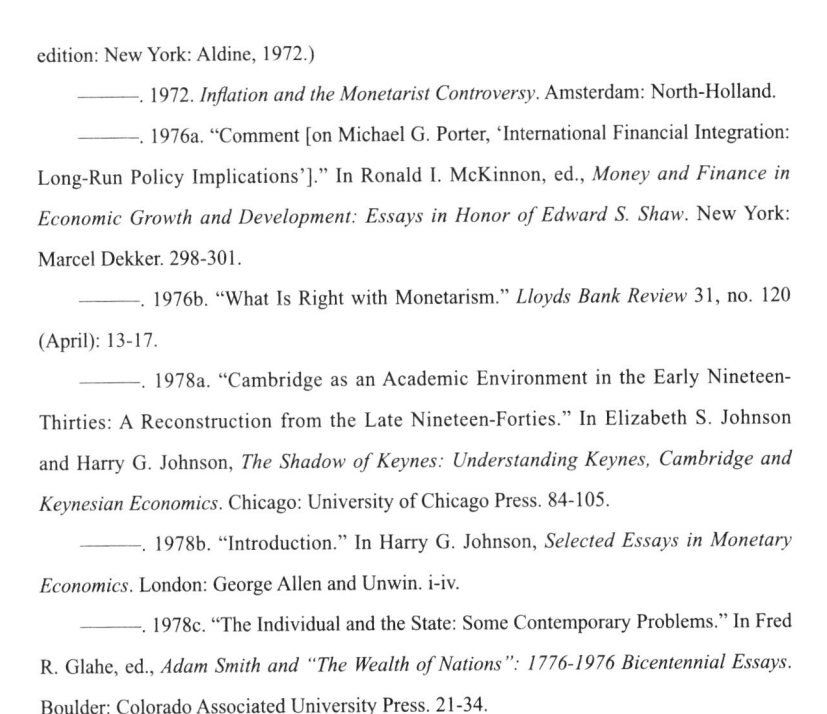

———. 1972. *Inflation and the Monetarist Controversy*. Amsterdam: North-Holland.

———. 1976a. "Comment [on Michael G. Porter, 'International Financial Integration: Long-Run Policy Implications']." In Ronald I. McKinnon, ed., *Money and Finance in Economic Growth and Development: Essays in Honor of Edward S. Shaw*. New York: Marcel Dekker. 298-301.

———. 1976b. "What Is Right with Monetarism." *Lloyds Bank Review* 31, no. 120 (April): 13-17.

———. 1978a. "Cambridge as an Academic Environment in the Early Nineteen-Thirties: A Reconstruction from the Late Nineteen-Forties." In Elizabeth S. Johnson and Harry G. Johnson, *The Shadow of Keynes: Understanding Keynes, Cambridge and Keynesian Economics*. Chicago: University of Chicago Press. 84-105.

———. 1978b. "Introduction." In Harry G. Johnson, *Selected Essays in Monetary Economics*. London: George Allen and Unwin. i-iv.

———. 1978c. "The Individual and the State: Some Contemporary Problems." In Fred R. Glahe, ed., *Adam Smith and "The Wealth of Nations": 1776-1976 Bicentennial Essays*. Boulder: Colorado Associated University Press. 21-34.

Johnson, Lyndon B. 1964. "Presidential Statement No. 2 on Economic Issues: Monetary Policy for Stability and Growth, October 26, 1964." Reprinted in Joint Economic Committee, US Congress. *Recent Federal Reserve Action and Economic Policy Coordination, Hearings, Part 1, December 13 and 14, 1965*. Washington, DC: US Government Printing Office, 1966. 273-74.

Johnson, Marianne, and Warren J. Samuels. 2008. "Glenn Johnson's Notes from Milton Friedman's Course in Economic Theory, Economics 300A, University of Chicago, Winter Quarter 1947." *Research in the History of Economic Thought and Methodology* 26C, no. 1, 63-117.

Joint Committee on the Economic Report, US Congress. 1952a. *Monetary Policy and the Management of the Public Debt: Their Role in Achieving Price Stability and High-Level Employment*. Vol. 2. Washington, DC: US Government Printing Office.

———. 1952b. *January 1952 Economic Report of the President: Hearings, January*

*23, 24, 25, 26, 28, 30, 31, February 1, 1952*. Washington, DC: US Government Printing Office.

Joint Economic Committee, US Congress. 1958. *Relationship of Prices to Economic Stability and Growth: Hearings* [Vol. 1], *May 12, 13, 14, 15, 16, 19, 20, 21, and 22, 1958*. Washington, DC: US Government Printing Office.

———. 1959a. *Employment, Growth, and Price Levels, Hearings, Part 4*. Washington, DC: US Government Printing Office.

———. 1959b. *Employment, Growth, and Price Levels, Hearings, Part 9A*. Washington, DC: US Government Printing Office.

———. 1961a. *Review of Annual Report of the Federal Reserve System for the Year 1960: Hearings, June 1 and 2, 1961*. Washington, DC: US Government Printing Office.

———. 1961b. *Review of Report of the Commission on Money and Credit: Hearings, August 14-18, 1961*. Washington, DC: US Government Printing Office.

———. 1961c. *January 1961 Economic Report of the President and the Economic Situation and Outlook: Hearings, February 9, 10, March 6, 7, 27, and April 10, 1961*. Washington, DC: US Government Printing Office.

———. 1962. *State of the Economy and Policies for Full Employment: Hearings*. Washington, DC: US Government Printing Office.

———. 1963a. *The United States Balance of Payments: Hearings, Part 3*. Washington, DC: US Government Printing Office.

———. 1963b. *January 1963 Economic Report of the President: Hearings, January 28, 29, 30, 31, February 1, 4, 5, and 6, 1963*. Washington, DC: US Government Printing Office.

———. 1966. *Recent Federal Reserve Action and Economic Policy Coordination, Hearings, Part 1, December 13 and 14, 1965*. Washington, DC: US Government Printing Office.

———. 1967a. *Economic Outlook and Its Policy Implications: Hearings, June 27, 28, and 29, 1967*. Washington, DC: US Government Printing Office.

———. 1967b. *The 1967 Economic Report of the President: Hearings, Part 3; February 15, 16, and 17, 1967*. Washington, DC: US Government Printing Office.

———. 1968a. *Standards for Guiding Monetary Action: Hearings, May 8, 9, 15, and 16, 1968.* Washington, DC: US Government Printing Office.

———. 1968b. *The 1968 Economic Report of the President: Hearings, Part 1; February 5, 6, 7, 14, 15, 1968.* Washington, DC: US Government Printing Office.

———. 1969. *The 1969 Economic Report of the President: Hearings, Part 2; February 17-20, 24, 1969.* Washington, DC: US Government Printing Office.

———. 1970a. *Economic Analysis and the Efficiency of Government: Hearings, Part 3; September 25, 30, October 6, 1969.* Washington, DC: US Government Printing Office.

———. 1970b. *The Federal Budget, Inflation, and Full Employment: Hearings.* Washington, DC: US Government Printing Office.

———. 1970c. *The 1970 Economic Report of the President: Hearings, Part 1, February 16, 17, 18, and 19, 1970.* Washington, DC: US Government Printing Office.

———. 1971a. *The 1971 Economic Report of the President: Hearings, Part 2; February 22, 23, 24, 25, and 26, 1971.* Washington, DC: US Government Printing Office.

———. 1971b. *The President's New Economic Program: Hearings, Part 4; September 20, 21, 22, and 23, 1971.* Washington, DC: US Government Printing Office.

———. 1971c. *The Balance-of-Payments Mess: Hearings, June 16-23, 1971.* Washington, DC: US Government Printing Office.

———. 1972a. *The 1972 Midyear Review of the Economy: Hearings.* Washington, DC: US Government Printing Office.

———. 1972b. *The 1972 Economic Report of the President: Hearings, Part 1; February 7, 8, and 9, 1972.* Washington, DC: US Government Printing Office.

———. 1973. *How Well Are Fluctuating Exchange Rates Working? Hearings of the Subcommittee on International Economics.* Washington, DC: US Government Printing Office.

———. 1975. *Midyear Review of the Economic Situation and Outlook: Hearings before the Joint Economic Committee, Congress of the United States, Ninety-Fourth Congress, First Session; July 23, 24, 25, 29, 30, and 31, 1975.* Washington, DC: US Government Printing Office.

———. 1993. *Monetary Policy for 1993: Hearing before the Joint Economic*

Committee, Congress of the United States, One Hundred Second Congress, Second Session, December 30, 1992. Washington, DC: US Government Printing Office.

Jones, Daniel Stedman. 2012. *Masters of the Universe: Hayek, Friedman, and the Birth of Neoliberal Politics*. Princeton, NJ: Princeton University Press.

Jordan, Jerry L. 1986. "The Andersen-Jordan Approach after Nearly 20 Years." *Federal Reserve Bank of St. Louis Review* 68, no. 8 (October): 5-8.

Jordan, Jerry L., and Neil A. Stevens. 1971. "The Year 1970—a 'Modest' Beginning for Monetary Aggregates." *Federal Reserve Bank of St. Louis Review* 53, no. 5 (May): 14-32.

Judd, John P. 1976. "Interest Rate Behavior in the Current Economic Recovery." *Federal Reserve Bank of New York Quarterly Review* 1, no. 1 (Winter): 33-39.

Judd, John P., and Glenn D. Rudebusch. 1998. "Taylor's Rule and the Fed: 1970-1997." *Federal Reserve Bank of San Francisco Economic Review* 80, no. 3, 3-16.

Judd, John P., and John L. Scadding. 1982. "The Search for a Stable Money Demand Function: A Survey of the Post-1973 Literature." *Journal of Economic Literature* 20, no. 3 (September): 993-1023.

Kaldor, Nicholas. 1970. "The New Monetarism." *Lloyds Bank Review* 25, no. 97 (July): 1-18.

———. 1982. *The Scourge of Monetarism*. Oxford: Oxford University Press.

Kane, Edward J. 1974. "The Re-politicization of the Fed." *Journal of Financial and Quantitative Analysis* 9, no. 5 (November): 743-52.

Kareken, John H. 1978. "Inflation: An Extreme View." *Federal Reserve Bank of Minneapolis Quarterly Review* 2, no. 1 (Winter): 1-13.

Kareken, John H., and Robert M. Solow. 1963. "Lags in Monetary Policy." In Commission on Money and Credit, ed., *Stabilization Policies*. Englewood Cliffs, NJ: Prentice Hall. 14-96.

Karnosky, Denis S. 1974a. "Real Money Balances: A Misleading Indicator of Monetary Actions." *Federal Reserve Bank of St. Louis Review* 56, no. 2 (February): 1-10.

———. 1974b. "Another Recession, but Different." *Federal Reserve Bank of St. Louis Review* 56, no. 12 (December): 15-18.

Kaufman, George G. 1969a. "Current Issues in Monetary Economics and Policy: A Review." *Bulletin* (New York University Institute of Finance) 43, no. 57 (May): 6-63.

———. 1969b. "More on an Empirical Definition of Money." *American Economic Review* 59, no. 1 (March): 78-87.

———. 1972. "Federal Reserve Inability to Control the Money Supply: A Self-Fulfilling Prophecy." *Financial Analysts Journal* 28, no. 5 (September/October): 20-23, 26, and 57-59.

Kemp, Jack. 1979. *An American Renaissance: A Strategy for the 1980s.* New York: Harper and Row.

Kennedy, John F. 1961. "The President's News Conference, March 15, 1961." www.presidency.ucsb.edu.

Keran, Michael W. 1967. "Economic Theory and Forecasting." *Federal Reserve Bank of St. Louis Review* 49, no. 3 (March): 7-16.

Ketchum, Marshall D., and Leon T. Kendall, eds. 1962. *Proceedings of the Conference on Savings and Residential Financing: 1962 Proceedings, May 10 and 11, 1962, Chicago, Illinois.* Chicago: US Savings and Loan League.

Ketchum, Marshall D., and Norman Strunk, eds. 1965. *Conference on Savings and Residential Financing: 1965 Proceedings.* Chicago: United States Savings and Loan League.

Keynes, John Maynard. 1923. *A Tract on Monetary Reform.* London: Macmillan.

———. 1925. *The Economic Consequences of Mr. Churchill.* London: Hogarth.

———. 1936. *The General Theory of Employment, Interest and Money.* London: Macmillan.

———. 1940. *How to Pay for the War: A Radical Plan for the Chancellor of the Exchequer.* London: Macmillan.

Keyserling, Leon H. 1972. "Keynesian Revolution: Discussion." *American Economic Review* 62, nos. 1-2 (March): 134-38.

Kindleberger, Charles P. 1969. "The Case for Fixed Exchange Rates, 1969." In Federal Reserve Bank of Boston, ed., *The International Adjustment Mechanism: Proceedings of a Conference Held at Melvin Village, New Hampshire, October 8-10, 1969.* Boston: Federal

Reserve Bank of Boston. 93-108.

King, Robert G., and Charles I. Plosser. 1986. "Money as the Mechanism of Exchange." *Journal of Monetary Economics* 17, no. 1 (January): 93-115.

King, Robert G., and Mark W. Watson. 1994a. "The Post-war U.S. Phillips Curve: A Revisionist Econometric History." *Carnegie-Rochester Conference Series on Public Policy* 41, no. 1 (December): 157-219.

———. 1994b. "Rejoinder to Evans and McCallum." *Carnegie-Rochester Conference Series on Public Policy* 41, no. 2 (December): 243-50.

Kirkpatrick, C. H., and F. I. Nixson. 1976. "The Origins of Inflation in Less Developed Countries: A Selective Review." In Michael Parkin and George Zis, eds., *Inflation in Open Economies*. Manchester, UK: Manchester University Press. 126-74.

Kitch, Edmund W., ed. 1983. "The Fire of Truth: A Remembrance of Law and Economics at Chicago, 1932-1970." *Journal of Law and Economics* 26, no. 1 (April): 163-234.

Klamer, Arjo. 1983. *The New Classical Macroeconomics: Conversations with the New Classical Economists and Their Opponents*. Totowa, NJ: Rowman and Allanheld.

Klein, Benjamin. 1970. "The Payment of Interest on Commercial Bank Deposits and the Price of Money: A Study of the Demand for Money." PhD diss., Department of Economics, University of Chicago.

———. 1973. "Income Velocity, Interest Rates, and the Money Supply Multiplier: A Reinterpretation of the Long-Term Evidence." *Journal of Money, Credit and Banking* 5, no. 2 (May): 656-68.

———. 1975a. "Our New Monetary Standard: The Measurement and Effects of Price Uncertainty, 1880-1973." *Economic Inquiry* 13, no. 4 (April): 461-84.

———. 1975b. "The Impact of Inflation on the Term Structure of Corporate Financial Investments: 1900-1972." In William L. Silber, ed., *Financial Innovation*. Lexington, MA: D. C. Heath. 125-49.

———. 1976a. "Competitive Interest Payments on Bank Deposits and the Long-Run Demand for Money: Reply." *American Economic Review* 66, no. 5 (December): 958-60.

———. 1976b. "Competing Monies: Comment." *Journal of Money, Credit and*

*Banking* 8, no. 4 (November): 513-19.

———. 1978a. "Competing Monies, European Monetary Union and the Dollar." In Michele Fratianni and Theo Peeters, eds., *One Money for Europe*. London: Macmillan. 69-94.

———. 1978b. "Money, Wealth and Seignoirage." In Kenneth E. Boulding and Thomas Frederick Wilson, eds., *Redistribution through the Financial System: The Grants Economics of Money and Credit*. New York: Praeger. 3-19.

Klein, Lawrence R. 1979. "Managing the Modern Economy: Econometric Specification." In Sean Holly, Ber? Rüstem, and Martin B. Zarrop, eds., *Optimal Control for Econometric Models: An Approach to Economic Formulation*. New York: St. Martin's. 265-85.

Klein, Lawrence R., and Arthur S. Goldberger. 1955. *An Econometric Model of the United States, 1929-1952*. Amsterdam: North-Holland.

Kohn, Donald L. 1974. "Causes of Seasonal Variations in Interest Rates." *Federal Reserve Bank of Kansas City Monthly Review* 59, no. 2 (February): 2-12.

Kormendi, Roger C., and Philip Meguire. 1984. "Cross-Regime Evidence of Macroeconomic Rationality." *Journal of Political Economy* 92, no. 5 (October): 875-908.

———. 1986. "Government Debt, Government Spending, and Private Sector Behavior: Reply." *American Economic Review* 76, no. 5 (December): 1180-87.

Kotlikoff, Laurence J. 1978. "Social Security, Time for Reform." In Michael J. Boskin, ed., *Federal Tax Reform: Myths and Realities*. San Francisco: Institute for Contemporary Studies. 121-44.

Kozicki, Sharon, and Peter A. Tinsley. 2009. "Perhaps the 1970s FOMC Did What It Said It Did." *Journal of Monetary Economics* 56, no. 6 (September): 842-55.

Krooss, Herman E. 1964. "Monetary History and Monetary Policy: A Review Article." *Journal of Finance* 19, no. 4 (December): 662-67.

Krugman, Paul. 1995. *The Age of Diminished Expectations: U.S. Economic Policy in the 1990s*. Rev. and updated ed. Cambridge, MA: MIT Press.

———. 2007. "Who Was Milton Friedman?" *New York Review of Books* 54, no. 2 (February 15): 27-30.

Kuznets, Simon. 1958. "Long Swings in the Growth of Population and in Related Economic Variables." *Proceedings of the American Philosophical Society* 102, no. 1 (February): 25-52.

Kydland, Finn E., and Edward C. Prescott. 1977. "Rules Rather Than Discretion: The Inconsistency of Optimal Plans." *Journal of Political Economy* 85, no. 3 (June): 473-92.

Laffer, Arthur B. 1986. "The Ellipse: An Explication of the Laffer Curve in a Two-Factor Model." In Victor A. Canto, Charles W. Kadlec, and Arthur B. Laffer, *The Financial Analyst's Guide to Fiscal Policy*. New York: Praeger. 1-35.

Laffer, Arthur B., and Marc A. Miles. 1982. *International Economics in an Integrated World*. Oakland, NJ: Scott, Foresman.

Laffer, Arthur B., and R. David Ranson. 1971. "A Formal Model of the Economy." *Journal of Business* 44, no. 3 (July): 247-70.

Laidler, David. 1966. "The Rate of Interest and the Demand for Money—Some Empirical Evidence." *Journal of Political Economy* 74, no. 6 (December): 543-55.

———. 1970. "Recent Developments in Monetary Theory: Discussion Paper." In David R. Croome and Harry G. Johnson, eds., *Money in Britain, 1959-1969: The Papers of the "Radcliffe Report: Ten Years After" Conference at Hove, Sussex, October, 1969*. London: Oxford University Press. 115-21.

———. 1979. "Book Review: *The Political Economy of Inflation* [edited] by Fred Hirsch and John M. Goldthorpe." *Journal of Political Economy* 87, no. 4 (August): 896-901.

———. 1982. "Friedman and Schwartz on Monetary Trends: A Review Article." *Journal of International Money and Finance* 1, no. 1, 293-305.

———. 1984. "Harry Johnson as a Macroeconomist." *Journal of Political Economy* 92, no. 4 (August): 592-615.

———. 1985. *The Demand for Money: Theories, Evidence, and Problems*. 3rd ed. New York: Harper and Row.

———. 1989. "Dow and Saville's *Critique of Monetary Policy*—a Review Essay." *Journal of Economic Literature* 27, no. 3 (September): 1147-59.

———. 1990. "The Legacy of the Monetarist Controversy." *Federal Reserve Bank of*

*St. Louis Review* 72, no. 2 (March): 49-64.

———. 1991a. *The Golden Age of the Quantity Theory*. Princeton, NJ: Princeton University Press.

———. 1991b. "Karl Brunner's Monetary Economics—an Appreciation." *Journal of Money, Credit and Banking* 23, no. 4 (November): 633-58.

———. 1993a. "Hawtrey, Harvard, and the Origins of the Chicago Tradition." *Journal of Political Economy* 101, no. 6 (December): 1068-103.

———. 1993b. "Book Review: *Money Mischief: Episodes in Monetary History* by Milton Friedman." *Journal of Political Economy* 101, no. 1 (February): 203-6.

———. 1995. "Some Aspects of Monetarism circa 1970: A View from 1994." *Kredit und Kapital* 28, no. 3, 323-45.

———. 2001. "From Bimetallism to Monetarism: The Shifting Political Affiliation of the Quantity Theory." Research Report 2001-1, Department of Economics, University of Western Ontario.

———. 2003. "The Role of the History of Economic Thought in Modern Macroeconomics." In Paul Mizen, ed., *Monetary History, Exchange Rates and Financial Markets: Essays in Honour of Charles Goodhart*. Vol. 2. Cheltenham, UK: Edward Elgar. 12-29.

———. 2007. "Milton Friedman: A Brief Obituary." University of Western Ontario Economic Policy Research Report Series 2007-1, January.

———. 2012. "Milton Friedman's Contributions to Macroeconomics and Their Influence." University of Western Ontario Economic Policy Research Institute Working Paper 2012-2, February.

———. 2013a. "The Fisher Relation in the Great Recession and the Great Depression." University of Western Ontario Economic Policy Research Institute Working Paper 2013-2, March.

———. 2013b. "Reassessing the Thesis of the *Monetary History*." University of Western Ontario Economic Policy Research Institute Working Paper 2013-5, October.

Lange, Oskar R. 1936. "On the Economic Theory of Socialism, Part I." *Review of Economic Studies* 4, no. 1 (October): 53-71.

Latané, Henry A. 1970. "A Note on Monetary Policy, Interest Rates and Income Velocity." *Southern Economic Journal* 36, no. 3 (January): 328-30.

Laurent, Robert D. 1999. "Is the Demise of M2 Greatly Exaggerated?" *Contemporary Economic Policy* 17, no. 4 (October): 492-505.

Leeson, Robert. 1997a. "The Political Economy of the Inflation-Unemployment Trade-Off." *History of Political Economy* 29, no. 1 (Spring): 117-56.

———. 1997b. "The Trade-Off Interpretation of Phillips's Dynamic Stabilization Exercise." *Economica* 64, no. 253 (February): 155-71.

———. 2000a. *The Eclipse of Keynesianism: The Political Economy of the Chicago Counter-revolution*. New York: Palgrave.

———. 2000b. "Patinkin, Johnson, and the 'Shadow of Friedman.'" *History of Political Economy* 32, no. 4 (Winter): 733-64.

———. 2000c. "A. W. Phillips: An Extraordinary Life." In Robert Leeson, ed., *A. W. H. Phillips: Collected Works in Contemporary Perspective*. Cambridge: Cambridge University Press. 3-17.

———. 2003a. "From Keynes to Friedman via Mints: A Resolution of Dispute." In Robert Leeson, ed., *Keynes, Chicago and Friedman*. Vol. 2. London: Pickering and Chatto. 483-525.

———, ed. 2003b. *Keynes, Chicago and Friedman*. Vol. 1. London: Pickering and Chatto.

———, ed. 2003c. *Keynes, Chicago and Friedman*. Vol. 2. London: Pickering and Chatto.

———. 2003d. "The Debate Widens." In Robert Leeson, ed., *Keynes, Chicago and Friedman*. Vol. 1. London: Pickering and Chatto. 283-309.

———. 2009. "The Legacy of Milton Friedman." In K. Puttaswamaisah, ed., *Milton Friedman: Nobel Monetary Economist*. Enfield, NH: Isle. 177-88.

Leijonhufvud, Axel. 1968. *On Keynesian Economics and the Economics of Keynes*. New York: Oxford University Press.

———. 1974. "Keynes' Employment Function: Comment." *History of Political Economy* 6, no. 2, 164-70.

Lemgruber, Carlos Braga. 1974. "A Study of the Accelerationist Theory of Inflation." PhD diss., Department of Economics, University of Virginia, May.

Lerner, Abba P. 1949. "The Inflationary Process: 1. Some Theoretical Aspects." *Review of Economics and Statistics* 31, no. 3 (August): 193-200.

———. 1958. "Inflationary Depression and the Regulation of Administered Prices." In Joint Economic Committee, US Congress, *The Relationship of Prices to Economic Stability and Growth: Compendium of Papers Submitted by Panelists Appearing before the Joint Economic Committee.* Washington, DC: US Government Printing Office. 257-68.

———. 1960. "Review: *The Failure of the 'New Economics'* by Henry Hazlitt." *Review of Economics and Statistics* 42, no. 2 (May): 234-35.

———. 1962a. "*A Program for Monetary Stability* [by] Milton Friedman." *Journal of the American Statistical Association* 57, no. 297 (March): 211-20.

———. 1962b. "A Program for Monetary Stability: Part II." In Marshall D. Ketchum and Leon T. Kendall, eds., *Proceedings of the Conference on Savings and Residential Financing: 1962 Proceedings, May 10 and 11, 1962, Chicago, Illinois*. Chicago: US Savings and Loan League. 34-47.

———. 1963. "*Capitalism and Freedom* by Milton Friedman." *American Economic Review* 53, no. 3 (June): 458-60.

———. 1978. "A Wage-Increase Permit Plan to Stop Inflation." *Brookings Papers on Economic Activity* 9, no. 2, 491-505.

Leube, Kurt R. 1987. "Preface." In Kurt R. Leube, ed., *The Essence of Friedman*. Stanford, CA: Hoover Institution Press. xiii-xviii.

Levin, Andrew T., and John B. Taylor. 2013. "Falling behind the Curve: A Positive Analysis of Stop-Start Monetary Policies and the Great Inflation." In Michael D. Bordo and Athanasios Orphanides, eds., *The Great Inflation: The Rebirth of Modern Central Banking*. Chicago: University of Chicago Press. 217-44.

Levitt, Theodore. 1958. "The Dangers of Social Responsibility." *Harvard Business Review* 36, no. 5 (September/October): 41-50.

Levy, David. 1992. "Interview with Milton Friedman." *Region* (Federal Reserve Bank of Minneapolis) 6, no. 2 (June): 6-13.

Lindsey, David E. 2003. "A Modern History of FOMC Communication: 1975-2002." Division of Monetary Affairs, Federal Reserve Board, June 24. Authorized for public release by the FOMC Secretariat on August 19, 2009, and available for public download on the website of the Federal Reserve Bank of St. Louis.

Lipsey, Richard G. 1960. "The Relation between Unemployment and the Rate of Change of Money Wage Rates in the United Kingdom, 1862-1957: A Further Analysis." *Economica* 27, no. 105 (February): 1-31.

———. 2000. "IS-LM, Keynesianism and the New Classicism." In Roger E. Backhouse and Andrea Salanti, eds., *Macroeconomics and the Real World*. Vol. 2, *Keynesian Economics, Unemployment and Policy*. Oxford: Oxford University Press. 57-82.

Llewellyn, David T. 1982. *The Framework of UK Monetary Policy*. London: Heinemann Educational Books.

Lothian, James R., Anthony Cassese, and Laura Nowak. 1983. "Data Appendix." In Michael R. Darby and James R. Lothian, eds., *The International Transmission of Inflation*. Chicago: University of Chicago Press. 525-718.

Lovell, Michael C. 1975. *Macroeconomics: Measurement, Theory and Policy*. New York: John Wiley and Sons.

Low, Richard E. 1970. *Modern Economic Organization*. Homewood, IL: Richard D. Irwin.

Lucas, Robert E., Jr. 1967. "Optimal Investment Policy and the Flexible Accelerator." *International Economic Review* 8, no. 1 (February): 78-85.

———. 1972a. "Econometric Testing of the Natural Rate Hypothesis." In Otto Eckstein, ed., *The Econometrics of Price Determination: Conference, October 30-31, 1970*. Washington, DC: Federal Reserve Board. 50-59.

———. 1972b. "Expectations and the Neutrality of Money." *Journal of Economic Theory* 4, no. 2 (April): 103-24.

———. 1973. "Some International Evidence on Output-Inflation Tradeoffs." *American Economic Review* 63, no. 3 (June): 326-34.

———. 1976a. Letter to Rep. Stephen L. Neal, Chairman, Subcommittee on Domestic Monetary Policy, September 21, 1976. In Committee on Banking, Currency and Housing,

US House of Representatives, *Maintaining and Making Public Minutes of Federal Reserve Meetings: Hearings.* Washington, DC: US Government Printing Office, 1977. 223.

———. 1976b. "Econometric Policy Evaluation: A Critique." *Carnegie-Rochester Conference Series on Public Policy* 1, no. 1, 19-46.

———. 1980a. "Rules, Discretion, and the Role of the Economic Advisor." In Stanley Fischer, ed., *Rational Expectations and Economic Policy.* Chicago: University of Chicago Press. 199-210.

———. 1980b. "Methods and Problems in Business Cycle Theory." *Journal of Money, Credit and Banking* 12, no. 4, part 2, 696-715.

———. 1981a. "Tobin and Monetarism: A Review Article." *Journal of Economic Literature* 19, no. 2 (June): 558-67.

———. 1981b. "Introduction." In Robert E. Lucas Jr., *Studies in Business-Cycle Theory.* Cambridge, MA: MIT Press. 1-18.

———. 1988. "Money Demand in the United States: A Quantitative Review." *Carnegie Rochester Conference on Public Policy* 29, no. 1, 137-67.

———. 1994a. "Comments on Ball and Mankiw." *Carnegie-Rochester Conference Series on Public Policy* 41, no. 1 (December): 153-55.

———. 1994b. "Review of Milton Friedman and Anna J. Schwartz's *A Monetary History of the United States, 1867-1960.*" *Journal of Monetary Economics* 34, no. 1 (August): 5-16.

———. 1995. "Robert E. Lucas, Jr.—Biographical." nobelprize.org.

———. 2001. "Professional Memoir." Manuscript, University of Chicago, April 15.

———. 2004a. "Keynote Address to the 2003 *HOPE* Conference: My Keynesian Education." *History of Political Economy* 36 (supplement): 12-24.

———. 2004b. "Robert E. Lucas, Jr." In William Breit and Barry T. Hirsch, eds., *Lives of the Laureates: Eighteen Nobel Economists.* 4th ed. 273-97.

Lucas, Robert E., Jr., and Edward C. Prescott. 1971. "Investment under Uncertainty." *Econometrica* 39, no. 5 (September): 659-81.

———. 1974. "Equilibrium Search and Unemployment." *Journal of Economic Theory* 7, no. 2 (February): 188-209.

Lucas, Robert E., Jr., and Leonard A. Rapping. 1969. "Real Wages, Employment, and Inflation." *Journal of Political Economy* 77, no. 5 (September/October): 721-54. Reprinted with additional appendix in Edmund S. Phelps, ed., *Microeconomic Foundations of Employment and Inflation Theory*. New York: W. W. Norton, 1970. 257-305.

———. 1972. "Unemployment in the Great Depression: Is There a Full Explanation?" *Journal of Political Economy* 80, no. 1 (January/February): 186-91.

Lucas, Robert E., Jr., and Thomas J. Sargent. 1981. "Introduction." In Robert E. Lucas Jr. and Thomas J. Sargent, eds., *Rational Expectations and Econometric Practice*. Vol. 1. Minneapolis: University of Minnesota Press. xi-xl.

Maisel, Sherman J. 1967. "Effect of Monetary Policy on Expenditures in Specific Sectors of the Economy." Speech at Fifth Annual Conference of University Professors, Long Island University, New York, September 7.

———. 1969. "Recent Monetary Policy." In Federal Reserve Bank of Minneapolis, ed., *Federal Reserve Bank of Minneapolis 1969 Money and Banking Workshop, Minneapolis, Minnesota, May 9, 1969: Proceedings*. Minneapolis: Federal Reserve Bank of Minneapolis. 1-9.

Makinen, Gail E. 1977. *Money, the Price Level, and Interest Rates: An Introduction to Monetary Theory*. Englewood Cliffs, NJ: Prentice Hall.

Mankiw, N. Gregory. 2001. "The Inexorable and Mysterious Tradeoff between Inflation and Unemployment." *Economic Journal* 111, no. 471 (May): C45-C61.

Manne, Henry G. 1975. "Corporate Altruism and Individualistic Methodology." In Richard T. Selden, ed., *Capitalism and Freedom—Problems and Prospects: Proceedings of a Conference in Honor of Milton Friedman*. Charlottesville: University Press of Virginia. 128-42.

Mark, Shelley Muin, and Daniel M. Slate, eds. 1962. *Economics in Action*. 2nd ed. Belmont, CA: Wadsworth.

Marquis Who's Who, Inc. 1964. *Who's Who in America, 1964/1965*. Chicago: Marquis Who's Who.

———. 1976. *Who's Who in America 1976/1977*. 39th ed. Vol. 1. Chicago: Marquis Who's Who.

Marschak, Jacob. 1951. *Income, Employment, and the Price Level: Notes on Lectures Given at the University of Chicago, Autumn 1948 and 1949*. New York: Augustus M. Kelley.

———. 1966. "Foreword: A Remark on Econometric Tools." In Carl F. Christ, *Econometric Models and Methods*. New York: John Wiley and Sons. vii-xi.

Martin, George R. 1983. *Thread of Excellence*. Chicago: Martin Hughes Publishers.

Masera, Rainer S. 1972. "Deposit Creation, Multiplication and the Eurodollar Market." In Guido Carli, Michele Fratianni, Francesco Masera, Rainer S. Masera, and Paolo Savona, *A Debate on the Eurodollar Market*. Rome: Bank of Italy. 123-89.

Matusow, Allen J. 1998. *Nixon's Economy: Booms, Busts, Dollars, and Votes*. Lawrence: University Press of Kansas.

Mavroeidis, Sophocles, Mikkel Plagborg-Møller, and James H. Stock. 2014. "Empirical Evidence on Inflation Expectations in the New Keynesian Phillips Curve." *Journal of Economic Literature* 52, no. 1 (March): 124-88.

Mayer, Thomas. 1968. *Monetary Policy in the United States*. New York: Random House.

———. 1972. *Permanent Income, Wealth, and Consumption: A Critique of the Permanent income theory*. Los Angeles: University of California Press.

———. 1978. *The Structure of Monetarism*. New York: W. W. Norton.

———. 1980. "David Hume and Monetarism." *Quarterly Journal of Economics* 95, no. 1 (August): 89-101.

———. 1982a. "A Case Study of Federal Reserve Policymaking: Regulation Q in 1966." *Journal of Monetary Economics* 10, no. 2, 259-71.

———. 1982b. "Financial Innovation—the Conflict between Micro and Macro Optimality." *American Economic Review (Papers and Proceedings)* 72, no. 2 (May): 29-34.

———. 1999. *Monetary Policy and the Great Inflation in the United States: The Federal Reserve and the Failure of Macroeconomic Policy, 1965-1979*. Cheltenham, UK: Edward Elgar.

McCallum, Bennett T. 1978a. "Dating, Discounting, and the Robustness of the Lucas-Sargent Proposition." *Journal of Monetary Economics* 4, no. 1 (January): 121-29.

———. 1978b. "Price Level Adjustments and the Rational Expectations Approach to Macroeconomic Stabilization Policy." *Journal of Money, Credit and Banking* 10, no. 4 (November): 418-36.

———. 1978c. "*Monetarism*: Jerome L. Stein, Ed." *Journal of Monetary Economics* 4, no. 2 (April): 321-24.

———. 1981. "Price Level Determinacy with an Interest Rate Policy Rule and Rational Expectations." *Journal of Monetary Economics* 8, no. 3, 319-29.

———. 1982. "Macroeconomics after a Decade of Rational Expectations: Some Critical Issues." *Federal Reserve Bank of Richmond Economic Review* 68, no. 6 (November/December): 3-12.

———. 1983a. "A Reconsideration of Sims' Evidence concerning Monetarism." *Economics Letters* 13, nos. 2-3, 167-71.

———. 1983b. "On Non-uniqueness in Rational Expectations Models: An Attempt at Perspective." *Journal of Monetary Economics* 11, no. 2, 139-68.

———. 1984a. "A Linearized Version of Lucas's Neutrality Model." *Canadian Journal of Economics* 17, no. 1 (February): 138-45.

———. 1984b. "Credibility and Monetary Policy." In Federal Reserve Bank of Kansas City, ed., *Price Stability and Public Policy*. Kansas City, MO: Federal Reserve Bank of Kansas City. 105-28.

———. 1986a. "Monetary versus Fiscal Policy Effects: A Review of the Debate." In R. W. Hafer, ed., *The Monetary versus Fiscal Policy Debate: Lessons from Two Decades*. Totowa, NJ: Rowman and Allanheld. 9-29.

———. 1986b. "Some Issues concerning Interest Rate Pegging, Price Level Determinacy, and the Real Bills Doctrine." *Journal of Monetary Economics* 17, no. 1 (January): 135-60.

———. 1987a. "The Optimal Inflation Rate in an Overlapping-Generations Economy with Land." In William A. Barnett and Kenneth J. Singleton, eds., *New Approaches to Monetary Economics: Proceedings of the Second International Symposium in Economic Theory and Econometrics*. New York: Cambridge University Press. 325-39.

———. 1987b. "The Development of Keynesian Macroeconomics." *American*

*Economic Review (Papers and Proceedings)* 77, no. 2 (May): 125-29.

———. 1988a. "Robustness Properties of a Rule for Monetary Policy." *Carnegie-Rochester Conference Series on Public Policy* 29, no. 1, 173-203.

———. 1988b. "Postwar Developments in Business Cycle Theory: A Moderately Classical Perspective." *Journal of Money, Credit and Banking* 20, no. 3, part 2 (August): 459-71.

———. 1989a. "New Classical Macroeconomics: A Sympathetic Account." *Scandinavian Journal of Economics* 91, no. 2 (June): 223-52.

———. 1989b. *Monetary Economics: Theory and Policy*. New York: Prentice Hall.

———. 1990a. "Comment [on Robert H. Rasche, 'Demand Functions for Measures of U.S. Money and Debt']." In Peter Hooper, Karen H. Johnson, Donald L. Kohn, David E. Lindsey, Richard D. Porter, and Ralph W. Tryon, eds., *Financial Sectors in Open Economies: Empirical Analysis and Policy Issues*. Washington, DC: Board of Governors of the Federal Reserve System. 167-72.

———. 1990b. "Could a Monetary Base Rule Have Prevented the Great Depression?" *Journal of Monetary Economics* 26, no. 1 (August): 3-26.

———. 1990c. "Inflation: Theory and Evidence." In Frank H. Hahn and Benjamin M. Friedman, eds., *Handbook of Monetary Economics*. Vol. 2. Amsterdam: North-Holland. 963-1012.

———. 1993a. "Specification and Analysis of a Monetary Policy Rule for Japan." *Bank of Japan Monetary and Economic Studies* 11, no. 2 (November): 1-45.

———. 1993b. "Specification and Analysis of a Monetary Policy Rule for Japan: Reply to Comments by Kunio Okina." *Bank of Japan Monetary and Economic Studies* 11, no. 2 (November): 55-57.

———. 1994a. "Identification of Inflation-Unemployment Tradeoffs in the 1970s: A Comment." *Carnegie-Rochester Conference on Public Policy* 41, no. 1, 231-41.

———. 1994b. "Comment [on Matthew D. Shapiro, 'Federal Reserve Policy: Cause and Effect']." In N. Gregory Mankiw, ed., *Monetary Policy*. Chicago: University of Chicago Press. 332-34.

———. 1996. *International Monetary Economics*. New York: Oxford University

Press.

———. 1999a. "Issues in the Design of Monetary Policy Rules." In John B. Taylor and Michael Woodford, eds., *Handbook of Macroeconomics*. Vol. 1C. Amsterdam: Elsevier/ North-Holland. 1483-530.

———. 1999b. "An Interview with Robert E. Lucas, Jr." *Macroeconomic Dynamics* 3, no. 2 (June): 278-91.

———. 2001a. "Monetary Policy Analysis in Models without Money." *Federal Reserve Bank of St. Louis Review* 83, no. 4 (July): 145-60.

———. 2001b. "Indeterminacy, Bubbles, and the Fiscal Theory of Price Level Determination." *Journal of Monetary Economics* 47, no. 1 (February): 19-30.

———. 2004. "Long-Run Monetary Neutrality and Contemporary Policy Analysis." *Bank of Japan Monetary and Economic Studies* 22, no. S1 (December): 15-28.

———. 2008. "Monetarism." In *The Concise Encyclopedia of Economics*. http://www.econlib.org/library /Enc/Monetarism.html.

———. 2016. "John F. Muth and the Creation of Rational Expectations: Amendments, Corrections, and Extensions." *History of Political Economy* 48, no. 2, 341-47.

McCallum, Bennett T., and Marvin Goodfriend. 1987. "Demand for Money: Theoretical Studies." In John Eatwell, Murray Milgate, and Peter Newman, eds., *The New Palgrave: A Dictionary of Economics*. Vol. 2, *E to J*. London: Macmillan. 775-81.

McCallum, Bennett T., and Monica Hargraves. 1995. "A Monetary Impulse Measure for Medium-Term Policy Analysis." *Staff Studies for the World Economic Outlook* (International Monetary Fund), September, 52-69.

McCallum, Bennett T., and Edward Nelson. 1999. "An Optimizing IS-LM Specification for Monetary Policy and Business Cycle Analysis." *Journal of Money, Credit and Banking* 31, no. 3 (August): 296-316.

McCloskey, Donald N. 1992. "Writing as a Responsibility of Science: A Reply to Laband and Taylor." *Economic Inquiry* 30, no. 4 (October): 689-95.

McCracken, Paul W. 1969. "The Game Plan for Economic Policy." *American Statistician* 23, no. 4 (October): 7-10.

McCulloch, J. Huston. 1981. "Misintermediation and Macroeconomic Fluctuations."

*Journal of Monetary Economics* 8, no. 1, 103-15.

McIvor, R. Craig. 1983. "A Note on the University of Chicago's 'Academic Scribblers.'" *Journal of Political Economy* 91, no. 5 (October): 888-93.

McKinnon, Ronald I. 1996. *The Rules of the Game: International Money and Exchange Rates*. Cambridge, MA: MIT Press.

McLure, Charles E., Jr. 1972. "Fiscal Failure: Lessons of the Sixties." In Phillip Cagan et al., *Economic Policy and Inflation in the Sixties*. Washington, DC: American Enterprise Institute. 7-87.

McNees, Stephen K. 1978. "The Current Business Cycle in Historical Perspective." *New England Economic Review* 60, no. 1 (January-February): 44-59.

Meek, Paul. 1982. "Comment on Papers Presented by Messrs. Fforde and Coleby." In Paul Meek, ed., *Central Bank Views on Monetary Targeting*. New York: Federal Reserve Bank of New York. 70-71.

Meguire, Philip. 2003. "Social Security and Personal Saving: 1971 and Beyond." *Empirical Economics* 28, no. 1 (January): 115-29.

Mehrling, Perry. 2005. *Fischer Black and the Revolutionary Idea of Finance*. New York: Wiley.

———. 2014. "MIT and Money." *History of Political Economy* 46 (supplement): 177-97.

Meigs, A. James. 1962. *Free Reserves and the Money Supply*. Chicago: University of Chicago Press.

———. 1967. "Monetary Theory Excels Income Theory as a Predictive Tool." *Business Economics* 3, no. 1 (Fall): 25-28.

———. 1969. "Managing the World's Money Supply: Comment." *Journal of Money, Credit and Banking* 1, no. 3 (August): 668-74.

———. 1972. *Money Matters: Economics, Markets, Politics*. New York: Harper and Row.

———. 1974. "The Nixon Administration and the Federal Reserve: A Flawed Experiment in Monetary Policy?" In Harry G. Johnson and A. Robert Nobay, eds., *Issues in Monetary Economics: Proceedings of the 1972 Money Study Group Conference*. London:

Oxford University Press. 31-45.

———. 1975. "Recent Innovations: Do They Require a New Framework for Monetary Analysis?" In William L. Silber, ed., *Financial Innovation*. Lexington, MA: D. C. Heath. 177-96.

Meiselman, David. 1963. "Bond Yields and the Price Level: The Gibson Paradox Regained." In Deane Carson, ed., *Banking and Monetary Studies*. Homewood, IL: Richard D. Irwin. 112-33.

———. 1973. "The 1973 Report of the President's Council of Economic Advisers: Whistling in the Dark." *American Economic Review* 63, no. 4 (September): 527-34.

———. 1975. "Discussion [of Phillip Cagan and Anna Jacobson Schwartz, 'How Feasible Is a Flexible Monetary Policy?']" In Richard T. Selden, ed., *Capitalism and Freedom—Problems and Prospects: Proceedings of a Conference in Honor of Milton Friedman*. Charlottesville: University Press of Virginia. 294-302.

Melamed, Leo, and Bob Tamarkin. 2006. *Leo Melamed: Escape to the Futures*. New York: Wiley.

Meltzer, Allan H. 1963. "The Demand for Money: The Evidence from the Time Series." *Journal of Political Economy* 71, no. 3 (June): 219-46.

———. 1965. "Monetary Theory and Monetary History." *Swiss Journal of Economics and Statistics* 101, no. 4 (December): 404-22.

———. 1969a. "The Role of Money in National Economic Policy: Panel Discussion." In Federal Reserve Bank of Boston, ed., *Controlling Monetary Aggregates: Proceedings of a Conference Held in June, 1969*. Boston: Federal Reserve Bank of Boston. 25-29.

———. 1969b. "Tactics and Targets of Monetary Policy: Discussion." In Federal Reserve Bank of Boston, ed., *Controlling Monetary Aggregates: Proceedings of a Conference Held in June, 1969*. Boston: Federal Reserve Bank of Boston. 96-103.

———. 1976. "Monetary and Other Explanations of the Start of the Great Depression." *Journal of Monetary Economics* 2, no. 4 (November): 455-71.

———. 1977. "Monetarist, Keynesian and Quantity Theories." *Kredit und Kapital* 10, no. 2 (June): 149-82. Reprinted in Thomas Mayer et al., *The Structure of Monetarism*. New York: W. W. Norton, 1978. 145-75.

———. 1981. "Monetarism and the Crisis in Economics." In Daniel Bell and Irving Kristol, eds., *The Crisis in Economic Theory*. New York: Basic Books. 35-45.

———. 1995. "Introduction." In Allan H. Meltzer, *Money, Credit and Policy*. Cheltenham, UK: Edward Elgar. xi-xxvii.

———. 2001a. "Money and Monetary Policy: An Essay in Honor of Darryl Francis." *Federal Reserve Bank of St. Louis Review* 83, no. 4 (July/August): 23-32.

———. 2001b. "The Transmission Process." In Deutsche Bundesbank, ed., *The Monetary Transmission Process: Recent Developments and Lessons for Europe*. London: Palgrave. 112-30.

———. 2003. *A History of the Federal Reserve*. Vol. 1, *1913-1951*. Chicago: University of Chicago Press.

———. 2009a. *A History of the Federal Reserve*. Vol. 2, bk. 1, *1951-1969*. Chicago: University of Chicago Press.

———. 2009b. *A History of the Federal Reserve*. Vol. 2, bk. 2, *1970-1986*. Chicago: University of Chicago Press.

Meulendyke, Ann-Marie. 1975. "Causes and Consequences of the Eurodollar Expansion." Federal Reserve Bank of New York Research Paper No. 7503, March.

———. 1988. "A Review of Federal Reserve Policy Targets and Operating Guides in Recent Decades." *Federal Reserve Bank of New York Quarterly Review* 13, no. 3 (Autumn): 6-17.

———. 1998. *U.S. Monetary Policy and Financial Markets*. New York: Federal Reserve Bank of New York.

Mikesell, Raymond F. 1963. "*Capital Funds in Underdeveloped Countries* by Edward Nevin." *Journal of Political Economy* 71, no. 5 (October): 513-14.

Miller, Roger F. 1963. "*Price Theory: A Provisional Text* by Milton Friedman." *American Economic Review* 53, no. 3 (June): 466-69.

Mints, Lloyd W. 1945. *A History of Banking Theory in Great Britain and the United States*. Chicago: University of Chicago Press.

———. 1950. *Monetary Policy for a Competitive Society*. New York: McGraw Hill.

Miron, Jeffrey A. 1994. "Empirical Methodology in Macroeconomics Explaining the

Success of Friedman and Schwartz's *A Monetary History of the United States, 1867-1960*." *Journal of Monetary Economics* 34, no. 1 (August): 17-25.

Mirrlees, James A. 1973. "Introduction." In James A. Mirrlees and N. H. Stern, eds., *Models of Economic Growth: Proceedings of a Conference Held by the International Economic Association at Jerusalem*. New York: John Wiley and Sons. xi-xxii.

———. 1975. "The Theory of Moral Hazard and Unobservable Behaviour—Part I." Manuscript, Nuffield College, Oxford University.

———. 1976. "The Optimal Structure of Incentives and Authority within an Organization." *Bell Journal of Economics* 7, no. 1 (Spring): 105-31.

———. 1999. "The Theory of Moral Hazard and Unobservable Behaviour—Part I." *Review of Economic Studies* 66, no. 1 (January): 3-21.

Mishkin, Frederic S. 1982. "Does Anticipated Monetary Policy Matter? An Econometric Investigation." *Journal of Political Economy* 90, no. 1 (February): 22-51.

———. 1983. *A Rational Expectations Approach to Macroeconometrics: Testing Policy Effectiveness and Efficient Markets*. Chicago: University of Chicago Press.

———. 1989. *The Economics of Money, Banking and Financial Markets*. 2nd ed. Glenview, IL: Scott, Foresman.

Mitchell, George W. 1971. "A New Look at Monetary Policy Instruments." *Journal of Money, Credit and Banking* 3, no. 2, part 2 (May): 381-90.

———. 1972. "Keynote Address: National Monetary Policy in an International Setting." In Central Treaty Organization, ed., *Cento Symposium on Central Banking, Monetary Policy and Economic Development: Held in Izmir, Turkey—April 5 to 12, 1971*. Ankara: Office of US Economic Coordinator for CENTO Affairs, Central Treaty Organization. 18-23.

Modigliani, Franco. 1964a. "How to Make a Burden of the Public Debt: A Reply to Mishan." *Journal of Political Economy* 72, no. 5 (October): 483-85.

———. 1964b. "Some Empirical Tests of Monetary Management and of Rules versus Discretion." *Journal of Political Economy* 72, no. 3 (June): 211-45.

———. 1975a. "The Life Cycle Hypothesis of Saving Twenty Years Later." In Michael Parkin and A. Robert Nobay, eds., *Contemporary Issues in Economics: Proceedings of the Conference of the Association of University Teachers of Economics, Warwick, 1973*. Manchester, UK: Manchester University Press. 2-36.

———. 1975b. "Monetary Policy and the World Economic Crisis: Roundtable Discussion." Remarks from August 8 session in "Conference on 'The Monetary Mechanism in Open Economies,' Helsinki, Finland, August 4-9." Unpublished conference transcript. 7-12.

———. 1977. "The Monetarist Controversy; or, Should We Forsake Stabilization Policies?" *American Economic Review* 67, no. 2 (March): 1-19.

———. 1986a. "Life Cycle, Individual Thrift, and the Wealth of Nations." *American Economic Review* 76, no. 3 (June): 297-313.

———. 1986b. *The Debate over Stabilization Policy*. Cambridge: Cambridge University Press.

Modigliani, Franco, and Albert Ando. 1976. "Impacts of Fiscal Actions on Aggregate Income and the Monetarist Controversy: Theory and Evidence." In Jerome L. Stein, ed., *Monetarism*. Amsterdam: North-Holland. 17-42.

Modigliani, Franco, and Arlie Sterling. 1986. "Government Debt, Government Spending and Private Sector Behavior: Comment." *American Economic Review* 76, no. 5 (December): 1168-79.

Modigliani, Franco, and Richard C. Sutch. 1966. "Innovations in Interest-Rate Policy." *American Economic Review* 56, no. 1-2 (March): 178-97.

Moffitt, Robert A. 2003. "The Negative Income Tax and the Evolution of U.S. Welfare Policy." *Journal of Economic Perspectives* 17, no. 3 (Summer): 119-40.

Moritz, Charles, ed. 1973. *Current Biography Yearbook, 1973*. New York: H. W. Wilson.

Mortensen, Dale T. 1970a. "A Theory of Wage and Employment Dynamics." In Edmund S. Phelps, ed., *Microeconomic Foundations of Employment and Inflation Theory*. New York: W. W. Norton. 167-211.

———. 1970b. "Job Search, the Duration of Unemployment, and the Phillips Curve." *American Economic Review* 60, no. 5 (December): 847-62.

———. 2011. "Markets with Search Friction and the DMP Model." *American*

*Economic Review* 101, no. 4 (June): 1073-91.

Moynihan, Daniel Patrick. 1973. *The Politics of a Guaranteed Income: The Nixon Administration and the Family Assistance Plan.* New York: Random House.

Mulligan, Casey B., and Xavier Sala-i-Martin. 1992. "U.S. Money Demand: Surprising Cross-Sectional Estimates." *Brookings Papers on Economic Activity* 23, no. 2, 285-329.

Mundell, Robert A. 1971. "The Dollar and the Policy Mix: 1971." Princeton Essays in International Finance No. 85.

Muth, John F. 1960. "Optimal Properties of Exponentially Weighted Forecasts." *Journal of the American Statistical Association* 55, no. 290 (June): 299-306.

———. 1961. "Rational Expectations and the Theory of Price Movements." *Econometrica* 29, no. 3 (July): 315-35.

Myhrman, Johan. 1983. "Monetarism: Where Does It Stand Today?" *Skandinaviska Enskilda Banken Quarterly Review*, no. 3, 58-67.

Nader, Ralph. 1965. *Unsafe at Any Speed: The Designed-In Dangers of the American Automobile.* New York: Grossman.

NBC. 1952a. *The Military Budget.* University of Chicago Round Table No. 725, February 17.

———. 1952b. *The State of the Union.* University of Chicago Round Table No. 720, January 13.

———. 1953. *What Is American Capitalism?* University of Chicago Round Table No. 794, June 28.

Nelson, Charles R. 1981. "Adjustment Lags versus Information Lags: A Test of Alternative Explanations of the Phillips Curve Phenomenon." *Journal of Money, Credit and Banking* 13, no. 1 (February): 1-11.

Nelson, Charles R., and Charles I. Plosser. 1982. "Trends and Random Walks in Macroeconomic Time Series: Some Evidence and Implications." *Journal of Monetary Economics* 10, no. 2, 139-162.

Nelson, Edward. 2002a. "What Does the U.K.'s Monetary Policy and Inflation Experience Tell Us about the Transmission Mechanism?" In Lavan Mahadeva and Peter J. N. Sinclair, eds., *Monetary Transmission in Diverse Economies.* Cambridge: Cambridge

University Press. 137-55.

———. 2002b. "Direct Effects of Base Money on Aggregate Demand: Theory and Evidence." *Journal of Monetary Economics* 49, no. 4 (May): 687-708.

———. 2003. "The Future of Monetary Aggregates in Monetary Policy Analysis." *Journal of Monetary Economics* 50, no. 5 (July): 1029-59.

———. 2004a. "An Interview with Anna J. Schwartz." *Macroeconomic Dynamics* 8, no. 3 (June): 395-417.

———. 2004b. "News-Magazine Monetarism." In Patrick Minford, ed., *Money Matters: Essays in Honour of Alan Walters*. Cheltenham, UK: Edward Elgar. 123-47.

———. 2005a. "Paul Samuelson and Monetary Analysis." *Monetary Trends/Economic Synopses* (Federal Reserve Bank of St. Louis), no. 8 (April): 1. https://files.stlouisfed.org/files/htdocs/publications/es/05/ES0508.pdf.

———. 2005b. "The Great Inflation of the Seventies: What Really Happened?" *Advances in Macroeconomics* 5, no. 1, article 3, 1-50.

———. 2005c. "Monetary Policy Neglect and the Great Inflation in Canada, Australia, and New Zealand." *International Journal of Central Banking* 1, no. 1 (May): 133-79.

———. 2007. "Milton Friedman and U.S. Monetary History: 1961-2006." *Federal Reserve Bank of St. Louis Review* 89, no. 3 (May/June): 153-82.

———. 2008a. "Friedman and Taylor on Monetary Policy Rules: A Comparison." *Federal Reserve Bank of St. Louis Review* 90, no. 2 (March/April): 95-116.

———. 2008b. "Why Money Growth Determines Inflation in the Long Run: Answering the Woodford Critique." *Journal of Money, Credit and Banking* 40, no. 8 (December): 1805-28.

———. 2009a. "Milton Friedman and U.K. Economic Policy, 1938-1979." *Federal Reserve Bank of St. Louis Review* 91, no. 5, part 2 (September/October): 465-506.

———. 2009b. "Milton Friedman and U.K. Economic Policy, 1938-1979." Federal Reserve Bank of St. Louis Working Paper 2009-017A, April.

———. 2009c. "An Overhaul of Doctrine: The Underpinning of U.K. Inflation Targeting." *Economic Journal* 119, no. 538 (June): F333-F368.

———. 2011. "Friedman's Monetary Economics in Practice." Federal Reserve Board

Finance and Economics Discussion Series Paper No. 2011-026, April.

———. 2012a. "Book Review: *Milton Friedman* by William Ruger and *Milton Friedman: A Concise Guide to the Ideas and Influence of the Free-Market Economist* by Eamonn Butler." *Journal of Economic Literature* 44, no. 4 (December): 1106-9.

———. 2012b. "A Review of Allan H. Meltzer's *History of the Federal Reserve, Volume 2*." *International Journal of Central Banking* 8, no. 2 (June): 241-66.

———. 2013a. "Friedman's Monetary Economics in Practice." *Journal of International Money and Finance* 38, no. 1 (November): 59-83.

———. 2013b. "The Correlation between Money and Output in the United Kingdom: Resolution of a Puzzle." Manuscript, Federal Reserve Board, September; presented at Bank of Canada Workshop on Money and Liquidity, October 18, 2013.

———. 2013c. "Key Aspects of Longer-Term Asset Purchases in U.S. and U.K. Monetary Policy." *Oxford Economic Papers* 65, no. 1 (January): 92-114.

———. 2013d. "Milton Friedman and the Federal Reserve Chairs, 1951-1979." Manuscript, Federal Reserve Board, October; presented at University of California, Berkeley, Economic History seminar, October 28, 2013. http://eml.berkeley.edu//~webfac/cromer/Nelson.pdf.

———. 2016. "Milton Friedman and the Federal Reserve Chairs in the 1970s." In Robert Cord and J. Daniel Hammond, eds., *Milton Friedman: Contributions to Economics and Public Policy*. Oxford: Oxford University Press. 313-33.

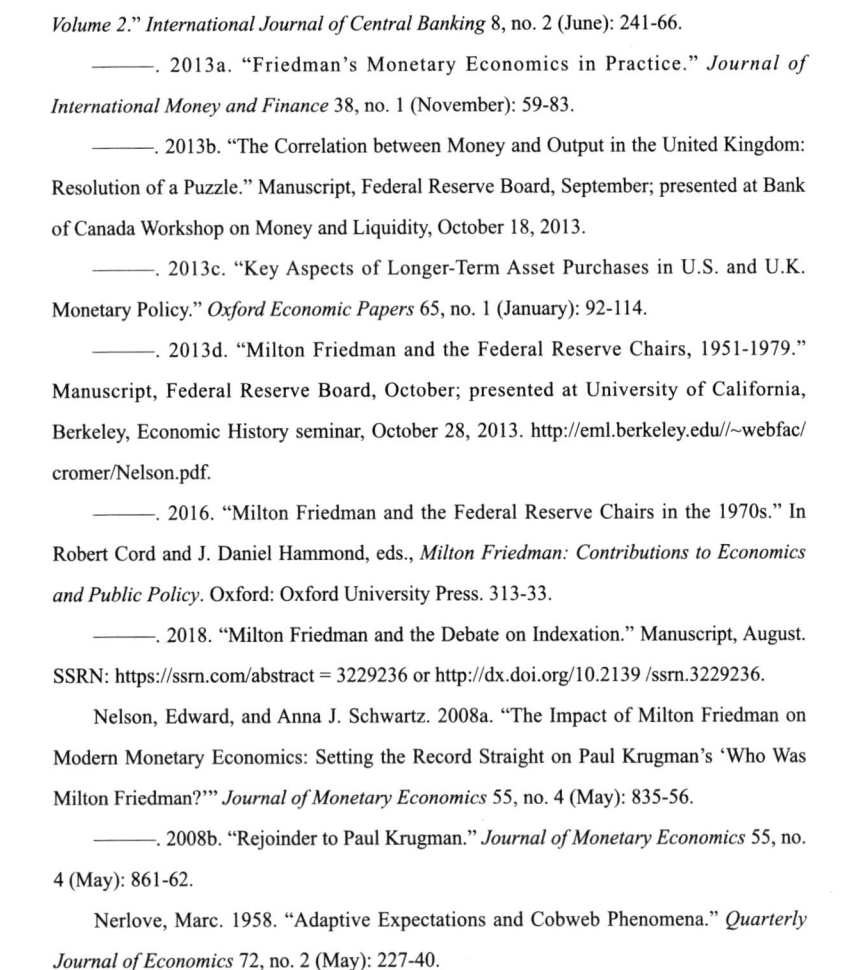

———. 2018. "Milton Friedman and the Debate on Indexation." Manuscript, August. SSRN: https://ssrn.com/abstract = 3229236 or http://dx.doi.org/10.2139 /ssrn.3229236.

Nelson, Edward, and Anna J. Schwartz. 2008a. "The Impact of Milton Friedman on Modern Monetary Economics: Setting the Record Straight on Paul Krugman's 'Who Was Milton Friedman?'" *Journal of Monetary Economics* 55, no. 4 (May): 835-56.

———. 2008b. "Rejoinder to Paul Krugman." *Journal of Monetary Economics* 55, no. 4 (May): 861-62.

Nerlove, Marc. 1958. "Adaptive Expectations and Cobweb Phenomena." *Quarterly Journal of Economics* 72, no. 2 (May): 227-40.

Neumark, David, J. M. Ian Salas, and William Wascher. 2013. "Revisiting the

Minimum Wage-Employment Debate: Throwing Out the Baby with the Bathwater?" NBER Working Paper No. 18681, January.

Niehans, Jürg. 1978. *The Theory of Money*. Baltimore: Johns Hopkins University Press.

Niskanen, William A. 1975. "The Pathology of Politics." In Richard T. Selden, ed., *Capitalism and Freedom—Problems and Prospects: Proceedings of a Conference in Honor of Milton Friedman*. Charlottesville: University Press of Virginia. 20-35.

Nixon, Richard M. 1978. *RN: The Memoirs of Richard Nixon*. New York: Grosset and Dunlap.

Nobay, A. Robert, and Harry G. Johnson. 1977. "Monetarism: A Historic-Theoretic Perspective." *Journal of Economic Literature* 15, no. 2 (June): 470-85.

Nordhaus, William D., and Henry C. Wallich. 1973. "Alternatives for Debt Management." In Federal Reserve Bank of Boston, ed., *Issues in Federal Debt Management: Proceedings of a Conference Held at Melvin Village, New Hampshire, June, 1973*. Boston: Federal Reserve Bank of Boston. 9-25.

O'Driscoll, Gerald P., Jr., Thomas R. Saving, Herbert G. Grubel, Arnold C. Harberger, Milton Friedman, and W. Lee Hoskins. 1997. "Tax Reform." *Contemporary Economic Policy* 15, no. 1 (January): 1-20.

Okun, Arthur M. 1962. "Potential GNP: Its Measurement and Significance." *Proceedings of the Business and Economic Statistics Section of the American Statistical Association* 9, no. 1, 98-104.

———. 1963. "Money and Business Cycles: A Comment." *Review of Economics and Statistics* 45, no. 1 (February): 72-77.

———, ed. 1965. *The Battle against Unemployment*. New York: W. W. Norton.

———. 1968. "Measuring the Impact of the 1964 Tax Reduction." In Walter W. Heller, ed., *Perspectives on Economic Growth*. New York: Random House. 25-47.

———. 1970. *The Political Economy of Prosperity*. New York: W. W. Norton.

———. 1971. "The Personal Tax Surcharge and Consumer Demand, 1968-70." *Brookings Papers on Economic Activity* 2, no. 1, 167-204.

———, ed. 1972a. *The Battle against Unemployment*. 2nd ed. New York: W. W.

Norton.

———. 1972b. "Fiscal-Monetary Activism: Some Analytical Issues." *Brookings Papers on Economic Activity* 3, no. 1, 123-63.

———. 1977. "Did the 1968 Surcharge Really Work? Comment." *American Economic Review* 67, no. 2 (March): 166-69.

Okun, Arthur M., and George L. Perry. 1971. "Editors' Introduction and Summary." *Brookings Papers on Economic Activity* 2, no. 1, 1-12.

Orphanides, Athanasios. 2002. "Monetary-Policy Rules and the Great Inflation." *American Economic Review (Papers and Proceedings)* 92, no. 2 (May): 115-20.

———. 2003. "The Quest for Prosperity without Inflation." *Journal of Monetary Economics* 50, no. 3 (April): 633-63.

———. 2004. "Monetary Policy Rules, Macroeconomic Stability, and Inflation: A View from the Trenches." *Journal of Money, Credit and Banking* 36, no. 2 (April): 151-75.

Orphanides, Athanasios, Richard D. Porter, David Reifschneider, Robert Tetlow, and Frederico Finan. 2000. "Errors in the Measurement of the Output Gap and the Design of Monetary Policy." *Journal of Economics and Business* 52, nos. 1-2 (January-April): 117-41.

Oxford University Press. 1976. *Oxford English Dictionary*. Oxford, UK: Clarendon.

———. 2015. *OED: Oxford English Dictionary*. www.oed.com.

Parker, Randall E. 2002. *Reflections on the Great Depression*. Northampton, MA: Edward Elgar.

Parkin, Michael. 1977. "Inflation without Growth: A Long-Run Perspective on Short-Run Stabilization Policies." *Carnegie-Rochester Conference Series on Public Policy* 5, no. 1, 31-68.

———. 1978. "A Comparison of Alternative Techniques of Monetary Control under Rational Expectations." *Manchester School of Economic and Social Studies* 46, no. 3 (September): 252-87.

———. 1979. "*Monetarism* [edited] by Jerome L. Stein." *Journal of Political Economy* 87, no. 2 (April): 432-36.

———. 1990. *Economics*. New York: Addison Wesley.

Patinkin, Don. 1956. *Money, Interest, and Prices: An Integration of Monetary and*

*Value Theory*. Evanston, IL: Row, Peterson.

———. 1965a. *Money, Interest, and Prices: An Integration of Monetary and Value Theory*. 2nd ed. New York: Harper and Row.

———. 1965b. "An Indirect-Utility Approach to the Theory of Money, Assets, and Savings." In Frank H. Hahn and Frank P. R. Brechling, eds., *The Theory of Interest Rates*. London: Macmillan. 52-79.

———. 1969. "The Chicago Tradition, the Quantity Theory, and Friedman." *Journal of Money, Credit and Banking* 1, no. 1 (February): 46-70.

———. 1971. "Keynesian Economics versus Quantity Theory (1)." *Bank Markazi Iran Bulletin* 10, no. 55 (May/June): 6-14.

———. 1972a. "Friedman on the Quantity Theory and Keynesian Economics." *Journal of Political Economy* 80, no. 5 (September/October): 883-905.

———. 1972b. "On the Short-Run Non-neutrality of Money in the Quantity Theory." *Banca Nazionale del Lavoro Quarterly Review* 25, no. 100 (March): 3-22.

———. 1972c. "Samuelson on the Neoclassical Dichotomy: A Comment." *Canadian Journal of Economics* 5, no. 2 (May): 279-83.

———. 1973a. "Frank Knight as Teacher." *American Economic Review* 63, no. 5 (December): 787-810.

———. 1973b. "On the Monetary Economics of Chicagoans and Non-Chicagoans: Comment." *Southern Economic Journal* 39, no. 3 (January): 454-59.

———. 1974. "The Role of the 'Liquidity Trap' in Keynesian Economics." *Banca Nazionale del Lavoro Quarterly Review* 27, no. 108 (March): 3-11.

———. 1976. *Keynes' Monetary Thought: A Study of Its Development*. Durham, NC: Duke University Press.

———. 1981a. "Introduction, Reminiscences of Chicago, 1941-47." In Don Patinkin, *Essays on and in the Chicago Tradition*. Durham, NC: Duke University Press. 3-20.

———. 1981b. "Postscript: Further Comment on Friedman." In Don Patinkin, *Essays on and in the Chicago Tradition*. Durham, NC: Duke University Press. 264-65.

———. 1983. "Monetary Economics." In E. Cary Brown and Robert M. Solow, eds., *Paul Samuelson and Modern Economic Theory*. New York: McGraw-Hill, 1983. 157-67.

———. 1986. "*Essays on and in the Chicago Tradition* by Don Patinkin—a Review Essay: A Reply." *Journal of Money, Credit and Banking* 18, no. 1 (February): 116-21.

———. 1993. "Meltzer on Keynes." *Journal of Monetary Economics* 32, no. 2 (November): 347-56.

———. 1995. "Concluding Comments." In Mark Blaug et al., *The Quantity Theory of Money: From Locke to Keynes and Friedman*. Cheltenham, UK: Edward Elgar. 120-33.

Pechman, Joseph A. 1966. *Federal Tax Policy*. Washington, DC: Brookings Institution.

Perlman, Morris. 1971. "The Roles of Money in an Economy and the Optimum Quantity of Money." *Economica* 38, no. 151 (August): 233-52.

Pesek, Boris P. 1961. "Theories of Income Distribution: Discussion." *American Economic Review (Papers and Proceedings)* 51, no. 2 (May): 88-91.

Pesek, Boris P., and Thomas R. Saving. 1967. *Money, Wealth and Economic Theory*. New York: Macmillan.

Peterson, Mary Bennett. 1971. *The Regulated Consumer*. Los Angeles: Nash. Phelps, Edmund S. 1966. "Optimal Employment and Inflation over Time." Cowles Foundation Discussion Paper No. 214, Yale University, August 23.

———. 1967. "Phillips Curves, Expectations of Inflation and Optimal Unemployment over Time." *Economica* 34, no. 135 (August): 254-81.

———. 1968a. "Notes on Optimal Monetary Growth and the Optimal Rate of Growth of Money: Comment." *Journal of Political Economy* 76, no. 4, part 2 (July/August): 881-85.

———. 1968b. "Money-Wage Dynamics and Labor-Market Equilibrium." *Journal of Political Economy* 76, no. 4, part 2 (July/August): 678-711.

———. 1970a. "The New Microeconomics in Employment and Inflation Theory." In Edmund S. Phelps, ed., *Microeconomic Foundations of Employment and Inflation Theory*. New York: W. W. Norton. 1-23.

———, ed. 1970b. *Microeconomic Foundations of Employment and Inflation Theory*. New York: W. W. Norton.

———. 1971. "Inflation, Expectations and Economic Theory." In Neil Swan and David A. Wilton, eds., *Inflation and the Canadian Experience*. Kingston, Ontario: Industrial

Relations Centre, Queen's University. 31-47.

———. 1972a. *Inflation Policy and Unemployment Theory: The Cost-Benefit Approach to Monetary Planning.* New York: W. W. Norton.

———. 1972b. "Money, Public Expenditure and Labor Supply." *Journal of Economic Theory* 5, no. 1 (August): 69-78.

———. 1995. "The Origins and Further Development of the Natural Rate of Unemployment." In Rod Cross, ed., *The Natural Rate of Unemployment: Reflections on 25 Years of the Hypothesis.* Cambridge: Cambridge University Press. 15-31.

———. 2007. "Macroeconomics for a Modern Economy." *American Economic Review* 97, no. 3 (June): 543-61.

Phelps, Edmund S., and John B. Taylor. 1977. "Stabilizing Powers of Monetary Policy under Rational Expectations." *Journal of Political Economy* 85, no. 1 (February): 163-90.

Phillips, A. W. 1958. "The Relation between Unemployment and the Rate of Change of Money Wage Rates in the United Kingdom, 1861-1957." *Economica* 25, no. 100 (November): 283-99.

Phillips, Almarin. 1974. "Public Regulation and Corporate Social Behavior: An Application of Managerial Discretion Models." *Review of Social Economy* 32, no. 1, 49-61.

Phillips, Chester Arthur. 1920. *Bank Credit: A Study of the Principles and Factors Underlying Advances Made by Banks to Borrowers.* New York: Macmillan.

Phillips, Chester Arthur, T. F. McManus, and R. W. Nelson. 1937. *Banking and the Business Cycle: A Study of the Great Depression in the United States.* New York: Macmillan.

Pierce, James L. 1977. "Improving the Monetary Aggregates: An Evaluation of the Report of the Advisory Committee on Monetary Statistics." *Carnegie-Rochester Conference on Public Policy* 7, no. 1, 103-23.

———. 1980. "Comments on the Lombra-Moran Paper." *Carnegie-Rochester Conference Series on Public Policy* 13, no. 1, 79-85.

Plosser, Charles I. 1979. "Response to Discussants." In Arnold Zellner, ed., *Seasonal Analysis of Economic Time Series.* Washington, DC: US Government Printing Office. 407.

Plosser, Charles I., and G. William Schwert. 1978. "Money, Income, and Sunspots:

Measuring Economic Relationships and the Effects of Differencing." *Journal of Monetary Economics* 4, no. 4, 637-60.

Poole, William. 1969. "Flexible Exchange Rates: A Transition Plan." In Federal Reserve Bank of Boston, ed., *The International Adjustment Mechanism: Proceedings of a Conference Held at Melvin Village, New Hampshire, October 8-10, 1969*. Boston: Federal Reserve Bank of Boston. 65-81.

———. 1979. "Burnsian Monetary Policy: Eight Years of Progress?" *Journal of Finance (Papers and Proceedings)* 34, no. 2 (May): 473-84.

Proprietary Association. 1979. "Government Regulation—Too Much or Too Little? [Debate between Milton Friedman and Ralph Nader]." In Proprietary Association, *Proceedings of the 98th Annual Meeting of the Proprietary Association*. Washington, DC: Proprietary Association. 21-40.

Proxmire, William. 1975. "Foreword." In Committee on Banking, Housing and Urban Affairs, US Senate, *Compendium of Major Issues in Bank Regulation*. Washington, DC: US Government Printing Office. iii-ix.

Purvis, Douglas D. 1978. "Review: *Recent Issues in International Monetary Economics* [edited] by Emil-Maria Classen, Pascal Salin." *Journal of Political Economy* 86, no. 2, part 1 (April): 345-51.

Ramey, Valerie A. 2011. "Identifying Government Spending Shocks: It's All in the Timing." *Quarterly Journal of Economics* 126, no. 1 (February): 1-50.

Rasche, Robert H. 1987. "M1-Velocity and Money Demand Functions: Do Stable Relationships Exist?" *Carnegie-Rochester Conference Series on Public Policy* 27, no. 1, 9-88.

———. 1990. "Demand Functions for Measures of U.S. Money and Debt." In Peter Hooper, Karen H. Johnson, Donald L. Kohn, David E. Lindsey, Richard D. Porter, and Ralph Tryon, eds., *Financial Sectors in Open Economies: Empirical Analysis and Policy Issues*. Washington, DC: Board of Governors of the Federal Reserve System. 113-61.

———. 1993a. "Indicators of Inflation." In Kumiharo Shigehara, ed., *Price Stabilization in the 1990s: Domestic and International Policy Requirements*. London:

Macmillan. 277-318.

———. 1993b. "Monetary Policy and the Money Supply Process." In Michele U. Fratianni and Dominick Salvatore, eds., *Monetary Policy in Developed Economies*. Westwood, CT: Greenwood. 25-54.

Rasche, Robert H., and James M. Johannes. 1987. *Controlling the Growth of Monetary Aggregates*. Boston: Kluwer Academic.

Reagan, Ronald. 1987. "Remarks to the United States Chamber of Commerce on the Economy and Deficit Reduction, November 19, 1987." www.presidency.ucsb.edu/ws/?pid = 33709.

———. 2009. *The Reagan Diaries*. Expanded two-volume ed. New York: HarperCollins.

Rees, Albert. 1969. "How Much Can Labor Market Structural Changes Reduce Inflationary Pressures?" Paper for Federal Reserve Board Acadmic Consultants' Meeting of January 23, 1969.

———. 1970a. "The Phillips Curve as a Menu for Policy Choices." *Economica* 37, no. 147 (August): 227-38.

———. 1970b. "On Equilibrium in Labor Markets." *Journal of Political Economy* 78, no. 2 (March/April): 306-10.

Rees, Albert, and Mary T. Hamilton. 1967. "The Wage-Price-Productivity Perplex." *Journal of Political Economy* 75, no. 1 (February): 63-70.

Reynard, Samuel. 2007. "Maintaining Low Inflation: Money, Interest Rates, and Policy Stance." *Journal of Monetary Economics* 54, no. 5 (July): 1441-71.

Rhys-Williams, Lady Juliet. 1943. *Something to Look Forward To*. London: MacDonald.

Ritter, Lawrence S. 1975. "*A Theoretical Framework for Monetary Analysis*, by Milton Friedman; *A New Look at Inflation: Economic Policy in the Early 1970s*, by Phillip Cagan; *Essays on Inflation and Indexation*, by Herbert Giersch." *Journal of Economic Literature* 13, no. 3 (September): 925-28.

Roberts, John M. 1993. "The Sources of Business Cycles: A Monetarist Interpretation." *International Economic Review* 34, no. 4 (November): 923-34.

———. 1995. "New Keynesian Economics and the Phillips Curve." *Journal of Money, Credit and Banking* 27, no. 4 (November): 975-84.

Roberts, Russell. 2006. "An Interview with Milton Friedman." *EconLib* (Library of Economics and Liberty), September 4. https://www.econlib.org/library/Columns/y2006/Friedmantranscript.html.

Robertson, Dennis H. 1954. "Utility and All What?" *Economic Journal* 64, no. 256 (December): 665-78.

Robinson, George Buchan. 1935. *Monetary Mischief*. New York: Columbia University Press.

Robinson, Romney. 1962. "The Report of the Commission on Money and Credit—Discussion."
*American Economic Review (Papers and Proceedings)* 52, no. 2 (May): 320-24.

Romer, Christina D. 2005. "Comment [on 'Origins of the Great Inflation' by Allan H. Meltzer]." *Federal Reserve Bank of St. Louis Review* 87, no. 2, part 2 (March/April): 177-86.

———. 2007. "Macroeconomic Policy in the 1960s: The Causes and Consequences of a Mistaken Revolution." Economic History Association Annual Meeting, September.

Romer, Christina D., and David H. Romer. 1989. "Does Monetary Policy Matter? A New Test in the Spirit of Friedman and Schwartz." *NBER Macroeconomics Annual* 4, no. 1, 121-84.

———. 1993. "Credit Channels or Credit Actions? An Interpretation of the Postwar Transmission Mechanism." In Federal Reserve Bank of Kansas City, ed., *Changing Capital Markets: Implications for Monetary Policy*. Kansas City, MO: Federal Reserve Bank of Kansas City. 71-116.

———. 1994a. "What Ends Recessions?" *NBER Macroeconomics Annual* 9, no. 1, 13-57.

———. 1994b. "Monetary Policy Matters." *Journal of Monetary Economics* 34, no. 1 (August): 75-88.

———. 2002a. "A Rehabilitation of Monetary Policy in the 1950's." *American Economic Review (Papers and Proceedings)* 92, no. 2 (May): 121-27.

———. 2002b. "The Evolution of Economic Understanding and Postwar Stabilization Policy." In Federal Reserve Bank of Kansas City, ed., *Rethinking Stabilization Policy*. Kansas City, MO: Federal Reserve Bank of Kansas City. 11-78.

———. 2004. "Choosing the Federal Reserve Chair: Lessons from History." *Journal of Economic Perspectives* 18, no. 1 (Winter): 129-62.

———. 2009. "A Narrative Analysis of Postwar Tax Changes." Manuscript, University of California, Berkeley, June.

———. 2010. "The Macroeconomic Effects of Tax Changes: Estimates Based on a New Measure of Fiscal Shocks." *American Economic Review* 100, no. 3 (June): 763-801.

———. 2013a. "The Missing Transmission Mechanism in the Monetary Explanation of the Great Depression." *American Economic Review (Papers and Proceedings)* 103, no. 3 (May): 66-72.

———. 2013b. "The Most Dangerous Idea in Federal Reserve History: Monetary Policy Doesn't Matter." *American Economic Review (Papers and Proceedings)* 103, no. 3 (May): 55-60.

———. 2013c. "Transfer Payments and the Macroeconomy: The Effects of Social Security Benefit Changes, 1952-1991." Manuscript, University of California, Berkeley.

Rostow, Eugene V. 1960. "To Whom and for What Ends Is Corporate Management Responsible?" In Edward S. Mason, ed., *The Corporation in Modern Society*. Cambridge, MA: Harvard University Press. 46-71.

Rotemberg, Julio J. 1987. "The New-Keynesian Microfoundations." *NBER Macroeconomics Annual* 2, no. 1, 69-104.

———. 2013. "Shifts in U.S. Federal Reserve Goals and Tactics for Monetary Policy: A Role for Penitence?" *Journal of Economic Perspectives* 27, no. 4 (Fall): 65-86.

Rothbard, Murray. 1971. "Milton Friedman Unraveled." *Individualist* 3, no. 2 (February): 3-7.

Rudebusch, Glenn D., and John C. Williams. 2008. "Forecasting Recessions: The Puzzle of the Enduring Power of the Yield Curve." Federal Reserve Bank of San Francisco Working Paper 2007-16, July.

Rutner, Jack L. 1975. "A Time Series Analysis of the Control of Money." *Federal Reserve Bank of Kansas City Monthly Review* 60, no. 1 (January): 3-9.

Samuelson, Paul A. 1948. *Economics: An Introductory Analysis*. New York: McGraw-Hill.

———. 1956. "Economic Forecasting and National Policy." In Gerhard Colm, ed., *The Employment Act, Past and Future: A Tenth Anniversary Symposium*. Washington, DC: National Planning Association. 130-36.

———. 1958. "An Exact Consumption-Loan Model of Interest with or without the Social Contrivance of Money." *Journal of Political Economy* 66, no. 6 (December): 467-82.

———. 1963a. "Reflections on Central Banking." *National Banking Review* 1, no. 1 (September): 15-28.

———. 1963b. "Problems of Methodology—Discussion." *American Economic Review (Papers and Proceedings)* 53, no. 2 (May): 231-36.

———. 1968. "What Classical and Neoclassical Monetary Theory Really Was." *Canadian Journal of Economics* 1, no. 1 (February): 1-15.

———. 1970a. *Economics*. 8th ed. New York: McGraw Hill.

———. 1970b. "Reflections on Recent Federal Reserve Policy." *Journal of Money, Credit and Banking* 2, no. 1 (February): 33-44.

———. 1970c. "Monetarism Objectively Evaluated." In Paul A. Samuelson and Felicity Skidmore, eds., *Readings in Economics*. 6th ed. New York: McGraw Hill. 145-54.

———. 1971. "Reflections on the Merits and Demerits of Monetarism." In James J. Diamond, ed., *Issues in Fiscal and Monetary Policy: The Eclectic Economist Views the Controversy*. Chicago: DePaul University. 7-21.

———. 1972. "Economic Problems concerning a Futures Market in Foreign Exchange." In International Monetary Market of the Chicago Mercantile Exchange, ed., *The Futures Market in Foreign Currencies*. Chicago: International Monetary Market of the Chicago Mercantile Exchange. 13-24.

———. 1973a. "Discussion [of Assar Lindbeck, 'Some Fiscal and Monetary Experiments in Sweden']." In Federal Reserve Bank of Boston, ed., *Credit Allocation Techniques and Monetary Policy: Proceedings of a Conference Held at Melvin Village, New

*Hampshire, June, 1973.* Boston: Federal Reserve Bank of Boston. 224-28.

———. 1973b. *The Samuelson Sampler.* Glen Ridge, NJ: Thomas Horton.

———. 1980. "The Public Role in the Modern American Economy." In Martin S. Feldstein, ed., *The American Economy in Transition.* Chicago: University of Chicago Press. 665-71.

———. 1983a. *Economics from the Heart: A Samuelson Sampler.* San Diego, CA: Harcourt Brace Jovanovich.

———. 1983b. "My Life Philosophy." *American Economist* 27, no. 2 (Fall): 5-12.

———. 1983c. "Discussion [of 'On Consumption Indexed Public Pension Plans']." In Zvi Bodie and John B. Shoven, eds., *Financial Aspects of the United States Pension System.* Chicago: University of Chicago Press. 276-87.

———. 1984. "Evaluating Reaganomics." *Challenge* 30, no. 6 (November/December): 4-11.

———. 1991. "Jacob Viner." In Edward Shils, ed., *Remembering the University of Chicago: Teachers, Scientists, and Scholars.* Chicago: University of Chicago Press. 533-47.

Samuelson, Paul A., and William D. Nordhaus. 1985. *Economics.* 12th ed. New York: McGraw Hill.

Samuelson, Paul A., and Robert M. Solow. 1960. "Analytical Aspects of Anti-inflation Policy." *American Economic Review (Papers and Proceedings)* 50, no. 2 (May): 177-94.

Sánchez-Fung, José R. 2015. "Estimating the Impact of Monetary Policy on Inequality in China." Bank of Finland BOFIT Discussion Paper No. 17, May.

Sanderson, Allen R. 2012. "Chicago Remembers Milton Friedman: Personal Reflections and Professional Intersections." Manuscript, Department of Economics, University of Chicago.

Sandilands, Roger J. 1990. *The Life and Political Economy of Lauchlin Currie: New Dealer, Presidential Adviser, and Development Economist.* Durham, NC: Duke University Press.

Sargent, Thomas J. 1969. "Commodity Price Expectations and the Interest Rate." *Quarterly Journal of Economics* 83, no. 1 (February): 127-40.

———. 1971. "A Note on the 'Accelerationist' Controversy." *Journal of Money,*

*Credit and Banking* 3, no. 3 (August): 721-25.

———. 1972. "Rational Expectations and the Term Structure of Interest Rates." *Journal of Money, Credit and Banking* 4, no. 1, part 1 (February): 74-97.

———. 1973a. "Rational Expectations, the Real Rate of Interest, and the Natural Rate of Unemployment." *Brookings Papers on Economic Activity* 4, no. 2, 429-72.

———. 1973b. "Interest Rates and Prices in the Long Run: A Study of the Gibson Paradox." *Journal of Money, Credit and Banking* 5, no. 1, part 2 (February): 383-449.

———. 1976a. "Testing for Neutrality and Rationality." In Federal Reserve Bank of Minneapolis, ed., *Prescription for Monetary Policy: Proceedings from a Seminar Series, December 1976*. Minneapolis: Federal Reserve Bank of Minneapolis. 65-85.

———. 1976b. "A Classical Macroeconometric Model for the United States." *Journal of Political Economy* 84, no. 2 (April): 207-38.

———. 1977a. "Observations on Improper Methods of Simulating and Teaching Friedman's Time Series Consumption Model." *International Economic Review* 18, no. 2 (June): 445-62.

———. 1977b. "The Demand for Money during Hyperinflations under Rational Expectations: I." *International Economic Review* 18, no. 1 (February): 59-82.

———. 1981. "Interpreting Economic Time Series." *Journal of Political Economy* 89, no. 2 (April): 213-48.

———. 1982a. "Nongradualist Approaches to Eliminating Inflation." In Federal Reserve Bank of Atlanta, ed., *Supply-Side Economics in the 1980s: Conference Proceedings*. Westport, CT: Quorum Books. 107-13.

———. 1982b. "Beyond Demand and Supply Curves in Macroeconomics." *American Economic Review (Papers and Proceedings)* 72, no. 2 (May): 382-89.

———. 1987a. *Macroeconomic Theory*. 2nd ed. New York: Academic.

———. 1987b. *Dynamic Macroeconomic Theory*. Cambridge, MA: Harvard University Press.

———. 1987c. *Some of Milton Friedman's Scientific Contributions to Macroeconomics*. Stanford, CA: Hoover Institution.

———. 1993. "Milton, Money, and Mischief: Symposium and Articles in Honor of

Milton Friedman's 80th Birthday." *Economic Inquiry* 31, no. 2 (April): 210-12.

———. 1996. "Expectations and the Nonneutrality of Lucas." *Journal of Monetary Economics* 37, no. 3 (June): 535-48.

———. 1999. *The Conquest of American Inflation*. Princeton, NJ: Princeton University Press.

———. 2002. "Commentary: The Evolution of Economic Understanding and Postwar Stabilization Policy." In Federal Reserve Bank of Kansas City, ed., *Rethinking Stabilization Policy*. Kansas City, MO: Federal Reserve Bank of Kansas City. 79-94.

Sargent, Thomas J., and Neil A. Wallace. 1975. "'Rational' Expectations, the Optimal Monetary Instrument, and the Optimal Money Supply Rule." *Journal of Political Economy* 83, no. 2 (April): 241-54.

———. 1981. "Some Unpleasant Monetarist Arithmetic." *Federal Reserve Bank of Minneapolis Quarterly Review* 5, no. 1 (Winter): 1-17.

Sbordone, Argia M. 2002. "Prices and Unit Labor Costs: A New Test of Price Stickiness." *Journal of Monetary Economics* 49, no. 2 (March): 265-92.

Scadding, John L. 1979. "Estimating the Underlying Inflation Rate." *Federal Reserve Bank of Economic Review* 61, no. 2 (Spring): 7-18.

Schlesinger, James R. 1956. "After Twenty Years: *The General Theory*." *Quarterly Journal of Economics* 70, no. 4 (November): 581-602.

Schmalensee, Richard. 1983. "George Stigler's Contributions to Economics." *Scandinavian Journal of Economics* 85, no. 1, 77-86.

Schmitt, Karl M., and David D. Burks. 1963. *Evolution or Chaos: Dynamics of Latin American Government and Politics*. London: Paul Mall Press.

Schultz, Henry. 1938. *The Theory and Measurement of Demand*. Chicago: University of Chicago Press.

Schultze, Charles L. 1996. "The CEA: An Inside Voice for Mainstream Economics." *Journal of Economic Perspectives* 10, no. 3 (Summer): 23-39.

Schwartz, Anna J. 1976. "Comments on Modigliani and Ando." In Jerome L. Stein, ed., *Monetarism*. Amsterdam: North-Holland. 43-49.

———. 1981. "Understanding 1929-33." In Karl Brunner, ed., *The Great Depression*

*Revisited*. Boston: Martinus Nijhoff. 5-48.

———. 1983. "Monetary Issues." *NBER Reporter* 7, no. 4 (Winter): 14-18.

———. 1992. "Review: *Milton Friedman: Economics in Theory and Practice.*" *Economic Journal* 102, no. 413 (July): 959-61.

———. 1993. "Milton, Money, and Mischief: Symposium and Articles in Honor of Milton Friedman's 80th Birthday." *Economic Inquiry* 31, no. 2 (April): 206-10.

Schwarzer, Johannes. 2016. *Price Stability versus Full Employment: The Phillips Curve Dilemma Reconsidered*. PhD thesis, University of Hohenheim.

Schwert, G. William. 1987. "Effects of Model Specification on Tests for Unit Roots in Macroeconomic Data." *Journal of Monetary Economics* 20, no. 1 (July): 73-103.

Seers, Dudley. 1962. "A Theory of Inflation and Growth in Under-developed Economies Based on the Experience of Latin America." *Oxford Economic Papers* 14, no. 2 (June): 173-95.

Selden, Richard T. 1961. "The Postwar Rise in the Velocity of Money: A Sectoral Analysis." *Journal of Finance* 16, no. 4 (December): 483-545.

———. 1975a. "A Critique of Dutch Monetarism." *Journal of Monetary Economics* 1, no. 2 (April): 221-32.

———, ed. 1975b. *Capitalism and Freedom—Problems and Prospects: Proceedings of a Conference in Honor of Milton Friedman*. Charlottesville: University Press of Virginia.

Shapiro, Eli. 1966. "The Anatomy of the United States Balance of Payments." In Eli Shapiro and O. Guinn Smith, eds., *Frontiers of Knowledge: Proceedings of the Third International Investment Symposium Held at the Harvard Business School, Boston, Massachusetts, July 10 to July 15, 1966*. Boston: Boston Company. 321-41.

Shepherd, George B. 1995. *Rejected: Leading Economists Ponder the Publication Process*. Sun Lakes, AZ: Thomas Horton and Daughters. Shiller, Robert J. 1978. "Rational Expectations and the Dynamic Structure of Macroeconomic Models: A Critical Review." *Journal of Monetary Economics* 4, no. 1 (January): 1-44.

Simpson, Thomas D. 1980. "The Redefined Monetary Aggregates." *Federal Reserve Bulletin* 66, no. 2 (February): 97-114.

Sims, Christopher A. 1972. "Money, Income, and Causality." *American Economic*

*Review* 62, no. 4 (September): 540-52.

———. 1974. "Distributed Lags." In Michael D. Intriligator and David A. Kendrick, eds., *Frontiers of Quantitative Economics*. Vol. 2. Amsterdam: North-Holland. 289-332.

———. 1992. "Interpreting the Macroeconomic Time Series Facts: The Effects of Monetary Policy." *European Economic Review* 36, no. 5 (June): 975-1000.

———. 2009. "Inflation Expectations, Uncertainty, the Phillips Curve, and Monetary Policy." In Jeffrey C. Fuhrer, Jane S. Little, Yolanda K. Kodrzycki, and Giovanni P. Olivei, eds., *Understanding Inflation and the Implications for Monetary Policy: A Phillips Curve Retrospective*. Cambridge, MA: MIT Press. 247-65.

———. 2012. "Statistical Modeling of Monetary Policy and Its Effects." *American Economic Review* 102, no. 4 (June): 1187-205.

———. 2013. "Paper Money." *American Economic Review (Papers and Proceedings)* 103, no. 2 (May): 563-84.

Sinclair, Peter J. N. 1983. *The Foundations of Macroeconomic and Monetary Theory*. Oxford: Oxford University Press.

Skousen, Mark. 2001. *The Making of Modern Economics: The Lives and Ideas of the Great Thinkers*. Armonk, NY: M. E. Sharpe.

Smith, Adam. 1776. *An Inquiry into the Nature and Causes of the Wealth of Nations*. Reissued version: Edwin Cannan, ed., New York: Modern Library, 1937.

Snowdon, Brian, and Howard R. Vane. 1997. "Modern Macroeconomics and Its Evolution from a Monetarist Perspective: An Interview with Professor Milton Friedman." *Journal of Economic Studies* 24, no. 4 (July/August): 192-222 (191-221 in some printings).

———. 1999. *Conversations with Leading Economists: Interpreting Modern Macroeconomics*. Cheltenham, UK: Edward Elgar.

Snowdon, Brian, Howard R. Vane, and Peter Wynarczyk. 1994. *A Modern Guide to Macroeconomics: An Introduction to Competing Schools of Thought*. Cheltenham, UK: Edward Elgar.

Sobel, Lester A. 1974. *Inflation and the Nixon Administration*. Vol. 1, *1969-71*. New York: Facts on File.

———. 1975. *Inflation and the Nixon Administration*. Vol. 2, *1972-74*. New York:

Facts on File.

Solomon, Robert. 1965. "Commentary on an Article by Professor Friedman." *Staff Economic Comment* (Federal Reserve Board) 8, no. 19 (April): 31-34. Federal Reserve Board Library.

Solow, Robert M. 1966a. "The Case against the Case against the Guideposts." In George P. Shultz and Robert Z. Aliber, eds., *Guidelines: Informal Controls and the Market Place*. Chicago: University of Chicago Press. 41-54.

———. 1966b. "Comments." In George P. Shultz and Robert Z. Aliber, eds., *Guidelines: Informal Controls and the Market Place*. Chicago: University of Chicago Press. 62-66.

———. 1967. "The New Industrial State: Or Son of Affluence." *Public Interest* 9, no. 1 (Fall): 100-108.

———. 1968. "Recent Controversy in the Theory of Inflation: An Eclectic View." In Stephen W. Rousseas, ed., *Inflation: Its Causes, Consequences and Control; A Symposium Held by the Department of Economics, New York University, January 31, 1968*. Wilton, CT: Kazanjian Economic Foundation. 1-17.

———. 1969. *Price Expectations and the Behavior of the Price Level*. Manchester, UK: Manchester University Press.

———. 1970. "Comments and Discussion [regarding R. J. Gordon, 'The Recent Acceleration of Inflation and Its Lessons for the Future']." *Brookings Papers on Economic Activity* 1, no. 1, 42-43.

———. 1976. "Down the Phillips Curve with Gun and Camera." In David A. Belsley, Edward J. Kane, Paul A. Samuelson, and Robert M. Solow, eds., *Inflation, Trade and Taxes: Essays in Honor of Alice Bourneuf*. Columbus: Ohio State University Press. 3-22.

———. 1978a. "Summary and Evaluation." In Federal Reserve Bank of Boston, ed., *After the Phillips Curve: Persistence of High Inflation and High Unemployment; Proceedings of a Conference Held at Edgartown, Massachusetts, June 1978*. Boston: Federal Reserve Bank of Boston. 203-9.

———. 1978b. "What We Know and Don't Know about Inflation." *Technology Review* 81, no. 3 (December): 31-46.

———. 2000. "The Kennedy Council in the Long Run." In George L. Perry and James Tobin, eds., *Economic Events, Ideas, and Policies: The 1960s and After*. Washington, DC: Brookings Institution. 111-24.

———. 2012. "The Serfdom Scare." *New Republic* 243, no. 18 (December 6): 40-43.

Sowell, Thomas. 1981. *Markets and Minorities*. New York: Basic Books.

Speers, Michael F. 1982. "NSA Revealed." *Foreign Service Journal* 59, no. 11 (December): 10-12.

Sprinkel, Beryl W. 1964. *Money and Stock Prices*. Homewood, IL: Richard D. Irwin.

Stein, Herbert. 1969. *The Fiscal Revolution in America*. Chicago: University of Chicago Press.

———. 1996. *The Fiscal Revolution in America*. 2nd rev. ed. Washington, DC: AEI.

———. 1998. *What I Think: Essays on Economics, Politics, and Life*. Washington, DC: AEI.

Stein, Jerome L., ed. 1976a. *Monetarism*. Amsterdam: North-Holland.

———. 1976b. "Introduction: The Monetarist Critique of the New Economics." In Jerome L. Stein, ed., *Monetarism*. Amsterdam: North-Holland. 1-16.

Steindl, Frank G. 1988. "Anticipations of 'The Great Contraction'?" *History of Political Economy* 20, no. 1 (Spring): 65-83.

———. 1991. "The Monetary Economics of Lauchlin Currie." *Journal of Monetary Economics* 27, no. 3 (June): 445-61.

Stigler, George J. 1946. "The Economics of Minimum Wage Legislation." *American Economic Review* 36, no. 3 (June): 358-65.

———. 1975. "The Intellectual and His Society." In Richard T. Selden, ed., *Capitalism and Freedom—Problems and Prospects: Proceedings of a Conference in Honor of Milton Friedman*. Charlottesville: University Press of Virginia. 311-21.

———. 1988. *Memoirs of an Unregulated Economist*. New York: Basic Books.

Stigler, George J., and James Kindahl. 1970. *The Behavior of Industrial Prices*. New York: Columbia University Press.

Stock, James H., and Mark W. Watson. 1993. "A Simple Estimator of Cointegrating Vectors in Higher Order Integrated Systems." *Econometrica* 61, no. 4 (July): 783-820.

Stokey, Nancy L., Robert E. Lucas, Jr., and Edward C. Prescott. 1989. *Recursive Methods in Economic Dynamics*. Cambridge, MA: Harvard University Press.

Summers, Lawrence H. 1983. "The Nonadjustment of Nominal Interest Rates: A Study of the Fisher Effect." In James Tobin, ed., *Macroeconomics, Prices and Quantities: Essays in Memory of Arthur M. Okun*. Washington, DC: Brookings Institution. 204-41.

———. 1986. "Estimating the Long-Run Relationship between Interest Rates and Inflation: A Response to McCallum." *Journal of Monetary Economics* 18, no. 1 (July): 77-86.

Sutton, F. X. 1963. "Friedman, *Capitalism and Freedom*." *American Sociological Review* 28, no. 3 (June): 491-92.

Svensson, Lars E. O. 1999. "Inflation Targeting as a Monetary Policy Rule." *Journal of Monetary Economics* 43, no. 3 (June): 607-54.

Swanson, Eric T. 2011. "Let's Twist Again: A High Frequency Event-Study Analysis of Operation Twist and Its Implications for QE2." *Brookings Papers on Economic Activity* 42, no. 1 (Spring): 151-88.

Swoboda, Alexander K. 1980. *Credit Creation in the Euromarket: Alternative Theories and Implications for Control*. Group of Thirty Occasional Paper No. 2.

Tarhan, Vefa, and Paul A. Spindt. 1983. "Bank Earning Asset Behavior and Causality between Reserves and Money: Lagged versus Contemporaneous Reserve Accounting." *Journal of Monetary Economics* 12, no. 2, 331-41.

Tatom, John A. 1981a. "We Are All Supply-Siders Now!" *Federal Reserve Bank of St. Louis Review* 63, no. 5 (May): 18-30.

———. 1981b. "What Ever Happened to the Phillips Curve?" Federal Reserve Bank of St. Louis Working Paper 1981-008A.

———. 1988. "Are the Macroeconomic Effects of Oil-Price Changes Symmetric?" *Carnegie-Rochester Conference Series on Public Policy* 28, no. 1 (Spring): 325-68.

Tavlas, George S. 1977a. "Chicago Schools Old and New on the Efficacy of Monetary Policy." *Banca Nazionale del Lavoro Quarterly Review* 30, no. 120 (March): 51-73.

———. 1977b. "The Chicago Tradition Revisited: Some Neglected Monetary Contributions; Senator Paul Douglas (1892-1976)." *Journal of Money, Credit and Banking* 9, no. 4 (November): 529-35.

———. 1998. "More on the Chicago Tradition." *Journal of Economic Studies* 25, no. 1 (January): 17-21.

———. 2015. "In Old Chicago: Simons, Friedman and the Development of Monetary-Policy Rules." *Journal of Money, Credit and Banking* 47, no. 1 (February): 99-121.

Taylor, John B. 1980. "Aggregate Dynamics and Staggered Contracts." *Journal of Political Economy* 88, no. 1 (February): 1-23.

———. 1993. "Discretion versus Policy Rules in Practice." *Carnegie Rochester Conference Series on Public Policy* 39, no. 1, 195-214.

———. 1999. "An Historical Analysis of Monetary Policy Rules." In John B. Taylor, ed., *Monetary Policy Rules*. Chicago: University of Chicago Press. 319-41.

———. 2001. "An Interview with Milton Friedman." *Macroeconomic Dynamics* 5, no. 1 (February): 101-31.

———. 2012. *First Principles: Five Keys to Restoring America's Prosperity*. New York: W. W. Norton.

Teigen, Ronald L. 1972. "A Critical Look at Monetarist Economics." *Federal Reserve Bank of St. Louis Review* 54, no. 1 (January): 10-25.

Teller, Edward. 2001. *Memoirs: A Twentieth-Century Journey in Science and Politics*. Cambridge, MA: Perseus.

Telser, Lester G. 1955. "Safety First and Hedging." *Review of Economic Studies* 23, no. 1, 1-16.

Thirlwall, A. P. 1972. "The Phillips Curve: An Historical Note." *Economica* 39, no. 155 (August): 325.

Thomas, R. L. 1974. "The Cross Sectional Phillips Curve." *Manchester School of Economic and Social Studies* 42, no. 3 (September): 205-39.

Thomas, Woodlief. 1966. "Measuring Inflation: Monetary Aspects." *Business Economics* 1, no. 3 (Spring): 10-15.

Thornton, Daniel L. 1982. "Simple Analytics of the Money Supply Process and Monetary Control." *Federal Reserve Bank of St. Louis Review* 64, no. 8 (October): 22-39.

Thygesen, Niels. 1977. "The Scientific Contributions of Milton Friedman."

*Scandinavian Journal of Economics* 79, no. 1, 56-98.

Tobin, James. 1947. "Liquidity Preference and Monetary Policy." *Review of Economics and Statistics* 29, no. 2 (May): 124-31.

———. 1958a. "Liquidity Preference as Behavior towards Risk." *Review of Economic Studies* 25, no. 2 (February): 65-86.

———. 1958b. "Discussion of Milton Friedman's [Summary Paper] 'A Theory of the Consumption Function.'" In Lincoln H. Clark, ed., *Consumer Behavior: Research on Consumer Reactions*. New York: Harper and Brothers. 447-54.

———. 1963a. "An Essay on the Principles of Debt Management." In Commission on Money and Credit, ed., *Fiscal and Debt Management Policies*. Englewood Cliffs, NJ: Prentice Hall. 143-218.

———. 1963b. "Commercial Banks as Creators of 'Money.'" In Deane Carson, ed., *Banking and Monetary Studies*. Homewood, IL: Richard D. Irwin. 408-19.

———. 1965a. "The Monetary Interpretation of History." *American Economic Review* 55, no. 3 (June): 464-85.

———. 1965b. "Money and Economic Growth." *Econometrica* 33, no. 4 (October): 671-84.

———. 1965c. "On Improving the Economic Status of the Negro." *Daedalus* 94, no. 4 (Fall): 878-98. Abridged version appeared as "The Negative Income Tax," in Paul A. Samuelson and Felicity Skidmore, eds., *Readings in Economics*. 6th ed. New York: McGraw Hill. 97-100.

———. 1966a. "Check the Boom?" *New Republic* 155, no. 10 (September 3): 9-14.

———. 1966b. "Thoughts on Current Monetary Policy." Memorandum for consultants meeting, Federal Reserve Board, October 21.

———. 1967. "Unemployment and Inflation: The Cruel Dilemma." In Almarin Phillips and Oliver E. Williamson, eds., *Price Issues in Theory, Practice and Policy*. Philadelphia: University of Pennsylvania Press. 101-7.

———. 1968. "Comment on Phillip Cagan, 'Theories of Mild, Continuing Inflation: A Critique and Extension.'" In Stephen W. Rousseas, ed., *Inflation: Its Causes, Consequences and Control; A Symposium Held by the Department of Economics, New York University,*

*January 31, 1968*. Wilton, CT: Kazanjian Economic Foundation. 48-54.

———. 1969a. "A General Equilibrium Approach to Monetary Theory." *Journal of Money, Credit and Banking* 1, no. 1 (February): 15-29.

———. 1969b. "The Role of Money in National Economic Policy: Panel Discussion." In Federal Reserve Bank of Boston, ed., *Controlling Monetary Aggregates: Proceedings of the Monetary Conference Held on Nantucket Island, June 8-10, 1969*. Boston: Federal Reserve Bank of Boston. 21-25.

———. 1970a. "Money and Income: Post Hoc Ergo Propter Hoc?" *Quarterly Journal of Economics* 84, no. 2 (May): 301-17.

———. 1970b. "Rejoinder." *Quarterly Journal of Economics* 84, no. 2 (May): 328-29.

———. 1970c. "Deposit Interest Ceilings as a Monetary Control." *Journal of Money, Credit and Banking* 2, no. 1 (February): 4-14.

———. 1972a. "Friedman's Theoretical Framework." *Journal of Political Economy* 80, no. 5 (September/October): 852-63.

———. 1972b. "Inflation and Unemployment." *American Economic Review* 62, nos. 1-2 (March): 1-18.

———. 1972c. "The Wage-Price Mechanism: Overview of the Conference." In Otto Eckstein, ed., *The Econometrics of Price Determination: Conference, October 30-31, 1970*. Washington, DC: Federal Reserve Board. 5-15.

———. 1974a. "Monetary Policy in 1974 and Beyond." *Brookings Papers on Economic Activity* 5, no. 1, 219-32.

———. 1974b. "Friedman's Theoretical Framework: Postscript." In Robert J. Gordon, ed., *Milton Friedman's Monetary Framework: A Debate with His Critics*. Chicago: University of Chicago Press. 88-89.

———. 1974c. *The New Economics One Decade Older*. Princeton, NJ: Princeton University Press.

———. 1978a. "Comment from an Academic Scribbler." *Journal of Monetary Economics* 4, no. 3 (August): 617-25.

———. 1978b. "Monetary Policies and the Economy: The Transmission Mechanism." *Southern Economic Journal* 44, no. 3 (January): 421-31.

———. 1979. "Redefining the Aggregates: Comments on the Exercise; For Federal Reserve Seminar April 19, 1979." Printed in Committee on Banking, Finance and Urban Affairs, US House of Representatives, *Measuring the Money Aggregates: Compendium of Views Prepared by the Subcommittee on Domestic Monetary Policy of the Committee on Banking, Finance and Urban Affairs, House of Representatives, February 1980.* Washington, DC: US Government Printing Office. 317-26.

———. 1980. *Asset Accumulation and Economic Activity: Reflections on Contemporary Macroeconomic Theory.* Chicago: University of Chicago Press.

———. 1981a. "Book Review: *Keynes' Monetary Thought: A Study of Its Development* by Don Patinkin." *Journal of Political Economy* 89, no. 1, 204-7.

———. 1981b. "The Monetarist Counter-revolution Today—an Appraisal." *Economic Journal* 91, no. 361 (March): 29-42.

———. 1981c. "Comment on Michael Bruno and Jeffrey Sachs, 'Supply versus Demand Approaches to the Problem of Stagflation.'" In Herbert Giersch, ed., *Macroeconomic Policies for Growth and Stability: A European Perspective, Symposium 1979.* Tübingen: Institut für Weltwirtschaft an der Universität Kiel; J. C. B. Mohr (Paul Siebeck). 61-69.

———. 1982. "The Commercial Banking Firm: A Simple Model." *Scandinavian Journal of Economics* 84, no. 4, 495-530.

———. 1985. "On Consequences and Criticisms of Monetary Targeting; or, Monetary Targeting: Dead at Last? Comment." *Journal of Money, Credit and Banking* 17, no. 4, part 2 (November): 605-9.

———. 1986. "A Professional Autobiography." In William Breit and Roger W. Spencer, eds., *Lives of the Laureates.* Cambridge, MA: MIT Press. (Paperback edition, 1988.) 113-35.

———. 1987a. "Keynesian Economics and Its Renaissance." In David A. Reese, ed., *The Legacy of Keynes.* New York: Harper and Row. 94-121.

———. 1987b. "Irving Fisher." In John Eatwell, Murray Milgate, and Peter Newman, eds., *The New Palgrave: A Dictionary of Economics.* Vol. 2, *E to J.* London: Macmillan. 369-76.

———. 1995. "The Natural Rate as New Classical Macroeconomics." In Rod Cross, ed., *The Natural Rate of Unemployment: Reflections on 25 Years of the Hypothesis.* Cambridge: Cambridge University Press. 32-42.

Tobin, James, and William C. Brainard. 1990. "On Crotty's Critique of $q$-Theory." *Journal of Post Keynesian Economics* 12, no. 4 (Summer): 543-49.

Tobin, James, and Willem H. Buiter. 1980. "Fiscal and Monetary Policies, Capital Formation, and Economic Activity." In George M. Von Furstenberg, ed., *The Government and Capital Formation.* Cambridge, MA: Ballinger. 73-151.

Tobin, James, and Stephen S. Golub. 1998. *Money, Credit, and Capital.* Boston: Irwin/ McGraw-Hill.

Tobin, James, and Leonard Ross. 1971. "Living with Inflation." *New York Review of Books* 16, no. 8 (May 6): 23-26.

Townsend, Robert M. 1980. "Models of Money with Spatially Separated Agents." In John H. Kareken and Neil A. Wallace, eds., *Models of Monetary Economies.* Minneapolis: Federal Reserve Bank of Minneapolis. 265-303.

Triffin, Robert. 1979. "Introduction." In Robert Triffin, ed., *EMS: The Emerging European Monetary System.* Brussels: National Bank of Belgium. 7-8.

Tulip, Peter. 2004. "Do Minimum Wages Raise the NAIRU?" *Topics in Macroeconomics* 4, no. 1, article 7, 1-34.

Turnovsky, Stephen J. 1974. "On the Role of Inflationary Expectations in a Short-Run Macro-economic Model." *Economic Journal* 84, no. 334 (June): 317-37.

Turnovsky, Stephen J., and Michael L. Wachter. 1972. "A Test of the 'Expectations Hypothesis' Using Directly Observed Wage and Price Expectations." *Review of Economics and Statistics* 54, no. 1 (February): 47-54.

University of Chicago Press. 1980. "The Foremost Journal in Its Field: *Journal of Political Economy.*" *Oxford Economic Papers* 32, no. 1 (March): v.

US Chamber of Commerce. 1967. *National Symposium on Guaranteed Income, December 1966.* Washington, DC: US Chamber of Commerce.

Vaizey, John, ed. 1975. *Whatever Happened to Equality?* London: British Broadcasting Corporation.

Vane, Howard R., and Chris Mulhearn. 2009. "Interview with Edmund S. Phelps." *Journal of Economic Perspectives* 23, no. 3 (Summer): 109-24.

Van Hoa, Tran. 1985. "Appendix: Testing the Macroeconomic Mix in the Major Seven OECD Countries." In J. O. N. Perkins and Tran Van Hoa, *The Macroeconomic Mix in the Industrialised World*. London: Macmillan. 113-29.

Van Horn, Robert. 2010. "Aaron Director." In Ross B. Emmett, ed., *The Elgar Companion to the Chicago School of Economics*. Cheltenham, UK: Edward Elgar. 265-69.

Vatter, Harold G., and John F. Walker. 1983. "Can the Good Performance of the 1960s Be Repeated in the 1980s?" *Journal of Economic Issues* 17, no. 2 (June): 369-78.

Veblen, Thorstein. 1923. *Absentee Ownership and Business Enterprise in Recent Times: The Case of America*. New York: Huebsch.

Volcker, Paul A. 1967. "A New Look at Monetary and Fiscal Policy." *Business Economics* 3, no. 1 (Fall): 29-31.

———. 1977. "A Broader Role for Monetary Targets." *Federal Reserve Bank of New York Quarterly Review* 59, no. 1 (Spring): 23-28.

Vrooman, John. 1979. "Does the St. Louis Equation Even Believe in Itself? A Comment." *Journal of Money, Credit and Banking* 11, no. 1 (February): 111-17.

Walker, Daniel. 1971. "Corporate Management Options." In the Conference Board, ed., *Economic Fact and Antitrust Goals: Inputs for Corporate Planning, Tenth Conference on Antitrust Issues in Today's Economy; Transcript of Conference March 11, 1971*. New York: Conference Board. 1-6.

Walker, Greg. 1983. "Monetarist Theory." In John M. Veale, ed., *Australian Macroeconomics: Problems and Policy*. 2nd ed. Sydney: Prentice Hall of Australia. 77-84.

Wallace, Neil A. 1977. "Why the Fed Should Consider Holding M0 Constant." *Federal Reserve Bank of Minneapolis Quarterly Review* 1, no. 1 (Summer): 2-10.

Wallace, T. Dudley, and J. Lew Silver. 1988. *Econometrics: An Introduction*. Reading, MA: Addison-Wesley.

Wallechinsky, David, Amy Wallace, and Irving Wallace. 1981. *The "People's Almanac" Presents the Book of Predictions*. New York: Bantam.

Wallich, Henry C. 1969. "The Role of Money in National Economic Policy: Panel

Discussion." In Federal Reserve Bank of Boston, ed., *Controlling Monetary Aggregates: Proceedings of the Monetary Conference Held on Nantucket Island, June 8-10, 1969.* Boston: Federal Reserve Bank of Boston. 31-36.

Wallis, Kenneth F., and John D. Whitley. 1991. "Macro Models and Macro Policy in the 1980s." *Oxford Review of Economic Policy* 7, no. 3 (Autumn): 118-27.

Wallis, W. Allen, and Milton Friedman. 1942. "The Empirical Derivation of Indifference Functions." In Oskar Lange, Francis McIntyre, and Theodore Otto Yntema, eds., *Studies in Mathematical Economics and Econometrics.* Chicago: University of Chicago Press. 175-89.

Walsh, Carl E. 2010. *Monetary Theory and Policy.* 3rd ed. Cambridge, MA: MIT Press.

Walters, Alan A. 1987. "Milton Friedman." In John Eatwell, Murray Milgate, and Peter Newman, eds., *The New Palgrave: A Dictionary of Economics.* Vol. 2, *E to J.* London: Macmillan. 422-27.

———. 1990. "Comment [on Gerald Holtham, Giles Keating, and Peter D. Spencer, 'The Demand for Liquid Assets in Germany and the United Kingdom']." In Peter Hooper, Karen H. Johnson, Donald L. Kohn, David E. Lindsey, Richard D. Porter, and Ralph W. Tryon, eds., *Financial Sectors in Open Economies: Empirical Analysis and Policy Issues.* Washington, DC: Board of Governors of the Federal Reserve System. 268-71.

Warburton, Clark. 1950a. "Co-ordination of Monetary, Bank Supervisory, and Loan Agencies of the Federal Government." *Journal of Finance* 5, no. 2 (June): 148-69.

———. 1950b. "The Theory of Turning Points in Business Fluctuations." *Quarterly Journal of Economics* 64, no. 4 (November): 525-49.

———. 1962. "Monetary Disturbances and Business Fluctuations in Two Centuries of American History." In Leland B. Yeager, ed., *In Search of a Monetary Constitution.* Cambridge, MA: Harvard University Press. 61-93.

———. 1976. "*Gold, Money and the Law,* edited by Henry G. Manne and Roger LeRoy Miller." *Journal of Money, Credit and Banking* 8, no. 4 (November): 542-43.

Weidenbaum, Murray L. 1970. "Economic Policy in a Post-Vietnam Economy." In National Planning Association, Center for Economic Projections, ed., *Consumption*

*Issues in the Seventies: Proceedings; Tenth Annual Conference of the Center for Economic Projections, March 12-13, 1970*. National/Regional Economic Projections Series, Report No. 70-J-1, July. Washington, DC: National Planning Association. 85-93.

Weintraub, Sidney. 1961. *Classical Keynesianism, Monetary Theory, and the Price Level*. Philadelphia: Chilton.

Wells, Wyatt C. 1994. *Economist in an Uncertain World: Arthur F. Burns and the Federal Reserve, 1970-1978*. New York: Columbia University Press.

Weyl, E. Glen. 2015. "Price Theory." Manuscript, University of Chicago, July.

Wheelock, David C. 1989. "The Fed's Failure to Act as Lender of Last Resort during the Great Depression, 1929-1933." In Federal Reserve Bank of Chicago, ed., *Conference on Bank Structure and Competition*. Chicago: Federal Reserve Bank of Chicago. 154-76.

Whitesell, William C., and Sean Collins. 1996. "A Minor Redefinition of M2." Federal Reserve Board Finance and Economics Discussion Series Paper No. 1996-7.

Wicksell, Knut. 1935. *Lectures on Political Economy*. Vol. 2, *Money*. London: George Routledge and Sons.

Williamson, John. 1979. "The Failure of Global Fixity." In Robert Triffin, ed., *EMS: The Emerging European Monetary System*. Brussels: National Bank of Belgium. 19-40.

Willms, Manfred. 1976. "Money Creation in the Euro-Currency Market." *Weltwirtschaftliches Archiv* 112, no. 2, 201-30.

Wonnacott, Paul. 1974. *Macroeconomics*. Homewood, IL: Richard D. Irwin.

Wonnacott, Paul, and Ronald J. Wonnacott. 1979. *Economics*. New York: McGraw Hill.

Wood, Geoffrey E. 1995. "The Quantity Theory in the 1980s: Hume, Thornton, Friedman and the Relation between Money and Inflation." In Mark Blaug et al., *The Quantity Theory of Money: From Locke to Keynes and Friedman*. Cheltenham, UK: Edward Elgar. 97-119.

Wood, John H. 1981. "The Economics of Professor Friedman." In George Horwich and James P. Quirk, eds., *Essays in Contemporary Fields of Economics: In Honor of Emanuel T. Weiler (1914-1979)*. West Lafayette, IN: Purdue University Press. 191-241.

Woodford, Michael. 2000. "Monetary Policy in a World without Money." *International*

*Finance* 3, no. 2 (July): 229-60.

———. 2003. *Interest and Prices: Foundations of a Theory of Monetary Policy.* Princeton, NJ: Princeton University Press.

———. 2009. "Globalization and Monetary Control." In Jordi Galí and Mark Gertler, eds., *International Dimensions of Monetary Policy.* Chicago: University of Chicago Press. 13-77.

Worthy, James C., and Theodore Levitt. 1959. "Social Responsibility of Business—Two Points of View: Executive Seminar, April 22, 1959." With an introduction by Robert K. Burns. Industrial Relations Center, University of Chicago. Occasional Papers in Management, Organization, Industrial Relations No. 13, Industrial Relations Center, University of Chicago.

Yeager, Leland B. 1962. "Introduction." In Leland B. Yeager, ed., *In Search of a Monetary Constitution.* Cambridge, MA: Harvard University Press. 1-25.

———. 1968. "Essential Properties of the Medium of Exchange." *Kyklos* 21, no. 1, 45-69.

Yohe, William P., and Denis S. Karnosky. 1969. "Interest Rates and Price Level Changes, 1952-69." *Federal Reserve Bank of St. Louis Review* 51, no. 12 (December): 18-38.

# 致谢

笔者感谢芝加哥大学出版社的现任和前任编辑们的指导与鼓励,特别是组织本书委托制作的乔·杰克逊,以及负责整个项目直至完成的简·麦克唐纳和艾伦·托马斯。笔者也要感谢凯瑟琳·凯奇夫一丝不苟的文字编辑工作,以及马克·雷施克和艾丽西娅·斯派洛的制作建议。

笔者也要感谢许多对本书不同版本的手稿进行评论的人。在很多情况下,评论涉及手稿的特定章节。因而,本书的各章都有一个致谢注释,以便对这些章节的早期版本收到的反馈意见进行感谢。此外,笔者要感谢迈克尔·博尔多、查尔斯·古德哈特、戴维·莱德勒和戴维·林德塞对整个书稿的评论,以及威廉·A.艾伦、拉塞尔·博伊尔、托马斯·汉弗莱、道格拉斯·欧文、詹姆斯·罗迪安、安-玛丽·梅伦戴克、已过世的艾伦·梅尔策、迈克尔·帕尔金、查尔斯·斯坦德尔、乔治·塔弗拉斯、罗伊·温特劳布和已过世的唐纳德·温奇对许多章节的评论。已过世的胡里奥·罗腾伯格就本书的写作提供了大量的建议和鼓励,并对多章提供了详细的评论。

而且,在开始写作本书之前的许多岁月中,笔者得益于与许多人就弗里德曼在货币经济学中的地位进行了广泛的讨论。这些人包括迈克尔·博尔多、蒂姆·康登、罗伯特·赫泽尔、本内特·麦卡勒姆、已过世的艾伦·梅尔策、克里斯蒂娜·罗默、戴维·罗默、安娜·施瓦茨(已过世)、乔治·塔弗拉斯和约翰·泰勒,美国联邦储备委员会现在的和先前的同事马克·卡尔森、布尔库·杜伊甘-班普、尼尔·埃里克森、乔恩·浮士德、克里斯托弗·古斯特、安德鲁·莱文、戴维·洛佩兹-萨利多、约翰·麦格斯、艾伦·米德、乔纳森·罗斯、杰里米·拉德和罗伯特·泰特洛，圣路易斯联邦储备银行的前同事詹姆斯·布拉德、里卡多·迪赛希奥、威廉·加文和戴维·惠洛克，英格兰银行的前同事克里斯托弗·奥尔索普、尼古拉斯·奥尔顿和杰弗雷·伍德。近年来，笔者得益于与悉尼大学的前同事科林·卡梅伦、丹尼尔·海莫默什和康姆·哈蒙就此问题进行的讨论。

笔者要感谢米格尔·阿科斯塔、乔治·芬顿、威廉·甘伯、克里斯汀·卡尼尔和安德鲁·吉芬在许多问题上提供的研究帮助。笔者要感谢里卡多·迪赛希奥、安德鲁·尤因、约翰娜·弗朗西斯、库尔特·古奇、丹尼尔·哈蒙德、奥泽·卡拉格迪克利、斯蒂芬·基希纳、列维斯·科钦、特里·梅特尔、埃里克·莫内、查尔斯·帕尔姆、杰里米·皮杰、马塞尔·普里布施、胡格·洛科夫、格伦·鲁德布施、贝恩德·施鲁希、塔拉·辛克莱尔、戴维·斯默尔、卡特里娜·斯蒂尔霍尔茨、保罗·苏里科、格罗丽娅·瓦伦丁、马克·魏恩，以及杜克大学图书馆、美国联邦储备委员会、达拉斯联邦储备银行、旧金山联邦储备银行和悉尼大学的工作人员，在查找和获取档案材料和相关信息方面提供的帮助。此外，以下诸位从他们的藏书中友善地分享材料：道格拉斯·艾迪、詹姆斯·布拉德、奈杰尔·达克、克莱尔·弗里德兰、约翰·格林伍德、克里斯托弗·古斯特、R. W. 哈弗、罗伯特·霍尔、鲁道夫·豪泽、詹姆斯·赫克曼、道格拉斯·欧文、迈克尔·克兰、戴维·莱德勒、列奥·梅拉米德、安-玛丽·梅伦戴克、迈克尔·默克、查尔斯·纳尔逊、杰拉德·奥德里斯科尔、帕斯卡尔·萨林、罗杰·桑迪兰茨、已过世的安娜·施瓦茨、克里斯托弗·希姆斯、斯蒂芬·斯蒂格勒和莱斯特·特尔泽。笔者也要感谢米尔顿·弗里德曼的女儿珍妮·马特尔同意并抽出时间与笔者在 2016 年 9 月就她父亲进行谈话。笔者对那些为本项目提供了帮助但因疏忽而在前面的致谢中未提到的人们，表示诚挚的歉意。

笔者也要感谢许多人抽出时间接受访谈。参加访谈的人的名单全部在上册的序言中。

虽然有如上的致谢，但是，本书中阐述的观点和结论仅代表笔者本人，笔者对本书发生的错误负全责。另外，本书中表达的观点不应解释为美国联邦储备委员会或美国联邦储备系统的观点。

# 译者后记

本书既不是美国著名经济学家米尔顿·弗里德曼（1912—2006）的生活传记，也不是米尔顿·弗里德曼的思想介绍，而是围绕美国在1932—1972年的经济问题和经济政策的辩论来诠释米尔顿·弗里德曼的思想起源、发展及其影响的著作。这本著作的一个与众不同之处就在于探讨弗里德曼分散在众多的学术著作、通俗文章、演讲、国会证词、电视辩论和回忆录中的万花筒般的思想是否具有内在的统一性，弗里德曼的思想是一种旧瓶装新酒式的重复还是一种综合性的创造。依靠翔实的文献证据、众多的访谈记录以及大量的人物思想的对比，爱德华·纳尔逊在本书中不是孤立地阐述弗里德曼的思想演变，而是将弗里德曼的思想演变置于弗里德曼的社会关系和各种社会实践活动的网络中，以及美国20世纪中叶的经济发展和经济政策的转变过程之中进行理解和把握。

这本著作的另一个显著特点就是利用公开发表的文献证据、档案证据、访谈证据和相关人士的研究证据来纠正弗里德曼自己的和其他人提出的各种记忆错误、引用错误、解读错误和同名错误的说法，因而是一部考证非常详细的著作。弗里德曼的许多回忆不仅相互矛盾，而且还具有利用后来的思想修改先前的想法或思想的倾向。因此，弗里德曼的事后回忆要想具有证据的作用，就必须与同时代的其他人的回忆和文献证据相互证明。那些单纯利用弗里德曼的某次回忆作为支持某种观点或看法的证据，往往是不可靠的。爱德华·纳尔逊秉持严格的史学考证精神和深入的思想研究所得出的结论是，弗里德曼的思想更多的是时代的产物而不仅仅是弗里德曼的天才创造，弗里德曼的研究方法论、计量经济学方法、历史研究方法和理论模型之间具有内在的统一性，弗里德曼的思想是一种综合性的创造。

## 一、本书涉及的辩论

米尔顿·弗里德曼是一位自由派经济学家和货币主义的代表，坚信市场机制在配置资源和创新中的主导作用，坚持政府的作用就在于为市场经济的运转提供必要的法律框架、安全保障、基础设施和稳定的货币控制，反对形形色色的扭曲价格体系的政府管制措施。随着美国联邦储备银行体系在1913年的建立和20世纪30年代富兰克林·罗斯福的新政所带来的大量的社会管制措施和政府的积极干预政策，米尔顿·弗里德曼就被置于时代的洪流中并不断与之抗争，尝试限制政府的干预措施、提高政府管制的效率和恢复最少干预的市场经济的本色，让价格机制充分地和不受阻碍地发挥作用来促进资源的最优配置、稳定的经济增长和改善社会的福利。

米尔顿·弗里德曼的思想起源和演变与美国20世纪中期的经济发展与政策争论密切相关。在漫长的职业生涯中，弗里德曼与凯恩斯主义者、理性预期学派、货币主义者、公共选择理论学派和制度主义学派以及其他经济学家、政策制定者展开了大量的争论。这些辩论是信念、理论、经验证据和巧妙的辩论技巧、智慧、人格的结合。弗里德曼参与的争论大致可以分为政策争论、理论争论与方法论争论三类，从而与弗里德曼的经济学研究方法、经济理论和政策建议紧密结合起来。

首先，弗里德曼参与的政策争论包括政府干预与自由市场选择的争论，政府干预目标的争论，政府干预手段的争论，政府干预方式的争论，政府干预方法的争论以及政策干预效力的争论。就政府的干预目标而言，弗里德曼反对充分就业目标（具体的失业率目标）、经济增长目标和国际收支平衡目标，只赞成政府稳定价格的目标。就政府的干预手段而言，弗里德曼反对利率管制、房屋租金管制、工资与物价管制、农产品价格支持制度、债券价格钉住制、黄金价格钉住制、固定汇率制、资本流动管制、信贷管制、产品安全管制、环境保护管制、强制性的社会保障体制、具体的行业管制（医疗行业的许可证制度）和积极的财政政策，主张实行浮动汇率制和放弃布雷顿森林体制。就政府的干预方式而言，弗里德曼主张基于规则的制度优于随机性的政策和管制措施，支持基于规则的财政政策和货币政策，要求采用宪法修正案的形式来限制政府的支持规模，主张采取固定货币增长规则、货币化规则和通货紧缩规则来取代相机选择的货币政策。就政府的干预方法而言，弗里德曼在税收方面支持支出税来取代所得税，利用单一税制（负所得税）来取代累进所得税和其他复杂的税收制度，认为征税和发行债券是比通货膨胀税更好地为战争融资的方法，参与了从源征收所得税方法的制定和实施；弗里德曼在货币控制的方法方面，主张改革美联储的货币操作程序、货币数量的测定和银行准备金的计算方法，要求采用滞后的银行准备金会计来取代同期的银行准备金会计。就政策干预的效力而言，弗里德曼主张货币政策优于财政政策；在货币政策中，弗里德曼主张美联储的政策制定要独立于财政部债券价格管制和政府的政治操作，主张控制货币存量的政策优于控制联邦基金利率的政策。

其次，弗里德曼参与的政策辩论是建立在理论研究和理论争论的基础之上的。弗里德曼认为，新古典经济学的微观理论具有坚实的基础，其主要研究方向在于应用和推广。弗里德曼坚持阿弗尔雷德·马歇尔的竞争性模型的普遍适用性，反对爱德华·张伯伦的垄断竞争模型的创新性。弗里德曼不仅将新古典经济学的微观理论从确定的情形推广到不确定的情形，发展了预期效用理论和推动了理性预期革命的崛起，而且鼓励将新古典经济学的微观理论从经济领域推广到社会和政治领域，推动了人力资本理论和公共选择理论的发展。如果说弗里德曼在微观经济学领域还坚持静态分析的话，那么，弗里德曼在宏观经济学和货币经济学领域强调经济结构的相互作用和政策对经济过程影响的动态分析。从这个角度出发，弗里德曼不仅反对凯恩斯主义具有静态性质的绝对收入假说和向下倾斜的菲利普斯曲线，提出了持久收入假说、自然率假说和长期垂直的菲利普斯曲线，而且复兴了货币数量论和强调了欧文·费雪区分实际利率与名义利率的作用，强调存款创造、信贷创造和货币创造之间的差别以及货币的流动性效应，在采用货币基数和货币乘数的方法的基础上提出了时滞效应学说，在实证的基础上明晰了名义变量的政策时滞效应短于实际变量的政策时滞效应的经验证据，阐明了经济变量之间关系的普遍性与制度因素影响经济变量之间关系的多样性的理论，指出了在普遍存在工资黏性和价格黏性的制度环境下理性预期方法的局限性。

如果说理性预期模型是牛顿的绝对时空观的瞬时调整模型，那么，弗里德曼的适应性预期模型则是爱因斯坦的相对时空观的缓慢调整模型。这种调整不仅取决于预期到的或没有预期到的信息的获取，而且取决于行动的力量与调整的交易成本（政策时滞）。由于不考虑时间因素，罗伯特·卢卡斯的理性预期模型就是不考虑交易成本的模型，而弗里德曼的模型则需要考虑到交易成本的大小。由于交易成本在不同经济部门的差异，因此，弗里德曼认为，金融部门的调整速度就显著地快于实体部门的调整速度。这就意味着，在金融发展程度不同的国家，私人部门对货币政策变动的调整速度就会在金融发展落后的国家较慢，在金融发达的国家较快。因此，理性预期模型适用于一个完全金融化的国家或地区，但不适用于金融极其落后的国家或地区。相比之下，弗里德曼的模型的适用范围则很广，或者说，理性预期模型是弗里德曼模型的一个特例。

基于此，弗里德曼在理论上还参与了货币政策是否为大萧条负责的争论，新政措施是否有助于 20 世纪 30 年代的经济复苏的争论，银行的法定准备金比例和货币乘数的争论，货币流通速度稳定性的争论，消费与收入比例的长期稳定性和消费函数的争论，工会是否造成垄断和通货膨胀的争论，失业与通货膨胀是否存在长期权衡取舍的争论，货币需求、非耐用品消费需求和投资需求是否存在利率弹性的争论，通货膨胀的成本推动观与需求拉动观的争论，财政乘数大小的争论，货币指标如何根据金融创新进行调整的争论，货币增长率是否与通货膨胀率存在普遍的定量关系的争论，等等。这些理论和经验研究的争论表明，弗里德曼的理论研究是与美国经济的历史和现实密切相关的。

再次，弗里德曼的研究方法论就是要为他的理论研究、实证研究和政策建议提供哲学基础。在弗里德曼看来，理论研究的目的在于解释现实世界和改善现实社会。任何脱离社会现实的抽象数学模型和计量经济学模型都是毫无价值的，弗里德曼由此反对一般均衡论、大型计量经济学模型和理性预期模型过度数学化的倾向，强调理论研究要与经验证据、历史证据和直觉结合起来，注重统计数据的搜集整理和测量指标的建构。虽然弗里德曼认为自利动机普遍地存在于人性之中，企业的社会责任是企业自利动机的一种伪装形式，政府和官员提出的经济政策往往受制于经济利益、党派利益、权力追求和声誉的获取，但是，由于环境的不确定性和经济结构的动态性，经济政策行动的社会效果在知识匮乏和信息不足的情形下就很难被捕捉到，名义变量和实际变量的相互作用也会在短期表现出一定程度的分离。因此，数学模型的精确性在现实世界中不仅表现为经验上的近似性，而且也只是在典型的事件和典型的历史时期中才表现出来。这就意味着理论研究者要特别注重于从历史转折时期（美国在19世纪末的通货紧缩时期、20世纪30年代的大萧条时期和20世纪70年代的大通货膨胀时期）或者从爆发恶性通货膨胀的国家利用简单的统计分析或回归分析去获取经验证据，以便以此为基础构建具有经验内容的理论模型。这不仅体现在弗里德曼在20世纪30年代与阿瑟·庇古就需求曲线估计的经验近似方法和数学精确方法的争论之中，而且反映在弗里德曼在1953年提出人们的行为"仿佛"是理性的和假设无须现实的研究方法论的争论之中，更是体现在货币需求的收入弹性接近于1是否就证明垂直的菲利普斯曲线是正确的争论之中，还体现在弗里德曼断言20世纪70年代美国爆发的大通货膨胀证明了费雪效应正确性的争论之中。

在弗里德曼看来，理论是现实的极限，因而理论模型的假设可以是不现实的。假设过于现实会增加模型的复杂性，降低模型的简约性和效力。但是，理论模型不能完全脱离现实，成为一种数学研究。弗里德曼高度关注模型的经济实质，那些不具有经济实质的理论模型，在弗里德曼看来，就纯粹是一种脱离现实的数学游戏。由此，弗里德曼批判经济学不顾经济实质的数学化倾向，也批判计量经济学不顾经济显著性的统计游戏倾向。为了确保理论具有经济实质，弗里德曼倡导经济学家要研究统计数据、经验证据和历史证据。弗里德曼和安娜·施瓦茨合著的《美国货币史》就是将统计数据、经验证据和历史证据结合起来的典范。一旦获取了变量之间的经验关系，理论家就需要以经验关系为基础构建理论模型，由此进行政策建议。

因此，弗里德曼在各种政策争论、理论争论和方法论争论中表现出来的思想具有内在的统一性。这种统一性植根于弗里德曼具有一种接近于大卫·休谟的哲学世界观：整个世界是一个充满不同程度的不确定性的世界；理性研究模式是一种思考问题的近似方法；更重要的是要从典型的历史研究中获取经验证据和历史发展趋势，缩小理论猜想的范围，以便为改善社会奠定坚实的基础。

## 二、政府干预与自由市场选择的争论

政府干预与自由市场选择的争论，既是一个计划经济与产业政策可行性的争论，也是一个政府与市场边界的争论。弗里德曼由此阐述的市场经济哲学特别值得关注。

亚当·斯密倡导的自由主义经济学传统反对政府的全面干预，赞成有限的政府干预。奥地利经济学家路德维希·冯·米赛斯在1920年的"社会主义制度下的经济计算"一文中指出，在存在各种创新和产业变化的不确定性与市场不存在的条件下，生产资料归国家所有的计划经济因缺乏要素价格的信息，无法实现资源的有效配置。波兰经济学家奥斯卡·兰格则在1936年的"社会主义经济理论"一文中认为，在存在自由的消费品市场和劳动力市场与生产资料归国家所有的条件下，拥有完全信息的中央计划局可以通过试错法模拟市场机制来发现静态的均衡价格和实现资源的合理配置。虽然奥斯卡·兰格得出的结论完全修改了路德维希·冯·米赛斯得出结论的条件，但是，奥斯卡·兰格依然担心经济生活的官僚化是计划经济实现合理配置的主要障碍。奥地利经济学家弗里德里希·哈耶克在1945年的"价格制度是一种使用知识的机制"一文中对兰格模式展开了批评，认为奥斯卡·兰格忽视了计划当局的信息条件和激励机制问题。当计划当局既缺少充分的信息又不能有效地激励拥有分散信息的个人有效地行动时，计划经济就不能在实践上合理地配置资源。弗里德曼则在1947年评论奥斯卡·兰格的著作时认为，计划经济条件下的官僚化会延长政策调整的时间，认知时滞、决策时滞以及行动时滞带来的调整刚性都会使计划无效。暂且不考计划当局内部的权力斗争和计划者的逆向选择与道德风险问题，匈牙利经济学家雅诺什·科尔奈后来指出，在计划当局控制生产资料的条件下，各个生产单位都有动机获取尽可能多的生产资料，从而导致投资饥渴症、生产资料的严重短缺和全面计划的不可能性。现代交易成本理论则认为，在计划经济条件下，各生产单位之间的交易成本以及整个社会的计划成本都急剧上升，降低了计划经济的效率。当然，计划经济更严重的一个问题是无法解决路德维希·冯·米赛斯所说的产品创新和技术创新所带来的不确定性问题，因为在不确定性基础上的计划就是一个自相矛盾的说法。基于计划当局的信息不完全性、社会的激励机制问题、政府的组织成本问题、社会创新问题以及计划的刚性问题，全面的计划经济让位于局部的计划经济，即产业政策和市场相结合的模式。虽然产业政策放松了全面计划经济所要求的信息问题、激励机制问题、创新问题和计划刚性问题，但是，这些问题依然在较小的范围内存在，并增加了私营企业在产业政策中的道德风险和政府的逆向选择问题。

市场经济的优势不仅在于其有效地配置资源的功能，而且在于其不断地创新与优胜劣汰的机制。流行的微观经济学理论过分强调了市场机制的资源配置有效性的一面，忽视了市场机制的创新与优胜劣汰的一面。如果说在一个静态的经济环境中，计划经济还有一定的可行性的话，那么，在一个源源不断技术革新、产品创新和产业变迁的环境中，计划经济就完全失去了合理存在的基础。僵尸企业的存在就是计划经济思维的残余产物。市场经济不仅是一个实物生产与分配的社会机制，而且还是一个货币生产与分配的社会机制。计划经济的思维看到了实物生产与分配的一面，忽视了货币生产与分配（价格机制）的一面。为了维持僵尸企业的生产，政府不得不将大量的稀缺资源从纳税人或者从其他有效率的企业和创新的企业转移到僵尸企业。这不仅降低了社会的效率，而且延缓了社会创新和前进的步伐。按照社会选择理论的说法，这些僵尸企业俘获了政府。这是一种效率与创新的逆向选择机制。随着技术创新和产业变迁的速度加快，这样的僵尸企业会越来越多。这就会造成社会的效率与创新螺旋式地下降。在弗里德曼看来，市场机制会以利润的形式奖励那些做出正确决策的企业，会以亏损的形式惩罚那些做出错误决策的企业。计划机制就以不同于价格机制的方式奖惩企业，从而将企业导向了非市场化的和扭曲的经营方式。

在弗里德曼看来，政府与市场的边界问题不是一个抽象的理论问题，而是一个具体问题具体分析的问题。但是，弗里德曼认为，要对每一个涉及政府解决方案还是市场解决方案更优的具体问题进行判断时，需要先确定一些基本的原则或一个社会偏好的基本价值，比如国家安全、经济繁荣、环境保护、自由、公正等基本价值。弗里德曼选取的基本原则就是自由原则和经济效率原则。从这两个基本原则出发，弗里德曼认为，自由市场一般优越于政府干预。不过，弗里德曼并未完全否认政府在社会中的作用，比如为产权和契约提供基本的法治环境，对货币进行控制，修建基础设施，保障国家安全，对污染征收庇古税，以及通过反垄断来促进市场竞争和创新。作为一位自由主义者，弗里德曼得出的结论是，从促进社会的经济福利和个人自由的角度看，市场的作用是主导性的，而政府起着提供公共产品的重要角色。弗里德曼反对政府在提供公共产品之外对市场进行各种扰乱经济运行和企业投资的干预行动。因此，弗里德曼始终一贯地反对美国政府对农业和工业的管制措施，反对利率管制和债券价格钉住制，反对工资和价格管制政策，反对消费者保护措施。即使在政府负责提供公共产品的领域，政府也要受到规则的约束。这就是弗里德曼提倡固定货币增长规则、货币化规则或者稳定通胀率的原因。当然，随着基本原则的改变，政府与市场的边界也会发生改变。

### 三、弗里德曼思想的起源与演化的动力

弗里德曼的思想是一个综合性的创造。弗里德曼的思想要素大量存在于历史上和同时代的经济学家之中。弗里德曼的伟大之处就在于将这些思想要素整合成为一个分析框架，从而实现了货币主义的反革命运动并对当代的经济学基础产生了深远的影响。那种认为一个伟大的思想家要在每一个思想要素方面都提出独具特色的观点的看法，是得不到历史证据支持的。思想家们总是在思想的重复和事实的更新中实现思想的整合与创新的。弗里德曼的货币思想是从大卫·休谟、欧文·费雪、约翰·梅纳德·凯恩斯等众多思想家那里汲取力量，并在大量的经验研究和新的政策建议的基础上重新将货币数量论置于更加坚实的基础上。因此，那种抛弃传统的思想但又渴望利用独具特色的经验全新地创造出一个思想或者分析框架来的想法，就是一种空中楼阁。要知道，任何单独的经验都很难在归纳中抽象出一般性理论来，因为一般性的理论需要将众多经验中的特殊性假设与普遍性假设区分开来。只有普遍性假设才能创造出适用范围广的普遍性理论，而特殊性假设只能得出具体的结论或者一般理论的特例。其实，大卫·休谟早就在归纳悖论中指出了一点：专注于经验的人是没有普遍性理论的，他们有的只是经验。弗里德曼许多同时代的经济学家，他们大都有实证研究或者政策的经验，但是，他们很难上升到理论的高度。另外一些经济学家，拥有高度抽象的数学理论，但却缺乏历史经验的归纳与总结。弗里德曼兼具二者之长，将历史经验与理论分析结合起来，成长为一代经济学大师，对经济政策、理论研究和实证研究都产生了深远的影响。相比之下，

那些将某种传统的经济学理论，改头换面地设想为某种政策，绞尽脑汁地勾画出脱离历史经验的实施方案，就已经远离了经济学的传统。

弗里德曼在学术上取得的成功不仅得益于众多经济学家的教诲与交流，如阿瑟·伯恩斯、弗兰克·奈特、哈罗德·霍特林、韦斯利·米切尔、亨利·西蒙斯等，得益于反复研究与批判性地阅读亚当·斯密、阿尔弗雷德·马歇尔、凯恩斯、费雪等人的著作，而且得益于与亚伯拉罕·沃尔德、吉米·萨维奇、艾伦·沃利斯等统计学家的学习、交流与合作，也得益于与弗里德里希·哈耶克、卡尔·波普尔等哲学家的交流。在广博的思想接触与交流之中，弗里德曼不断锤炼自己的思想和方法，最终找到了自己独具特色的思想与研究方法，从一个统计学家转变为一个经济学家，并为之奋斗终生。

而且，弗里德曼的思想不是在真空中成长的。他反对自娱自乐的研究方式，主张研究要与时代的重大社会问题或经济问题相关联，提出理论假说，并从历史经验中验证这个假说，然后以此为依据提出政策主张。因此，弗里德曼的思想就具有鲜明的时代性和历史性。虽然弗里德曼通常被认为是一个极端的经验主义者，甚至对计量经济学的多元回归方法都提出了尖锐的批评，但是，弗里德曼在预期效用理论、持久收入假说、货币数量论、自然率假说、菲利普斯曲线等经济学领域都做出了大量的基础性贡献。不过，弗里德曼还有许多思想，并没有产生持久的影响。这就意味着，局限于某个领域的专业化研究，尤其是补充性、重述性或者实证性的研究，很容易卷入时代的创新洪流中不知所终。在追求研究事无巨细和论文数量高产的时代，尤其值得铭记这一点。

即使前人早已提出了各种理论或猜想，但是要让这种理论或猜想被广泛地接受或者付诸实践，后来者必须根据历史发展的新情况搜集更多的经验证据，将先前分散的理论整合为一个有机的理论，同时还需要广泛的宣传和提出新的解释。弗里德曼是在大量的论战、经验研究和理论阐述中才复活了货币数量论。因此，理论的创新不仅仅是理论要素的创新，而且也包含理论要素的组合和经验证据的创新。没有后面的这些努力，先前的理论依然只是一些很难发挥历史作用的猜想。只有后来者的不懈努力才将书本中的理论转变为一种现实的活生生的力量。忽视了这种不懈的努力，理论的历史就很容易转变为黑格尔的绝对精神的演化历史，而不是研究者的创新与社会实践相结合的历史。

弗里德曼成为一代大师，不仅有思想的创新，而且研究非常严谨。弗里德曼在每一本新著作完稿之后，都要将原稿的复印件寄给各位专家或政策制定者，寻求他们的批评、纠正事实错误或其他的修改意见。任何一个研究者都会因为掌握的资料或数据的有限性而存在错误的可能性，而同行评议则让著作精益求精。因此，优秀的学术著作的出版，都是与学术界的求真精神和相应的正式或非正式的制度机制密切相关的。弗里德曼的许多著作之所以能成为经典，就得益于这样的一种非正式的同行评议。就爱德华·纳尔逊撰写的这本著作而言，他也总是搜集各种相关的材料，访谈相关的当事人，将公开发表的材料、各种档案馆未发表的书信和文件，与长达二十多年的各种访谈记录结合起来。这种多重史料的证据不仅让著作的主要观点建立于坚实的史料基础上，而且著作的叙述充满了吸引人的故事，从而增强了著作的可读性和说服力。

理论的含义是历史内生的。经济学的大多数规律，除了数学模型或理论思辨之外，基本上都是经验规律，会随着历史的或不同社会的经济发展状况的变化而不断改变。例如，经济学家关于货币的宏观度量及货币与经济之间的关系就是如此。任何理论家都不能穷尽一个理论的含义，因为理论只有在与历史的活动进行关联时才具有强大的生命力。爱德华·纳尔逊著作的一个重大意义就在于探讨弗里德曼的理论是如何在历史的进程中不断与新出现的理论和历史事实的解释中获得生命力的。弗里德曼的《独立专业人士的收入》与人力资本论，弗里德曼早期对不确定性与预期的关注与理性预期革命，弗里德曼关于失业与通胀关系的论述与菲利普斯曲线的演进，弗里德曼的持久收入假说与李嘉图等价、所得税附加的关联，弗里德曼对政治因素的关注与公共选择理论的关联，弗里德曼的货币理论与美国货币政策在20世纪70年代以来的演进之间的关联，等等，都充分体现出理论的生命力扎根于历史现实和学术研究进展之中。

每一个人都根据既有的历史条件和自身的知识装备来接受或拒绝一种新理论。弗里德曼在大量的学术辩论中不断接受对手的论点或者实证结论来修改、补充或完善自己的理论和政策建议。例如，弗里德曼接受了詹姆斯·托宾关于19世纪的货币流通速度下降是因为商业银行扩张的结果，而不是货币需求的收入弹性远大于1或者货币是奢侈品的观点的结果。根据托宾的这个观点，弗里德曼不仅修改了货币需求的收入弹性远大于1的观点，而且修改了固定货币增长规则的建议。科学研究的魅力就在于，理论是建基于经验证据和历史事实基础之上的。任何脱离了经验证据或历史事实的理论都是无泉之水。弗里德曼的伟大之处就在于不断接受新的经验证据来修正和完善自己的思想。

新理论就像水滴一样，只有在合适的地形中才能汇聚成形。绝大部分新理论会消失在荒无人烟的荒漠之中，一部分理论会形成涓涓细流，只有极少数的理论成为形成江河湖泊，至于像长江黄河一样卷起巨浪滔天的理论则更是罕见。弗里德曼的众多理论就体现了各自不同的生命力，人们则对弗里德曼那几个耀眼的理论褒贬不一。作用力与反作用力的运动规律就体现在理论的演变之中。越是面临学术的批评或反对，新理论越能经过时光的打磨而变得出淤泥而不染，就越是特立独行而赢得更多的支持。在一个不存在学术批评的环境中，新理论就失去了依存的根基，丧失了求生的欲望。那种认为理论是永恒的观点就忽视了理论在历史的潮流中具有自身的悲欢离合或波动性的特点。在历史的演化过程中，理论就从符号或思想演变为了文化或社会行动的一部分，从而与后代的生活与生产活动紧密结合起来。理论也由此获得了自己鲜活的生命。弗里德曼在一生中提出的大量思想和猜想就是以这种方式从学术界的思想花园和公共媒体的梦幻花园转变为生命力各不相同的花草树木，在各地生根发芽，滋养着人们的生命。弗里德曼的故事并没有到此终结，它还会在新的历史事实与新理论的碰撞中重新演绎自己。也许会绽放出不同的芳香。

经济学是一门理性的科学，能够提出一个合乎理性逻辑的理论来解释世界或模拟世界。但是，理性在不确定的环境中并非永远正确预测的代名词。爱德华·纳尔逊的这本著作揭示出，即使像弗里德曼这样的著名经济学家，对未来事态的判断和预测也是好坏参半。弗里德曼失败的预测和判断往往是低估了许多制度对人们的行为和思想的影响，高估了理性在人们决策中的作用。因此，在对不确定性判断的领域，理性就不如经验重要。例如，弗里德曼早在20世纪50年代初黄金-美元本位制的时期就提倡浮动汇率制。但是，当尼克松政府在1971年8月宣布美元与黄金脱钩时，弗里德曼设想的未来汇率制度是一种以美元本位为中心的全球固定汇率与浮动汇率交替进行的制度。显然，这种设想只具有过渡的性质，世界上的主要国家在此后的数十年中都采纳了浮动汇率制。这就意味着，即使像弗里德曼这样的经济学家对未来的预测和判断都是受制于历史惯性的，而历史发展的许多不可预测的因素都会改变经济学家的预测路径，从而导致未来的预测与历史的发展之间呈现出动态的历史辩证性。

弗里德曼坚持经济学不仅要解释世界，而且要改善世界。因此，他的治学方式就不主张将过多的时间用来研究抽象的数学模型，而是要关注现实的问题，对现实问题进行经济学的理解并提出相应的政策建议。数学只是理解现实世界的手段之一，历史研究是理解现实世界的另一种重要手段。弗里德曼认为，只有将数理统计与历史研究结合起来时，对现实世界的解释才是合理的。当然，历史不是一个国家或社会的历史，而是尽可能多的国家和社会的历史。每一个国家或社会的历史都只是展现了理论模型的某种可能性。只有深入地研究大量社会的历史，尤其是重要历史阶段的历史，对理论模型的理解才会加深。当人们将理论模型应用于现实世界时，就需要考虑到不同社会和历史阶段的多样性和复杂性。基于这样的认识，弗里德曼就认为，政策制定者根据短期的预测来进行政策决策是不可靠的，因为这样的决策忽视了历史的趋势和重要的理论认识。

弗里德曼也有大量的政策建议。不过，这些政策建议不仅基于经济学分析，还基于他的政治哲学。弗里德曼的一个颇具争议性的观点是，企业应该追求利润最大化，避开社会责任等其他目标。企业追求利润最大化是经济学家建模的基础，因为经济学家模型中的企业是虚拟世界中只追求自身利益而无任何社会关系的企业。但是，在现实世界中，企业不仅仅是一种从事生产和销售来谋取自身利益的社会建构物，而且还是处于股东、消费者、供货商、政府、社会大众、员工、管理层等社会关系的网络之中拥有一定的社会价值观和社会责任的建构物。消费者购买的企业产品和服务不仅仅是一种物质利益本身，而且还是一种价值观和责任感的认同。如果企业只认同股东的价值观、追求利润最大化，而忽视其他利益相关者的价值观，那么这样的企业并非理性的企业。在弗里德曼看来，企业应该基于工具理性观服务于股东，而不是基于价值理性观服务于社会。因此，弗里德曼倡导的企业应该只追求利润的工具理性观就与伊曼纽尔·康德倡导的价值理性观形成了冲突。企业不仅仅要在法律框架下合法地经营和谋取利润，而且要适应当地社会的伦理道德进行产品的设计和生产。在全球化经营的时代，企业的跨国或跨地区经营就会认识到社会责任和价值理性的重要性。只有在经济学的虚拟世界中，企业才会沉迷于利润最大化的工具理性假设。

米尔顿·弗里德曼巨大影响力的一个来源就是，他是众多思想的发动机。除了在货币理论、消费函数、美国货币史、菲利普斯曲线、经济学方法论等领域做出巨大的贡献，弗里德曼的许多思想也激发了后来的大量研究。比如，弗里德曼将效用理论用于不确定性的情形促进了预期效用理论的发展，引入适应性预期和持久收入假说则促进了理性预期革命的发展，引入的人力资本理论促进了加里·贝克尔和西奥多·舒尔茨的理论发展，将经济理论应用于非经济领域促进了社会经济学或者新政治经济学的发展。这些理论的发展者，要么是弗里德曼的学生，要么是与弗里德曼一起工作的同事。通过这些学生和同事的努力，弗里德曼的思想延伸到他的主要研究领域之外，从而形成了一个需要不断补充和完善的庞大思想体系。依靠这些庞大思想体系的触角，弗里德曼就成功地领导了一场反对凯恩斯主义的货币主义革命。

## 四、经济学家与政治家的职能分工

爱德华·纳尔逊的这本书通过阐述大量的经济学家参与政府的建议、咨询和顾问活动表明，政治家和政府官员与经济学家之间存在明确的职能分工。经济学家是从特定视角出发提供专家意见，政治家则是从政府的信誉和国家整体运行的当前状况出发评估事态和进行决策。因此，政治家是从国家整体利益的角度采纳意见和进行决策，而经济学家则是从专业化分工角度进行研究和提出建议。由于视角之间的差异，政治家与经济学家之间对同一个现象、政策或问题的看法就可能存在重大的差异，尽管他们都希望政府和国家都更有效地运行。因此，不可避免的是，一旦经济学家要参与一个国家的经济政策决策或咨询，那就必然与政治家发生冲突。例如，弗里德曼与美联储主席威廉·麦克切斯尼·马丁和阿瑟·伯恩斯以及美国总统理查德·尼克松在货币政策和工资与价格管制政策方面都发生了冲突。

即使在经济学家之间，由于存在众多的学派和方法的差异，不同的经济学家提出的观点和看法也存在大量的差异。例如，弗里德曼的货币主义思想就与保罗·萨缪尔森积极倡导的凯恩斯主义思想在约翰·F.肯尼迪执政时期发生了冲突。这些不同的甚至相互矛盾的看法在政治家的总体视角中可能会找到用武之地。这就意味着，多样性的专业见解不仅为政治家的决策提供了多样化的视角，而且也为国家的发展提供了多种可能性。当经济学家的见解依赖于政治家的决策时，专业化分工的效率就丧失了。在爱德华·纳尔逊的这本书中，弗里德曼在财政政策、货币政策、收入政策和其他政策方面都与不同时期的政府官员甚至政治家存在不同的见解。虽然弗里德曼有的独立见解或看法是荒谬的，但是，他的许多见解或看法是切中时弊的。如果理查德·尼克松等人多听弗里德曼的劝告，也许很多事情就不会发生得如此之糟糕。如果美联储早点采纳弗里德曼的建议，也许美国在20世纪70年代的大通货膨胀就不会发生。从弗里德曼参与政府的咨询和建议可以看出，学术独立性既对学术的发展，也对政府管理的效率都是有益的。由于受到各种实际活动的参与和接触的限制，学术界的人多数是空想家或幻想家，不像企业或政府部门的人那样是实干家。人类的美妙之处在于，许多伟大的成就就是基于幻想而成的。没有了理论家的幻想，一个社会就失去了飞翔的翅膀。要求理论家像实干家一样思维和行动，就让理论家失去了自己的比较优势，一个民族也失去了瞭望远方的机会。梦想是理论家构建的，实干家的梦想则非常实际，承担不了远方飞翔的梦幻。听听弗里德曼故事吧，就知道梦想家所能成就的事业。

理论家提供政策建议的一个必要条件就是享有学术批评和政策批评的权利，而学术批评和政策批评则是促进学术进步和政策改进的重要力量。在一个不存在学术批评的社会，学术的进步几乎是不可能的。学者之间的一团和气是阻止学术进步的最大阻碍力量之一。詹姆斯·托宾对弗里德曼估计的货币需求的收入弹性大于 1 的批判，就敦促弗里德曼更认真地收集数据，更细致地划分样本区间和更耐心地寻找影响货币需求的收入弹性的各种因素和传导机制，从而进一步完善了货币数量论和货币基数与货币乘数的分析方法。学术界的政策批评旨在分析各种政策的利弊和内涵的理论机理。因此，学术界的政策批评是政策帕累托改进的重要来源之一，是学术界与政策界交流的主要渠道之一。当政策规避了学术界的批评时，不仅学术的现实性失去了根本性的前进动力，而且政策的自我封闭意识会不断地积累。学术界和政策界的双输局面就出现了。弗里德曼对美联储大萧条时期紧缩货币政策的批评，让美联储逐渐认识到封闭的政策决策的路径依赖性和预言的自我实现性，从而采取更为开放的态度定期发布各种决策报告和统计资料，为学者们分析美联储政策的合理性提供了方便。在这样的背景下，美联储的货币政策工具和目标不断演化，学者们的理论分析就更加紧密联系现实，新的理论也会源源不断地产生。在那些固守政策特权的社会，政策目标和政策工具容易陷入惯性思维模式，学者们的理论分析也失去了改变现实的力量，理论创新就成了无源之水。

一个经济学家的伟大不仅在于提出并论证了一些正确的思想，而且也在于根据思维惯性或者理论的先天判断提出了大量的错误思想，从而激发人们挑战这些错误的思想并推动经济学的进步。一个全知全能、没有任何错误的经济学家是不存在的，因为一贯正确的经济学家就彻底剥夺了后来的人们站在巨人肩上的机会，而只能让后来的人们匍匐在那些永远正确的理论之前顶礼膜拜。弗里德曼的许多错误或似是而非的思想或观点就为后人实现超越提供了这样的机会。弗里德曼基于价格理论反对最低工资法，认为最低工资会提高失业率。这种观点不仅忽视了最低收入阶层利用不断提高的最低工资改善子女教育和获得创新的机会，而且与美国的失业率波动起伏和最低工资的不断提高相矛盾。弗里德曼否定企业的社会责任，认为企业的社会责任都是自利行为的一种伪装形式。这不仅忽视了德国哲学家伊曼努尔·康德与约翰·戈特利布·费希特确定的市场经济道德与法律分离的条件，而且忽视了企业不过是社会关系的一种表现形式的现实。弗里德曼反对产品质量安全的管制，认为竞争性的企业有自利的动机去提供高质量的产品。这种观点不仅与各国在经济发展的初期都具有低劣产品充斥社会的历史相矛盾，而且隐含地假设了司法系统和法律的完善性。自然地，弗里德曼的这些思想引起了广泛的争论。而一个良善的社会就是要容许经济学家根据自己的思想提出错误的观点和探讨各种可能性，从而让人们在争论中认识到一个思想的局限性和诱发新的思想的可能性。

由于混淆了专家的咨询职能与政治家的政策决策职能，弗里德曼在面对一个专家从政或者从局外人转为局内人时往往做出了错误的判断。例如，阿瑟·伯恩斯在从事商业周期研究和担任艾森豪威尔政府的经济顾问委员会主席时坚持反通货膨胀和反对凯恩斯主义的政策，弗里德曼由此推断阿瑟·伯恩斯在担任尼克松政府的美联储主席时也会继续坚持反通胀政策和反对工资与价格管制政策。但事实上，阿瑟·伯恩斯发生了政策立场的逆转，采取了支持尼克松政府采取的工资与价格管制的政策，并诱发了美国历史上 20 世纪 70 年代的大通货膨胀时代。这就说明，在不存在利益冲突之下的学术分析与存在利益纠葛的政策决策是截然不同的。因此，科学的分析需要避开利益的束缚，但是摆脱了利益束缚的科学分析在现实的政策环境中往往成为空中楼阁。与专家具有典型的线性思维不同，政策制定者往往具有非线性的思维，不断根据搜集到的各种信息进行或明或暗的政策微调。这种差距在政策或环境急剧变化的时代表现更为明显。弗里德曼也在20世纪70年代美国政策多变的环境中逐渐沦为政策圈的边缘人物。也许，经济学家的悲剧在于，幻想政策咨询与决策之间的通道是无障碍的，并将个别的咨询变成决策的成功故事不断讲述下去。

一个伟大的经济学家并不需要在所有思想领域都具有原创性。他的伟大在于，让一些在社会中没有受到重视的思想在他的大力倡导之下成为一种社会变革的力量。货币数量论、负所得税、单一税、教育券等都不是弗里德曼原创的思想，但却成了弗里德曼思想中的密不可分的一个有机组成部分，其原因正在于此。一个重要的经济学家提出的经济政策甚至社会政策，不是紧跟在时代之后亦步亦趋，而是要具有前瞻性。按照历史学家陈寅恪的说法，就是"预流"。这种预流不是各种政策的历史汇编或者大杂烩，而是从理论的逻辑和历史趋势中衍生出来的具有重大意义的政策改革。虽然这些前瞻性的政策不一定会立即成为一种现实，但是它却会成为一种历史的标杆，评判和指引着后世的政策改革。这种预流，在某种意义上说，就体现了卡尔·马克思所说的"改变世界"的努力。一个社会进行这样预流的人越多，社会的改革就越有动力和成功的可能性。那些完全丧失了预流的社会，政策改革就容易陷入随波逐流的状态。

因此，经济学家的政策咨询功能就意味着学术自由的强大需求。自由研究与自由发表是学术自由的一个重要组成部分。但是，学术界的传统、思想派别之间的斗争以及政府机构的禁令都可能限制学术自由。爱德华·纳尔逊的这本书在许多地方都指出了政府机构限制学术自由的例子。例如，克拉克·沃伯顿因为在第二次世界大战期间批评美联储在大萧条时期的货币政策错误，被工作单位多年禁止或限制发表著作。虽然克拉克·沃伯顿的许多货币思想与弗里德曼的思想非常相似并早于弗里德曼，但是，这些限制造成了克拉克·沃伯顿丧失了研究的动力，从而未能取得像弗里德曼那样影响深远的学术成就。因此，具有成长为伟大学术成就的幼苗很多，但是，学术环境的阴影让大量的幼苗早早干枯，只留下极少数的幼苗在机缘凑巧中顽强地成长为参天大树，惨淡地映射出时代的伟大。

即使躲过了环境的明枪，学术主流的暗箭也布置了层层陷阱。弗里德曼成长为货币主义的代表人物的历史，就是一部与凯恩斯主义和其他学派的思想进行顽强战斗并赢得尊敬的历史。学术会议上的冷落，学术期刊上的攻击，学术著作的否定性评论，都让逆流而上、研究成果源源不断的弗里德曼的成名之路变得异常艰难。经济学的发展历史，就是一部经济学家对政府的各种经济政策进行争论、批评和提出更好政策的历史。弗里德曼诱发了美联储是否应为大萧条的加深和持续承担责任的争论，并提出了固定货币增长规则、货币化规则、负所得税、货币政策的独立性等众多的政策建议。在政府政策独一无二的时代，经济学也就失去了自身发展的动力，经济学家也就无法为社会政策的帕累托改进贡献一份自己的力量。

与一般的自由主义者不同，弗里德曼关注穷人的利益。在弗里德曼看来，社会保障体制是贫穷的劳动者在补贴富裕的中产阶级。他提倡负所得税制和单一税率制，以便对低收入阶层，不管是失业的人还是工资收入较低的劳动者都提供救助。更为根本的是，弗里德曼认为，穷人的工资较低和容易失业的根本原因是人力资本较少。因此，改善穷人的生活要在根本上从教育入手，通过教育券带来的学校竞争和实现机会均等，从而提高穷人的子女的教育水平。税收制度和社会保障体制不能妨碍人的能力特别是以物资资本和人力资本形式表现的能力的充分发挥。在弗里德曼看来，现行的资本主义制度存在过多的和相互矛盾的社会福利计划，限制了劳动积极性和企业的创新。之所以存在这么多过时的制度和机构，在弗里德曼看来，就是因为官僚制的存在以及它们与相应的利益集团形成了利益共同体。因此，弗里德曼认为，经济领域的改革关键在于政治领域的改革。政治权力结构和利益共同体不发生变化，经济领域的改革只能是微调，都只能是在现有复杂的制度机制基础上不断增加更多的制度机制，从而增加企业经营和劳动努力的制度成本。这就意味着，弗里德曼的经济分析和政治哲学的分析正在迈向马克思的唯物史观领域。由于坚信市场经济是人类目前所发现的最有效的制度机制，弗里德曼的视野就没有超出资本主义的范围，在唯物史观的门槛停滞不前。也许，这就是弗里德曼这样的自由主义者的历史局限性：寄希望于社会的精英集团被说服去实施他的改革计划。

虽然米尔顿·弗里德曼出身低微，但是，受惠于芝加哥大学与哥伦比亚大学的精英教育，在芝加哥大学长期担任教学活动，不断出席美国国会的各种听证会和参与美联储的各种顾问会议，以及与阿瑟·伯恩斯、理查德·尼克松、巴里·戈德华特、罗纳德·里根等社会精英的交往，让弗里德曼逐渐走上了精英集团和思想改变社会的道路，在某种程度上也忽视了大众的切身利益感受和群众运动。因此，弗里德曼不仅在政策建议中强调知识分子的思想影响政策制定者和政治精英来改变社会的观点，而且强烈反对美国在20世纪60年代兴起的民权运动、反越战运动、消费者权益保护运动和环境保护运动。在这个意义上，自由主义者夸大了思想、理性甚至伟人的力量而容易走向英雄史观，忽视了社会现实本身才是影响普罗大众的行为方式的根本动力。由此，弗里德曼的许多政策建议或对时局的看法都具有空想的性质。不过，在社会保障体制改革停滞不前之后，他看到了年轻人的反抗是社会保障体制进行根本性改革的动力。

### 五、最后的说明

需要说明的是，本书是多人翻译的成果。真正的翻译面对的是不完全熟知的文本文化，因而需要将语言表述的不确定性的目标文化转换成为翻译者所熟知的本土文化。两者之间不是一对一的函数关系，而是定义域和值域都不确定的映射关系。翻译者的功能就是要将这种不确定性在能力范围之内转换为符合某些翻译标准的确定性。鉴于此，译者总是秉持谦虚的态度，在翻译中尽可能忠实于原文，防止粗制滥造。爱德华·纳尔逊的写作风格有点像德国哲学家康德，总是将大量的话语和引用说明放在括号内，好像意犹未尽似的。为了防止大量使用括号会损害阅读的流畅性，我们在翻译时基本上去掉了这些括号，但原意保持不变。

本书的翻译如下：何永江翻译了第一至四章、第九章、第十一至十三章和第十五章（其中，张晨雨翻译了第一节的一部分）；刘晨翻译了本书的第五至八章和第十四章；边疆翻译了第十章的第一节，静世纪翻译了第十章的第二、三节。全书由何永江校正和统一核对。最后感谢中国科学技术出版社的编辑刘畅在本书出版方面所提供的帮助。

何永江<br>2022 年 8 月 20 日，南开大学